Spuren und Botschaften

Tübinger Archäologische
Taschenbücher

herausgegeben von
Manfred K. H. Eggert
und Ulrich Veit

Band 4

Waxmann Münster / New York
München / Berlin

Spuren und Botschaften:
Interpretationen materieller Kultur

Herausgegeben von
Ulrich Veit, Tobias L. Kienlin,
Christoph Kümmel und Sascha Schmidt

Waxmann Münster / New York
München / Berlin

Bibliografische Informationen Der Deutschen Bibliothek
Die Deutsche Bibliothek verzeichnet diese Publikation in
der Deutschen Nationalbibliografie; detaillierte bibliografische
Daten sind im Internet über http://dnb.ddb.de abrufbar.

Tübinger Archäologische Taschenbücher, Band 4
ISSN 1430-0931
ISBN 3-8309-1229-3

© Waxmann Verlag GmbH, 2003
Postfach 8603, D-48046 Münster, F. R. G.

http://www.waxmann.com
E-Mail: info@waxmann.com

Umschlaggestaltung: Pleßmann Kommunikationsdesign, Ascheberg
Umschlagzeichnung: Holger Singowitz (nach einem Motiv vom
unteren Tor von Schloss Hohentübingen aus dem frühen 17. Jh.)
Druck: Runge, Cloppenburg
Gedruckt auf alterungsbeständigem Papier, DIN 6738

Alle Rechte vorbehalten
Printed in Germany

Vorwort

Vom 2. bis 4. Juni 2000 fand am *Institut für Ur- und Frühgeschichte und Archäologie des Mittelalters der Eberhard-Karls-Universität Tübingen* eine internationale Fachtagung zum Thema »Spuren und Botschaften: Interpretationen materieller Kultur« statt. Ziel dieser Tagung war es, grundlegende Fragen im Zusammenhang mit einer inhaltlichen Deutung von Sachquellen als Ausdruck vergangenen Denkens und Handelns zu diskutieren. Dazu wollten wir vornehmlich jüngeren Wissenschaftlerinnen und Wissenschaftlern der Ur- und Frühgeschichte ein Forum zur Präsentation innovativer Beiträge zum Studium der Bedeutungsdimension materieller Kultur geben.

Allerdings stellt die Interpretation von Sachquellen weder ein spezifisches Problem der Ur- und Frühgeschichtsforschung noch der archäologischen Wissenschaften dar, sondern betrifft genauso eine Reihe von anderen Disziplinen. Deshalb hielten wir es für geboten, im Rahmen der geplanten Tagung soweit möglich auch die Perspektiven dieser Fächer einzubeziehen. Wir sind froh, dass es uns gelungen ist, Vertreterinnen bzw. Vertreter der Klassischen Archäologie, der Ethnologie, der Geografie, der Geschichtswissenschaft und der Soziologie an der Tübinger Tagung zu beteiligen und mit ihnen ins Gespräch zu kommen.

In den drei Tagen des Treffens wurden insgesamt fast 30 Vorträge mit einem außergewöhnlich breiten Themenspektrum gehalten. Sie waren in drei Sektionen gegliedert: Eine einleitende Sektion befasste sich dabei insbesondere mit dem Rahmenthema »materielle Kultur« und der Frage ihrer Konzeptionalisierung in verschiedenen Fachwissenschaften. Dagegen wurden in den beiden anderen Sektionen zum Thema »Spurenlesen« bzw. »Materielle Kultur als Zeichen« vor allem konkrete archäologische bzw. ethnoarchäologische Fallstudien präsentiert. Der vorliegende Band versammelt die überwiegende Zahl der in Tübingen präsentierten Beiträge.*

Die Vortragsmanuskripte wurden für die Veröffentlichung in den meisten Fällen stark überarbeitet und teilweise beträchtlich erweitert. Obgleich sich viele der Beiträge nur schwer einem einzigen Themenbereich zuordnen lassen, haben wir die ein-

---

* Lediglich vier der gehaltenen Referate fanden nicht Eingang in diesen Band, sondern werden an anderer Stelle publiziert: Peter Biehl (Halle), »Materialität, Variabilität und Individualität kommunikativen Handelns in der Vorgeschichte«; Detlef Gronenborn (Frankfurt a. M.), »Keramiktraditionen und Expansion von staatlichen Machtsphären: Ein Fallbeispiel aus dem nigerianischen Tschadbecken«; Silvia Sprenger (Freiburg), »Auf den Spuren der Grabräuber: Zur Rekonstruktion der materiellen Kultur beraubter Gräberfelder«; Sibylle Kästner (Köln), »›Wielders of the Digging Stick‹: Materielle Kultur australischer Aborigines-Jägerinnen.« Neu aufgenommen wurden der Kommentar von Hansjürgen Müller-Beck zum Begriff der »Materiellen Kultur« und der zweite Beitrag von Ulrich Veit, der im ursprünglichen Tagungsprogramm keinen Platz mehr gefunden hatte.

gegangenen Manuskripte für die Druckfassung nochmals neu nach den inhaltlichen Schwerpunkten geordnet und hoffen damit die Rezeption zu erleichtern. Diesem Zweck dient auch die folgende kurze Einführung, die sich am Exposé der Tagung orientiert.

Es ist uns ein besonderes Bedürfnis, all jenen Personen und Institutionen zu danken, die uns bei der Organisation der Tagung und beim Zustandekommen dieses Bandes unterstützt haben. Unser erster Dank geht an den Rektor der Eberhard-Karls-Universität Tübingen, Herrn Prof. Eberhard Schaich, für sein Grußwort an die Tagungsteilnehmerinnen und Tagungsteilnehmer. Sodann danken wir den zahlreichen Referentinnen und Referenten, die den teilweise sehr weiten Weg nach Tübingen nicht gescheut und ihre Tagungsbeiträge zügig in einer für den Druck überarbeiteten Form vorgelegt haben. Zu einem reibungslosen Ablauf der Tagung haben ganz entscheidend die zahlreichen freiwilligen Helferinnen und Helfer beigetragen, denen wir ebenfalls großen Dank schulden. Besonderes hervorheben möchten wir C. Brenner, S. Paulus, F. Rössner und A. Willmy.

Die Tübinger Tagung selbst wäre ohne die finanzielle Unterstützung von verschiedenen Seiten nicht möglich gewesen. Unser besonderer Dank geht hierbei an die Vereinigung der Freunde der Universität Tübingen e. V. (Universitätsbund), die einen Großteil der anfallenden Kosten übernommen hat. Weitere Zuwendungen erhielten wir durch die Bremer Stiftung für Kultur- und Sozialanthropologie, die Stiftung Landesbank Baden-Württemberg, die Fachschaft Ur- und Frühgeschichte/Kulturwissenschaften, die Studienkommission der Fakultät für Kulturwissenschaften der Eberhard-Karls-Universität Tübingen, den Tübinger Verein zur Förderung der Ur- und Frühgeschichtlichen Archäologie e. V. sowie den Verein zur Förderung der Archäologie des Mittelalters e. V.

Die als Experiment durchgeführte Übertragung der Tagung im Internet durch die Arbeitsgruppe »Digitale Systeme in der Archäologie« wurde möglich durch den unermüdlichen Einsatz der Abteilung »Entwicklung Neue Dienste« im Zentrum für Datenverarbeitung der Eberhard-Karls-Universität Tübingen und die Medienabteilung der Neuphilologischen Fakultät. Namentlich hervorheben möchten wir hier besonders H. G. Filipp und H. Bobzin. Technische Unterstützung gewährten »Apple Computer Deutschland« und »Don't Panic« (Tübingen).

Druckkostenzuschüsse der Gerda-Henkel Stiftung sowie der Bremer Stiftung für Kultur- und Sozialanthropologie ermöglichten schließlich eine Drucklegung der Tagungsbeiträge. Allen Unterstützern sei an dieser Stelle herzlich für ihr Engagement gedankt. Die Endkorrektur der Texte besorgten Anne Hofer und Leonie C. Koch, der Satz und die Endredaktion lagen in den Händen von Christoph Kümmel.

Die Herausgeber

Inhalt

Vorwort 5

ULRICH VEIT, TOBIAS L. KIENLIN, CHRISTOPH KÜMMEL
Zur Einführung 11

Objekte

ULRICH VEIT
Menschen – Objekte – Zeichen: Perspektiven des Studiums
materieller Kultur 17

HANS PETER HAHN
Dinge als Zeichen – eine unscharfe Beziehung 29

TOBIAS L. KIENLIN
Das Studium materieller Kultur in der ›Cognitive Archaeology‹:
Beispiele aus dem Bereich der Archäometallurgie 53

MARTIN PORR
Ideologie, Praxis, Materialität: Überlegungen zu einem
nicht-reduktionistischen Ansatz zum Studium materieller Kultur 71

MATTHIAS JUNG
Bemerkungen zur Interpretation materieller Kultur aus der Perspektive
der objektiven Hermeneutik 89

NILS MÜLLER-SCHEESSEL
Von der Zeichenhaftigkeit archäologischer Ausstellungen und Museen 107

HANSJÜRGEN MÜLLER-BECK
Was sagt der Begriff ›Materielle Kultur‹? Ein Kommentar 127

Indizien

CHRISTOPH KÜMMEL
Wie weit trägt ein Indizienbeweis? Zur archäologischen Überführung
von Grabräubern 135

GABRIELE MANTE
Spuren lesen: Die Relevanz kriminalistischer Methoden für die
archäologische Wissenschaft 157

WOLFGANG WEISSMÜLLER
Von Gestaltungsfreiheit und Standardisierungszwang: Zum Zeichencharakter
paläolithischer Silexartefakte 173

THOMAS KNOPF
Die Botschaften der Keramik: Ethnoarchäologische Studien zu Herstellung
und Veränderung von Tonware 187

ULRIKE SOMMER
Materielle Kultur und Ethnizität – eine sinnlose Fragestellung? 205

TIM KERIG
Von Gräben und Stämmen: Zur Interpretation bandkeramischer
Erdwerke 225

ANDREA ZEEB-LANZ
Keramikverzierungsstil als Kommunikationsmittel: Ein Beispiel aus dem
frühen Jungneolithikum Südwestdeutschlands 245

Kodierungen

STEFAN BURMEISTER
Die Herren der Ringe: Annäherung an ein späthallstattzeitliches
Statussymbol 265

MARIAN DIEPEVEEN-JANSEN
To Be Visible or not to Be: Problems in the Interpretation of Fluctuations
in Archaeological Data 297

BEAT SCHWEIZER
Zur Repräsentation sozialen Raums: Die Fürstengräber von
Pontecagnano 926 und 928 319

LEONIE C. KOCH
Zu den Deutungsmöglichkeiten der Situlenkunst 347

MAREILE HAASE
Votivbilder als Werbemedien? Votivterrakotten aus Gravisca
als Zeichenträger in Prozessen symbolischer Interaktion 369

AXEL POLLEX
Die Totenhochzeit: Ein Beispiel zur Dekodierung slawischer Toteninventare
mit Hilfe von Quellen zum neuzeitlichen Volksglauben 385

ANDERS ANDRÉN
The Meaning of Animal Art: An Interpretation of Scandinavian
Rune-Stones 399

Paradigmen

Manfred K. H. Eggert
Das Materielle und das Immaterielle: Über archäologische Erkenntnis 423

Ulrich Veit
Über die Grenzen archäologischer Erkenntnis und die Lehren der
Kulturtheorie für die Archäologie 463

Stephan Bühnen
Kultur und Kulturen 491

Helmut Hundsbichler
Fremdes deuten 515

Cornelius Holtorf
Archäologie als Fiktion – Anmerkungen zum Spurenlesen 531

Ulrich Veit, Tobias L. Kienlin, Christoph Kümmel
»Spuren und Botschaften: Interpretationen materieller Kultur« –
Bilanz und Perspektiven 545

Anhang

Personen- und Sachregister 559

Autorenverzeichnis 565

Ulrich Veit, Tobias L. Kienlin und Christoph Kümmel

Zur Einführung

Im Rahmen archäologischer Fachdiskussionen kommt dem Begriff »materielle Kultur« eine ständig wachsende Bedeutung zu. Allerdings steht seinem regen Gebrauch bei wissenschaftlichen Tagungen und in einschlägigen Veröffentlichungen gegenwärtig noch kein klares analytisches Konzept gegenüber. Vielmehr bezeichnet »materielle Kultur« in den allermeisten Fällen lediglich die Quellenbasis der Ur- und Frühgeschichtswissenschaft: jene Überreste, die als primäre Grundlage für das Studium der historischen Epochen zur Verfügung stehen, die vor dem Einsatz einer breiteren schriftlichen Überlieferung liegen. Insofern konzentrierte man sich gerade in der deutschsprachigen Forschung in der Vergangenheit vor allem darauf, über die diversen Filter, die das materielle Kulturinventar im Verlauf der Zeit reduzieren, nachzudenken.

Dort wo »materielle Kultur« hingegen schon früh als analytisches Konzept verstanden wurde, etwa in der *New Archaeology*, dominierte lange Zeit die Annahme einer direkten, mechanischen Beziehung zwischen vergangenen Prozessen und ihrem gegenwärtigen materiellen Niederschlag. Dies führte zu einer Betrachtung archäologischer Quellen als »fossilisiertem Verhalten«. Entsprechend ging man davon aus, dass die Gesamtheit archäologischer Überlieferung (*archaeological record*) die Struktur vergangener Gesellschaften maßstabsgetreu widerspiegele und somit eine Rekonstruktion ihrer Struktur auch auf archäologischem Wege relativ problemlos möglich sei. Ein solches Konzept ist vor allem durch die jüngeren kulturtheoretischen Beiträge der *Postprocessual Archaeology* unhaltbar geworden. Deshalb sucht man seit etwa zwanzig Jahren verstärkt nach einem konzeptuellen Rahmen zur Interpretation materieller Kultur, der der Komplexität dieses Zusammenhangs besser gerecht wird. Einen Ansatz dazu bietet ein im weitesten Sinne semiotisches Kulturverständnis, nach dem materielle Kultur als ein bedeutungsvoller und aktiver Bestandteil jeder Gesellschaft gilt. Materielle Kultur erscheint in einem solchen Zusammenhang als ein Medium, in dem vergangene Ideen und Bedeutungen in einer kodierten Form vorliegen. Ein wesentlicher Teil der Aufgabe des Archäologen wird dementsprechend in der Entschlüsselung des diesen Objekten zugrunde liegenden Kodes gesehen.

Die zentrale Problematik dieses Ansatzes liegt allerdings darin, dass die meisten materiellen Reste, die von Archäologinnen und Archäologen ausgegraben werden, nicht - zumindest nicht primär - in kommunikativer Absicht geschaffen wurden. Vielmehr verweisen sie lediglich mittelbar auf bestimmte historische Zustände und Prozesse. So geben beispielsweise Gebrauchsspuren an Werkzeugen und deren Auffindungskontexte Hinweise auf spezifische primäre und sekundäre Nutzungen dieser Artefakte, oder handwerklich-technische Details bieten Indizien für die Unterscheidung von bestimmten »Werkstätten« oder »Werkstattkreisen«. In allen diesen Fällen handelt es sich nicht um unmittelbare und bewusst mit Bedeutung versehene Eigenäußerungen der betreffenden Gemeinschaft, sondern vielmehr um unabsichtliche Spuren vergangenen Handelns. Ihre Deutung lässt sich zwar durchaus sinnvoll im Rahmen eines semiotischen Ansatzes – etwa im Sinne von Carlo Ginzburgs »Indizienparadigma« – konzeptionalisieren, doch liegt in diesen Fällen in der Regel keine Kodierung vor.

Daneben gibt es im archäologischen Quellenmaterial, speziell im Bereich der handwerklichen und künstlerischen Produktion, aber zweifellos auch Objekte, denen mit großer Wahrscheinlichkeit eine bestimmte Kodierung zugrunde liegt, wenngleich von archäologischer Seite Adressat und Inhalt der entsprechenden »materiellen Botschaften« nur schwer zu bestimmen sind. Dazu gehören neben den insgesamt relativ wenigen Bildquellen, die wir besonders aus dem Bereich der Steinplastik, der Toreutik und der Felsbildkunst kennen, speziell jene Objekte, die gewöhnlich mit Begriffen wie »Statussymbol« oder »Prestigegut« belegt werden. Aber auch als »rituell« gedeutete Objekte sind in diesem Zusammenhang zu nennen.

Ein diesen Funden analoges Potential für semiotische Analysen bietet die monumentale Grab- oder Zeremonialarchitektur aus dem Neolithikum und den vorrömischen Metallzeiten. Dasselbe gilt für archäologisch gut ansprechbare Objektniederlegungen (speziell Gräber und Horte), die nicht nur auf eine bestimmte Deponierungsabsicht hin befragt werden können, sondern vielfach auch inhaltlich deutbar erscheinen – etwa im Hinblick auf Aspekte der sozialen Organisation oder als Ausdruck eines bestimmten kulturellen Wissens.

Weit davon entfernt, jede Quellengattung gleichermaßen als ›Text‹ in ein Übersetzungsverfahren einbinden zu wollen, das die unterschiedlichen Potentiale der Analyse schriftlicher und materieller Überlieferung nicht ausreichend berücksichtigt, bietet eine semiotische Erweiterung des Konzepts der »materiellen Kultur« zweifellos interessante Ansatzpunkte zu einer konzeptuellen Erweiterung gängiger archäologischer Deutungsansätze.

Ausgehend von diesem theoretischen Rahmen sahen wir die Aufgabe der Tübinger Tagung darin, aktuelle »Interpretationen materieller Kultur« zur Diskussion zu stellen. Neben theoretischen Beiträgen, die sich um eine Verdeutlichung der skizzierten erkenntnis- und kulturtheoretischen Probleme bemühen, wünschten wir uns insbesondere Fallstudien, die konkrete Zugänge zur funktionalen und inhaltlichen Deutung archäologischer Objekt- oder Befundgruppen eröffnen sollten.

Diese in der Einladung an die Referenten formulierte Hoffnung hat sich in reichem Maße erfüllt. Die in diesem Band zusammengefassten Beiträge bekunden ein breites Interesse an den entsprechenden Fragestellungen in der Ur- und Frühgeschichtlichen Archäologie sowie in den angrenzenden Disziplinen. Konkretes Erkenntnisanliegen der meisten Mitautorinnen und Mitautoren war es, Möglichkeiten zu erkunden, die Bedeutung von bestimmten Objekt- oder Befundgruppen im Rahmen ihres historischen Kontextes zu klären. Dabei wurden ganz unterschiedliche Wege eingeschlagen und verschiedenste sozial- und kulturwissenschaftliche Theorien verwendet. Lassen sich diese Differenzen zum Teil sicherlich aus den unterschiedlichen Problemlagen erklären, so verweisen sie aber auch auf grundsätzliche Unterschiede im fachlichen Selbstverständnis der beteiligten Fachvertreter und Fächer. Diese Unterschiede werden noch deutlicher in den programmatischen Beiträgen zum Thema »materielle Kultur« sowie in generellen Stellungnahmen zu den archäologischen bzw. kulturwissenschaftlichen Erkenntnismöglichkeiten.

Aufgrund der Vielfalt der eingegangenen Beiträge, ihrer oftmals großen inhaltlichen Breite und vieler inhaltlicher Querbezüge zwischen einzelnen Beiträgen war es schwierig, eine klare Gliederung des Bandes vorzunehmen. So kann die hier gewählte Abfolge nur als Versuch verstanden werden, dem Leser eine erste Orientierung zu vermitteln. Als Ordnungskriterien dienten dabei vor allem der Generalisierungsgrad der Beiträge sowie der im Tagungstitel angesprochene Gegensatz zwischen »Spuren« und »Botschaften«.

Eine erste Gruppe von Beiträgen beschäftigt sich schwerpunktmäßig mit den erkenntnistheoretischen Grundlagen des Studiums der »materiellen Kultur« aus der Perspektive der Ur- und Frühgeschichtlichen Archäologie und verwandter Fächer (»Objekte«).

Daran schließt sich eine Gruppe von Fallstudien an, in denen in grundsätzlicher Form oder unter Rückgriff auf konkrete archäologische Materialgruppen verschiedene Möglichkeiten des »Spurenlesens« demonstriert werden (»Indizien«). Alle diese Beiträge verbindet das Bemühen zunächst eher unscheinbare Beobachtungen, die im betreffenden gesellschaftlichen Kontext nicht notwendigerweise eine direkte Zeichenfunktion besessen haben müssen (wie z. B. Keramikverzierungen) nachträglich als Anzeichen für weiterreichende Aussagen über gesellschaftliche Zusammenhänge zu deuten.

Eine weitere Gruppe widmet sich solchen Quellengruppen, bei denen die Wahrscheinlichkeit, dass sie in kommunikativer Absicht entstanden sind – oder in dieser Absicht ausgetauscht wurden – sehr groß ist (»Kodierungen«). In diesen Rahmen gehören insbesondere Analysen von Objekt- und Befundgruppen, die nicht einem Alltagskontext sondern einem rituellen Kontext entstammen. Diskutiert werden in diesem Zusammenhang vor allem Grabfunde und Objekte mit bildlichen Darstellungen.

Den Band beschließt ein letzter Block mit Beiträgen, deren Autoren in grundsätzlicher Art und Weise die Möglichkeiten und die Grenzen archäologischer und kulturwissenschaftlicher Erkenntnis beleuchten (»Paradigmen«). Dabei werden nochmals in konzentrierter Form wesentliche Streitpunkte der jüngeren Theoriediskussion ins Blickfeld der Leser gerückt.

In einem kurzen Schlusswort werden schließlich die zentralen Thesen und Argumente nochmals benannt und gewichtet.

In den hier präsentierten theoretischen und methodischen Ansätzen insgesamt spiegelt sich gut der gegenwärtige Stand der Theoriediskussion im deutschsprachigen Raum, die durch einen experimentellen, wenngleich durchweg kritischen Umgang mit kultur- und sozialwissenschaftlichen Konzepten, verbunden mit einem klaren Blick für die archäologische Quellensituation und ihre Probleme, geprägt ist. Der Band markiert damit - neben anderen Unternehmungen der letzten Jahre - einen deutlichen Schritt in Richtung auf eine stärker als bisher (kultur-)theoretisch informierte und orientierte Archäologie. Man darf gespannt sein, welche konkreten Perspektiven für die Forschung sich in Zukunft aus diesen Ansätzen ergeben werden. Wir hoffen jedenfalls, dass sich zumindest ein Teil der Offenheit gegenüber neuen Konzepten und der Gesprächsbereitschaft, die die gesamte Tübinger Tagung kennzeichneten, auch den Leserinnen und Lesern dieses Bandes vermittelt.

Objekte

ULRICH VEIT

Menschen – Objekte – Zeichen:
Perspektiven des Studiums materieller Kultur

ZUSAMMENFASSUNG: Aufgabe dieses Beitrags, der im Wesentlichen auf meinem Eröffnungsreferat im Rahmen der Tübinger Tagung beruht, ist es, einige im Kontext des Rahmenthemas »Spuren und Botschaften« zentrale Aspekte der »Interpretation materieller Kultur« etwas näher zu beleuchten. Welche Aspekte dies sind, deutet der Titel an: Es geht um Menschen und ihren Umgang mit Objekten, um Objekte und die Tradition des wissenschaftlichen Objektstudiums sowie um materielle Zeichen und die Möglichkeiten und Probleme ihrer »Entschlüsselung« speziell in den Archäologie-Fächern. Intensivere Bemühungen um eine entsprechende soziologische und semiotische Erweiterung des Kulturkonzepts gibt es in der Ur- und Frühgeschichtlichen Archäologie seit den achtziger Jahren. Allerdings fehlt für diesen Bereich, von einigen programmatischen Stellungnahmen aus dem Lager der sog. Postprozessualen Archäologie abgesehen, bis heute eine systematische Basis. Einige grundsätzliche Überlegungen im letzten Teil dieses Beitrags sollen deshalb die semiotischen Grundlagen der Interpretation materieller Kultur und die sich daraus ergebenden Konsequenzen für die Deutung archäologischer Quellen verdeutlichen.

Menschen

Vor einigen Jahren startete die Zeitschrift *Geo* eine halb journalistische, halb künstlerische Aktion, bei der Familien rund um den Erdball zusammen mit ihren materiellen Besitztümern fotografiert wurden (Menzel 1994). Das Ergebnis ist eine beeindruckende Fotodokumentation, die weltweit moderne Sachinventare zusammen mit den Menschen, die sie zusammengetragen haben, dokumentiert. Sie verdient nicht nur deshalb unser Interesse, weil sie die enorme Kluft zwischen reichen und armen Ländern anschaulich werden lässt, sondern auch, weil sie uns eine Ahnung davon vermittelt, wie sehr wir das, was wir sind, durch die Dinge sind, die uns umgeben. In einem weiteren Sinne könnte man das Vorgehen des Autors dieser Dokumentation, Peter Menzel, deshalb durchaus »archäologisch« nennen, werden doch die Lebensverhältnisse und Lebensentwürfe von Menschen über die mit ihnen assoziierten Objekte zu fassen versucht. Dadurch dass die von ihm fotografierten Familien zusätzlich zu ihrer Situation und ihren Wünschen befragt wurden, besitzt der Beitrag darüber hinaus auch eine »ethnoarchäologische« Dimension.

Eine der Fragen, die man den ausgewählten Familien gestellt hat, war jene nach ihrem wertvollsten Besitz. Genannt wurden in diesem Zusammenhang religiöse Objekte, persönliche Erinnerungsstücke, Andenken, Nutztiere, aber auch moderne Konsumgüter wie die Stereoanlage oder die Spielekonsole von Nintendo. Für die Familie Natomo aus Kourakourou in Mali stellt beispielsweise ein altes Fahrrad ihren wertvollsten Besitz dar. Die Vielfalt der Antworten auf diese Frage illustriert die auch wissenschaftlich gestützte Einsicht, dass unser Verhältnis zu den Dingen von ganz unterschiedlichen Faktoren abhängig ist, angefangen von bestimmten psychischen Dispositionen und individuellen Vorlieben bis hin zu gesellschaftlichen Konventionen und kulturellen Werthaltungen. Besonders die letztgenannten Aspekte interessieren hier, ist es doch unser Ziel, darüber nachzudenken, wie Archäologen unter Berufung auf von Menschenhand gestaltete Objekte begründbare Aussagen über uns fremde Kulturen treffen können.

Die Reflexion über das Fremde verweist Archäologen ebenso wie andere Kulturwissenschaftler aber immer wieder zurück auf ihre eigene Kultur und die Möglichkeiten und Grenzen, die sie einer solchen Aufgabe setzt. Dies gilt auch und gerade im Hinblick auf den »Umgang mit Sachen«, der in unserer eigenen Kultur Formen angenommen hat, die wir aus traditionellen Systemen nicht kennen. Begriffe wie »Massenproduktion«, »Konsumgesellschaft« oder »Wegwerfmentalität« mögen genügen, um anzudeuten, was damit gemeint ist. Sie erinnern uns daran, dass unser eigenes Objektverständnis in einem engen Zusammenhang mit dem sich beschleunigenden Modernisierungsprozess, dem unsere Gesellschaft seit mindestens einhundertfünfzig Jahren unterworfen ist, gesehen werden muss.

Kehrseite dieser Modernisierung ist, wie besonders prägnant der Philosoph Hermann Lübbe (1982) herausgestellt hat, eine fortschreitende Musealisierung unserer Gesellschaft. Sie hat im angedeuteten Zeitraum prägenden Einfluss auf die Struktur der kulturwissenschaftlichen Forschung ausgeübt. Fast alle der in diesem Band vertretenen Fächer sind im 19. und frühen 20. Jahrhundert zunächst als Museumsfächer entstanden – auch wenn sie sich in der Folge in unterschiedlichem Umfang und mit unterschiedlicher Geschwindigkeit von dieser Rollenfestlegung emanzipiert haben (s. Pomian 1988). Andererseits zeigt der anhaltende Museumsboom, dass der museale Aspekt in diesen Fächern auch weiterhin eine wichtige Rolle spielt.

Die jüngere materielle Produktion im volkskundlichen Bereich belegt zudem eindrücklich, in welcher Weise akademische Debatten über Objekte auf ihre gesellschaftliche Bewertung und den Umgang mit ihnen zurückwirken können. »Folklorismus« wäre hier das Stichwort. Ähnliches gilt auch für die Ethnologie, deren Nachfrage nach Ethnographica die materielle Produktion der von ihr untersuchten Gesellschaften nachhaltig beeinflusste.[1] Dieser Sachverhalt erschwert unseren Zugang zu einem angemessenen Verständnis des »Umgangs mit Sachen« in fremden Kulturen natürlich ganz beträchtlich. Dieses Dilemma trifft indirekt auch die Ur- und Frühgeschichtliche Archäologie, die für ihre Aussagen in starkem Maße auf Modellvorstellungen angewiesen ist, die an solchen rezenten Gesellschaften gewonnen wurden.

---

1 Aber auch die moderne Kunst hat vielfältige Einflüsse aus diesem Bereich aufgenommen.

Objekte

Im Zusammenhang mit dieser Debatte um den erkenntnistheoretischen Status von Analogien in der Archäologie kam in den letzten Jahren dem Begriff »materielle Kultur« eine zunehmende Bedeutung zu, zielt er doch direkt auf die Möglichkeit einer genaueren Bestimmung des Verhältnisses von Objekten und den damit assoziierten kulturellen Institutionen. Allerdings steht seinem regen Gebrauch im fachwissenschaftlichen ebenso wie in allgemein kulturwissenschaftlichen Debatten gegenwärtig noch kein klares analytisches Konzept gegenüber.

Schon der Terminus selbst ist umstritten, verbindet er doch zwei Begriffe, die sich alles andere als harmonisch zusammenfügen. Gerade im Land der »Dichter und Denker« assoziieren wir mit dem Begriff »Kultur« in aller Regel in erster Linie einen »geistigen Prozess«. Materielle Aspekte dagegen verbinden sich eher mit dem – vor allem im angelsächsischen Raum gebräuchlichen – Begriff »Zivilisation«. Insofern erscheint die Verschmelzung der Termini »materiell« und »Kultur« zumindest problematisch und gibt immer wieder zu Diskussionen Anlass.

Die Ethnologin Ulla Johansen (1972; 1992) hat deshalb schon vor längerer Zeit den Vorschlag gemacht, diesen Widerspruch dadurch aufzulösen, dass man fortan statt von »materieller« von »materialisierter« Kultur spreche. Allerdings konnte sich dieser Begriff, nicht nur wegen seines esoterischen Beiklangs (»Materialisation«), letztlich nicht durchsetzen. So blieb es bei der Bezeichnung »materielle Kultur« (oder alternativ »Sachkultur«), auch wenn wir heute eingestehen, dass die »kulturspezifischen Vorstellungen über die angemessene Form von Dingen, ihre Herstellung, ihre Anwendung und ihre Bedeutung« (Feest 1999, 1) – also immaterielle Aspekte – einen unverzichtbaren Teilaspekt des Studiums der materiellen Kultur darstellen.[2]

Artefakte unterscheiden sich demnach von anderen Äußerungen von Kultur, speziell Handlungen und Worten, nicht grundsätzlich, sondern lediglich durch ihre größere Beständigkeit. Sie wiederum schafft die Voraussetzung dafür, dass Artefakte nach ihrer Fertigung ein ausgeprägtes Eigenleben führen und durch physische Weitergabe in andere kulturelle Zusammenhänge gelangen können. Diese Besonderheit materieller Kultur allein rechtfertigt jedoch die geläufige scharfe Kontrastierung eines Bereiches materieller Kultur und eines Bereiches geistiger Kultur noch nicht.[3]

Der Begriff »materielle Kultur« bezieht seine hauptsächliche Legitimation deshalb auch weniger aus kulturtheoretischen als vielmehr aus praktischen Überlegungen. Er steckt über einen bestimmten Quellenbereich – die materiellen Hervorbringungen

---

2 Gleiches gilt auch für die kulturspezifischen Fähigkeiten der Umsetzung dieser Vorstellungen in die Wirklichkeit (ebd.).

3 So hat beispielsweise Bringéus (1986) die ältere Einteilung des ethnologischen Forschungsfeldes in materiellen, geistigen und sozialen Sektor aufgegeben. – Die in Deutschland geläufige Gegenüberstellung »geistiger« und »materieller Kultur« war überdies nur vor dem Hintergrund der hier verbreiteten Ausklammerung des sozialen Sektors möglich (siehe Bausinger 1980, 59 f.).

menschlicher Kultur (oder kurz: die Artefakte) - ein relativ klar abgrenzbares Forschungsfeld ab. An diesem Feld haben heute ganz verschiedene kulturwissenschaftliche Fächer teil. Neben den diversen Archäologien sind dies insbesondere die Ethnologie (Johansen 1992; Feest 1999), die Volkskunde (Jeggle 1983; Bringéus 1986) sowie die Geschichtswissenschaft (Braudel 1985).

Die genannten Wissenschaften können auf eine lange Tradition im Umgang mit Sachquellen zurückblicken. Sie setzte mit den frühen antiquarischen Studien des 16. bis 18. Jahrhunderts ein, in deren Rahmen man zahlreiche Objekte als Überbleibsel und Denkmäler vergangener oder fremder Kulturen zusammentrug, teilweise aufgrund ihres historischen Zeugniswertes, teilweise aber auch aufgrund ihres ästhetischen Wertes. Gleichzeitig knüpfte man an sie heute mitunter etwas abenteuerlich anmutende historische bzw. völkerkundliche Rekonstruktionen. Die Objekte dienten dabei nicht nur der Illustration der mit ihnen verknüpften historischen Erzählungen, sondern verliehen ihnen erst ihre Glaubwürdigkeit.[4]

Eine wichtige Rolle spielte das Studium der materiellen Kultur auch im 19. Jahrhundert im Rahmen des evolutionistischen Denkens. Hier wurden Objekte wie Werkzeuge und Gebrauchsgegenstände zu Leitfossilien des Zivilisationsprozesses, d. h. zu Belegen einer als gesetzmäßig verstandenen technologischen und gesellschaftlichen Entwicklung. Was die Frage der Technikentwicklung betrifft, sind in diesem Zusammenhang insbesondere die vielfältigen Bemühungen von General Augustus Henry Lane Fox Pitt-Rivers (1827-1900) zu nennen, dessen umfangreiche Sammlungen noch heute in Oxford zu besichtigen sind (Bowden 1991). Bezüglich weiter reichender gesellschaftstheoretischer Überlegungen sei nur ganz kurz an die Studien Lewis Henry Morgans (1818-1881) erinnert, dessen Stufengliederung in Wildheit, Barbarei und Zivilisation in beträchtlichem Umfang technologische, d. h. materiell direkt fassbare Erscheinungen, beinhaltet - etwa die Erfindung der Keramik als Kennzeichen für den Beginn der Stufe der Barbarei (Morgan 1877). Sein Ansatz fand, wie allgemein bekannt ist, eine gewisse Fortsetzung im Historischen Materialismus - insbesondere im Werk von Friedrich Engels (1820-1895; s. Engels 1884).

Eine - wenn auch unvollkommene - Abkehr vom Entwicklungsdenken markieren die Arbeiten der Kulturhistorischen Ethnologie um Wilhelm Schmidt (1868-1954) vom Beginn des 20. Jahrhunderts. Sie knüpften explizit an die Tradition des Historismus und die dort entwickelten Prinzipien historischer Quellenkunde an.[5] Konkret ging es dabei um den Nachweis kultureller Innovationszentren und Diffusionsprozesse in globalem Maßstab. Zu diesem Zweck hat man Kultur analytisch zunächst in

---

[4] Zur Methode der frühen antiquarischen Forschung siehe Dick 1988 mit Bezug auf das Werk von John Aubrey (1625-1697).
[5] Dies gilt insbesondere für F. Graebner (1877-1934), dessen »Methode der Ethnologie« (1911) auf Bernheim (1889) und Droysen (1977) aufbaut.

einzelne Kulturelemente aufgelöst, deren Verbreitung man kartierte. Später versuchte man dann diese einzelnen Elemente wieder zu Kulturen bzw. Kulturkreisen zu verbinden.

Ein solcher Ansatz eignete sich – da er den kulturellen Kontext der untersuchten Objekte und Institutionen weit gehend ausblendete – nicht nur für ethnologische, sondern gleichermaßen für archäologische Anwendungen. Teilweise versuchte man auch beide Bereiche miteinander zu verknüpfen. Dies zeigen beispielhaft die frühen Diskussionen um Ursprung und Ausbreitung megalithischer Kulturerscheinungen. Aus ihnen werden aber auch die Grenzen eines entsprechenden, reduzierten Kulturkonzepts deutlich. In der Fülle anonymer Kulturströme gerieten der hinter den Artefakten stehende Mensch und seine Kultur mehr und mehr aus dem Blickfeld.

Alternativen zu einem solchen diffusionistischen Ansatz zeigten insbesondere ethnologische und soziologische Ansätze auf. Erinnert sei hier nur an Marcel Mauss' (1872-1950) berühmte Studie zum Gabentausch aus dem Jahre 1925 (Mauss 1978, II, 11-144). Allerdings spielten Aspekte der materiellen Kultur im weiteren Rahmen der sozialwissenschaftlichen Theoriebildung des 20. Jahrhunderts, etwa im Funktionalismus (Bronislaw Kaspar Malinowski [1884-1942]) und Strukturfunktionalismus (Alfred Reginald Radcliffe-Brown [1881-1955]) später im Strukturalismus (Claude Lévi-Strauss [geb. 1908]), nur eine untergeordnete Rolle (s. Feest 1999). Dem entsprechend blieb ihr Einfluss auf Arbeiten zur materiellen Kultur gering. Ihr Anspruch beschränkte sich vielmehr häufig auf die Dokumentation und museale Präsentation der von der Zerstörung bedrohten Dingwelten.

Erst seit den siebziger Jahren des 20. Jahrhunderts finden wir im Rahmen von Studien zur materiellen Kultur eine stärkere Verlagerung der Blickrichtung von den Dingen auf den dahinter stehenden Menschen. Die Dinge an sich verloren dabei ihren Wert als Zeugen exotischer Welten, als Glieder einer historischen Entwicklungskette oder als ästhetische Museumsschauobjekte. Stattdessen rückte die Frage in den Mittelpunkt, welchen Wert die Dinge für ihre Schöpfer bzw. Nutzer besitzen und welche kulturspezifischen Bedeutungen sie dabei transportieren.

Nach Nils-Arvid Bringéus (1986) lassen sich im kulturwissenschaftlichen Bereich vier jüngere Perspektiven des Studiums materieller Kultur unterscheiden:

1. Eine *kontextuelle Perspektive*, die primär auf die Rekonstruktion der inneren Ordnung der Gegenstände einer Gesellschaft zielt. Sie fragt gezielt nach den Beziehungen der Gegenstände zueinander, nach ihrer Gruppierung und nach ihren Rangunterschieden. Diese Perspektive setzt in der Regel gezielte ethnografische Feldforschungen voraus. Als paradigmatisch gelten die Studien von Edit Fél und Támas Hofer (1972; Hofer 1979) im ungarischen Dorf Atány.

2. Eine *instrumentelle Perspektive*. Ihre Vertreter betonen die instrumentelle Funktion von Werkzeugen, Gegenständen, Gebäuden usw. – und zwar in einem nicht nur technologischen, sondern in einem breiteren gesellschaftlichen Sinne. Gegenstände erscheinen dabei nicht primär als Produkte, sondern als Prozesse.

3. Eine *symbolkommunikative Perspektive,* deren Anhänger den Zeichencharakter von Objekten herausstellen. In diesem Sinne werden bestimmte Bereiche materieller Kultur, wie etwa die Kleidung, konsequent als Statusanzeiger analysiert.
4. Vertreter einer *wertenden Perspektive* schließlich stellen ganz bewusst die Frage nach der Bedeutung, die Objekte für ihren Hersteller bzw. Nutzer besitzen, in den Mittelpunkt ihrer Erörterungen.

Bringéus (1986) charakterisierte diese jüngeren Forschungsperspektiven, die sich teilweise überschneiden, im Hinblick auf sein Fach, die Volkskunde, vor einigen Jahren als »ziemlich unerprobt«. Dies gilt heute für die Volkskunde möglicherweise nicht mehr in dem Ausmaß wie damals.[6] Es gilt aber mit Sicherheit noch für die Ur- und Frühgeschichtliche Archäologie, wenngleich man auch dort seit den achtziger Jahren, vor allem in Großbritannien, damit begann, ähnliche Fragestellungen anzugehen.[7]

Zeichen

Aufs Ganze des Faches gesehen blieben Versuche, materielle Kultur als Träger kulturspezifischer Bedeutungen zu analysieren, bisher jedoch begrenzt. Dies gilt besonders für die Situation des Faches in Deutschland (dazu auch Veit 1997). Hier werden archäologische Objekte auch weiterhin gewöhnlich auf zweierlei Weise gedeutet: einmal hinsichtlich ihrer ehemaligen – aber zumeist universal gedachten – *Funktion*, also z. B. als Häuser, Gräber, Verteidigungsanlagen, Vorratsbehälter oder Waffen, zum anderen als *indirekte Hinweise* auf historische Verhältnisse, d. h. als Spuren vergangener Geschehnisse. In diesen Kontext gehören insbesondere Fragen nach dem chronologischen und geografischen Verhältnis bestimmter archäologischer Fundgruppen, nach den kulturellen Beziehungen dieser so gebildeten Gruppen untereinander und deren Interpretierbarkeit in Bezug auf ethnische Gruppen oder soziale Differenzierungen.

Beide Ansätze gehen von der Prämisse aus, dass die Objekte selbst ihren Benutzern nichts mitteilen – zumindest aber, dass die Objekte nicht zum Zwecke der Kommunikation gedacht waren. Nur relativ selten wird demgegenüber in Rechnung gestellt, dass Gegenstände nicht nur bestimmte Funktionen erfüllen, sondern auch Träger von »Botschaften« sind. Dies gilt natürlich für soziale Botschaften, deren Existenz wir unterstellen, wenn – meist allzu leichtfertig – von »Statussymbolen« oder »Prestigegütern« die Rede ist. Dies gilt aber auch schon auf einer grundsätz-

---

[6] Siehe z. B. Hauser 1994; Beck 1997.
[7] Siehe dazu z. B. die folgenden Sammelbände: Hodder 1982; 1989; Tilley 1990; 1994. Kritische Bemerkungen im Hinblick auf das Leitkonzept »Materielle Kultur als Text« finden sich in Veit i. Dr. sowie in meinem zweiten Beitrag zu diesem Band.

licheren Ebene, wenn wir uns klar machen, dass auch Funktionen mitgeteilt werden müssen. So lässt sich selbst die Funktion von Werkzeugen (im weitesten Sinne) unter dem Aspekt der Kommunikation und Signifikation interpretieren.[8] Der italienische Semiotiker Umberto Eco (1972, 298) hat diesen Sachverhalt einmal am Beispiel des Löffels verdeutlicht. Mit einem Löffel eine Speise zum Mund zu führen, kennzeichnet zunächst einmal lediglich die Erfüllung einer Funktion mit einem Werkzeug, das eben diese Funktion erlaubt. Doch setzt erst der Anblick des Löffels die ›Funktion‹ dieses »Werkzeugs« in Gang. Das bedeutet aber wiederum, dass das Werkzeug auch eine kommunikative Funktion erfüllt, indem es uns die intendierte Funktion mitteilt. Dies geschieht unabhängig von dessen tatsächlicher Benutzung allein bei dessen visueller Wahrnehmung. Die Form eines Gegenstandes muss also nicht nur dessen Funktion ermöglichen, sondern diese gleichzeitig auch so eindeutig denotieren, dass sie nicht nur möglich, sondern auch wünschenswert erscheint.

Die Tatsache, dass jemand öffentlich einen Löffel benutzt, sagt aber noch weit mehr. Sie beinhaltet gleichzeitig die Mitteilung seiner Anpassung an bestimmte Tischsitten und damit die Zugehörigkeit zu einem bestimmten Kreis von Menschen. Ein Gegenstand kann also sowohl seine Funktion denotieren als auch eine bestimmte »Ideologie« der Funktion konnotieren. Daraus lassen sich dann in der Sekundäranalyse Hinweise auf soziale Differenzierungen ableiten. Allerdings weiß in der Regel nur der Eingeweihte, was bestimmte Formen ›bedeuten‹. Der nicht Eingeweihte und dazu zählt in aller Regel auch der Archäologe, kennt ihre Bedeutung nicht, da ihm der entsprechende Kode, oder - einfacher ausgedrückt - die Gebrauchsanweisung, fehlt und er auch keine Möglichkeit besitzt sie sich durch teilnehmende Beobachtung anzueignen.

Trotzdem kommt es aber mitunter vor, dass Menschen ein ihnen fremdes Objekt nicht ratlos betrachten, sondern es mit einem Kode belegen. Dies gilt in der Archäologie ebenso wie im richtigen Leben. Eco schildert dazu einen Fall aus Süditalien. Dort hatte der Staat für die Landbevölkerung Häuser errichten lassen, die im Gegensatz zu deren bisherigen Unterkünften über ein Bad mit Toilette verfügten. Da die dort lebenden Menschen aber gewöhnt waren, ihre entsprechenden körperlichen Bedürfnisse auf den Feldern zu verrichten und ohne Vorbereitung mit dieser Innovation konfrontiert wurden, benutzten sie die Klosetts nicht entsprechend ihrer denotierten Funktion, sondern als Spülbecken für Oliven.

Dieses Beispiel belegt anschaulich, dass die Form die Funktion eines Gegenstandes nur auf der Basis eines Systems von erworbenen Erwartungen und Gewohnheiten bezeichnet, also auf der Basis eines bestimmten ›kulturellen Kodes‹. Dieser Kode ist - zumindest was die denotierte Funktion eines Gegenstandes betrifft - relativ ein-

---

8 Roland Barthes (1964, zit. b. Eco 1972, 298) sprach in diesem Zusammenhang davon, dass »von jenem Moment an, wo es Gesellschaft gibt, sich jeder Gebrauch in das Zeichen des Gebrauchs verwandelt.«

fach über Gebrauchsanweisungen (die schriftlich, grafisch oder praktisch sein können) vermittelbar. Auch wenn der archäologische Fundkontext, d. h. das Auftreten von Gegenständen in ihrem ehemaligen Verwendungsbereich und in Beziehung zu anderen Artefakten (einschließlich der Untersuchung eventueller Gebrauchsspuren), als rudimentäre Gebrauchsanweisung angesehen werden kann, reicht sie in vielen Fällen doch nicht zu einer Rekonstruktion der ehemaligen Funktion und Bedeutung aus.[9]

Deshalb stellt sich die Frage, was uns so sicher macht, dass wir, wenn wir archäologische Objekte deuten – was wir *de facto* täglich tun – nicht demselben Missverständnis unterliegen wie jene italienischen Bauern. Die Antwort darauf muss lauten: Im Grunde genommen nicht viel! Auch wir sind bis zu einem gewissen Grad auf Intuition angewiesen. Unser Vorgehen als Wissenschaftler unterscheidet sich von dem jener findigen Bauern lediglich dadurch, dass wir systematisch Kontrollen einbauen (oder einbauen sollten), die darauf zielen eine falsche oder unangemessene ›Lesung‹ der Objekte zu eliminieren. Dazu gehört insbesondere die systematische Heranziehung von besser dokumentierten Vergleichskontexten aber auch das Bemühen eigene kulturelle bzw. ideologische Fixierungen zu überwinden. Letztlich sind unsere Rückschlüsse auf die Bedeutungsdimension vergangener Objekte aber immer riskant und vom Scheitern bedroht. Dennoch bleiben sie unverzichtbar, wollen wir ein über Oberflächenbeschreibungen hinausgehendes Wissen über unseren Untersuchungsgegenstand, vergangene Gesellschaften, gewinnen.

Deshalb ist auch in der Archäologie ein Kulturkonzept nötig, das der Vielfalt und Eigenart kultureller Erscheinungen Rechnung zu tragen sucht. Dazu aber dürfte ein Kulturbegriff, wie ihn beispielsweise Clifford Geertz vertritt, am angemessensten sein. Geertz geht mit Max Weber davon aus, dass »der Mensch ein Wesen ist, das in selbst gesponnene Bedeutungsgewebe verstrickt ist« (Geertz 1987, 9). Kultur ist für ihn dieses Gewebe und ihre Untersuchung keine experimentelle Wissenschaft, die nach Gesetzen sucht. Vielmehr gehe es der Kulturwissenschaft »um Erläuterungen, um das Deuten gesellschaftlicher Ausdrucksformen, die zunächst rätselhaft scheinen« (ebd.).

Eine solche Bestimmung taugt m. E. auch für unser Fach und zur Umschreibung der Aufgabe, die sich unsere Tagung gestellt hatte, nämlich »Spuren« der Vergangenheit als Ausdruck vergangenen menschlichen Handelns zu deuten und möglicherweise auch in Objekten kodierte »Botschaften« zu entschlüsseln. Um diese Aufgabe

---

9 Selbst die vorauszusetzende geringere Komplexität ur- und frühgeschichtlicher Technologie, der ja manche Errungenschaften der modernen Zivilisation, wie etwa die Guillotine, das Wasserklosett oder der Kühlschrank fehlen, hilft uns diesbezüglich nur wenig. – Eine Anknüpfung an unsere eigene, heute weitest gehend musealisierte Volkskultur als möglicher Hort uralter, d. h. bis in die Ur- und Frühgeschichte zurückreichender, Traditionen ist aus grundsätzlichen Überlegungen heraus abzulehnen. Damit würde nämlich nur postuliert, was eigentlich nachzuweisen wäre: eine Konstanz der denotierten Funktion über lange Zeiträume hinweg.

zu erfüllen, scheint es mir indes nicht nötig, die Vergangenheit gänzlich neu zu erschaffen (siehe Beitrag Holtorf, dieser Band). Sicher ist die Suche nach der Vergangenheit in ihrem Kern immer auch eine Suche nach uns selbst – und damit zu einem großen Teil gegenwartsbestimmt. Insofern decken wir nicht nur vergangene Funktionen und Bedeutungen von Artefakten auf, sondern schaffen auch permanent neue Bedeutungen. Begriffe wie »Steinzeit«, »Hallstattkultur« oder »Sozialstruktur« verweisen auf Konstrukte, die zweifellos nicht dem Denken der untersuchten Gruppe entstammen, sondern sekundär von Archäologen geschaffen oder aus anderen Bereichen entlehnt wurden. Daraus jedoch ableiten zu wollen, dass uns die Funktionen und Bedeutungen, die die Menschen der Vergangenheit den von ihnen geschaffenen Objekten zusprachen und die ihr Handeln leiteten, bei unseren Vergangenheitsdeutungen nicht zu interessieren bräuchten, scheint mir absurd. Für jede weiter gehende Interpretation einer vergangenen Gesellschaft ist es essenziell, welche Funktion und Bedeutung, die von ihr zurückgelassenen Objekte besaßen. Wir werden eine vergangene Gesellschaft zweifellos anders beurteilen, wenn wir in ihrem materiellen Inventar Waffen identifizieren oder nicht.

Ich hege große Sympathie für eine Bestimmung der Archäologie »als kreatives Schaffen von Interpretationen der Vergangenheit und ihrer materiellen Reste«, wie sie Holtorf vorschlägt. Dieser Kreativität sind allerdings durch den archäologischen Befund gewisse Grenzen gesetzt, die wir respektieren sollten. Und diese Orientierung aufs Faktische, so trügerisch sie bisweilen sein kann, ist beileibe nicht nur für den akademischen Diskurs zu fordern, dessen Teilnehmern ohnehin permanent eine Überheblichkeit gegenüber nicht akademischen Interpretationen vorgeworfen wird. Auch ein fachlich nicht vorgebildeter Museumsbesucher, der nach der Funktion und Bedeutung eines bestimmten Fundobjektes fragt, möchte – sofern er für eine Auseinandersetzung offen ist – nicht mit subjektiven Eingebungen von »Experten« abgefertigt werden, sondern verlangt mit Recht klare Aussagen. Als Kronzeuge gegen die etablierte Archäologie und ihr vermeintliches Wissenskartell, das die kollektive Erinnerung dominiere, taugt er jedenfalls wenig.

Wesentlicher erscheint es mir davor zu warnen, den semiotischen Ansatz zu überziehen und überall tief greifende kulturelle Bedeutungen identifizieren zu wollen. Es wäre sicher unklug, materielle Kultur ausschließlich unter dem Aspekt der Kommunikation untersuchen zu wollen (Douglas/Isherwood 1978, bes. 62). Die meisten Objekte besitzen nämlich nicht nur eine kommunikative Bedeutung, sondern erfüllen auch eine ganz praktische Funktion – und beides ist eng miteinander verbunden. Wir müssen uns deshalb bei unseren Erkundungsgängen in die Vergangenheit davor hüten, die von uns untersuchten Gesellschaften mit einer uns fremd erscheinenden Symbolik zu überfrachten bzw. geschlossene Bedeutungssysteme zu rekonstruieren, die der ehemaligen gesellschaftlichen Realität letztlich nicht gerecht werden.[10] Neben dem Sinn für Symbolik und ihrem praktischen Einsatz im Rahmen von sozialen Strategien, auf den insbesondere Pierre Bourdieu (1987) aufmerksam gemacht hat, darf die ausgeprägte Pragmatik traditioneller Gesellschaftssysteme nicht übersehen werden. Dies bezeugen zahlreiche empirische Untersuchungen, allen voran die schon erwähnten ethnografischen Untersuchungen von Edit Fél und Tamás Hofer (1972) im ungarischen Dorf Atány. Gegenüber einer auch Archäologen geläufigen Sichtweise, nach der in vorindustriellen Gesellschaften die Tradition das Handeln weit gehend determiniert und dem Individuum wenig Handlungsspielräume bleiben, gelingt es Fél und Hofer aufzuzeigen, wie sich die einzelnen Familien Atánys trotz aller gemeinsamen Grundsätze ihrer Lebensführung um zu überleben beständig den wandelnden gesellschaftlichen und natürlichen Bedingungen anpassen müssen. Darüber hinaus zeigen sie, von welch großer Bedeutung in diesem Zusammenhang die über die Jahre angesammelten Erfahrungen und Findigkeiten, die »kühnen Entschlüsse und weisen Erwägungen« (ebd. XVI) sind, die ihr Handeln leiten. Dies zeigt sich gerade im Umgang mit Sachen.

Diese Feststellungen führen uns zurück zur einleitend erwähnten Familie aus Mali, die als ihren wertvollsten Besitz ein altes Fahrrad ansah. In diesem Werturteil offenbart sich zweifellos auch manches über das Verhältnis der Menschen zu den Dingen, das über den konkreten Fall hinausweist. Es zeigt sich daran z. B. sehr deutlich, dass Bedeutungen den Dingen von ihren Benutzern auf Zeit und nach Kriterien, die sich dem Außenstehenden nicht auf den ersten Blick erschließen, verliehen werden. Solche grundsätzlichen Einsichten sollten in Zukunft auch dort größere Beachtung finden sollten, wo es um die Beurteilung von Objekten aus ausschließlich archäologisch fassbaren Gemeinschaften geht. Dies gilt ungeachtet der häufig bei Bemühungen in dieser Richtung gemachten Erfahrung, dass sich solche Beobachtungen an rezenten Kontexten nur schwer zu einer »Theorie der materiellen Kultur« (Eggert 1994, 17) verdichten lassen.[11]

---

10 Siehe dazu auch Spittler (1993, 180): »Es erscheint mir nicht der Weisheit letzter Schluss, statt des altmodischen Gebrauchswerts nun den neumodischen Symbolwert der Objekte in den Mittelpunkt zu stellen. Symbole sind Teil des Gebrauchs. Aber zu diesem gehört auch die alltägliche Nutzung. Über diese wissen wir sehr wenig, und es sollte keineswegs unter der Würde von Ethnologen sein, sie genau zu beschreiben und zu analysieren.«
11 Siehe dazu ausführlicher: Veit 2002.

Literatur

Barthes 1964: R. Barthes, Eléments de sémiologie. Communications 4 [zitiert nach Eco 1972].
Bausinger 1980: H. Bausinger: Zur Problematik des Kulturbegriffs. In: Alois Wierlacher (Hrsg.) Fremdsprache Deutsch 1. München: Fink/UTB 1980, 57-69.
Beck 1997: S. Beck, Umgang mit Technik. Kulturelle Praxen und kulturwissenschaftliche Forschungskonzepte. Zeithorizonte: Studien zu Theorien und Perspektiven Europäischer Ethnologie. Berlin: Akademie 1997.
Bernheim 1889: E. Bernheim, Lehrbuch der Historischen Methode und der Geschichtsphilosophie. Leipzig: Duncker & Humblot 1889; 3. u. 4. Aufl. 1903.
Bourdieu 1987: P. Bourdieu, Sozialer Sinn. Kritik der theoretischen Vernunft. Frankfurt a. M.: Suhrkamp 1987 [Orig.: Le sens pratique. Paris: Minuit 1980].
Bowden 1991: M. Bowden, Pitt Rivers. The Life and Archaeological Work of Lieutenant-General Augustus Henry Lane Fox Pitt Rivers, DCL, FRS, FSA. Cambridge: Cambridge University Press 1991.
Braudel 1985: F. Braudel, Sozialgeschichte des 15.-18. Jahrhunderts. Der Alltag. München: Kindler 1985 [Orig.: Civilisation matérielle, économie et capitalisme XVe-XVIIIe siècle. Les structures du quotidien: Le possible et l'impossible. Paris: Armand Colin 1979].
Bringéus 1986: N.-A. Bringéus: Perspektiven des Studiums materieller Kultur. Jahrb. Volksk. u. Kulturgesch. 29 (= NF 12) 1986, 159-174.
Dick 1988: O. L. Dick, Das Leben: Ein Versuch. John Aubrey und sein Jahrhundert. Berlin: Wagenbach 1988.
Douglas/Isherwood 1978: M. Douglas/B. Isherwood: The World of Goods. Towards an Anthropology of Consumption. London 1978.
Droysen 1977: J. G. Droysen, Historik. Rekonstruktion der ersten vollständigen Fassung der Vorlesungen (1857). Grundriß der Historik in der ersten handschriftlichen (1857/58) und in der letzten gedruckten Fassung (1882). Textausgabe von Peter Ley. Stuttgart-Bad Cannstatt: Frommann - Holzboog 1977.
Eco 1972: Ders., Einführung in die Semiotik. München: Fink/UTB 1972, ^{6}1988.
Eggers 1959: H. J. Eggers, Einführung in die Vorgeschichte. München: Piper 1959 (unveränderte Neuauflage 1974, 1986).
Eggert 1994: M. K. H. Eggert, Archäologie heute: Reflexionen 1993. Festvortrag zum 85. Geburtstag von Rafael v. Uslar am 15. November 1993. Jahrb. Röm.-Germ. Zentralmus. Mainz 41, 1994, 3-18.
Engels 1884: F. Engels, Der Ursprung der Familie, des Privateigentums und des Staats. Im Anschluß an Lewis H. Morgans's Forschungen. Stuttgart: Diek, 17. Aufl. 1919 (1. Aufl. 1884).
Feest 1999: Ch. F. Feest, Das ethnologische Studium materieller Kultur. In: Ch. F. Feest/ A. Janata, Technologie und Ergologie in der Völkerkunde. Berlin: Reimer 1999, 1-21.
Fél/Hofer 1972: E. Fél/T. Hofer, Bäuerliche Denkweise in Wirtschaft und Haushalt. Eine ethnographische Untersuchung über das ungarische Dorf Atány. Veröff. Inst. Mitteleurop. Volksforschung R. A Bd. 7. Göttingen: Schwartz 1972.
Geertz 1987: C. Geertz, Dichte Beschreibung. Beiträge zum Verstehen kultureller Systeme. Frankfurt a. M.: Suhrkamp 1987 [Orig.: The Interpretation of Cultures. Selected Essays. New York: Basic Books 1973].
Graebner 1911: F. Graebner, Methode der Ethnologie. Kulturgeschichtliche Bibliothek, 1. Reihe 1. Heidelberg: Winter 1911.
Hauser 1994: A. Hauser, Dinge des Alltags. Studien zur historischen Sachkultur eines schwäbischen Dorfes. Untersuchungen des Ludwig-Uhland-Instituts 82. Tübingen: Tübinger Vereinigung für Volkskunde 1994.

Hodder 1982: I. Hodder (Hrsg.), Symbolic and Structural Archaeology. New Directions Arch. Cambridge: Cambridge University Press 1982.

Hodder 1989: Ders. (Hrsg.), The Meanings of Things. Material Culture and Symbolic Expression. One World Arch. 6. London: Unwin Hyman 1989.

Hofer 1979: T. Hofer, Gegenstände in dörflichem und städtischem Milieu. In: Günter Wiegelmann (Hrsg.), Gemeinde im Wandel. Volkskundliche Gemeindestudien in Europa. Beitr. zur Volkskultur in Nordwestdeutschland 13. Münster 1979, 113-135.

Jeggle 1983: U. Jeggle: Vom Umgang mit Sachen. In: K. Köstlin/H. Bausinger (Hrsg.), Umgang mit Sachen. Zur Kulturgeschichte des Dinggebrauchs. 23. Deutscher Volkskunde-Kongress in Regensburg vom 6.-11. Oktober 1981. Regensburger Schriften zur Volkskunde 1. Regensburg 1983, 11-25.

Johansen 1972: U. Johansen, Stellungnahme zu Hans Fischer »Völkerkundemuseen«. Mitt. aus dem Museum für Völkerkunde Hamburg NF 2, 1972, 34 f.

Johansen 1992: Dies., Materielle Kultur oder materialisierte Kultur? Zeitschr. für Ethnologie 117, 1992, 1-15 [siehe auch verschiedene Kommentare und eine Antwort der Autorin in: Zeitschr. für Ethnologie 118, 1993, 141-197].

Lübbe 1982: H. Lübbe, Der Fortschritt und das Museum. Über den Grund unseres Vergnügens an historischen Gegenständen. The 1981 Bithell Memorial Lecture. University of London 1982, 1-22.

Mauss 1978: M. Mauss, Soziologie und Anthropologie. Band I: Theorie der Magie. Soziale Morphologie. Band II: Gabentausch. Soziologie und Psychologie. Todesvorstellung. Körpertechniken. Begriff der Person. Frankfurt a. M.: Ullstein 1978.

Menzel 1994: P. Menzel, Die Zukunft des Menschen. Geo 1994, H. 9, 10-29

Morgan 1877: L. H. Morgan, Die Urgesellschaft (Ancient Society). Untersuchungen über den Fortschritt der Menschheit aus der Wildheit durch die Barbarei zur Zivilisation. Stuttgart: Dietz ^{2}1908.

Pomian 1988: K. Pomian, Archäologische Museen: Kunst, Natur, Geschichte, In: Ders. Der Ursprung des Museums. Vom Sammeln. Berlin: Wagenbach 1988, 91-108.

Spittler 1993: G. Spittler, Materielle Kultur - Plädoyer für eine Handlungsperspektive. Zeitschr. Ethnol. 118, 1993, 178-181.

Tilley 1989: Ch. Tilley, Interpreting Material Culture. In: Hodder 1989, 185-194.

Tilley 1990: Ders. (Hrsg.), Reading Material Culture. Structuralism, Hermeneutics and Post-Structuralism. Oxford: Blackwell 1990.

Tilley 1994: Ders. (Hrsg.), Interpretative Archaeology. Explorations in Anthropology. A University College London Series. Providence: Berg 1994.

Veit 1997: U. Veit, Zur Form und Funktion ur- und frühgeschichtlicher Gefäßkeramik: Eine semiotische Perspektive. Archäol. Inf. 20 (2) 1997, 1-3.

Veit 2002: U. Veit, Vom Nutzen und Nachteil der Theorie für die Archäologie: Anmerkungen zur jüngeren deutschsprachigen Diskussion. In: R. Aslan u. a. (Hrsg.), Mauerschau. Festschrift für M. Korfmann. Remshalden-Grunbach: Greiner 2002 Bd. 1, 37-55.

Veit i. Dr.: Ders., Texte und Spuren: Ur- und Frühgeschichtliche Archäologie zwischen Verstehen und Erklären. In: M. Heinz/M. K. H. Eggert/U. Veit (Hrsg.), Zwischen Erklären und Verstehen? Tübinger Archäologische Taschenbücher 2. Münster: Waxmann im Druck.

HANS PETER HAHN

Dinge als Zeichen – eine unscharfe Beziehung*

»We need to see material culture itself as a part of dynamic life, rather than a static set of objects. It will be necessary to recognize that all artefacts have the potential to transform our perceptions and/or our understanding of the world.«
(P. M. Graves-Brown 1995, 96)

ZUSAMMENFASSUNG: Die Kritik an der Vorstellung, die von einer Kultur geschaffenen Dinge hätten die Eigenschaft objektiver Zeugen für die kulturelle Realität, führte zeitweise zum weitgehenden Verzicht auf Untersuchungen zum materiellen Besitz und seiner kulturellen Relevanz in den Kultur- und Gesellschaftswissenschaften. Erst mit der in den letzten 25 Jahren sprunghaft zunehmenden Interpretation von Kulturen als Systemen von Bedeutungen, die sich durch semiotische Analyse beschreiben lassen, konnte auch die materielle Kultur einen Platz als Träger von kultureller Bedeutung einnehmen. Zahlreiche Veröffentlichungen erweckten aber die nicht erfüllbare Hoffnung, die Bedeutungen der Dinge lesen und verstehen zu können wie Worte und Sätze eines Textes. Auch wenn es richtig ist, dass Bedeutungen immer als Zeichen transportiert werden, so ist die Unterscheidung der Zeichenform, eben die semiotische Analyse, der eigentlichen Interpretation voranzustellen. Der These, dass Dinge Träger von Bedeutungen seien, oder wie Christof Pomian es pointiert formuliert, dass sie *Semiophoren* seien, ist unbedingt zuzustimmen. Es ist aber falsch zu glauben, diese Zeichen stünden in ähnlicher Weise eindeutig und in einer präzisen Beziehung zu bestimmten Bedeutungen, wie es bei Texten der Fall ist. Anhand einiger zentraler Thesen werden die Unterschiede zwischen Text- und Objektzeichen herausgearbeitet. Bedeutungen von Objekten sind nicht nur eine Ergänzung von Text- oder Sprachbedeutung. Obgleich sie bestimmte Kriterien einer linguistischen Zeichendefinition nicht erfüllen, wäre es auch falsch, die Eigenart von Objektzeichen nur durch die so bestimmten Beschränkungen der mit ihnen verbundenen Kommunikationsmöglichkeiten zu beschreiben. Eine wesentliche und oft nicht ausreichend beachtete Eigenschaft ist die Varianz der Schärfe, also der Präzision der Beziehung zwischen Objekt und Bedeutung. Es scheint zu den Kennzeichen materieller Kultur zu gehören, ein offener, nur kontextabhängig definierbarer Bedeutungsträger zu sein. Dies impliziert auch einen Verzicht auf die Möglichkeit, ›objektive‹ Bedeutungen für isolierte Objekte zu beschreiben. Die Untersuchung der Vorgänge, wie sich an Dinge gebundene Bedeutung entwickelt, wie sie aktualisiert wird, und unter welchen Umständen sie dennoch den Status manifester, für ein Kollektiv objektiv wahrgenommener Bedeutung hat, ist auch eine zentrale Fragestellung neuerer Forschungen zu materieller Kultur in der Ethnologie.

Materielle Kultur gehört unter diesem oder anderen Namen sicher zu den ältesten Gegenständen der Beschreibung innerhalb des im Vergleich zur Archäologie jungen Faches Ethnologie. Die Vorstellung von der Relevanz der Dinge und die Überzeugung, dass ihre Beschreibung eine wichtige Aussage über andere Kulturen umfasst,

---

* Für Anregungen und Kritik zu früheren Fassungen des Textes danke ich Dimitr Ibriszimov, Thomas Seibert und Markus Verne. Selbstverständlich liegt die Verantwortung für den Text allein bei mir.

ist eine gemeinsame Grundlage von Archäologie und Ethnologie, auch wenn die Frage nach der wissenschaftlichen, also theoretisch fundierten Anwendung dieser Einsicht immer wieder anders und bislang ohne ein einheitliches Konzept beantwortet wurde. Der folgende Beitrag konzentriert sich auf die Darstellung einiger theoretischer Aspekte zur materiellen Kultur in der Ethnologie und der Ethnoarchäologie. Es geht dabei vor allem darum, in Abgrenzung zur allgemeinen Wissenschaft von den Zeichen, der Semiotik, die speziellen Voraussetzungen einer semiotischen Interpretation von Objekten aufzuzeigen. Die Beziehung zwischen Dingen und Zeichen, so lautet die These dieses Textes, ist vergleichsweise ›unscharf‹, d. h., weniger präzise als in der überwiegend text- und sprachbezogenen Semiotik angenommen wird.[1] Das Anliegen dieses Beitrags ist also in erster Linie eine Kritik, und zwar die Kritik an der vereinfachenden Annahme, materielle Kultur, die Dinge und ihre Anordnungen seien zu lesen wie ein Text, wenn man nur die richtige Technik der Interpretation anwende.[2]

Die große Bedeutung der Dinge in der Ethnologie wird beispielsweise dadurch illustriert, dass schon vor der Entstehung des Faches im 17. Jahrhundert Reisende auf Bildtafeln materielle Erzeugnisse der Völker der westafrikanische Küste abbildeten (Abb. 1).[3] Die Faszination der Authentizität, so würde heute die Diagnose der Museumsfachleute lauten, war schon damals ein Motiv für die Aufnahme der Bilder von Objekten in Reiseberichte. Authentische Objekte fremder Gesellschaften oder alter Kulturen sind auch heute der Magnet guter Museumsausstellungen[4] und belegen immer wieder aufs neue, dass Dinge bedeutungsvolle Botschaften aussenden und in dieser Weise auch ohne wissenschaftliches Vorverständnis als relevante Zeichen verstanden werden.

---

1 Semiotik als wissenschaftliche Disziplin ist weitgehend vom linguistischen Zeichenverständnis geprägt. Die Übertragung auf andere Bereiche erfolgte oft ohne ausreichende Beachtung der Eigenheiten des anderen Mediums (Bentele/Bystrina 1978, 11 35) oder gilt als offenes Forschungsfeld (Eco 1991, 230 ff.).
2 Damit folgt dieser Beitrag einerseits dem Ansatz von Hodder (1989, 252), der auf die Unterschiede zwischen »the world of speech« und den Bedeutungen materieller Formen hinweist. Andererseits wird hier – im Gegensatz zu Hodder (1989) – versucht, genauer zu zeigen, wie Objektbedeutungen wahrgenommen werden.
3 Es ist das Verdienst der Arbeiten von Adam Jones (1990; 1994), auf die Eigenart dieser alten Bilddokumente hingewiesen zu haben. Obwohl sie bereits seit längerer Zeit als Hauptquellen historischer Forschungen dienten, ist erst durch die kritischen Untersuchungen von Jones klargeworden, dass auch die Objekte und ihre Abbildungen im Sinne der Intention der Autoren Mittel zur Erzeugung von Faktizität sind. Auswahl und Form der Abbildung von Objekten sind Techniken, durch die ›Zeugen‹ der fremden Kultur erst geschaffen werden.
4 Archäologie und Ethnologie sind einer größeren Öffentlichkeit zuerst über die Museen zugänglich und bekannt. Das Potential der Dinge, einen originalen Kontext in einen musealen Kontext zu übertragen, ist ein wesentlicher theoretischer Aspekt materieller Kultur, wie es Doering und Hirschauer (1993) unter dem Stichwort der ›Objektbiographie‹ beschreiben.

Dinge als Zeichen – eine unscharfe Beziehung 31

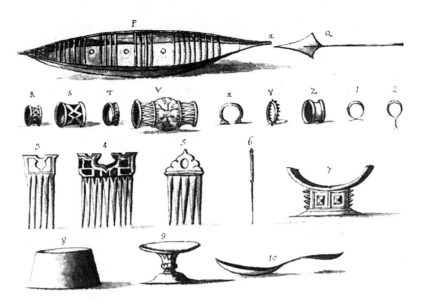

Abb. 1: Bildtafeln aus dem Reisebericht von Jean Barbot: »Description of the Cold Coast of Guinea« (1688, 2. Aufl. London 1732).

Das damit gezeigte, grundlegende Vertrauen in die Aussagekraft der Dinge hat im Laufe der Etablierung der Ethnologie als akademischer Disziplin seinen Niederschlag in den von ihr verwendeten Methoden gefunden. Ausgehend von den erwähnten Reiseberichten mit zahlreichen Abbildungen von Objekten des Alltags gilt dies in weitaus höherem Maße für die theoretisch anspruchsvolleren Werke aus dem Umkreis der kulturhistorischen Methode.[5] Dieser Methode zufolge werden materielle Kultur und die genauen Formen der Dinge als Zeugen für Wesen und Herkunft der Kulturen insgesamt aufgefasst. Für Archäologie und Ethnologie ist in diesem Zusammenhang der monumentale *Atlas Africanus* von Leo Frobenius (1922-31) von Bedeutung. Hier verwendete Frobenius zur Erfassung von Merkmalen materieller Kultur und zur Identifikation von Kulturkreisen eine große Anzahl von Verbreitungskarten einzelner Objekte, analog zur in der Vorgeschichtswissenschaft üblichen kartographischen Methode. Wissenschaftlich erhoffte man sich von dieser Methode die Identifikation weltweit verbreiteter Kulturkreise und -schichten. Die im *Atlas Africanus* zur Anwendung gekommene, wissenschaftliche Überhöhung des spontan im-

---

[5] Die kulturhistorische Methode brachte eine Reihe sorgfältiger Gesamtaufnahmen materieller Kultur hervor, die zum Teil auch auf Feldforschungen gestützt waren (z. B. Baumann 1927; Nordenskjöld 1918). Andererseits verführte sie dazu, vom lokalen kulturellen Kontext abzusehen. Dieser Fehler wurde spät erkannt und – ohne dabei die Bedeutung materieller Kultur als Untersuchungsgegenstand einzuschränken – korrigiert (Zwernemann 1983, 154).

mer wieder als wesentlich empfundenen Gedankens, dass nämlich materielle Kultur wichtige Informationen über ansonsten fremde Gesellschaften enthält, brachte aber auch gefährliche Fehlurteile mit sich. Plötzlich stand nur noch die Form, eventuell und nachrangig auch das verwendete Material im Blickpunkt der Untersuchung. Andere Dimensionen materieller Kultur wurden dagegen aus der Analyse mit dem Argument ausgeschieden, sie seien nicht eindeutig genug definierbar. Diese Einengung führte unweigerlich zu Widersprüchen, weil der Form nach gleiche Dinge bei genauerer Betrachtung ganz verschiedene Funktionen und Bedeutungen haben können. Berechtigterweise hatten in der Ethnologie solche und weitere Widersprüche die Ablehnung der kulturhistorischen Methode zur Konsequenz.[6] Gleichzeitig misstraute man materieller Kultur als wissenschaftlicher Quelle, da sich ja die erhoffte Eindeutigkeit der Aussage von Dingen nicht bestätigt hatte. Die Erwartung, Objekte seien aus sich selbst heraus evidente (An-)Zeichen einer Kultur oder Hinweise auf die Herkunft der Gesellschaft, der sie zugehörig sind, stellte sich damit ein erstes Mal als falsch heraus.

Aus diesem Grunde wandten sich viele ethnographische Forscher sozialanthropologischen Methoden zu. Ihnen zufolge sind Verwandtschaft und Religion die zentralen Einheiten von Beschreibung und Analyse, keinesfalls aber Wirtschaft und materielle Kultur. Klassische ethnographische Monographien aus den dreißiger und vierziger Jahren, etwa für afrikanische Kulturen von Edward E. Evans-Pritchard oder Meyer Fortes, umfassen oft nur einige wenige Seiten über Wirtschaft und Handwerk, um sich dann um so ausführlicher sozialen Strukturen und Glaubenssystemen zu widmen. Die Dinge, mit denen sich der Mensch im Alltag umgibt, erscheinen diesem Ansatz zufolge nicht mehr als aussagekräftige Quelle. Ihre Beschreibung ist nicht mehr als der notwendige Rahmen, um die jeweilige Wirtschaftsform der betreffenden Gesellschaften zu ermitteln.[7]

Der Aufsatz »*Costume as a sign*« von Petr Bogatyrev aus dem Jahre 1936 kann als ein erster Versuch einer ganz anderen, neuen Interpretation materieller Kultur gewertet werden. Es ging dem Autor darum, kommunikationstheoretische Methoden auf Objekte des Alltags, konkret auf Kleidung anzuwenden.[8] Wie so viele verfrühte Ideen blieb der zunächst in tschechisch verfasste Text über Jahrzehnte hinweg unbekannt (Jakobson 1976), bis er dann in den 1970er Jahren in englischer Übersetzung erschien (Bogatyrev 1976). Bogatyrev sieht die Funktion von Kleidung nicht nur im physikalischen Potential, etwa vor Wärme und Kälte zu schützen, oder

---

6 Siehe für eine fundierte Kritik an der Methode insgesamt Kluckhohn (1936, 161 f.) und für die Problematik der Identifikation des Gebrauchs von Objekten Herskovits (1949, 512).
7 Die theoretisch begründete Abkehr vom Studium materieller Kultur äußert sich in einem weitgehenden Fehlen von Beiträgen zum Thema zwischen ca. 1940-1960 (Fenton 1974, 20).
8 Die so genannte Prager Linguistische Schule war über Jahrzehnte hinweg führend in der Theoriebildung der Semiotik. Einen Überblick über die Aspekte semiotischer Theorie mit Bezug auf materielle Kultur geben Titunik et al. (1976) und Winner (1979, 78).

Dinge als Zeichen – eine unscharfe Beziehung 33

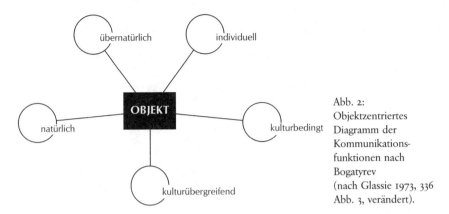

Abb. 2:
Objektzentriertes
Diagramm der
Kommunikations-
funktionen nach
Bogatyrev
(nach Glassie 1973, 336
Abb. 3, verändert).

in der wirtschaftlichen Dimension, etwa in den Kosten der Herstellung etc. Für ihn stehen die durch die Form der Kleidung übermittelten Zeichen und Bedeutungen im Mittelpunkt. Kleidung kommuniziert auf diese Weise (also durch nichtsprachliche Zeichen) Geschlecht, Status, Gruppenzugehörigkeit des Trägers und weitere, meist von allen Mitgliedern der Gesellschaft eindeutig lesbare Informationen (Abb. 2). Zum Beispiel ist in unserer Gesellschaft unmittelbar einleuchtend, dass das Tragen eines blauen oder weißen Kittels oder eines Anzugs mit Krawatte weniger eine ökonomische Bedeutung hat, sondern zunächst als Zeichen der Zugehörigkeit zu einer bestimmten Berufsgruppe aufzufassen ist. Kritisch sei an dieser Stelle angemerkt, dass das gleiche Objekt neben den allgemein bekannten Zeichen zugleich weitere bedeutungsvolle Merkmale umfasst, die in der Regel nur für den Träger selbst verständlich sind.[9] Die verschiedenen Ebenen oder Kategorien von Zeichen, die sich unter anderem durch den möglichen Kreis von Rezipienten unterscheiden, sind ein charakteristisches Merkmal materieller Kultur, wie noch näher zu zeigen sein wird (Abb. 3).

Kleidungsstücke, oder allgemeiner: Objekte sind Zeichen. – Ist das also doch eine präzise und scharf bestimmbare Beziehung? In den Jahren nach 1970 sollte es diese Forschungsthese sein, die innerhalb der Ethnologie die materielle Kultur wieder zu einem wichtigen Untersuchungsgegenstand machte. Besonders radikal formulieren das Mary Douglas und Baron Isherwood (1996, 40 f.), wenn sie sagen: »Forget that commodities are good for eating, clothing, and shelter; forget their usefulness and try instead the idea that commodities are good for thinking.« Der ganze Abschnitt, dem dieses Zitat entnommen wurde, ist überschrieben mit »Goods as

---

9 Csikszentmihalyi und Rochberg-Halton (1981, 57 ff.) befragten Familien in den USA nach den fünf wichtigsten Objekten aus ihrem Besitz. Dabei fanden sie für jeden Gegenstand eine Vielzahl von Gründen, warum gerade ein bestimmtes Ding für den Besitzer einen besonderen persönlichen Wert hatte. Ein wichtiges Ergebnis dieser Studie ist, dass es ganz verschiedene Gründe für die besondere Bedeutung einer Sache geben kann.

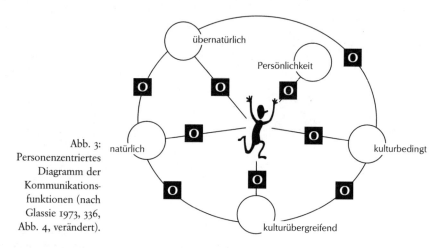

Abb. 3: Personenzentriertes Diagramm der Kommunikationsfunktionen (nach Glassie 1973, 336, Abb. 4, verändert).

information system«[10], und das weist schon auf die Intention der Autoren hin: Güter,[11] die Dinge des alltäglichen Gebrauchs, werden nicht in erster Linie zur Bewältigung der physikalischen Umwelt ausgewählt und eingesetzt, sondern zunächst um der Informationen willen, die mit ihnen übermittelt werden können. Douglas und Isherwood (1996, 95 ff.) folgern daraus, dass soziale Klassen durch den Gebrauch bestimmter Güter überhaupt erst definiert werden. Die Rolle der Waren, ihr Preis und vor allem das Wissen um ihre richtige Verwendung sind danach der Schlüssel zur sozialen und ökonomischen Differenzierung. Während der klassische, in der britischen *Social Anthropology* dominierende Funktionalismus lediglich die Funktion sozialer Institutionen beschrieb, verwendete der von Mary Douglas weiterentwickelte Strukturfunktionalismus[12] auch die Strukturen materieller Kultur als Untersuchungsquelle. Von besonderer Bedeutung sind dabei die Formen der Dinge, da diese eine Struktur bilden, die ihrerseits Funktionen der Information und der Kom-

---

10 Ein problematischer Aspekt dieser Aussage ist der implizit verwendete Systembegriff. Die Bedeutung von Dingen ist in hohem Maße kontextabhängig, so dass von einem ›System‹ nicht gesprochen werden darf. Die Vorstellung eines ›Informationssystems‹ findet sich in der Archäologie insbesondere in theoretischen Beiträgen über ›Stil‹. In der Tat hat Stil nur dann eine Bedeutung, wenn er (auch unbewusst) von einer großen Anzahl von Mitgliedern einer Gesellschaft in ähnlicher Weise als Information verstanden wird (Wobst 1999, 125 f.).

11 Die Einführung von Appadurai (1986, 5 f.) gibt in dieser Hinsicht einige nützliche Definitionen. *Goods* sind demnach Güter, vom Menschen hergestellte Dinge, der persönliche Besitz. Mit dem Begriff *Commodities* wird dagegen der Warencharakter hervorgehoben. Güter können vorübergehend Warencharakter annehmen. Diese als *Commodification* bezeichnete Eigenschaft ist von besonderem theoretischen Interesse, da zum Zeitpunkt der Tauschbarkeit oder des käuflichen Erwerbs der mit dem Gegenstand verbundene Status offensichtlich wird.

12 Strukturfunktionalismus ist die Untersuchung gesellschaftlicher Institutionen und deren Struktur (Hirschberg 1999, 359). M. Douglas hat darauf aufbauend auf die Relevanz materieller Strukturen hingewiesen.

munikation haben. Kommuniziert werden auf diesem Wege vor allem die Inhalte, die auch schon Bogatyrev benannt hatte: Zugehörigkeit zu sozialen Gruppen, Status und andere Aspekte kultureller Identität. Objekte senden dieser Vorstellung zufolge eindeutige und bedeutungsvolle Zeichen aus, auch wenn Douglas nicht darstellt, wie diese Art nichtsprachlicher Kommunikation genau funktioniert.

Es lohnt sich, aus der frühen Phase der Anwendung semiotischer Theorien noch einen dritten Autor zu nennen, der neue Möglichkeiten der Interpretation materieller Kultur aufzeigte: Roland Barthes Verdienst ist es, materielle Objekte mit den gleichen zeichentheoretischen Kriterien wie Texte und Bilder behandelt zu haben. Alle diese komplexen Gebilde senden nach Barthes Zeichen aus, die zunächst ganz explizit etwas bedeuten, auf etwas hinweisen, kurz, die eine Aussage haben. Neben diesem denotativen Charakter gibt es immer auch eine Reihe von Konnotationen. In diesem Punkt beschreibt Barthes genauer die Art und Weise, wie Bedeutungen kommuniziert werden und geht damit über die Einsichten von Douglas hinaus. Objektzeichen haben nach Barthes also zusätzlich konnotative Bedeutungen, Nebenbedeutungen, die sich unter Umständen nur aus ihrem Kontext ergeben, oder die nur von einer bestimmten Personengruppe verstanden werden können. Konnotationen können in bestimmten Zusammenhängen wichtiger sein als die eigentliche, vom Autor des Textes oder vom Hersteller eines Objektes intendierte Bedeutung.[13] Zwischen der Wahrnehmung der primären und der weiteren Bedeutungen, die sogar zu der primären Aussage im Widerspruch stehen kann, und sie damit einschränkt, gibt es keine vom Kontext unabhängige, objektiv richtige oder falsche Wahrnehmung von Bedeutung. Drei Punkte sind neu und wesentlich in Barthes Analyse:

1. Texte, Bilder und Dinge unterliegen grundsätzlich den gleichen, aus der Linguistik abgeleiteten semiotischen Regeln.
2. Alle Arten von Zeichen erlauben eine mehrfache Interpretation. Die so genannte ›unbegrenzte Semiose‹ ist eine Kette von Bedeutungen, bei der sich jeweils die nächste Bedeutung neben die voranstehende stellt. Jede Bedeutung, also jede Interpretation ist ihrerseits wiederum Kontext für weitere Botschaften derselben Zeichen (Olson 1990, 168). Daraus folgt:
3. Objekte sind polysemisch. Es gibt nicht eine richtige, sondern verschiedene, jeweils nur in bestimmten Kontexten gültige Bedeutungen, die sich aus denotativen und konnotativen Elementen zusammensetzen. (Olson 1990, 195; siehe auch Maquet 1993, 38).

Barthes selbst bezieht seine semiotische Methodologie aus der Linguistik, also aus der sprach- und textbezogenen Zeichentheorie. Objektzeichen haben daher neben

---

13 Beispiele dafür sind die Objektbeschreibungen in dem Band »Mythen des Alltags«. Dort zeigt Barthes (1964, 76-78) am Beispiel eines Automodells, wie intendierte Bedeutung und von Benutzern konnotativ hinzugefügte Bedeutungen im Zusammenspiel seine Rolle in der französischen Gesellschaft verständlich machen.

semantischen Feldern immer auch eine Syntax, d. h. eine ganz bestimmte, ebenfalls bedeutungsvolle Anordnung.[14] Sie ist entscheidend für die eigentliche Interpretation. Unterschiede zwischen Linguistik (= Sprachzeichen) und Semiotik (= alle Arten von Zeichen, aber besonders auch Objektzeichen) bestehen für Barthes in der Kontextbezogenheit. Während bei Sprache Worte und Text vom Sprecher losgelöst werden können, verweist die Semiotik von Objekten nach Barthes auf den Hersteller oder den Verwender der Objekte. In der Wertigkeit des Objektzeichens, d. h. in den Interessen derer, die es erzeugen oder verwenden, sieht Barthes (1985, 221) den grundsätzlichen Unterschied zwischen Sprachzeichen und Objektzeichen. Da Sprachzeichen reine Symbole sind, haben sie arbiträren Charakter.[15] Objektzeichen werden dagegen von Personen gemacht, die ein subjektives Interesse an den Objekten haben. Folgende Aussage kann aus dieser Einsicht heraus formuliert werden: *Sprache entwickelt sich, Objekte und ihre Formen entwickeln sich nicht, sondern sie werden gemacht.* Sprachliche Zeichen sind, so Barthes, aufgrund ihrer Eindeutigkeit, d. h. aufgrund ihres diskursiven Charakters den nicht-sprachlichen Zeichen übergeordnet. Das bedeutet im Umkehrschluss: Objektzeichen sind ohne ihren Kontext nicht eindeutig, die Beziehung zwischen dem Objekt und seiner Bedeutung ist also unscharf, bzw. nur durch den Hersteller oder Nutzer zu definieren.

Die erläuterten Einschränkungen sollten eigentlich genügen, gegenüber der These, materielle Kultur sei zu lesen wie ein Text, Vorbehalte anzubringen. Dennoch befasst sich die Forschung ab den 1970er Jahren weiter intensiv mit diesem Zusammenhang. Titel wie *L'objet témoin* (Jean Gabus 1975) lassen das gefährliche Missverständnis zu, von neuem den Dingen die Qualität als Zeugen verwertbarer Zeichen zuzuschreiben.[16] Werke wie das genannte und andere, die Text und materielle Kultur gleichsetzen,[17] wecken nicht erfüllbare Hoffnungen über die Möglichkeiten der Dechiffrierung von Zeichen, die Objekten zugeordnet sind. Wie schon zur Zeit der kulturhistorischen Methode sind wieder beide Disziplinen – Archäologie und Ethnologie – gefragt, die Anwendbarkeit dieser Thesen in Bezug auf die Interpretation materieller Kultur zu prüfen. Zahlreiche ethnographische Texte sind dem Ver-

---

14 Da Barthes (1985, 27 f.) grundsätzlich für sprachliche Zeichen und Objektzeichen die gleichen Regeln der Analyse fordert, übernimmt er auch für Dinge die Kategorien von Syntax und Semantik. Er folgt damit Saussure, der bereits um die Jahrhundertwende eine semiotische Theorie der Sprache entwickelt hatte.
15 Das heißt, wie schon Saussure definierte: Eigenschaften des Zeichens stehen in keinem inhaltlichen Zusammenhang mit ihrer Bedeutung (Bentele/Bystrina 1978, 32 f.). Genau dieses Element fehlt nach Barthes den Objektzeichen.
16 Das Konzept der ›Zeugenschaft‹ von Objekten taucht hier, wie schon in der kulturhistorischen Methode, unvermittelt und mit anderem theoretischen Rüstzeug – dem der Semiotik – wieder auf. Vgl. Savary (1988).
17 Als Beispiele aus der Archäologie sind besonders zu nennen: C. Tilley »*Material Culture and Text*« (1991) und »*Reading Material Culture*« (1990). Aus der Ethnologie sei als Beispiel A. A. Berger, »*Reading Matter: Multidisciplinary Perspectives on Material Culture*« (1992) genannt.

such gewidmet, Codes materieller Kultur zu dechiffrieren, als handele es sich dabei um Texte, die nur auf eine ›Übersetzung‹ warteten. Ein herausragendes Beispiel für diese Bemühungen ist die Frage der ethnischen Zuordnung, die im ethnographischen Kontext vergleichsweise unproblematisch ist.[18] Ethnische Zuordnungen aufgrund von Formen materieller Kultur waren schon gängige Praxis ethnographischer Dokumente des 19. Jahrhunderts und stellen etwa in der Kunstethnologie bis heute ein dominierendes Interpretationsschema dar (z. B. für Afrika: Fagg 1965). Aber bei genauerer Betrachtung, soviel ist den neueren, überwiegend von Ethnoarchäologen durchgeführten Untersuchungen zu diesem Thema zu entnehmen, zerrinnt die Eindeutigkeit der Bedeutung von Objektzeichen. Das ist auch das Ergebnis der ethnoarchäologischen Studien von Ian Hodder (1982, 7 58), der ebenfalls den Zusammenhang von Ethnizität und Formen materieller Kultur untersuchte. Wenngleich sich die beiden Faktoren korrelieren lassen, sind auf den Verbreitungskarten keine genau übereinstimmenden (›scharfen‹) Grenzlinien von Objektformen und ethnischen Gruppen zu ziehen. Vielmehr gibt es einen fließenden Übergang der Objektformen zwischen den ethnischen Gruppen. Dennoch erweisen sich bestimmte Bereiche materieller Kultur als sehr sensibel in Beziehung zu diesem Kriterium, aber andere zeigen kaum oder nur wenig Unterschiede in Relation zur ethnischen Zugehörigkeit.[19] Untersuchungen des Autors zur materiellen Kultur verschiedener ethnischer Gruppen in Nord-Togo bestätigen diese These (Hahn 1996b, 468). Die Tatsache, dass dort bestimmte Gruppen von Dingen deutliche Formunterschiede in Abhängigkeit von der ethnischen Zugehörigkeit der Verwender aufweisen, wird auch im Alltagsdiskurs über die Bedeutung der Objekte bestätigt. Andere Gegenstände sind jedoch nach ganz anderen Kriterien differenziert, so dass die ethnische Zuordnung nur als eine unter verschiedenen möglichen Korrelationen auftritt.[20] Auch an diesem Beispiel erweist sich also die Beziehung zwischen Objekt und seiner Bedeutung als unscharf, als nicht präzise bestimmbar. Das Beispiel der ethnischen

18 Hier seien nur einige ethnologische Beiträge zum Thema materielle Kultur und ethnische Identität als Beispiel aufgeführt: Andretta 1989, Bovin 1990, Chenerla 1992, Eicher 1995, Olwig 1990, Ribeiro 1987, Sterner 1989.
19 Eine von Hodder (1978, 14 f.) ausführlich zitierte Studie mit fast 1000 Kulturelementen, deren Auftreten in gleicher oder ähnlicher Form über 20 ethnische Gruppen hinweg untersucht wurde, belegt seine These der ›unscharfen‹ Grenzen. Kartiert man jedoch Orte der Herstellung von bestimmten Gefäßen, wie in Nord-Togo durchgeführt, ergeben deutlich erkennbare Grenzen. Diese Grenzen verwischen erst dann, wenn man die maximale Verbreitung der Objektformen durch Handel etc. mit aufzeichnet (Hahn 1991, 27).
20 Andere Kriterien, die eng mit Objektformen korreliert werden können, sind etwa Zugehörigkeit zu handwerklich spezialisierten Gruppen oder Geschlecht. Kleidung für Männer und Frauen ist in Nord-Togo über die Grenzen der ethnischen Gruppen hinweg einheitlich, wobei Unterschiede in Status und Geschlecht überall gleich oder zumindest ähnlich sind. Da Heiraten über die Grenzen ethnischer Gruppen hinweg nicht selten vorkommen, spielt offensichtlich die in der Region einheitliche Identifikation des sozialen Status eine übergeordnete Rolle gegenüber der ethnischen Identität (Hahn 1996a, 352).

Gruppen und der zumindest teilweise möglichen Zuordnung von Objektformen lässt die Schlussfolgerung zu, dass materielle Kultur trotz deutlicher Einschränkungen als Träger von Bedeutungen aufgefasst werden kann. Aber es handelt sich dabei keinesfalls um eine mit einem Text vergleichbare Zeichenbedeutung. Diese Einsicht formulierte in allgemeiner Form die Philosophin Susanne K. Langer schon im Jahre 1942, indem sie eine grundlegende Unterscheidung zwischen diskursiven und präsentativen Symbolen vorschlug (Langer 1984). Diskursiv ist demzufolge Text, da in Texten Sinneinheiten immer in zeitlicher Abfolge rezipiert werden. Präsentativ sind dagegen alle anderen Träger von Bedeutungen, da die mit ihnen kommunizierte Bedeutung nicht zeitlich strukturiert und nicht an eine bestimmte Reihenfolge gebunden ist. Vergleicht man die Aussage eines gesprochenen oder geschriebenen Satzes mit der Aussage eines Bildes oder eines Objektes, so folgt die sprachliche Aussage vorgegebenen syntaktischen Regeln, die auch zur Eindeutigkeit der Aussage beitragen. Solche Regeln sind in der Wahrnehmung eines Objektes nicht vorgegeben: Es bleibt dem Betrachter überlassen, welches Element besonders wichtig ist, und auch in welcher Reihenfolge er die Teile eines Objektes (oder einer Anordnung von Objekten) wahrnimmt.[21] Den oben erläuterten Thesen von Barthes ist zu entnehmen, das Objektzeichen ähnlich wie Sprache über eine Syntax verfügen.[22] Aber: Auch wenn eine Ordnung der Objekte existieren sollte, kann nach Langer eine solche Syntax keine allgemeine Gültigkeit beanspruchen. Die Anordnung von Dingen kann wesentlich für ihre Bedeutung sein, aber sie folgt nicht solchen Regeln, wie es für jede Sprache festgestellt werden kann.[23] Den präsentativen Zeichen fehlt also die Eindeutigkeit, da in Abhängigkeit vom Kontext ganz verschiedene Bedeutungen verstanden werden können.

Ein Test, den Grant McCracken mit seinen Studenten in einem Seminar über materielle Kultur und Zeichen machte, verdeutlicht den Unterschied zwischen Sprache und Objektzeichen noch besser. Ihm ging es dabei um eine Antwort auf die Frage, welche expressiven Qualitäten materielle Kultur hat, also wie Dinge etwas ausdrücken können. McCracken (1987) wählte dafür den Bereich der Kleidung aus, der wahrscheinlich in allen Gesellschaften ein Medium zur Kommunikation von Bedeutungen ist. (Dazu oben die Thesen von Bogatyrev). Für den Test stellte er einige Bilder zusammen, die zunächst Träger ›typischer‹ Kleidung zeigen. Eine Hausfrau,

---

21 Langer hat ihre Thesen am Beispiel von Kunstwerken, Gemälden und Musikstücken entwickelt. Hanson (1990, 38 f.) versucht eine Übertragung auf ethnographische Objekte. Dabei betont er die Unübersetzbarkeit von Objektzeichen in sprachliche Strukturen.
22 Auch Fletcher (1989, 37) schlägt eine vergleichbare Syntax für die Interpretation materieller Kultur vor: Anstelle der Grammatik, die ja eine lineare Struktur vorgibt, sieht er Regeln, die der Boolschen Algebra entsprechen und Frequenzen, Intensitäten und physikalische Zustände (Farbe, Form und Material) beschreiben.
23 Im Alltag sind Texte natürlich auch immer durch eine größtmögliche Kontextabhängigkeit gekennzeichnet. Die Sprache verfügt aber über das Potenzial, durch Hinzufügungen Eindeutigkeit herzustellen.

einen Hippie, einen Geschäftsmann etc. Dann aber folgten Bilder von Personen mit ungewöhnlichen Zusammenstellungen von Kleidung: Ein Mann mit Krawatte und Jackett, der aber dazu Schlapphut und Jogginghosen trägt. Die Studenten betrachteten die Bilder in der genannten Reihenfolge und hatten die Aufgabe, etwas über die soziale Zugehörigkeit der abgebildeten Personen zu sagen. Während die erste Gruppe von Bildern schnell und eindeutig von den Studenten klassifiziert werden konnte, waren die Betrachter bei der zweiten Gruppe irritiert. Mitunter wurden an die Stelle einer Charakterisierung Beschreibungen gesetzt: »Die Person trägt dieses, aber auch jenes ...«. Oder man verfiel auf erklärende Geschichten: »Das ist zwar ein Geschäftsmann, aber er hatte wohl nicht genug Geld für die richtigen Hosen ...«. In keinem Fall, das ist die Folgerung von McCracken, fand ein echtes, mit der Lektüre eines Textes vergleichbares Lesen der Zeichen statt, auch wenn – zumindest bei der ersten Gruppe von Bildern – die Zeichen schnell und eindeutig erkannt wurden. Bei diesen typischen Kleidungsträgern stimmte die spezifische Anordnung, alle Elemente der Kleidung wiesen in ihrer Bedeutung in die gleiche Richtung und ergaben ›auf den ersten Blick‹ einen Sinn. Bei der zweiten Gruppe gab es kein eindeutiges Ergebnis: auch wenn die Hosen an den Beinen und der Hut auf dem Kopf saß, wenn also jedes einzelne Kleidungsobjekt am richtigen Platz war, bewirkte die ganz verschiedene Bedeutung eine widersprüchliche Interpretation. Es war in dieser Situation nicht mehr möglich, einen klaren Sinn zu erkennen.[24]

Die Möglichkeiten der Kommunikation sind bei Objekten im Vergleich zur Sprache also wesentlich enger beschränkt. Die Syntax von Texten verlangt eine bestimmte Reihung von Wortarten, gibt aber zugleich die Freiheit, alle möglichen Kombinationen in einem Text auch zu nutzen.[25] Die Anzahl der Möglichkeiten zur Darstellung neuer Inhalte ist praktisch unbegrenzt. Bei Objekten verhält es sich nicht so. Nur bestimmte Kombinationen sind erlaubt: zu einer Krawatte passen eben nicht alle möglichen Hemden oder Hosen.[26] Während das Zusammenstellen eines Satzes ein Mittel ist, eine (mehr oder weniger präzise) Aussage zu treffen, scheint es so, dass Objekte bzw. Objektgruppen als ganzes immer in schon vorhandene Bedeu-

---

24 Insgesamt vierzig Dias zeigten jeweils vollständig bekleidete Personen in einer neutralen Umgebung. Zehn Studenten wurden diese Bilder vorgeführt und dazu explizite Fragen gestellt. Für die Kommentare war kein Zeitlimit vorgegeben und die Probanden wurden ermutigt, ausführlich zu antworten (McCracken 1987, 117).

25 Pearce (1989, 49) stellt in einem Schaubild der ›Grammatik‹ und ›Sätzen‹ der Sprache die ›Artefaktkategorien‹ und ›Artefakt Sets‹ im Bereich der materiellen Kultur gegenüber. In der Erläuterung schränkt sie allerdings richtig ein, dass die Zuordnung von Bedeutung nach ganz unterschiedlichen Mechanismen verlaufe.

26 Die neuere linguistische Forschung befasst sich allerdings zunehmend mit ähnlichen Phänomenen innerhalb des sprachlichen Ausdrucks: Im Alltag verwenden Sprecher absichtlich unvollständige Sätze oder grammatisch falsche Konstruktionen, um eindeutige Aussagen zu vermeiden. Gleiche Worte oder Sätze können zudem je nach Kontext ganz verschiedene Bedeutungen haben (persönl. Mitteilung D. Ibriszimov).

tungsschemata hineinpassen müssen, um eine Aussage mitzuteilen.[27] Variationen oder Nuancierungen und insbesondere der Ausdruck neuer Inhalte sind also nur schwer möglich.[28] Wobst (1977, 325) zeigt ganz in diesem Sinne, dass Objektzeichen immer nur innerhalb bestimmter Bezugsgruppen verstanden werden können. McCracken (1987, 119-122) fasst die Ergebnisse seines Tests in den folgenden vier Thesen über den Zeichencharakter der Objekte zusammen:

1. Grundsätzlich ist es möglich, Bedeutungen über materielle Kultur zu kommunizieren. Besonders im Hinblick auf die beschränkten Kombinationsmöglichkeiten ist sie aber im Vergleich zur Sprache sehr viel weniger kreativ. Aussagen sind nur dann eindeutig, wenn sie immer wieder wiederholt werden, so dass damit dem Betrachter praktisch nur bereits bekannte Inhalte kommuniziert werden.
2. Zeichen materieller Kultur werden oft unbewusst wahrgenommen. Die Form der Wahrnehmung entspricht keinesfalls der Wahrnehmungsform von Texten. Es bedarf nicht der expliziten Aufmerksamkeit, mit der man einen Text aufnehmen muss, um eine Aussage zu verstehen. Materielle Kultur ist gerade auch im Kontext der Beiläufigkeit (»*inconsciousness*«) zur Kommunikation fähig.[29]
3. Materielle Kultur ist viel mehr auf bestimmte soziale Gruppen als mögliche Interpreten angewiesen als Sprache. Im bestimmten Fällen kann nur eine sehr kleine Gruppe von Personen die Botschaften der Dinge verstehen. Sprache dagegen gibt zumindest die Möglichkeit, innerhalb einer Sprechergemeinschaft soziale Grenzen zu transzendieren.
4. Materielle Kultur hat aus diesen Gründen ein insgesamt sehr viel begrenzteres kommunikatives Potential als etwa Sprache.

Noch weitergehende theoretische Unterschiede zwischen Sprach- und Objektzeichen erläutern Michael Dietler und Ingrid Herbich (1998) in ihrem aktuellen Überblick über semiotische Interpretationen materieller Kultur. Den beiden Autoren zufolge muss jeder Versuch, materielle Kultur als Text aufzufassen und zu dechiffrieren,

---

27 Baudrillard (1991) ist der Ansicht, dass die Bedeutung von Objekten immer nur in einer bestimmten Anordnung verständlich ist. - Während Baudrillard von den Dingen als solchen ausgeht und z. B. einer bestimmten Modewelle zugehöriges Mobiliar als zusammengehörig beschreibt, hat der von McCracken referierte Versuch den Vorteil, vom Betrachter auszugehen. Die Wahrnehmung des (durchschnittlich informierten) Betrachters ist das Kriterium, das den möglichen, und auch als bedeutungsvoll interpretierten Anordnungen von Objekten Grenzen setzt.
28 Jakobson (1971, 706), auf den McCracken ausdrücklich verweist, folgert daraus, dass Sprache und Text ein allen anderen zeichenhaften Medien überlegenes System darstellt. Sprache ist Jakobson zufolge das Medium, in das sich alle anderen Zeichensysteme übertragen lassen. Damit steht seine Vorstellung im Widerspruch zu dem Kommunikationsmodell von Hanson (1990) und auch Schiffer (1999, 31 ff.).
29 Miller (1994, 408) bezieht sich ausdrücklich auf diesen »Kontext der Beiläufigkeit«: »Artefacts may be most effective in determining our perception when they express a sense of humility in which they avoid becoming the direct focus of our attention.«

schon deshalb scheitern, weil materielle Kultur im Gegensatz zu Texten niemals ausschließlich als Zeichen auftritt (ebd. 238). Die kommunikationstheoretische Dimension eines Dinges ist immer nur ein Aspekt, der zusammen mit anderen Dimensionen zu sehen ist. Eine isolierte semiotische Analyse, so die Autoren, läuft Gefahr, das *Handeln* der Menschen in der Betrachtung zu vernachlässigen (ebd. 244). Der dafür von den Autoren verwendete Begriff ist *agency*, was mit ›im Agieren begriffen sein‹ oder ›Handlungsmächtigkeit‹ zu übersetzen ist.[30]

In der Semiotik treffen hier zwei Traditionen aufeinander, die einen bis heute kaum überwundenen Gegensatz bilden. Die frankophone, auf Saussure zurückgehende Zeichentheorie betrachtet in der Regel ein Zeichen als untrennbar verbunden mit seiner Bedeutung. Es sind immer diese Paare, Zeichen und Bezeichnetes, die verwendet werden, die beschrieben werden etc.[31] Die anglophone, auf Charles S. Peirce zurückgehende Zeichentheorie betrachtet Zeichen zunächst aus dem Blickwinkel der Personen, die sie wahrnehmen. Dieser Sichtweise zufolge bedeutet ein Zeichen durchaus nicht immer dasselbe. Zeichen und Bezeichnetes sind keine untrennbare Einheit. Im Gegenteil: Erst durch den Betrachter entsteht eine Bedeutung und zur ihrer Beschreibung ist ein triadisches Konzept von Betrachter (= Handelnder), Objekt und Bedeutung erforderlich (Boon 1979, 94 ff.). Während die frankophone Tradition im so genannten Strukturalismus eine wichtige und populäre anthropologische Theorie hervorbrachte, ist der auf Peirce zurückgehende Pragmatismus erst in den letzten Jahren als semiotische Theorie ernstgenommen worden. G. Bentele und I. Bystrina (1978, 85) unternehmen den Versuch, die beiden semiotischen Schulen zu klassifizieren. Saussure wäre demnach der linguistischen Zeichentheorie zuzuordnen, Peirce dagegen ein Vertreter der kommunikationsorientierten Zeichentheorie.[32] Dem fügen die Autoren ergänzend die handlungsorientierte Zei-

---

30 ›Handeln‹ ist ein zentrales Konzept der Sozialwissenschaften. Es ist nicht bloßer Niederschlag zuvor auf sozialer Ebene festgelegter Werte und Bedeutungen, sondern impliziert immer auch Freiräume des Handelnden als Subjekt. Die Bedeutungen von Handlungen, d.h. auch von Objekten als Resultat von Handlungen, dürfen nicht mit den Bedeutungen von Sprache gleichgesetzt werden (Campbell 1996).
31 Speziell die frankophone Tradition vernachlässigt die Unterscheidung zwischen Objekt- und Sprachzeichen. Pawlowski (1977, 12; 14) weist darauf hin und betont, dass »Objekte die Funktionen von Zeichen nur in solchen Situationen übernehmen können, in denen [...] die Konventionen sie zum Ausdruck definiter Gedanken über bestimmte andere Objekte machen. [...] Ein und dasselbe Objekt kann je nach den gegebenen Umständen als Zeichen oder nur als Indikator fungieren.«
32 Ein aktuelles Beispiel kommunikationstheoretisch orientierter Semiotik ist das *behavioral system* von Schiffer (1999, 20). Demnach wären Objekte *interactors*, deren Kommunikationsleistung unterschiedliche Performanz zeigt. Ein wichtiger Faktor für das Zustandekommen der Kommunikation ist das Vorwissen des Rezipienten, in der Form eines *correlons*. Positiv hervorzuheben an dem Ansatz von Schiffer (1999, 45 ff.) ist die Erweiterung des Kommunikationsbegriffes, der Objekte nicht nur als Ergänzung sprachlicher Kommunikation sieht, sondern ihnen eigene Qualitäten (Farben, Geruch, Geschmack etc.) zuschreibt.

chentheorie hinzu, für die der semiotische Ansatz von J. Trabant (1976, 57 ff.) als Beispiel dient. Demnach wäre ein Zeichen nicht ein Objekt oder eine andere materielle Struktur, sondern eine Handlung. Ein Zeichen ›ereignet‹ sich immer dann, wenn eine Bedeutung wahrgenommen wird, d. h., wenn ein Informationsfluss stattfindet.[33]

Ein erweiterter handlungstheoretischer Ansatz könnte helfen, die Übermittlung von Bedeutungen durch Objekte besser zu verstehen. Dazu gehört die Beobachtung, dass Bedeutungen von Objekten in ganz anderer Weise vom durch das Handeln erzeugten Kontext abhängig sind, als dies etwa bei der Sprache der Fall ist. Objektbedeutungen können verschwinden, plötzlich neu entstehen oder in bestimmten Situationen umdefiniert werden. Das ›Handeln-mit-einem-Ding‹ und die ›Bedeutungen-von-einem-Ding‹ sind keine voneinander trennbaren Bereiche, sondern müssen zusammen gesehen werden. Dies ist nur möglich durch eine ausreichende Reflexion über die mit dem Gegenstand verbundene Praxis. Praktiken entscheiden über Kontexte. Allein das Handeln des Menschen eröffnet die Chance, in den Dingen die jeweils relevante Bedeutung wahrzunehmen. Damit ist durchaus auch die Möglichkeit gemeint, dass von den Objekten nicht intendierte Bedeutungen übermittelt werden.

Dietler und Herbich (1998, 247) verweisen in diesem Zusammenhang auf das Habituskonzept von Pierre Bourdieu (1976), der mit seiner ›Theorie der Praxis‹ ausdrücklich den Anspruch erhebt, zwischen strukturalen Sichtweisen und einer Betrachtung des Handelns der Menschen zu vermitteln.[34] Dieses Konzept hat den Vorteil, die Blickrichtung von der isolierten Betrachtung materieller Kultur hin zum Umgang mit den Dingen zu lenken. Schließlich entscheidet der Habitus, also die gewohnheitsmäßige Behandlung und Einschätzung eines Objektes, über seine Bedeutung. Die Zeichen der Dinge sind danach nicht nur die von den Herstellern oder Verwendern in die Objekte hineingelegten Bedeutungen. Hinzu kommen die Bedeutungen, die sich im Alltagskontext ergeben, oder die in bestimmten Situationen an Relevanz gewinnen. Es geht also weniger um eine statische Beziehung von Dingen und Zeichen, sondern um die dauernd stattfindende Zuschreibung von Bedeutungen (zu Objekten) von den Akteuren innerhalb einer Gesellschaft. Noch einmal ist damit die Beziehung zwischen den Dingen und den Bedeutungen (also

---

33 Dauerhaft etwas bezeichnende Dinge nennt Trabant (1976, 75 ff.) »Marken«. Eine ›Marke‹ wäre demnach eine ›indirekte Zeigehandlung‹, sonst aber nicht unterschieden von anderen ›direkten‹ Zeigehandlungen. Bentele und Bystrina (1978, 87) kritisieren an diesem Ansatz die ungewohnte und zur Umgangssprache im Widerspruch stehende Verwendung des Begriffs ›Zeichen‹.

34 Bourdieus zuerst 1972 veröffentlichte »*Theorie der Praxis*« (1976) geht von einem häufig zitierten und schon zuvor publizierten Text über Architektur in der algerischen Kabylei aus (Bourdieu 1970). Bourdieus Begriff des Habitus und seine Methode wurden zunächst an den Bedeutungen des Hausinventars in bäuerlichen Gehöften entwickelt. Sein Ansatz ist daher in jedem Fall als Theorie der materiellen Kultur aufzufassen.

ihrem Zeichencharakter) ein Stück unschärfer geworden. Eigentlich ist den Darstellungen von Dietler und Herbich zufolge keine situationsunabhängige und kulturell vorgegebene Zuordnung von Objektform und Bedeutung mehr möglich.[35]

Ist aus den kritischen Bemerkungen zu schließen, dass materielle Kultur überhaupt keine semiotische Interpretation zulässt? Aus den hier knapp referierten theoretischen Beiträgen folgen jedenfalls einige grundlegende Einschränkungen in Bezug auf den Zeichencharakter von Objekten. Es kann keine scharfe, fest umrissene Gleichsetzung von einem Objekt und einer Bedeutung, also auch kein unabhängig vom Kontext definiertes Objektzeichen geben, so wie sie besonders innerhalb der semiotischen Tradition von Saussure gefordert wurde. Ausgehend von und in Abgrenzung gegenüber dem in der Linguistik verankerten Zeichenbegriff wird deutlich, welche Einschränkungen und welche spezifische Unschärfen in Kauf zu nehmen sind, wenn der Begriff des Zeichens, also die Verknüpfung eines Objektes mit einer Bedeutung, auf Dinge übertragen werden soll. Während in den frühen Entwürfen, etwa bei Bogatyrev, M. Douglas oder R. Barthes solche Unterscheidungen nicht getroffen wurden oder nur im Hintergrund erscheinen, so zeigen die jüngeren theoretischen Beiträge von Bourdieu (hier referiert in Anlehnung an die Zusammenfassung von Dietler und Herbich), Hodder oder McCracken deutlicher die Notwendigkeit, die Unterschiede zwischen Objektzeichen und Sprachzeichen vor einer Anwendung auf die materielle Kultur genau zu bestimmen. Objekte sind eben keine Zeugen, sie sind kein Text, und sie sind auch nicht im Sinne eines verborgenen Codes dechiffrierbar. Die Beziehung zwischen einem Gegenstand und seiner kulturell vorgegebenen Bedeutung, ihr zeichenhafter Charakter ist nicht präzise bestimmbar, sie ist nicht - wie es bei Wörtern der Fall ist - über ein Lexikon abrufbar.[36] Es handelt sich dabei im besten Fall um unscharfe, variable und immer wieder neu zu bestimmende Beziehungen.

Damit ist die Aussage im Titel dieses Beitrages deutlicher geworden. Mit dem Begriff der ›unscharfen Beziehung‹ werden die notwendigen Einschränkungen und der spezielle Charakter der in Objekten enthaltenen Zeichen umschrieben. Wie sind nun vor dem Hintergrund der Einsicht, dass es grundlegende Unterschiede zwischen der Zeichenform von Texten auf der einen, sowie von materieller Kultur auf der andere Seite gibt, die Zeichen der Dinge genauer zu verstehen? Aufgrund der hier dargestellten Thesen ist vielleicht der Anschein entstanden, dass im Vergleich zu Sprachzeichen die wesentlichen Unterschiede überwiegend durch negative oder einschränkende Aussagen zu beschreiben sind. Die Semiotik verfügt aber auch über

---

35 In der Tat bleibt das in dem Beitrag von Dietler und Herbich (1998, 248-260) angeführte Fallbeispiel aus der eigenen ethnographischen Arbeit kurz und ist wenig überzeugend. Hervorzuheben ist der mehrfach wiederholte Hinweis, dass beschriebene Keramikformen oder Haustypen wandelbar seinen und nicht nur in der jeweils dokumentierten Form aufträten.

36 Allerdings kann die Linguistik nachweisen, dass Wörterbücher in der Regel nicht das ganze Bedeutungsspektrum eines Wortes abbilden. Der kontextabhängige Gebrauch von Begriffen geht oft über die in Wörterbüchern angegebenen Bedeutungen hinaus.

einige Begriffe, die neben der Denotation andere Formen der Zeichenrelation beschreiben. Diese Ausdrücke sind eher geeignet, die Relation zwischen Objekten und ihren Bedeutungen zu umschreiben.

Die im folgenden genannten Formen des Ausdrucks haben miteinander gemeinsam, dass sie weitgehend kontextabhängig sind und daher zum Beispiel im wissenschaftlichen Diskurs in der Regel nicht verwendet werden sollten.[37] Sie entsprechen allerdings in hohem Maße der Alltagswahrnehmung, die ja immer von Redundanz und Offenheit geprägt ist. Ein sehr häufiges Beispiel eines solchen Ausdrucks ist die Metapher, die zugleich eine Übertragung einer Bedeutung von einem Kontext in den anderen umschreibt, aber auch immer für Modifikationen und Neuschöpfungen offen ist.[38] George Lakoff hat in seinem grundlegenden Werk über den Gebrauch von Metaphern im sprachlichen Kontext auf die Offenheit für neue Bedeutungen und auf die Kreativität bei der Findung solcher Sprachbilder als konstitutive Merkmale von Metaphern insgesamt hingewiesen. Auch die Bedeutungen von Objekten, die mit gesellschaftlichen Werten oder ethischen Einstellungen verbunden sind, können sinnvollerweise als Metaphern für diese Werte oder Normen aufgefasst werden. Christopher Tilley (1999, 36-76) beschreibt in dem jüngst erschienenen Buch *Metaphor and Material Culture* zahlreiche ethnographische Beispiele für Metaphern. Er kann zeigen, dass die Metapher eine häufige Form der Verknüpfung materieller Kultur mit Bedeutungen ist.[39] Im Hauptteil des Buches versucht er metaphorische Konzepte in nordischen Felsbildern, megalithischen Bauwerken und in der Landschaftswahrnehmung zu beschreiben. Leider diskutiert er erst auf den letzten Seiten ein zentrales Problem der Metapher, das eigentlich schon in der Kritik an den Arbeiten von Levi-Strauss klar geworden ist.[40]

Es geht dabei um die Frage, in wieweit Metaphern als abstrakte, vom jeweiligen Handeln losgelöste Bedeutungseinheiten betrachtet werden dürfen. Diese Vorgehensweise von Levi-Strauss widerspricht dem Konzept der Metapher, wie es zum Beispiel Lakoff (1998) vertritt. Ihm zufolge gehört die Offenheit des metaphorischen

---

37 Tilley (1999, xv) weist darauf hin, dass dennoch Metaphern ein häufiges rhetorisches Mittel wissenschaftlicher Texte sind.
38 Auf die grundlegende Bedeutung von Metaphern in der Interpretation von kulturell festgelegter Bedeutung wies bereits Fernandez (1974) hin. In diesem Text sind auch eine Reihe Definitionen zusammengestellt. Wesentlich ist für Fernandez die expressive Qualität: eine Metapher ist danach ein offener, oft erst durch den Kontext verständlich werdender Modus des Ausdrucks, der durch die Art und Weise des Gebrauchs laufend verändert werden kann.
39 Von den hier näher diskutierten Autoren bezieht Tilley Barthes (1985), Douglas und Bourdieu (1976) in seine Betrachtungen mit ein. Auch McCracken (1987, 110) weist auf die Metapher als Form der Bedeutung hin.
40 Levi-Strauss (1972) interpretierte Totems als Metaphern. Ein Totem als Objekt materieller Kultur ist demzufolge zunächst ein strukturierendes Merkmal in der Gesellschaft, da es eine Grenze von Zughörigkeit bzw. Ausgrenzung schafft. Verschiedene Totems bilden untereinander durch ihre Verschiedenheit und durch ihre Anzahl (binär oder ein vielfaches davon) eine gesellschaftliche Struktur ab.

Konzepts zu den Grundlagen dieser Form von Beziehung von Bedeutung und Objekt. Metaphern beziehen sich niemals auf eine einzelne Bedeutung, sondern immer auf eine Aussage über eine Beziehung, die eine Gruppe von Objekten und Bedeutungen in nicht vorhersagbarer Weise miteinander verknüpft. Zum Beispiel kann das Konzept ›spirituelle Macht‹ in den verschiedensten Objekten auftauchen (Leach 1978, 45 ff.). Es ist möglich, dass diese Objekte in einer bestimmten Kultur ein definiertes dekoratives Element miteinander gemeinsam haben. In anderen Fallbeispielen handelt es sich aber nur um eine Restriktion im Gebrauch, die bestimmte Objekte als zugehörig zu dem gleichen metaphorischen Konzept ausweist. Tilley beschreibt das Konzept ›menschliche Eigenschaften‹ als eine der häufigsten Metaphern (1999, 37-40). In der Tat gibt es praktisch keine ethnographische Monographie, die nicht von anthropomorphen Eigenschaften von beweglichen Objekten, Häusern oder Landschaft berichtet. Welcher Aspekt von ›menschliche Eigenschaft‹ bedeutungsrelevant im Sinne der zeichenhaften Bedeutung eines Objektes ist, bleibt zunächst offen.[41] Das metaphorische Konzept gibt den Handelnden die Freiheit, innerhalb dieses Konzeptes situativ wichtige Aspekte (z.B. Lebenszyklus, Gliedmaßen, Nahrungsaufnahme) auszuwählen (Suhrbier 1997, 74 f.).

Im vorstehenden Absatz wurden zwei besonders häufig auftretende Beispiele für Metaphern genannt: Objekte bestimmten Dekors sind auf metaphorischer Ebene mit dem Konzept ›spirituelle Macht‹ verbunden. Häuser und Landschaften, das ist das zweite, im ethnographischen Kontext immer wieder belegte Beispiel, werden häufig mit dem metaphorischen Konzept ›menschliche Eigenschaften‹ verknüpft. Um diesen Zusammenhang noch einmal deutlich herauszustellen: Eine Metapher ist nicht umschreibbar mit dem Satz:»Dieser Topf ist ein sakrales Objekt« oder mit dem Satz:»Das Haus ist ein menschliches Wesen.« Beide Sätze stellen einfache Denotationen dar; Metaphern arbeiten im Gegensatz dazu aber mit so genannten metaphorischen Konzepten und übertragen Teilaspekte einer angenommenen Vorstellung auf den Gegenstand. Das heißt, einem Objekt mit einem bestimmten Dekor werden einige Eigenschaften zugeschrieben, die auch spirituelle Wesen haben. Einem Haus werden bestimmte Eigenschaften zugeschrieben, die ansonsten auch von menschlichen Wesen bekannt sind.

Noch offener ist die Evokation, die vielleicht überhaupt die häufigste Beziehungsform zwischen Objekten und Bedeutungen darstellt. Eine Evokation muss nicht mehr als eine Anspielung darstellen. Ein Objekt verweist für den Betrachter oder Benutzer - unter Umständen nur für Sekunden - auf eine Idee, einen Gedanken und evoziert damit eine Bedeutung, die in keiner Weise dauerhaft an das Objekt gebunden ist.[42] Nur in bestimmten Situationen ›entsteht‹ die Bedeutung scheinbar

---

41 Eco (1991, 250) verwendet für solche offene, je nach Kontext immer wieder zu füllende Relationen zwischen Objekt und Bedeutung den Begriff »Inhalts-Nebelflecken«.
42 Miller (1985, 175) bezeichnet die Evokation als eine der wichtigsten Formen der Übermittlung von Bedeutung.

im Bewusstsein des Wahrnehmenden und nur in ganz bestimmten Kontexten wird sie relevant für sein Handeln.[43] Evozierte Bedeutungen stehen insofern zu den als Ausgangspunkt dienenden Objekten in einem indirekten Verhältnis, als dass solche in der Situation entstehenden Bedeutungen ganz verschieden sein können von den vom Hersteller des gleichen Objektes intendierten Bedeutungen.[44] Evokationen stehen zeitlich gesehen nicht kontinuierlich zur Verfügung, sie sind oft ganz unvermittelt da und verschwinden Sekunden später wieder. Die zeitliche Diskontinuität steht aber nicht im Widerspruch zu ihrer hohen situativen Bedeutung. Wie schon die Alltagserfahrung lehrt, können Objekte aufgrund der evozierten Inhalte Personen zu bestimmten Handlungsweisen zwingen. (Kwint 1999, 2).

Die Tatsache, dass Objekte Bedeutungen oft nur evozieren, ist ein wichtiges Argument gegen die These, dass materielle Kultur ein ›System‹ von Informationen sein könne. Systeme haben typischerweise bekannte Zu- und Abflüsse (an Informationen, Stoffen oder Energie), so dass ›neue‹ Informationen dem Systembegriff widersprechen. Während Metaphern eher mit Werten verbunden sind, und damit eine Reaktion des Betrachters herausfordern, ist die Evokation in dieser Hinsicht offener. – Allerdings wäre es falsch, zwischen den beiden Begriffen eine scharfe Grenze ziehen zu wollen. Das gilt auch für einen dritten Begriff, den des Emblems. Embleme beschreiben die Beziehung zwischen einem Objekt und Werten oder ethischen Qualitäten, die bestimmte Personen mit dem Gegenstand verbinden.

Mit den hier genannten Umschreibungen für Formen der Beziehung zwischen Bedeutung und Zeichen – Metapher, Evokation und Emblem – wurde ein Versuch unternommen, zu zeigen, dass es trotz der hier postulierten ›Unschärfe‹ ganz spezifische Möglichkeiten gibt, Dinge als Zeichen aufzufassen (Abb. 4). Wie eine Objektbedeutung verstanden wird, und wie die Übertragung von Bedeutungen vom Objekt (oder seinem Hersteller bzw. Verwender) auf einen potentiellen Betrachter vor sich geht, konnte hier nur annäherungsweise dargestellt werden. Die Übersicht der Literatur hat gezeigt, dass es dazu verschiedene Thesen gibt, die allerdings schon in der hier präsentierten Auswahl zum Teil zueinander in Widerspruch stehen. Auch einprägsame Formulierungen wie die Bezeichnung des zeichenhaften Objektes als ›Semiophore‹ (Pomian 1993) oder ›storage bin‹ (Berger 1992 und Renfrew 1998) sind nicht ausreichend, um die Eigenschaften von Objektbedeutungen zu verstehen. Die Entwicklung einer übereinstimmenden, die speziellen Merkmale von Objektzeichen hinreichend erklärenden semiotischen Theorie muss weiterhin als offene For-

---

43 In industriellen Gesellschaften arbeitet zum Beispiel die Werbung sehr viel mit Evokationen (Applbaum 1998). Dabei wird bewusst in Kauf genommen, dass viele Menschen ein Objekt (z.B. eine Werbetafel) betrachten, aber nur bei wenigen dadurch eine Konsumentscheidung ausgelöst wird.

44 Dieses Ergebnis erbrachte eine Untersuchung von Nicholas David und anderen (David et al. 1988) über Formen und Dekore von Keramik im Norden Kameruns. Die Informationen, die Verwender der Keramik aus Formen und Dekoren entnehmen, ist oft eine andere als die Intention der Herstellerinnen.

Dinge als Zeichen – eine unscharfe Beziehung 47

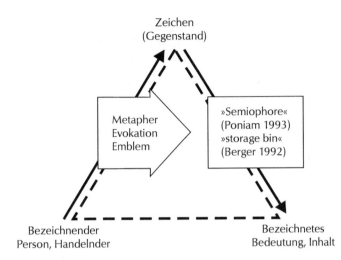

Abb. 4: Semiotische Beschreibung von Zeichenformen materieller Kultur.

schungsaufgabe betrachtet werden. Eine wesentliche Grundlage dafür ist allerdings, dass zwischen der Form des sprachlichen oder textgebundenen Zeichens auf der einen und des Objektzeichens auf der andere Seite deutlich unterschieden wird. Die unzulässige Vermischung oder die mangelnde Beachtung der Unterschiede führen immer wieder dazu, dass der zeichenhafte Aspekt und damit die Bedeutung der materiellen Kultur insgesamt für das Verständnis fremder Kulturen in Zweifel gezogen werden (Miller 1994, 406). In diesem Beitrag wurde auch auf Autoren verwiesen, die eine Übersetzbarkeit von Objektzeichen in Text grundsätzlich ablehnen (s. Anm. 22). Aufgrund des spezifischen Potentials der Abstraktion von Sprache wäre es aber voreilig, auf das Sprechen über Objekte ganz zu verzichten.

Abschließend sei noch auf einen Versuch der Beschreibung der Eigenart von Objektzeichen von Roland Barthes hingewiesen, der intensiv die Besonderheiten von Bedeutungen materieller Kultur aufzeigt. Ausgehend von seiner bereits erläuterten These, dass Objektzeichen niemals eine unmotivierte, d.h. von Hersteller oder Betrachter unabhängige Bedeutung haben können, vergleicht er verschiedene Bilder (photographische Aufnahmen) und stellt fest, dass es einerseits Objekte gibt, deren Aussage dem Betrachter unmittelbar augenfällig ist. Er nennt das den »entgegenkommenden Sinn.« Aber es gibt auch Objekte, deren Aussage sich, zumindest für bestimmte Betrachter, nicht ohne weiteres erschließt, oder die verschiedene Aussagen zulassen (ähnlich wie bei den letzten Objekten in McCrackens Versuch). Von solchen Gegenständen schreibt Barthes (1990, 59–61), sie hätten einen »stumpfen Sinn«. Mit dem ›entgegenkommenden‹ und dem ›stumpfen Sinn‹ meint Barthes zwei Formen der Annäherung an die Bedeutung von Objekten (bzw. Bildern), die einmal eine ganz spezielle Erwartung (d. h. die Motiviertheit), im anderen Falle aber eine spezielle Offenheit umfasst. Objektzeichen sind in vielen Situationen in der Lage, Bedeutungen zu übermitteln, auch wenn die Art und Weise, in der dies geschieht, in jedem Fall eine andere als die der Sprache ist. Geprägt von der Gewöhnung an textvermittelte Bedeutungen bedarf es für Ethnologen und Archäologen einer besonderen Anstrengung, für die Möglichkeiten und Eigenarten der Relation von Bedeutungen und Objekten eine ausreichende Sensibilität zu entwickeln.

Literatur

Andretta 1989: E. H. Andretta, Symbolic Continuity, Material Disconuity and Ethnic Identity among the Murle Communities in the Southern Sudan. Ethnology 28, 1989, 17-31.
Applbaum 1998: K. Applbaum, The Sweetness of Salvation: Consumer Marketing and the Liberal Bourgeois Theory of Needs. Current Anthr. 39, 1998, 323-349.
Appadurai 1986: A. Appadurai, Introduction: Commodities and the Politics of Value. In: A. Appadurai (Hrsg.), The Social Life of Things. Commodities in Cultural Perspective. Cambridge: Cambridge University Press 1986, 3-63.
Barbot 1992: J. Barbot, Barbot on Guinea. The Writings of John Barbot on West Africa 1678-1712. London: Hakluyt Society 1992.
Barthes 1964: R. Barthes, Mythen des Alltags. Frankfurt a. M.: Suhrkamp 1964 [Erstausgabe: Paris 1957].
Barthes 1985: Ders., Die Sprache der Mode. Frankfurt a. M.: Suhrkamp 1985 [Erstausgabe: Paris 1967].
Barthes 1990: Ders., Der entgegenkommende und der stumpfe Sinn. Frankfurt a. M.: Suhrkamp 1990 [Erstausgabe: Paris 1982].
Baudrillard 1991: J. Baudrillard, Das System der Dinge. Über unser Verhältnis zu den alltäglichen Gegenständen. Frankfurt a. M.: Campus 1991 [Erstausgabe: Paris 1969].
Baumann 1927: H. Baumann, Die materielle Kultur der Azande und Mangbetu. Baessler Archiv 2, 1927, 3-129.
Bentele/Bystrina 1978: G. Bentele/I. Bystrina, Semiotik. Grundlagen und Probleme. Stuttgart: Kohlhammer 1978.
Berger 1992: A. A. Berger, Reading Matter: Multidisciplinary Perspectives on Material Culture. London: Transaction 1992.
Bogatyrev 1976: P. Bogatyrev, Costume as a Sign. In: I. R. Titunik et al. (Hrsg.), Semiotics of Art. Cambridge: MIT Press 1976, 11-19 [Erstausgabe: 1936].
Boon 1979: J. A. Boon, Saussure/Peirce à propos Language, Society and Culture. In: I. P. Winner et al. (Hrsg.), Semiotics of Culture. The Hague: Mouton 1979, 83-101.
Bourdieu 1970: P. Bourdieu, La maison kabyle ou le monde renversé. In: J. Pouillon (Hrsg.), Echanges et communications: mélanges offerts à Claude Lévi-Strauss. The Hague: Mouton 1970, 739-758.
Bourdieu 1976: P. Bourdieu, Entwurf einer Theorie der Praxis auf der ethnologischen Grundlage der kabylischen Gesellschaft. Frankfurt a. M.: Suhrkamp 1976 [Erstausgabe: Genf 1972].
Bovin 1990: M Bovin, Relations interethniques au Borno Nigeria et Niger: Culture matérielle et dichotomie homme/femme. In: D. Barreteau (Hrsg.), Relations inter-ethniques et culture matérielle dans le bassin du lac Tchad. Paris: Editions de L'ORSTOM 1990, 103-120.
Campbell 1996: C. Campbell, The Myth of Social Action. Cambridge: Cambridge University Press 1996
Chenerla 1992: J. M. Chenerla, Social Meaning and Material Transaction: The Wanano-Tukano of Brazil and Colombia. Journal Anthr. Arch. 2 1992, 111-124.

Csikszentmihalyi und Rochberg-Halton 1981: M. Csikszentmihalyi und E. Rochberg-Halton, The Meaning of Things: Domestic Symbols and the Self. Cambridge: Cambridge University Press 1981.
David et al. 1988: N. David et al., Why Pots are Decorated? Current Anthr. 29, 1988, 365-389.
Dietler/Herbich 1998: M. Dietler/I. Herbich, Habitus, Techniques, Style: An Integrated Approach to the Social Understanding of Material Culture and Boundaries. In: M. T. Stark (Hrsg.), The Archaeology of Social Boundaries. Washington, DC: Smithsonian Institution Press 1998, 232-269.
Doering/Hirschauer 1997: H. Doering/S. Hirschauer, Die Biographie der Dinge. Eine Ethnographie musealer Repräsentation. In: S. Hirschauer et al. (Hrsg.), Die Befremdung der eigenen Kultur. Frankfurt a. M.: Suhrkamp 1997, 267-297.
Douglas/Isherwood 1996: M. Douglas/B. Isherwood, The World of Goods. London: Routledge 1996 [Erstausgabe: London 1979].
Eicher 1995: J. B. Eicher, Introduction: Dress as an Expression of Ethnic Identity. In: J. B. Eicher (Hrsg.), Dress and Ethnicity. Oxford: Berg 1995, 1-7.
Fagg 1965: W. Fagg, Tribes and Forms in African Art. New York: Tudor 1965.
Fenton 1974: W. N. Fenton, The Advancement of Material Culture Studies in Modern Anthropological Research. In: M. Richardson (Hrsg.), The Human Mirror: Material and Spatial Images of Man. Baton Rouge: Louisiana State University 1974, 15-36.
Fernandez 1974: J. Fernandez, The Mission of Metaphor in Expressive Culture. Current Anthr. 15, 1974, 119-145.
Fletcher 1989: R. Fletcher, The Messages of Material Behaviour: a Preliminary Discussion of Non-verbal Meaning. In: I. Hodder (Hrsg.), The Meanings of Things. Material Culture and Symbolic Expression. London: Unwin Hyman 1989, 33-39.
Frobenius 1922-31: L. Frobenius, Atlas Africanus. München : Beck 1922-1931.
Gabus 1975: J. Gabus, L'objet témoin. Les références d'une civilisation par l'objet. Neuchâtel: Ides et Calendes 1975.
Graves-Brown 1995: P. M. Graves-Brown, Fearful Symmetry. World Arch. 27, 1995, 88-99.
Glassie 1973: H. Glassie, Structure and Function, Folklore and Artifact. Semiotica 7, 1973, 313-351.
Hahn 1991: H. P. Hahn, Die Töpferei der Bassar, Konkomba, Kabyè und Lamba in Nord-Togo. Paideuma 37, 1991, 25-54.
Hahn 1996a: Ders., Die materielle Kultur der Konkomba, Kabyè und Lamba in Nord-Togo. Ein regionaler Kulturvergleich. Köln: Köppe 1996.
Hahn 1996b: Ders., Materielle Kultur und Ethnoarchäologie. Zur Dokumentation materieller Kultur anhand von Untersuchungen in Nord-Togo. Ethnogr.-Arch. Zeitschr. 37, 1996, 459-478.
Hanson 1990: A. F. Hanson, Deciphering the Language of Things. In: Pieter ter Keurs (Hrsg.), The Language of Things: Studies in Ethnocommunication. Leiden: Rijksmuseum voor Volkenkunde 1990, 37-44.
Herskovits 1949: M. J. Herskovits, Man and His Works: The Science of Cultural Anthropology. New York: Knopf 1949.
Hirschberg 1999: W. Hirschberg, Wörterbuch der Völkerkunde. Berlin: Reimer 1999.
Hodder 1982: I. Hodder, Symbols in Action. Cambridge: Cambridge University Press 1982.
Hodder 1989: Ders., This Is Not an Article about Material Culture as Text. Journal Anthr. Arch. 8, 1989, 250-269.
Jakobson 1971: R. Jakobson, Language in Relation to Other Communication Systems. In: R. Jakobson (Hrsg.), Selected Writings: 2. Word and Language. The Hague: Mouton 1971, 697-708.

Jakobson 1976: Ders., Petr Bogatyrev 29.1.93-18.8.71. Expert in Transfiguration. In: Ladislav Matejka (Hrsg.), Sound, Sign and Meaning. Quinquagenary of the Prague Linguistic Circle. Ann Arbor: University of Michigan 1976, 29-39.
Jones 1990: A. Jones, Zur Quellenproblematik der Geschichte Westafrikas: 1450-1900. Stuttgart: Franz Steiner 1990.
Jones 1994: A. Jones, Drink Deep, or Taste Not. Thoughts on the Use of Early European Records in the Study of African Material Culture. History in Africa 21, 1994, 349-370.
Kluckhohn 1936: C. Kluckhohn, Some Reflections on the Method and Theory of the Kulturkreislehre. Am. Anthr. 38, 1936, 157-151.
Kwint 1999: M. Kwint, Introduction: The Physical Past. In: M. Kwint et al. (Hrsg.), Material Memories: Design and Evocation. Oxford: Berg 1999, 1-16.
Lakoff 1998: G. Lakoff, Leben in Metaphern. Heidelberg: Carl-Auer-Systeme 1998 [Erstausgabe: Chicago 1980].
Langer 1984: S. Langer, Philosophie auf neuen Wegen. Frankfurt a. M.: Fischer 1984 [Erstausgabe: Cambridge 1942].
Leach 1978: E. Leach, Kultur und Kommunikation: zur Logik symbolischer Zusammenhänge. Frankfurt a. M.: Suhrkamp 1978 [Erstausgabe: Cambridge 1976].
Lévi-Strauss 1972: C. Lévi-Strauss, Das Ende des Totemismus. Frankfurt a. M.: Suhrkamp 1972 [Erstausgabe: Paris 1962].
Maquet 1993: J. Maquet, Objects as Instruments, Objects as Signs. In: S. Lubar et al. (Hrsg.), History from Things: Essays on Material Culture. Washington, D. C.: Smithsonian Institution Press 1993, 30-40.
McCracken 1987: G. McCracken, Clothing as Language: An Object Lesson in the Study of the Expressive Properties of Material Culture. In: B. Reynolds et al. (Hrsg.), Material Anthropology: Contemporary Approaches to Material Culture. Lanham: University Press of America 1987, 103-128.
Miller 1985: D. Miller, Artefacts as Categories. Cambridge: Cambridge University Press 1985.
Miller 1994: Ders., Artefacts and the Meanings of Things. In: T. Ingold (Hrsg.), Companion Encyclopedia of Anthropology. London: Routledge 1994, 396-417.
Nordenskiöld 1918: E. Nordenskiöld, Eine geographische und ethnographische Analyse der materiellen Kultur zweier Indianerstämme in el Gran Chaco. Göteborg: Elanders Boktryckeri 1918.
Olsen 1990: B. Olson, Roland Barthes: From Sign to Text. In: C. Tilley (Hrsg.), Reading Material Culture. Oxford: Blackwell 1990, 163-205.
Olwig 1990: K. F. Olwig, Cultural Identity and Material Culture: Afro-Caribbean Pottery. Folk 32, 1990, 5-22.
Pawlowski 1977: T. Pawlowski, Kultur als System von Zeichen. Grundlagenstudien aus Kybernetik und Geisteswissenschaft 18, 1977, 12-18.
Pearce 1989, S. M. Pearce, Objects in Structures. In: S. M. Pearce (Hrsg.), Museum Studies in Material Culture. London: Leicester University Press 1989, 47-69.
Pomian 1993: K. Pomian, Der Ursprung des Museums - vom Sammeln. Berlin: Wagenbach 1993.
Ribeiro 1987: B. G. Ribeiro, Visual Categories and Ethnic Identity. The Symbolism of Kayabi Indian Basketry Matto Grosso, Brazil. In: B. Reynolds (Hrsg.), Material Anthropology: Contemporary Approaches to Material Culture. Lanham: University Press of America 1987, 189-230.
Savary 1988: C. Savary, L'objet ethnographique: moyen de connaissance des cultures? Bulletin annuel du musée d'ethnographie de Genève 31/32, 1988, 65-80.
Schiffer 1999: M. B. Schiffer, The Material Life of Human Beings. Artifacts, Behavior and Communication. London: Routledge 1999.
Sterner 1989: J. Sterner, Who Is Signalling Whom? Ceramic Style, Ethnicity and Taphonomy among the Sirak Bulahay. Antiquity 63, 1989, 451-459.

Suhrbier 1998: B. M. Suhrbier, Die Macht der Gegenstände. Menschen und ihre Objekte am oberen Xingu. Marburg: Curupira 1998.
Tilley 1990: Ch. Tilley (Hrsg.), Reading Material Culture. Oxford: Blackwell 1990.
Tilley 1991: Ders., Material Culture and Text. London: Routledge 1991.
Tilley 1999: Ders., Metaphor and Material Culture. Oxford: Blackwell 1999.
Titunik et al. 1976: I. Titunik et al. (Hrsg.), Semiotics of Art. Cambridge: MIT Press 1976.
Trabant 1976: J. Trabant, Elemente der Semiotik. München: Beck 1976.
Winner 1979: T. Winner, Some Fundamental Concepts Leading to a Semiotic of Culture: An Historical Overview. In: Irene Portis Winner et al. (Hrsg.), Semiotics of Culture. The Hague: Mouton 1979, 75-83.
Wobst 1977: J. H. Wobst, Stylistic Behavior and Information Exchange. In: C. E. Cleland (Hrsg.), For the Director: Research Essays in Honor of James B. Griffin. Ann Arbor: University of Michigan 1977, 317-342.
Wobst 1999: J. H. Wobst, Style in Archaeology or Archaeologists in Style. In: Elizabeth Chilton (Hrsg.), Material Meanings. Critical Approaches to the Interpretation of Material Culture. Salt Lake City: University of Utah Press 1999, 118-132.
Zwernemann 1983: J. Zwernemann, Culture History and African Anthropology. Stockholm: Almqvist & Wiksell 1983.

TOBIAS L. KIENLIN

Das Studium materieller Kultur in der ›Cognitive Archaeology‹: Beispiele aus dem Bereich der Archäometallurgie

ZUSAMMENFASSUNG: Durch eine Reihe kritischer Bewertungen ist die angelsächsische Diskussion zwischen den Vertretern einer prozessualen Archäologie und solchen postprozessualer Ansätze mittlerweile auch in der deutschen Archäologie ein Begriff (Bernbeck 1997; Eggert/Veit 1998). Im Gegensatz zu den bereits hinreichend kommentierten programmatischen Arbeiten beider Richtungen sollen im Mittelpunkt der vorliegenden Ausführungen weniger beachtete Beiträge aus dem Bereich der so genannten *Cognitive Archaeology* stehen. Im Sinne Renfrews (1982) stellt diese Richtung eine inhaltliche Ausdehnung der *Processual Archaeology* auf bislang durch ihre Vertreter vernachlässigte Aspekte menschlichen Verhaltens dar, darunter Fragen menschlicher Wahrnehmung und Kommunikation, der Religion und Weltdeutung. Ansätze der *Cognitive Archaeology* fanden Niederschlag in den Beiträgen der Bände ›The Ancient Mind: Elements of Cognitive Archaeology‹ (Renfrew/Zubrow 1994) und ›Cognition and Material Culture: The Archaeology of Symbolic Storage‹ (Renfrew/Scarre 1998). Dem sich hier abzeichnenden Bedeutungswandel des Konzepts materieller Kultur unter den Vertretern einer prozessual orientierten Archäologie gilt das Hauptaugenmerk der Ausführungen. Gegenüber Whitleys (1998a) Bewertung der von ihm zusammengestellten postprozessualen Arbeiten und Studien der *Cognitive Archaeology* wird dabei kritisch die Frage zu erörtern sein, ob sich - allen Gegensätzen der erkenntnistheoretischen Orientierung zum Trotz - mit dem Konzept der bedeutungstragenden und -vermittelnden materiellen Kultur ein Konsens dieser Richtungen abzeichnet. Entsprechend ihrer Argumentations- und Erkenntnisstruktur sollen Fallstudien aus dem Bereich der Archäometallurgie in der Debatte zwischen *Cognitive Archaeology* und *Postprocessual Archaeology* verortet werden. Bei genauerer Betrachtung zeigt sich dabei die Nähe der in den archäometallurgischen Studien angeschnittenen Probleme der Deutung materieller Kultur zur *Cognitive Archaeology*.

Einleitung

Durch eine Reihe von kritischen Bewertungen ist die Diskussion zwischen den Vertretern einer prozessualen Archäologie und solchen postprozessualer Ansätze inzwischen auch in der deutschen Archäologie ein Begriff (Bernbeck 1997; Eggert/Veit 1998). Die mit solchen Bezeichnungen summarisch angesprochenen Richtungen weisen hinsichtlich der erkenntnistheoretischen Grundlagen wie der konkreten Forschungsschwerpunkte erhebliche Unterschiede auf. Im Gegensatz zu diesen hinreichend kommentierten Richtungen sollen im Mittelpunkt der vorliegenden Ausführungen Beiträge aus dem Bereich der so genannten *Cognitive Archaeology* stehen. Im Sinne C. Renfrews stellt diese Richtung eine inhaltliche Ausdehnung der *Processual Archaeology* auf bislang durch ihre Vertreter vernachlässigte Aspekte menschlichen Verhaltens dar, darunter Fragen menschlicher Wahrnehmung und Kommunikation, der Religion und Weltdeutung. Es handelt sich mithin um eine Reaktion auf postprozessuale Strömungen, denen durch ein Festhalten an einer - im prozessualen Sinne - ›wissenschaftlichen‹ Vorgehensweise in der Erforschung geistiger Bereiche urgeschichtlicher Gesellschaften begegnet werden soll. Neben Renfrews (1982) programmatischen Äußerungen fanden Ansätze der *Cognitive Archaeology* Niederschlag in den Beiträgen der Bände ›The Ancient Mind: Elements of Cognitive Archaeology‹ (Renfrew/Zubrow 1994) und ›Cognition and Material Culture: The Archaeology of Symbolic Storage‹ (Renfrew/Scarre 1998). Dem sich hier abzeichnenden Bedeutungswandel des Konzepts materieller Kultur unter den Vertretern einer prozessual orientierten Archäologie gilt das Hauptaugenmerk der folgenden Ausführungen. Gegenüber D. S. Whitleys (1998a, b) Bewertung der von ihm zusammengestellten postprozessualen Arbeiten und Studien der *Cognitive Archaeology* wird dabei kritisch die Frage zu erörtern sein, ob sich mit dem Konzept der materiellen Kultur als Bedeutungsträger tatsächlich ein Konsens dieser Richtungen abzeichnet. Entsprechend ihrer Argumentations- und Erkenntnisstruktur sollen im zweiten Teil des Beitrages Fallstudien aus dem Bereich der Archäometallurgie in der Debatte zwischen *Cognitive Archaeology* und *Postprocessual Archaeology* verortet werden.

Cognitive Archaeology:
Definition und erkenntnistheoretische Grundlagen

Cognitive Archaeology, so die Definition Renfrews (1982, 2 ff.; 1994, 3 ff.), umfasse im weitesten Sinne die Frage nach der Natur intelligenten Verhaltens und dessen Niederschlages in der physischen Welt. Es handele sich mithin um das Studium menschlichen Denkens, vergangener Absichten und Pläne anhand materieller Hinterlassenschaften. Wie K. V. Flannery und J. Marcus (1998, 36 f.) als Vertreter eines vergleichbaren Ansatzes in Amerika, weitet er damit das Interessengebiet der *Processual Archaeology* auf genuin geistige Bereiche menschlicher Aktivität aus (Renfrew 1982, 13 ff.). Wichtig seien dabei Fragen der Wahrnehmung und Klassifikation der Welt, die Problematik der Verständigung über die Umgebung sowie Religion und Ideologie als Wege des Umgangs mit der natürlichen und sozialen Umwelt und deren Manipulation. Obgleich sowohl Renfrew (1994, 4 ff., 9 ff.) als auch Flannery und Marcus (1998, 37 f., 45 f.) die Übereinstimmung ihres Ansatzes mit Forderungen der frühen *Processual Archaeology* betonen, handelt es sich hier doch um mehr als eine nur leicht veränderte Interessenlage: In Abgrenzung von dem Materialismus der älteren *Functional-Processual Archaeology* (Friedman 1974; Whitley 1998b, 2 ff.) wird den geistigen Bereichen menschlicher Existenz nunmehr eine kausale Bedeutung zuerkannt. Kosmologie, Religion und Ideologie urgeschichtlicher Gesellschaften erscheinen damit nicht mehr als nachgeordnete Erscheinungen, ihr Studium könne vielmehr unabdingbar sein für das Verständnis soziokultureller Phänomene. Die Kenntnis der Weltsicht einer Gruppe, der Kategorisierung der Umwelt durch ihre Mitglieder und deren kognitive Fähigkeiten sei damit kein Selbstzweck mehr. Es handele sich vielmehr um eine notwendige Ergänzung prozessualer Arbeiten, da diese Faktoren ihrerseits auf die Bereiche des Ökonomischen oder Sozialen zurückwirken könnten.[1] Mit der Annahme eines zumindest reflexiven Verhältnisses geistiger Bereiche und des Sozialen wie des Ökonomischen geht jedoch – ähnlich wie bereits in der *Social Archaeology* Renfrewscher Prägung (Renfrew 1973, 6 ff.; 1984, 6 ff.) auch im Rahmen der *Cognitive Archaeology* eine weitgehende Gleichsetzung menschlichen Denkens mit entsprechenden Handlungen und deren materiellem Niederschlag einher.

Die Aufwertung geistiger Bereiche blieb gerade in den eigenen Reihen keineswegs unumstritten, wobei zwei leicht abweichende, einander jedoch ergänzende Einwände festzustellen sind: Ganz grundsätzlich bleibe zweifelhaft, ob ›geistige Dinge‹ überhaupt in dem angenommenen Maße Einfluss auf menschliche Kulturerscheinungen hätten. Im Sinne dieser radikalen Kritik erscheint das Anliegen einer *Cognitive Archaeology* somit insgesamt irrelevant. Da Geistiges gegenüber der ökologischen Determinierung menschlichen Verhaltens grundsätzlich als nachgeordnet zu betrachten sei, befasse man sich hier lediglich mit Epiphänomenen, die zudem mit archäologischen Mitteln kaum wissenschaftlich zu erforschen seien.[2] Während die damit angemahnte Rückbesinnung auf ›traditionelle‹ prozessuale Werte folgenlos blieb, entwickelte sich die Abwehr des hier wiederkehrenden Vorwurfs, es handele sich bei entsprechenden Ansätzen schlicht um ›Paläopsychologie‹, zu einem wichtigen Anliegen der Vertreter einer *Cognitive Archaeology*. In dem Bestreben, sich von postprozessualen Ansätzen abzugrenzen, versuchte dementsprechend gerade Renfrew (1994, 4 ff.) die Möglichkeit des Studiums geistiger Bereiche im Rahmen seines prozessual geprägten Wissenschaftsverständnisses zu veranschaulichen. Im Gegensatz zu postprozessualen wie traditionellen Ansätzen, als deren verbindendes Merkmal er den nicht widerlegbaren Versuch der ›Einfühlung‹ ansieht, müsse eine nachvollziehbare Vorgehensweise eingehalten werden. Nicht der Anspruch ›privilegierten‹ Einblicks in Gedanken und Motivation urgeschichtlicher Akteure dürfe das Studium kognitiver Aspekte bestimmen, vielmehr bedürfe es auch hier der Anwendung an den archäologischen Daten falsifizierbarer Hypothesen. Unter dem Einfluss postprozessualer Ansätze kommt es in diesem Zusammenhang zu dem Eingeständnis, dass Theorie und Daten keine unabhängige Existenz aufweisen, sondern zumindest in einem reflexiven Verhältnis stehen.[3] Mit der Preisgabe von Positionen eines erkenntnistheoretischen Positivismus, dürfe es jedoch nicht zu einer Beliebigkeit der Aussagen kommen. Ziel müssten nach wie vor intersubjektiv verhandelbare Aussa-

[1] Renfrew 1982, 14, 24 ff.; 1994, 4, 10; 1998, 3 ff.; Flannery/Marcus 1998, 35 ff.
[2] Bell 1994, 15 ff.; Hill 1994, 83 ff., 90 f.; Shennan 1995, 614.
[3] Renfrew 1982, 1 f.; 1994, 6, 9 f.; Whitley 1998b, 7 ff.

gen sein, die zu den materiellen Hinterlassenschaften nicht offenkundig in Widerspruch stünden. Mit dem im Rahmen der *Processual Archaeology* entwickelten Instrumentarium der Mustererkennung sei auch das Studium kognitiver Aspekte menschlichen Verhaltens erfolgreich durchzuführen (Renfrew 1982, 13; 1994, 9 ff.).

Obgleich somit der Möglichkeit, dass die Natur der archäologischen Quellen die Erkenntnismöglichkeiten einschränken könne, ein starker Optimismus bezüglich deren Aussagekraft gegenübersteht (Renfrew 1982, 10, 13; Flannery/Marcus 1998, 35 ff.), liegt eine ebensolche Beschränkung den Zielen der *Cognitive Archaeology* bereits zugrunde: Die wichtigste Aufgabe sei, so Renfrew (1994, 6), die Rekonstruktion kognitiver Prozesse, der Versuch also, zu zeigen, *wie* die Wahrnehmung des ur- und frühgeschichtlichen Menschen ablief und wie seine Vorstellungen sein Handeln beeinflussten. Die *Cognitive Archaeology* habe sich im Wesentlichen auf die Demonstration zu beschränken, dass Zeichen und Symbole systematisch angewandt wurden. *Was* die Menschen dabei dachten, also die konkreten Inhalte, die sich mit Äußerungen geistigen Lebens verbinden, so das Eingeständnis der Vertreter dieses Ansatzes, sei einer ›wissenschaftlichen‹ Archäologie ohne die entschieden abgelehnte postprozessuale ›Einfühlung‹ nicht zugänglich.[4] Inhalte und konkrete Bedeutungen, so auch das Fazit von Flannery und Marcus (1998, 37, 45 ff.), seien stark an die Anwendbarkeit des *direct historical approach* gebunden.

Zur Bedeutung materieller Kultur in der Cognitive Archaeology: Zwischen passiver Verdinglichung und sozialer Reproduktion

In Abgrenzung von instinktiv ausgeführten Verhaltensmustern, die auch bei Tieren auftreten könnten, so Renfrew (1982, 15 ff.; 1994, 5 f.), lasse sich erst mit der bewussten und wiederkehrenden Manipulation der materiellen Umwelt zur Werkzeugherstellung oder zu symbolischen Zwecken von spezifisch menschlichen kognitiven Fähigkeiten sprechen. Der Verdinglichung von Wissen in der vorausschauenden Herstellung von Artefakten und dem Gebrauch von materiellen Symbolen - verstanden als Objekte, die über ihre physische Gegenwart hinaus einen Aspekt der geistigen oder sozialen Welt repräsentieren - komme also für die *Cognitive Archaeology* entscheidende Bedeutung zu. Dies gelte nicht allein aufgrund der spezifischen archäologischen Quellenlage, sondern vielmehr aufgrund des besonderen Potentials materieller Kultur, auf die kognitiven Fähigkeiten des Menschen zurückzuwirken. Ähnlich wie der Gebrauch der Sprache erlaube demnach die Niederlegung und Vermittlung wichtiger Information für das Überleben und die soziale Koexistenz in materieller Form eine Fortentwicklung kognitiver Fähigkeiten (Renfrew 1982, 15, 24 f.; Renfrew/Scarre 1998, XI f.).

---

4 Bradley 1994, 99 f.; van der Leeuw 1994, 135 f.; Scarre 1994, 75 ff.

Indem diese Konzeption die beginnende Verwendung von Werkzeugen ebenso einschließt wie die Vermittlung der Kenntnis sozialer Verhältnisse durch den Gebrauch entsprechender Symbole, stellt sie das wesentliche Bindeglied zwischen der *Social* und der *Cognitive Archaeology* dar (Renfrew 1982, 13). Obgleich in Renfrews Wortwahl in diesem Zusammenhang der Einfluss postprozessualen Gedankenguts erkennbar ist (Hodder 1982a, b; 1985), lässt eben die spezifische Form der Verknüpfung von Sozialem und Kognitivem es fraglich erscheinen, ob hier tatsächlich von einem Konsens beider Richtungen zu sprechen ist. Dieser Sachverhalt lässt sich an der kontroversen Diskussion zwischen Vertretern beider Richtungen um Bedeutung und Anwendung des Konzepts der *external symbolic storage* herausarbeiten.

Den Kern der hier rezipierten Arbeit des Biologen M. Donald (1991; 1998a,b) bildet ein evolutionäres Stufenschema, dessen Abschnitte ausgehend von der *episodic culture* früher Hominiden über die *mimetic culture* des *homo erectus* die Entwicklung kognitiver Fähigkeiten früher Sapienten bis hin zur so genannten *linguistic* oder *mythic culture* des *homo sapiens* umfassen. Letztere Stufe umfasst sowohl Jungpaläolithikum und Mesolithikum als auch das Neolithikum. Sie greift über den Einschnitt der Neolithisierung hinweg, indem als definierendes und verbindendes Element die Erlangung voller Sprachlichkeit und die mündliche Tradierung von Wissen herausgestellt wird. Erst mit dem Aufkommen der Schriftlichkeit in den frühen Hochkulturen werde die Stufe der so genannten *theoretic culture* erreicht, als deren Merkmal die *external symbolic storage* zu gelten habe – spezieller die Bewahrung und Vermittlung kulturellen Wissens in Form schriftlicher Medien. Ohne dass die Existenz älterer nicht-schriftlicher Zeichensysteme in Frage gestellt wird, bildet damit das Aufkommen der Schrift den Wendepunkt, da diese in weit stärkerem Maße als materielle Kultur zuvor auf die weitere Entwicklung der kognitiven Fähigkeiten des Menschen eingewirkt habe (Donald 1991, 335; 1998a, 13 ff.; 1998b, 182 ff.).

Zwar lässt Donald (1998b, 182 ff.) in seiner Reaktion auf den Einwand, er vernachlässige für die Perioden zwischen Paläolithikum und frühen Hochkulturen die zunehmend komplexere Interaktion des Menschen mit seiner materiellen Umwelt,[5] die Bereitschaft zu einer stärkeren Anerkennung des Potentials nicht-schriftlicher Symbolsysteme erkennen. Die Frage einer aktiven Rolle materieller Kultur bleibt jedoch auch in seinen jüngeren Arbeiten problematisch. Obgleich er sich gegen den Vorwurf verwahrt, das Konzept der *external symbolic storage* gehe in Analogie mit der Hardware eines Computers von beliebig speicher- und abrufbarer Information aus (Thomas 1998, 150 f.), weist sein Verständnis der Reflexivität materieller Kultur doch wesentliche Merkmale einer Herkunft aus den Naturwissenschaften auf: Menge und Komplexität kulturellen Wissens werden als wesentliches Merkmal des kognitiven Entwicklungsstandes gewertet. Weitgehend losgelöst von ihrem sozialen oder historischen Kontext erscheinen Wahrnehmung und Kategorisierung

5   Renfrew 1998, 1; Renfrew/Scarre 1998, XI; Thomas 1998, 149.

der Welt damit als ein mechanischer Prozess. Medium und Struktur verdinglichten Wissens wirken dabei vor allem auf Lernprozesse und Kategorisierungsmöglichkeiten zurück - also in einem technischen Sinne kognitive Fähigkeiten -, weniger auf das Soziale (Donald 1998b, 183 ff.).

Im Verhältnis zu dieser Vorlage lässt Renfrews (1998, 33 ff.) Konzeption einer – zwischen die Stufe der *mythic culture* und die Schriftlichkeit der *theoretic culture* einzuschiebenden - Stufe der *symbolic material culture* den Versuch einer stärkeren Gewichtung materieller Symbolsysteme erkennen. Materielle Symbole repräsentierten demnach - zumal in dieser Phase - nicht nur abstrakte Prinzipen des Sozialen, ihre Existenz leiste vielmehr einen entscheidenden Beitrag zur Konstituierung, Wahrnehmung und weiteren Entwicklung der Konzepte des Sozialen und Übernatürlichen (Renfrew 1994, 9 f.; Renfrew/Scarre 1998, XI f.). Als logische Konsequenz der Annahme eines reflexiven Verhältnisses des Ökonomischen, Sozialen und Geistigen erlangt damit dessen materieller Niederschlag als für die weitere Entwicklung des Systems relevanter Faktor zunehmend an Gewicht - ein Phänomen, das zudem in einem jeweils spezifischen historischen Kontext zu begreifen sei (Renfrew 1982, 25). Dabei bleibt jedoch der für postprozessuale Arbeiten charakteristische Gedanke fremd, materielle Kultur könne bewusst durch Individuen oder Gruppen eingesetzt werden, um soziale Verhältnisse zu verschleiern, sie zu rechtfertigen oder eine aktive Rolle bei ihrer Umgestaltung spielen. Die Rückwirkung der vielfach bemühten Megalithmonumente Westeuropas erscheint somit beschränkt auf die Vergegenwärtigung kulturellen Wissens über die Positionierung sozialer Akteure (Renfrew 1998, 5 f.). Dies - so die Implikation - gewährleiste den Zusammenhalt der Gruppe, nicht etwa, so eine mögliche postprozessuale Lesart, die Reproduktion asymmetrischer Machtverhältnisse. Betont wird also die Bedeutung geteilter Normen, auch einer gemeinsam erinnerten Vergangenheit, für den Fortbestand des Sozialen - eine Auffassung, der das von sozialen Implikationen weitgehend entkoppelte Konzept der *external symbolic storage* in keiner Weise entgegensteht. Der Bedeutung der individuellen wie kollektiven Kategorisierung der Welt wie der aktiven Rolle materieller Kultur in diesem Prozess wird damit zwar größere Bedeutung beigemessen als im Rahmen der *Processual Archaeology* zunächst üblich, dies bleibt jedoch ohne wesentliche Folgen für die weitere Interpretation, da das damit einhergehende Gesellschaftsverständnis letztlich unverändert bleibt.

Schärfere Kritik am Konzept der *external symbolic storage* und der damit verbundenen Entkoppelung von Kognition und Sozialem formulierten dementsprechend Autoren mit einem postprozessualen Hintergrund (Dowson 1998, 67 ff.; Thomas 1998, 150 ff.). Ausgehend von den Arbeiten J. Lacans (1977) und M. Foucaults (1974; 1976) werden bei den Vertretern dieser Richtung (Shanks/Tilley 1987, 57 ff., 175 ff.; Miller/Tilley 1984, 3 ff.) sowohl das autonome ›Individuum‹ - verstanden als modernes westliches Phänomen - als auch funktionalistisch oder marxistisch beeinflusste Gesellschaftstheorien Gegenstand radikaler Kritik. An die Stelle des Individuums als Subjekt der Analyse einerseits und abstrakter Kategorien andererseits – mithin des verbreiteten Dualismus von Gesellschaft und Individuum – müsse ein offeneres und dynamischeres Konzept treten. Ein solches sei in den Handlungs- bzw. Strukturierungstheorien der Soziologen P. Bourdieu (1976) und A. Giddens (1979) verfügbar. Den Ausgangspunkt müsse wieder das Individuum bilden, verstanden nun jedoch als ›dezentriertes‹ Subjekt, dessen Realität sich erst in dem andauernden Prozess der Interaktion mit anderen Individuen und dem Bezug auf Strukturen wie kulturelle Normen und politische Institutionen entfalte (Shanks/ Tilley 1987, 63 ff.). Im Rahmen dieses Prozesses der Ausbildung von Subjekten erlange ›Macht‹ zentrale Bedeutung, verstanden hier nicht als ein statisches, klar in Einzel- und Gruppeninteressen zu lokalisierendes Phänomen. Macht in diesem Sinne artikuliere sich vielmehr in jeder Handlung, in sozialen Beziehungen wie den zugrundeliegenden Strukturen und führe zu einer beständigen Reproduktion und vor allem auch Modifikation des Sozialen. Von dieser Macht ›etwas zu tun‹ zu unterscheiden sei jedoch die Macht ›über‹ andere Individuen oder Ressourcen, die zum Instrument der Unterdrückung werden könne und allein der Reproduktion des *status quo* diene (Shanks/Tilley 1987, 69 ff.). Mit dieser Form der Macht eng verknüpft sei die Ideologie, die zwar auch eine unabdingbare Erkenntnis- und Wahrnehmungsvoraussetzung darstelle, vor allem jedoch Gegensätze verschleiere. Der Abgrenzung vom Marx'schen Konzept des ›falschen‹ Bewusstseins zum Trotz, liegt der Schwerpunkt auf der naturalisierenden und damit letztlich den Blick auf die Realität verschleiernden Bedeutung von Ideologie (Shanks/Tilley 1987, 75 ff., 181 f.). Während Macht im Rahmen gesellschaftlicher Praxis gleichermaßen mit sozialer Reproduktion wie der Modifikation bestehender Strukturen verknüpft sei und damit durchweg positiv besetzt erscheint, ist das mit dieser Konzeption einhergehende Ideologieverständnis somit durchaus ambivalent.[6] Eingebunden in soziale Strukturen seien die Handlungen des Individuums daher nicht gänzlich frei, aber doch bedingt selbst-reflexiv, so dass Abweichungen zu Modifikationen der Strukturen führen könnten. Im Gegensatz zu der kritisierten Annahme einer ›Hierarchie‹ der Determination des ›Politischen‹ oder ›Religiösen‹ durch die Ökonomie haben Strukturen hier keine unabhängige Existenz. Individuen strukturieren mit ihrem Handeln die Gesellschaft und bestimmen deren Fortentwicklung, nicht eine abstrakt gefasste Dialektik von Produktionsverhältnissen und Produktivkräften. Handlungen, im Sinne dieser Auffassung von zentraler Bedeutung für die Konstituierung des Sozialen, vollziehen sich demnach in wechselseitiger Abhängigkeit von den ihnen zugrundeliegenden wie durch sie bedingten Strukturen (Shanks/Tilley 1987, 72, 175 ff.). Aufgrund ihrer spezifischen Vieldeutigkeit und Offenheit für abweichende Lesarten, so eine weitere Implikation dieser Betonung des diskursiven Charakters religiös-ritueller oder allgemein symbolischer Handlungen, könne materieller Kultur als Träger symbolischer Information für die Strukturierung des Sozia-

---

6 Shanks/Tilley 1982, 130 ff.; Shennan 1982, 156 ff.; Miller/Tilley 1984, 5 ff.; Hodder 1985, 5 f., 9; Treherne 1995, 113 ff.

len besondere Bedeutung zukommen (Shanks/Tilley 1987, 95 ff.; Thomas 1998, 153 ff.). Gerade materielle Kultur könne somit die Möglichkeit geboten haben, einen alternativen Diskurs zu etablieren, der als Ausdruck divergierender Interessen zur Auflösung bestehender Strukturen beigetragen und somit gesellschaftlichen Wandel ermöglicht habe. Abstrakte Konzepte der sozialen wie rituellen Wirklichkeit werden hier durch ihre Verdinglichung nicht einfach vermittelbar und erlernbar, sie spielen vielmehr eine aktive Rolle bei der Realisierung und Modifikation sozialer Strukturen.

Die Attraktivität dieses Ansatzes gründet in der Abkehr von Positionen eines gesellschaftstheoretischen Funktionalismus, der etwa die Arbeiten Renfrews gerade dort prägt, wo über die reine Mustererkennung im Gebrauch materieller Symbole hinausgehende Aussagen getroffen werden. Tatsächlich wird man in der Betonung der ambivalenten Bedeutungen materieller Kultur in der Realisierung und Transformation des Sozialen eine sinnvolle Ergänzung zu der Annahme einer unzweideutigen Tradierung von Wissen durch dieses Medium erkennen müssen. Es sei jedoch darauf hingewiesen, dass es sich hier in der Anwendung auf den Einzelfall - ähnlich wie beim Konzept der *external symbolic storage* im engeren Sinne - letztlich um eine ideologische Vorgabe handelt. Während somit entsprechende Ansätze durchaus bei der Interpretation komplexer Zeichensysteme und Handlungsabläufe in Betracht gezogen werden sollten, lastet auf den Vertretern beider Richtungen die Forderung nach dem Nachweis direkter Relevanz und Anwendbarkeit auf die in Frage stehende Situation. Mehr noch als an die *Cognitive Archaeology*, deren Stärke insgesamt vielleicht eher in der sorgfältigen Analyse der dem archäologischen Material zugrundeliegenden Muster zu suchen wäre, richtet sich darüber hinaus an die Vertreter einer postprozessualen Archäologie die Frage, was überhaupt noch als archäologisch wissbar zu betrachten sei und wie im konkreten Fall die Berechtigung einer Interpretation zu etablieren wäre. Diese Problematik wurde in der Anthropologie auf den gleichen theoretischen Grundlagen bereits vor geraumer Zeit thematisiert (Ortner 1984). Sinnvoll erschiene zudem eine Rückbesinnung auf die gerade von Renfrew angedeutete Einschränkung der Erkenntnismöglichkeiten der Ur- und Frühgeschichte durch die Natur ihrer Quellen. Da die Möglichkeit einer solchen Beschränkung gerade im praktischen Vollzug oft außer Acht gelassen wird, sollen hier Fallbeispiele aus dem Bereich der Archäometallurgie herangezogen werden, um exemplarisch entsprechende Probleme zu erörtern.

Technologie oder kultisch-soziale Praxis?
Zur Erkenntnisstruktur archäometallurgischer Fallstudien

Farbe und Klang in der mesoamerikanischen Metallurgie:
ein Beispiel des ›direct historical approach‹

Im Mittelpunkt einer Studie D. Hoslers (1998) steht die Entwicklung der westmexikanischen Metallurgie bis zur spanischen Eroberung Mittelamerikas (s. a. Hosler 1988a, b und Lechtman 1996). Diesen Zeitraum unterteilt sie in zwei Perioden, deren erste sich von der Einführung der Kenntnis der Metallurgie aus südlicher gelegenen Gebieten um 600 n. Chr. bis ungefähr 1200/1300 n. Chr. erstreckt. Neben dem gelegentlichen Auftreten von Gold- und Silberobjekten, so Hosler (1998, 105 f.), kennzeichne die Metallurgie der Periode 1 die Verwendung von Kupfer, seltener auch niedrig legierter Kupfer-Arsen-Bronzen, zur Herstellung von Werkzeug, Schmuck und vor allem auch von Glocken, die in einem rituellen Kontext Verwendung gefunden hätten. Während die Glocken im Wachsausschmelzverfahren gegossen wurden, seien die meisten anderen Objekte durch Kaltschmieden aus einem Gußrohling hergestellt worden. Die weitere Entwicklung dieser Technologietradition – Hoslers sich bis zur spanischen Invasion erstreckende Periode 2 – sei durch einen Aufschwung der metallurgischen Fähigkeiten geprägt. Ausschlaggebend für diesen Prozess sei die wiederum aus südlicheren Gebieten vermittelte Kenntnis neuartiger Legierungen gewesen, darunter höherlegierte Zinn- und Arsenbronzen, sowie Kupfer-Silber-Legierungen, die eine Verbesserung und Diversifikation älterer Artefakttypen ermöglicht hätten. Stärke, Zähigkeit und bessere Gusseigenschaften der neuen Legierungen schlügen sich dabei gleichermaßen im Auftreten leichterer und zugleich härterer Werkzeuge nieder wie in einem vergrößerten Formenspektrum geschmiedeter oder gegossener Schmuckformen und Statusobjekte. Während die gezielte Verwendung von Legierungen zur Verbesserung der Gusseigenschaften oder der mechanischen Eigenschaften, allgemein auch die Vergrößerung der Artefaktvielfalt infolge technologischen Fortschritts, keineswegs ungewöhnlich erscheint, verdient ein anderer Aspekt der Metallurgie dieser zweiten Periode besondere Aufmerksamkeit: das Auftreten hochlegierter Zinn- und Arsenbronzen in der Herstellung von Glocken, anderen Rasselinstrumenten, ornamental verzierten Scheiben und einer Reihe anderer Statussymbole aus Bronze (Hosler 1998, 103 ff.). Im Gegensatz zu den zwischen 2 und 5%-igen Bronzen der zeitgleichen Waffen und Werkzeuge weisen die Legierungen dieser Objekte einen Zinn- oder Arsenanteil zwischen 5% und 23% auf. Während somit die Herstellung von Werkzeugen, wie etwa der Äxte, ein gutes Verständnis des für Guss, mechanische Bearbeitung und gegebenenfalls Härtung durch Kaltschmieden optimalen Anteils dieser Elemente erkennen lässt, überschreitet der Zinn- und Arsenanteil der Glocken und anderer Prestigegüter diesen Bereich bei weitem. Ein dermaßen hoher Anteil des Legierungszusatzes erleichtert weder die Herstellung noch verbessert er die mechanischen Eigenschaften des Objekts. Eine im modernen Sinne ›funktionale‹ Optimierung als Erklärung dieser Legierungen scheidet somit aus. Was solche Bronzen jedoch auszeichnet ist eine im Vergleich mit reinem Kupfer oder auch niedrigeren Legierungen auffällige Veränderung ihrer Farbe vom Rötlichen hin zu entweder goldenen oder silbernen Farbtönen. Vor allen anderen Eigenschaften wurden hier also gezielt die Farbigkeit und – in der Herstellung von Glocken – die akustischen Eigenschaften des für eine spezifische Artefaktgruppe verwendeten Materials manipuliert und zwar in Richtung auf eine Angleichung verschiedener Bronzen mit Gold und Silber, das in der Herstellung entsprechender Kult- und Statusobjekte gleichfalls verbreitet Verwendung fand. Mit der Manipulation von Farbe und akustischen Eigenschaften war somit der wohl innovativste Bereich der Metallurgie mit der Erzeugung von Objekten befasst, die im Bereich der Elite – etwa als ornamental verzierte Scheiben in Bestattungen – oder des Rituals – als Glocken oder Instrumente – Verwendung fanden.

Es handelt sich um eine auffällige Musterbildung, zu deren Verständnis Hosler (1998, 106 ff.) auf spanische Schriftquellen und Untersuchungen zu den Sprachen der in Frage stehenden Gruppen zurückgreifen konnte. Verstanden als göttliche Absonderungen oder auch Exkrete wiesen demnach gerade die Edelmetalle in der Vorstellungswelt der vorspanischen Bevölkerung einen starken Bezug zum Bereich des Übernatürlichen auf, spezieller zu Sonnen- und Mondgottheiten, denen Gold und Silber gemäß ihrer Farbe zugeordnet wurden. Gold insbesondere ›scheine‹ – so die schriftliche Überlieferung – und gebe Strahlen ab wie die Sonne (Hosler 1998, 108 ff.). Entsprechende Konzepte bleiben jedoch nicht auf den unmittelbaren Bezug zu den Gestirnen beschränkt, sie durchziehen vielmehr die gesamte Mythologie: Glanz und die Reflexion göttlichen Feuers auf als golden charakterisierten Oberflächen kennzeichnen auch das Paradies – einen schimmernden Garten, gefüllt mit Licht, Stimmen und dem mit dem Klang von Glocken assoziierten Gesang von Vögeln. Ungeachtet aller methodischen Probleme der Auswertung der spanischen Überlieferung einheimischer Mythen scheint hier doch der starke Bezug metallischer Klang- und Farbeigenschaften zum Bereich des Übernatürlichen unstrittig, wobei vor allem deren entscheidende Bedeutung für den Bestand des ›schimmernden Gartens‹ ins Auge fällt: Das Paradies existiert nicht unabhängig von Licht und Klang. Es wird vielmehr aus ihnen heraus erschaffen – ein Vorgang, der durch den Umgang mit den göttlichen Substanzen Gold und Silber ebenso nachvollzogen werden konnte, wie durch die Erschaffung ihnen optisch entsprechender Legierungen oder den Gebrauch entsprechender Metallobjekte, insbesondere der Glocken, in rituellen Handlungen (Hosler 1998, 109).

Da der Schwerpunkt der hier besprochenen Arbeit Hoslers auf der kultisch-religiösen Dimension früher Metallurgie liegt, bleiben die sozialen Implikationen in ihren Ausführungen recht unscharf. Es scheint jedoch offenkundig, dass es sich hier nicht allein um ein kultisch-religiöses Phänomen handelt, da Zugang und Handhabung des ›göttlichen‹ Materials auf einen klar umrissenen Personenkreis beschränkt blieben – sei es in der Handhabung ritueller Gerätschaften oder als Ornament zum

Schutz eines Individuums in Kampf oder Grab (Hosler 1998, 107 ff.). Die Herstellung und Verwendung von Objekten aus Gold, Silber oder entsprechenden Legierungen diente somit nicht allein der Förderung der Fruchtbarkeit von Land und Leuten – letztlich der Wahrung der kosmischen Ordnung an sich (Hosler 1998, 115 f.). Sie bildete vielmehr offenbar auch die Grundlage der ideologischen Rechtfertigung einer Oberschicht, die durch die Kontrolle über Umlauf und rituelle Verwendung dieses mit dem Übernatürlichen assoziierten Materials in dessen Nähe gerückt wurde (Hosler 1998, 108 f.).

Wichtiger als die Frage nach der Bedeutung der Metallurgie für die Genese eines solchen Systems erscheint jedoch in Zusammenhang mit der hier verfolgten Frage nach den Erkenntnismöglichkeiten einer *Cognitive Archaeology* das offenkundige Einwirken einer spezifischen kultisch-religiösen Strategie auf die Entwicklung des technologischen Bereichs, wobei vor allem nach der Bedeutung der Schriftquellen zu fragen wäre. Das Auftreten technologisch oder funktional nicht zu begründender, wohl aber farblich auffälliger Bronzelegierungen stellt hier noch den leichtesten Zugang dar, der auch beim unbefangenen Beobachter den Verdacht wecken dürfte, dem entspreche ein Interesse an der Nachahmung von Gold und Silber – zumal, wenn entsprechende Objekte tatsächlich auch in Edelmetall ausgeführt wurden. Der archäologischen Erkenntnis zugänglich wäre auch das ausschließliche Auftreten der in Frage stehenden Legierungen in der Herstellung von Nicht-Werkzeugen, gemeinhin also Kult- oder Statusobjekten. Im Sinne Renfrews (1982, 16 ff.; 1994, 6 f.) könnte man schon an diesem Punkt auf die Existenz eines Wertsystems schließen, in dem Gold und Silber oberhalb der Bronzen rangieren, ohne jedoch letztlich sagen zu können, aus welchem tieferen Grund sie es wert waren nachgeahmt zu werden. Seltenheit und haptische oder optische Eigenschaften würden hier in Betracht gezogen werden (Renfrew 1986, 147 ff.). Zumindest letzteres träfe zu, ohne dass jedoch das tatsächliche Ausmaß der nur aus der schriftlichen Überlieferung zu entnehmenden Verknüpfung dieser Aspekte mit dem Übernatürlichen erkennbar würde. Der nicht-funktionale Charakter der Objekte und gegebenenfalls auch ihr Kontext könnten Hinweise auf eine über das rein technologisch-funktionale hinausgehende Bedeutungsdimension geben. Nur die schriftliche Überlieferung hingegen könnte Aufschluss geben über die klar formulierten kultisch-religiösen Konzepte des Zusammenhangs der realen Welt und des Übernatürlichen, die hier mit dem Sozialen zwar überlappen, sich mit diesem jedoch nicht decken. Die Tatsache, dass der Praxis der Bronzelegierung hier mehr als nur die Bedeutung einer Reaktion auf den fehlenden Zugang zu entsprechenden Rohstoffquellen für Edelmetalle zugeordnet wurde, wäre damit nur schwer nachzuvollziehen. Sichtbar wird damit zunächst ein abstraktes Konzept ›Wert‹, erkennbar wird jedoch auch, dass dieses primär geistige Phänomen in starkem Maße auf menschliches Handeln zurückzuwirken vermochte und die Entwicklung einer überaus komplexen Technologie begünstigte.

Der Hort von Nahal Mishmar: Ein Beispiel kupferzeitlicher Metallurgie

Der 1961 in der Höhle 1 von Nahal Mishmar westlich des Toten Meeres in Israel entdeckte Hortfund umfasst insgesamt 429 Objekte, die meisten von ihnen aus Kupfer (416), darunter Werkzeuge, Waffen, die so genannten ›Standarten‹ oder ›Zepter‹, ›Kronen‹ und schließlich Gefäße.[7] Neben zahlreichen Stücken, die bislang ohne direkte Parallelen blieben, erlaubten andere Objekte die Einordnung des Hortes in das Chalkolithikum. Diese Datierung wurde durch C14-Daten aus der ersten Hälfte des 4. Jt. v. Chr. für die Matten, in die der Hort eingeschlagen war, bestätigt (Moorey 1988, 172 f.). Der in einer natürlichen Vertiefung der Höhlenwand aufgefundene Hort steht offenbar in Zusammenhang mit einer chalkolithischen Nutzung oder Besiedlung der Höhle, gegen deren Ende er aus stratigraphischen Gründen einzuordnen ist (Bar-Adon 1980, 7). Aufgrund dieses Siedlungskontextes wie der Zusammensetzung des Hortes an sich, so P. R. Moorey (1988, 182 ff.), handele es sich hier wohl nicht um eine rituelle Niederlegung oder einen Händlerhort, sondern vielmehr um die Deponierung des ›Schatzes‹ einer Siedlung in Konfliktzeiten. Beile und Meißel als Werkzeuge, Keulenköpfe als Waffen, die zum Teil anthropo- oder zoomorph verzierten Standarten als Status- oder Rangabzeichen und schließlich die spekulativ als Modelle von Schreinen gedeuteten ›Kronen‹ oder Aufsätze (Moorey 1988, 174 ff.) entsprächen somit dem kollektiv verwalteten Metallbestand einer Gemeinschaft und repräsentierten zugleich deren Bereiche: das Profane, das Soziale und schließlich das Kultische (Moorey 1988, 184).

Ungeachtet solch weitreichender Deutungsversuche seiner Herkunft, Niederlegung und Zusammensetzung beruht die Bedeutung des Hortes von Nahal Mishmar für die *Cognitive Archaeology* doch vor allem auf der Technologie der in ihm vertretenen Objekte, insbesondere der auffälligen Unterschiede in der Zusammensetzung und Herstellung von Werkzeugen und Prestige- bzw. Kultobjekten:[8] Im Gegensatz zu den Werkzeugen, die aus weitgehend reinem Kupfer bestehen und durch Kaltschmieden aus einem in offener Form gegossenen Rohling hergestellt wurden, zeichnen sich die Kult- und Prestigegüter des Hortes durch die Verwendung eines durch Unreinheiten und die Legierung mit Arsen und Antimon charakterisierten Kupfers aus, verbunden mit der regelhaften Anwendung des Wachsausschmelzverfahrens. Es handelt sich also letztlich um das Auftreten zweier unterschiedlicher Technologietraditionen – ein Sachverhalt, der im Laufe der Zeit unterschiedliche Deutungen erfuhr: Auf der Grundlage älterer Analysen gelangte C. A. Key (1964; 1980; s. auch Shalev/Northover 1993, 37 ff.) zunächst zu der Auffassung, das Auftreten arsenhaltigen Kupfers müsse in Zusammenhang mit der Kenntnis der Verhüttung sulfidischer Erze gesehen werden. Da entsprechende Vorkommen lokal oder regional nicht vorlägen, lasse die gezielte Verwendung arsenhaltiger sulfidischer

---

7 Moorey 1988; Levi/Shalev 1989; Shalev/Northover 1993.
8 Moorey 1988, 185; Levi/Shalev 1989, 358 f.; Shalev/Northover 1993, 40 ff.

Erze zur Gewinnung des Ausgangsmaterials komplexer Güsse, ebenso wie diese Technik an sich, weitreichende Kontakte nach Transkaukasien erkennen. Während die Existenz technologischer Unterschiede von Werkzeugen und Prestige- bzw. Kultobjekten des Hortes von Nahal Mishmar durch neuere Untersuchungen bestätigt und zugleich auf weitere Siedlungs- und Grabfunde Südisraels ausgedehnt wurde, konnte inzwischen ein gemeinsamer Hintergrund beider Traditionen wahrscheinlich gemacht werden (Moorey 1988, 185 f.; Shalev/Northover 1993, 39 f., 43 ff.). Die Gewinnung des Ausgangsmaterials beider Objektgruppen fußte auf einer beiden gemeinsamen Tradition der Verhüttung oxidischer Erze, wobei jedoch unterschiedliche Erztypen oder Verfahren zum Einsatz kamen. Beide Traditionen unterschieden sich demnach in der Auswahl oder Behandlung farblich unterschiedlicher Erze und möglicherweise durch die Kenntnis unterschiedlicher Verhüttungsstrategien, die es erlaubten, mehr oder weniger der im Erz enthaltenen Verunreinigungen als ›Legierung‹ nutzbar zu machen. Während eine scharfe Abgrenzung beider Traditionen nicht in jedem Einzelfall gegeben sein muss (Moorey 1988, 185), wurde zugleich die räumliche Trennung beider Technologien deutlicher: Aus keiner der bekannten Werkstätten liegen Belege für die Verarbeitung der für die Prestige- und Kultobjekte typischen Arsen-Antimon-Bronzen vor (Levy/Shalev 1989, 364 ff.; Shalev/Northover 1993, 40, 45). Die Herstellung von Werkzeug und Waffen, allgemein vielleicht von Metallobjekten primär profaner Bedeutung, und solchen einer stärker sozioideologischen Konnotation wäre demnach als ein zumindest räumlich scharf zu trennendes Phänomen zu betrachten. Vor einem grundsätzlich vergleichbaren kulturellen und technologischen Hintergrund wären somit bestimmte Aspekte der Gewinnung und Verarbeitung von Arsen-Antimon-Bronzen auf den Bereich der Herstellung von Kult- und Prestigegütern beschränkt geblieben.

Gegenüber unlegiertem Kupfer zeichnen sich die für die Herstellung von Prestige- und Kultgegenständen verwendeten Arsen-Antimon-Bronzen durch verbesserte Gusseigenschaften ebenso aus wie durch ihre größere Härte, Glanz und silbriggraue Farbe der Oberfläche. Neben dem charakteristischen Geruch der Schmelze handelt es sich um Eigenschaften, die durch Erfahrung im Umgang mit entsprechenden Rohstoffen erkennbar und manipulierbar werden. Es bleibt jedoch zunächst offen, welche dieser Eigenschaften den Ausschlag für das Interesse an diesen Bronzen gegeben hat: Bildete ihre Verwendung die Voraussetzung für den Guss der Standarten, Zepter und Kronen, kam auch hier der Farbe dieser nicht primär funktionalen Objekte ausschlaggebende Bedeutung zu und welche Rolle spielten mechanische Eigenschaften in der Wahrnehmung des Materials? Indizien, die Aufschluss über solche Fragen geben könnten, ergeben sich in erster Linie aus der Praxis der lokalen Werkzeugherstellung, für die eine Abfolge mehrerer Schmiedeschritte, zwischenzeitlichen Glühens und einer abschließenden Härtung durch mechanische Deformation belegt ist (Levy/Shalev 1989, 358). Gerade die Werkzeugherstellung blieb jedoch von der Nutzung entsprechender Legierungen, die aufgrund des Potentials zu beträchtlicher Härtesteigerung durch Kaltschmieden einen hervorragenden Werkstoff abgegeben hätten, ausgeschlossen. Während schon die generelle Unkenntnis der mechanischen Eigenschaften des Werkstoffes Kupfer und deren Veränderungen durch Kaltschmieden nicht gänzlich auszuschließen ist (Pearce 1998; Budd 1991), erscheint sie doch angesichts einer solchen Schmiedetechnik zumindest unwahrscheinlich. Vor dem Hintergrund der relativen Nähe beider Technologietraditionen wie der in beiden Fällen belegten Kenntnis, wenn nicht gar der bewussten Manipulation, unterschiedlicher Materialeigenschaften, erhebt sich also letztlich die Frage nach ökonomischen oder sozialen Gründen für die Trennung beider Technologien (Moorey 1988, 185 f.). Dementsprechend postulierten Levy und Shalev (1989, 365 f.) die Kontrolle einer sich ausbildenden Oberschicht über diese Technologie. Ihre Anwendung wäre demnach aus sozialen Gründen auf die Herstellung von Objekten beschränkt geblieben, deren Verwendung einer scharf umrissenen Bevölkerungsgruppe vorbehalten geblieben sei, die zugleich die Kontrolle über den Bereich der Herstellung ausgeübt habe. Wie die obige Diskussion zeigt, ist diese Interpretation zwanglos mit dem metallurgischen wie dem archäologischen Befund in Einklang zu bringen. Eine generelle Unkenntnis der mechanischen Eigenschaften entsprechender Bronzen – und damit die Notwendigkeit anderer Gründe für die eingeschränkte Nutzung der Bronzen – erscheint zumindest unwahrscheinlich, sie ist jedoch nicht mit Sicherheit auszuschließen. Festzuhalten wäre also zumindest, dass eine soziale Interpretation die letztlich unbelegte Existenz und Möglichkeit der Kontrolle über einschlägiges Wissen voraussetzt. Dass die Farbe der Bronzen, mithin eine über die elaborierte Form der Kultobjekte hinausgehende Abgrenzung dieser Artefaktgruppe von ›gewöhnlichen‹ Kupferobjekten, hierbei eine Rolle spielte, liegt nahe, hätte sie doch zudem eine soziale Kontrolle über die Verwendung entsprechender Legierungen erleichtert. Im Gegensatz zu der oben besprochenen Fallstudie Hoslers bleibt diese Vermutung jedoch, ebenso wie die Möglichkeit einer darüber hinaus gehenden kultisch-religiösen Motivation oder Assoziation der Farbigkeit, ohne schriftliche Überlieferung schwer zu belegen.

Abschließende Bemerkungen

Begünstigt durch die Anwendung naturwissenschaftlicher Methoden bildet die Archäometallurgie mittlerweile einen Schwerpunkt in der Erforschung der frühen Metallzeiten. Sie bietet wichtige Einblicke nicht nur in die Verbreitungsmuster von Rohstoffen und Fertigprodukten sondern auch in Fragen des technologischen Entwicklungsstandes früher Metallurgie. Weit weniger häufig jedoch finden sich in diesem Zusammenhang Äußerungen zur sozialen Organisation des Metallhandwerks, zur es tragenden Gesellschaft oder zur Bedeutung seiner Produkte. Während weitergehende Aussagen zur sozialen oder ideologischen Bedeutung der Metallurgie von dieser Seite ohnehin oft unterlassen werden, besteht jedoch gerade in der Erforschung einer frühen Technologie die Notwendigkeit, die Relevanz der erhobenen

Daten für Entscheidungsfindung und Umgang des urgeschichtlichen Menschen mit einem neuen Werkstoff zu demonstrieren. Es handelt sich also um den Versuch, von Mustern im archäologischen und metallurgischen Befund - mithin von etischen Kategorien - auf das Vorhandensein und die Struktur der emischen Konzepte zu schließen, die das Handeln urgeschichtlicher Menschen prägten - ein wichtiges Anliegen der *Cognitive Archaeology*, mit der die Archäometallurgie hier überlappt. Den Ausgangspunkt beider hier präsentierter Fallstudien bildet dementsprechend das Auftreten auf eine bestimmte Artefaktgruppe beschränkter, nicht in erster Linie funktional oder technologisch zu begründender Legierungen. Erklärungsbedarf wird also in dem Moment gesehen, in dem Muster erkennbar werden, die nicht mit einer Optimierung aus moderner Perspektive relevanter Werkstoffeigenschaften vereinbar sind. Dies gelingt Hosler durch die Anwendung des *direct historical approach*. Ohne Schriftquellen - wie im Falle des Hortes von Nahal Mishmar - gestaltet sich dies ungleich schwieriger, da letztlich schon die Relevanz der Kategorie Farbe - etwa gegenüber verbesserten Gusseigenschaften - offen bleibt. Auch ohne Kenntnis der Bedeutung und eventueller kultisch-religiöser Assoziationen des entsprechenden Werkstoffs lassen jedoch der metallurgische Befund - die Bindung bestimmter Legierungen an Prestige- und Kultobjekte - und der archäologische Kontext - die räumliche Trennung beider Technologien - die Rückwirkung allerdings abstrakt bleibender geistiger Konzepte auf die Ausprägung einer komplexen Technologie erkennen.

Neben dem Nachweis von Intentionalität in der Manipulation bestimmter Materialeigenschaften und der Erklärung von ›Anomalien‹ im metallurgischen Befund zeigt sich die Nähe zu Konzepten der *Cognitive Archaeology* auch in dem Versuch, die Herstellungs- und Bearbeitungsschritte zu bestimmen, die zwischen Rohstoffgewinnung und fertigem Objekt lagen. Als *chaine opératoire* - im Sinne der französischen Tradition (Schlanger 1994; Shennan 1995, 616) - fand ein solcher Ansatz vor allem auf paläolithische Silexindustrien Anwendung (Karlin/Julien 1994) aber auch auf die Keramikherstellung (van der Leeuw 1994). Entsprechende meist implizit gebrauchte Konzepte finden sich jedoch auch in zahlreichen Arbeiten zur frühen Metallurgie wieder wie etwa in B. Ottaways (1994, 7 ff., 31 ff., 89 ff.) Darstellung der Schritte von der Suche und Bestimmung geeigneter Erze, über deren Verhüttung, den Guss des Metalls und die weitere Bearbeitung des Rohlings bis hin zum fertigen Artefakt. Neben größerer Klarheit der Darstellung vermittelt das Konzept der *chaine opératoire* auch hier zunächst vor allem einen Eindruck der Planungstiefe früher Metallurgie. Die Kenntnis der komplexen Entscheidungsprozesse und Handlungssequenzen, die zur Herstellung eines (Metall-)Artefakts erforderlich sind, kann hier jedoch - im Gegensatz zu der Problematik der kognitiven Evolution früher Hominiden - nicht das Endziel bilden. Der Wert des Konzepts für die jüngere Urgeschichte ergibt sich nicht allein aus dem Nachweis der Existenz geistiger Konzepte an sich und deren vorausschauender Umsetzung in der Herstellung von Artefakten, sondern etwa aus seinem Beitrag zum Verständnis des Aufkommens der Metallurgie im Kontext einer neolithisch geprägten Technologie und Wirtschaftsweise.

Gerade die Übertragung von Wissen auf neue Materialien erscheint dabei oftmals als ein im modernen Sinne rationaler Umgang mit verschiedenen Werkstoffen. Die Entwicklung früher Metallurgie wird damit zu einer logischen Folge des Wirkens menschlicher Intelligenz, ein zielgerichtetes Experimentieren, das sich beinahe zwangsläufig in technologischem Fortschritt – verstanden als zunehmend bessere Kontrolle rational handelnder Akteure über die Kräfte der Natur – niederschlagen musste (Wertime 1964, 1261 ff.; 1982, 22). Technologischer Fortschritt erscheint folgerichtig, während konzeptionelle Unterschiede in der Manipulation verschiedener Materialien, Inkompatibilitäten und soziale wie ›ideologische‹ Faktoren, die zu Verzögerungen oder im modernen Sinne nicht funktionalen Entwicklungen führen konnten, gänzlich in den Hintergrund treten (Whitley 1998a, 100 f.). Ob man sich angesichts dieser zweifellos problematischen Konzeption jedoch den Vertretern einer radikalen Gegenposition anschließen will, die die Ausübung der Metallurgie *in toto* zur kultischen Praxis erklären wollen (Budd/Taylor 1995, 136 ff.), erscheint ähnlich zweifelhaft: Eher als *a priori* getroffene Grundsatzentscheidungen hinsichtlich der Natur des untersuchenden Phänomens bildet den sinnvollsten Ausgangspunkt des Studiums früher Metallurgie immer noch die empirisch begründete Mustererkennung im Sinne einer *Cognitive Archaeology*. Erst über das Verständnis der im engeren Sinne technologisch-kognitiven Fähigkeiten und Voraussetzungen hinaus, stellt sich dann in jedem Einzelfall die Frage nach der Bedeutung sozialer oder sozioideologischer Aspekte für die Beurteilung des untersuchten Phänomens. Dass hier die Praxis der Metallurgie mehr darstellen kann als nur die möglichst effiziente Herstellung zu funktionalen oder soziokulturellen Zwecken benötigter Objekte, dass sie mithin mit dem Sozialen und Sozioideologischen untrennbar verwoben sein kann, ist ein Verdacht, den ethnographische Parallelen wie gesellschaftstheoretische Arbeiten gleichermaßen nahe legen. Ob die Metallurgie jedoch im gegebenen Fall tatsächlich als Weg angesehen wurde, Macht auszuüben, oder Ausmaß und Begründung einer eventuellen Ritualisierung wird sich jedoch nur bei entsprechend guter Quellenlage klären lassen.

Literatur

Bar-Adon 1980: P. Bar-Adon, The Cave of the Treasure. Jerusalem: Israel Exploration Society 1980.
Bell 1994: J. A. Bell, Interpretation and Testability in Theories about Prehistoric Thinking. In: Renfrew/Zubrow 1994, 15-21.
Bernbeck 1997: R. Bernbeck, Theorien in der Archäologie. Tübingen/Basel: Francke 1997.
Bourdieu 1976: P. Bourdieu, Entwurf einer Theorie der Praxis auf der ethnologischen Grundlage der kabylischen Gesellschaft. Frankfurt a. M.: Suhrkamp 1976.

Bradley 1994: R. Bradley, Symbols and Signposts - Understanding the Prehistoric Petroglyphs of the British Isles. In: Renfrew/Zubrow 1994, 95-106.
Budd 1991: P. Budd, A Metallographic Investigation of Eneolithic Arsenical Copper Artefacts from Mondsee, Austria. Journal Hist. Metallurgy Society 25, 1991, 99-108.
Budd/Taylor 1995: Ders./T. Taylor, The Faerie Smith Meets the Bronze Industry: Magic Versus Science in the Interpretation of Prehistoric Metal-Making. World Arch. 27, 1995, 133-143.
Donald 1991: M. Donald, Origins of the Modern Mind: Three Stages in the Evolution of Culture and Cognition. Cambridge (MA): Harvard University Press 1991.
Donald 1998a: Ders., Hominid Enculturation and Cognitive Evolution. In: Renfrew/Scarre 1998, 7-17.
Donald 1998b: Ders., Material Culture and Cognition: Concluding Thoughts. In: Renfrew/Scarre 1998, 181-187.
Dowson 1998: T. A. Dowson, Rock Art: Handmaiden to Studies of Cognitive Evolution. In: Renfrew/Scarre 1998, 67-76.
Eggert/Veit 1998: M. K. H. Eggert/U. Veit (Hrsg.), Theorie in der Archäologie: Zur englischsprachigen Diskussion. Tübinger Arch. Taschenb. 1. Münster: Waxmann 1998.
Flannery/Marcus 1998: K. V. Flannery/J. Marcus, Cognitive Archaeology. In: Whitley 1998a, 35-48.
Foucault 1974: M. Foucault, The Order of Things. London: Tavistock 1974.
Foucault 1976: Ders., Überwachen und Strafen. Die Geburt des Gefängnisses. Frankfurt a. M.: Suhrkamp 1976.
Friedman 1974: J. Friedman, Marxism, Structuralism and Vulgar Materialism. Man N. S. 9, 1974, 444-469.
Giddens 1979: A. Giddens, Central Problems in Social Theory. London: MacMillan 1979.
Hill 1994: J. N. Hill, Prehistoric Cognition and the Science of Archaeology. In: Renfrew/Zubrow 1994, 83-92.
Hodder 1982a: I. Hodder (Hrsg.), Symbolic and Structural Archaeology. New Directions Arch. Cambridge: Cambridge University Press 1982.
Hodder 1982b: Ders., Theoretical Archaeology: A Reactionary View. In: Hodder 1982a, 1-16.
Hodder 1985: Ders., Postprocessual Archaeology. In: M. B. Schiffer (Hrsg.), Advances Arch. Method a. Theory 8. Orlando: Academic Press 1985, 1-26.
Hosler 1988a: D. Hosler, Ancient West Mexican Metallurgy: South and Central American Origins and West Mexican Transformations. Am. Anthr. 90, 1988, 832-855.
Hosler 1988b: Ders., Ancient West Mexican Metallurgy: A Technological Chronology. Journal Field Arch. 15, 1988, 191-217.
Hosler 1998: Ders., Sound, Color and Meaning in the Metallurgie of Ancient West Mexico. In: Whitley 1998a, 103-118.
Karlin/Julien 1994: C. Karlin/M. Julien, Prehistoric Technology: A Cognitive Science? In: Renfrew/Zubrow 1994, 152-164.
Key 1964: C. A. Key, Ancient Copper and Copper-Arsenic Alloy Artefacts: Composition and Metallurgical Implications. Science 146, 1964, 1578-1580.
Key 1980: Ders., The Trace-Element Composition of the Copper and Copper Alloy Artefacts of the Nahal Mishmar Hoard. In: Bar-Adon 1980, 238-243.
Kienlin 1999: T. L. Kienlin, Vom Stein zur Bronze. Zur soziokulturellen Deutung früher Metallurgie in der englischen Theoriediskussion. Tübinger Texte 2. Materialien zur Ur- und Frühgeschichtlichen Archäologie. Rahden/Westf.: VML 1999.
Lacan 1977: J. Lacan, Écrits: A Selection. London: Tavistock 1977.
Lechtman 1996: H. Lechtman, Arsenic Bronze: Dirty Copper or Chosen Alloy? A View from the Americas. Journal Field Arch. 23, 1996, 477-514.
Levy/Shalev 1989: T. E. Levy/S. Shalev, Prehistoric Metalworking in the Southern Levant: Archaeometallurgical and Social Perspectives. World Archaeology 20 (3), 1989, 352-372.
Miller/Tilley 1984: D. Miller/C. Tilley, Ideology, Power and Prehistory: An Introduction. In: D. Miller/C. Tilley (Hrsg.), Ideology, Power and Prehistory. New Directions Arch. Cambridge: Cambridge University Press 1984, 1-15.

Moorey 1988: P. R. S. Moorey, The Chalcolithic Hoard from Nahal Mishmar, Isreal, in Context. World Arch. 20, 1988, 171-189.
Ortner 1984: S. B. Ortner, Theory in Anthropology Since the Sixties. Comparative Stud. Society a. History 26, 1984, 126-166.
Ottaway 1994: B. S. Ottaway, Prähistorische Archäometallurgie. Espelkamp: Leidorf 1994.
Pearce 1998: M. Pearce, Reconstructing Prehistoric Metallurgical Knowledge: The Northern Italian Copper and Bronze Ages. European Journal Arch. 1, 1998, 51-70.
Renfrew 1973: C. Renfrew, Social Archaeology: An Inaugural Lecture. Southampton: University of Southampton 1973.
Renfrew 1982: Ders., Towards an Archaeology of Mind: An Inaugural Lecture. Cambridge: Cambridge University Press 1982.
Renfrew 1984: Ders., Approaches to Social Archaeology. Edinburgh: Edinburgh University Press 1984.
Renfrew 1986: Ders., Varna and the Emergence of Wealth in Prehistoric Europe. In: A. Appadurai (Hrsg.), The Social Life of Things: Commodities in Cultural Perspective. Cambridge: Cambridge University Press 1986, 141-168.
Renfrew 1994: Ders., Towards a Cognitive Archaeology. In: Renfrew/Zubrow 1994, 3-12.
Renfrew 1998: Ders., Mind and Matter: Cognitive Archaeology and External Symbolic Storage. In: Renfrew/Scarre 1998, 1-6.
Renfrew/Scarre 1998: C. Renfrew/C. Scarre (Hrsg.), Cognition and Material Culture: The Archaeology of Symbolic Storage. McDonald Institute Monographs. Cambridge: McDonald Institute 1998.
Renfrew/Zubrow 1994: C. Renfrew/E. B. W. Zubrow (Hrsg.), The Ancient Mind: Elements of Cognitive Archaeology. New Directions Arch. Cambridge: Cambridge University Press 1994.
Scarre 1994: C. Scarre, The Meaning of Death: Funerary Beliefs and the Prehistorian. In: Renfrew/Zubrow 1994, 75-82.
Schlanger 1994: N. Schlanger, Mindful Technology: Unleashing the *chaîne opératoire* for an Archaeology of Mind. In: Renfrew/Zubrow 1994, 143-151.
Shalev/Northover 1993: S. Shalev/J. P. Northover, The Metallurgy of the Nahal Mishmar Hoard Reconsidered. Archaeometry 31, 1993, 35-47.
Shanks/Tilley 1982: M. Shanks/C. Tilley, Ideology, Symbolic Power and Ritual Communication: A Reinterpretation of Neolithic Mortuary Practices. In: Hodder 1982a, 129-154.
Shanks/Tilley 1987: Dies., Social Theory and Archaeology. Cambridge: Polity Press 1987.
Shennan 1982: S. J. Shennan, Ideology, Change and the European Early Bronze Age. In: Hodder 1982a, 155-161.
Shennan 1995: Ders., Mind over Matter ? Antiquity 69, 1995, 614-617.
Thomas 1998: J. Thomas, Some Problems with the Notion of External Symbolic Storage, and the Case of Neolithic Material Culture in Britain. In: Renfrew/Scarre 1998, 149-156.
Treherne 1995: P. Treherne, The Warrior's Beauty: The Masculine Body and Self-Identity in Bronze-Age Europe. Journal European Arch. 3, 1995, 105-144.
van der Leeuw 1994: S. E. van der Leeuw, Cognitive Aspects of ›Technique‹. In: Renfrew/Zubrow 1994, 135-142.
Wertime 1964: T. A. Wertime, Man's First Encounter with Metallurgy. Science 146, 1964, 1257-1267.
Wertime 1982: Ders., Introduction. In: T. A. Wertime/S. F. Wertime (Hrsg.), Early Pyrotechnology. Washington: Smithsonian Institution Press 1982, 21-27.
Whitley 1998a: D. S. Whitley (Hrsg.), Reader in Archaeological Theory: Post-Processual and Cognitive Approaches. London: Routledge 1998.
Whitley 1998b: Ders., New Approaches to Old Problems: Archaeology in Search of an Ever Elusive Past. In: Whitley 1998a, 1-28.

MARTIN PORR

Ideologie, Praxis, Materialität:
Überlegungen zu einem nicht-reduktionistischen Ansatz zum Studium materieller Kultur

ZUSAMMENFASSUNG: Die Inspiration für die Überlegungen in diesem Artikel geht von den so genannten praxis-theoretischen Ansätzen aus, vor allem von den Arbeiten von Pierre Bourdieu. Beim Studium seiner Beiträge wird deutlich, dass bei der Interpretation materieller Kultur oder materieller Hinterlassenschaften häufig auf Denkinhalte oder ›Bedeutungen‹ geschlossen wird, während die vermittelnde Instanz zwischen idealen Denkgebäuden und materiellen Interpretationen übergangen wird. Dies ist die Praxis (engl. *practice*, frz. *pratique*), ›das, was Menschen tun‹. Dieses allgemeine Problem der Sozial- und Kulturwissenschaften scheint in der Archäologie besonders bedeutsam zu sein, denn schließlich ist der Gegenstand der Archäologie zunächst ›das Produkt dessen, was Menschen getan haben‹. Daher soll an dieser Stelle Praxis als eigenständiges kausales Element mit eigenen Gesetzmäßigkeiten, Potentialen und Limitierungen ins Bewusstsein gerückt werden. Praxis wird als analytische Einheit gesehen, die jenseits einer Unterscheidung von materiellen und ideellen Kausalitäten zu verstehen ist. Für die Analyse wird jedoch vorgeschlagen, eine Unterscheidung zwischen ›materiellen Strukturen‹, ›Praxis‹ und ›Ideologie‹ zu treffen, die in einer dialektischen Beziehung stehen. Alle Aspekte menschlichen Verhaltens lassen sich nur aus dem Zusammenspiel dieser drei Elemente verstehen, was auch bedeutet, dass die ›Materialität‹ von materieller Kultur im Kulturvergleich in Frage gestellt werden muss. Diese Überlegungen werden schließlich anhand von Felsmalereien im Süden Afrikas erläutert.

Einleitung

Ich möchte diesem Artikel zuerst eine grundsätzliche Standortbestimmung des Faches Archäologie[1] aus meiner Sicht voranstellen. Ich halte es für unerlässlich, dass sich Archäologie in erster Linie als Sozialwissenschaft versteht, die das Ziel hat, menschliches Verhalten zu erklären und zu verstehen. Daraus folgt, dass sie sich auch mit allgemeinen sozialwissenschaftlichen Fragestellungen auseinander setzen muss. Jegliche archäologische Tätigkeit (Feldarbeit, Datenaufnahme, Interpretation etc.) muss in einem Rahmen stattfinden, der allgemeinen kultur- oder sozialwissenschaftlichen Maßstäben gerecht wird, und sie muss grundsätzlich auf das Ziel des Verstehens menschlichen Handelns ausgerichtet sein. Dies sollte als eine idealtypische und grundlegende Charakterisierung verstanden werden, die sich in der alltäg-

---

[1] Mit dem Begriff ›Archäologie‹ ist in erster Linie die Ur-, Vor- und Frühgeschichte gemeint. Allerdings bedeutet dies nicht, dass die hier gemachten Überlegungen nicht auch auf andere archäologische Fächer (Klassische, Vorderasiatische Archäologie etc.) zutreffen würden.

lichen Praxis im institutionellen und politischen Spannungsfeld, in dem sich die archäologischen Fächer bewegen, immer wieder neu definiert und variiert werden muss.

Diese Probleme werden sicherlich im deutschen Sprachraum noch immer nicht ausreichend reflektiert (siehe z. B. Eggert 1994; 1995; Veit 1995). Ich möchte dem hier jedoch nicht nachgehen, sondern vielmehr die Grundlagen eigener Konzeptionen und Ideen vorstellen. Letztere beziehen sich, wie im Titel ersichtlich, in erster Linie auf allgemeine theoretische Überlegungen zur Konzeptualisierung von materieller Kultur, innerhalb der sowohl archäologische, ethnologische als auch systematische Vergleiche von Fällen aus beiden Bereichen stattfinden sollten. Ich möchte auf diese Weise in erster Linie kritische Denkanstöße liefern, wie das Verhältnis des ›Materiellen‹ und des ›Immateriellen‹ untersucht werden kann. Dabei bin ich mir bewusst, dass konkrete Konsequenzen für die archäologische/prähistorische Arbeit an dieser Stelle leider zu kurz kommen.

Von materieller Kunst zu materieller Kultur

Die unmittelbare Inspiration für diesen Artikel bildete der Entwurf eines sozialwissenschaftlichen Rahmens zur Interpretation paläolithischer Kunst. Die Beispiele werden denn später auch aus dem Bereich der paläolithischen Archäologie oder der Kulturanthropologie wildbeuterischer Gruppen kommen. Bei diesem Vorhaben war es jedoch von Anfang an klar, dass es keinen Sinn macht, eine ›Theorie paläolithischer oder wildbeuterischer Kunst‹ zu entwickeln, und zwar nicht nur, weil es in diesen Gesellschaften keine ›Kunst‹ im westlichen Sinne gibt (z. B. Gell 1992; 1996; 1998). Um der Gefahr einer unzulässigen Übertragung von westlichen Konzepten auf andere gesellschaftliche Umstände zu entgehen, musste dieses Problem nicht nur umformuliert, sondern von einer anderen Perspektive betrachtet werden. Es musste anerkannt werden, dass sowohl ›westliche Kunst‹ als auch ›nicht-europäische Kunst‹ ein Produkt bestimmter sozialer Prozesse, sozialer Handlungen sind. Dies bedeutet, dass beide Phänomene durch ihre Einbindung in soziale Prozesse konstituiert werden, ohne das eine vom anderen ableiten zu wollen.

Gerade dieses letzte Problem taucht in verschiedener Form sowohl in der ethnologischen als auch in der archäologischen Literatur immer wieder auf. Sowohl der außereuropäischen als auch der westlichen ›Kunst‹ kann dabei ein - wie auch immer spezifiziertes - Primat zugewiesen werden. Die Kulturanthropologie und vor allem die Kunstgeschichte ist häufig von einer starken Aneignungsbewegung gekennzeichnet, die bestimmte Gegenstände außereuropäischer Völker in die Konzepte und Begrifflichkeiten und somit in die Tradition europäischer Kunst einordnet (Gell 1996; Price 1989). Daneben besteht aber gleichzeitig die Tendenz, außereuropäische ›Kunstäußerungen‹ als ursprünglicher, reiner und im Sinne von ›primitiver Kunst‹ zu verstehen (Foster 1992; Miller 1991). Schon bei diesen wenigen Andeutungen wird deutlich, dass hier ein höchst komplexes und ambivalentes Feld vorliegt. Es ist jedoch offensichtlich, dass sich in der Geschichte der Interpretation paläolithischer Kunst ähnliche ambivalente Strukturen nachweisen lassen, die sich wiederum als Reflexionen der westlichen Auseinandersetzung mit auereuropäischen Kulturäußerungen deuten lassen (Conkey 1996; Conkey/Williams 1991; Dowson 1998b).

Ein wesentliches Motiv, das diesen Strukturen zu Grunde liegt, ist die Sicht von Kunst als eines zeitlosen, unabhängigen und essentiellen Charakteristikums des Menschseins. Die Folge ist die Loslösung beliebiger Gegenstände von ihren jeweiligen sozialen (Herstellungs- und Verwendungs-) Kontexten, und ihre Betrachtung von einem Standpunkt, der vorgibt, neutral oder rein (etc.) zu sein. Dabei leugnet er im selben Moment seine eigenen sozialen und historischen Bedingungen. Die historischen Mechanismen und die sozialen Bedingungen der Entstehung der modernen westlichen Kunst und der dazugehörenden Ideologien hat P. Bourdieu (1982; 1993; 1996) in einer Reihe von Arbeiten umfassend untersucht und damit deutlich gemacht, dass ›Kunst‹ in jedem Falle als eine sozial konstruierte, instabile Kategorie verstanden werden kann, die sich nicht von den jeweiligen gesellschaftlichen Umständen trennen lässt. Für die Untersuchung von ›Kunst‹ bedeutet dies schließlich, dass eine Theorie der ›Kunst‹ nur als Teil (Unterkategorie) einer allgemeineren Theorie menschlichen, sozialen Handelns gerechtfertigt werden kann, oder, wie C. Geertz (1989; 1993, 109) es ausgedrückt hat: »A theory of art is thus at the same time a theory of culture, not an autonomous enterprise«.

Daraus ergab sich für den oben genannten Zusammenhang nicht nur die Notwendigkeit, ein allgemeines Verständnis der sozialen Mechanismen in wildbeuterischen Gesellschaften zu entwickeln, sondern auch ein allgemeines Konzept für menschliches Handeln. Ich bin sicherlich nicht so vermessen zu behaupten, in diesen Bereichen Lösungen gefunden zu haben. Aber aus den dargelegten Gründen glaube ich dennoch einige interessante Vorschläge machen zu können, die allgemeine Bedeutung für das Studium materieller Kultur haben, obwohl sie im erwähnten Zusammenhang entstanden sind und ich auch meine Beispiele daraus ziehen werde.

Von materieller Kultur zu Technologie

Die Archäologie und viele Kulturwissenschaften neigen traditionell dazu, die materiellen Produkte menschlicher Tätigkeiten getrennt von ihren Produktions-, Verwendungs- und Entsorgungszusammenhängen zu untersuchen. Aufgrund der unterschiedlichen Quellenlage ist es sicherlich nachvollziehbar, dass diese Tendenz in der Archäologie weiter verbreitet ist als in den Sozial- oder Kulturwissenschaften. Selbstverständlich müssen sich die Methoden der Archäologie und beispielsweise der Ethnologie unterscheiden, da sich die Struktur ihrer Quellen stark unterscheidet. Das bedeutet jedoch nicht, dass sie nicht dasselbe Forschungsziel haben können. Dieses sollte von Beginn an weniger auf das Verständnis von materiellen Hinterlassenschaften menschlicher Handlungen, sondern auf das dynamische Geflecht ausgerichtet sein, das beide verbindet. Der Gegenstand der Forschung sollte weniger in den Artefakten und ihren Eigenschaften zu sehen sein, sondern in Prozessen und ihren materiellen Bedingungen.

Gerade die deutschsprachige Archäologie hat sich in der Vergangenheit darin ausgezeichnet, archäologische Gegenstände an sich und für sich zu betrachten, ohne einen systematischen Bezug zu menschlichen Handlungen herzustellen. Eggert (1994, 5) warnte in diesem Zusammenhang vor einem ›Primat des Antiquarischen‹, das sich beinahe zwangsläufig aus dem geforderten ›Primat der Quellen‹ ergebe. Die »Analyse der archäologischen Objekte, die genaue Beschreibung der Gliederung von Form und Zier« werden als die »Mittel der Erkenntnis« angesehen, die letztendlich erlauben, »zu Einblicken in historische Vorgänge schriftloser Vergangenheit zu kommen« (Kossack nach Eggert 1994, 5). Die Folge ist ein Denken in (quasi-) organischen Prozessen, in denen archäologische Gegenstände sich wie biologische Arten und Populationen verhalten, sich kreuzen, vermehren, ausbreiten oder aussterben.

Diese Orientierung kann sicherlich als ein Erbe der evolutionistischen Gründerzeit des Faches im 19. Jahrhundert gelten. Sie ist zudem eines der bestimmenden Motive für die paläolithische Archäologie bis in die heutige Zeit (Sackett 1981, 92). Für diesen Zweig der Archäologie sind jedoch in den vergangenen Jahrzehnten andere Einflüsse noch prägender geworden. Gemeint sind die so genannten ökologisch/evolutionären Ansätze, die auch innerhalb der Kulturanthropologie der Jäger und Sammler weitreichende Akzeptanz besitzen (Bettinger 1991; Kelly 1995). Hier werden archäologische Hinterlassenschaften in erster Linie als Funktionen ihrer materiellen Umstände, als Ergebnisse mechanischer Reaktionen gesehen. Das menschliche Handeln verschwindet als eigenständiger kausaler Faktor und ist eine genauso passive Folge von adaptiven Prozessen wie die aus ihm resultierenden archäologischen Artefakte.

So unterschiedlich beide Richtungen auch sind, sowohl in ihren Inspirationen als auch in ihren Konzepten, so sehr gleichen sie sich doch in einer weitgehenden Ausblendung menschlicher Aktivität. Beide Richtungen erliegen in ihrer eigenen Art und Weise einer Form von Technologiefetischismus, indem sie Beziehungen zwischen Gegenständen isoliert von sozialen Beziehungen sehen, und somit den Eindruck erwecken, Gegenstände würden ein eigenes, unabhängiges Leben besitzen (Pfaffenberger 1988; 1992). Artefakte sind jedoch per Definition das Produkt von menschlichen Handlungen. Nötig erscheint deshalb eine Perspektive, die zunächst das menschliche Handeln als eigenständigen kausalen Faktor in den Mittelpunkt des Interesses rückt.

In den letzten Jahren haben besonders die so genannten ›praxistheoretischen Ansätze‹ (s. u.) dieser beinahe banalen Feststellungen eine neue Bedeutung gegeben. Von archäologischer Seite sind sie jedoch bis jetzt wenig systematisch rezipiert worden. Besonders bei den Archäologiediskussionen der vergangenen zwei Jahrzehnte fällt auf, dass meist auf der einen Seite materielle, physische oder auf der anderen

Seite ideale, struktural-symbolische Kausalitäten betont wurden (Übersichten in Bernbeck 1997; Eggert/Veit 1998). Die damit aufgebauten irreführenden Dichotomien ignorieren die speziellen Gesetzmäßigkeiten, denen Handlungen unterliegen – und zwar jenseits der Unterscheidung in ›materiell‹ und ›ideell‹ (Porr 1999, 8). Im deutschen Sprachraum sind theoretische und systematische Entwürfe in dieser Richtung eher selten (s. Bringéus 1986; Janata 1993). U. Johansen (1992) hat sich beispielsweise dafür eingesetzt, nicht mehr von ›materieller‹, sondern von ›materialisierter‹ Kultur zu sprechen, um deutlich zu machen, dass Kultur »in nicht materialisierter aber auch materialisierter Form« auftritt und »wie die materialisierte Kultur ständig auf die nicht-materialisierte einwirkt« (Johansen 1992, 6). Offenbar gegen ihre eigenen Argumente schreibt sie allerdings wenig später, dass es »ja nicht das Material, sondern eben die kognitive Prästruktur, im Objekt dokumentiert, [ist,] die den Ethnologen interessiert« (ebd. 1992, 7). Ihre Vorschläge erscheinen damit unschlüssig und unvollständig. Im Gegensatz dazu sind im Grenzbereich zwischen Kulturanthropologie und Archäologie in den letzten Jahren sowohl im französischen als auch im englischen Sprachraum eine ganze Reihe von Beiträgen erschienen, die nicht nur eine dynamischere Sicht von materieller Kultur vertreten, sondern diese teilweise mit übergreifenden Sozialtheorien zu verbinden suchen.[2]

›Materielle Kultur‹ geht dabei häufig in einem dynamischen Konzept von ›Technologie‹ auf, welches beispielsweise Pfaffenberger (1992, 508) in folgender Weise beschreibt: »A domain of purposive, goal-oriented action in which knowledge and behaviour are reciprocally constituted by social, individual, and material phenomena« (siehe auch Sigaut 1994; Harvey 1997). Materielle Produkte menschlicher Handlungen werden dabei in ein Netzwerk von menschlichen Praktiken eingeordnet, in dem sich die Unterschiede zwischen ›dem Materiellen‹ und ›dem Ideellen‹ auflösen, und somit auch das analytische Interesse nicht länger auf ›die kognitive Prästruktur, die im Objekt dokumentiert‹ sei (Johansen 1992), beschränkt werden kann.

Von der Praxis zur Theorie und zurück

Es sind eben diese Elemente, die man nicht länger ohne Bezug zu umfangreicheren sozialtheoretischen Überlegungen erörtern kann. Wie bereits oben erwähnt, erscheinen mir die so genannten praxistheoretischen Ansätze der letzten zwanzig Jahre besonders wertvoll in diesem Zusammenhang. Die meistgenannten Autoren sind dabei A. Giddens (v. a. 1984) und P. Bourdieu (v. a. 1977), wobei ich mich im folgenden auf Bourdieu konzentrieren will. Dabei möchte ich jedoch betonen, dass ich seinen Werken nicht sklavisch folge, sondern sie eher als Steinbruch für meine eigenen Konzeptionen verstehe (im Sinne von Bourdieu/Wacquant 1996, 15).

---

2 Ingold 1988; 1990; Lemonnier 1986; 1989; 1992; Dobres/Robb 1999; Dobres/Robb 2000.

In Bourdieus Arbeiten ist der Versuch, die künstlichen Gegensätze zwischen Objekt/Subjekt, Individuum/Gruppe, Körper/Geist, Körper/Umwelt aufzulösen und sie in einem ständigen gegenseitigen Abhängigkeitsverhältnis zu sehen, besonders ausgeprägt. Der Schlüssel hierzu ist das Konzept der ›Praxis‹, die sich weder auf ideale noch materielle Kausalitäten reduzieren lässt. ›Praxis‹ ist nach der Konzeption von Bourdieu improvisierte Dynamik, die von kultur- und situationsspezifischen *modi* geleitet wird. Praxis sollte als analytische Einheit verstanden werden, die zwischen der materiellen Umwelt und abstrakten Denkmodellen anzusiedeln ist. Er hat in diesem Kontext den Begriff des ›Habitus‹ als einer »Handlungs-, Wahrnehmungs- und Denkmatrix« (Bourdieu/ Wacquant 1996, 39), die von menschlichen Individuen flexibel in entsprechenden Situationen eingesetzt wird, von M. Mauss (1989) übernommen. Menschliches Handeln ist nach dieser Konzeption weder vollkommen frei noch vollkommen determiniert. Es muss vielmehr als ständige flexible Improvisation des sozialen Lebens verstanden werden. Als solche ist es keine mechanische Reaktion auf eine vorgefundene Umwelt, sondern die bewusste Auseinandersetzung mit der wahrgenommenen Welt.

Diesem letzteren Punkt muss besondere Aufmerksamkeit geschenkt werden, denn Menschen sind in ihren Entscheidungen und Handlungen nur soweit frei, wie es ihre Wahrnehmungs- und Erlebnisstrukturen erlauben. Jeder Mensch steht vom Beginn seines Lebens an niemals außerhalb einer materiellen und gleichzeitig sozial strukturierten Umgebung, in der sich bereits sozialisierte Personen bewegen. Wichtig ist dabei, dass die *modi*, die Anweisungen für Handlungen und Verhalten und Wahrnehmungs- und Erlebnisstrukturen, direkt in den Körper ›eingeschrieben‹ werden. Der Habitus wird erlernt und eingesetzt ohne bewusst zu werden, die Praxis basiert in diesem Sinn vor allem auf körperlichem, nicht auf reflexivem Wissen. Jedes Individuum befindet sich somit in einem Prozess einer permanenten Sozialisierung, durch den der jeweilige Habitus als natürlich und individuell empfunden wird. Der Körper als erstes Medium der Praxis wird somit selbst grundlegend sozial geformt. Das bedeutet auch, dass das Erleben des Körpers und der Interaktion mit der Umwelt kulturell unterschiedlich ist.

Man sollte sich bei der Analyse eines Gegenstandes darüber bewusst sein, dass ›das was Menschen tun‹ und ›das was Menschen denken, was sie tun‹ nicht dasselbe ist. Gerade in der Archäologie besteht zuweilen eine zu vereinfachte Vorstellung über das Verhältnis dieser beiden Phänomene. Dies äußert sich darin, dass Archäologen oftmals den Anschein erwecken, alle anderen Kulturwissenschaften hätten direkten Zugang zu den Bedeutungen von Objekten und Strukturen, weil letztere mit ihren Forschungssubjekten direkt kommunizieren können. Dahinter steckt offensichtlich die Vorstellung, die ›Bedeutung‹ von Objekten stecke irgendwie in den Köpfen der Menschen und lasse sich daher abfragen. Die abstrakten Prinzipien für Handlungen, Denken, Empfinden und Wahrnehmen werden dem Individuum jedoch niemals bewusst, und lassen sich daher auch nicht in einer ethnographischen Situation erfragen. Sie müssen vielmehr aus Beobachtungen (dazu gehören auch Interviews) erschlossen werden. Diese sind für sich genommen noch keine tiefergreifende Erklärung für ein materielles Phänomen oder für einen Gegenstand. Bedeutungen eines beliebigen Gegenstandes oder eines Phänomens lassen sich nur durch eine Analyse des Zusammenspiels von Menschen, Gegenständen und deren Bedingungen verstehen. Diskursive Aussagen beispielsweise sind darin nur weitere Bausteine für ein Verständnis, aber keine gültigen Erklärungen.

Praxis, die durch einen Habitus geleitet ist, lässt sich weder als mechanische Reaktion auf eine vorgefundene Umwelt sehen, noch als sklavische Ausführung von abstrakten Regeln. Sie steht jenseits einer solchen Aufteilung. Der tatsächliche, reale Prozess der Praxis ist die flexible Umsetzung des Habitus in variablen Situationen, die (unter anderem) auch durch reale, materielle Bedingungen erschaffen und limitiert werden. Dabei reproduziert und erschafft Praxis materielle Strukturen, die wiederum als Ausgangspunkte für nachfolgende Praktiken werden. Aus diesem Grunde lässt sich Praxis weder vollständig auf materielle noch auf ideelle Kausalitäten reduzieren. In der Tat erscheint im tatsächlichen Prozess der Praxis eine Unterscheidung in materielle und ideelle Anteile sinnlos. In der Praxis selbst bricht diese Unterscheidung zusammen.

Um diese Analyse dieses Prozesses zu systematisieren und zu verallgemeinern, erscheint es mir sinnvoll, drei analytische Domänen zu unterscheiden (s. Porr 1997). Es ist wichtig anzuerkennen, dass sich keiner dieser Domänen eine allgemeingültige Priorität bei der Kausalität menschlichen Verhaltens zuweisen lässt. Ich unterscheide dabei ›materielle Strukturen‹, ›Praxis‹ und ›Ideologie‹. ›Materielle Struktur‹ bezeichnet die materielle, physische und empirisch fassbare Umgebung, auf die sich menschliche Handlungen beziehen. ›Ideologie‹ steht für abstrakte Prinzipien des Habitus, die Handlungen leiten, sowie Wahrnehmungs- und Empfindungsschemata. Sie sind niemals direkt zugänglich, sondern müssen analytisch erschlossen werden. ›Praxis‹ beschreibt schließlich die tatsächlich ablaufenden menschlichen Handlungen, die Dynamik sozialen Lebens, die sich durch die konkrete Auseinandersetzung von sozialisierten Menschen mit ihrer sozialisierten Umwelt entwickelt. Alle Aspekte menschlichen Verhaltens lassen sich nur aus dem Zusammenspiel dieser drei Elemente verstehen. Dies bedeutet z. B. in Bezug auf die Untersuchung materieller Kultur, dass man auch die physische Beschaffenheit von Artefakten nicht als objektiv, natürlich und unproblematisch ansehen kann. Bei einer Berücksichtigung des Ideologie- und Habituskonzeptes kann eine universale Wahrnehmung von ›Materialität‹ im Kulturvergleich nicht ohne weiteres vorausgesetzt werden. Dieser Einwand führt auch zu Konsequenzen bei der Analyse von Felsbildern (s. u.).

Von der Theorie zur Anwendung

Diese Aspekte möchte ich schließlich anhand von Erkenntnissen über Felsmalereien vor allem im südlichen Afrika illustrieren. Die in dieser Region tätigen Forscher sind in der beneidenswerten Position, dass ihnen nicht nur die wahrscheinlich umfangreichste Anzahl von Felsmalereien zur Verfügung steht, sondern auch ein außergewöhnlicher Zugang zu kontextuellen historischen und ethnographischen Daten möglich ist. Diese Situation ermöglicht es, die Darstellungen nicht länger als Ausdruck einer abgrenzbaren ›Kunst‹ oder ›Religion‹, sondern in ihren Herstellungs- und Gebrauchszusammenhängen und als Teil einer lebendigen und dynamischen Lebenswelt zu sehen.

Ähnlich wie die Erforschung der paläolithischen Höhlenmalereien, war das Studium der südafrikanischen Felskunst lange Zeit von empirizistischen Ansätzen dominiert. Das Sammeln und Ordnen von Daten war dabei die »*raison d'être* der *rock art studies* in den letzten hundert Jahren« (Lewis-Williams/Loubser 1986, 255). Interpretationen der Malereien und Gravierungen traten hinter diesem als vorrangig erachteten Ziel weitgehend zurück. Diese Unausgeglichenheit führte dazu, dass sowohl unreflektierte Vorstellungen über den entwicklungsgeschichtlichen Status der Künstler und der Kunst selbst als auch westliche *common-sense*-Erklärungen an die Felsmalereien herangetragen wurden. Ähnlich wie in der Erforschung paläolithischer Felsbilder Europas ging es dabei letztlich um die Motive »*l'art pour l'art*«, Jagdmagie und strukturalistische Interpretationen (s. auch Lewis-Williams 1982 und Dowson/Lewis-Williams 1994).

Die umfangreichen kontextuellen Informationen über die Hersteller der vielen Darstellungen wurden dagegen lange ignoriert. 1982 publizierte J. D. Lewis-Williams einen Aufsatz, in dem er im wesentlichen versuchte, die Felskunst in ihren gesellschaftlichen Zusammenhang einzuordnen. Wichtig dabei war, dass die Kunst nicht nur in den Kontext von Produktion und Konsum eingeordnet, sondern auch als Teil eines bestimmten metaphorischen Systems gesehen wurde. Der prinzipielle Überschneidungspunkt dieser beiden Dimensionen der Kunst ist der Trance-Tanz, durch den fundamentale Metaphern und Seh- und Wahrnehmungsformen produziert und reproduziert werden. In den vergangenen fast zwanzig Jahren ist dieser Ansatz weitergeführt worden, und es ist mittlerweile größtenteils anerkannt, dass viele der Felsmalereien mit so genannten schamanistischen Erfahrungen zusammenhängen, die ›veränderte Bewusstseinszustände‹ beinhalten. Gleichzeitig erlaubte dieser Ansatz schließlich auch, die Malereien und Gravierungen als Ressourcen (im Sinne von Giddens 1984) zu verstehen, mit denen sich gesellschaftliche Umstände beeinflussen lassen (Dowson 1988; 1994a; 1994b; 2000; Lewis-Williams 1994).

Es ist daher ein großes Missverständnis, wenn man diese Erklärungsansätze auf eine Identifizierung von ›veränderten Bewusstseinszuständen‹ und damit eine Verbindung zu schamanistischen Ritualen und Vorstellungen reduzierte. Dies wird nicht nur den Felsmalereien nicht gerecht, sondern widerspricht auch einem angemessenen Verständnis von Schamanismus insgesamt. Wichtig ist, dass ›Schamanismus‹ keineswegs als eine abgrenzbare und definierte Religion verstanden werden sollte, sondern als Ausdruck einer speziellen Weltkonzeption und -erfahrung.³ Diese ist auf die Prinzipien von Vertrauen, Autonomie, Gleichberechtigung, gegenseitigem Respekt und Individualität aufgebaut, welche auf die Interaktion mit der Umwelt als Gesamtheit übertragen wird (Bird-David 1992; 1993). Letztlich sind dies die Prinzipien, die die *modi* (den Habitus) leiten, nach denen gleichermaßen zwischenmenschliche als auch Beziehungen mit der ›Natur‹ in der Praxis strukturiert werden.

Die westliche Grenzziehung zwischen Natur und Kultur hat hier keine Bedeutung, denn Jäger und Sammler sehen sich und ihre Umwelt als gleichberechtigt. Diese Einstellung wird nicht nur auf die häufig in der Kunst dargestellten Tiere ausgedehnt, sondern auch auf die für den westlichen Beobachter nicht-belebte Umwelt. Hier von ›Animismus‹ zu sprechen ist insofern irreführend, da nicht in einer klaren Tod/Leben-Dichotomie gedacht wird. Vielmehr ist es angebracht von einer anderen Erfahrung von ›Materialität‹ zu sprechen.⁴ Während die westliche Konzeption der Umwelt prinzipiell ›passiv‹ und mechanistisch ist, sehen Jäger und Sammler ihre Umwelt als ›aktiv‹.

Diese Einstellungen drücken sich nicht nur in der ›Kunst‹ von Jäger-Sammler-Fischer-Gruppen aus, sondern sind Teil des alltäglichen Lebens. Ingold (1992; 1994) hat beispielsweise darauf hingewiesen, dass die Jagd in diesen Gesellschaften kaum in erster Linie als Auseinandersetzung mit einer feindlichen Natur zu verstehen ist, die dem Jäger in erster Linie aus dem Weg zu gehen versucht. Tatsächlich verstehen Jäger und Sammler die Jagd insgesamt als die Interaktion zwischen zwar verschiedenen, aber gleichberechtigten und selbstbewussten Wesen. Der Jäger muss daher nicht nur die materiellen Aspekte der Jagd meistern (die Ausrüstung, das Lesen von Spuren, etc.), sondern muss die Tiere und seine Beziehung zu ihnen *verstehen*. Der Jäger versucht daher nicht die ›Natur‹ und die Umwelt zu kontrollieren, sondern

---

3 Diese Sicht unterscheidet sich von der traditionellen Konzeption von Schamanismus, wie sie vor allem von Eliade (1951) geprägt worden ist. Siehe im Gegensatz dazu z. B. Atkinson 1992; Kuper 1991; Lewis 1989.
4 Ich folge in dieser Argumentation verschiedenen Beiträgen der letzten Jahre, die aufzeigen, dass Jäger-Sammler-Fischer-Gesellschaften weniger durch wirtschaftliche als vielmehr ideologisch/praktische Charakteristika gekennzeichnet werden sollten. Die hier vorgestellten, sehr verallgemeinerten Elemente lassen sich aus meiner Sicht (Porr 2000) sehr gut mit einem Habitus beschreiben, der auf den Prinzipien Vertrauen, Respekt, Individualität und Autonomie basiert. Aspekte und weitere Literatur zu diesem Thema finden sich in Müller 1976; Duerr 1990; Endicott 1979; Ingold 1986; 1992a; 1992b; 1994; 1996a; 1996c; Bird-David 1990; 1992a; 1992b; 1993; 1994; 1996; 1999; Tilley 1994, 35-57; Shepard 1998; Barnard 1992; Kent 1992; 1996; Rao 1993. Sie fügen sich außerdem in allgemeine Konzeptionen von vorkapitalistischen oder traditionellen Ökonomien, etwa nach Mauss 1989 oder Sahlins 1988. Schließlich soll darauf hingewiesen werden, dass auch bestimmte Pflanzergesellschaften zu einem gewissen Maße diese Einstellungen teilen. Zu diesem letzten Punkt sei hier nur auf Descola 1994 verwiesen.

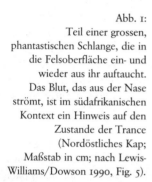

Abb. 1:
Teil einer grossen, phantastischen Schlange, die in die Felsoberfläche ein- und wieder aus ihr auftaucht. Das Blut, das aus der Nase strömt, ist im südafrikanischen Kontext ein Hinweis auf den Zustande der Trance (Nordöstliches Kap; Maßstab in cm; nach Lewis-Williams/Dowson 1990, Fig. 5).

seine Beziehungen mit ihr. In einer Welt, in der alle Gegenstände und Wesen potentiell durch Intentionen geleitet werden, kann der Jäger nicht nach Dominanz streben, sondern nur nach tiefem Verständnis oder ›Erleuchtung‹ (Ingold 1994, 16).

Diese Punkte gewinnen natürlich besondere Relevanz im Zusammenhang mit jeder Diskussion jägerisch-sammlerischer Kunst, in der Tiere die am häufigsten dargestellten Motive sind. Für die südafrikanischen Buschleute haben aber nicht nur die Tiere ihre eigene Geschichte, Macht, Stärke und Persönlichkeit. In ähnlicher Weise sind auch Felsbilder keine bloßen Repräsentationen, sondern Gegenstände mit einer eigenen Identität und einem eigenen Leben. Gleiches gilt für die eingesetzten Farben, den Ort der Malereien und für die Felswand selbst. Diese Sicht der Dinge kann nun Erklärungen für einige der auffälligsten, wiederkehrenden Charakteristika der Felskunst bieten. Darunter ist etwa die Beobachtung, dass Bilder im Laufe der Zeit wieder und wieder ›verwendet‹ werden, indem Farbe abgerieben oder wieder aufgetragen wird (Yates/Manhire 1991), was auf die intime und andauernde Bedeutung der Bilder und ihrer Komponenten hindeutet. Ein anderes Element ist das häufige Vermischen von ›abstrakten‹ und ›repräsentativen‹ Motiven, was auf die veränderte (oder erweiterte) Wahrnehmung in der Trance verweist, auf der viele Bilder basieren (Dowson 1989; Dowson/Holliday 1989; Lewis-Williams 1981). Schließlich kommt es häufig vor, dass die Felswand bei der Komposition miteinbezogen wird. Tiere und Menschen scheinen in der Wand zu verschwinden oder durch die Wand

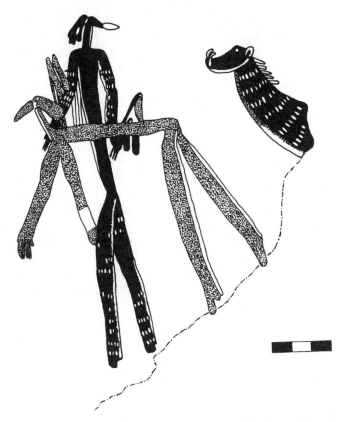

Abb. 2: Eine phantastische Schlange erscheint aus einer Kluft in der Felswand. Daneben sind zwei ›Mischwesen‹ dargestellt. Eine dieser Figuren scheint auf der Felskluft zu stehen (Lesotho; Maßstab in cm; nach Lewis-Williams/Dowson 1990, Fig. 4).

zu erscheinen. Die Felswand ist demnach auch keine solide Fläche, sondern stellt gewissermaßen eine »dünne Membran« dar, die zu bestimmten Zeiten und für bestimmte Menschen durchlässig wird (Lewis-Williams/Dowson 1990) (Abb. 1 und 2). So wie unter diesen Umständen das Unsichtbare sichtbar wird, so wird auch die grundlegende Verwandtschaft von Tieren und Menschen erfahrbar, was zu der Darstellung von so genannten ›Misch- oder Phantasiewesen‹ führt (Abb. 2). Hinter allen diesen Phänomenen steht ein Konzept von ›Materialität‹, das sich grundlegend von unserem eigenen unterscheidet, und welches nicht reflexiv entwickelt und angewendet, sondern praktisch gelebt und erfahren wird. Die Kunst ist keine Darstellung einer anderen Realität, sondern ein Ausdruck einer anderen Realitätserfahrung, in der die westliche Grenzziehung zwischen ›real‹ und ›irreal‹ zusammenbricht (Dowson 1998a, 333).

In dieser Form sind die Erkenntnisse über die südafrikanischen Felsbilder nicht nur Beispiele aus einer Region, die sich einfach auf andere Fälle übertragen lassen. Da sie in einem allgemeinen, analytischen Rahmen gewonnen wurden, enthalten sie vielmehr das Potential für systematische Analogien für prähistorische oder andere Fälle. Zunächst bezieht sich dies auf andere Felsmalereien im Kontext von Jäger-Sammler-Fischer-Gesellschaften (Lewis-Williams 1997a; 1997b; Dowson 1998), für die man einen vergleichbaren Habitus postulieren kann. Darüber hinaus macht der Ansatz jedoch Problemfelder beim Umgang mit materieller Kultur deutlich, die allgemeine Relevanz besitzen. Dies ist sicherlich der Begriff der Materialität, der zur Vorsicht gegenüber jeder Form von Materialismus und Umweltdeterminismus mahnt. Sinnvoll ist er jedoch nur innerhalb der vorgestellten Artikulation von materiellen Strukturen, Praxis und Ideologie, zwischen denen es systematische Abhängigkeiten gibt. Letzteres hat natürlich sehr konkrete Auswirkungen auf Interpretationen von prähistorischen Materialien und Mustern, da es prinzipiell möglich ist von einer Domäne auf die andere zu schließen. Diese Verbindungen müssen in der Zukunft sowohl in ethnographischen als auch archäologischen Fallstudien weiter systematisch untersucht werden. Die hier exemplarisch vorgestellten Arbeiten zur Felskunst in Jäger-Sammler-Fischer-Gesellschaften können da nur ein Anfang sein.

Zum Abschluss

Die in diesem Artikel angedeuteten Elemente schöpfen nicht alle Aspekte meiner analytischen Unterscheidung zwischen materiellen Strukturen, Praxis und Ideologie aus. Eine vollständige Analyse müsste die tatsächlichen praktischen Handlungen und ihre materiellen Bedingungen zusammen mit den jeweiligen abstrakten Vorstellungen untersuchen (Lewis-Williams 1994; 1995). Es liegt in der Natur des Forschungsgegenstandes, dass dabei in keinem Falle ein vollständiges und in sich geschlossenes logisches System rekonstruiert werden kann. Dazu sind die Produktions- und Konsumptionskontexte viel zu informell und flexibel. Sie folgen einer Logik der Praxis, die nicht in erster Linie nach Konsistenz strebt, sondern nach Anwendbarkeit (Bourdieu/Wacquant 1996, 44 f.).
    Wenn ich in meinem Titel von nicht-reduktionistischen Ansätzen gesprochen habe, dann bezog sich dies sowohl auf die Herausarbeitung einer falschen Dichotomie zwischen materiellen und nicht-materiellen Faktoren als auch auf die daraus folgende uneindeutige und offene Zuschreibung von Kausalität. Ich will an dieser Stelle nicht ausschließen, dass es in bestimmten Fällen möglich und notwendig ist, soziale Prozesse auf materielle Ursachen oder ökologische Umstände zurückzuführen. Genauso kann es jedoch der Fall sein, dass sich Prozesse sozialen Wandels auf ideologische Faktoren zurückführen lassen. Diese Möglichkeiten sollten aber auf jeden Fall in der theoretischen Konzeption offen gelassen werden. Am Ende bleibt

festzustellen, dass ohne eine Berücksichtigung der dynamischen Prozesse des sozialen Lebens, der Praxis, jede Erklärung aus meiner Sicht unvollständig bleibt.

Zum Schluss möchte ich betonen, dass ich die Analyse der Abhängigkeiten von materiellen, praktischen und ideologischen Faktoren als zentral für das Studium von materieller Kultur insgesamt erachte, und nicht nur für die Untersuchung von räumlich oder zeitlich weit entfernten Gesellschaften. So kann sie im Kulturvergleich dann auch einiges über unsere eigenen Einstellungen zur Welt und zu uns selbst beitragen. Oder, wie Paul Shepard (1998, 298) angemerkt hat:

»For hunters the living metaphor is other species ... for urban people it has become the machine«.

Literatur

Atkinson 1992: J. M. Atkinson, Shamanisms Today. Annual Rev. Anthr. 21, 1992, 307-330.
Barnard 1992: A. Barnard, Hunters and Herders of Southern Africa. A Comparative Ethnography of the Khoisan People. Cambridge: Cambridge University Press 1992.
Bernbeck 1997: R. Bernbeck, Theorien in der Archäologie. Tübingen/Basel: Francke 1997.
Bettinger 1991: R. L. Bettinger, Hunter-Gatherers. Archaeological and Evolutionary Theory. New York: Plenum Press 1991.
Bird-David 1990: N. Bird-David, The Giving Environment: Another Perspective on the Economic Systems of Gatherer-Hunters. Current Anthr. 31, 1990, 189-196.
Bird-David 1992a: Ders., Beyond ›The Hunting and Gathering Mode of Subsistence‹: Culture-Sensitive Observations on the Nayaka and Other Modern Hunter-Gatherers. Man (N. S.) 27, 1992, 19-44.
Bird-David 1992b: Ders., Beyond ›The Original Affluent Society‹: A Culturalist Reformulation. Current Anthr. 33, 1992, 25-47.
Bird-David 1993: Ders., Tribal Metaphorization of Human-Nature Relatedness: A Comparative Analysis. In: K. Milton (Hrsg.), Environmentalism. The View from Anthropology. London: Routledge 1993, 112-125.
Bird-David 1994: Ders., Sociality and Immediacy: Or, Past and Present Conversations on Bands. Man (N. S.) 29, 1994, 583-603.
Bird-David 1996: Ders., Hunter-Gatherer Research and Cultural Diversity. In: S. Kent (Hrsg.), Cultural Diversity among Twentieth-Century Foragers. An African Perspective. Cambridge: Cambridge University Press 1996, 297-304.
Bird-David 1999: Ders., ›Animism Revisited‹. Personhood, Environment, and Relational Epistemology. Current Anthr 40, Suppl. February 1999, 67-91.
Bourdieu 1977: P. Bourdieu, Outline of a Theory of Practice. Cambridge: Cambridge University Press 1977 [Erstausgabe: Genf 1972].
Bourdieu 1982: Ders., Die feinen Unterschiede. Kritik der gesellschaftlichen Urteilskraft. Frankfurt/Main: Suhrkamp 1982 [Erstausgabe: Paris 1979].
Bourdieu 1988: Ders., Homo Academicus. Frankfurt/Main: Suhrkamp 1988 [Erstausgabe: Paris 1984].
Bourdieu 1993: Ders., The Field of Cultural Production. Essays on Art and Literature. Cambridge: Polity 1993.
Bourdieu 1996: Ders., The Rules of Art. Genesis and Structure of the Literary Field. Stanford: Stanford University Press 1996 [Erstausgabe: Paris 1992].

Bourdieu/Wacquant 1996: Ders./L. J. D. Wacquant, Reflexive Anthropologie. Frankfurt/Main: Suhrkamp 1996, 17-93 [Erstausgabe Paris 1992].
Bringéus 1986: N.-A. Bringéus, Perspektiven des Studiums materieller Kultur. Jahrb. Volkskunde u. Kulturgesch. 29, 1986, 159-174.
Conkey 1996: M. W. Conkey, A History of the Interpretation of European ›Palaeolithic Art‹: Magic, Mythogram, and Metaphors for Modernity. In: A. Lock/C. R. Peters (Hrsg.), Handbook of Human Symbolic Evolution. Oxford: Clarendon Press 1996, 288-349.
Conkey/Williams 1991: Dies./S. H. Williams, Original Narratives. The Political Economy of Gender in Archaeology. In: M. di Leonardo (Hrsg.), Gender at the Crossroads of Knowledge. Feminist Anthropology in the Postmodern Era. Berkeley/Los Angeles: University of California Press 1991, 102-139.
Descola 1994: P. Descola, In the Society of Nature. A Native Ecology in Amazonia. Cambridge: Cambridge University Press 1994 [Erstausgabe: Paris 1986].
Dobres/Robb 1999: M.-A. Dobres/J. E. Robb (Hrsg.), The Social Dynamics of Technology: Practice, Politics, and World Views. Washington, D. C.: Smithsonian Institution Press.
Dobres/Robb 2000: Dies. (Hrsg.), Agency in Archaeology. London/New York: Routledge.
Dowson 1988: T. A. Dowson, Revelations of Religious Reality: The Individual in San Rock Art. World Arch. 20, 1988, 116-128.
Dowson 1989: Ders., Dots and Dashes: Cracking the Entoptic Code in Bushman Rock Paintings. South African Arch. Soc. Goodwin Ser. 6, 1989, 84-94.
Dowson 1994a: Ders., Hunter-Gatherers, Traders and Slaves: The ›Mfecane‹ Impact on Bushmen, their Ritual and their Art. In: C. Hamilton (Hrsg.), The Mfecane Aftermath: Reconstructive Debates in South Africa's History. Johannesburg/Pietermaritzburg: Witwatersrand University Press/Natal University Press 1994, 51-70.
Dowson 1994b: Ders., Reading Art, Writing History: Rock Art and Social Change in Southern Africa. World Arch. 25, 1994, 332-345.
Dowson 1998a: Ders., Like People in Prehistory. World Arch. 29, 333-343.
Dowson 1998b: Ders., Rock Art: Handmaiden to Studies of Cognitive Evolution. In: C. Renfrew/C. Scarre (eds.), Cognition and Material Culture: The Archaeology of Symbolic Storage. Cambridge: MacDonald Institute for Archaeological Research 1998, 67-76.
Dowson 2000: Ders., Painting as Politics: Exposing Historical Processes in Hunter-Gatherer Rock Art. In: M. Biesele/R. K. Hitchcock/P. P. Schweitzer (Hrsg.), Hunters and Gatherers in the Modern World: Conflict, Resistance, and Self Determination. New York/Oxford: Berghahn Books 2000, 413-426.
Dowson/Holliday 1989: Ders./A. L. Holliday, Zigzags and Eland: An Interpretation of an Idiosyncratic Combination. South African Arch. Bull. 44, 1989, 46-48.
Dowson/Lewis-Williams 1994: Ders./J. D. Lewis-Williams (Hrsg.), Contested Images. Diversity in Southern African Rock Art Research. Johannesburg: Witwatersrand University Press 1994.
Duerr 1990: H. P. Duerr, Sedna oder Die Liebe zum Leben. Frankfurt am Main: Suhrkamp 1990 [Erstausgabe: Frankfurt am Main 1984].
Eggert 1994: M. K. H. Eggert, Archäologie heute: Reflexionen 1993. Jahrbuch RGZM 41, 1994, 3-18.
Eggert 1995: Ders., Anthropologie, Ethnologie und Urgeschichte: Zur Relativierung eines forschungsgeschichtlichen Mythologems. Mitt. Berliner Ges. Anthr. 16, 1995, 33-38.
Eggert/Veit 1998: M. K. H. Eggert/U. Veit (Hrsg.), Theorie in der Archäologie: Zur englischsprachigen Diskussion. Tübinger Arch. Taschenb. 1. Münster: Waxmann 1998.
Eliade 1951: M. Eliade, Schamanismus und archaische Ekstasetechnik. Frankfurt am Main: Suhrkamp 1951.

Endicott 1979: K. Endicott, Batek Negrito Religion. The World-View and Rituals of a Hunting and Gathering People of Peninsular Malaysia. Oxford: Clarendon Press 1979.
Foster 1992: H. Foster, The ›Primitive‹ Unconscious of Modern Art. In: F. Frascina/J. Harris (Hrsg.), Art in Modern Culture. An Anthology of Critical Texts. London: Phaidon 1992, 199-209.
Geertz 1993: C. Geertz, Local Knowledge. Further Essays in Interpretative Anthropology. London: Fontana Press 1993 [Erstausgabe: New York 1983].
Gell 1992: A. Gell, The Technology of Enchantment and the Enchantment of Technology. In: J. Coote/A. Shelton (Hrsg.), Anthropology, Art and Aesthetics. Oxford: Oxford University Press 1992, 40-63.
Gell 1996: Ders., Vogel's Net. Traps as Artworks and Artworks as Traps. Journal of Material Culture 1 (1), 1996, 15-38.
Gell 1998: Ders., Art and Agency. An Anthropological Theory. Oxford: Clarendon Press 1998.
Giddens 1984: A. Giddens, The Constitution of Society. Outline of a Theory of Structuration. Cambridge: Polity 1984.
Harvey 1997: P. Harvey, Introduction: Technology as Skilled Practice. Social Analysis 41 (1), 1997, 3-14.
Ingold 1986: T. Ingold, The Appropriation of Nature. Essays on Human Ecology and Social Relations. Manchester: Manchester University Press 1986.
Ingold 1988: Ders., Tools, Minds, and Machines: An Excursion in the Philosophy of Technology. Techniques et Culture 12, 1988, 151-176.
Ingold 1990: Ders., Society, Nature and the Concept of Technology. Arch. Rev. Cambridge 9 (1), 1990, 5-17.
Ingold 1992a: Ders., Culture and the Perception of the Environment. In: E. Croll & D. Parkin (Hrsg.), Bush base: Forest Farm. Culture, Environment and Development. London: Routledge 1992, 39-56.
Ingold 1992b: Ders., Foraging for Data, Camping with Theories: Hunter-Gatherers and Nomadic Pastoralists in Archaeology and Anthropology. Antiquity 66, 1992, 790-803.
Ingold 1994: Ders., From Trust to Domination: An Alternative History of Human-Animal Relations. In: A. Manning/J. Serpell (Hrsg.), Animals and Human Society: Changing Perspectives. London: Routledge 1994, 1-22.
Ingold 1996a: Ders., The Optimal Forager and Economic Man. In: P. Descola/G. Pálsson (Hrsg.), Nature and Society. Anthropological Perspectives. London: Routledge 1996, 25-44.
Ingold 1996b: Ders., Growing Plants and Raising Animals: An Anthropological Perspective on Domestication. In: D. R. Harris (Hrsg.), The Origins and Spread of Agriculture and Pastoralism in Eurasia. London: UCL Press 1996, 12-24.
Ingold 1996c: Ders., Hunting and Gathering as Ways of Perceiving the Environment. In: R. Ellen/K. Fukui (Hrsg.), Redefining Nature. Ecology, Culture and Domestication. Oxford: Berg 1996, 117-155.
Janata 1993: A. Janata, Technologie und Ergologie. In: T. Schweizer/M. Schweizer/W. Kokot (Hrsg.), Handbuch der Ethnologie. Berlin: Reimer, 375-388.
Johansen 1992: U. Johansen, Materielle oder materialisierte Kultur? Zeitschr. Ethnologie 117, 1992, 1-15.
Kelly 1995: R. L. Kelly, The Foraging Spectrum. Diversity in Hunter-Gatherer Lifeways. Washington/London: Smithsonian Institution Press 1995.
Kent 1992: S. Kent, The Current Forager Controversy: Real versus Ideal Views of Hunter-Gatherers. Man (N. S.) 27, 1992, 45-65.
Kent 1996: Ders., Cultural Diversity among African Foragers: Causes and Implications. In: S. Kent (Hrsg.), Cultural Diversity among Twentieth-Century Foragers. An African Perspective. Cambridge: Cambridge University Press 1996, 1-18.

Kuper 1991: M. Kuper (Hrsg.), Hungrige Geister und rastlose Seelen. Texte zur Schamanismusforschung. Berlin: Dietrich Reimer 1991.

Lemonnier 1986: P. Lemonnier, The Study of Material Culture Today: Toward an Anthropology of Technical Systems. Journal Anthr. Arch. 5, 1986, 147-186.

Lemonnier 1989: Ders., Bark Capes, Arrowheads and Concorde: On Social Representations of Technology. In: I. Hodder (Hrsg.), The Meaning of Things. Material Culture and Symbolic Expression. London: Unwin Hyman 1989, 156-171.

Lemonnier 1990: Ders., Topsy Turvy Techniques. Remarks on the Social Representation of Techniques. Arch. Rev. Cambridge 9, 1990, 27-37.

Lemonnier 1992: Ders., Elements for an Anthropology of Technology. Ann Arbor: Museum of Anthropology, University of Michigan 1992.

Lewis 1989: I. M. Lewis, Ecstatic Religion. A Study of Shamanism and Spirit Possession. London: Routledge ^{2}1989 [Erstausgabe: London 1971].

Lewis-Williams 1981: J. D. Lewis-Williams, The Thin Red Line: Southern San Notions and Rock Paintings of Supernatural Potency. South African Arch. Bull. 36, 1981, 5-13.

Lewis-Williams 1982: Ders., The Economic and Social Context of Southern San Rock Art. Current Anthr. 23, 1982, 429-449.

Lewis-Williams 1994: Ders., Rock Art and Ritual: Southern Africa and Beyond. Complutum 5, 1994, 277-289.

Lewis-Williams 1995: Ders., Modelling the Production and Consumption of Rock Art. South African Arch. Bull. 50, 1995, 143-154.

Lewis-Williams 1997a: Ders., Agency, Art and Altered Consciousness: A Motif in French (Quercy) Upper Palaeolithic Parietal Art. Antiquity 71, 1997, 810-830.

Lewis-Williams 1997b: Ders., Harnessing the Brain: Vision and Shamanism in Upper Paleolithic Western Europe. In: M. W. Conkey/O. Soffer/D. Stratmann/N. Jablonski (Hrsg.), Beyond Art: Pleistocene Image and Symbol. San Francisco: California Academy of Science 1997, 321-342.

Lewis-Williams/Dowson 1990: Ders./T. A. Dowson, Through the Veil: San Rock Paintings and the Rock Face. South African Arch. Bull. 45, 1990, 5-16.

Lewis-Williams/Loubser 1986: Ders./J. H. N. Loubser, Deceptive Appearances: A Critique of Southern African Rock Art Studies. In: F. Wendorf/A. E. Close (Hrsg.), Advances in World Archaeology Vol. 5. New York: Academic Press 1986, 253-289.

Mauss 1989: M. Mauss, Soziologie und Anthropologie 2. Frankfurt am Main: Fischer 1989 Erstausgabe: Paris 1923/1924].

Miller 1991: D. Miller, Primitive Art and the Necessity of Primitivism to Art. In: S. Hiller (Hrsg.), The Myth of Primitivism. Perspectives on Art. London: Routledge, 1991, 50-71.

Müller 1976: W. Müller, Indianische Welterfahrung. Stuttgart: Ernst Klett Verlag 1976.

Pfaffenberger 1988: B. Pfaffenberger, Fetishised Objects and Humanised Nature: Towards an Anthropology of Technology. Man (N. S.) 23, 1988, 236-252.

Pfaffenberger 1992: Ders., Social Anthropology of Technology. Annu. Rev. Anthr. 21, 1992, 491-516.

Porr 1997: M. Porr, Funde ohne Be(i)funde. Zur Problematik von Todesvorstellungen und Bestattungssitten bei ›einfachen‹ Wildbeutergesellschaften. Ethnogr.-Arch. Zeitschr. 38, 1997, 363-383.

Porr 1998: Ders., Ethnoarchäologie. Ein Plädoyer für Interdisziplinarität und Disziplinlosigkeit in der Archäologie. Arch. Inf. 21, 1998, 41-49.

Porr 1999: Ders., Archaeology, Analogy, Material Culture, Society: An Exploration. In: L. R. Owen/Ders. (Hrsg.), Ethno-Analogy and the Reconstruction of Prehistoric Artefact Use and Production. Tübingen: Mo Vince Verlag 1999, 3-15.

Porr 2000: M. Porr, Beyond Revisionism: The Need for Non-Reductionist Social Theory in Hunter-Gatherer Archaeology/Anthropology. [Vortrag auf der ›Global Hunters & Gatherers: After Revisionism?‹ Konferenz, Cambridge 2000].

Price 1989: S. Price, Primitive Art in Civilized Places. Chicago: University of Chicago Press 1989.

Rao 1993: A. Rao, Zur Problematik der Wildbeuterkategorie. In: T. Schweizer/M. Schweizer/ W. Kokot (Hrsg.), Handbuch der Ethnologie. Berlin: Dietrich Reimer Verlag 1993, 491-559.

Sackett 1981: J. R. Sackett, From de Mortillet to Bordes: A Century of French Palaeolithic Research. In: G. Daniel (Hrsg.), Towards a History of Archaeology. London: Thames and Hudson 1981, 85-99.

Sahlins 1988: M. Sahlins, Stone Age Economics. London: Routledge 1988 [Erstausgabe: New York 1972].

Shepard 1998: P. Shepard, A Post-Historic Primitivism. In: J. Gowdy (Hrsg.), Limited Wants, Unlimited Means. A Reader on Hunter-Gatherer Economics and the Environment. Washington, D. C./Covelo, Cal.: Island Press 1998, 281-325.

Tilley 1994: C. Tilley, A Phenomenology of Landscape. Places, Paths and Monuments. Oxford: Berg 1994.

Veit 1995: U. Veit, Zwischen Geschichte und Anthropologie: Überlegungen zur historischen, sozialen und kognitiven Identität der Ur- und Frühgeschichtswissenschaft. Ethnogr.-Arch. Zeitschr. 36, 1995, 137-143.

MATTHIAS JUNG

Bemerkungen zur Interpretation materieller Kultur aus der Perspektive der objektiven Hermeneutik[*]

ZUSAMMENFASSUNG: Das Problem der Interpretation materieller Kultur wird aus der Perspektive der aus der Soziologie stammenden »objektiven Hermeneutik« beleuchtet, die den so genannten »qualitativen« Methoden zugerechnet wird. Bei einer Interpretation mit dieser Methode wird zunächst versucht, die Bedeutung eines Gegenstands – seine Funktion und die Prinzipien seiner Gestaltung – rein immanent zu bestimmen, ohne dabei auf Vorwissen etwa bezüglich der archäologischen Kultur, der Fundkonstellation oder vergleichbarer Objekte zu rekurrieren. Erst wenn am Gegenstand selbst gehaltvolle Hypothesen gebildet worden sind, ist der Kontext schrittweise einzubeziehen, um an diesem die Interpretationen zu überprüfen. So soll gewährleistet werden, dass das neu zu Erschließende nicht vorschnell unter etabliertes Wissen einfach subsumiert und als möglicher Falsifikator desselben von vornherein ausgeblendet wird. Diese methodologische Position steht im Gegensatz zu Theorien, die behaupten, dass der Kontext die Primärbedeutung eines Gegenstands konstituiert. Vielmehr ist der Kontext als *Rahmung* der Primärbedeutung zu verstehen, die diese Bedeutung zwar modifiziert, ihrerseits aber immer schon bestimmt sein muss, damit die Rahmung überhaupt als Rahmung verstanden werden kann. Die objektive Hermeneutik versucht, das qualitative Moment des Erkenntnisprozesses, das hypothetische Zuordnen von Prädikaten zu einem Gegenstand, methodologisch explizit einzurichten. Dieses Erschließen eines möglichen Zusammenhangs, das mit dem amerikanischen Pragmatisten C. S. Peirce als Abduktion bezeichnet werden kann, wird in der archäologischen Methodenliteratur systematisch vernachlässigt; es ist jedoch die basale Erkenntnisoperation, die unserem Wissen etwas genuin Neues hinzufügt und notwendige Voraussetzung für die Anwendung vergleichender Verfahren. Im Verständnis der objektiven Hermeneutik werden als Folge dieser Vernachlässigung Analogien, Vergleichsobjekte und Vorwissen zur Deutung herangezogen und gehen in die Erschließung ein, ohne dass das, was verglichen werden soll und woraufhin es verglichen werden soll, für sich hinreichend bestimmt wäre.

Das Desiderat fallrekonstruktiver Methoden in der Archäologie

Für den unvoreingenommenen Betrachter ist erklärungsbedürftig, warum fallanalytische Verfahren im Methodenkanon der archäologischen Wissenschaften so unterrepräsentiert sind, verglichen mit der Bedeutung, die etwa analogisch-vergleichenden und statistischen Methoden beigemessen wird. Für die Anwendung von Verfahren, die auf Fallanalysen basieren, in der Archäologie gibt es m. E. drei gute Gründe: Erstens muss (um eine erkenntnistheoretische Trivialität zu benennen) das zu Vergleichende bzw. das, woraufhin es mit etwas anderem verglichen werden soll, für sich bestimmt werden, bevor überhaupt Operationen des Vergleichens vorgenom-

[*] Ich danke Susanne Friederich und Manuel Franzmann für die Durchsicht des Manuskripts.

men werden können. Zweitens ist die Anwendbarkeit statistischer Verfahren von vornherein schon dadurch erheblich eingeschränkt, dass die Menge der überlieferten und dokumentierten Befunde und Funde in die Kontingenz der Erhaltungs- und Auffindungsbedingungen eingebettet ist. Es handelt sich demnach um eine hochselektive Stichprobe aus der vergangenen sozialen Realität, die erschlossen werden soll. Hinzu kommt das Problem der Operationalisierung, der Aufbereitung der Daten derart, dass sie unter die erforderlichen Messoperationen subsumiert werden können. Und drittens bedürfen archäologische Gegenstände aufgrund der typischerweise vorliegenden Fragmentiertheit und Selektivität ohnehin zunächst einer detaillierten einzelfallanalytischen Bestimmung, damit sich erweisen kann, welche weiter gehenden Fragestellungen – zum Beispiel zur Verwandtschaftsorganisation, zu Herrschaftsverhältnissen oder Wirtschaftsweisen – überhaupt sinnvoller Weise an sie herangetragen werden können. Man sieht also, dass vergleichende und statistische Verfahren ebenso wie interpretative eine Bestimmung der konkret gegebenen Befunde und Funde immer schon voraussetzen müssen. Diese wird aber nicht fallrekonstruktiv und methodisch explizit vollzogen, sondern implizit und intuitiv.

Eine Methode, welche diese Lücke schließen könnte, ist die der »objektiven Hermeneutik«, die im Folgenden erläutert werden soll. Die Ausführungen müssen notwendig sehr verkürzt, plakativ und abstrakt bleiben; aus Platzgründen kann leider auch keine exemplarische Fallanalyse vorgestellt werden, mit der sich die Anwendbarkeit dieser Methode auf Gegenstände der Archäologie veranschaulichen ließe. Über die bloße Programmatik hinaus stellt dieser Text jedoch ein erstes Resümee der Erfahrungen aus den bislang erarbeiteten Fallanalysen archäologischen Materials dar und ist insofern »erfahrungsgesättigt«.

Begriff und Methode der objektiven Hermeneutik

Entwickelt wurde die Methode der objektiven Hermeneutik von dem Frankfurter Soziologen Ulrich Oevermann.[1] Zu der vielleicht etwas missverständlichen Bezeichnung »objektive Hermeneutik« ist anzumerken, dass es dieser Methode nicht wie den traditionellen Hermeneutiken darum geht, den »subjektiv gemeinten Sinn« oder die Binnenperspektive handelnder Subjekte nachzuvollziehen, die objektive Hermeneutik fragt also nicht: »Was haben sich die Leute gedacht bei dem, was sie gesagt oder getan haben?«, sondern: »Was ist objektiv die Bedeutung dessen, was sie faktisch gesagt oder getan haben?«. Leitend ist hierbei die Vorstellung, dass subjektive Dispositionen (Ziele, Erwartungen, Meinungen, Überzeugungen, Wertorientierungen, Intentionen) ohnehin methodisch nicht unmittelbar zugänglich sind, sondern wenn überhaupt nur vermittelt über die Rekonstruktion der objektiven Bedeutung

---

[1] Zur theoretischen Grundlegung der Methode sei auf die Darstellungen in Oevermann et al. 1979; Oevermann 1981; 1983; 1991; 1993 verwiesen.

des faktischen (Sprech-)Handelns, das in einem wie auch immer gearteten Protokoll[2] dokumentiert ist. Erst vor dem Hintergrund der Rekonstruktion der objektiven Bedeutung ist es dann aufschlussreich zu thematisieren, wie diese mental repräsentiert ist und welche subjektiven Bedeutungen sich mit ihr verbinden.[3] Die mentale Repräsentanz der objektiven Bedeutung ist nicht mit dieser identisch, sondern stellt ein verkürztes, verdichtetes und unter Umständen verzerrtes Abbild dar, denn die Anforderung, praktisch handeln zu müssen, lässt im Regelfall eine extensive Bedeutungsrekonstruktion nicht zu.

Der scheinbare Vorteil der Soziologie gegenüber der Archäologie, Befragungen durchführen zu können, erweist sich wegen dieses Auseinanderfallens von objektivem und subjektiv gemeintem Sinn allenfalls auf der Ebene der Datenerhebung als Erleichterung, nicht aber auf der Ebene der Datenauswertung. Denn auch die Protokolle einer Befragung sind auf ihre objektive Bedeutung hin zu analysieren, die nicht kurzschlüssig mit den Intentionen der Befragten in eins gesetzt werden darf. In dieser Fokussierung auf die objektive Bedeutung besteht auf einer sehr allgemeinen Ebene eine gewisse Wahlverwandtschaft dieses methodischen Vorgehens zur Interpretation archäologischer Befunde und Gegenstände, deren Produzenten nicht mehr befragt werden können.

Bei der objektiven Hermeneutik handelt es sich um eine so genannte »qualitative« Methode im Unterschied zu den »quantitativen«, vergleichenden und statistischen. Allerdings ist diese Redeweise von »qualitativ« und »quantitativ« ausgesprochen unglücklich, weil sie nicht zuletzt durch die Alliteration suggeriert, dass »qualitative« und »quantitative« Aspekte logisch auf derselben Ebene liegen und es letztlich eine Frage der persönlichen Vorlieben des einzelnen Forschers ist, welcher Verfahren er sich bedient. Tatsächlich aber – und dies ist die zentrale Denkfigur des vorliegenden Textes – befinden sie sich in einem asymmetrischen Einbettungsverhältnis, denn Gegenstand der vergleichenden und quantifizierenden Verfahren sind Relationen, die als solche qualitativer Natur sind und immer schon erkannt und bestimmt sein müssen, um Operationen des Vergleichens und Quantifizierens überhaupt durchführen zu können. Eine qualitative Bestimmung ist also notwendige Voraussetzung jedweder Quantifizierung. Im gängigen Methodenverständnis der Soziologie[4] stellt sich dies genau umgekehrt dar: Dort gelten die quantitativen Methoden

---

2 Der Protokollbegriff ist hier in allgemeinstem Sinne zu verstehen, nicht eingeschränkt auf bewusst hergestellte sprachliche Protokolle, sondern umfasst all das, worin menschliche Praxis sich in irgendeiner Form objektiviert hat.
3 Es ist kein Zufall, dass diese Methode im Kontext der Sozialisationsforschung entstanden ist, denn bei Kindern ist naturgemäß die Differenz zwischen der objektiven Bedeutung ihres Handelns oder Sprechhandelns und dem subjektiv gemeinten Sinn besonders groß. Siehe hierzu Oevermann et al. 1976; Oevermann 1979.
4 Dies drückt sich beispielsweise darin aus, dass in der Sektion »Methoden der empirischen Sozialforschung« der Deutschen Gesellschaft für Soziologie primär die quantitativen Metho-

als die eigentlichen und exakten. Dabei steht im Hintergrund ein verdinglichter Begriff von Exaktheit in dem Sinne, dass es als exakt gilt, wenn viele Zahlen hinter dem Komma stehen, während dagegen die Ergebnisse qualitativer Methoden als ungenau und beliebig eingeschätzt werden. »Exakt« ist aber natürlich die Methode, die ihren Gegenstand trifft und aufzuschließen vermag, ganz unabhängig davon, ob es sich um qualitative und quantitative Methoden handelt.

Man mag einwenden, diese Darstellung sei viel zu undifferenziert und könne der Reichhaltigkeit quantitativer Methoden nicht gerecht werden. Für die hier thematische Problematik ist jedoch eine Gemeinsamkeit aller quantitativer Methoden entscheidend: Es sind alles Verfahren, bei denen ein Merkmalsträger unter vorab gebildete Kategorien subsumiert wird. Dagegen ist es die Aufgabe der »qualitativen« Verfahren, fallrekonstruktiv am Gegenstand selbst Kategorien überhaupt erst zu bilden. Diese auch in der soziologischen Methodenliteratur generell vernachlässigte Einbettung des Quantitativen in das Qualitative wurde am deutlichsten von T. W. Adorno[5] artikuliert: »Keine quantifizierte Einsicht, die nicht ihren Sinn, ihren *terminus ad quem* erst in der Rückübersetzung in Qualitatives empfinge. Das Erkenntnisziel selbst von Statistik ist qualitativ, Quantifizierung einzig ihr Mittel« (Adorno 1990, 54). Leider verbindet sich diese Erkenntnis bei Adorno mit missverständlichen Vorbehalten gegen die Formalisierbarkeit von Methoden überhaupt (z. B. Adorno 1972, 288), die den Vorwurf der Mystifizierung provozieren.

Dieses qualitative Moment der Kategorienbildung am Gegenstand selbst, die ausführliche und explizite fallrekonstruktive Entwicklung von Interpretationshypothesen, steht im Mittelpunkt der Methode der objektiven Hermeneutik. Und eben dieses qualitative Moment der Hypothesenbildung *vor* der Konfrontation dieser Hypothesen mit dem Kontext eines Objektes wie z. B. der Fundkonstellation, Vergleichsobjekten, aber auch dem in der Literatur zugänglichen, bewährten Wissen, wird m. E. im Methodenverständnis der Archäologie systematisch übergangen.

Zur Verdeutlichung soll exemplarisch auf das Methodenkapitel der Dissertation von D. Krauße (1996) Bezug genommen werden, deren Gegenstand das Trink- und Speiseservice aus dem »Fürstengrab« von Hochdorf ist. Das kann und soll in keiner Weise eine Bewertung dieser für sich außerordentlich interessanten Arbeit sein, lediglich aus darstellungspragmatischen Gründen wird dieses methodenreflexive Kapitel herangezogen, weil sich in ihm ein bestimmtes Methodenverständnis artikuliert, von dem unterstellt werden darf, dass es für Archäologen nicht untypisch ist.

---

den beheimatet sind, die qualitativen Methoden dagegen nur in einer Arbeitsgruppe organisiert sind.

5 Man darf vermuten, dass diese Erkenntnis Adornos an der Philosophie Hegels geschult ist, dessen »Wissenschaft der Logik« ja genau mit dem Einbettungsverhältnis von Qualität und Quantität beginnt: »Aus der Vergleichung der Qualität mit der Quantität erhellt leicht, dass jene die der Natur nach erste ist; denn die Quantität ist erst die negativ gewordene Qualität. Die Größe ist die Bestimmtheit, die nicht mehr mit dem Sein eins, sondern schon von ihm unterschieden, die aufgehobene, gleichgültig gewordene Qualität ist« (Hegel 1986, 45 f.).

Krauße schlägt folgendes Verfahren vor: An die Dokumentation erstens der Befunde und zweitens der Funde schließt sich die »vergleichende Einordnung« derselben an, die sich auf zwei Ebenen vollzieht, dem intrakulturellen Vergleich und dem interkulturellen Vergleich, die sich noch nach verschiedenen Dimensionen spezifizieren lassen (siehe auch Krauße 1999; 2000). Die derart gewonnenen Ergebnisse sollen schließlich einer die antiquarische Ebene überschreitenden allgemeinen kulturtheoretischen Deutung zugeführt werden. In unserem Zusammenhang ist nun einzig der Übergang von der Dokumentation und Beschreibung zu den Vergleichsoperationen von Interesse. Krauße (1996, 20) merkt dazu an: »Der einzelne Befund erlaubt zumeist eine Unzahl verschiedener Interpretationen; durch den intrakulturellen Vergleich scheiden aber bereits die meisten Interpretationsmöglichkeiten aus, wogegen sich andere zum Verdacht erhärten und zur Formulierung von Thesen führen«. Dass von einer »Unzahl verschiedener Interpretationen« gesprochen wird, ist insofern überraschend, als die Bildung von Interpretationshypothesen in dem von Krauße vorgeschlagenen Methodenmodell gar nicht vorgesehen ist. Dennoch sind sie plötzlich vorhanden, und dies zudem in einer »Unzahl«, die es sogleich zu verringern gilt. Wie ist dieser Sachverhalt zu erklären?

Entweder ist Krauße der Ansicht, dass die Entwicklung von Interpretationshypothesen ein quasi naturwüchsiger Vorgang ist, der vielleicht Gegenstand der Psychologie, nicht aber der Forschungslogik ist und der deshalb in einer methodischen Betrachtung auch nicht behandelt werden muss. Oder er meint, dass zahlreiche Interpretationen bereits ausformuliert vorliegen, und es nur noch darauf ankommt, eine zu dem Befund passende auszuwählen; in diesem Fall wäre das Problem der Entstehung genuin neuer Hypothesen nur verschoben, denn auch die schon etablierten Hypothesen müssen ja irgendwann einmal gebildet worden sein. Wie dem auch sei, Krauße überspringt das qualitative Moment der Bestimmung des Gegenstands, das allgemein gesprochen in der Zuweisung von Prädikaten zu einer unbekannten, prädizierungsbedürftigen Sache besteht. Statt dessen beginnt Krauße sofort mit vergleichenden Verfahren.[6] Wenn, wie oben behauptet, das qualitative Moment in allen vergleichenden und statistischen Analysen notwendig enthalten sein muss, so bedeutet dies freilich auch, dass es in der Durchführung der Analyse nicht unbewältigt bleiben kann, auch wenn es nicht im Methodenbewusstsein des Forschers verankert ist und explizit bearbeitet wird. Es wäre für sich ausgesprochen instruktiv zu rekonstruieren, an welchen Stellen die qualitativen Aspekte in die Argumentation eingegangen sind.

---

6 Das Problem der Vernachlässigung des qualitativen Moments ließe sich auch an Sangmeister 1967 verdeutlichen; in diesem Text folgt gleichfalls auf den einleitenden Abschnitt mit dem Titel »Zielsetzung, Quellen, Prämissen« unmittelbar der Abschnitt »Vergleich und Analogie«.

Zur Anwendung der objektiven Hermeneutik auf archäologische Gegenstände

Im Folgenden soll dargestellt werden, wie die objektive Hermeneutik, die in ganz anderen Zusammenhängen entstanden ist, auf Gegenstände der Archäologie angewendet werden kann. Etwas schematisch lassen sich zwei Arbeitsschritte unterscheiden:

1. Arbeitsschritt

Dieser besteht in der gedankenexperimentellen Rekonstruktion der objektiven Bedeutung. Hier ist zunächst die methodologische Frage zu beantworten, was bei der Analyse materieller Kultur das funktionale Äquivalent zu den syntaktischen und semantischen Regeln sein kann, welche die Bedeutung einer sprachlichen Äußerung determinieren. Ein Kandidat zur Lösung dieses Problems ist ein pragmatistischer Bedeutungsbegriff, der Bedeutung als die möglichen sinnvollen Praxiseinbettungen eines Objekts begreift. Der Begriff eines Gegenstands ist in diesem Verständnis also identisch mit dem Begriff seiner Verwendungen in möglichen Handlungssequenzen.[7] Der erste Arbeitsschritt besteht daher in der extensiven gedankenexperimentellen Ausformulierung dessen, was man mit Max Weber die »objektiven Möglichkeiten« (Weber 1988) eines Objekts nennen könnte. Dabei ist es wichtig zu sehen, dass diese »objektiven Möglichkeiten« nicht bloß von uns, die wir uns heute damit befassen, erdachte sind, sondern sie waren auch Möglichkeiten in der vergangenen sozialen Realität. Erst nach dieser funktionalen Bestimmung ist es methodisch sinnvoll, die ästhetische Dimension zu thematisieren.

Dem nahe liegenden Einwand eines kruden Funktionalismus wäre zu entgegnen, dass funktionale und ästhetische Momente faktisch natürlich immer verschmolzen und vermittelt sind. Eine klassifikatorische Dichotomisierung von Funktionalität einerseits und Ästhetik andererseits wäre von vornherein unsinnig. Gleichzeitig mit dieser Verschmelzung existiert jedoch auch ein konstitutionslogisches Einbettungsverhältnis des Ästhetischen in das Funktionale, denn die ästhetische Gestaltung bedarf eines zu gestaltenden materialen Trägers. Freilich ist eine Brechung von Funktionsgesetzen durch ästhetische im Sinne einer bewussten Verzerrung nicht dogmatisch auszuschließen, aber eine solche Vermutung ist solange zurückzustellen, bis sie vom Material auch tatsächlich erzwungen wird.

Bei dieser Bedeutungsrekonstruktion – und dies ist erfahrungsgemäß für Archäologen besonders befremdlich – geht man rein immanent vor, d. h. man versucht in der Immanenz des Gedankenexperiments die objektive Bedeutung zu bestimmen,

---

7 »Um die Bedeutung eines Gedankens zu entwickeln, haben wir daher einfach nur zu bestimmen, welche Verhaltensweisen er erzeugt, denn was ein Gegenstand bedeutet, besteht einfach in den Verhaltensweisen, die er involviert« (Peirce 1991c, 193).

ohne dabei bereits Vor- und Kontextwissen[8] bezüglich des Gegenstands zu benutzen. Diese vorläufige Ausblendung des Kontextes folgt einer ähnlichen Logik wie die Sicherstellung der Unabhängigkeit und Zufälligkeit einer Stichprobe im Modell der statistischen Hypothesenüberprüfung: Dort ist man bestrebt, die Unabhängigkeit und Zufälligkeit einer Stichprobe zu gewährleisten, damit die Strukturiertheit der Realität, die man erschließen will, nicht unter der Hand schon verfälschend in die Stichprobenbildung selbst eingeht. Die Stichprobe ist ja nicht mit der Realität identisch, denn die Realität ist weder unabhängig noch zufällig, sondern hoch determiniert und strukturiert, und dies genau soll sich auf der Folie einer unabhängigen und zufälligen Stichprobe abbilden. Durch die Ausblendung des Kontextes soll vermieden werden, dass das Erklärungsbedürftige eines Gegenstands vorschnell dadurch normalisiert wird, dass man ihn einfach unter das etablierte Wissen subsumiert und so Fragen bezüglich des Gegenstands immer schon als beantwortet betrachtet werden, bevor diese Fragen überhaupt erst gestellt werden können. Forschungslogisch gesehen ist hierbei vor allem bedenklich, dass der neue Gegenstand so von vornherein kaum eine Chance hat, das etablierte Wissen in Frage zu stellen. Aufgrund der Fragmentiertheit des archäologischen Materials ist Vorwissen natürlich von großer Wichtigkeit, damit Lücken geschlossen werden können – problematisch ist es aber dann, wenn es dort bereits einfließt, wo es darum geht, solche Lücken überhaupt erst zu konstatieren.

Der Erläuterung bedarf die scheinbare Nähe des Konzepts der zu rekonstruierenden »objektiven Möglichkeiten« zu im weitesten Sinne postmodern, poststrukturalistisch und postprozessualistisch inspirierten Theorien, die davon ausgehen, dass es ohnehin ein hoffnungsloses Unterfangen sei, vergangene Realitäten rekonstruieren zu wollen. Aus der Not der faktischen Unentscheidbarkeit über die Geltung von Hypothesen, machen sie nicht nur keine Tugend (etwa durch die Entwicklung von Methoden, die es erlauben, die fragmentarischen Quellen maximalistisch auszuwerten), sondern im Gegenteil vergrößern sie diese Not noch dadurch, dass sie diese Unentscheidbarkeit methodologisch gutheißen. Aus der durchaus richtigen Einsicht in die prinzipielle methodische Unzugänglichkeit der Intentionen des Verfassers eines Textes bzw. des Produzenten eines Gegenstands sowie der empirisch sicher häufig festzustellenden Unvereinbarkeit der Hypothesen über ihn wird die Schlussfolgerung gezogen, dass es auf die Eindeutigkeit der Interpretation auch gar nicht ankomme und dagegen eine Pluralität gleich gültiger kreativer Neuinterpretationen

---

8 »Kontextwissen« meint das Wissen über den unmittelbaren Kontext eines Fundes, also zunächst einfach das, was in einem gegebenen Fundzusammenhang in dessen Nähe lag, aber auch die Kenntnis vergleichbarer Objekte aus anderen Fundzusammenhängen. »Vorwissen« bezeichnet das abstrakte, bewährte und kodifizierte Wissen z. B. über eine Epoche, über eine bestimmte archäologische Kultur etc.; zwischen beiden Wissensformen besteht freilich eine Kontinuität.

anzustreben sei. Die objektive Bedeutung der Sache ist dabei zwischen den nicht fassbaren Intentionen des Autors und der Beliebigkeit der Rezeption gänzlich zum Verschwinden gebracht.

Was Autor und Rezipienten sich gedacht haben, ist allenfalls dann interessant, wenn man diese Personen zum Gegenstand einer Analyse macht, und auch in diesem Fall kommt man nicht umhin, das Objekt der Produktion oder Rezeption für sich zu interpretieren, um die Angemessenheit der Vorstellungen über das Objekt beurteilen zu können. Es ist jedoch ein Irrtum zu glauben, dies könnte die Bestimmung der Sache selbst ersetzen. Eine ähnliche Missachtung der Eigenlogik der Sache kommt in der Annahme zum Ausdruck, der Archäologe rekonstruiere nicht die Vergangenheit, sondern vielmehr konstruiere er sie. Dieser Auffassung liegt eine im postmodernen Jargon verbreitete Konfundierung von Sache und deren sprachlich-zeichenhafter Repräsentation zugrunde: Die Rede von einer »Konstruktion der Vergangenheit« ist schon deshalb unsinnig, weil Vergangenheit ganz unabhängig davon stattgefunden hat, was Archäologen von ihr denken oder über sie wissen. Richtig – aber auch trivial – ist die Erkenntnis, dass Hypothesen, die den Geltungsanspruch haben, die Vergangenheit zu repräsentieren, das Ergebnis von Konstruktionsleistungen sind und sich als falsch erweisen können – dann sind sie zu verwerfen und durch bessere zu ersetzen, so dass sich über einen kontinuierlichen Erkenntnisfortschritt *in the long run* eine wahre Repräsentation der Vergangenheit ergeben kann, auch wenn diese nur die Rolle einer nicht zu erreichenden regulativen Idee übernimmt.

Die Rekonstruktion der »objektiven Möglichkeiten« ist einerseits Selbstzweck, weil sie als Bestandteil der vergangenen Realität unmittelbar zum Gegenstand selbst gehören; andererseits ist ihre Explikation methodisch auch ein Mittel, um mit geschärftem Blick den Fundzusammenhang daraufhin betrachten zu können, ob sich Hinweise darauf finden, welche dieser rekonstruierten Optionen faktisch auch realisiert wurde. In diesem Sinne steht die Pluralität der objektiven Möglichkeiten nicht im Gegensatz zu der Rekonstruktion einstiger Realitäten und ihrer Bedeutung im universalhistorischen Rationalisierungsprozess, sondern vielmehr im Dienste derselben.

Ferner steht die hier vertretene Position im Gegensatz zu diversen geisteswissenschaftlichen Theorien, die behaupten, dass der Kontext die Bedeutung eines Gegenstands oder Sachverhalts konstituiert, die daher auch nur vermittelt über den Kontext zu erschließen ist. Der Kontext ist zu verstehen als eine *Rahmung* eines Gegenstandes oder Sachverhaltes, die dessen Bedeutung zwar modifiziert, aber die Bedeutung der Rahmung als Modifikation ist nur zu begreifen, wenn die Bedeutung des Gegenstands als solche bereits bestimmt wurde. So ist die Primärbedeutung zwar ohne Kenntnis der Rahmungen zu verstehen, umgekehrt können aber nicht die Rahmungen als Rahmungen ohne vorausgehende Rekonstruktion der Primärbedeutung verstanden werden. Diese und die sie umgebenden Kontexte sind auch nicht unentwirrbar miteinander verwoben, sondern lassen sich analytisch voneinander abschichten.

Zur Veranschaulichung ein einfaches Beispiel: Die Bedeutung des Satzes »Dieser Gegenstand ist ein Tisch« ist durch sprachliche Regeln festgelegt und ganz unabhängig davon, in welchem Zusammenhang er geäußert wird. Von dieser Bedeutung sind die »pragmatischen Erfüllungsbedingungen« dieses Satzes zu unterscheiden, die Bedingungen also, die erfüllt sein müssen, damit diese Äußerung pragmatisch wohlgeformt[9] ist. Im Falle dieses Beispiels sind sie es genau dann, wenn der Sprecher auf einen Tisch oder ggf. die Abbildung eines Tisches verweist. Deutet er hingegen auf einen Stuhl, dann sind diese Bedingungen nicht erfüllt und die Äußerung ist somit pragmatisch nicht wohlgeformt – dies affiziert aber in keiner Weise die sprachliche Primärbedeutung, denn nur weil diese unabhängig ist von dem Kontext, in dem sie geäußert wurde, ist es möglich, überhaupt die Wohlgeformtheit oder Nichtwohlgeformtheit der Äußerung zu beurteilen. Im Übrigen ist schon rein sprachlich die Verwendung des Wortes »Kontext« nur dann sinnvoll, wenn man unterstellt, dass es einen Primärtext gibt, auf den der jeweilige Kontext bezogen wird.

Wichtig ist hier die Unterscheidung zwischen Rahmungsphänomenen in der zu untersuchenden Realität selbst und Text-Kontext-Relationen in der methodischen Erschließung; beide können, müssen aber nicht übereinstimmen. Methodisch ist das, was man als Text und als darauf bezogenen Kontext analysiert, zunächst unabhängig von ontologisch feststellbaren Eigenschaften der Gegenstände. Es ist eine Funktion des Erkenntnisinteresses des Forschers. Rahmungsverhältnisse in der Realität müssen natürlich berücksichtigt werden, wenn sie die zu analysierenden Gegenstände betreffen – sie sind aber nicht die Voraussetzung einer Interpretation, sondern bereits Resultat einer Interpretationsleistung. Verdeutlicht am Beispiel eines späthallstattzeitlichen Großgrabhügels, bei dem die realen Einbettungsverhältnisse besonders anschaulich sind, heißt das: Im Zentrum ist der Tote selbst, eine erste Rahmung bildet das Grabkammerinventar, eine Zweite die Grabkammer selbst, eine Dritte der Hügel mit etwaigen Nachbestattungen, eine denkbare Vierte die Gestaltung der unmittelbaren Hügelumgebung etc. Von seinen Forschungsinteressen ist es nun abhängig, was für den Archäologen Text und was Kontext ist. Verfasst er beispielsweise eine Arbeit über die Konstruktion von Grabkammern in der Späthallstattzeit, dann ist die Grabkammer sein Text und auf diese bezogen sowohl die Anlage der Hügelschüttung wie auch die Objekte in der Grabkammer Kontext. Macht er hingegen den Grabhügel als solchen zum Gegenstand, ist es natürlich zweckmäßig, dass sich die Analyse den realen Einbettungsverhältnissen anschmiegt.

---

9 Wohlgeformtheit ist nicht gleich bedeutend mit Sinnhaftigkeit: Auch ein nicht wohlgeformter, eine Pathologie zum Ausdruck bringender Sprechakt ist natürlich sinnhaft; nur deshalb lässt sich eine Pathologie als objektives Sinngebilde rekonstruieren.

Durch dieses rein immanente Verfahren gewinnt man in diesem ersten Arbeitsschritt einen »Verzweigungsbaum« möglicher Deutungen und deren Implikationen; jeder Pfad (oder, um bei der Baum-Metapher zu bleiben, jede Verästelung) repräsentiert also eine in sich schlüssige Ableitung, ohne dass es in dieser Phase der Analyse möglich wäre, zu entscheiden, was tatsächlich der Fall ist.

2. *Arbeitsschritt*
Erst wenn dieser »Verzweigungsbaum« erstellt ist, ist er in Abgleich zu bringen mit dem tatsächlich gegebenen Kontext oder, wie es oben genannt wurde, den diversen Rahmungen; Ziel ist es jetzt, den Verzweigungsbaum zu »entasten«, möglichst viele Hypothesen auszuschließen, so dass idealiter nur ein Pfad übrig bleibt. Nun kann man fragen, ob denn die in die Erstellung des »Verzweigungsbaumes« investierte Zeit und Mühewaltung nicht vergeblich war – sie war es nicht, denn das, was der Fall ist, konturiert sich nur vor der Folie dessen, was nicht der Fall ist, aber der Fall sein könnte.

Exkurs zur Abduktion

Mit dem amerikanischen Pragmatisten Charles Sanders Peirce könnte man den ersten Arbeitsschritt als »abduktiv« bezeichnen; der Begriff der Abduktion soll kurz exkursartig beleuchtet werden. In seiner Theorie der Abduktion hat Peirce den Versuch einer begrifflichen Klärung des qualitativen oder hermeneutischen Moments der Bildung von Hypothesen und seiner Abgrenzung von den logischen Schlussverfahren der Induktion und der Deduktion unternommen. Ein induktiver Schluss schließt vermittels zweier Untersätze wie: »Dieser Merkmalsträger ist ein Schwan« und »Dieser Merkmalsträger hat das Merkmal weiß« auf eine allgemeine Regel der Form: »Alle Merkmalsträger, die Schwäne sind, haben das Merkmal weiß«. Diese Regel enthält bereits eine Behauptung über eine empirische Häufigkeitsverteilung, nämlich die Farbe *aller* Schwäne. Die Abduktion dagegen erschließt überhaupt erst einmal einen möglichen Zusammenhang, ohne irgendetwas über quantitative Verteilungen auszusagen. Bezogen auf das Schwanbeispiel müsste der abduktive Schluss etwa lauten: »Es gibt einen relevanten, nicht zufälligen Zusammenhang zwischen dem Merkmalsträger ›Schwan‹ und dem Merkmal ›weiß‹«. Die Abduktion erweist sich somit als notwendiger Bestandteil der Induktion, der in dieser aufgehoben ist, sich aber von ihr gleichwohl analytisch trennen lässt.[10] Als Erschließung möglicher

---

[10] Das Phänomen der Abduktion hat Peirce über Jahrzehnte beschäftigt, und leider gibt es in seinem Werk keine definitive Fassung einer Theorie der Abduktion. So ist zum Beispiel ein Problem, dass sich die Abduktion nicht formalisieren lässt im Sinne des syllogistischen Schemas; Peirce hat dies in seinen frühen Schriften zur Abduktion (Peirce 1991d) zwar versucht, aber die einzig mögliche Konstellation, nämlich mit der Regel (»Alle Merkmalsträger, die Schwäne sind, haben das Merkmal weiß«) und dem Resultat (»Dieser Merkmalsträger hat

Zusammenhänge ist die Abduktion *die* basale, unserer Erfahrung etwas genuin Neues hinzufügende und überhaupt Erfahrung konstituierende Erkenntnisoperation. Dagegen ist die Induktion nur eine empirische Generalisierung der Erkenntnis, die wir einer Abduktion verdanken: »Abduktion ist der Prozess, eine erklärende Hypothese zu bilden. Es ist die einzige logische Operation, die irgendeine neue Idee einführt; denn Induktion determiniert nur einen Wert und Deduktion entwickelt nur die notwendigen Folgen aus einer reinen Hypothese. Deduktion beweist, daß etwas sein *muß*; Induktion zeigt, daß etwas *tatsächlich* wirkt; Abduktion legt nur nahe, dass etwas *sein kann*« (Peirce 1991e, 115). Zu unterscheiden ist dabei zwischen starken Formen der Abduktion (bei denen originär ein neues Prädikat bezüglich eines deutungsbedürftigen Gegenstands entwickelt werden muss) und schwachen Formen (bei denen schon vorhandene Prädikate diesem nur zugeordnet werden).

Als alltagspraktisch handelnde Subjekte müssen wir typischerweise dann abduzieren, wenn wir etwas uns Unbekanntes erschließen müssen, wenn wir ein uns neues Problem zu lösen haben und nicht auf bewährte Handlungsroutinen zurückgreifen können. Dabei müssen wir notwendig abkürzend vorgehen, wir haben keine Zeit, in Muße ausführliche Gedankenexperimente anzustellen, weil wir unter den Imperativen des praktischen Handlungsdrucks stehen.[11] So bezeichnet Abduktion einmal einen naturwüchsigen Erschließungsvorgang und zum anderen ein Moment eines diesen forschungslogisch in Regie nehmenden methodisch angeleiteten Erkenntnisprozesses, in dem handlungsentlastet und in Muße die rationale Geltungsbegründung von aus bloßen unmittelbaren Einfällen gebildeten Hypothesen erarbeitet wird.

Von einer systematischen methodologischen Begründung der Abduktion aus wäre die forschungsgeschichtlich unselige Trennung der Erfahrungswissenschaften in Naturwissenschaften einerseits und Kultur- und Geisteswissenschaften andererseits zu kritisieren sowie die Trennung der diesen jeweilig zugeordneten Erkenntnisarten in nomologisch-erklärende und hermeneutisch-verstehende. Über dieser Unterscheidung, die zweifelsohne ihre Berechtigung hat, werden notorisch die Gemeinsamkeiten übersehen, vor deren Hintergrund erst die Thematisierung der Unterschiede aufschlussreich ist. Eine grundlegende Gemeinsamkeit der Geisteswissenschaften, deren Gegenstände sinnstrukturiert sind, und der Naturwissenschaften, die es mit kausal oder systemisch regulierten Objekten zu tun haben, besteht trotz dieser sehr unterschiedlichen Verfasstheit ihrer Gegenstandsbereiche im abduktiven

---

das Merkmal weiß«) auf den Fall (»Dieser Merkmalsträger ist ein Schwan«) zu schließen, beleuchtet zwar das Hypothetisch-Riskante der Abduktion, ist aber unkräftig hinsichtlich der Erschließung von Neuem, da dies ja als Moment bereits in der ersten Prämisse enthalten ist. Insofern ist die Rede von einem abduktiven Schluss nicht unproblematisch.

11 Am ehesten verfahren wir so bei einem bestimmten Typus der Entscheidungskrise, bei der uns noch ein Moratorium gegeben ist wie beispielsweise bei einer Wohnungssuche, wenn verschiedene Angebote vorliegen und man gedankenexperimentell die möglichen Handlungsfolgen der verschiedenen Entscheidungsoptionen entwirft.

Schließen. In diesem Verständnis stehen sich hermeneutische und deduktiv-nomologische Verfahren auch nicht einfach nur dichotom gegenüber, sondern das Abduktive oder Hermeneutische ist das Umfassendere in dem Sinne, dass das, was selbst nicht hermeneutisch verfasst ist, in dieses trotzdem eingebettet ist.

Forschungslogische Konsequenzen

Dass in der methodologisch-forschungslogischen Literatur das Problem der Hypothesenbildung traditionell vernachlässigt wird, liegt wesentlich daran, dass dieser Komplex pauschal als methodisch unerheblich und als höchstens psychologisch von Belang betrachtet wird. So schreibt beispielsweise K. Popper (1989, 6) in der »Logik der Forschung«: »An der Frage, wie es vor sich geht, daß jemandem etwas Neues einfällt – sei es nun ein musikalisches Thema, ein dramatischer Konflikt oder eine wissenschaftliche Theorie –, hat wohl die empirische Psychologie Interesse, nicht aber die Erkenntnislogik. Diese interessiert sich nicht für *Tatsachenfragen* [...], sondern nur für *Geltungsfragen* [...].« Hier gilt es jedoch zu differenzieren: Richtig ist daran, dass die Frage, wie es dazu kommt, dass jemand einen Einfall hat, der zu einer Hypothese führt, methodisch unwesentlich ist. Hier sind alle Praktiken – Lektüre, Reisen, Museumsbesuche, freies Assoziieren, Experimente, Hinzuziehen von Analogien, statistische Verfahren etc. – erlaubt, die das Zustandekommen von Einfällen erleichtern. Kritik im Sinne der Logik des besseren Arguments ist bei diesen Praktiken unangemessen, über ihre Tauglichkeit entscheidet einzig ihr Ertrag.

Scharf davon zu trennen ist aber zum einen die abduktive Phase des Erkenntnisprozesses, die mit dem ersten Auftreten eines Einfalls beginnt, der sich entweder systematisch begründen und in eine gültige Interpretationshypothese transformieren lässt oder aber verworfen werden muss. Dieser Transformationsprozess vollzieht sich bereits in der Logik des besseren Arguments und gehört daher zum Gegenstandsbereich der Erkenntnislogik. Diese immanente Phase ist auch »immanent« zu kritisieren, d. h. bezüglich der Schlüssigkeit der Interpretationen und ihrer Implikationen. Folgenlos und unerheblich ist hier Kritik, die diese Immanenz des Gedankenexperiments durch das Einbeziehen von Kontextwissen empiristisch unterläuft.

Zum anderen sind die Techniken zur Produktion von Einfällen von der sich an die Hypothesenbildung anschließenden Konfrontation der Interpretationen mit dem empirischen Material abzugrenzen. Der abduktive Teil liegt also genau zwischen den beiden Bereichen, in denen die Verwendung von Vorwissen, von Analogien und statistischen Verfahren sowie die Durchführung von Experimenten von Bedeutung ist: in dem Bereich der »Inspiration« für Einfälle und dem der Überprüfung schon gebildeter Interpretationshypothesen. Ist also das Wissen um die Abduktion als eines eigenlogischen, nicht auf anderes zu reduzierenden Bestandteils des Erschließungsprozesses auf der Ebene des Methodenbewusstseins verankert, so hat dies auch den Effekt, dass diese beiden Bereiche der Einbeziehung von Kontextwissen sich klar von einander separieren lassen. Denn es ist ja auch hier keine ontologische Eigenschaft der Gegenstände oder der Verfahren, ob sie den Anlass zu einem Einfall bilden oder aber zur Hypothesenüberprüfung herangezogen werden.[12]

Diese Differenzierung ist methodisch außerordentlich folgenreich. Wenn oben gesagt wurde, dass »alles erlaubt« ist, was die Produktion von Einfällen befördert, so bedeutet dies, dass man in diesem Stadium völlig unbekümmert statistische Verfahren ausprobieren kann, auch wenn sie (z. B. aufgrund des Skalenniveaus) mathematisch korrekt gar nicht angewandt werden dürften, sofern man nur die Vermutung hat, dass sie einem dabei behilflich sind, im Material auf mögliche Zusammenhänge aufmerksam zu werden, die einem sonst entgangen wären und aus denen sich vielleicht eine Hypothese entwickeln lässt. Ganz anders aber ist bei der Überprüfung ausformulierter Hypothesen vermittels statistischer Verfahren vorzugehen: Hier muss man methodisch außerordentlich streng und um peinliche Einhaltung der mathematischen Beschränkungen bemüht sein. Ein Gleiches gilt für Experimente, denn auch diese kann man durchführen, um auf Ideen zu kommen, oder aber um Hypothesen gezielt zu testen, und natürlich für das weite Feld der Analogien.

Zur Inspiration ist alles an Analogien zuzulassen, was die Imagination zu beflügeln vermag, will man jedoch Analogien heranziehen, um Hypothesen zu überprüfen, ist man genötigt, die Vergleichbarkeit des zueinander in Beziehung Gesetzten zu gewährleisten. Im Verständnis der Methode der objektiven Hermeneutik, für deren theoretische Begründung die Annahme kultureller Universalien zentral ist, können prinzipiell Analogien aus allen Kulturen, gegenwärtig existenten wie vergangenen, herangezogen werden. Ohne dass an dieser Stelle das Konzept der kulturellen Universalien ausführlich diskutiert werden kann, sind zumindest einige Hinweise zum Verständnis der hier behandelten Analogieproblematik unerlässlich: Kulturelle Universalien, die sich historisch konkret in sehr unterschiedlicher Weise manifestieren können, sind schon deshalb zu unterstellen, weil es universelle Handlungsprobleme gibt. Neben der beim Menschen kulturell überformten Sicherung der materiellen Reproduktion sind (ohne den Anspruch auf Vollständigkeit) die folgenden universellen Funktionsbereiche des Gemeinschaftshandelns zu nennen: Herstellung und Aufrechterhaltung von Gerechtigkeit; Regelung der Frage, wer wen heiratet; Sozialisation von Nachwuchs; Regelung des Übergangs zum Erwachsensein; Umgang mit Krankheit und dramatischen außeralltäglichen Krisen; Verabschiedung und Bestattung der Toten etc. Die Dialektik von Universalität und Historizität lässt sich besonders anschaulich am Phänomen des Mythos verdeutlichen, dessen universelle Funktion in der Beantwortung der Frage nach Herkunft, Identität und Zukunft

---

12 Nimmt man von hier aus noch einmal Bezug auf die oben zitierte Sequenz aus Krauße 1996 (»[...] durch den intrakulturellen Vergleich scheiden aber bereits die meisten Interpretationsmöglichkeiten aus [...]«, so zeigt sich, dass Krauße eben gerade nicht Vergleiche bemüht, um überhaupt erst auf Kandidaten für Interpretationen zu kommen, sondern er verwendet Vergleiche, um von vornherein diese zu eliminieren.

einer Gemeinschaft besteht. Diese Antwort muss aber je eine spezifische und partikulare, die Einzigartigkeit und Unverwechselbarkeit einer konkreten Gemeinschaft im Unterschied zu anderen manifestierende sein. Mittelbar ist auch die Universalität der Naturgesetze für die Heranziehung von Analogien von Bedeutung, denn die Funktionalität von Werkzeugen liegt wesentlich in der Anlehnung an und der Ausnutzung von naturgesetzlichen Gegebenheiten, und insofern werden gleichartige Handlungsprobleme auch strukturell vergleichbare Problemlösungen evoziert haben. Um gezielt Analogien zur Hypothesenüberprüfung aufsuchen zu können, ist eine an dem erklärungsbedürftigen Fall selbst ausgearbeitete präzise Fragestellung unerlässlich, denn das bloße Vorliegen einer Analogie, die zwei Gegenstände zueinander in Relation setzt, erklärt aus sich heraus gar nichts. Viel von der Verwirrung, die in der betreffenden Literatur herrscht, ließe sich m. E. bereinigen, wenn die genannten Ebenen in der beschriebenen Weise analytisch getrennt würden.

Zur Generalisierbarkeit von Fallrekonstruktionen

Ein typischer Einwand gegen fallrekonstruktive Verfahren besteht in der Behauptung, dass solche Analysen aufgrund ihrer zeitintensiven Ausführlichkeit faktisch nicht oder nur sehr begrenzt durchführbar seien. Hier ist vor allem die Unterstellung zu korrigieren, man müsse bei jedem Objekt gewissermaßen wieder bei null beginnen und alles schon Erschlossene wieder ausschließen. Diese »*Tabula rasa*«-Vorstellung ist natürlich unsinnig – selbstverständlich verfährt die Rekonstruktion kumulativ: Ist der Analysegegenstand beispielsweise ein Gräberfeld, so ist es zweckmäßig, vor der Analyse der einzelnen Gräber erst einmal ein Protokoll ihrer Anordnung zueinander zu untersuchen und auszudeuten; untersucht man dann die Gräber für sich, wird man bei dem Ersten kontextfrei und mit der gebotenen Ausführlichkeit vorgehen, das Nächste kann dann bereits auf das Erschlossene bezogen werden, d. h. es ist schon auf Gemeinsamkeiten mit und Differenzen zu dem zuvor analysierten hin zu untersuchen.[13] Dabei muss es aber prinzipiell jederzeit möglich sein, bei gegebenem Anlass wieder auf die elementare, kontextfreie Analyseebene zurückzugehen. Wenn sich die einmal erschlossene Struktur bei der Untersuchung der weiteren Gräber lediglich reproduziert, ohne dass sich neue Erkenntnisse gewinnen lassen, das Gräberfeld aber aus pragmatischen Gründen ohnehin nicht in seiner Totalität untersucht werden kann, so ist es zweckmäßig, weitere Fälle nach dem Kri-

---

[13] Das so kumulativ Erschlossene und legitim im Fortgang der Analyse zu Berücksichtigende könnte man als inneren Kontext bezeichnen, im Unterschied zu dem externen, ungeprüft von außen übernommenen.

terium des maximalen Kontrasts zu den schon analysierten auszuwählen, um so gezielt die Strukturhypothese zu erweitern oder aber mögliche Falsifikatoren für diese im Material aufzusuchen.

Doch auch wenn das Verfahren in der geschilderten Weise kumulativ ist, wird die untersuchte Fallzahl wohl oder übel weit unter der massenstatistischer Untersuchungen bleiben, so dass sich die Frage nach der Generalisierbarkeit und Repräsentativität der vermittels einer Methode wie der objektiven Hermeneutik gewonnenen Erkenntnisse stellt. Zur Repräsentativität ist anzumerken, dass wie oben ausgeführt Ausgrabungen ohnehin keine unabhängigen Stichproben aus der einstigen Realität liefern, sondern in hohem Maße selektiv und fragmentiert sind, und diese Selektivität ist durch keine noch so große Fallzahl zu kompensieren.

Der Vorwurf, aufgrund der geringen Fallzahlen seien keine Generalisierungen möglich, gilt zwar für Fall*beschreibungen*, nicht aber für Fall*rekonstruktionen*: Eine Fallbeschreibung ist eine bloße Aufzählung der Merkmalsausprägungen eines konkreten Falles,[14] eine Fallrekonstruktion dagegen erschließt die objektive Bedeutung, die als Rekonstruktion der einen Gegenstand determinierenden Funktions- und Gestaltungsgesetzlichkeiten per se eine allgemeine ist. So ist es möglich, auch nur auf der Basis eines einzelnen Falles einen allgemeinen Typus zu rekonstruieren. Anders als bei einer Subsumtion eines Gegenstands unter die Kategorien einer Klassifikation oder allgemeiner gesprochen der Zuordnung eines Elements zu einer Klasse muss bei der Fallrekonstruktion der Typus nicht vorab schon definiert sein, er wird vielmehr überhaupt erst erschlossen. Jede Fallrekonstruktion impliziert also die Bestimmung eines allgemeinen Typus und ist somit eine »Strukturgeneralisierung«[15] im Unterschied zu der empirischen Generalisierung, die quantitative Verteilungen beschreibt. Die Strukturgeneralisierung ist die grundlegendere Erkenntnisoperation, denn die bei der empirischen Generalisierung zur Anwendung kommenden Klassen und Kategorien sind letztlich Resultate einer Strukturgeneralisierung; allerdings wird sie gerade nicht methodisch kontrolliert und reflektiert durchgeführt, sondern die Wahl der Kategorien ist gewöhnlich der Intuition, der Willkür und den Vorlieben des Forschers überantwortet. Auch hier gilt, dass nach der Durchführung einer einzelfallrekonstruktiven Typenbildung weitere Fälle nicht mehr mit der gleichen Ausführlichkeit analysiert werden müssen, sondern auf den schon rekonstruierten Typus zu beziehen sind.

---

14 Anders als sprachliche Analysegegenstände wie literarische Texte, Interviews, Diskussionsprotokolle etc., die sich wegen ihrer sprachlichen Verfasstheit immer schon selbst beschrieben haben, müssen Zeugnisse materieller Kultur vor der Analyse erst in eine sprachliche Beschreibung überführt werden. Insofern ist eine Fallbeschreibung die notwendige Voraussetzung einer Fallrekonstruktion.
15 Zum Begriff der Strukturgeneralisierung siehe Oevermann 1981; Oevermann/Simm 1985.

Schlussbemerkungen

Abschließend sollen drei nahe liegende Einwände behandelt werden, die sich auf die Rolle der hier sehr verkürzt dargestellten Methode der objektiven Hermeneutik im archäologischen Erkenntnisprozess beziehen.

Ein erster Einwand stützt sich auf die Behauptung, dass das hier als »Abduktion« Bezeichnete *der* erkenntnis- und erfahrungskonstitutive und daher ohnehin überall beteiligte Vorgang ist, sei es bei einer »methodenlosen«, sich auf Intuition und Erfahrungswissen stützenden Interpretation, oder auch bei einer methodisch angeleiteten, aber das abduktive Moment übergehenden Arbeitsweise. Das ist natürlich richtig, aber hier ist an die Funktion der Methode zu erinnern, die insofern eine Erleichterung darstellt, als sie das Vorgehen bei der Analyse strukturiert, vor vorschnellen Abkürzungen bewahrt und Explikationen gewissermaßen erzwingt. Die Produktion schlüssiger Deutungen ist somit nicht mehr den persönlichen Deutungsqualitäten eines Interpretationsvirtuosen überantwortet, sondern ein prinzipiell von jedermann zu erlernendes Handwerk, dessen Resultate intersubjektiv nachvollziehbar und kritisierbar sind.

Zweitens wird unterstellt, dass die methodische Ausblendung von Vor- und Kontextwissen doch letztlich Trickserei sei, denn die zu analysierenden Protokolle seien ja Publikationen entnommen, und es sei doch wenig glaubhaft, wenn behauptet würde, dass all das, was dort über den Gegenstand zu erfahren ist, nicht zur Kenntnis genommen worden wäre. Dieser häufig geäußerte Vorwurf ist eine interessante Bestätigung des Vorherrschens eines methodenlosen, intuitiven Interpretierens in der Archäologie, denn die Intuition und das Erfahrungswissen, die unter der Bedingung des Fehlens einer expliziten Interpretationsmethode als Geltungsquellen für Deutungen dienen, sind natürlich nicht losgelöst von der konkreten Person des jeweiligen Forschers denkbar. In dem hier vertretenen Methodenmodell ist das Vorwissen, über das man als konkrete Person verfügt, methodisch unerheblich – entscheidend ist allein, dass kein Vorwissen in die gedankenexperimentelle Rekonstruktion eingeht und die immanente Schlüssigkeit der Ableitung trübt, die aufgrund ihrer Explizitheit intersubjektiv nachprüfbar ist.

Schließlich wenden Archäologen drittens häufig ein, dass sie unzählige deutungsbedürftige Gegenstände beschaffen könnten, bei denen allein wegen der starken Fragmentierung eine rein immanente Interpretation *a priori* nicht durchführbar sei, und man deshalb zwangsläufig Vergleichsobjekte einbeziehen müsse. Das ist zweifelsohne zutreffend, wäre aber nur dann ein Einwand, wenn man den gesamten Erkenntnisprozess auf die immanente kontextfreie Rekonstruktion verkürzen würde. Bietet sich dieser tatsächlich keine »Angriffsfläche«, muss man pragmatisch versuchen, durch behutsame Einbeziehung von Kontext oder Vergleichsobjekten voranzukommen, was methodisch aber immer schon *second best* ist. Selbstverständlich kann ein Verfahren wie das hier vorgestellte nicht den etablierten Kanon vergleichender und statistischer Methoden ersetzen – es kann höchstens eine Ergänzung sein, allerdings eine Ergänzung an einem im Deutungsprozess entscheidenden, weil weichenstellenden Punkt.

Literaturverzeichnis

Adorno 1972: T. W. Adorno, Einleitung zum »Positivismusstreit in der deutschen Soziologie«. In: Ders., Gesammelte Schriften 8. Soziologische Schriften 1. Frankfurt: Suhrkamp 1972, 280-353.
Adorno 1990: Ders., Negative Dialektik. Gesammelte Schriften 6, ^{4}1990, 7-412.
Hegel 1986: G. W. F. Hegel, Wissenschaft der Logik. Erster Band. Die objektive Logik. Erstes Buch. Das Sein. Hamburg: Meiner 1986 [Erstausgabe: Nürnberg 1812].
Gramsch 2000: A. Gramsch (Hrsg.), Vergleichen als archäologische Methode. Analogien in der Archäologie. Mit Beiträgen einer Tagung der Arbeitsgemeinschaft Theorie (T-AG) und einer kommentierten Bibliographie. BAR International Ser. 825 Oxford: Archaeopress 2000.
Krauße 1996: D. Krauße, Hochdorf III. Das Trink- und Speiseservice aus dem späthallstattzeitlichen Fürstengrab von Eberdingen-Hochdorf (Kr. Ludwigsburg). Stuttgart: Theiss 1996.
Krauße 1999: Ders., Der ›Keltenfürst‹ von Hochdorf: Dorfältester oder Sakralfürst? Anspruch und Wirklichkeit der sog. kulturanthropologischen Hallstatt-Archäologie. Arch. Korrbl. 29, 1999, 339-358.
Krauße 2000: Ders., Intra- und interkulturelle Vergleichsverfahren in der Hallstatt-Archäologie. In: Gramsch 2000, 119-130.
Oevermann 1979[*]: U. Oevermann, Sozialisationstheorie. Ansätze zu einer soziologischen Sozialisationstheorie und ihre Konsequenzen für die allgemeine soziologische Analyse. In: G. Lüschen (Hrsg.), Deutsche Soziologie seit 1945. Entwicklungsrichtungen und Praxisbezug. Kölner Zeitschrift für Soziologie und Sozialpsychologie 21. Sonderh. 1979, 143-168.
Oevermann 1981: Ders., Fallrekonstruktion und Strukturgeneralisierung als Beitrag der objektiven Hermeneutik zur soziologisch-strukturtheoretischen Analyse. Unveröffentlichtes Manuskript 1981.
Oevermann 1983: Ders., Zur Sache. Die Bedeutung von Adornos methodologischem Selbstverständnis zur Begründung einer materialen soziologischen Strukturanalyse. In: L. v. Friedeburg/J. Habermas (Hrsg.), Adorno-Konferenz 1983, Frankfurt a. M.: Suhrkamp 1983, 234-289.
Oevermann 1991: Ders., Genetischer Strukturalismus und das sozialwissenschaftliche Problem der Erklärung der Entstehung des Neuen: In: St. Müller-Doohm, Jenseits der Utopie. Frankfurt am Main: Suhrkamp 1991, 167-336.
Oevermann 1993: Ders., Die objektive Hermeneutik als unverzichtbare Grundlage für die Analyse von Subjektivität. Zugleich eine Kritik der Tiefenhermeneutik. In: Th. Jung/St. Müller-Doohm, »Wirklichkeit« im Deutungsprozeß. Verstehen und Methoden in den Kultur- und Sozialwissenschaften. Frankfurt am Main: Suhrkamp 1993, 106-189.

[*] Ausführliche Bibliographie der Schriften von Oevermann auf der Internetseite der »Arbeitsgemeinschaft objektive Hermeneutik e. V.«: http://www.rz.uni-frankfurt.de/~hermeneu. Dort kann auch eine Auswahl der unpublizierten Manuskripte eingesehen werden.

Oevermann et al. 1976: U. Oevermann/T. Allert/H. Gripp/E. Konau/J. Krambeck/E. Schröder-Caesar/Y. Schütze, Beobachtungen zur Struktur der sozialisatorischen Interaktion. Theoretische und methodologische Fragen der Sozialisationsforschung. In: M. Auwärter/ E. Kirsch/M. Schröter (Hrsg.), Seminar: Kommunikation, Interaktion, Identität. Frankfurt a. M.: Suhrkamp 1976, 371-403.

Oevermann et al. 1979: U. Oevermann/T. Allert/E. Konau/J. Krambeck, Die Methodologie einer ›objektiven Hermeneutik‹ und ihre allgemeine forschungslogische Bedeutung in den Sozialwissenschaften. In: H.-G. Soeffner (Hrsg.), Interpretative Verfahren in den Sozial- und Textwissenschaften. Stuttgart: Metzler 1979, 352-434.

Oevermann/Simm 1985: U. Oevermann/A. Simm: Zum Problem der Perseveranz in Delikttyp und modus operandi. Spurentext-Auslegung, Tätertyp-Rekonstruktion und die Strukturlogik kriminalistischer Ermittlungspraxis. Zugleich eine Umformung der Perseveranzhypothese aus soziologisch-strukturanalytischer Sicht. BKA Forschungsreihe 17, 1985, 129-437.

Peirce 1991a: Ch. S. Peirce, Schriften zum Pragmatismus und Pragmatizismus. Frankfurt am Main: Suhrkamp 1991.

Peirce 1991b: Ders., Die Festlegung einer Überzeugung. In: Peirce 1991a, 149-181.

Peirce 1991c: Ders., Wie unsere Ideen zu klären sind. In: Peirce 1991a, 182-214.

Peirce 1991d: Ders., Deduktion, Induktion und Hypothese. In: Peirce 1991b, 229-250.

Peirce 1991e: Ders., Vorlesungen über Pragmatismus. Hamburg: Meiner 1991.

Sangmeister 1967: E. Sangmeister, Methoden der Urgeschichtswissenschaft. Saeculum 18, 1967, 199-244.

Popper 1989: K. Popper, Logik der Forschung. Tübingen: J. C. B. Mohr (Paul Siebeck) ^{9}1989.

Weber 1906: M. Weber, Kritische Studien auf dem Gebiet der kulturwissenschaftlichen Logik. I. Zur Auseinandersetzung mit Eduard Meyer. II. Objektive Möglichkeit und adäquate Verursachung in der historischen Kausalbetrachtung. In: M. Weber, Gesammelte Schriften zur Wissenschaftslehre. Tübingen: J. C. B. Mohr (Paul Siebeck) ^{7}1988, 215-290.

Nils Müller-Scheeßel

Von der Zeichenhaftigkeit archäologischer Ausstellungen und Museen*

ZUSAMMENFASSUNG: Ausgehend von der Prämisse, dass materielle Kultur keine Sprache im eigentlichen Sinne darstellt, wird untersucht, inwiefern zumindest archäologische Ausstellungen und Museen als in sich geschlossene, kohärente Zeichensysteme gedeutet werden könnten. Es zeigt sich, dass man Ausstellungen als ein System in sich verschränkter Codes auffassen kann, die über eine Signifikationskette miteinander verbunden sind. Unterstes relevantes Element stellen dabei die archäologischen Objekte dar. Die Bedeutung des einzelnen Objektes lässt sich als zwischen den beiden Polen Index/Metonymie und Ikon/Metapher liegend beschreiben. Mit diesen Begriffen kann man allerdings auch die Verbindung zwischen den Objekten fassen. Bei metaphorischen Ausstellungsensembles wird dabei das äußere Erscheinungsbild der Objekte betont, während bei dem metonymischen Prinzip die inhaltlichen Bezüge der Objekte im Vordergrund stehen. Mischformen stellen »typologische« und »rekonstruierende« Ausstellungseinheiten dar, die sowohl indexikalische wie ikonische Merkmale aufweisen. Eine strikte chronologische Auffassung dieser Klassifizierung ist problematisch, auch wenn Tendenzen zu erkennen sind. Inwieweit allerdings das Aufkommen neuartiger Ausstellungsgestaltungen mit Veränderungen im archäologischen Diskurs zusammenhängt, kann an dieser Stelle nicht geklärt werden. Abschließend wird anhand eines Beispiels gezeigt, dass Ausstellungen strukturelle Probleme in der archäologischen Argumentationspraxis aufzeigen können, die bis heute fortbestehen.

Semiotik

Materielle Kultur[1] ist kein Text; und es ist genauso wenig sinnvoll, materielle Kultur als »Sprache« zu bezeichnen, wie es verschiedentlich geschehen ist.[2] Andererseits kann kein Zweifel daran bestehen, dass »die Objekte als Kommunikationstatbestände [...] zum Bereich der Semiotik« gehören (Eco 1994, 24). Unterschiede zu

---

* Auf der Tübinger Tagung hielt ich einen Vortrag mit dem ambitionierten Titel »Die Materialität materieller Kultur und ihr Einfluss auf Theorien und Methoden«. Ihm lag eine Idee von dem Einfluss archäologischer Ausstellungen auf die Theoriebildung des 19. Jahrhunderts zugrunde, die sich aber nicht ausreichend konkretisieren ließ; der darauf basierende Vortrag brachte mir stattdessen einige berechtigte Kritik ein. Der vorliegende Text ist ein Versuch, von der Idee wenigstens Teile zu konservieren. Ich danke den Organisatoren der Tagung für die Einladung und dem Herausgeber-Team und unter diesen speziell Herrn Veit für seine Nachsicht.

1   An dieser Stelle wird ein sehr weit gefasster Begriff von »materieller Kultur« und »Objekt« bevorzugt, wie ihn J. Deetz (1977, 24 f.) formuliert hat: »Material culture is that sector of our physical environment that we modify through culturally determined behavior.«

2   Zur Kritik an der Behandlung materieller Kultur als Text bzw. Sprache siehe z. B. Eco 1994, 197; 231 ff.; Gell 1998, 164 f.; Flaig 1999, 41 ff.

sprachlichen Zeichensystemen bestehen in dem Fehlen der doppelten Gliederung von Sprache (ebd. 197; 235 f.), der Unfähigkeit, Negationen, Tempora oder Modi auszudrücken, überhaupt auf einer Metaebene zu kommunizieren und die Elemente, d. h. die Objekte selbst, sequentiell zu kombinieren (Habermas 1999, 195). Andererseits zeichnen sich Objekte dadurch aus, dass bei ihnen zwischen Zeichen und Bezeichnetem eine nicht-arbiträre Beziehung herrscht, da jedes Objekt bereits durch seine Existenz zum Zeichen seiner Funktion wird (Barthes 1979, 35 f.; 1988, 197). Objekte sind potentiell bedeutungsoffener und weniger leicht in Frage zu stellen. Durch ihre Konkretizität sind mit ihnen Mitteilungen über die Zeit hinweg möglich, und ihren jeweiligen, abstrakteren Referenzgegenständen (d. h. ihrem Signifikat) wird Gestalt und Dauer verliehen. Schließlich besitzen sie die Fähigkeit, selbst einander widersprechende Aussagen zu integrieren (Habermas 1999, 195).[3]

Während also im alltäglichen Umgang einerseits Vieldeutigkeit, andererseits Banalität wesentliche Kennzeichen von Objekten sind, liegt die Sachlage in nicht-alltäglichen Situationen möglicherweise anders. Eine solche Situation, die auch Einblicke in den wissenschaftlichen Umgang mit der Bedeutungs- und Gestaltungsvielfalt archäologischer Objekte gibt, liegt sicherlich bei Museen und Ausstellungen[4] vor. In Bezug auf museale Präsentationen kann mit guten Gründen argumentiert werden, dass hier am ehesten versucht wird, mit Hilfe von Objekten eine Struktur herzustellen, die gewissen syntaktischen Regeln gehorcht, die die Vieldeutigkeit der Dinge bändigt und in gewisse Bahnen lenkt. Auch wenn man das Ergebnis vielleicht nicht »Sprache« nennen sollte, lässt sich eine Ausstellung durchaus als ein Ort betrachten, an dem eine engere semantische Verknüpfung zwischen den Objekten hergestellt wird, als sie im Alltagsleben üblich ist, und an dem »in sich geschlossene« Geschichten erzählt werden (Müller-Scheeßel 1999, 126 mit Literatur).

Ausstellungen umfassen zahlreiche Gestaltungselemente, die man in mehrere hierarchisch gestaffelte Ebenen gliedern kann.[5] Die innere Gliederung dieser Ebenen gehorcht bestimmten Gestaltungsprinzipien, die hier in Anlehnung an U. Eco (1994, 197 ff.) als Codes bezeichnet werden sollen. Ein grundlegendes Charakteristikum eines Codes ist, dass er sich aus Elementen eines anderen, analytischeren zusam-

---

3 Einen Überblick über die Vielfalt der hier und im folgenden verwandten semiotischen Begriffe bietet Nöth 2000.
4 Unter »Ausstellung« fasse ich im vorliegenden Zusammenhang der Einfachheit halber sowohl zeitlich eng befristete Sonder- oder Wechselausstellungen als auch über einen längeren Zeitraum aufgestellte Dauerausstellungen bzw. Schausammlungen, auch wenn die Möglichkeiten und Begrenzungen bei beiden etwas unterschiedlich gelagert sind.
5 Im Folgenden geht es nicht um eine praktische Anleitung zur Ausstellungsgestaltung. Dafür gibt es einschlägige Leitfäden (z. B. Dean 1994; Pöhlmann 1988), die aber leider die semiotische Seite des Ausstellens materieller Kultur weitgehend vernachlässigen. Siehe aber z. B. Heinisch 1988; Hooper-Greenhill 1991; Pearce 1990, 143 ff.; 1992, 166 ff.; 1995; Pomian 1988, 50 ff. 84 ff.; Schärer 1992; Šurdič 1990; Taborsky 1990; Waidacher 1996, 173 ff. 249 ff. mit weiterer Literatur.

mensetzen kann: Der Endpunkt eines Codes kann zum kombinierbaren Zeichen eines anderen, synthetischeren werden und umgekehrt. Diese Eigenschaft erlaubt es, die in einer Ausstellung wirksamen Codes miteinander zu verschränken. Unter einem solchen semiotischen Gesichtspunkt kann man eine Ausstellung nach Eco als Ganzes auch als ikonischen Code betrachten. Als dessen wesentliches Kennzeichen hebt Eco die Variabilität der Gliederungsebenen hervor: Diese Eigenschaft führe dazu, dass ein ikonischer Code sich schwer bis überhaupt nicht verbindlich festlegen lasse und sich häufig schon in ein und derselben Aussage bzw. Aussagenebene verändere (ebd. 236 ff.). Genau diese Eigenschaft findet man auch bei Ausstellungen und Museen. Wenn im Folgenden eine relativ streng hierarchisch geordnete Gliederung der Ausstellungscodes präsentiert wird, so ist dies daher nur modellhaft zu verstehen. Im komplexen Zusammenspiel der einzelnen Ausstellungselemente ist dagegen zu erwarten, dass in einzelnen Ausstellungsteilen manche Ebenen ganz fehlen, in anderen mögen sich die Codes gar vertauschen. Schließlich ist zu bedenken, dass die folgenden Ausführungen insbesondere archäologische Objekte und ihre Ausstellung im Blick haben; manches wird sich in Hinsicht auf andere Ausstellungstypen sicherlich zwanglos verallgemeinern lassen, anderes wird aber vermutlich größere Schwierigkeiten bereiten und eventuell eine feinere oder andere Gliederung nötig machen.

Lässt man diese Bedenken beiseite, so lassen sich vereinfachend in einer Ausstellung vier grundsätzliche Ebenen trennen: Zunächst einmal sind da die ausgestellten Objekte selbst (1. Ebene).[6] Diese sind zu Ensembles zusammengefasst, die unter Umständen auch nur ein einziges Objekt umfassen können. In der Sprache des Codes lassen sich die Objekte als Zeichen (Seme) bzw. Aussagen begreifen (ebd. 236), deren Signifikate sich ein Ensemble als Signifikant bedient, um durch ihre Kombination komplexere Aussagen zu schaffen (2. Ebene). Mit Hilfe der Verknüpfung mit weiteren ausstellungsspezifischen Codes, die etwa Licht, Text oder graphische Komponenten als konstitutive Elemente umfassen, lassen sich die so neu erreichten Signifikate weiter variieren (3. Ebene), um schließlich wiederum als Zeichen des Codes der Ausstellungstopographie insgesamt zu wirken (4. Ebene).

Es sollte deutlich geworden sein, dass in einer Ausstellung der Prozess der Bedeutungsgenerierung sehr komplex ist. Er wird dadurch noch komplizierter, dass neben der notorischen Vieldeutigkeit materieller Objekte an der Zuschreibung von Bedeutung, dem Signifikationsprozess, wenigstens zwei Seiten beteiligt sind: nämlich der Kurator[7] und sein Publikum. Dabei ist es unumgänglich, dass die ausgestellten

---

6 Die Bezeichnung »ausgestelltes Objekt« wird hier bewusst lose und wenig genau eingesetzt, um alle Exponate von der Aale bis zur Zylinderhalsschüssel umfassen zu können. Letztendlich setzen sich die Objekte selbstverständlich aus weiteren Elementen zusammen, die aber in den Bereich der Wahrnehmungscodes gehören (Eco 1994, 246) und deshalb hier nicht von Belang sind.

7 Hierbei kann es sich natürlich auch um ein Team handeln, das die Ausstellung gemeinschaftlich zusammenstellt. Im Folgenden ist diese Möglichkeit immer mitgemeint, wenn von »Kura-

Objekte auch andere Botschaften mitteilen als die in der Konzeption des Kurators zunächst beabsichtigten. Vor allem haben Objekte die Tendenz, sich unabhängig von dem sie umgebenden Kontext stärker als beispielsweise einzelne Wörter in einem Satz in den Vordergrund zu drängen. So mag den Besucher auch gegen das erklärte Ziel des Kurators besonders die vom Objekt denotierte oder konnotierte Funktion gefangen nehmen.[8] Insofern ist es nicht verwunderlich, dass Ausstellungen reichlich Stoff für semiotische Auslegungen bieten. Während konstruktive Darstellungen der Ausstellungsgestaltung sich meist einzig mit technischen Fragen der Durchführung beschäftigen (s. Anm. 5), haben sich theoretische Arbeiten umgekehrt fast ausschließlich darin erschöpft, die intendierten (oder gegebenenfalls auch die nicht intendierten) Botschaften von konkreten Ausstellungen zu analysieren und teilweise heftig zu kritisieren.[9]

Hier soll es dagegen vorrangig um die Zusammensetzung der Ensembles gehen, um die Regeln, nach denen sie strukturiert sind. Im Folgenden soll vor allem geklärt werden, nach welchen Bedeutungskriterien Ausstellungsgestalter archäologische Objekte gruppieren und gruppiert haben bzw. welche Prinzipien dabei überhaupt denkbar sind. Es geht deshalb zunächst um eine formale und stark typisierende Analyse.

Semantik

Einen geeigneten Ausgangspunkt der Überlegungen stellt die Triade »Ikon – Index – Symbol« von C. S. Peirce dar, einem der Begründer der Semiotik.[10] Für Peirce stellen seine Begriffe drei Arten der Beziehung zwischen Zeichen und Objekt dar: Symbole sind für ihn konventionelle Zeichen, Indices natürliche Hinweise, die z. B. kausale Beziehungen anzeigen, und Ikone weisen auf formale Ähnlichkeiten zwischen Zeichen und Objekt hin. Konventionelle Zeichen sollen hier keine Berücksichtigung erfahren, da die symbolische Dimension von Objekten im täglichen Umgang meist keine große Rolle spielt. Das gilt auch für in Museen ausgestellte Objekte, so dass im Folgenden vor allem die »indexikalische« und »ikonische« Relation erörtert werden soll.[11]

    tor« gesprochen wird. Dies gilt im Übrigen auch für die weibliche Form, die bei allen nicht geschlechtsneutralen Bezeichnungen von Menschen oder Menschengruppen mitgedacht ist.
8 Ein solcher Effekt ist wegen der Schwäche eines nicht-sprachlichen Codes nicht zu verhindern und ist bis zu einem gewissen Grad sogar wünschenswert. Tritt er jedoch häufiger auf, spricht dies gegen die Ausstellungskonzeption; offensichtlich ist die Struktur der Ausstellung nicht geeignet, den Besucher ausreichend zu fesseln.
9 Z. B. Schalles/Gross 1979; Schmidt/Wolfram 1993; Shanks/Tilley 1987, 68–99.
10 Zu Peirce und seiner Zeichenauffassung siehe insbesondere die Beiträge von Burmeister, Jung, Kümmel und Mante in diesem Band.
11 Wenn R. Barthes' Behauptung zutrifft, dass jedes Objekt bereits durch seine Existenz zum Zeichen seiner Funktion wird (s. o.), lässt sich sogar argumentieren, dass es auf Objektebene

Betrachtet man Objekte weniger als einzelne Zeichen, sondern als komplexe Aussagen (Eco 1994, 247), so kann man Index und Ikon auch als unterschiedliche rhetorische Tropen auffassen, die unterschiedliche Aussagen in Bezug auf die konnotierte bzw. denotierte Bedeutung der Objekte zulassen. In diesem Sinne könnte man das Ikon als Metapher begreifen, d. h. als Übertragung des Begriffsinhalts eines Gegenstands auf einen anderen, als ähnlich angesehenen, und den Index im Sinne der Begriffsausweitung von einem Gegenstand auf einen ihm verwandten als Metonymie auffassen (Habermas 1999, 195; Nöth 2000, 347). Dementsprechend rückt eine ikonische, metaphorische Deutungsweise die formalen, externen Aspekte des Objektes in den Vordergrund, während eine indexikalische, metonymische die internen, inhaltlichen Bezüge des Objektes betont. Dabei hängt es lediglich von der Perspektive des Betrachters ab, welchen Aspekt er hervorhebt und welche Bezüge er deshalb besonders herausstreicht. Ein bronzezeitliches Beil kann man einerseits als Prestigeobjekt ansehen, indem man seine äußere Form und das für seine Herstellung verwandte kostbare Material als ikonischen Hinweis auffasst und die Bedeutung anderer, ähnlich beschaffener Objekte auf Ersteres überträgt (= metaphorisch). Andererseits stellt das Beil einen Nachweis früher Metallurgie dar, d. h. es weist als handwerkliches Erzeugnis auf seine Entstehungsursache hin (= Index) und steht als *pars pro toto* metonymisch für diesen ganzen Aspekt frühgeschichtlicher Technologie.[12]

Hier geht es uns aber, wie bereits betont, nicht um die Bedeutungsebene(n) der einzelnen Objekte, sondern um ihre aggregierte Wirkung und Bedeutung in Ausstellungsensembles. Die spezifische Bedeutung eines Objektes in einem Ensemble hängt wesentlich von seinem semantischen Kontext ab, in diesem Fall folglich von anderen mit ihm ausgestellten Objekten. Es müssen also Termini gefunden werden, mit denen sich die Beziehungen zwischen den Objekten fassen lassen. Auch auf der Ebene der Ensembles leisten die rhetorischen Figuren der Metapher und Metonymie hier Hilfestellung. Nicht nur bezogen auf Sprache, sondern verallgemeinernd für alle semiotischen Systeme unterscheidet R. Jakobson (1956, bes. 60 f. 76 ff.) zwischen den Begriffen *similarity* und *contiguity*. Mit diesem Begriffspaar bezeich-

---

gar keine reinen Symbole im peirceschen Sinne gibt. Hierzu passt ein Umstand, auf den A. Gell (1998, 164 f.) aufmerksam gemacht hat: Im Gegensatz zu Sprache, bei der die Bestandteile der einzelnen Wörter (= Morpheme), die Phoneme, keinen Anteil an der Bedeutung haben, die die Morpheme repräsentieren, sind die einzelnen Komponenten von Objekten (d. h. die Elemente der Wahrnehmungscodes nach Eco) bereits essentieller Bestandteil dieser Objekte und damit ihrer Bedeutung.

12 In gewisser Weise entspricht das der Unterscheidung von *resonance* und *wonder*, die St. Greenblatt (1990) getroffen hat, um die möglichen Pole der Reaktion auf Objekte abzustecken: *Resonance* bezeichnet für ihn die Fähigkeit des Objekts, bei dem Betrachter eine Einsicht in komplexere kulturelle Zusammenhänge, aus denen das Objekt hervorgegangen ist, hervorzurufen. *Wonder* meint dagegen seine Fähigkeit, den Betrachter gefangen zu nehmen und ihm ein Gefühl seiner Einzigartigkeit zu vermitteln.

net er ein auf den beiden Ebenen des Codes (im Sinne der *langue* de Saussures) und der Botschaft (*parole*) arbeitendes Prinzip, das beschreibt, in welcher Weise Zeichen gegeneinander ersetzt bzw. miteinander kombiniert werden können. Weiter differenzierte er die zwei Arten der Verbindung zwischen den Zeichen in die Aspekte *positional* (d. h. syntaktisch) und *semantic*. Für unsere Argumentation ist bedeutsam, dass Jakobson seine Begriffe Similarität und Kontiguität ausdrücklich mit den rhetorischen Tropen Metapher bzw. Metonymie assoziierte.[13]

Zumindest für Ausstellungen kann man diese Unterscheidung vor allem in Hinsicht auf den semantischen Aspekt fruchtbar machen, wobei es sich bei Metapher und Metonymie weniger um sich gegenseitig ausschließende Kategorien handelt, als vielmehr um zwei strukturierende Prinzipien, um Denkmuster. Mit ihrer Hilfe kann zwischen Ensembles unterschieden werden, bei denen Objekte in einer Beziehung der Kontiguität in räumlicher, zeitlicher oder kausaler Hinsicht stehen bzw. als Bestandteile eines Teil-Ganzes-Bezuges gesehen werden, und solchen, bei denen sich die Objekte in einem Zustand der Similarität, d. h. formaler oder sinnbildlicher Ähnlichkeit, befinden.

Offensichtlich ist, dass die Bewertung der (semantischen) Beziehung der Objekte untereinander von Individuum zu Individuum abweichen kann. Jedoch ist hier – anders als bei der Bedeutungszuweisung bei einzelnen Objekten – die Struktur wesentlich kompakter; die Gesamtbedeutung ergibt sich über die Schnittmenge der Bedeutung der einzelnen Objekte. Hinzu kommen zudem die übergeordneten Codes in Form etwa von Text oder Beleuchtung, die die mögliche Bedeutungsvielfalt weiter einengen. Insofern kann man davon ausgehen, dass die metaphorische bzw. metonymische Dimension mehrerer, zu einem Ensemble zusammengefasster Objekte relativ stark intersubjektiv fixiert ist.

Akzeptiert man die genannte Zweiteilung, so lassen sich den Begriffspaaren Metapher/Ikon bzw. Metonomie/Index gängige Ausstellungskonzeptionen leicht zuordnen.

Eine ikonische Konzeptkategorie, bei denen der einzige Bezugspunkt der Objekte sie selbst sind, d. h. sie allein ihren ästhetischen Qualitäten genügen, wird hier als »selbstreferentiell« bezeichnet. Sie fällt nicht eigentlich in den Bereich kulturwissenschaftlicher Museen, auch wenn sie insbesondere bei »Prunk-« und »Pracht«ausstellungen implizit immer präsent ist. Unter diesem Prädikat lassen sich auch Ausstellungen »allegorischer« Art subsumieren, wie sie in den Kunst- und Wunderkammern der frühen Neuzeit üblich waren, bei denen den einzelnen Objekten geradezu metaphysische Eigenschaften zugeschrieben wurden und jedes Objekt einen Kosmos an Bedeutungen beinhalten konnte (zu den »Wunderkammern«: Impey/MacGregor 1985; Schlosser 1978).

---

13 Allgemeine Aufmerksamkeit erfuhr das Begriffspaar Metapher/Metonymie im jakobsonschen Sinne durch C. Lévi-Strauss (1994); wie aber bereits von Jakobson (1956, 81) bemängelt, steht bei entsprechenden Untersuchungen meist die Metapher im Vordergrund des Interesses. Siehe z. B. Beck 1978; Fernandez 1991; Tilley 1999 für archäologische Anwendungen.

Ein Gliederungsprinzip, dem die Idee zugrunde liegt, ähnliche Objekte zusammen auszustellen, wird am besten als »typographisch« bezeichnet. Derartige Ausstellungen könnten beispielsweise eine Schublade voller ähnlich bis identisch aussehender Steinwerkzeuge, eine Vitrine mit zahllosen prähistorischen Keramikgefäßen eines Typs oder eine Wand voller frühmittelalterlicher Gürtelschließen umfassen. Zwischen den Objekten besteht jeweils eine ikonische Beziehung, wobei diese Ähnlichkeit auf ganz unterschiedlichen Gebieten liegen kann. Dadurch ergibt sich, dass mit dem Erkennen der äußeren Gestalt eines Objekts seine gesamte Signifikanz bereits erschöpft ist. Die Gesamtheit der Objekte denotiert den »Typ an sich«, von den feinen Unterschieden zwischen den einzelnen Objekten wird abgesehen.[14]

Unter den eindeutig indexikalischen Ausstellungsprinzipien lassen sich dagegen zwei Klassen unterscheiden, die man als »kontextuell« und »synthetisierend« bezeichnen könnte. Beim »kontextuellen« Gliederungsprinzip erklärt sich das Zusammenfügen der Objekte nicht aus ihren eigenen Merkmalen, sondern aus dem Befund- bzw. erschlossenen Funktionszusammenhang. Gewöhnlich umfassen solche Ausstellungseinheiten Objekte, die zusammengenommen entweder einen archäologischen Befund repräsentieren oder aber einen Ausschnitt desselben darstellen. Die einzelnen Objekte stehen dabei in einer metonymischen *pars pro toto*-Beziehung zueinander und damit zum gesamten Fundplatz. Die »ideale« kontextuelle Ausstellung ist damit die Darstellung *en bloc*, in der die Gegenstände in der Erde belassen werden und der Befund als ganzer ausgestellt wird.

Ein anderes indexikalisches Prinzip stellt das »synthetisierende« dar. Es manifestiert sich beispielsweise im Zusammenstellen von Objekten gleicher Zeitstellung, kann aber genauso Ensembles beinhalten, die beispielsweise bestimmte Lebensbereiche einer Epoche oder Region thematisieren. Im Grunde handelt es sich dabei um eine konsequente Weiterentwicklung des kontextuellen Prinzips: Hier sind die Objekte zwar nicht direkt zusammengefunden worden, aber mittels der Vernetzung geschlossener Funde wird gefolgert, dass sie zumindest zusammen aufgetreten sein könnten, d. h. mehr oder weniger einer Epoche angehören. Dabei dient als verbindendes Element die räumliche und/oder zeitliche Kontiguität.

Komplexe Mischformen stellen Ausstellungsprinzipien dar, die man »typologisch« und »rekonstruierend« nennen könnte. Ein »typologisches« Gliederungsprinzip äußert sich klassischerweise in der typologischen Reihung beispielsweise von Beiltypen. Auch hier sind sich die einzelnen Objekte wie beim typographischen Prinzip ähnlich, jedoch liegt die Betonung in diesem Fall nicht auf der Austauschbarkeit der Objekte, sondern gerade auf ihrer Unterschiedlichkeit. Wie bei dem typographischen Prinzip konstituiert sich die *ratio* hinter der Aufstellung ausschließlich aus der äußeren Form, die bereits alles enthält, was in diesem Kontext über ein

---

14 Interessanterweise entspricht eine solche Anordnung, die vor allem auf den Ähnlichkeiten der ausgestellten Objekte basiert, nach E. Hooper-Greenhill (1992, 12 ff.) einer epistemologischen Einstellung (*episteme* nach M. Foucault), die eher ins 17. und 18. Jahrhundert gehört.

Objekt zu sagen ist (vgl. Dias 1994, 167 f.). Doch stellt das typologische Konzept eine Mischform dar, da die Beziehung des einzelnen Objekts zu seinen Nachbarobjekten zumindest nicht ausschließlich ikonisch ist, sondern auch indexikalisch-metonymisch gedeutet werden kann. Zwar konstituiert sich eine typologische Reihe durch den gemeinsamen ikonischen Bezug auf einen Metatyp (z. B. »Beil«), aber in Hinsicht auf die Reihung der Objekte liegt eine indexikalische Kontiguität vor, die sich aus einem dahinter liegenden theoretischen Prinzip herleitet, eben der »typologischen Methode«.[15]

Das Fragmentarische des kontextuellen Prinzips möchte das letzte Gliederungsprinzip, das »rekonstruierende«, überwinden. In Hinsicht auf die Beziehungen seiner Elemente zueinander stellt es gleichzeitig das komplizierteste der hier vorgestellten Möglichkeiten dar. Klassische Beispiele sind etwa Rekonstruktionen von Grabkammern oder lebensgroße Dioramen. Zunächst zeichnet sich das kontextuelle Prinzip dadurch aus, dass die ausgestellten Objekte gewöhnlich *per definitionem* keine Originale sind, sondern lediglich ikonische Abbilder derselben. Für die Nachbildung der Objekte wird eine komplexe Doppelbewegung von Metapher und Metonymie genutzt. Grundlage für die archäologisch nicht nachgewiesenen Bestandteile sind analogische Vergleiche, d. h. ikonische Ähnlichkeiten zwischen archäologischen Funden und Befunden und historisch oder ethnographisch nachgewiesenen Sachverhalten werden festgestellt. Anschließend werden um diese isolierten Sachverhalte metonymisch Kontexte hergestellt. Das bedeutet, dass der Zusammenhang zwischen den Objekten ähnlich wie beim kontextuellen Prinzip indexikalisch ist. Er definiert sich über den historischen, ethnographischen oder auch archäologischen Befundzusammenhang. Schließlich behauptet aber das Ensemble als Ganzes von sich, in einem ikonischen Verhältnis zur ehemaligen Realität zu stehen. Die sich hier bereits abzeichnenden, mit dem rekonstruierenden Prinzip genuin zusammenhängenden Bedeutungs- und Deutungsprobleme werden wir am Ende nochmals aufgreifen.

Abschließend ist erneut zu betonen, dass diese Denk- und Deutungsschemata keineswegs so klar abgegrenzt sind, wie die Begrifflichkeit es vorgaukelt. Selbst bei klar ikonisch ausgerichteten kunsthistorischen, gewissermaßen »sakralisierenden« Ausstellungskonzepten ist nicht zu verhindern, dass der indexikalische Charakter der Objekte in gewissem Maße durchscheint und sie so einer inhaltlichen Ausdeutung begrenzt zugänglich werden. Auch ist hervorzuheben, dass sich diese unterschiedlichen Konzeptionen auf verschiedenen Code-Ebenen miteinander kombinieren lassen. So ist beispielsweise ein als »typographisch« zu klassifizierendes Ensemble denkbar, das in eine Gesamtdarstellung alltäglichen Lebens einer Region und Zeitstufe eingebettet ist.

---

15 Die »typologische Methode« wurde allerdings von einem ihrer Begründer, O. Montelius, wiederum als eine Analogie (d. h. metaphorische Übertragung) zu evolutionistischen zeitgenössischen Überlegungen in der Biologie aufgefasst (Almgren 1965/66, 16). Zur Methode selbst siehe auch Eggert 2001, 181 ff.

Geschichte

Es liegt scheinbar nahe, die hier entwickelte Basisgliederung archäologischer Austellungsgestaltung wissenschaftsgeschichtlich auch als zeitliche Abfolge zu interpretieren, etwa in dem Sinne, dass metaphorisch arbeitende Prinzipien in einem frühen Stadium archäologischer Ausstellungspraxis verwendet worden seien, während man später »anspruchsvollere« metonymische Ausstellungen entwickelt habe. Eine solche Annahme kann aber durch den Verweis auf die Forschungsgeschichte zumindest partiell zurückgewiesen werden. Hier zeigt sich nämlich, dass die verschiedenen Prinzipien keineswegs in einer zeitlichen Abfolge aufgetreten sind. Unglücklicherweise wird eine Untersuchung dadurch sehr erschwert, dass die meisten Ausstellungen der Vergangenheit und (leider) auch der Gegenwart in Text und Bild nur schlecht dokumentiert sind. Mit einem ohnehin sehr verstreuten Material ist es problematisch, Bezüge, Vorläufertendenzen und innovative Ausstellungen nachzuweisen. Einen Ausweg bildet der Blick auf die frühen Weltausstellungen, die aufgrund ihrer starken Anziehungskraft insbesondere im 19. Jahrhundert eine nur schwer überschaubare Flut an Literatur und Feuilleton-Artikeln nach sich gezogen haben. Nimmt man die wenigen vorhandenen Informationen über wichtige frühe archäologische Ausstellungskonzeptionen hinzu, so lassen sich wenigstens annähernd wesentliche Tendenzen aufzeigen.

Es ist hinlänglich bekannt, dass Ch. J. Thomsen als Erster eine wissenschaftlich ausreichende Formulierung des Dreiperiodensystems fand. Auch wenn er vielleicht über Erfahrung in praktischer Feldforschung verfügte (so vermutet Eggert 2001, 35), dürfte sein System dennoch hauptsächlich aus dem Wunsch erwachsen sein, das Material der Kopenhagener Altertumssammlung (das spätere »königliche Museum für die nordischen Altertümer«) überhaupt erst einmal zu ordnen (Almgren 1965/ 66, 26). Entsprechend gliederte er die Sammlung bzw. die sie enthaltenen Objekte ab 1816 in die drei Perioden Stein-, Bronze- und Eisenzeit. Bei der Aufstellung der Objekte selbst nahm er allerdings fast nie Rücksicht auf geschlossene Funde, sondern riss sie – bis auf wenige Ausnahmen – auseinander und gruppierte stattdessen ähnlich aussehende Objekte zusammen (zu Thomsens Museumsaufstellungen: Street-Jensen 1985, 29 ff.). Das Ergebnis waren »lange Reihen gleichartiger Gegenstände« (Almgren 1965/66, 22) – ein typisches Beispiel für das typographische Ausstellungsprinzip. Damit waren die prähistorischen Objekte endgültig von den Singularitäten der Renaissance zu Kategorien innerhalb eines Klassifikationssystems transformiert.[16]

Thomsens Prinzip fand nur zögerliche Aufnahme.[17] Interessant ist in dieser Hinsicht ein Bericht von seinem späteren Nachfolger, J. J. A. Worsaae (1846) über den Stand der Altertumsforschung in Deutschland, indem er besonders auch auf Aufstel-

---

16 Kirshenblatt-Gimblett 1990, 391 ff. für ethnographische Objekte; s. dazu auch Jenkins 1994; Hooper-Greenhill 1992, 12 ff.
17 Zu den Auseinandersetzungen um das Dreiperiodensystem siehe Eggert 2001, 31 ff.; Panke 1998, 717 ff. passim. – Zu Thomsen selbst: Aarb. Nordisk Oldkde. og Hist. 1988.

lungen und Museen eingeht. In seinem Bericht bemängelt Worsaae, dass die Aufstellung entweder ohne jedes System erfolgt sei (vermutlich nach rein ästhetischen, ikonischen Prinzipien) oder dass in einer Pervertierung des Dreiperiodensystems alle Objekte einer Ausstellung nach ihrem Material in solche aus Stein, Bronze oder Eisen geordnet worden seien (ebd. 12). Wiewohl eine solche Aufstellung sicherlich nicht in Thomsens Absicht lag, zeigt sich hier doch die Wichtigkeit, zwischen dem übergeordneten Konzept einer Ausstellung und der Anordnung der Objekte selbst zu unterscheiden, eine Unterscheidung, die die Verantwortlichen der von Worsaae kritisierten Ausstellungen offensichtlich nicht getroffen haben. Sie mussten so zu einer gleichfalls typographischen, unter wissenschaftlichen Gesichtspunkten aber absurden Aufstellung der Objekte gelangen.

Eine gänzlich andere Ausstellungsart wurde in den 60er Jahren des 19. Jahrhunderts im schwedischen Nationalmuseum in Stockholm »erfunden«. Unter der Leitung von B. E. Hildebrand wurde dort der Fundstoff offensichtlich nach zwei verschiedenen Prinzipien geordnet (Almgren 1965/66, 22 ff.). Einerseits hielt man geschlossene Funde, soweit vorhanden, zusammen und stellte die zugehörigen Objekte gemeinsam aus (kontextuelles Ausstellungsprinzip). Den größten Teil der Sammlung gliederte man jedoch nach Typen von Objekten, innerhalb dieser Typen ordnete man die einzelnen Objekte nach Ähnlichkeit. Nach B. Almgren (ebd.) war dies die Geburtsstunde der »Typologischen Methode« – folglich auch die des typologischen Ausstellungsprinzips.

1867 fand in Paris die erste der großen Weltausstellungen statt, die auch prähistorisches Material beinhalteten.[18] In den nächsten Jahrzehnten wiesen die dort aufgestellten Ausstellungen archäologischer Themen, die zum größten Teil durch ausgewiesene Fachleute betreut wurden, eine außergewöhnliche Dynamik und Innovationsfreudigkeit auf. Diese Entwicklung muss als Teil einer umfassenderen Bewegung gesehen werden. In der zweiten Hälfte des 19. Jahrhunderts war der »exhibitionary complex« (Bennett 1988) als Mittel der Bildung und Erziehung der Massen entdeckt worden, und in die erzieherische und informierende Dimension von Objekten, die sich am sichtbarsten im Topos von der »object lesson« äußerte, wurde große Hoffnung gesetzt.[19] Dies traf auch und gerade auf die archäologischen Objekte zu, und entsprechend viel Aufwand wurde getrieben. Auf der Weltausstellung von 1867 beschränkte man sich noch weitgehend auf typographische Gestaltungen mit wenigen kontextuellen Elementen (s. die ausführliche Beschreibung von de Mortillet 1867). Dadurch stach die in der Schweiz ausgerichtete Weltausstellung besonders heraus, die – durch die reichen Funde aus den Seeufersiedlungen begünstigt – erste Ansätze von synthetisierenden und rekonstruierenden Ausstellungselementen in der Form von Waffenensembles und einem kleinmaßstäblichen Modell

---

18 Zu den archäologischen Ausstellungen auf den Weltausstellungen des 19. Jahrhunderts im Allgemeinen: Müller-Scheeßel 1998/99; 2001.
19 Bronner 1989; Ettema 1987, 64 ff.; Jenkins 1994.

Abb. 1: *Histoire du travail. Exposition universelle* von 1878, Paris. Der »keltische Krieger« von La Gorge-Meillet (nach Anon. 1878, 8 f.).

eines Pfahlbaues präsentieren konnte (Müller-Scheeßel 1998/99, 23 f.). Anlässlich der Weltausstellung von 1878, wiederum in Paris, stellte man u. a. eine besondere Variante des kontextuellen Prinzips aus: Die Funde eines Grabes eines »keltischen Kriegers« einschließlich seiner Knochen wurden so angeordnet, dass sie einen Eindruck vom Befundzusammenhang vermitteln sollten (Abb. 1).[20] Ihren Höhepunkt erreichte die Ausstellung archäologischen Materials mit der Weltausstellung von 1889, erneut in Paris. Hier konnte man Ensembles sehen, die offensichtlich als Block geborgen worden waren (Wilson 1891, 643), aber auch exquisite Beispiele für das rekonstruierende Prinzip. Unter diesen sind insbesondere die lebensgroßen Figuren der *Histoire du travail* und die Hausrekonstruktionen von Ch. Garnier hervorzuheben (Müller-Scheeßel 1998/99, 26 f.; 2001, 395 ff.).

Dieser kurze Abriss verdeutlicht, dass bereits am Ende des 19. Jahrhunderts alle aufgezeigten Ausstellungsprinzipien entwickelt und auch in archäologischen Ausstellungen angewendet wurden. Es ist auffällig, dass metaphorische Prinzipien am Anfang der Entwicklung stehen, während das komplexeste Prinzip, das rekonstruierende, zeitlich als Letztes einsetzt. Allerdings trifft man auch heutzutage noch in archäologischen Museen alle Ausstellungsprinzipien in verschiedenen Variationen an.

Dabei wird man nicht bestreiten können, dass sich in den beiden Modi von Metapher und Metonymie genuin unterschiedliche Betrachtungs- und Herangehensweisen in Bezug auf die Signifikanz von Objekten, letztlich unterschiedliche Zugänge

---

20 Anon. 1878, 3. - Die pittoreske Abbildung (Abb. 1) dürfte einen hinlänglich genauen Eindruck von dem Ensemble geben. Siehe auch van Endert 1987, 148 ff. Taf. 91 ff.

zu den archäologischen Objekten als Erkenntnisquelle widerspiegeln. In metaphorischer Verwendung steht – vereinfachend gesagt – das Objekt an sich mit seinen äußeren Eigenschaften und seinen Denotationen im Vordergrund. Dem Objekt wird dadurch gewissermaßen durch sich selbst Erklärungswert zugemessen. Dagegen rückt bei metonymischen Verwendungen das einzelne Objekt in den Hintergrund, und das Hauptaugenmerk ist auf die Schlussfolgerungen, die aus seiner Existenz gezogen werden können, gerichtet. Die Ähnlichkeit, die der metonymische Modus durch seinen abduktiven Charakter mit »wissenschaftlichem« Argumentieren besitzt, ist evident. Aber auch der metaphorische Modus hat im archäologischen Denken seinen Platz: Schließlich bezieht sich ein großer Teil archäologischen Argumentierens auf die Analogie als Basis von Interpretationen.[21]

Niemand wird den großen Einfluss der Museen auf die organisatorischen, finanziellen und »wissenschaftlichen« Seiten der sich entwickelnden archäologischen Disziplin übersehen können. Doch stellt sich natürlich im Zusammenhang mit der eben aufgezeigten Beziehung die Frage, ob nicht auch die Gliederungsstruktur des Ausstellens archäologischer Objekte Einfluss auf das archäologische Denken genommen hat. Haben zwischen der Art und Weise des Ausstellens archäologischer Funde und archäologischen Theorien und Hypothesen Wechselwirkungen bestanden und bestehen sie nicht immer noch? Oder reflektieren veränderte Ausstellungskonzeptionen lediglich veränderte theoretische Positionen? Inwieweit determiniert die Struktur der Objekte ihre Inhalte, inwieweit werden eventuell durch neue Strukturierungsarten auch neue Interpretationen hervorgebracht oder angeregt? Eine systematische Beantwortung dieser Fragen über die oben angedeuteten Bezüge hinaus kann an dieser Stelle leider nicht geleistet werden; auch ist die Befundlage aufgrund des ephemeren Charakters von Ausstellungen, wie oben ausgeführt, nicht günstig. In jedem Fall besteht wohl eine Strukturähnlichkeit zwischen archäologischen Ausstellungen und dem wissenschaftlichen Diskurs, die sich nicht nur aus dem gleichen Gegenstand (archäologische Objekte) ergibt. Vielmehr sind in Museen Aussagen und theoretische Positionen exemplifiziert, die sich auch im archäologischen Diskurs finden. Unterschiede liegen allerdings darin, dass sich Ausstellungen und Museen gezwungen sehen, ihre Aussagen stärker festzulegen. Unterschiede bestehen aber vor allem auch insofern, als das primäre Medium der Ausstellung das archäologische Objekt ist, mit dem sich, wie zu Anfang ausgeführt, wesentlich weniger differenziert argumentieren lässt. Probleme in der Argumentation treten also wesentlich pointierter hervor, als dies bei archäologischen Texten der Fall wäre.

---

21 Siehe auch das Plädoyer von B. E. F. Beck für die Wichtigkeit von sowohl Metapher als auch Metonymie als Objekt und Mittel des wissenschaftlichen Diskurses: Beck 1978. – Grundsätzlich gesehen basiert letztlich der größte Teil archäologischen Denkens, sogar Denkens schlechthin, auf Analogien, worauf bereits G. Smolla hingewiesen hat (1964; s. auch Eggert 2001, 322 ff.). Ausführlich zur Bedeutsamkeit metaphorischen Denkens: Tilley 1999, 3 ff.

Von der Zeichenhaftigkeit archäologischer Ausstellungen und Museen 119

Abb. 2:
Historie du travail,
Exposition universelle von 1889, Paris.
»Die ersten Werkzeugmacher«
(nach Huard 1889, 549).

Die Schwierigkeiten, die sich beim interpretierenden Kombinieren von Objekten für museale Präsentationen ergeben, möchte ich anhand des rekonstruierenden Prinzips abschließend aufzeigen. Ich werde dabei ein besonders extremes Beispiel wählen, das aber Probleme beleuchtet, die bis heute fortwirken. Es handelt sich um eine der bereits erwähnten lebensgroßen Gruppen, die den wesentlichen Teil der *Histoire du travail* auf der Weltausstellung von 1889 in Paris ausgemacht haben. Übertitelt mit der blumigen Bezeichnung »premiers industriels: Un Atelier de tailleurs de silex« (Hamy 1889, 120), bestand die Gruppe aus einem Mann und einer Frau, die - nur spärlich mit Fellen bekleidet - gemeinsam vor einem Baumstumpf sitzen und Steinwerkzeuge herstellen (Abb. 2). Bemerkenswert ist bei diesem Szenario, dass es in keinster Weise späteren Darstellungen prähistorischer Menschengruppen entspricht, bei denen den Männern meist die aktive Rolle zugeteilt wird, während die Frauen eher »hausfrauliche« Tätigkeiten im Hintergrund durchführen.[22]

---

22 Siehe dazu insbesondere Gifford-Gonzalez 1993 und Moser 1992; 1999; Moser/Gamble 1997. Es ist immerhin erwähnenswert, dass S. Moser (1999) in ihrem wohl umfassend gemeinten Überblick über die Entstehung und Verwendung von Dioramen, der auch ausdrücklich die Weltausstellungen mit einschließt, die überaus erfolgreiche und populäre *Histoire du travail* von 1889 komplett übersehen zu haben scheint. Einige der prähistorischen Gruppen waren auch noch elf Jahre später im *Musée du Trocadéro* zu sehen (Szombathy 1900, 195), was

Wie wir gleich sehen werden, ist diese Komposition eine direkte Folge der Wahl der Quelle der Darstellung. Zunächst ist wichtig festzuhalten, dass die Gruppe mit höchstem wissenschaftlichem, aber auch künstlerischem Anspruch gefertigt wurde: Der verantwortliche Gestalter hatte einen Teil seiner Arbeiten erfolgreich in der alljährlichen französischen Kunstschau, dem *Salon*, präsentiert (ebd. 125), und die wissenschaftliche Akkuratesse wurde von Fachleuten und Laien hoch gelobt.[23] Betrachtet man nun die Herkunft der Vorbilder für die Gruppe, zeigt sich das Wechselspiel zwischen Index und Ikon, zwischen Metonymie und Metapher besonders eindrücklich: Als Grundlage des Knochenbaues dienten paläolithische Menschenknochenfunde, für die Rekonstruktion der Fleischpartien griff man dagegen auf vermeintlich atavistische Vorbilder zurück, wie man sie bei zeitgenössischen Menschen zu finden meinte. Die Werkzeuge wurden wiederum nach prähistorischen, aber auch ethnographischen Vorbildern geformt, während für die Kleidung lediglich ethnographische Parallelen herangezogen wurden. In jedem dieser Fälle ist die ikonische Beziehung zwischen Nachbildung und Original eindeutig. Auch bei der Komposition dieser einzelnen Elemente selbst griff man auf ein ikonisches Vorbild zurück, nämlich auf eine Skizze des Forschers und Künstlers T. Baines, die dieser vermutlich zwischen 1855 und 1857 in Nordwest-Australien angefertigt hatte, selbst ein Ikon der von Baines wahrgenommenen Umwelt.[24] Ikonisch ist ebenso die postulierte Beziehung zwischen dieser Lebensgruppe und einem Szenario ehemaliger Realität irgendwann und irgendwo im Paläolithikum.

Entscheidend ist nun die Verknüpfung, die diese disparaten Komponenten zusammenhält. Hier kommt der Mechanismus des Zusammenspiels aus Metonymie und Metapher zum Tragen, der oben bereits für rekonstruierende Ausstellungen aufgezeigt wurde: Die Rechtfertigung des Einbezugs des ethnographischen Beispiels erfolgte über den analogischen Vergleich, der wiederum auf der ikonischen Beziehung zwischen den paläolithischen Steingeräten und den (sub)rezenten Geräten der Aborigines Australiens fußte. Die so in die Ausstellungseinheit eingebundenen Aus-

---

interessante Fragen bezüglich ihrer Rezeptionsgeschichte aufwirft. Leider ist im Nachfolger des *Musée du Trocadéro*, dem *Musée de l'homme*, offensichtlich unbekannt, was nach 1900 mit den Figuren passiert ist (frdl. Mitt. M. Dumont, Musée de l'homme, Paris).

23 Dazu beispielsweise Anon. 1889, XLVI; Mason 1890, 32; Wilson 1891, 653; 656.

24 Mutmaßlich ist diese Abbildung bei Baines 1867 abgebildet (Verweis auf Baines: Hamy 1889, 120). Das direkte Vorbild stammte jedoch mit größter Wahrscheinlichkeit nicht von Baines, sondern von J. Lubbock: Dieser verwendet Baines' Skizze in seinem sehr einflussreichen und weit verbreiteten Buch ›Pre-Historic Times as Illustrated by Ancient remains, and the Manners and Customs of Modern Savages‹ (1869, 83 Fig. 92 [zweite Auflage, in der ersten Auflage von 1865 fehlt die Abbildung notwendigerweise noch; Lubbock gibt übrigens als Erscheinungsjahr der Skizze von Baines abweichend 1866 an]). Rezeptionsgeschichtlich interessant ist, dass die Abbildung bei Lubbock eine von der Figurengruppe abweichende Komposition aufweist, die an die oben erwähnten gängigen Rekonstruktionen erinnert: Der Mann sitzt im Vordergrund, arbeitend, während sich die Frau im Hintergrund um das Feuer kümmert.

schnitte der Kultur der Aborigines wurden mittels metonymischer Ausweitung benutzt, um sowohl weitere Kulturelemente hinzuzufügen als auch die dramaturgische Kombination zu gestalten. Endprodukt war eine vollkommen naturalistisch wirkende, in sich geschlossene Szene, bei der die Herkunft der einzelnen Elemente und der stark fiktionale Charakter des Ganzen kaum mehr zu erkennen waren. Zusätzliches Gewicht erhielt diese Gleichsetzung durch die im 19. Jahrhundert *a priori* angenommene enge zivilisatorische und moralische Beziehung zwischen prähistorischen Menschen und außereuropäischen Ethnien, die im konkreten Fall durch die Einbindung der Gruppe in ein überdeutliches evolutionistisches Ausstellungskonzept, das auch eine räumliche Nähe zwischen ihnen schuf, noch besonders betont wurde. Zirkulär wurden Gruppen wie diese dann wiederum dazu benutzt, genau diese Verbindung zu »beweisen« und halfen – derartig instrumentalisiert –, die Imperialbestrebungen Europas und Amerikas ideologisch zu unterfüttern (Müller-Scheeßel 2001).

Heutzutage würde man die durch die aufgezeigte Analogiekette implizierten, teilweise offen ausgesprochenen moralischen Schlüsse natürlich strikt und politisch korrekt zurückweisen. Jedoch sollte man sich die Sache nicht so leicht machen. Die Entwicklung derartiger, unterschwellig stark rassistischer Darstellungsformen lässt sich auch aus der Perspektive einer internen Logik heraus betrachten. Während frühere prähistorische Ausstellungen auf Weltausstellungen allein durch die ausgestellten Beweise des hohen Alters des Menschen und des hohen zivilisatorischen Gegensatzes in Bezug auf die Gegenwart beeindrucken konnten, sah man sich offensichtlich im Verlauf weniger Jahre gezwungen, immer aufwendigere Ausstellungen in Szene zu setzen (s. o.). Entsprechend dem eigenen wissenschaftlichen Anspruch war man dabei von dem Wunsch getrieben, die ehemalige Wirklichkeit möglichst realistisch und naturalistisch abzubilden. Dass man sich bei einer immer komplexeren Ausstellungsgestaltung vor allem an ethnographischen Darstellungen orientiert hat, dürfte einerseits natürlich an den zeitgenössischen rassistischen Stereotypen gelegen haben, doch ist andererseits sicherlich auch die ikonische Ähnlichkeit zwischen prähistorischem und ethnographischem Material dafür verantwortlich zu machen.

Ergebnis war in dem konkreten Fall, der sich aber mit Modifikationen leicht verallgemeinern ließe, eine metaphorische Gleichsetzung von Paläolithikern, Aborigines und geistig retardierten Menschen. Beunruhigend daran ist aus heutiger Sicht nicht so sehr der rassistische Unterton an sich, der sich ja leicht beheben ließe, sondern die epistemologische Art und Weise, durch die diese Gleichsetzung zustande gekommen ist. Denn, wie oben bereits betont, nimmt die Analogie und damit die Feststellung von metaphorischer Ähnlichkeit einen zentralen Platz im archäologischen Argumentationsprozess ein. In einem archäologischen Text lässt sich dieses Dilemma durch sorgsames Argumentieren vielleicht (!) noch umgehen, in einer Ausstellung scheint mir dies kaum mehr möglich, da allein mit Objekten nicht komplex argumentiert werden kann. Die Gleichsetzung von prähistorischen Gruppen und rezenten außereuropäischen Ethnien und damit die Implikation der Rückständigkeit der Letzteren ist mit einer aus Objekten aufgebauten rekonstruierenden Darstellung nicht zu vermeiden. Das gilt für damals genauso wie für heute. Man mag hier einwenden, dass es aufgrund der verschiedenen Signifikationsebenen von Ausstellungen sehr wohl möglich sei, die Botschaften beispielsweise mittels erläuternder Texte zu differenzieren. Allerdings muss berücksichtigt werden, dass Objekte Texte in ihrer Erinnerungswirkung bei weitem überbieten, zumal in Ausstellungen.[25]

Schluss

Ähnliche Probleme wie die eben geschilderten ergeben sich auch bei den anderen hier behandelten Ausstellungsprinzipien, wenn auch vielleicht in nicht so extremer Form. Für rekonstruierte Ensembles gilt besonders, dass bereits auf der Objektebene ein argumentativer Bezug hergestellt wird, der kaum anzweifelbar ist, da er nicht offen thematisiert wird und scheinbar auch gar nicht thematisiert werden *muss*. Mit derartigen Problemen der Interpretation der ausgestellten Objekte durch Dritte gerät allerdings schon ein Gesichtspunkt ins Blickfeld, der in den vorliegenden Erörterungen gänzlich unberücksichtigt bleiben musste, nämlich die Perspektive des Besuchers.

Insgesamt sind die Überlegungen keineswegs als Generalangriff auf die museale Ausstellung archäologischer Objekte gemeint. Ich bin nach wie vor der Meinung, dass inhaltlich ansprechende Ausstellungen möglich sind, aber sie sind kein Selbstläufer. Ausgehend von einer zeichenhaften Deutung von Ausstellungsgestaltungen sollten hier vielmehr die Bezüge aufgezeigt werden, die sich aus dem zwangsläufig ikonischen oder indexikalischen Bedeutungsgehalt der Objekte untereinander und zwischen dem Ausgestellten und dem archäologischen Denken ergeben. Diese Bezüge reichen meistenteils bis in das 19. Jahrhundert zurück. Unter einem solchen forschungsgeschichtlichen Blickwinkel fällt die enge Verknüpfung zwischen dem Aufstieg einer archäologischen Wissenschaft, die ihre Schlüsse wesentlich aus den überlieferten Relikten untergegangener Kulturen zieht, und dem von dem Glauben an die moralischen Qualitäten des Objekts geprägten Klima des Europa des 19. Jahrhunderts auf. Erst in einem Umfeld, das überzeugt war, von einem Objekt auf die moralischen und intellektuellen Qualitäten seiner Hersteller und Benutzer schließen zu können, ist die Gründung einer in diesem Sinne archäologischen Wissenschaft denkbar. Welche Rolle dabei dem Ausstellen archäologischer Materialien tatsächlich zugekommen ist, muss an dieser Stelle leider offen bleiben.

---

25 Weitere, mit den von ihr als »Dioramen« bezeichneten, rekonstruierten Gruppen zusammenhängende Probleme erörtert S. Moser (1999, 109 ff.).

Literatur

Almgren 1965/66: B. Almgren, Das Entwicklungsprinzip in der Archäologie - eine Kritik. Tor 11, 1965/66, 15-38.

Anon. 1878: Anon., Exposition Historique du Palais du Trocadéro. Antiquités des Gaules: Catalogue explicatif et illustré de la collection de M. Edouard Fourdrignier. Paris: H. Menu 1878.

Anon. 1889: Anon., The Paris Universal Exhibition Album, 1889. New York, London, Paris: W. Stiassny, E. Rasetti 1889.

Baines 1867: T. Baines, On the Flint Flakes in the Drift and the Manufacture of Stone Implements by the Australians. Geol. and Natural Hist. Repertory 20, 1867, 258-262.

Barthes 1979: R. Barthes, Elemente der Semiologie. Frankfurt a. M.: Syndikat 1979 [Original: Élements de sémiologie. Communications 4, 1964].

Barthes 1988: Ders., Das semiologische Abenteuer. Frankfurt a. M.: Suhrkamp 1988 [Original: L'aventure sémiologique, 1985].

Beck 1978: B. E. F. Beck, The Metaphor as a Mediator Between Semantic and Analogic Modes of Thought (with Comments). Current Anthr. 19, 1978, 83-97.

Bennett 1988: T. Bennett, The Exhibitionary Complex. New Formations 4, 1988, 73-102.

Bronner 1989: S. J. Bronner, Object Lessons: The Work of Ethnological Museums and Collections. In: Ders. (Hrsg.), Consuming Visions: Accumulation and Display of Goods in America, 1880-1920. New York: W. W. Norton 1989, 217-254.

Dean 1994: D. Dean, Museum Exhibition: Theory and Practice. London, New York: Routledge 1994.

Deetz 1977: J. Deetz, In Small Things Forgotten: an Archaeology of Early American Life. Garden City, N. Y.: Anchor Press/Doubleday 1977.

Dias 1994: N. Dias, Looking at Objects: Memory, Knowledge in Nineteenth Century Ethnographic Displays. In: G. Robertson u. a. (Hrsg.), Travellers' Tales: Narratives of Home and Displacement. London, New York: Routledge 1994, 164-176.

Eco 1994: U. Eco, Einführung in die Semiotik. München: Fink ^{8}1994 [Original: La struttura assente, 1968].

Eggert 2001: M. K. H. Eggert, Prähistorische Archäologie: Konzepte und Methoden. Tübingen, Basel: A. Francke 2001.

van Endert 1987: D. van Endert, Die Wagenbestattungen der späten Hallstattzeit und der Latènezeit im Gebiet westlich des Rheines. British Arch. Reports Internat. Ser. 355. Oxford: BAR 1987.

Ettema 1987: M. J. Ettema, History Museums and the Culture of Materialism. In: J. Blatti (Hrsg.), Past Meets Present: Essays About Historic Interpretation and Public Audiences. Washington, D. C.: Smithsonian Institution Press 1987, 62-85.

Fernandez 1991: J. W. Fernandez (Hrsg.), Beyond Metaphor: the Theory of Tropes in Anthropology. Stanford/California: Stanford University Press 1991.

Flaig 1999: E. Flaig, Spuren des Ungeschehenen: Warum die bildende Kunst der Geschichtswissenschaft nicht helfen kann. In: B. Jussen (Hrsg.), Archäologie zwischen Imagination und Wissenschaft: Anne und Patrick Poirier. Künstler. Produktion Gesch. 2. Göttingen: Wallstein 1999, 16-50.

Gell 1998: A. Gell, Art and Agency: an Anthropological Theory. Oxford: Clarendon 1998.

Gifford-Gonzalez 1993: D. Gifford-Gonzalez, You Can Hide, but You Can't Run: Representation of Women's Work in Illustrations of Palaeolithic Life. Visual Anthr. Rev. 9, 1993, 23-41.

Greenblatt 1990: St. Greenblatt, Resonance and Wonder. In: I. Karp/S. D. Lavine (Hrsg.), Exhibiting Culture: The Poetics and Politics of Museum Display. Washington, London: Smithsonian Institution 1990, 42-56.

Habermas 1999: T. Habermas, Geliebte Objekte: Symbole und Instrumente der Identitätsbildung. Frankfurt a. M.: Suhrkamp 1999.
Hamy 1889: E. Hamy, Anthropologie préhistorique: Groupes préhistoriques exposés dans la cour. In: Catalogue général officiel. Exposition rétrospective du travail et des Sciences anthropologiques I: Anthropologie – Ethnographie. Lille: Imprimerie Danel 1889, 120-125.
Heinisch 1988: S. Heinisch, Objekt und Struktur: über die Ausstellung als einen Ort der Sprache. In: J. Rüsen/W. Ernst/H. T. Grütter (Hrsg.), Geschichte sehen: Beitrag zur Ästhetik historischer Museen. Geschichtsdidaktik N. F. 1. Pfaffenweiler: Centaurus-Verlagsgesellschaft 1988, 82-87.
Hooper-Greenhill 1991: E. Hooper-Greenhill, A New Communication Model for Museums. In: G. Kavanagh (Hrsg.), Museum Languages: Objects and Texts. Leicester, London, New York: Leicester University Press 1991, 49-61.
Hooper-Greenhill 1992: Dies., Museums and the Shaping of Knowledge. London, New York: Routledge 1992.
Huard 1889: C.-L. Huard (Hrsg.), Livre d'or de L'Exposition. Paris: L. Boulanger 1889.
Impey/MacGregor 1985: O. Impey/A. MacGregor (Hrsg.), The Origins of Museums: The Cabinet of Curiosities in Sixteenth- and Seventeenth-Century Europe. Oxford: Clarendon Press 1985.
Jakobson 1956: R. Jakobson, Two Aspects of Language and Two Types of Aphasic Disturbances. In: R. Jakobson/M. Halle, Fundamentals of Language. Janua Linguarum 1. 's-Gravenhage: Mouton & Co. 1956, 53-82.
Jenkins 1994: D. Jenkins, Object Lessons and Ethnographic Displays: Museum Exhibitions and the Making of American Anthropology. Comp. Stud. Soc. and Hist. 36, 1994, 242-270.
Kirshenblatt-Gimblett 1990: B. Kirshenblatt-Gimblett, Objects of Ethnography. In: I. Karp/S. D. Lavine (Hrsg.), Exhibiting Culture: The Poetics and Politics of Museum Display. Washington, London: Smithsonian Institution 1990, 386-443.
Lévi-Strauss 1994: C. Lévi-Strauss, Das wilde Denken. Frankfurt a. M.: Suhrkamp ⁹1994 [Original: La pensée sauvage, 1962].
Lubbock 1865: J. Lubbock, Pre-Historic Times as Illustrated by Ancient Remains, and the Manners and Customs of Modern Savages. London, Edinburgh: Williams and Norgate 1865.
Lubbock 1869: Ders., Pre-Historic Times as Illustrated by Ancient Remains, and the Manners and Customs of Modern Savages. London, Edinburgh: Williams and Norgate ²1869.
Mason 1890: O. T. Mason, Anthropology in Paris During the Exposition of 1889. Am. Anthr. O. S. 3, 1890, 27-36.
de Mortillet 1867: G. de Mortillet, Promenades préhistoriques à l'Éxposition Universelle. Mat. Hist. Positive Homme 3, 1867, 181-283; 285-368.
Moser 1992: S. Moser, The Visual Language of Archaeology: a Case Study of the Neanderthals. Antiquity 66, 253, 1992, 831-844.
Moser 1999: Dies., The Dilemma of Didactic Displays: Habitat Dioramas, Life-Groups and Reconstructions of the Past. Making Hist. Mus. London, New York: Leicester University Press 1999.
Moser/Gamble 1997: Dies./C. Gamble, Revolutionary Images: the Iconic Vocabulary for Representing Human Antiquity. In: B. L. Molyneaux (Hrsg.), The Cultural Life of Images: Visual Representation in Archaeology. Theoretical Arch. Group. London, New York: Routledge 1997, 184-212.
Müller-Scheeßel 1998/99: N. Müller-Scheeßel, Im Schatten des Eiffelturms: die Präsentation von Pfahlbauten und Pfahlbaufunden auf Weltausstellungen. Plattform 7/8, 1998/99, 22-31.
Müller-Scheeßel 1999: Ders., Mord im Museum? Reflexionen über das Wesen archäologischer Museen und Ausstellungen. In: C. Kümmel/N. Müller-Scheeßel/A. Schülke (Hrsg.),

Archäologie als Kunst: Darstellung, Wirkung, Kommunikation. Tübingen: Mo Vince 1999, 120-133.
Müller-Scheeßel 2001: Ders., Fair Prehistory: Archaeological Exhibits at French *Expositions universelles*. Antiquity 75, 2001, 391-401.
Nöth 2000: W. Nöth, Handbuch der Semiotik. Stuttgart, Weimar: J. B. Metzler² 2000.
Panke 1998: T. Panke, Altertumskunde zwischen Fortschritt und Beharrung: Ludwig Lindenschmit d. Ä. (1809-1893) in seiner Zeit. Jahrb. RGZM 45, 1998 (2000) 711-773.
Pearce 1990: S. Pearce, Archaeological Curatorship. Leicester Mus. Stud. Ser. Leicester, New York: Leicester University Press 1990.
Pearce 1992: Ders., Museums, Objects and Collections: A Cultural Study. Leicester, London: Leicester University Press 1992.
Pearce 1995: Ders., Structuring the Past: Exhibiting Archaeology. Mus. Internat. 47, 1995, 9-13.
Pöhlmann 1988: W. Pöhlmann, Ausstellungen von A-Z: Gestaltung, Technik, Organisation. Schr. Museumskde. 5. Berlin: Gebr. Mann 1988.
Pomian 1988: K. Pomian, Der Ursprung des Museums: Vom Sammeln. Kl. Kulturwiss. Bibl. 9. Berlin: K. Wagenbach 1988.
Schalles/Gross 1979: H.-J. Schalles/F. Gross, Untersuchungen zur Objektpräsentation im Römisch-Germanischen Museum Köln. Hephaistos 1, 1979, 123-148.
Schärer 1992: M. R. Schärer, Die ausgestellte Ausstellung – ein museologisches Experiment. Museumskunde 57, 1992, 43-50.
Schlosser 1978: J. v. Schlosser, Die Kunst- und Wunderkammern der Spätrenaissance: ein Beitrag zur Geschichte des Sammelwesens. Braunschweig: Klinkhardt & Biermann² 1978.
Schmidt/Wolfram 1993: M. Schmidt/S. Wolfram, Westdeutsche Museen – objektiv und belanglos. In: S. Wolfram/U. Sommer (Hrsg.), Macht der Vergangenheit – Wer macht Vergangenheit: Archäologie und Politik. Beiträge Ur- u. Frühgesch. Mitteleuropa 3. Wilkau-Haßlau: Beier & Beran 1993, 36-43.
Shanks/Tilley 1987: M. Shanks/C. Tilley, Re-Constructing Archaeology: Theory and Practice. New Stud. Arch. Cambridge u. a.: Cambridge University Press 1987.
Smolla 1964: G. Smolla, Analogien und Polaritäten. In: R. v. Uslar/K. J. Narr (Hrsg.), Studien aus Alteuropa I. Bonner Jahrb. Beih. 10, 1. Köln, Graz: Böhlau 1964, 30-35.
Street-Jensen 1985: J. Street-Jensen, Christian Jürgensen Thomsen und Ludwig Lindenschmit. Eine Gelehrtenkorrespondenz aus der Frühzeit der Altertumskunde (1853-1864): Beiträge zur Forschungsgeschichte. RGZM Monogr. 6. Mainz: R. Habelt 1985.
Šurdič 1990: B. Šurdič, Die museale Ausstellung als Mitteilung: eine Betrachtung aus semiotischer Sicht. Neue Museumskd. 33, 1990, 15-19.
Szombathy 1900: J. Szombathy, Der XII. internationale Congress für prähistorische Anthropologie und Archäologie zu Paris 1900. Sitzber. Anthr. Ges. Wien 30, 1900, 189-197.
Taborsky 1990: E. Taborsky, The Discursive Object. In: S. Pearce (Hrsg.), Objects of Knowledge. New Research Mus. Stud. 1. London, Atlantic Highlands: Athlone Press 1990, 50-77.
Tilley 1999: Ch. Tilley, Metaphor and Material Culture. Oxford: Blackwell 1999.
Waidacher 1996: F. Waidacher, Handbuch der Allgemeinen Museologie. Mimundus 3. Wien, Köln, Weimar: Böhlau 1996.
Wilson 1891: T. Wilson, Anthropology at the Paris Exposition in 1889. Ann. Rep. Board Regents Smiths. Institution [Report of the U. S. National Museum] 1890, 1891, 641-680.
Worsaae 1846: J. J. A. Worsaae, Die nationale Alterthumskunde in Deutschland. Leipzig: R. Hartmann 1846.

HANSJÜRGEN MÜLLER-BECK

Was sagt der Begriff ›Materielle Kultur‹?
Ein Kommentar

ZUSAMMENFASSUNG: ›Materielle Kultur‹ ist ein seit Jahrzehnten in der kulturwissenschaftlichen Diskussion gebräuchlicher Begriff. Er wurde offensichtlich aus dem Fundus der anglophonen Anthropologie durch direkte Übersetzung des dortigen Terminus *material culture* übernommen. Dabei blieb unbeachtet, dass damit eine gedankliche Barriere zur *non-material culture* fixiert wird. Im deutschsprachigen Kontext wird aus diesen beiden sich ergänzenden Begriffen oft eher ein schwer wiegender Gegensatz. Der Grund dafür dürfte die Tatsache sein, dass in der Regel automatisch *non-material culture* mit ›geistiger Kultur‹ als übergeordnet betrachtet wird und die ›Materielle Kultur‹ als untergeordnet. Das entspricht nicht nur den Vorgaben des marxistischen-machistischen Weltbildes vom (materiellen) Unter- und (geistigen) Überbau, sondern tradiert zugleich die antike Konzeption. Der Klarheit wegen ist es überfällig, von ›materieller Ausstattung der Kultur‹, die auch stets integrierte Leistungen des Geistes darstellt, zu reden.

Zum gängigen Konzept des Begriffes ›Materielle Kultur‹

Im Laufe der Fachtagung ›Spuren und Botschaften: Interpretationen materieller Kultur‹ im Juni 2000 ist in unterschiedlichster Weise auf den Terminus ›Materielle Kultur‹ eingegangen worden. Das reicht von der Kritik an der Voreingenommenheit der Interpreten materieller Kultur, der auf Objektivierung durch die ›objektive Hermeneutik‹ drängt (Beitrag M. Jung in diesem Band) über die Beschäftigung mit der materiellen Kultur nach den Prinzipien der *Cognitive Archaeology* (Beitrag T. L. Kienlin) bis zum Hinweis auf die Bestimmung der materiellen Kultur als solche durch das Handeln des Menschen in der *Praxis* (Beitrag M. Porr).

In allen drei hier angeführten Beiträgen und vielen weiteren der Tagung wird deutlich, dass über den Terminus ›Materielle Kultur‹ ganz offensichtlich nur über die Produktion der Materialien selbst überhaupt mehr oder weniger abstrahierend Verständigung erreicht werden kann. Produktion aber bedeutet auch stets, dass hier das Handeln der physischen Ebene und das naturgemäß zugehörige Denken der psychischen Sphäre untrennbar zusammengehören. Aber auch schon diese noch immer gern in unterschiedliche Schubladen gesteckten Kategorien sind bekanntlich keineswegs sauber zu trennen, wie die Praxis zeigt. So können etwa Autofahrer nur dann sozialverträglich handeln, wenn ihre psychischen Fähigkeiten nicht akut oder chronisch außerhalb der empirisch beim Fahren tolerierbaren Grenzbereiche liegen. Oder bei der Musterung der Rekruten moderner Armeen spielen die Wehrpsychologen bei der Bewertung der praktischen Verwendungen der Probanden die entscheidende Rolle. Es ist einer breiten Öffentlichkeit, einschließlich der betroffenen Rekruten und Soldaten, nicht bewusst, auf welch enormes Datenmaterial von Millionen von Individuen hierbei zurückgegriffen werden kann. Die Zuweisung zu den für das Militär interessanten und von ihm definierten Nominalkategorien (›qualitative‹ Typen, wie in der Archäologie Gefäß- oder Dekorklassen) kann daher mit sehr großer Zuverlässigkeit erfolgen. Dass dabei immer wieder einige Individuen in der Dunkelzone der Grenzbereiche verschwinden, ist von geringem Belang. Ein psychisch nicht belastbarer, aber physisch und kognitiv hervorragender Militärpilot kann durch sein Verhalten in der Praxis sehr rasch erkannt und in eine andere, ihm besser entsprechende Nominalkategorie ›versetzt‹ werden. Das wird vor allem natürlich ›nutzbar‹, wenn sich psychisches und physisches Verhalten aus welchen Gründen auch immer verändern. Die Vernetzung der psychischen und physischen Sphären muss naturgemäß bei der Beurteilung der Funktionen des gesamten ›produktiven‹, handwerklichen, industriellen und auch seit der Renaissance mit Beginn der modernen Wissenschaftlichkeit ausgesonderten ›bildenden-künstlerischen‹ Bereiches berücksichtigt werden.

Die Untrennbarkeit von ›materieller‹ und ›geistiger‹ Kultur

Die materielle Kultur ist ganz offensichtlich auf allen historischen Ebenen nicht von der nicht materiellen, geistigen Kultur zu trennen. Das gilt vor allem dann, wenn man die Kultur umfassend als Produkt des geistig gesteuerten praktischen Handelns versteht. Das beginnt schon mit dem frühesten fassbaren Handlungsablauf bei der Herstellung eines ersten hypothetischen Geröllgerätes, dessen technisch-handwerkliche Produktion ausschließlich durch die ›Rekonstruktion‹ derartiger Handlungsabläufe (in Form des Terminus ›chaine d'opératoire‹ im Stil frankophoner Wissenschaftsargumentation leicht verfremdend dramatisiert) bei ausreichenden archäologischen Quellen verstanden und dokumentiert werden könnte. Der Begriff ›Materielle Kultur‹ selbst ist ganz offensichtlich eine der vielen unreflektierten Übernahmen eines anglophonen Terminus, wie hier *material culture* aus dem Bereich der amerikanischen sozialphilosophischen Anthropologie in die deutschsprachigen Kultur- und Geschichtswissenschaften. Hier ist es gut, sich zu vergegenwärtigen, dass in dieser unterdessen ›globalisierten‹ Konzeption sowohl frühere soziologische wie kulturanthropologische Aspekte einbezogen wurden und ökohistorische Bezüge erst neuerdings zunehmend beachtet werden. Hinter dem Begriff der *material culture* steht nicht nur der deterministische Optimismus des frühen Industriezeitalters mit seinem britischen Vorsprung von Spencer, Darwin und anderen, sondern auch die daraus erwachsene Theorie der marxistischen-machistischen Philosophie vom nachgeordneten materiellen Unterbau unter den übergeordneten ideologisch-geistigen Überbau.

Materielle Ausstattung der Kultur

Alle materiellen Bezüge sind unweigerlich jeweils integrierte und untrennbare Komponenten im vernetzten System der Kulturen. Im Bereich der Archäologie und Ethnologie ist Gerhard Schlatter (1985, Einleitung) eingehend auf das konzeptionelle Problem der materiellen Erzeugnisse im kulturellen Kontext eingegangen. Diese Arbeit, die auf eine im Fach Urgeschichte in Tübingen abgefasste Magisterarbeit zurückgeht, hat bisher nicht allzu viel Widerhall gefunden. Das mag daran liegen, dass in der Theoriedebatte der Urgeschichte, die von kulturanthropologischen Sekundärarbeiten beherrscht wird, primäre ethnologische Quellenarbeiten nur noch selten Beachtung finden. Andererseits ist in jüngster Zeit auch die ethnologische Forschung wieder an Neubewertungen historischer Sachgüter und Schriftquellen interessiert. Dazu kommt, dass deutschsprachige Quellenarbeiten im angelsächsischen Raum nur noch von wenigen Autoren beachtet werden, sie haben für die Wissenschaftsjournalisten in *Science* und *Nature* und unterdessen sogar *Antiquity*, ganz zu schweigen von *American Antiquity* oder *Current Anthropology* und Organe von ähnlichem Niveau wegen ihrer hohen Spezialisierung zu wenig Marketingwert.

Die Arbeit von Schlatter (1985) befasst sich mit den zu Beginn der 80er Jahre im Lindenmuseum Stuttgart zugänglichen Teilen der Sammlung Liebler aus dem Gebiet der zentral australischen Aranda. Diese noch heute bedeutendste Australien-Sammlung in Deutschland wurde im März 1913 erworben und 1921 von Th. Koch-Grünenberg inventarisiert. Sie kann trotz der wenigen direkten Angaben des Sammlers selbst durch die das gleiche Gebiet behandelnden Publikationen von C. Strehlow (1907-1920) in ihrem ursprünglichen Kontext bewertet werden.[1]

Schlatter (1985, 9) hat sich dem Material als ›Archäoethnograph‹ genähert. Er ist gezwungen, sich trotz partieller Textbezüge archäologischer Methoden zu bedienen, um Erklärungen zu finden, da »die Völker, in deren Bereich sich diese Sammlungen zumeist befinden, dafür gesorgt haben, dass man die anderen, aus deren Bereich diese Sammlungen kommen, nicht mehr befragen kann« (ebd.). Er stellt daher das gesamte Material konsequent einem archäologischen Fund mit sehr geringem organischem Schwund gleich (ebd. 10), also etwa einer hypothetischen neolithischen Feuchtbodenstation mit Erhaltung feinster Federn und Geflechte. Zu erwähnen ist zudem die sehr umfassende Aufarbeitung der Literatur zur Technologie der autochthonen australischen Kulturen (ebd. 330-349).

---

[1] Strehlow war im Gegensatz zu den meisten dort arbeitenden zeitgenössischen Forschern sprachkundig.

Auf der Basis dieses Ansatzes setzt er sich mit dem Begriff der ›Materiellen Kultur‹ auseinander. Er zitiert zunächst W. E. Mühlmann (zitiert bei Schlattner 1985, 7):

»Es steht nichts im Wege die materiellen Bestandteile [...] als ›materielle Kultur‹ zu bezeichnen; falsch ist nur deren Entgegensetzung zu einer ›geistigen‹ Kultur [...]. Denn die materiellen Gegenstände sind kulturelle nur als sinn- und geisterfüllte Schöpfungen und Objektivationen.«

Aber Schlatter (ebd.) lehnt diese Argumentation ausdrücklich und mit Recht ab, da sie inhaltliche von formalen Beziehungen nicht unterscheidet. Er führt dagegen aus:

»Der Begriff und das Ereignis ›Kultur‹[2] können hier nicht näher bestimmt werden, jedoch ist unter dem Aspekt der Einheit einer Kultur, durch die formale Bezeichnung ›materielle *Kultur*‹ eine inhaltliche Ausgrenzung von Sozialgefüge, Weltanschauung und ökonomischer Struktur, die mit den materiellen Erzeugnissen einen kulturellen Zusammenhang bilden, implizit. Materielle Erzeugnisse sind in bestimmten sozialen Verhältnissen im Kontext von Ritual und alltäglicher Praxis hergestellt und verwendet worden. Gerade das hier bearbeitete Material macht dies in besonderer Weise deutlich. Eine Ausgrenzung der materiellen Erzeugnisse aus dem Gesamtkomplex Kultur wäre eine von außen herangetragene Trennung. Diese Trennung, die gleichermassen formale und inhaltliche ›Entgegensetzung‹ zur Kultur, wird mit dem Begriff ›materielle Kultur‹ geradezu provoziert. Dabei darf nicht übersehen werden, dass eine Entgegensetzung oder besser eine Unterscheidung materieller Erzeugnisse von ihrem geistigen ›Überbau‹ *innerhalb* des Gesamtkomplexes Kultur sehr wohl möglich und für die Erkenntnistätigkeit auch notwendig ist. Theoretisch können wir einen tjurunga (materieller Bereich) von dem ihm immanenten Totemvorfahren (immaterieller Bereich) auseinanderhalten, in der praktischen Lebenswirklichkeit jedoch sind sie eine Einheit, sie bedingen sich gegenseitig. Materielle Erzeugnisse sind vom immateriellen Bereich einer Kultur unterscheidbar, diese Bereiche lassen sich aber nicht gegeneinander ausgrenzen, voneinander trennen. Solange sich Mühlmann gegen eine formale und inhaltliche Entgegensetzung zur Kultur als ganzer wendet, hat er Recht, darf aber formal die Bezeichnung ›materieller Kultur‹ nicht zulassen. Meint er jedoch mit materieller und geistiger Kultur jeweils nur den Bereich der Kultur, wäre eine inhaltliche Entgegensetzung nicht falsch.

Da mit Kultur, wie auch immer sie eingrenzend apostrophiert wird, nicht nur ein Bereich derselben bezeichnet werden kann, muss die Bezeichnung ›materielle Kultur‹ aufgegeben werden. Wir haben es also (und dies wird besonders deutlich, wenn man sich vorstellt, im Museum vor Vitrinen zu stehen) hier nicht mit der materiellen Kultur einer Gesellschaft zu tun, sondern mit der materiellen Ausrüstung, deren Beziehung zur Gesellschaft und zur Kultur wir erst kennenlernen müssen.« (ebd. 7 f.).

Soweit das ausführliche Zitat, dem nichts hinzuzufügen ist. Es wird also tatsächlich unabweisbar, den eigenständigen formalen Terminus ›materielle Kultur‹ aufzugeben, da er ohne seinen Kontext nicht verständlich werden kann. Er behindert wegen dieser Hypothek zwangsläufig die Erörterungen kulturhistorischer Ereignisse. Das wiegt besonders schwer, wenn in Zukunft auch kulturelle Aspekte mit den zugehörigen Ökosystemen verbunden werden sollen, die nicht nur die bereits gängigen Bezüge zur ›Umwelt‹, sondern auch die zur ›Innenwelt‹ menschlichen Handelns darstellen

---

2 Dazu noch in seiner Anmerkung 1, S. 232 sehr kompakt und instruktiv.

sollen. Für den Urgeschichtler, den in den Bereichen der Steinzeiten tätigen ›Paläohistoriker‹, ist diese vernetzte Betrachtensweise unabdingbar. Schon die Geröllgeräte des Oldowan, die Speere von Schöningen oder die Furchenstöcke von Burgäschisee-Süd (Müller-Beck 2001) sind nur so in ihrer materiellen, geistigen und ökologischen Bedeutung zu gewichten. Es ist also hohe Zeit, diesen unnötigen und überholten, formalisierten und ausgrenzenden Ballast abzuwerfen.

»Woher wissen Sie, dass dies ein Schwert ist? Es schwertet ja nicht.« Edward Sangmeister (1998, 79) hat kürzlich unter Hinweis auf dieses bekannte Seminarzitat im Heideggerschen Stil die Notwendigkeit der umfassenden Deutung der materiellen Ausstattung der Kultur betont. Ein ›Schwert‹ kann auch schon ein hölzernes Kinderspielzeug oder gar ein ›schwertförmiges‹ Naturspiel sein. Ohne das vorher irgendwie erworbene Wissen um die Funktion einer derartigen ›Form‹ bleibt es zwar begreifbar, aber unverständlich. Zudem ist natürlich auch Schwert nicht gleich Schwert. Wo ist die Grenze zum Dolch, zum Messer, zum Degen oder zu der mit einer Schneide versehenen Keule und so fort? Wie wurde dieses oder jenes Schwert eingesetzt: Schlag oder/und Stich? Was für Schutzwaffen werden bei Schwertkämpfen verwendet? Wie wurden Schwerter gefertigt, was macht ihre Qualitätsunterschiede aus? Welche geistige Welt steht hinter dem Einsatz und der Symbolik von Schwertern? Eine schier unbegrenzte Menge kultureller Bezüge zeichnet sich ab. Erst die materiellen Komponenten eines Objektes ergeben einen mit Sinn zu füllenden ›Namen‹ – oder statistisch: eine qualifizierende ›Nominalkategorie‹.

Der von Schlatter (1985, 9) so treffend formulierte und an seinem Thema vorgeführte ›archäoethnographische‹ Ansatz, der vielleicht noch besser als ›archäohisto(rio!)graphische‹ Methode bezeichnet werden könnte, hilft tatsächlich weiter. Er verbindet die materielle Ausstattung einer Kultur mit ihren übrigen quellenkritisch zu hinterfragenden historischen Komponenten, um ihre Bedeutung zu erkunden und im jeweils gewählten Kontext zu verstehen. Das kann entweder eine einzige Station, eine durch Keramikmerkmale definierte Kulturprovinz, wie die Band-Keramik (Sangmeister 1998, 83-84) oder eine kulturell bestimmte Chronozone oder etwa auch die multikulturelle Funktion ›Schwert‹ sein. Es kommt also darauf an, die durch Formen und Anwendung bestimmbaren Funktionen der ›materiellen‹ Komponenten kultureller Sphären mit allen dazugehörigen ›immateriellen‹ Komponenten kritisch zu vergleichen, um ihre Bedeutung zu sichern. Dass dies bei einem auch heute noch im Sport benutzten Speer oder Bogen einfacher ist als bei einem nur noch extrem selten eingesetzten aber in historischen Quellen öfter erwähnten steinernen Handhammer zur Nahrungsbereitung, liegt auf der Hand. Dies macht aber auch den Reiz der archäohistorischen Forschungsarbeit und den Wert ihrer Ergebnisse aus. Es ist der gleiche Reiz, den die forensische Forschung der Kriminalistik besitzt. Und das kommt ja nicht von ungefähr, wenn man sich klar macht, dass in der griechischen Sprachwurzel zur Historik das ›Erkunden‹ steckt, zu der eben auch die saubere und überprüfbare Quellenkritik gehört. Wobei freilich das kontrollierende Experiment der Archäologie immer wieder die nächste Grabung mit vergleichbaren Befunden und Objekten bleibt und die sich daran anschließende ›totalarchäologische‹. Doch auch ›Grabungen‹ in Museumsdepots können höchst erfolgreich sein, wie das die Arbeit von G. Schlatter (1985) mustergültig zeigt. Das gilt auch für jede vergleichende Materialaufnahme, die nicht nur unter Einbeziehung aller zugehörigen feldarchäologischen Dokumentationen, sondern in Beachtung des gesamten jeweiligen kulturellen Kontextes durchzuführen ist.

Literatur

Burckhardt 1955: J. Burckhardt, Burckhardt Gesammelte Werke III: Die Kultur der Renaissance in Italien. Ein Versuch. Basel: Schwabe 1955.

Müller-Beck 2001: H. Müller-Beck, Die Steinzeit. Der Weg des Menschen in die Geschichte. München: C. H. Beck ²2001.

Sangmeister 1998: E. Sangmeister, Nachdenken über eigenes Tun in der urgeschichtlichen Archäologie. Freiburger Universitätsblätter 140, 1998, 77–90.

Schlatter 1985: G. Schlatter, Bumerang und Schwirrholz. Eine Einführung in die traditionelle Kultur australischer Aborigines. Berlin: Reimer 1985.

Indizien

CHRISTOPH KÜMMEL

Wie weit trägt ein Indizienbeweis?
Zur archäologischen Überführung von Grabräubern

ZUSAMMENFASSUNG: Der Beitrag stellt ein Plädoyer für eine Neubewertung des Phänomens der Grabberaubung in ur- und frühgeschichtlicher Zeit dar. Als wichtigstes Hilfsmittel wird dabei der Begriff des »Indizienbeweises« verwendet, der aus der juristischen Sphäre entlehnt ist. Nach der Klärung dieses Begriffes soll zunächst gezeigt werden, dass sich die Auswertung archäologischer Quellen prinzipiell solcher Indizienbeweise bedienen muss, wenn sie nicht auf dem Stand der Spurensicherung verharren möchte. Eindeutiges Belegmaterial lässt sich aus der bisherigen Erforschung des ur- und frühgeschichtlichen Grabraubs anführen. Es stellt sich heraus, dass die Forschung weitgehend dem von C. Ginzburg beschriebenen »Indizienparadigma« folgt und sich bei der Deutung von Spuren zudem ein erweitertes Zeichenverständnis zu Nutze macht. Spuren werden nicht nur als Anzeichen und Hinweise auf vergangene Wirkungszusammenhänge gelesen, sondern auch als Träger kulturell bestimmter Kodes behandelt. Führt z. B. ein zurückgelassenes Fundobjekt zum einen auf die Spur einer Graböffnung, soll an ihm zum anderen etwas über die Glaubensüberzeugung des »Grabräubers« deutlich werden. So werden unter der Hand semiotische Konzepte eingeführt, ohne ihre weiteren Implikationen zu verfolgen. Es ist das Verdienst des Zeichentheoretikers Ch. S. Peirce, darauf hingewiesen zu haben, dass sich die so genannte »triadische« Grundstruktur eines Zeichens - mit den Polen »object«, »sign« und »interpretant« - nicht einfach in Zweierbeziehungen auflösen lässt. Weder die Überbewertung festgelegter symbolischer Kodierungen noch die alleinige Berücksichtigung des Tathergangs würde demnach eine befriedigende Erklärung der Grabberaubung liefern. Statt dessen führt der Weg wohl oder übel über die umfassende Rekonstruktion der »sozialen Situation«, in der sich ein handelndes Subjekt zum Zeitpunkt der Beraubung befunden hat (im Sinne der Soziologie H. Essers). Dabei sind die vorhandenen Indizien notwendigerweise auch auf ihren Zeichencharakter hin zu untersuchen. Damit würde der »pragmatischen Dimension« der Zeichenstruktur sicherlich ausreichend Rechnung getragen - es bleibt nur die ernüchternde Feststellung, dass auch eine solche Analyse über die Aussagekraft eines »Indizienbeweises« nicht hinauskommen wird.

Indizienbeweise in der Archäologie

Die Frage, wie stabil eine Argumentationskette sein kann, die sich nur auf »Indizien« verlässt, steht an zentraler Stelle erkenntnistheoretischer Erörterungen in der Archäologie. Allein der Begriff des »Indizienbeweises« stammt nicht aus der archäologischen, sondern der juristischen Terminologie. Was versteht man unter einem »Indizienbeweis«? Alltagssprachlich wird der Begriff dann gebraucht, wenn ein Straftäter mangels besserer Argumente, die in Form der Aussage von Augenzeugen oder Geständnissen beigebracht werden könnten, aufgrund der Auswertung möglichst vieler Indizien überführt und verurteilt werden soll. »Indizien« - das sind in diesem Fall mehr oder weniger aussagekräftige Spuren am Tatort oder ähnliche indirekte Hinweise. Zwar legen sie möglicherweise die Beteiligung einer Person an der

Tat nahe, streng genommen beweisen sie aber keine Schuld, da es immer auch noch weitere – wenn auch vielleicht weniger plausible – Erklärungsmöglichkeiten für ihr Zustandekommen gibt. In diesem Sinn wird der Begriff »Indizienbeweis« meist pejorativ und synonym zu einer wenig tragfähigen Begründung verwendet. Dem entspricht auch der Begriff des »Indizienprozesses« (Bender/Nack 1995, 210), in dem sich Anklage und Verteidigung über die Bewertung von Spuren und indirekte Zeugenaussagen streiten und die Gerechtigkeit des Urteils zweifelhaft erscheint.

Im Unterschied zu diesem Sprachgebrauch versteht die gegenwärtige Rechtswissenschaft unter einem »Indizienbeweis« einfach das Gegenteil eines so genannten »direkten« oder »unmittelbaren« Beweises (ebd. 209; Michels 2000, 7). Bei einem unmittelbaren Beweis muss der Richter die rechtlich relevante Haupttatsache (z. B. den Diebstahl, die Körperverletzung) allein durch seine eigene sinnliche Wahrnehmung beurteilen können, ohne dass er weitere Tatsachen oder Hinweise von dritter Seite miteinbezieht. In allen anderen Fällen spricht man von mittelbaren oder indirekten Beweisen, bzw. »Indizienbeweisen«, die nicht die Haupttatsache zum Gegenstand haben, sondern »Hilfstatsachen«, die erst in einen schlussfolgernden Zusammenhang mit der Haupttatsache gebracht werden müssen. In diesem erweiterten Sinn sind auch Augenzeugenberichte und Geständnisaussagen prinzipiell keine direkten Beweise, sondern zählen zu den »Indizien« (Bender/Nack 1995, 210-213; Michels 2000, 8), was sich daraus ableiten lässt, dass auch Zeugen sich irren oder lügen können und auch falsche Selbstbezichtigungen vorkommen sollen.

Nach dieser Definition ist es verständlich, warum vor Gericht direkte Beweise nur äußerst selten vorkommen, während heute der Indizienbeweis als »Regelbeweis«, und nicht etwa als unzureichende Behelfslösung gilt.[1] Dabei sei noch einmal das entscheidende Merkmal des Indizienbeweises betont (in den Worten des Bundesgerichtshofes, s. Bender/Nack 1995, 209, Hervorhebung im Original):

»*Hauptstück des Indizienbeweises* ist also nicht die eigentliche Indiztatsache, sondern der daran anknüpfende weitere *Denkprozeß*, kraft dessen auf das Gegebensein der rechtserheblichen weiteren Tatsache geschlossen wird.«

Dieser Denkprozess soll im Folgenden noch näher charakterisiert werden, denn von ihm hängt es ab, ob und wie überhaupt gerechte Urteile zustande kommen können.

Wesentlich ist für den Indizienbeweis, dass das Gericht abwägen muss, ob ein Hinweis die *Wahrscheinlichkeit* des Vorliegens der Haupttatsache negativ oder positiv beeinflusst (ebd. 216 ff.; Herdegen 1999, 1185 ff.). Ist keines von beidem der Fall, ist er für die Beurteilung irrelevant und kann streng genommen gar nicht als Indiz bezeichnet werden. Entsprechend werden je nach Beweisrichtung belastende und entlastende (sowie »neutrale«) Indizien unterschieden, wobei zusätzlich eine Ge-

---

[1] Im deutlichen Gegensatz zu dieser modernen Sichtweise spielte der Indizienbeweis wenigstens im deutschsprachigen Raum bis zur Abschaffung der Folter (Mitte des 18. Jh. n. Chr.) und zur Einführung der freien Beweiswürdigung in der zweiten Hälfte des 19. Jh. n. Chr. (als Folge des Jahres 1848) nur eine sehr untergeordnete Rolle (Michels 2000, 191 ff.).

wichtung der Indizien untereinander erfolgen muss. Außerdem müssen wirklich alle relevanten Hinweise in die Untersuchung einbezogen werden, denn grundsätzlich gilt, dass mehrere voneinander unabhängige Indizien, die in dieselbe Beweisrichtung deuten, die Beweiskraft verstärken, einen »Beweisring« bilden (Michels 2000, 7). Es sind aber auch Abhängigkeiten zwischen einzelnen Indizien zu beachten, in diesem Fall liegt eine »Beweiskette« vor (dazu Bender/Nack 1995, 221 ff.; bes. 226).

Die entscheidende und anspruchsvolle Aufgabe, den Einfluss der einzelnen Indizien auf die Wahrscheinlichkeit des Vorliegens der Haupttatsache abzuschätzen, muss das Gericht schließlich allein auf der Grundlage von Erfahrungen und Vergleichen bewältigen.² Nur so ist es zum Beispiel möglich, den erhöhten Alkoholgehalt im Blut eines Autofahrers mit hoher Sicherheit als belastendes Indiz zu werten, denn die Erfahrung zeigt, dass Personen, die Alkohol getrunken haben, sehr wahrscheinlich keine aufmerksamen Verkehrsteilnehmer sind. Schon sehr viel schwieriger ist es zu entscheiden, ob etwa bestimmte Spuren am Tatort eine Tötungsabsicht nahe legen oder ob eine Zeugenaussage ernst zu nehmen ist, denn solche Fragen lassen sich nicht ohne weiteres mit unbestrittenen Erfahrungssätzen klären. In allen diesen Fällen müssen Vergleiche herangezogen werden, und müssen alle Hinweise mit Hilfe quantitativer und qualitativer Kriterien systematisch als be- oder entlastende Indizien gewertet werden, da ein direkter Beweis so gut wie nie möglich ist.

In dieser faktischen Beschränkung auf ein einziges Beweisverfahren, den Indizienbeweis, entsprechen sich die Situation eines Richters und die eines Archäologen, der nichts als die spärlichen Überreste eines Tathergangs vor sich hat: Fundobjekte und Fundkontext stellen lediglich Indizien, oder noch treffender »Hilfstatsachen« dar. Ein wichtiger Unterschied besteht allerdings in der Zielsetzung, die im Falle des Richters in der gerechten Beurteilung eines aktuellen Einzelfalles besteht. Dagegen geht es im Falle des Archäologen immer um die kulturhistorische Interpretation einer ganzen Gruppe von Fällen.

Versucht man sich die archäologische Forschung dennoch einmal als richterliche Instanz vorzustellen, so wird die Beweisführung dadurch noch erschwert, dass man sich bei der Bewertung der Indizien nicht sicher ist, auf welche Erfahrungen man

---

2 Obwohl die Bewertung der Beweiskraft der Indizien für die gerichtliche Entscheidung wesentlich ist, wurde sie in der Rechtswissenschaft bisher nicht gründlich genug untersucht (so Bender/Nack 1995, 213 f.; s. auch Herdegen 1999, 1185 f. zu Beweiswürdigungstheorien). In jedem Fall beruhen die Schlüsse, die aus Indizien gezogen werden, auf Erfahrungssätzen, die verschiedene Grade der argumentativen Stärke aufweisen können. Es kann sich dabei um wissenschaftlich gesicherte Erkenntnisse handeln, die einen Zusammenhang als »notwendig« erscheinen lassen, um Grundsätze, die ihn immerhin als »sehr wahrscheinlich« kennzeichnen, aber auch um einfache Erfahrungssätze, die einen Schluss nur »vermutungsweise« zulassen. Letztlich kommt es darauf an, dass die aus den Hilfstatsachen gezogenen Schlüsse plausibel, d. h. intersubjektiv nachvollziehbar sind und »ernstlich keine anderen Schlüsse in Betracht kommen« (Herdegen 1999, 1186 f.; dazu und zur Rolle der Wahrscheinlichkeitstheorie im Rahmen der Beweiskraft-Abschätzung s. Bender/Nack 1995, 209; bes. 221 ff.).

überhaupt zurückgreifen soll und auf welche Vergleichskriterien man sich verlassen kann. Obendrein fällt eine bestimmte Art von Indizien, die Zeugenaussagen, fast ganz aus. Zwar mögen manchmal mehr oder weniger zeitgenössische schriftliche Überlieferungen vorhanden sein, zum fraglichen Streitpunkt tragen sie aber häufig genug nichts bei, eine regelrechte Befragung der Zeugen schließt sich ohnehin aus, und ihre Glaubwürdigkeit ist schwierig zu bewerten.[3]

Dennoch kann die archäologische Forschung zu Urteilen gelangen, indem sie sämtliche Spuren vergangenen Geschehens auswertet, die - in welcher Form auch immer - bis heute überdauert haben. In vielen Fällen erlauben diese Indizien auch ein überaus sicheres Urteil: Beispielsweise wird man das Alter und die Größe einer Siedlung bestimmen und mit anderen Fällen vergleichen können. Man wird einer Person, der eine relativ aufwendige Bestattung zuteil wurde, mit guten Gründen einen höheren gesellschaftlichen Rang zusprechen. Entscheidend sind auch hier sowohl qualitative wie quantitative Kriterien und zugehörige Vergleichsverfahren, damit bei der Urteilsfindung nicht zu willkürlich verfahren wird.

Viele weitere Beispiele lassen sich nennen; für den hier begonnenen bildhaften Vergleich von archäologischer und juristischer Untersuchung[4] bietet sich aber ein Phänomen als besonders geeignet an: Die Beraubung von Gräbern in ur- und frühgeschichtlicher Zeit. Unzählige Indizien zeigen, dass Gräber - häufig sogar nur in kurzem zeitlichem Abstand zur Bestattung - erneut geöffnet und dass Objekte entfernt wurden.[5] Schließlich wurden die zugehörigen »Grabräuber« auf der Grundlage der Indizienbeweise auch verurteilt. Die Urteile fallen allerdings sehr verschieden aus,[6] so dass nach der anschließenden kurzen Schilderung zweier bekannter Fälle auf die Frage zurückzukommen ist, wie ein archäologischer Indizienbeweis in diesem Zusammenhang geführt werden sollte und wie weit er letztlich trägt.

---

3   Ein gutes Beispiel für diese Problematik findet sich in den Versuchen, die taciteische Schrift »De origine et situ Germanorum« (die so genannte »Germania«), deren ethnographischer Wert äußerst zweifelhaft ist, archäologisch auszuwerten. Beispiele der archäologischen Interpretation: Norden 1923; Much 1967; zur antiken Ethnographie, speziell zu Tacitus s. Flach 1995; Beiträge in Beck 1986 (bes. Timpe 1986) sowie Beiträge in Jankuhn/Timpe 1989; s. auch Lund 1999; Pohl 2000, bes. 59 ff.
4   Für einen tatsächlichen Vergleich beider Disziplinen hinsichtlich ihrer Zielsetzung und methodischen Gemeinsamkeiten, der hier nicht intendiert ist, s. den Beitrag von G. Mante in diesem Band.
5   So oder ähnlich wird »Grabraub« meistens auch definiert (etwa Steuer 1998, 516; Sprenger 1999, 14). Im Folgenden wird diese sehr allgemeine Festlegung der Einfachheit halber übernommen, obwohl der Begriff »Grabraub« zumindest die Interpretation beinhaltet, dass die Graböffnung nicht rechtmäßig erfolgt ist oder anders ausgedrückt kein geregelter Bestandteil des Totenrituals gewesen sein kann.
6   An Stelle von Einzelbelegen mag hier die Einschätzung von H. Steuer (1998, 516) genügen: »Die Erklärungen für Grabraub wechseln zw. den Extremen der schlichten räuberischen Bereicherung und eines rituell begründeten Normalverhaltens.«

Indizien für Grabberaubungen in der Ur- und Frühgeschichte

»Grabraub« gehört zu denjenigen kulturgeschichtlichen Phänomenen, die zeit- und raumunabhängig in unterschiedlicher Intensität fast überall auftreten (Steuer 1998, 517 ff.). So weit ist das Phänomen verbreitet, und so umfänglich und reichhaltig ist auch die Quellenlage, dass es überraschen muss, wenn man bis heute in der Literatur nur wenige Studien findet, die sich umfassend mit dem Thema befasst haben.[7] Dabei hat diese spezielle Form einer sozial bedingten Handlungsweise den großen Vorteil, dass sie der archäologischen Spurensicherung noch verhältnismäßig gut zugänglich ist. Dennoch interessierte das Phänomen des Grabraubs als kulturelle Eigenäußerung der zu untersuchenden Gesellschaft bisher kaum, und es ging stattdessen vor allem um die Rekonstruktion der ursprünglichen Grabinhalte.

In diesem Zusammenhang liegen vor allem zu technischen Aspekten der Beraubung zahlreiche Einzelbeobachtungen vor.[8] Zu den Indizien, die auf den Tathergang und Zeitpunkt hinweisen, gehören zum einen Spuren der »Grabräuber« selbst, etwa aufwendige Raubstollen, aber auch unscheinbarere Überreste von zurückgelassenem Gerät, wie z. B. die Fragmente von Schaufeln oder Spaten, die in der fast vollständig ausgeraubten zentralen Grabkammer des Magdalenenberg bei Villingen angetroffen wurden (Abb. 1). Andererseits können Teile oder Spuren der entnommenen Gegenstände und Knochenverlagerungen auf eine Beraubung hinweisen. Schließlich sind eventuell auch Details der baulichen Konstruktion eines Grabes als Präventivmaßnahme gegen eine mögliche Beraubung zu deuten. Als Beispiele könnten wieder Großgrabhügel der mitteleuropäischen Bronze- und Eisenzeit dienen, noch eindeutigere Hinweise liegen aber in den bekanntesten archäologischen Denkmälern überhaupt vor: in den Grabbauten der ägyptischen Pharaonen mit ihrer raffinierten, auf die Täuschung von Eindringlingen spezialisierten Architektur.[9]

---

7   Erste Schritte wurden in den Beiträgen in Jankuhn et al. 1978 unternommen, die erstmals ganze Epochen im Überblick darstellen. Eine einführende Übersicht zum Thema findet sich bei Beck 1998; Steuer 1998 und Schiller 1998. Neben wenigen weiteren Einzelbeiträgen (etwa Roth 1977; Steuer 1982; Rittershofer 1987; Baitinger 1992), behandeln vor allem diverse Unterkapitel in Gräberfeld-Publikationen weiterführende Aspekte des Themas; hervorzuheben sind Grünewald 1988; Neugebauer 1991; Sprenger 1999.
8   Beispiele für die Beobachtung von Spuren des Tathergangs (verwendete Geräte, entfernte Beigaben u. Ä.) im Befund: Grünewald 1988; Neugebauer 1991; Thiedmann/Schleifring 1992; Sachenbacher 1993; Dannhorn 1994; Bönisch 1995; Beilner/Gruppe 1996; Sprenger 1999.
9   Als deutlichste Beispiele sind Pyramiden aus der Zeit des Mittleren Reiches (13.-12. Dynastie, ca. 2000-1700 v. Chr.) anzuführen, die geheim gehaltene Eingänge, labyrinthartige Korridorsysteme mit Scheingrabkammern und Schächten aufwiesen. Als Vorbild für spätere Anlagen mag die Pyramide Sesostris' II. in Illahun gedient haben, ein Höhepunkt wird mit der Pyramide in Hawara (Amenemhet III.) erreicht. Durch einen außergewöhnlichen Schließmechanismus zeichnete sich die Pyramide des Chendjer (Sakkara-Süd) aus (Stadelmann 1991, 239 ff.; zum Grabraub dieser Zeit bes. 243).

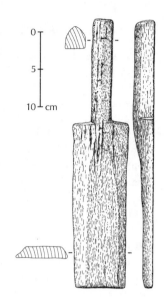

Abb. 1: »*Corpus delicti*«.
Hölzernes Grabgerät aus der Hallstattzeit als Indiz für die Anwesenheit von »Grabräubern« in der zentralen Grabkammer des Magdalenenbergs bei Villingen (Spindler 1971, Taf. 11).

Fehlt es also nicht an sehr gut dokumentierten Fällen ur- und frühgeschichtlicher Grabberaubungen, sind Erklärungs- und Deutungsversuche umso seltener. Stellvertretend sollen anschließend zwei Beispiele kurz angesprochen werden, die die bisherige Forschung wenigstens annäherungsweise repräsentieren. Jürgen Driehaus (1978) hat in seinem Beitrag zum Göttinger Kolloquium »Zum Grabfrevel in vor- und frühgeschichtlicher Zeit« (Jankuhn et al. 1978) die Beraubung der reichen späthallstattzeitlichen Hügelgräber in Südwestdeutschland untersucht. Seine detaillierte Analyse ergab, »dass es bei den Beraubungen in erster Linie um Metallwerte, vor allem um Wagen ging« (Driehaus 1978, 37). Dabei seien »einfache« Wagengräber kaum Ziel der Beraubungen gewesen, sie konzentrierten sich auf die »Fürstengräber« im engen Umkreis der Fürstensitze«.[10] Zur Ursache dieser Verteilung äußert er sich nur sehr zurückhaltend, glaubt aber, dass sie am ehesten »soziologisch determiniert« sei. An dieses zunächst knappe, ernüchternde Urteil schließen sich allerdings Überlegungen zum Grab des Toten als seiner »ewigen Behausung« an (Driehaus 1978, 38 f.). Leider geht er nicht darauf ein, was demzufolge eine bald nach der Bestattung erfolgte, fast vollständige Entleerung eines solchen »Hauses« bedeuten könnte. Als deutliches Beispiel sei hier die zentrale Kammer des Grabhügels »Hoh-

---

10 Ebd. 38. – Gegen diese These hat inzwischen H. Baitinger (1992, 335 ff.) im Rahmen seiner Analyse des Grabbefundes von Tauberbischofsheim-Dittigheim (Main-Tauber-Kreis) zeigen können, dass in der Hallstattzeit durchaus auch einfachere Gräber und nicht vor allem Gräber in der Nähe der so genannten »Fürstensitze« beraubt worden sein müssen. Allerdings sollte an dieser Stelle angemerkt werden, dass in der Regel wohl auch in diesen Fällen die am aufwendigsten ausgestatteten Gräber innerhalb einer Nekropole betroffen sind.

michele« genannt, die von mehreren Personen wenige Jahre nach der Bestattung durch einen langen und engen Raubstollen entleert worden sein muss (ebd. 19-21; Riek 1962, 42 ff.; 50 Abb. 12).

Im gleichen Band wie Driehaus' Abhandlung findet sich der grundlegende Aufsatz von Helmut Roth (1978; vgl. Roth 1977) zum merowingerzeitlichen Grabraub. Da diese frühgeschichtliche Periode ohnehin einen Schwerpunkt der Gräberarchäologie darstellt (Stork 1998, 419), verwundert nicht, dass forschungsgeschichtlich bedingt hier auch am meisten Beobachtungen zur Grabberaubung vorliegen.[11] Bereits Roth (1978, 73) schätzte die Anzahl der überlieferten Fälle von beraubten Gräbern im ganzen Merowingerreich auf 19500, sodass bei einer angenommenen Grundgesamtheit von 50000 archäologisch bekannten Gräbern nahezu zwei von fünf Gräbern wieder geöffnet und geplündert wurden. Noch deutlicher als Driehaus betont Roth (ebd. 67), dass überhaupt kein Zweifel bestehen könne, dass die Totenberaubung vor allem aus Gewinnstreben erfolgt sei (ähnlich Stork 1998, 428).

Seine Untersuchung ergab allerdings auch, dass besondere Gegenstände trotz ihres hohen Materialwertes mitunter nicht entnommen wurden (Roth 1978, 68 ff.). Dazu gehören etwa goldene Scheibenfibeln mit Filigran- oder Pressblechverzierung, aber auch andere Objekte wie tauschierte Riemenzungen des Gürtelgehänges oder die so genannten »Goldblechkreuze«, die auf spezielle Leichentücher aufgenäht wurden. Gemeinsam ist diesen Objekten die figürliche Verzierung, die verschiedene Elemente der frühchristlichen Bildsymbolik wiedergibt. In diesen Fällen, stellt Roth fest (ebd. 73), stehen wohl die »wie auch immer gearteten Glaubensvorstellungen der Grabfrevler« dem Streben nach Bereicherung entgegen (Abb. 2). Damit knüpft er an eine bereits von Ursula Koch (1973; 1974) in die Diskussion eingebrachte These an, die sich auch in weiteren Studien als Deutungsmuster durchgesetzt hat.[12]

Wie Driehaus entschließt sich Roth angesichts des vielseitigen Befundes also nicht zu einer zu sehr auf ein Motiv verengten Erklärung. Das Nachdenken über die von den Objekten ausgehende Wirksamkeit der »Glaubensvorstellungen«, die er fast immer in Anführungszeichen setzt, überlässt er aber dem Leser.

Die Beiträge von Driehaus und Roth liegen nun bereits einige Jahre zurück und können in mancher Hinsicht als überholt gelten. In der Art ihrer Argumentation scheinen die Beiträge aber keineswegs veraltet zu sein, sondern haben eher Schule gemacht. Die archäologisch fassbaren Hinweise auf Grabberaubungen werden zunächst sorgfältig begutachtet und bilden den Anlass für durchaus differenzierte Deutungen, die aber nicht konsequent weitergeführt werden. Dieser Bereich der Auswertung wird vielmehr einer kurzen spekulativen Phase geopfert, in der die Aus-

---

11 Beispiele finden sich in fast jeder Gräberfeldpublikation (s. Anm. 6 u. 7), Genaueres kann hier nicht diskutiert werden; zum Forschungsstand Roth 1978, 53-59; Steuer 1998, 518-520; Stork 1998, 428-430.
12 Siehe z. B. Schnurbein 1987, 104; Schmid 1992, 449-452; zusammenfassend Stork 1998, 429 f.; kritisch dazu Schülke 1997, 462 f.; 1999/2000, 101 ff.; 112 ff.

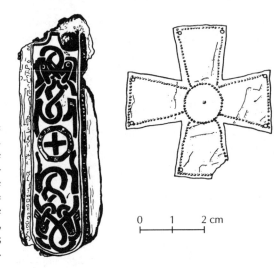

Abb. 2:
»Verschmähte Beute«.
Eine merowingerzeitliche
Riemenzunge und ein Goldblattkreuz, deren frühchristliche
Symbolik die »Grabräuber«
abgeschreckt haben könnte
(links: Mindelheim, Grab 65,
rechts: Derendingen, Grab 4;
Roth 1978, 83 f. Abb. 13.5 u. 14.2).

drucksweise unverbindlicher wird,[13] manches leider »im Dunkeln« bleibt (so auch wörtlich Driehaus 1978, 38) und man sich kein sicheres Urteil zutraut. Da längere Erörterungen fehlen, bleibt schließlich als einzige plausible Erklärung des Phänomens das Motiv der Bereicherung aus gewissermaßen »niedrigen« Beweggründen. Sie hat den Vorteil, dass sie sich mühelos in Einklang mit den Indizien bringen lässt, vor allem aber auch ohne genauere Begründung heutzutage nachvollziehbar ist.

Nicht im Besonderen bei Driehaus und Roth, aber in zahlreichen anderen Studien wird die zugehörige aktualistische Grundhaltung deutlich ausformuliert. So spricht Günter Behm-Blancke (1973, 141) im Zusammenhang mit Grabberaubungen von »lichtscheuem Gesindel«, Klaus Raddatz (1978, 50) denkt dabei vor allem an »Nacht- und Nebelaktionen« und Karl-Friedrich Rittershofer (1987, 5) hält Grabraub für ein »verabscheuungswürdiges Verbrechen«.[14] Hierin folgt Rittershofer dem aktuellen Strafrecht der Bundesrepublik, in dem die »Störung der Totenruhe« als eigenständiger Straftatbestand gilt (§ 168 StGB; Lackner/Kühl 1999, 814-818). Zwar wird dadurch bestätigt, dass ein Vergleich von Kriminalistik und Archäologie gar nicht so abwegig zu sein scheint, aber da nicht alles getan wurde, um die Lücken in den verwendeten Indizienbeweisen möglichst zu schließen, muss die Verurteilung der »Grabräuber« aufgrund heutiger Rechtsnormen doch als sehr voreilig gelten.

---

13 Zum Beispiel Thrane 1978, 17: »persönliche Motive«; Sachenbacher 1993, 173: »geistige Elemente«; Driehaus (s. o.): »soziologische Determinierung«.
14 Zu diesen Wertvorstellungen, die die Forschung beeinflussen s. auch Sprenger 1999, 19.

Das »Indizienparadigma« am Werk

Die im Zusammenhang geschilderte Herangehensweise der bisherigen archäologischen Grabraub-Forschung lässt sich gut mit einem bestimmten epistemologischen Modell in Verbindung bringen, das Carlo Ginzburg (1995, 15, 31) als »Indizienparadigma« oder »semiotisches Paradigma« beschrieben hat und das seiner Ansicht nach seit dem 19. Jahrhundert erfolgreich in solchen wissenschaftlichen Disziplinen eingesetzt wird, die eher qualitative und individuelle Untersuchungsgegenstände haben. Im Kern dieses Modells steht die Annahme, dass es durch die sorgfältige Analyse oberflächlicher Phänomene möglich ist, auf einen tieferen Zusammenhang zu schließen, dessen Kenntnis nicht auf andere, direktere Art möglich ist (ebd. 37). Dieses Modell hat sehr viel ältere Wurzeln, die zum einen im Spurenlesen auf der Jagd, zum anderen in der Wahrsagerei zu suchen sind. Dazu Ginzburg (ebd. 16): »Beide gehen von der minutiösen Erkundung einer vielleicht sehr ›niederen‹ Realität aus, umso die Spuren von Ereignissen, die für den Betrachter nicht direkt erfahrbar sind, zu entdecken.« Die Differenz liege dabei trotz der enormen Unterschiede des sozialen Kontextes nicht in der Form des Vorgehens, sondern im Prinzip nur im zeitlichen Bezug auf die Vergangenheit oder die Zukunft.

Ganz ähnlich geht auch die Archäologie vor: Aus scheinbar nebensächlichen Einzelheiten des Befundes, aus kleinsten Spuren, versucht sie einstmaliges Geschehen abzulesen und auf zugrunde liegende Strukturen zu schließen. In ihrer individualisierenden und oft sehr spekulativen Art kann man diese Methode mit Ginzburg durchaus als »retrospektives Wahrsagen« bezeichnen. Wie an den Beispielen gezeigt wurde, erfolgt über die nüchterne Dokumentation und Spurensicherung hinaus nämlich auch das »Lesen« der Spuren, und der semiotische Aspekt des Indizienparadigmas wird offenbar. Auch wenn die Autoren selbst nicht von »Lesen« und »Semiotik« sprechen, haben sie den Weg der wissenschaftlichen Zeichendeutung längst betreten.

Im vorliegenden Zusammenhang sind verschiedene semiotische Begriffe hilfreich, die auf den amerikanischen Zeichentheoretiker Ch. S. Peirce (1839-1914) zurückgehen und die kurz erläutert werden sollen.[15] Zunächst differenzierte Peirce den Vorgang der Zeichendeutung oder -wirkung, der »Semiose«, in drei Pole (Nagl 1992, 30 ff.), die untrennbar zusammenhängen (»triadische Grundstruktur«). Durch das physisch vorhandene Zeichenmittel (*sign*) erschließt sich für den Interpreten eine Vorstellung, eine Idee oder eben eine »Bedeutung« (*interpretant*) eines beliebigen Objektes (*object*; Peirce 1932, § 228; Nagl 1992, 30). Losgelöst von einem Interpre-

---

15 Unter Semiotik soll hier diejenige Disziplin verstanden werden, die »alle kulturellen Vorgänge [...] als Kommunikationsprozesse untersucht« (Eco 1994, 32). Die Peirce'schen Konzepte haben bei der Etablierung eines solchen übergreifenden semiotischen Ansatzes eine wichtige Rolle gespielt (ebd. 29 f.). Da sie im Folgenden jedoch nur als Argumentationshilfe eingesetzt werden, genügt es sich an der Sekundärliteratur zu orientieren, in diesem Fall an Nagl 1992 und Rodi 1992.

ten lässt sich dieser Zusammenhang nicht vorstellen, denn nur durch dessen aktive Rolle ist es möglich, dass sich aus dem Zeichen-Objektbezug ein »Drittes«, nämlich eine »Bedeutung« ergibt. Eine isolierte Betrachtung des Zeichen-Objektbezuges ist demnach sinnlos, und es können auch keine unabhängig vom Interpreten existierenden Bedeutungen angenommen werden. Kurzum, ein Zeichen tritt gewissermaßen nur dann auf, wenn auch ein pragmatischer Bezug vorhanden und damit die »Zeichentriade« vollständig ist (Nagl 1992, 32, 36). Sowohl den semantischen Bezug des Zeichens auf ein Objekt als auch den pragmatischen Bezug auf einen Interpretanten hat Peirce weiter analysiert (ebd. 42 ff.), von Belang sind hier aber vor allem zwei weitere Begriffe, die den Objektbezug betreffen.

Neben so genannten »ikonischen« Zeichen, die sich durch eine physisch wahrnehmbare Ähnlichkeit mit dem Objekt auszeichnen, also vereinfachte »Abbilder« darstellen, unterscheidet Peirce zwischen »indexikalischen« und »symbolischen« Zeichen. Als »Index« verweist ein Zeichen durch einen unmittelbaren Zusammenhang auf ein Objekt – etwa im Sinn eines Ursache-Wirkung-Verhältnisses (ebd. 47 f.; Rodi 1992, 297 f.). Für die Archäologie lässt sich dieser Aspekt am besten mit dem Begriff »Spur« begreifen. So verweist etwa der zurückgelassene Holzspaten als Artefakt zwangsläufig auf die Anwesenheit eines Menschen hin, wenn auch nicht gleich auf dessen »räuberische« Absichten. Bei einem »Symbol« ist der Objektbezug dagegen unabhängig von einer Ähnlichkeit oder einem unmittelbaren Zusammenhang. Er ergibt sich allein durch bestimmte kulturell bedingte Regeln (Nagl 1992, 48 ff.; Rodi 1992, 298). So kann zum Beispiel der Reichtum der Beigaben in einem Grab auf die gesellschaftliche Bedeutung der darin bestatteten Person verweisen, sofern entsprechende Annahmen über kulturelle und gesellschaftliche Werte zutreffen. Aus den kurz formulierten Beispielen wird klar, dass bei der archäologischen Auswertung der Indizien für Grabberaubungen keineswegs nur der nahe liegende »indexikalische« Aspekt eine Rolle spielt, sondern vor allem auch der »symbolische«. Besonders bei der Ansprache von Fundobjekten wird aber deutlich, dass der indexikalische Aspekt so gut wie niemals allein auftritt. Schon die Interpretation eines Holzfragmentes als »Spaten« beruht auf einer Konvention und nicht allein auf den Eigenschaften des Objektes.

Was die abschreckende Wirkung eines Symbols betrifft, so haben Roth sowie andere Archäologinnen und Archäologen vor und nach ihm auch die pragmatische Dimension bereits in ihre Spekulationen mit eingeschlossen. Man rechnet hier mit einer nach heutigen Gesichtspunkten fremdartigen Reaktion – dem Zurückschrecken eines Diebes vor dem Diebesgut, obwohl es doch den Tätern vor allem auf den Materialwert angekommen sein soll. Zur Verschärfung des Argumentes mag das folgende Zitat dienen (Roth 1978, 59): »Die Scheu vor diesen Objekten war so groß, daß andernorts sogar kostbare, aus Gold gefertigte Stücke der Tracht und des Jenseitsglaubens im Grabe verblieben.« Natürlich geht Roth dabei nicht nur von einer Scheu vor den betreffenden Gegenständen selbst aus, sondern bezieht sich implizit auf ein ganzes System von Normen und zugehörigen Verhaltensweisen.

Gibt sich die Archäologie nach außen zwar recht bescheiden und traut sich kaum den Begriff »Glaubensvorstellungen« ohne Anführungszeichen zu verwenden oder über »soziologische Komponenten« weiter nachzudenken, so hat sie unbemerkt die durch die Spurensicherung festgestellte »materielle Kultur« eben nicht nur als Spur, sondern als Bedeutungsträger voll anerkannt, und auch der pragmatische Zeichenbezug wird wenigstens ansatzweise berücksichtigt. Die Deutung ist aber dennoch unbefriedigend, weil die Art und Weise, wie die Indizien ausgewertet werden, unausgesprochen bleibt und demzufolge zu viele Fragen unbeantwortet gelassen, bzw. gar nicht erst gestellt werden. Zuallererst etwa die Folgenden: Was könnte für Personen, die in Gräber eindringen, »von Wert« gewesen sein? Der Materialwert spielt wohl nicht die einzige Rolle, denn gewisse Gegenstände kamen ja trotz ihrer materiellen Beschaffenheit offensichtlich nicht in Frage. Durch welche Motivation wurden die Täter dementsprechend geleitet? Diese Fragen lassen sich nur schwierig beantworten, die Antwort kann aber auf keinen Fall nur davon abhängen, ob gewisse Gegenstände als »christliche« Symbole interpretiert werden. Kann man aus heutiger Sicht ohnehin kaum die Motive irgendeines »Grabräubers« nachvollziehen, sind auch diejenigen eines speziell frühmittelalterlichen, »christlichen Grabräubers« nicht verständlich, wenn man sich ihnen unreflektiert mit heutigen Wertvorstellungen zu nähern versucht.

Damit wird hinreichend klar, dass vor allem die Deutung der Indizien systematisiert und offen gelegt werden muss, sofern man weiterhin im Rahmen des für die Archäologie unumgänglichen, aber durchaus fruchtbaren Indizienparadigmas arbeiten will. Als Synonym verwendet Ginzburg dabei nicht umsonst den Begriff des »semiotischen Paradigmas«. Dabei sollte vor allem das stärker berücksichtigt werden, was mit dem Konzept des »pragmatischen Zeichenbezuges« angesprochen worden ist. Es gilt nicht, mögliche Bedeutungen einzelner Fundobjekte (für wen eigentlich?) herauszufinden und festzulegen, sondern zu verstehen, welche Rolle sie im Zusammenhang des vergangenen Geschehens insgesamt gespielt haben, damit sie als Indiz voll zum Tragen kommen. Alles andere hieße, den Prozess der Semiose auf Teilaspekte zu reduzieren und damit nicht ausreichend theoretisch zu durchdringen (vgl. Nagl 1992, 33 f.).

Das führt zwangsläufig auch zu weiteren Konsequenzen: Nicht nur der pragmatische Bezug zwischen »Grabräubern« und ihrer potentiellen Beute ist relevant, sondern auch derjenige des heutigen Zeichendeuters zu seinem Forschungsgegenstand. Auch hier handelt es sich um eine ernst zu nehmende pragmatische Dimension, die sich gewissermaßen zwischen Gegenwart und Vergangenheit erstreckt und beides trennt. Es ist zwar verständlich, dass Archäologen durch die Erhaltungsbedingungen sehr voreingenommen sind. Übertrieben ausgedrückt ist ein »Goldblattkreuz« viel zu gut erhalten und obendrein für einen in westeuropäischer christlicher Tradition aufgewachsenen Wissenschaftler zwangsläufig viel zu symbolträchtig, als dass es für den Tathergang des Grabraubs keine zentrale Rolle hätte spielen sollen.[16] Ähnliches gilt für den Metallwert entwendeter Beigaben oder für andere augenfällige Überreste. Natürlich sind es solche positiven Befunde, die für archäologische Spekulationen Anlass geben, und nicht das, was nicht mehr sichtbar ist. Teil des Indizienparadigmas sind aber nicht nur die Indizien, sondern eben auch ihre umfassende, akribische Ausdeutung nach festgelegten Regeln.

Schlussfolgerungen: Zur sozialen Situation eines Grabräubers

Die bisher in der archäologischen Forschung unternommene Bewertung der Indizien für ur- und frühgeschichtliche Grabberaubungen weist Schwächen und Lücken auf. Da die Bedeutung des Diebesgutes und die Motive der »Grabräuber« nicht offen liegen, wird gewissermaßen aus der Not (der eingeschränkten Überlieferung) eine Tugend (der interpretatorischen Selbstbeschränkung bzw. Pauschalisierung) gemacht. Will man sich einerseits gar nicht auf eine Deutung festlegen, hat man andererseits eine schnelle Pauschalerklärung parat, die nicht wirklich geprüft wird und auf aktualistischen Annahmen beruht. Diese Schwächen haben mit der Art der Beweisführung zu tun, die in der Archäologie – wie in einem Gerichtsverfahren – auf die Konstruktion von Indizienbeweisen beschränkt ist. Juristisch gesehen ist für das Gelingen der Beweise nicht nur die vollständige und kritische Registrierung der Indizien entscheidend, sondern vor allem der »Denkprozess«, der diese Hilfstatsachen mit der eigentlich relevanten Frage (der Haupttatsache) verbinden soll. In diesem Denkprozess sind die Beweiskraft und -richtung der Indizien auf der Grundlage von Erfahrungen und Vergleichen zusammenfassend zu bewerten. Fehlt diese Grundlage, so gerät der Denkprozess unweigerlich ins Stocken. Statt der benötigten Erfahrungssätze wird man auf Vorurteile zurückgreifen müssen, um überhaupt ein Urteil zu fällen.

Im Fall des ur- und frühgeschichtlichen Grabraubs gilt es, als Haupttatsache die Ursachen, die Entwicklung und Ausprägung dieses kulturgeschichtlichen Phänomens zu erklären. Für die Bewältigung dieser Untersuchung sind bisher kaum Erfahrungen gesammelt und Vergleichsmöglichkeiten eröffnet worden, die eine Bewertung der Indizien ermöglichten. Um diese Lage zu verbessern, müssen »Erfahrungssätze über Grabräuber« erarbeitet werden. Und zwar besonders solche, die etwas zu Objekten, zu materieller Kultur und ihrer Bedeutung im Handlungszusammenhang aussagen, denn vor allem diese sind für die archäologische Auswertung brauchbar.

---

16 Als Beleg für diese Voreingenommenheit können verschiedene teilweise umfangreiche Publikationen dienen, die sich ausschließlich mit dieser Fundgattung beschäftigen: Hübener 1975; Knaut 1994; zusammenfassend s. Riemer 1998; kritisch zur Interpretation der Goldblattkreuze als Indizien des Glaubens s. Schülke 1999/2000, 102 ff.

Diese Forderung ist zum einen nicht dahingehend misszuverstehen, dass die bisherige Forschung sich bei ihren Deutungen etwa keiner Erfahrungen oder Vergleiche bedient hätte. Im Gegenteil kommt keine der oben kurz angesprochenen Interpretationen ohne verallgemeinernde Erfahrungen aus. So wird etwa das Tatmotiv der materiellen Bereicherung damit begründet, dass die aus den Gräbern entnommenen Objekte meistens aus Metall und demnach wertvoll gewesen seien. Zu dieser Einsicht gelangt man aber nicht nur durch die Berücksichtigung der vorliegenden Indizien, sondern es spielen auch Kenntnisse anderer Befunde eine Rolle, die die Einschätzung von Metallgegenständen bereits im Vorfeld beeinflusst haben.

Zum anderen ist den Studien auch nicht der Vorwurf zu machen, sie seien in ihren »spekulativen« Deutungen zu weit gegangen, indem sie beispielsweise materielle Kultur als Bedeutungsträger behandelten, auch wenn dies nicht bewusst geschieht und dabei weniger terminologischer Aufwand getrieben wird als vielleicht in englischsprachigen Studien. Denn es darf als genauso spekulativ betrachtet werden, semiotische – und das heißt vor allem symbolische – Aspekte der Indizien vollständig auszuschließen. Im Gegenteil wird hier die Ansicht vertreten, dass solche »Spekulationen« nicht den unwichtigeren Teil einer archäologischen Auswertung bilden, denn das Ziel jedes Indizienbeweises besteht schließlich in der Beurteilung der nicht direkt zugänglichen Haupttatsache, und nicht in einer Beschränkung auf eine Beschreibung der Hilfstatsachen, so wichtig diese im Rahmen des Beweisverfahrens auch sind.

Im Folgenden soll eine Strategie vorgestellt werden, wie über ein soziologisches Erklärungsmodell Erfahrungssätze zur »sozialen Situation eines Grabräubers« und zu seinem Handeln zu gewinnen sind, die anschließend zu einer überzeugenderen Bewertung der Indizien für ur- und frühgeschichtliche Grabberaubungen benutzt werden können. Als Basis dient dabei das allgemeine Modell einer soziologischen Erklärung, das Hartmut Esser (1993, 4 ff.; 83 ff.; 1999, 1 ff.; 14 ff.) aufbauend auf den Prinzipien der »verstehend« erklärenden Soziologie Max Webers beschrieben hat.[17]

Nach diesem Modell lassen sich gesellschaftliche Phänomene – und dazu gehört ohne Zweifel auch der Grabraub – nicht direkt auf kollektiver Ebene erklären, sondern sind als Folge individueller Handlungen zu begreifen. Zu den Ursachen individueller Handlungen gehören aber wiederum gesellschaftliche Bedingungen, so dass

---

17 Bei der Neuformulierung des Modells fasst Esser verschiedene Entwicklungsstränge der soziologischen Theorie zusammen, beruft sich aber letztlich auf Webers Definition, die eine komprimierte Zusammenfassung des Erklärungsmodells enthält: »Soziologie [...] soll heißen: Eine Wissenschaft, welche soziales Handeln deutend verstehen und dadurch in seinem Ablauf und seinen Wirkungen ursächlich erklären will. ›Handeln‹ soll dabei ein menschliches Verhalten [...] heißen, wenn und insofern als der oder die Handelnden mit ihm einen subjektiven *Sinn* verbinden« (Weber 1980, 1; Hervorhebung im Original; vgl. Esser 1993, 3 ff.; 98 ff.).

148   *Christoph Kümmel*

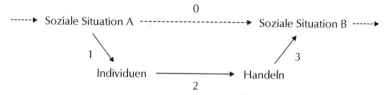

Explanandum (kollektive Ebene)	Explanans (individuelle Ebene)
0 Gesellschaftliches Phänomen (kollektives Ereignis oder kollektiver Zusammenhang)	1 Logik der Situation (äußere und innere Bedingungen, Definition der Situation, M. Weber: »subjektiver Sinn«)
	2 Logik der Handlung (Selektion nach Bewertungen und Erwartungen, M. Weber: »Ablauf« der Handlung)
	3 Logik der Aggregation (Transformation, M. Weber: »Wirkungen«)

Abb. 3: Das Grundmodell der soziologischen Erklärung (nach verschiedenen Vorlagen aus Esser 1993, 6 Abb. 1.1, 98 Abb. 6.1; 1999, 17 Abb. 0.1).

eine soziologische Erklärung aus mehreren Schritten bestehen muss (Abb. 3).[18] Im ersten Schritt wird die »soziale Situation« (oder einfach »Situation«) untersucht, in der sich ein Individuum befindet. Unter diesem Begriff sind alle äußeren und inneren Bedingungen zu verstehen, die ein Individuum bei der Auswahl einer Problemlösung beeinflussen. Eine »Situation« ist sowohl durch kollektive Werte und Normen geprägt als auch durch subjektive Einstellungen, entscheidend für das Handeln des Individuums ist aber noch ein weiterer kognitiver Prozess, der als »Definition der Situation« bezeichnet wird. Gemeint ist damit eine dem eigentlichen Handeln vorausgehende Orientierung des Individuums, gewissermaßen der Rahmen, in dem eine Handlungsentscheidung gemäß den Erwartungen und Bewertungen gefällt werden kann (Esser 1999, 161 ff.).

Gelingt es mit dem ersten Schritt, die soziale Situation idealtypisch zu modellieren, so kann man auf der individuellen Ebene verstehen, wieso sich bestimmte Handlungsoptionen ergeben. Im zweiten Schritt lässt sich dann mit Hilfe einer Handlungstheorie besser erklären, welche Optionen am wahrscheinlichsten ausgewählt werden. Im dritten Schritt der Erklärung müssen schließlich die Auswirkungen der Handlungen auf der kollektiven Ebene modellhaft beschrieben werden.[19]

---

18 In diesem Rahmen können nur die Grundzüge des Erklärungsansatzes wiedergegeben werden, der von Esser (1993, 97) als »Makro-Mikro-Makro-Modell« bezeichnet wird, da die Perspektive zwischen der kollektiven und individuellen Ebene wechselt. Die verschiedenen Erklärungsschritte sind dabei durch eine je spezifische »Logik« gekennzeichnet (ebd. 91). Zu den erkenntnistheoretischen Prämissen sowie dem so genannten »nomologischen Kern« dieses Konzeptes s. Esser 1993, 39–63.
19 Zur Modellierung sozialer Prozesse siehe besonders Esser 1993, 119–140.

Wie sich ein solches Modell überzeugend für die Erklärung gesellschaftlicher Phänomene anwenden lässt, hat Esser an mehreren modernen Beispielen[20] vorgeführt. Die Anwendung im Zusammenhang mit ur- und frühgeschichtlichen Grabberaubungen stellt sich nicht ganz so einfach dar. Die vorhandenen Indizien werden hier zunächst wenig über gesellschaftliche Normen, über die beteiligten Individuen, ihre subjektiven Einstellungen und spezifischen Situationsdefinitionen verraten. Der Weg muss also genau wie bei den oben geschilderten Beispielen über Kulturvergleiche führen, aus denen sich idealtypische Deutungsmuster konstruieren lassen, d. h. mit anderen Worten: aus denen sich die erforderlichen Erfahrungssätze ergeben. Dabei sind nicht allein neuzeitliche oder moderne Fallanalysen zur Grabberaubung von Interesse, sondern es müssen auch Vergleichsdaten zu kulturellen Aspekten gesammelt werden, die in engem Zusammenhang mit dem Phänomen stehen. Was die äußeren Bedingungen der sozialen Situation betrifft, sind dies vor allem Verhaltensnormen und Sanktionen, die mit Bestattungen und Grabanlagen zu tun haben. Beispielsweise ist aber auch die gesellschaftliche Bewertung (materieller/ideeller Wert) von Objekten im Allgemeinen wichtig, besonders aber von solchen, die aus Grabkontexten stammen. Bei den inneren Bedingungen und Situationsdefinitionen durch die Akteure spielen ferner der Geltungs- und Wirkungsgrad der Verhaltensnormen eine Rolle, etwa die individuelle Erwartung, dass eine Sanktion eintritt oder nicht. Auch die Bedeutung persönlicher Motive oder abweichender Bewertungen von Objekten ist zu klären. Ideale Studienobjekte stellen hier selbstverständlich sorgfältig beobachtete und gut dokumentierte Handlungsabläufe dar. Obwohl diese Vorarbeiten noch nicht geleistet worden sind,[21] soll zum Abschluss wenigstens ansatzweise vorgeführt werden, wie sich ein Indizienbeweis am Beispiel des merowingerzeitlichen Grabraubs führen ließe und welche Fragen dabei auftauchen.

Normen, Sanktionen, Bewertungen, Erwartungen: Ein Beispiel

Nach Ausweis der Indizien hat es in der Merowingerzeit sicher strikte Verhaltensnormen im Zusammenhang mit Gräbern gegeben. Dafür sprechen vor allem die regelhaften Beigabenausstattungen (dazu Storck 1998, 419). Im archäologischen Befund deutet allerdings mit der Ausnahme besonders tief ausgehobener Grabgruben für reichere Bestattungen (ebd. 422) wenig auf Schutzmaßnahmen gegen Beraubungen hin. Dass es hier aber Verhaltensmaßregeln und sogar entsprechende Androhungen von Sanktionen gegeben hat, belegen verschiedene Rechtsaufzeichnungen,

---

20 Dabei geht es z. B. um Scheidungsraten in ländlichen oder städtischen Gebieten, um die Unwirksamkeit moralischer Appelle in der Umweltpolitik und Ähnliches (Esser 1993, 66–71).
21 Diese Aufgabe wird einen Teilaspekt der in Arbeit befindlichen Dissertation des Autors zum Thema Grabraub darstellen.

die vor dem Hintergrund der römischen Tradition zu sehen sind (Nehlsen 1978, 107 ff.; 167 f.). Sieht man von wenigen Veränderungen in republikanischer Zeit ab, so hat das römische Recht die Verletzung eines Grabes (*sepulchri violatio*), das als *res religiosa* angesehen wurde und deshalb rechtlich besonders geschützt war, mit der Kapitalstrafe oder extrem hohen Geldbußen bzw. Arbeit im Steinbruch geahndet (Behrends 1978, 85 f.). Eine Ursache für diese harte Bestrafung könnte in einer spezifisch römischen Einstellung zur Bestattung liegen: Wurde eine Bestattung erneut dem Tageslicht ausgesetzt, galt sie gewissermaßen als nicht vollzogen, bzw. annulliert – ein für die römische Ahnenverehrung unhaltbarer Zustand (ebd. 90 ff.). In einigen eher spät anzusetzenden germanischen Rechtsaufzeichnungen taucht eine ähnlich scharfe Bestrafung solcher Grabraubdelikte auf, die aber erst durch die Romanisierung und missionarische Tendenzen der fränkischen Elite hier Eingang gefunden haben könnte.[22] Nach dem Zeugnis früherer germanischer Rechtsaufzeichnungen wurde Grabraub im Rahmen des nahezu alle Unrechtstaten erfassenden so genannten »Kompositionensystems« (Körntgen 2001) nicht so hart bestraft, sondern nur mit einer der üblichen, eher privatrechtlich zu verstehenden Wiedergutmachungszahlungen geahndet.[23]

Was die gesellschaftliche Bewertung von Objekten betrifft, spricht nichts dagegen, dass während der Merowingerzeit Gegenstände, die als Beigaben oder als Teile der Bekleidung mit ins Grab gelangten, dadurch keine entscheidende Bewertungsänderung erfuhren. Entsprechende Vergleichsbeispiele vorausgesetzt ließe sich vermuten, dass bestimmte Objekte wie etwa Waffen möglicherweise noch an (ideellem) Wert gewonnen haben könnten. Bei Gegenständen, die aus Edelmetall gefertigt waren, wurde der Materialwert sicherlich nicht geringer. Die Wertschätzung solcher Objekte lässt sich im archäologischen Befund nach Quantitätskriterien abschätzen, aber auch Schriftquellen belegen überzeugend den hohen Wert wenigstens goldener oder silberner Objekte,[24] und Kulturvergleiche stehen dieser Feststellung nicht im Wege.

---

22 Nach der grundlegenden Untersuchung von H. Nehlsen (1978, 107) nehmen Bestimmungen zum Grabraub in diesen Quellen einen überraschend großen Raum ein. Er hält es für erwiesen, dass die verschärften Strafandrohungen spätere Ergänzungen darstellen, wie z. B. im Fall des *Pactus Alamannorum* oder der *Lex Salica* (ebd. 127 ff.; 167).
23 Nehlsen 1978, 135; 167 f. – Diese Regelung lässt sich mit modernen strafrechtlichen Grundsätzen nicht begreifen, sondern beruht auf einem Ausgleichsprinzip, das allen frühen Rechtssystemen zugrunde liegen dürfte und das allenfalls mit Elementen des heutigen Privatrechts vergleichbar ist (Wesel 1985, 343 ff.; zsfd. zu germanischen Rechtsvorstellungen s. Wesel 1997, 259 ff.).
24 So hat etwa H. Steuer (1982, 325) zu zeigen versucht, dass die in den Rechtsaufzeichnungen genannten Bußgelder für Grabberaubungen recht genau dem materiellen Gegenwert des Beutegutes entsprochen haben könnten.

Sehr viel schwieriger ist es, aus dem archäologischen Befund oder aus zeitgenössischen Schriftquellen etwas über individuelle Einstellungen von »Grabräubern« zu erfahren. Auch über den Geltungsanspruch der eben erwähnten Rechtsnormen und die Wirksamkeit der Sanktionen lässt sich leider ohne die bewusste Zuhilfenahme allgemeiner Erfahrungssätze nicht viel sagen. Die verstärkten Strafandrohungen können zum Beispiel als Akkulturationseffekte interpretiert werden (römisch-fränkischer Einfluss), sind aber andererseits auch als Reaktion auf die nachlassende Wirksamkeit bestehender Normen zu begreifen.[25] Da die Anzahl der Grabberaubungen im Laufe der Merowingerzeit eher ansteigt als sinkt (Roth 1978, 73 f.; Steuer 1998, 519), ist die zweite Interpretation durchaus plausibel. Selbst wenn man aber davon ausgeht, dass die unter römischem Einfluss entstandenen kodifizierten Rechtsnormen längst nicht in allen Winkeln des Merowingerreiches bekannt oder überhaupt akzeptiert waren, so gab es doch auch in den älteren Rechtsaufzeichnungen bereits Regelungen im Zusammenhang mit der Grabberaubung, so dass bei den »Grabräubern« wohl wenigstens ein gering ausgeprägtes Unrechtsbewusstsein vorhanden gewesen sein muß. Die Bereitschaft, dennoch bewusst gegen bestehende Normen zu handeln, ist unter Berufung auf zahlreiche Vergleichsbeispiele demnach sehr stark von der Erwartung einer möglichen Bestrafung und der Bewertung der möglichen Beute abhängig. Besonders aufgelassene Gräberfelder, die unbehelligt geplündert werden konnten, waren deshalb mit Sicherheit attraktive Ziele von Beraubungen. Aber auch erst kurz zurückliegende Bestattungen kamen wohl trotz erhöhten Risikos in Betracht, sofern entsprechende Werte genug Anreize lieferten.

Nach diesen Vorüberlegungen ist es verständlich, warum Grabraub in dieser beigabenreichen Periode attraktiv gewesen sein muss. Dass die empirisch festgestellte Beraubungsziffer tatsächlich hoch ist, lässt sich deshalb sehr gut mit gängigen Handlungstheorien - wie etwa der Werterwartungstheorie (Esser 1999, 247 ff.) - erklären. Die Daten legen gleichzeitig nahe, dass der Geltungs- und/oder Wirkungsgrad der betreffenden Rechtsnormen nicht besonders hoch gewesen sein kann.

Nun gehen Roth und andere davon aus, dass bestimmte Gegenstände wegen ihrer symbolischen Kennzeichnung von den »Grabräubern« vollkommen anders bewertet wurden als Objekte vergleichbarer Machart. Zum besseren Verständnis dieser Deutung versetze man sich versuchsweise in die Lage eines »Grabräubers«: Durch die äußeren und inneren Bedingungen und die Definition der Situation, ergeben sich für den Täter bestimmte Erwartungen und Bewertungen, die das Öffnen eines Grabes als zweckmäßige Handlungsoption erscheinen lassen. Wahrscheinlich schätzt er den erhofften materiellen und möglicherweise auch ideellen Gewinn weit höher ein als die Einhaltung einer bestehenden Norm; Sanktionen scheint er nicht zu

---

25 Sanktionen müssen nicht nur als wesentlicher Faktor für die Durchsetzung von Normen bezeichnet werden, sondern können in den Worten von H. Popitz (1968, 19) auch als »Seismograph des Normwandels« dienen. Allgemein zum Verhältnis von Normen und Sanktionen s. Lamnek 2001, 19 ff.

befürchten. Trotz dieser Situationsdefinition schreckt er nach der Interpretation von Roth vor bestimmten Gegenständen zurück, bricht eventuell sogar seine Aktion ab. Dies wäre nur durch eine veränderte Situationsdefinition zu erklären, etwa in dem Sinn, dass der Täter nun plötzlich doch Sanktionen befürchtet, sich in diesem Moment einer stärkeren Norm verpflichtet fühlt oder den Wert der Objekte nun ganz anders beurteilt.

Hier fragt man sich, ob der Täter nicht ohnehin mit dem Auftauchen solcher Objekte hätte rechnen müssen und ob er seine bewusste Entscheidung, gegen bestehende Normen zu handeln, deshalb umgehend revidiert. Nach Roths Interpretation ist eine solche abrupte Veränderung der Situationsdefinition aber grundsätzlich denkbar und in vielen Fällen auch vorauszusetzen. Zwar bleibt unausgesprochen, auf welchen Erfahrungssätzen oder Kulturvergleichen seine Annahme beruht, aber er geht davon aus, dass die Veränderung der Situationsdefinition durch die symbolische Bedeutung der betreffenden Objekte ausgelöst wird, und vernachlässigt dabei andere Aspekte des Handlungszusammenhanges. Mit einer je nach sozialer Situation variierenden Bewertung von Objekten rechnet er nicht. Betrachtet man den vorliegenden Fall unter semiotischen Gesichtspunkten, so wird deutlich, dass der semantische Objektbezug hier gegenüber dem pragmatischen ein starkes Übergewicht erhält, indem gleichsam festgeschriebene symbolische Bedeutungen angenommen werden und die entscheidende Rolle des Interpreten für die Semiose – in diesem Fall also des zur Tat entschlossenen »Grabräubers« – kaum berücksichtigt wird.

Gegen Roths Interpretation könnte man weiterhin vorbringen, dass besonders in dieser Epoche die Bewertung von Objekten und ihrer symbolischen Bedeutung einem starken Wandel unterworfen ist, für den sowohl politische wie religiöse Veränderungen verantwortlich sein könnten. Darauf weist zum Beispiel die steigende Bedeutung des Reliquienhandels hin, der zu vollkommen neuartigen ideellen und materiellen Bewertungen einzelner Objekte (auch von Überresten menschlicher Körper) geführt haben muss (Behrends 1978, 97 f., Steuer 1998, 519 ff.). Die Grabraub-Interpretation von Roth würde daher allein dadurch an Überzeugungskraft gewinnen, wenn sich an vergleichbaren, jedoch besser dokumentierten Fällen zeigen ließe, dass solche schnellen Veränderungen der Situationsdefinition durchaus häufig sind und dass daher selbst bei normabweichendem Verhalten mit situationsunabhängigen Bewertungen von Objekten gerechnet werden muss.

Diese Fragen können hier nicht weiter verfolgt werden. Dennoch ist an der Fallskizze zur Merowingerzeit deutlich geworden, dass eine Bewertung der Grabraub-Indizien nur durch eine Vielzahl von Vergleichen und Erfahrungssätzen möglich ist, da sie sonst allein auf der Grundlage von Vorurteilen erfolgt. Dabei soll nicht unerwähnt bleiben, dass durch die wenigen Indizien für tatsächlich existierende Normen, die in diesem Fall durch die spärliche schriftliche Überlieferung vorliegen, eine Deutung der »sozialen Situation eines Grabräubers« in dem Maße erleichtert wird, in dem sich dadurch zusätzliche Vergleichsmöglichkeiten ergeben, die bei einem weitgehenden Fehlen von schriftlichen Quellen jedoch ausfielen. Dennoch hat das

Beispiel auch grundsätzlich gezeigt, dass eine überzeugende Lösung der offenen Fragen im Zusammenhang mit dem ur- und frühgeschichtlichen Grabraub nicht nur eine genaue Spurensicherung zur Voraussetzung hat, sondern genauso von einem vergrößerten Bestand an Vergleichsmöglichkeiten und Erfahrungssätzen abhängig ist.

Wie weit trägt ein Indizienbeweis?

In der heutigen Rechtswissenschaft wird der Indizienbeweis als reguläre Methode zur Urteilsfindung gesehen. Gleiches gilt im übertragenen Sinn für die Archäologie und darf auch für andere geistes- und gesellschaftswissenschaftliche Disziplinen angenommen werden. Einerseits bietet dieses Beweisverfahren Vorteile, da Indizien im engeren Sinn durchaus ein objektiveres Bild von einem Tathergang bieten können als die Aussage von Augenzeugen oder sogar Geständnisse. Andererseits besteht bei einem Indizienbeweis die Gefahr, dass nicht nur die Beweisaufnahme fehlerhaft sein kann, sondern auch die erforderlichen Rückschlüsse auf die eigentlich relevante Frage nicht zutreffen (Michels 2000, 8 f.). Einen Indizienbeweis zu führen, ist deshalb eine anspruchsvolle Aufgabe, bei der auch der Rückgriff auf semiotische oder soziologische Konzepte (inklusive ihrer aufwendigen Terminologie) kein Patentrezept darstellt. Und immer hat man damit zu rechnen, dass die Überzeugungskraft eines Beweises eventuell nicht ausreicht.

In einem Strafprozess müssen die Indizien deshalb zur vollen Überzeugung des Gerichtes die eindeutige Beurteilung eines Falles ermöglichen. Eine andere Lesart darf »ernstlich nicht in Betracht kommen«. Wenn eine für den Angeklagten belastende Auslegung der Indizien nicht zwingend, sondern nur im Rahmen des Möglichen ist, gilt der Grundsatz: »*in dubio pro reo*« (im Zweifel für den Angeklagten). Sollte ein Urteil dennoch als ungerecht empfunden werden, so bietet sich der Verteidigung zusätzlich noch der Weg der Berufungsverhandlung. Auch diese Prinzipien lassen sich für die Interessen der Archäologie entsprechend übertragen. Nicht immer sind sichere Urteile möglich, und es werden auch immer wieder »schuldige« Täter mangels Beweisen freizusprechen sein. Umgekehrt muss bei ungerechtfertigten Urteilen auch eine Revision zugelassen werden. Aus dem Vergleich zwischen einer Situation vor Gericht und der Lage eines Archäologen lassen sich so zwar viele Anregungen gewinnen, am Ende soll aber noch einmal ein entscheidender Unterschied ausgesprochen werden: In einer Gerichtsverhandlung (wenigstens im Fall eines Strafgerichtsprozesses) geht es zuallererst um die gerechte Beurteilung eines Einzelfalles. Die Archäologie hat dagegen zum Ziel, möglichst plausible Interpretationen kulturhistorischer Phänomene zu erarbeiten. Dabei muss sie nicht zwangsläufig endgültige und eindeutige Urteile fällen, und Fehlentscheidungen haben wohl nicht annähernd so fatale Folgen.

Literatur

Baitinger 1992: H. Baitinger, Zur Beraubung hallstattzeitlicher Gräber in Süddeutschland. Dittigheim Grab 607. Fundber. Baden-Württemberg 17, 1992, 327-346.
Beck 1986: H. Beck (Hrsg.), Germanenprobleme in heutiger Sicht. Ergänzungsbd. Reallexikon Germ. Altertumskunde 1. Berlin/New York: De Gruyter 1986.
Beck 1998: Ders., Stichwort »Grabraub« [§§ 2 u. 3: Rechtsgeschichtliches/Philologisches]. In: Ders./H. Steuer/D. Timpe (Hrsg.), Reallexikon der Germanischen Altertumskunde. Band XII [von Johannes Hoops. Zweite, völlig neu bearbeitete und stark erweiterte Auflage]. Berlin/New York: De Gruyter 1998, 523-525.
Behm-Blancke 1973: G. Behm-Blancke, Gesellschaft und Kunst der Germanen. Die Thüringer und ihre Welt. Dresden: VEB Verlag der Kunst 1973.
Behrends 1978: O. Behrends, Grabraub und Grabfrevel im römischen Recht. In: Jankuhn et al. 1978, 85-106.
Beilner/Grupe 1996: T. Beilner/G. Gruppe, Beraubungsspuren auf menschlichen Skelettfunden des merowingerzeitlichen Reihengräberfeldes von Wenigumstadt (Ldkr. Aschaffenburg). Arch. Korrbl. 26, 1996, 213-217.
Bender/Nack 1995: R. Bender/A. Nack, Tatsachenfeststellung vor Gericht. Band I: Glaubwürdigkeits- und Beweislehre [unter Mitwirkung von Susanne Röder ...]. München: Beck ²1995.
Bönisch 1995: E. Bönisch, Holzkistengräber, Steinkreise und urgeschichtliche Grabstörungen auf jüngstbronzezeitlichen Bestattungsplätzen in der Niederlausitz. Arbeits- u. Forschber. Sächs. Bodendenkmalpfl. 37, 1995, 105-116.
Dannhorn 1994: T. Dannhorn, Beobachtungen zu den antiken Beraubungsmethoden im frühmittelalterlichen Reihengräberfeld von Viecht, »Unterfeld«, Gde. Eching, Lkr. Landshut. In: K. Schmotz (Hrsg.), Vorträge des 12. Niederbayerischen Archäologentages. Deggendorf: Leidorf 1994, 295-306.
Driehaus 1978: J. Driehaus, Der Grabraub in Mitteleuropa während der älteren Eisenzeit. In: Jankuhn et al. 1978, 18-47.
Eco 1994: U. Eco, Einführung in die Semiotik [autorisierte deutsche Ausgabe von Jürgen Trabant]. München u. a.: UTB/Fink ⁸1994 [deutsche Originalausgabe 1972].
Esser 1993: H. Esser, Soziologie. Allgemeine Grundlagen. Frankfurt/New York: Campus 1993.
Esser 1999: Ders., Soziologie. Spezielle Grundlagen. Band 1: Situationslogik und Handeln. Frankfurt/New York: Campus 1999.
Flach 1995: D. Flach, Der taciteische Zugang zu der Welt der Germanen. In: R. Wiegels/W. Woesler (Hrsg.), Arminius und die Varusschlacht. Geschichte - Mythos - Literatur. Paderborn u. a. 1995: Schöningh, 143-166.
Ginzburg 1995: C. Ginzburg, Spurensicherung. Die Wissenschaft auf der Suche nach sich selbst. Kleine Kulturwissenschaftl. Bibliothek 50. Berlin: Wagenbach 1995.
Grünewald 1988: Ch. Grünewald, Das alamannische Gräberfeld von Unterthürheim, Bayerisch-Schwaben. Materialh. Bayer. Vorgesch. A 59. Kallmünz: Lassleben 1988.
Herdegen 1999: G. Herdegen, § 244 [Beweisaufnahme]. In: G. Pfeiffer (Hrsg.), Karlsruher Kommentar zur Strafprozessordnung und zum Gerichtsverfassungsgesetz mit Einführungsgesetz. München: Beck ⁴1999, 1179-1260.
Hübener 1975: W. Hübener (Hrsg.), Die Goldblattkreuze des frühen Mittelalters. Bühl: Konkordia 1975.
Jankuhn et al. 1978: H. Jankuhn/H. Nehlsen/H. Roth (Hrsg.), Zum Grabfrevel in vor- und frühgeschichtlicher Zeit. Untersuchungen zu Grabraub und »haugbrot« in Mittel- und Nordeuropa [Bericht über ein Kolloquium der Kommission für die Altertumskunde Mittel- und Nordeuropas vom 14.-16. Februar 1977]. Abhandl. Akad. Wiss. Göttingen, Phil.-Hist. Klasse 3, 113. Göttingen: Vandenhoeck & Ruprecht 1978.

Jankuhn/Timpe 1989: H. Jankuhn/D. Timpe (Hrsg.), Beiträge zum Verständnis der Germania des Tacitus. Teil 1 [Bericht über die Kolloquien der Kommission für die Altertumskunde Nord- und Mitteleuropas im Jahr 1986]. Abhandl. Akad. Wiss. Göttingen, Phil.-Hist. Klasse 3, 175. Göttingen: Vandenhoeck & Ruprecht 1989.

Knaut 1994: M. Knaut, Goldblattkreuze und andere Kreuzzeichen. Gedanken zu einer süddeutsch-italischen Bestattungssitte. Marburger Stud. Vor- u. Frühgesch. 16. Marburg: Hitzeroth 1994.

Koch 1973: U. Koch, Grabräuber als Zeugen frühen Christentums, Arch. Nachr. Baden 11, 1973, 22-26.

Koch 1974: Dies., Beobachtungen zum frühen Christentum an den fränkischen Gräberfeldern von Bargen und Berghausen in Nordbaden. Arch. Korrbl. 4, 1974, 259-266.

Körntgen 2001: L. Körntgen, Stichwort »Kompositionensysteme«. In: H. Beck/D. Geuenich/ H. Steuer (Hrsg.), Reallexikon der Germanischen Altertumskunde. Band XVII [Von Johannes Hoops. Zweite, völlig neu bearbeitete und stark erweiterte Auflage]. Berlin/ New York: De Gruyter 2001, 179-180.

Lackner/Kühl 1999: K. Lackner/K. Kühl (Bearb.), Strafgesetzbuch mit Erläuterungen. München: Beck [23]1999.

Lamnek 2001: S. Lamnek, Theorien abweichenden Verhaltens. München u. a.: UTB/Fink [7]2001.

Lund 1990: A. A. Lund, Zum Germanenbild der Römer. Heidelberg: Winter 1990.

Michels 2000: K. Michels, Der Indizienbeweis im Übergang vom Inquisitionsprozess zum reformierten Strafverfahren. Dissertation Universität Tübingen 2000.

Much 1967: R. Much, Die Germania des Tacitus [... unter Mitarbeit von Herbert Jankuhn herausgegeben von Wolfgang Lange]. Heidelberg: Winter 1967.

Nagl 1992: L. Nagl, Charles Sanders Peirce. Campus Einführungen 1053. Frankfurt/New York: Campus 1992.

Nehlsen 1978: H. Nehlsen, Der Grabfrevel in den germanischen Rechtsaufzeichnungen – zugleich ein Beitrag zur Diskussion um Todesstrafe und Friedlosigkeit bei den Germanen. In: Jankuhn et al. 1978, 107-168.

Neugebauer 1991: J.-W. Neugebauer, Die Nekropole F von Gemeinlebarn, Niederösterreich. Untersuchungen zu den Bestattungssitten und zum Grabraub in der ausgehenden Frühbronzezeit in Niederösterreich südlich der Donau zwischen Enns und Wienerwald. Röm.-Germ. Forsch. 49. Mainz: Zabern 1991.

Norden 1923: E. Norden, Die germanische Urgeschichte in Tacitus' Germania. Stuttgart/Leipzig: Teubner [3]1923. [Neudruck des dritten Abdrucks ebenfalls Teubner [5]1998]

Peirce 1932: Collected Papers of Charles Sanders Peirce [hrsg. von Ch. Hartshorne/P. Weiss]. Band II. Harvard: Harvard University Press 1932.

Pohl 2000: W. Pohl, Die Germanen. Enzyklopädie Deutscher Geschichte 57. München: Oldenbourg: 2000.

Popitz 1968: H. Popitz, Über die Präventivwirkung des Nichtwissens – Dunkelziffer, Norm und Strafe. Tübingen: Mohr 1968.

Raddatz 1978: K. Raddatz, Zum Grabraub in der Frühen Bronzezeit und in der Römischen Kaiserzeit. In: Jankuhn et al. 1978, 48-52.

Riek 1962: G. Riek, Der Hohmichele. Ein Fürstengrabhügel der Späten Hallstattzeit bei der Heuneburg [mit einem Beitrag von Hans-Jürgen Hundt]. Röm.-Germ. Forsch. 25. Berlin: De Gruyter 1962.

Riemer 1998: E. Riemer, Goldblattkreuze und andere Funde mit christlichem Symbolgehalt. In: Archäologisches Landesmuseum Baden-Württemberg (Hrsg.), Die Alamannen. Stuttgart: Theiss [3]1998, 447-454.

Rittershofer 1987: K.-F. Rittershofer, Grabraub in der Bronzezeit. Ber. RGK 68, 1987, 5-23.

Rodi 1992: F. Rodi, Stichwort »Semiotik«. In: H. Seiffert/G. Radnitzky (Hrsg.), Handlexikon der Wissenschaftstheorie. München: Deutscher Taschenbuch Verlag 1992, 296-302.

Roth 1977: H. Roth, Bemerkungen zur Totenberaubung während der Merowingerzeit. Arch. Korrbl. 7, 1977, 287-290.
Roth 1978: Ders., Archäologische Beobachtungen zum Grabfrevel im Merowingerreich. In: Jankuhn et al. 1978, 53-84.
Sachenbacher 1993: P. Sachenbacher, Völkerwanderungszeitliche Gräber bei Mühlhausen/Thüringen. Zu einigen ausgewählten Problemen des Grabbrauchs und der Grabberaubung anhand neuer Gräber von Ammern, Lkr. Mühlhausen [mit Beiträgen von S. Birkenbeil, L. Finke, J. Cott und G. Thomann]. Alt-Thüringen 27, 1993, 153-206.
Schiller 1998: G. Schiller, Stichwort »Grabraub« [§ 1: Volkskundliches]. In: H. Beck/H. Steuer/D. Timpe (Hrsg.), Reallexikon der Germanischen Altertumskunde. Band XII [von Johannes Hoops. Zweite, völlig neu bearbeitete und stark erweiterte Auflage]. Berlin/New York: De Gruyter 1998, 525-527.
Schmid 1992: D. Schmid, Das alamannische Gräberfeld von Schelklingen, Alb-Donau-Kreis. Fundber. Baden-Württemberg 17, 1992, 441-519.
Schnurbein 1987: A. v. Schnurbein, Der alamannische Friedhof bei Fridingen an der Donau (Kreis Tuttlingen). Forsch. u. Ber. Vor- u. Frühgesch. Baden-Württemberg 21. Stuttgart: Theiss 1987.
Schülke 1997: A. Schülke, Zeugnisse der »Christianisierung« im Grabbefund? Eine Forschungsgeschichte mit Ausblick. Ethnograph.-Arch. Zeitschr. 38, 1997, 457-468.
Schülke 1999/2000: Dies., Die »Christianisierung« als Forschungsproblem der südwestdeutschen Gräberarchäologie. Zeitschr. Arch. Mittelalter 27/28, 1999/2000, 85-117.
Spindler 1971: K. Spindler, Magdalenenberg I. Der hallstattzeitliche Fürstengrabhügel bei Villingen im Schwarzwald. Villingen: Neckar-Verlag 1971.
Sprenger 1999: S. Sprenger, Zur Bedeutung des Grabraubes für sozioarchäologische Gräberfeldanalysen. Eine Untersuchung am frühbronzezeitlichen Gräberfeld von Franzhausen I, Niederösterreich. Fundber. Österreich, Materialh. A7. Horn: Berger 1999.
Stadelmann 1991: R. Stadelmann, Die ägyptischen Pyramiden. Vom Ziegelbau zum Weltwunder. Kulturgesch. d. Antiken Welt 30. Mainz: Zabern ²1991 [zitiert nach der Lizenzausgabe für die Wissenschaftliche Buchgesellschaft Darmstadt ²1991].
Steuer 1982: H. Steuer, Frühgeschichtliche Sozialstrukturen in Mitteleuropa. Abhandl. Akad. Wiss. Göttingen, Phil.-Hist. Klasse 3, 128. Göttingen: Vandenhoeck & Ruprecht 1982.
Steuer 1998: Ders., Stichwort »Grabraub« [§ 1: Archäologisches]. In: H. Beck/H. Steuer/ D. Timpe (Hrsg.), Reallexikon der Germanischen Altertumskunde. Band XII [von Johannes Hoops. Zweite, völlig neu bearbeitete und stark erweiterte Auflage]. Berlin/New York: De Gruyter 1998, 516-523.
Stork 1998: I. Stork, Als Persönlichkeit ins Jenseits. Bestattungssitte und Grabraub als Kontrast. In: Archäologisches Landesmuseum Baden-Württemberg (Hrsg.), Die Alamannen. Stuttgart: Theiss ³1998, 418-432.
Thiedmann/Schleifring 1992: A. Thiedmann/J. H. Schleifring, Bemerkungen zur Praxis frühmittelalterlichen Grabraubs. Arch. Korrbl. 22, 1992, 435-439.
Thrane 1978: H. Thrane, Beispiele für Grabraub aus der Bronzezeit Dänemarks. In: Jankuhn et al. 1978, 9-17.
Timpe 1986: D. Timpe, Ethnologische Begriffsbildung in der Antike. In: Beck 1986, 22-40.
Weber 1980: M. Weber, Wirtschaft und Gesellschaft: Grundriß der verstehenden Soziologie. Tübingen: Mohr ⁵1980 [Erstausgabe 1921].
Wesel 1985: U. Wesel, Frühformen des Rechts in vorstaatlichen Gesellschaften. Umrisse einer Frühgeschichte des Rechts bei Sammlern und Jägern und akephalen Ackerbauern und Hirten. Frankfurt a. M.: Suhrkamp 1985.
Wesel 1997: Ders., Geschichte des Rechts. Von den Frühformen bis zum Vertrag von Maastricht. München: Beck 1997.

GABRIELE MANTE

Spuren lesen: Die Relevanz kriminalistischer Methoden für die archäologische Wissenschaft*

ZUSAMMENFASSUNG: Es wird gemeinhin als selbstverständlich angenommen, dass zwischen dem Arbeitsfeld und -ziel von Kriminalisten und Archäologen Gemeinsamkeiten bestehen. Das Ziel dieses Beitrags besteht darin, diese Gemeinsamkeiten, aber auch Unterschiede zwischen beiden Wissenschaften sowohl aus einer praktischen als auch aus einer theoretischen Sicht zu skizzieren. Ersteres soll durch einen Überblick zu gleichen und ähnlichen Spurensicherungs-Methoden erfolgen. In Anlehnung an das Abduktionskonzept von Ch. S. Peirce werden darauf theoretische Grundzüge des archäologischen und kriminalistischen Spurenlesens herausgestellt. Schließlich soll behauptet werden, dass die subjektive Wahrnehmung des Archäologen den archäologischen Arbeitsprozess und Erkenntnisweg auf qualitativ unterschiedliche Weise prägt.

Eine praktische Skizze – gleiche und ähnliche Methoden

Suche, Sicherung und die Deutung von Spuren machen das gemeinsame Wesen der Archäologie und der Kriminalistik aus.[1] Nach den Worten des Kriminalisten H. Clages (1997, 105 f.) sind Spuren

> »vom Wortsinn her gesehen, Zeichen und Hinweise, die auf mehr oder weniger bestimmte Objekte, Ereignisse, Anlässe usw. hindeuten«, und »der Tatort [ist] Träger von Informationen über das Tatgeschehen. Diese Eigenschaft hat der Tatort aufgrund der Tatsache, daß durch Tathandlungen grundsätzlich Veränderungen in der Außenwelt eintreten und beobachtbare Ereignisse und Zustände [...] der Tat sich auswirken und ihren Niederschlag finden. Diese Veränderungen und Auswirkungen sind im weiteren Sinne Spuren der Tat«.

Kriminalisten wie auch Archäologen gehen grundsätzlich davon aus, dass Spuren der Tat bzw. eines Geschehens oder Phänomens erkennbar, objektivierbar und auswertbar sind. Im Umkehrschluss kann festgestellt werden, dass ausgehend von bestimmten Tathypothesen mit tattypischen Handlungsabläufen, bestimmte Spuren der Tat oder des Phänomens am Ort des Geschehens zu erwarten sind. Ein Unterschied zwischen archäologischen und kriminalistischen Vorgehensweisen lässt sich darin feststellen, dass den Archäologen in erster Linie nur eine bestimmte Spurenart, nämlich die der materiellen Spuren, zur Verfügung steht, während für den Kriminalisten darüber hinaus nahezu immer nichtmaterielle Spuren von Belang sind.

---

* Ich danke allen, die mich mit Hinweisen unterstützt haben, ganz besonders jedoch Cornelius Holtorf, Rolf-Peter Horstmann, John Michael Krois, Ulrich Veit und Hans-Ulrich Voß.
1 Siehe dazu etwa Clark 1963, 19; Gründel/Ziegert 1983; Thomas 1991, 30; Davis 1992.

Beispiele für solche nichtmateriellen Spuren sind etwa Schuld- und Lügensymptome bei Tatverdächtigen oder die Aussagen von Zeugen über das beobachtete Tatgeschehen.

Nun könnte man einwenden, dass auch den Archäologen verzerrte nichtmaterielle Spuren in Form von mündlichen und schriftlichen Überlieferungen vorliegen. Im Unterschied zu den nichtmateriellen Spuren der Kriminalistik sind diese wesentlich seltener, nicht auf lebende Personen bezogen, und der eigentliche Frage-Antwort-Kontext ist nicht mehr herstellbar. Die Kriminalistik führt sowohl direkte Beweise, d. h. solche, die auf unmittelbaren Zeugenaussagen basieren, als auch indirekte, sich nur auf Spuren, Indizien und Anzeichen berufende Sach-Beweise; der Archäologie stehen nur letztere, die indirekten Beweise zur Verfügung.

Vor allem im Bezug auf die Suche nach Spuren und die Spurensicherung wenden Archäologie und Kriminalistik zum Teil sehr ähnliche Methoden an, wie bereits A. Gründel und H. Ziegert (1983) und J. Davis (1992) festgestellt haben:

> »On a practical level, crime scene investigation and archaeology are basically the same. Each gathers data in the hope of reconstructing events in order to solve a problem. Each looks for agents responsible for the physical evidence. Each should operate through the cooperation of many disciplines working together to provide a complete response to the available data« (Davis 1992, 152).

Im Folgenden soll es besonders um Gemeinsamkeiten und Unterschiede in der kriminalistischen und archäologischen Methodik der Spurensicherung bzw. Dokumentation gehen. Was in der archäologischen Terminologie als Maßnahme zur Sicherung eines Fundes oder Befundes vor schädigenden Außeneinflüssen benannt wird, bezeichnet man in der Kriminalistik mit dem etwas aggressiveren Ausdruck des »Sicherungsangriffes« (s. Abb. auf der rechten Seite).

Der Arbeitsschritt der Dokumentation von Funden und Befunden wird dabei bereits zum so genannten »Auswertungsangriff« gerechnet, der in eine »erste Sicherungsphase«, »erste Ermittlungsphase« und »erste Fallanalyse« differenziert wird. Hier zeichnet sich – wenigstens auf begrifflicher Ebene – ein Unterschied zu archäologischen Leitlinien ab, da es vielen Archäologen erstrebenswert erscheint, Sicherung und Auswertung von archäologischen Befunden als zwei (mehr oder weniger) voneinander getrennte Arbeitsbereiche anzusehen. »Sicherung« ließe sich m. E. hier mit »Beschreibung, Dokumentation«, »Auswertung« mit »Erklären, Verstehen, Lesen, Deuten« gleichsetzen. Auch M. Shanks und I. Hodder (1995, 15) empfehlen, sich vor eingefahrenen Schnell-Interpretationen zu hüten, bevor nicht jeder spezifische Kontext untersucht (und das heißt hier: beschrieben) worden sei.

Das weitere kriminalistische Vorgehen lässt sich aber durchaus mit der archäologischen Methodik parallelisieren. In den kriminalistischen Auswertungsangriff fällt die »erste Ermittlungsphase«, die in der Sicherung sowohl »objektiver« als auch »sub-

Spuren lesen 159

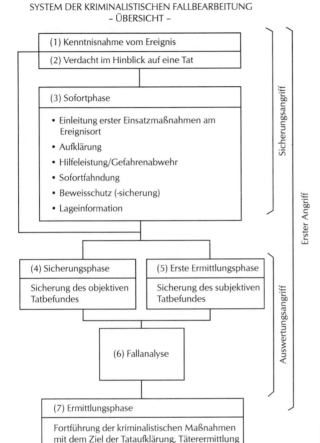

Abb. 1
Schema der Fallbearbeitung
in der Kriminalistik.

jektiver« Tatbefunde besteht. Der objektive Tatbefund liefert eine Beschreibung der Spuren des Phänomens selbst, der subjektive Tatbefund besteht in der Kontext-Beschreibung der mit dem Phänomen zusammenhängenden Umstände.

Die »Fallanalyse« wird als das »Herzstück« des kriminalistischen Beurteilungsverfahrens angesehen. Sie besteht hauptsächlich in der Bildung von Tathypothesen und der Beurteilung eines Ereignisses. Ihr Ergebnis bildet wiederum die wesentliche Grundlage für die Erstellung des so genannten »kriminaltaktischen Konzeptes«, welches in der Aufstellung eines auf die spezifische Situation zugeschnittenen Mitarbeiterstabes besteht. Grundsätzlich lassen sich zwei Arten kriminalistischer Hypothesen unterscheiden:

(1) Ereignishypothesen über ein in der Vergangenheit liegendes Ereignis, mit der der Erschließungsprozess der Tat gefördert, Lücken geschlossen und das Tatbild vervollständigt werden sollen. Allgemeine Ereignishypothesen sollen Antwort auf die Frage geben, welches mutmaßliche Ereignis vorliegt (z. B. ob es sich um ein Tötungsdelikt oder um einen Unfall handelt), spezielle Hypothesen werden zu einzelnen Tatfragen des Ereignisses aufgestellt (z. B. zu offenen Fragen bezüglich der Tatentstehung, des *modus operandi*, des Tatorts usw.).

(2) Ermittlungshypothesen, die zwar auf Erkenntnissen der vorliegenden Tat beruhen, jedoch in Verbindung mit allgemeinen kriminalistischen Erkenntnissen das zukünftige Ermittlungshandeln zur Tataufklärung und Beweisführung bestimmen. Hierunter fallen offene Fragen nach dem Fluchtverhalten und dem unbekannten Aufenthaltsort des Täters oder zu seiner Gefährlichkeit und kriminellen Energie (Clages 1997, 43 f.).

Im Vergleich zur Kriminalistik ist es offensichtlich, dass für die Archäologie als Altertumswissenschaft nur Ereignishypothesen über in der Vergangenheit liegende Ereignisse relevant sind, während sich das Aufstellen von zukunftsorientierten Ermittlungshypothesen hier erübrigt. Die in den Schritt der Fallanalyse einbezogene Formulierung von Hypothesen kennzeichnet im Grunde jedes wissenschaftliche Vorgehen. Die besondere Verwandtschaft zur Archäologie wird erst deutlich, wenn man sich klarmacht, dass nur wenige Wissenschaften derartig von qualitativen Detailbeobachtungen und von rückläufigen, d. h. von der Wirkung zur Ursache schreitenden, Schlüssen abhängig sind wie die Kriminalistik und eben die Archäologie.[2]

Ein sprechendes Beispiel für die Geistesverwandtschaft von Archäologie und Kriminalistik findet sich in der Entdeckung der Daktyloskopie, der Personenidentifizierung durch Fingerabdrücke, durch einen Hobby-Archäologen. Der in Japan arbeitende Missionsarzt H. Faulds entdeckte die Möglichkeiten dieses Verfahrens durch die Beschäftigung mit prähistorischer Tonware, führte seine Studien an modernen japanischen Töpferwaren fort und legte eine umfangreiche Sammlung mit Fingerabdrücken verschiedenster Ethnien an (Höfling 1986, 60 ff.).

Den letzten Schritt einer kriminalistischen Untersuchung bildet die so genannte »abschließende Ermittlungsphase«, die zur Erarbeitung eines Beweises dient. Hier unterscheidet man zwischen »direkten« und »indirekten« Beweisen. Wie bereits erwähnt, wird der direkte Beweis stets mit Mitteln des Personalbeweises, d. h. mithilfe von Zeugenaussagen, geführt (Clages 1997, 92). Es liegt in der Natur der Sache, dass die Archäologie nicht mit direkten Beweisen aufwarten kann. Sie gründet sich einzig auf indirekte Beweise, in der kriminalistischen Fachsprache auch »Indizien-«

---

2 Weitere »spurenlesende« Wissenschaften, die diese Charakteristik teilen, wären nach Auffassung von C. Ginzburg (1983, 1995) etwa die Medizin und die Kunstgeschichte (dazu auch der Beitrag C. Holtorf in diesem Band).

oder »Anzeichenbeweis« genannt (dazu auch der Beitrag Ch. Kümmel in diesem Band). Der in der Kriminalistik oft als unzureichend erachtete »Indizienbeweis« wird von Clages (1997, 89) wie folgt definiert:

»Das Wesen eines Indizienbeweises liegt darin, daß die festgestellte mittelbare Tatsache unter Anwendung von Denkgesetzen und Erfahrungssätzen zu der unmittelbar entscheidungserheblichen Tatsache in einen schlußfolgernden Zusammenhang gebracht werden muß. Die Tatsache, daß an einem Tatort eine Fingerspur gefunden worden ist, beweist lediglich die Anwesenheit des Spurenlegers am Tatort. Sie beweist nicht direkt die Täterschaft des Spurenlegers. Sie muß zu dieser entscheidungserheblichen Tatsache noch in einen schlußfolgernden Zusammenhang gebracht werden. Dies geschieht in der Regel durch zusätzliche Indizien.«

Alle wissenschaftlichen Disziplinen, die mit Indizienbeweisen arbeiten, greifen auf ähnliche oder gar identische Methoden und Techniken zurück. Ein deutliches Bindeglied besteht beispielsweise in der Anwendung mikroanalytischer Techniken. Kleinste Spuren auf Objekten deuten auf die Art und Weise ihres Gebrauchs, ja sogar auf die Herstellung in einer bestimmten Werkstätte hin.[3] E. Cosack (1979) bezieht sich in seinem Werk zu den Fibeln der älteren römischen Kaiserzeit sogar explizit auf das kriminalistische System des *modus operandi* und insbesondere auf Äußerungen des Kriminologen O. Wenzky.

Wenzky (1959, 121) versteht unter dem *modus operandi* »ein exakt plangebundenes Verfahren, nach welchem ein Täter aufgrund von beschriebenen spezifischen Begehungscharakteristiken gefasst zu werden vermag. Der Verbrecher wird das Opfer seiner eigenen Arbeitsweise«. Cosack (1979, 17) bemerkt, dass der Kriminologie bereits vor einigen Jahrzehnten aufgefallen sei, dass kriminelle Personen – insbesondere Gewohnheits-, Berufs- und Triebtäter – in der Art ihrer Tatausführung eine erstaunliche Verhaltenskontinuität aufweisen könnten, die sich im erwähnten *modus operandi* widerspiegele. Dieses Verfahren, die »Handschrift« einer Person zu analysieren, werde im Prinzip auch von der Kunsthistorie angewandt, der es z. B. möglich sei, ein Gemälde aufgrund eines speziellen Arbeitsstils, der Strichführung, der Farbkomposition oder der Motive einem bestimmten Künstler zuzuschreiben. Nach Cosack sei nun »mit einiger Berechtigung zu vermuten, dass sich das System des ›modus operandi‹ schlechthin auf alle Menschen anwenden läßt, die sich in irgendeiner Weise produktiv betätigen« (ebd., 18). Im übertragenen Sinne ließe sich auch ein vor- und frühgeschichtlicher Handwerker mit einem Täter vergleichen: »Bei einem ausreichenden Fundniederschlag seiner Produkte muß es möglich sein zu seiner Identifizierung das System des ›modus operandi‹ anzuwenden. Die Handschrift eines Handwerkers muß sich über die subtile technologische Analyse der Fundgegenstände ermitteln lassen. Je nach dem Intensitätsgrad der erfaßten Handschrift wird es möglich sein, den herauskristallisierten Fundstoff bei identischen Befunden

---

3 Archäologische Beispiele finden sich bei Semenov 1957, Cosack 1979, Pieper 1989, Echt 1994, von Richthofen 1994, Teegen 1999.

einem einzigen Handwerker, bei gleichen Befunden einer Werkstatt und bei ähnlichen Befunden einem Werkstattkreis zuzuschreiben« (ebd.). In seiner praktischen Studie zur Lokalisation von Fibel-Werkstätten hält er z. B. für die Werkstatt Groß Gerau-Nauheim/Starkenburg folgende durchgehende Fibel-Herstellungsmuster als Anhaltspunkte fest: die massive Form, den zweietagig durchbrochenen Nadelhalter, die Verwendung von Silberblecheinlagen mit Kreuzperlpunzen und die mit Tannenzweigmustern verzierten Nadelrasten. Die Gleichförmigkeit, mit der die Fibeln hergestellt worden sind, lässt Cosack zu dem Schluss kommen, dass sie von ein und derselben Person hergestellt worden sein müssen (ebd. 33).

Auch wenn sich W.-R. Teegen (1999) nicht explizit auf die Kriminalistik bezieht und nicht vor allem Werkstättenkreise identifizieren möchte, leistet er in seinen »Studien zum Pyrmonter Brunnenfund« mit der Identifizierung echter und gefälschter Fibeln kriminalistische Kleinstarbeit. Um unterscheiden zu können, welche der bereits im 19. Jahrhundert entdeckten Fibeln antik und welche moderne Fälschungen seien, zieht er als Merkmale Form und Ausprägung (Stilvergleich), Vorhandensein von Patina, Abnutzungs- und Herstellungsspuren, Ausführung von Reparaturen sowie z. B. auch Ergebnisse von Metallanalysen heran (ebd. 101 ff.).[4]

Diese wenigen Beispiele mögen dafür ausreichen zu zeigen, dass die Bedeutung kriminalistischer Methoden für die praktische Archäologie sich am nachdrücklichsten in der Etablierung solcher auf Erkennen, Sichern und Deuten von Mikro- und Makrospuren spezialisierter Forschungsbereiche manifestiert wie dem der Forensischen Archäologie, Prähistorischen Anthropologie und der Archäometrie.[5]

Abschließend gilt es zu fragen, welche Anregungen uns die Kriminologie in Bezug auf die archäologische Praxis geben kann. So könnte es z. B. interessant sein, das kriminalistische Vorgehen der radikalen Trennung von Spurensicherung und Spurenauswertung zu übernehmen bzw. zunächst einmal auszuprobieren. Die Gliederung einer normalen Mordkommission, in der Tatortgruppe und Ermittlungsgruppe in spezifischen Arbeitsgemeinschaften zunächst unabhängig voneinander Untersuchungen unternehmen, könnte hier als Vorbild dienen.[6] Vielleicht würde die Bildung von speziellen Grabungs-/Spurensicherungs- und Analyse-Gruppen – weiter braucht man ja nicht zu gehen – in der archäologischen Praxis den Vorteil haben,

---

4   Auch in J. v. Richthofens (1994) Studie werden Gebrauchsspuren an Fibeln ausgewertet.
5   Auf diese Teildisziplinen kann an dieser Stelle nicht näher eingegangen werden, siehe die einführenden Werke von Morse et al. 1983; Jurmain 1985; Boddington et al. 1987; Herrmann 1990; Davis 1992; Riederer 1994; Hunter 1996; sowie die einschlägigen Fachzeitschriften *American Journal of Physical Anthropology*, *Archaeometry*, Berliner Beiträge zur Archäometrie u. a.
6   Ein ähnlich interessantes Beispiel ist das kriminalistische ViCLAS-System (*Violent Crime Linkage Analysis System* oder auch *Profiler*-Methode), bei dem die Beamten der Landeskriminalämter nur noch in reiner Büro-Arbeit ermitteln und diejenigen Indizien und Informationen analysieren, die ihnen ihre spurensichernden Kollegen zur Verfügung stellen (URL: www.bmi.gv.at/Oeffentliche Sicherheit/9709/Viclas.html).

dass das zum Teil jahrelange nutzlose Herumliegen der Grabungsdokumente sowohl in den Archiven als auch bei Ausgräbern unterbunden werden könnte. In vielen Fällen – etwa wenn ältere Grabungsdokumente aufgearbeitet werden und der Kontakt zum Ausgräber durch dessen Tod nicht mehr gegeben ist – gibt es ja Ansätze zu einer solchen Trennung der Arbeitsbereiche. Allerdings fehlt hier eine entscheidende Voraussetzung: die Dokumentation der Spuren mit dem Bewusstsein des Ausgräbers, dass er das spätere Spurenlesen nicht übernehmen kann oder darf – denn dieses Bewusstsein ist zugleich die Basis einer sicherlich nicht vollkommen objektiven, aber möglicherweise einer objektiveren Arbeits- und Dokumentationsweise. So würde sich vielleicht ein Archäologe, der von vornherein weiß, dass die Analyse der dokumentierten Spuren durch jemand anders erfolgt, weniger in eine Befund-Vorinterpretation hineinsteigern und im Wortsinn eher »am Boden bleiben«. Der auswertende, spurenlesende Archäologe würde wiederum davon profitieren, dass er ein ihm zur Verfügung gestelltes »Spuren-Material« annimmt, ohne es durch eventuelle persönliche Interpretationsvorlieben eines Anderen verzerrt zu sehen.

Jedoch möchte ich die hier propagierte radikale Trennung von Spurensicherung und Spurenlesen nicht als so verstanden wissen, dass der beste Interpret immer derjenige Archäologe sei, der noch nie eine Ausgrabung besucht hat. Es bleibt festzuhalten, dass eine Trennung der hier besprochenen archäologischen Arbeitsbereiche die Qualität der Erstellung von Grabungsdokumenten erheblich verbessern müsste, da der Ausgräber somit gezwungen wäre, letztere von vornherein so anzulegen, dass andere Archäologen dieselben ohne große Erklärungen seitens des Ausgräbers verstehen und deuten können.

Eine theoretische Studie zum Spurenlesen

Im Vorangegangenen habe ich zu zeigen versucht, dass zwischen den technischen Methoden des archäologischen und kriminalistischen Spurensicherns große Gemeinsamkeiten bestehen. Im Folgenden möchte ich sowohl die Unterschiede als auch die Gemeinsamkeiten beider Wissenschaften bezüglich des Spurenlesens auf einer theoretischen Ebene diskutieren. Hierbei gilt es, sowohl die Ziele als auch die epistemologischen Leitlinien zu berücksichtigen.

Bezüglich des Forschungsziels besteht ein wichtiger Unterschied darin, dass die Archäologie zum Ziel hat, gesamtgesellschaftliche Phänomene zu rekonstruieren,[7] während sich die Kriminalistik ausschließlich auf menschliche Einzelindividuen im Sinne von Tätern konzentriert. Bestimmte Entwicklungen in der Archäologie zeigen jedoch, dass das Interesse an der Beschäftigung mit prähistorischen Individuen groß

---

7 So heißt es bei Gründel/Ziegert (1983, 178): »Wichtig ist, daß das Ziel [der Archäologie, G. M.] die Rekonstruktion des Verhaltens von Gruppen, nicht des von Einzelpersonen ist.«

ist und weiterhin wächst.[8] Dabei wird natürlich nicht die Annäherung an prähistorische Individuen mit der kriminalistischen Jagd auf einen Täter gleichgesetzt.[9] Denn erst durch die Nennung eines Namens kann ein Individuum zum Täter werden. Während die Frage nach dem Täter den Dreh- und Angelpunkt kriminalistischen Arbeitens ausmacht, ist dieser Punkt für den Archäologen schlichtweg irrelevant. Dennoch ist die allgemeine Frage der Identifizierung einzelner Menschen mithilfe der von ihnen hinterlassenen Spuren ein allgemeines Ziel, das Kriminalisten und entsprechend interessierte Archäologen gemeinsam haben. Das Individuum der Archäologen ist zwar namenlos (auch wenn man es »Ötzi« nennt), auch wird es nicht aufgrund einer ihm vorgeworfenen Anschuldigung verfolgt – und dennoch ist es existent.

Im Folgenden möchte ich nun herausstellen, welche spezifischen Berührungspunkte es zwischen beiden Wissenschaften im Bereich des Spurenlesens auf theoretischer Ebene gibt.

Der erste Schritt des Spurenlesens besteht in der Bildung einer Hypothese bzw. eines abduktiven Schlusses[10]. Nach der Auffassung des amerikanischen Pragmatisten Ch. S. Peirce stellt der abduktive Schluss (von ihm als »Retroduktion« bezeichnet) überhaupt den ersten Schritt einer wissenschaftlichen Studie dar. Peirce' Hauptanliegen war es – vereinfachend formuliert – die Schlussform der Abduktion gegenüber ihren »Rivalen« der Induktion und Deduktion in den Vordergrund zu stellen. Dabei beabsichtigte er nicht, diese beiden weiteren Schlussverfahren ganz zu vernachlässigen, sondern betonte, dass ein wissenschaftlicher Beweis im Prinzip durch drei Stadien gekennzeichnet sei: erstens in der abduktiven Bildung einer Hypothese, zweitens in der deduktiven Ableitung von Voraussagen und drittens im induktiven Test von Hypothesen (Sebeok/Umiker-Sebeok 1983, Anm. 9).

Bevor ich die Relevanz des abduktiven Schlusses für das archäologische und kriminalistische Spurenlesen erläutere, möchte ich kurz die wesentlichen Unterschiede aufzeigen, die zwischen Deduktion, Induktion und Abduktion bestehen. Diese wurden durch Peirce (1878, 231 f.; 1931/58, II 623) anhand seines berühmten »Bohnensack-Beispiels« erörtert. Die Deduktion ist demnach ein logischer Schluss, dessen Prämissen aus einer Regel (auch Gesetz) sowie einem speziellen (je nach Situation

---

8 Siehe z. B. Collingwood 1946; Hill/Gunn 1977; Hodder 1982, 1986; Shanks/Tilley 1987; Tringham/Krstic 1990; Tringham 1991; Meskell 1996; Knapp/Meskell 1997; Whittle 1998; Hodder 2000 und viele andere.
9 Obwohl Ch. Turner (1999) dies implizit behauptet, wenn er das Aussterben der nordamerikanischen Anasazi durch Kannibalismus auf einzelne sozialpathologisch auffällige Individuen (die er mit Hitler und Stalin vergleicht) zurückführt.
10 Siehe auch die Beiträge von Bühnen und Jung in diesem Band. Weitere Diskussionen zur Relevanz abduktiver Schlüsse für die Archäologie finden sich bei Paddayya 1983 und Strinnholm 1998.

vorliegenden) Fall bestehen. Die Konklusion dieses Schlusses besteht in einem Resultat. Die logisch-mathematische Schlussform der Deduktion lässt sich in folgende Gleichung fassen:

$$\frac{A \to B}{B} \atop A$$

Das »Bohnen«-Beispiel für den deduktiven Schluss sieht dementsprechend folgendermaßen aus:

(1) Regel: Alle Bohnen aus diesem Sack sind weiß.   (Prämisse)
(2) Fall: Diese Bohnen sind aus diesem Sack.   (Prämisse)
(3) Resultat: Diese Bohnen sind weiß.   (Konklusion)

Der induktive Schluss hingegen baut auf einen einzelnen, vorliegenden Fall auf, berücksichtigt als zweite Prämisse ein bestimmtes vorliegendes Resultat und folgert hieraus in seiner Konklusion auf eine auf den speziellen Fall zutreffende Regel oder Gesetzmäßigkeit:

$$\frac{A \atop B}{A \to B}$$

Das »Bohnen«-Beispiel für den induktiven Schluss lautet:

(1) Fall: Diese Bohnen sind aus diesem Sack.   (Prämisse)
(2) Resultat: Diese Bohnen sind weiß.   (Prämisse)
(3) Regel: Alle Bohnen aus diesem Sack sind weiß.   (Konklusion)

Der abduktive Schluss hingegen geht (wenigstens in Peirce' Bohnen-Beispiel) von einer zugrunde liegenden Regel aus, welche dann über ein Resultat (als zweite Prämisse) auf einen speziell vorliegenden Fall schließt. Aus noch näher zu erläuternden Gründen möchte ich hier jedoch die Reihenfolge der beiden Prämissen vertauschen und folgende Gleichung des abduktiven Schlusses aufstellen:

$$\frac{B \atop B \to A}{A}$$

Das (von mir modifizierte) Beispiel für den abduktiven Schluss lautet:

(1) Resultat: Diese Bohnen sind weiß.   (Prämisse)
(2) Regel: Alle Bohnen aus diesem Sack sind weiß.   (Prämisse)
(3) Fall: Diese Bohnen sind aus diesem Sack.   (Konklusion)

Was ist nun nach Peirce das Besondere am abduktiven Schluss? Es gibt im Wesentlichen vier Schlagwörter, anhand derer sich das Wesen der Abduktion in Kontrast zur Induktion und Deduktion darstellen lässt:

(1) die »Retroduktion«
(2) das hypothetische Moment
(3) das psychologische Moment
(4) die Abhängigkeit vom Detail.

Zu (1): Die Abduktion ist ein retroduktiver (rückläufiger) Schluss, da sie von einem vorliegenden Resultat auf die Ursache eines Resultates, d. h. in die »Vergangenheit« eines Phänomens rückschließt. Aufgrund ihres speziellen Schluss-Schemas und ihrer Prämissen-Stellung sind weder Deduktion noch Induktion in der Lage, die Ursache bzw. Entstehung eines Phänomens erklären zu können, denn Erstere schließt lediglich von einer Regel auf ein (gerade) vorliegendes Ereignis, Letztere von einem spezifischen Fall auf eine Regel.

Zu (2): Da die Abduktion den ersten Schritt wissenschaftlicher Arbeit darstellt (s. o.), ist sie das einzige Argument, welches imstande ist und dessen explizite Aufgabe es ist, eine neue Idee - eine Hypothese - hervorzubringen. Die »Aufgaben« der Deduktion und der Induktion hingegen liegen in ganz anderen Bereichen: Für Erstere - wie bereits erwähnt - in der deduktiven Ableitung von Voraussagen zur Stützung der erstellten Hypothese, für Letztere im experimentellen Test der Hypothese (1931/58, VII 203-206).

Zu (3): Das psychologische Moment der Abduktion stellt nach Peirce dessen größte Stärke dar. Er spricht von einem einzigartigen Rate-Instinkt, welcher den Menschen zu eigen sei und ohne den die Menschheit nicht bis heute hätte überleben können (Peirce 1929, 281). Das Motiv eines abduktiven Schlusses besteht nach Peirce in dem Gefühl, ein überraschendes Faktum erklären zu müssen. Aus diesem Grunde schlägt N. Harrowitz (1983, 179 ff.) vor, die ursprüngliche Folge der am Peirceschen Bohnensack-Beispiel dargestellten Abduktionsprämissen (1. Prämisse: eine Regel, 2. Prämisse: ein Fakt/Resultat) dahingehend zu modifizieren, nicht die Regel, sondern das überraschende Faktum als die erste Prämisse zu setzen und so dem psychologischen Moment der Abduktion im Sinne von Peirce stärker Rechnung zu tragen. Während menschliches Gefühl und Überraschtsein sowie persönliche Wahrnehmung überhaupt die Grundlagen jeden abduktiven Schlusses bzw. jeder Hypothese bilden, deduktive und induktive Schlüsse jedoch nur der weiteren Arbeit auf der Basis dieser Hypothese dienen, ist das psychologische Moment für die letztgenannten Schluss-Formen irrelevant.

Zu (4): Wie bemerkt, trägt das psychologische Moment, das »Überraschtsein über ein Fakt«, den entscheidenden Anteil daran, einen abduktiven Schluss aufzustellen und eine Hypothese zu formulieren. Der Auslöser dieses psychologischen Momentes besteht in erster Linie in der Wahrnehmung von Details, winzigen Spuren, die das Interesse des Entdeckers dahingehend lenken, dass hier ein Rätsel darauf wartet, gelöst zu werden.

Ausgehend von diesen Eigenschaften des abduktiven Schlusses soll nun noch einmal die Verwandtschaft spurenlesender Wissenschaften am Beispiel Archäologie und Kriminalistik diskutiert werden. Während die Kriminalistik für Peirce und andere Semiotiker[11] als Paradebeispiel zur Illustration des abduktiven Schließens herangezogen wird, erfährt die Archäologie hier praktisch keinerlei Beachtung. Und doch bietet sie sich wegen ihres Forschungsgegenstandes – der fernen Vergangenheit – geradezu an, das Wesen des abduktiven Schlusses zu veranschaulichen.

Das hypothetische Moment der Abduktion liegt darin begründet, dass sie Theorien sucht, die ein vorliegendes Phänomen erklären können. Dieses hypothetische Moment der Abduktion scheint m. E. innerhalb der archäologischen Wissenschaften einen größeren Stellenwert einzunehmen als beispielsweise in der Kriminalistik. Der Grund hierfür liegt in dem oben erwähnten indirekten Beweis – der einzigen Beweisform, die der Archäologie zur Verfügung steht. Solche indirekten Beweise basieren in hohem Maße auf hypothetischen Annahmen bzw. unterscheiden sich überhaupt kaum von einfachen Hypothesen.

Etwas übertrieben könnte man behaupten, dass die Archäologie aufgrund ihres indirekten Beweisverfahrens im abduktiven Schluss »gefangen« sei. Einzig die experimentelle Archäologie liefert m. E. ernst zu nehmende Versuche, induktiv-testende Perspektiven innerhalb unserer Wissenschaft zu entwickeln. Ein wahrhaft induktiver Test (und damit ein direkter Beweis) der abduktiv erlangten archäologischen Hypothesen bestünde jedoch erst in der Aussage von (lebenden) Zeugen, die bei der Entstehung des uns heute erhaltenen archäologischen Phänomens zugegen waren und mit denen sich ein Frage-Antwort-Kontext herstellen ließe. Im Unterschied zur Kriminalistik ist die Suche nach derartigen Zeugen jedoch hoffnungslos. Die Archäologie muss sich demnach damit abfinden, eine Wissenschaft der Hypothesen zu sein. Da eine Hypothese jedoch aufgrund des menschlichen Instinkts oder Ratevermögens (1931/58, V 181) genauso viel Wahrheit enthalten kann wie ein vollständiger Beweis inklusive induktiver Tests, kommt sie der Wahrheit – so dürfen wir hoffen – oft recht nahe.

Auch das psychologische Moment der Abduktion kommt bei der Archäologie auf zweierlei Weise zum Tragen. Zunächst einmal dann, wenn es um die überraschende Entdeckung eines seltsamen Phänomens, das nach einer Erklärung verlangt, geht. Wie bereits ausgeführt, bedarf es zunächst einmal eines Sich-Wunderns, einer Neugierde, die einen oder mehrere Archäologen dazu bringt, ein Problem zu erkennen und zu formulieren. Ein Problem ist in diesem Sinne zunächst einmal nichts anderes als eine Art Abnormalität vom Erwarteten.

Im Unterschied zu reinen Naturwissenschaften wie der Geologie oder Astronomie beschäftigen sich Archäologie und Kriminalistik mit menschlichen Phänomenen – ein Umstand, der eine weitere psychologische Ebene der Abduktion darstellt. Der Kriminalist versucht, sich in das Seelenleben des gejagten Täters hineinzuversetzen.

---

11 Sebeok et al. 1982; Sebeok 1983; Eco et al. 1983.

Der Archäologe hingegen wird zum »Psychologen«, indem er aus seiner Warte heraus entweder Hypothesen für das Verhalten und die Intentionen prähistorischer Gesellschaften in bestimmten Situationen erstellt oder das prähistorische Individuum als solches zu erfassen sucht.

Die Abhängigkeit vom Detail – von Spuren im weitesten Sinne – ist es, die ein weiteres Bindeglied zwischen Kriminalistik und Archäologie aufzeigt. Jede (mikroanalytische) Untersuchung fördert hier Details zu Tage, welche zur Aufstellung einer Hypothese und im besten Falle zum induktiven Test – etwa durch die experimentelle Archäologie – führen. Hier sei nochmals auf Ch. Turners (1999) Studie verwiesen, der an den Knochen der bislang als friedliebend geltenden Anasazi-Indianer Nordamerikas unerwartet Spuren entdeckte, die ihn dazu brachten, die Hypothese eines Kannibalismus aufzustellen.[12]

Archäologie und Kriminalistik sind gleichermaßen von solchen Details abhängig. Dabei gilt grundsätzlich, dass eine höhere Menge erkannter und gesicherter Details eine höhere Wahrscheinlichkeit der richtigen Deutung derselben bedeutet. So ist zum Beispiel die postprozessuelle Archäologie[13] in ihrem Anspruch auf die Erfassung eines ganzheitlichen Kontextes letztlich als eine »Archäologie des Details« zu sehen. Doch auch hier gilt: Je sorgfältiger und unvoreingenommener die Dokumentation einer Grabung erfolgt, desto mehr Details können erkannt werden. Die Basis einer guten, der Wahrheit nahen Hypothese liegt in einer vielschichtigen Deutung einer größtmöglichen Anzahl von Details.

Ausblick

C. Holtorf vertritt in seinem Beitrag die Meinung, dass Spurensicherung und Spurenlesen als eine Art homogener Prozess untrennbar miteinander verknüpft seien, da allein die Wahrnehmung von Spuren schon als eine Art Vorinterpretation anzusehen und von dieser abhängig sei. Dem möchte ich zum Teil widersprechen. Natürlich ist es so, dass Archäologen bestimmte Funde, Befunde und Details erkennen, weil sie fachlich ausgebildet wurden und durch die Sensibilisierung ihrer Wahrnehmung ein ungefähres Bild von dem haben, was wohl relevant ist. Dies ist eine ausbildungsbedingte, aber weniger ins Gewicht fallende Verquickung von Wahrnehmung und Interpretation, gibt es doch Beispiele, in denen Laien, z. B. ABM-Kräfte, mit

---

12 Ein darauf folgender deduktiver Arbeitsschritt Turners bestand z. B. dann darin, dass er ausgehend von der Regel (und das heißt hier: von der Erfahrung eines anderen Archäologen), darauf schloss, dass die seltsame fettige Glätte (*pot polish*), mit der die Knochen überzogen waren, durch das Kochen derselben in einem Kessel hervorgerufen wurde. Mit verschiedenen ausgefeilten Experimenten und Tests, zu denen er eine Vielzahl von wissenschaftlichen Disziplinen zu Rate zog, konnte er dann seine Kannibalismus-Hypothese induktiv bestätigen.
13 Weiterführend siehe auch Bernbeck 1997.

erstaunlicher Sicherheit die kleinsten Perlen aus dem Erdreich holen. Der springende Punkt ist jedoch der, dass Wahrnehmung und Interpretation während einer Ausgrabung eine zwar persönliche, aber dennoch keine rein individuelle Angelegenheit sind. Es dürfte wohl kaum auftreten, dass sich Archäologen über die Existenz eines Fundes oder Befundes regelrecht streiten. Letztlich hält man ja nur fest, was ohnehin von jeder Person wahrnehmbar ist. Erst bei der anschließenden Auswertung jedoch, dem »offiziellen« Spurenlesen, erfolgt die eigentliche Verinnerlichung, welche unter Archäologen heftige Diskussionen und Streit auslösen kann. Während der Archäologe bei der Spurensicherung dem nachgeht, »wie es jetzt gerade ist«, stellt sich beim Spurenlesen die Frage, »wie es damals war«. Erst bei dem Versuch, diese Frage zu beantworten, gibt sich meiner Ansicht nach der Archäologe wirklich als Individuum zu erkennen, indem er bewusst und unbewusst sein Lebens- und Weltbild in die Deutung einfließen lässt.

Wenn Holtorf also die Verquickung von Wahrnehmung und Interpretation für den archäologischen Prozess betont, so sei hier festgestellt, dass dies für die verschiedenen Stadien dieses Prozesses in unterschiedlichem Maße zutrifft: Das *Erkennen* von Spuren beruht nicht vor allem auf einer speziellen archäologischen Interpretation, sondern zunächst auf der Wahrnehmung und dem »Überrascht-Sein« über eine Beobachtung. Dies ist zwar auch eine Interpretation, jedoch auf sehr niedrigem Niveau. Das zweite Stadium des archäologischen Prozesses – das *Sichern* von Spuren – ist eine rein technische Arbeit. Erst das *Lesen* der Spuren als drittes Stadium verlangt mit der Bildung einer Hypothese und deren Verfestigung und Test kompliziertere Interpretations-Leistungen.

Bezüglich der minimalen interpretatorischen Leistung beim Erkennen von Spuren oder Fakten sei hier noch einmal auf Peirce verwiesen:

> »Abduction makes its start from the facts, *without, at the outset, having any particular theory in view*, though it is motivated by the feeling that a theory is needed to explain the surprising facts [...] Abduction seeks a theory. Induction seeks for facts. In abduction the consideration of the facts suggests the hypothesis. In induction the study of the hypothesis suggests the experiments which bring to light the very facts to which the hypothesis had pointed« (1931/58, VII 218, Hervorhebung G. M.).

Nach Peirce werden also im Zuge der Hypothesen-Bildung die *zunächst theoriefreien* Fakten (Spuren, Details) mit einer Theorie versehen. Demnach ist das Erkennen von Spuren keineswegs vom gleichzeitigen Interpretieren derselben abhängig. Einzig die Überraschung über unerwartete Spuren und Fakten ist für ihr Erkennen verantwortlich.

Abschließend möchte ich zusammenfassen, dass die Relevanz kriminalistischer Methoden für die Archäologie darin besteht, die Peirceschen Leitlinien der Hypothesen-Bildung und des Spuren-Lesens wesentlich konsequenter zu verfolgen.

Sowohl Archäologie als auch Kriminalistik sind retroduktive, detailbezogene Wissenschaften des Spurenlesens, doch ist es hier eindeutig die Kriminalistik, die diesbezüglich ein größeres und expliziteres Bewusstsein zeigt. Der Archäologe muss sich darüber klar werden, dass der archäologische Prozess auch wirklich ein Prozess im Sinne des Ablaufs verschiedener Stadien ist. Von einer untrennbaren Verbindung von Spurensicherung und Interpretation kann dagegen keine Rede sein.

Literatur

Bernbeck 1997: R. Bernbeck, Theorien in der Archäologie. Tübingen/Basel: Francke 1997.
Boddington et al. 1987: A. Boddington/A. N. Garland/R. C. Janaway (Hrsg.), Death, Decay and Reconstruction: Approaches to Archaeology and Forensic Science. Manchester: Manchester University Press 1987.
Clages 1989: H. Clages, Klausurenband Kriminalistik: Methodik und Technik der Fallbearbeitung. Heidelberg: Kriminalistik Verlag 1989.
Clages 1997: H. Clages, Kriminalistik. Lehrbuch für Ausbildung und Praxis. Methodik der Fallbearbeitung, der Tatort, der Erste Angriff. Stuttgart: Richard Borberg 1997.
Clark 1963: J. G. D. Clark, Foreword. In: D. Brothwell/E. Higgs (Hrsg.), Science in Archaeology. London: Thames & Hudson 1963, 19-21.
Collingwood 1946: R. G. Collingwood, The Idea of History. Oxford: Oxford University Press 1946.
Cosack 1979: E. Cosack, Die Fibeln der Älteren Römischen Kaiserzeit in der Germania libera (Teil 1). Göttinger Schr. Vor- u. Frühgesch. Neumünster: Wachholtz 1979.
Davis 1992: J. Davis, Forensic Archaeology. Archaeological Review from Cambridge 11, 151-156.
Echt 1994: R. Echt, Von Wallerfangen bis Waldalgesheim. Gestalt und Technik als Argumente für Werkstattidentitäten. In: R. Echt/R. Thiele (Hrsg.), Von Wallerfangen bis Waldalgesheim. Ein Beitrag zu späthallstattzeitlichen und frühlatènezeitlichen Goldschmiedearbeiten. Saarbrücker Stud. u. Mat. Altertumskunde 3, Bonn: Habelt 1994, 125- 156.
Eco/Sebeok 1983: U. Eco/Th. A. Sebeok (Hrsg.), The Sign of Three. Dupin, Holmes, Peirce. Bloomington: Indiana University Press 1983.
Ginzburg 1983: C. Ginzburg, Clues: Morelli, Freud and Sherlock Holmes. In: U. Eco/ Th. A. Sebeok (Hrsg.), The Sign of Three. Dupin, Holmes, Peirce. Bloomington: Indiana University Press 1983, 81-118.
Ginzburg 1995: C. Ginzburg, Spurensicherung. Die Wissenschaft auf der Suche nach sich selbst. Berlin: Wagenbach 1995.
Gründel/Ziegert 1983: A. Gründel/H. Ziegert, Archäologie und Kriminalistik. Ziele und Wege der Erkenntnisgewinnung. Arch. Inf. 5, 1983, 175-192.
Harrowitz 1983: N. Harrowitz, The Body of the Detective Model. Charles S. Peirce and Edgar Allan Poe. In: Eco/Sebeok 1983, 179-197.
Herrmann 1990: B. Herrmann, Prähistorische Anthropologie. Leitfaden der Feld- und Labormethoden. Göttinger Schriften zur Vor- und Frühgeschichte 19. Berlin: Springer 1990.
Hill/Gunn 1977: J. Hill/J. Gunn, The Individual in Prehistory. New York: Academic Press 1977.
Hodder 1982: I. Hodder, Symbols in Action. Cambridge: Cambridge University Press 1982.
Hodder 1986: Ders., Reading the Past. Cambridge: Cambridge University Press 1986.
Hodder 2000: Ders., Agency and Individuals in Long-term Processes. In: M.-A. Dobres/ J. Robb (Hrsg.), Agency in Archaeology. London/New York: Routledge 2000, 21-33.

Höfling 1986: H. Höfling, Sherlock Holmes in unserer Zeit. Meilensteine der Kriminalistik. Gütersloh: Bertelsmann 1986.
Hunter/Roberts/Martin 1996: J. Hunter/Ch. Roberts/A. Martin (Hrsg.), Studies in Crime: An Introduction to Forensic Archaeology. London: Batsford 1996.
Jurmain/Nelson 1985: R. Jurmain/H. Nelson, Introduction to Physical Anthropology. St. Paul: West Publishing Company 1985.
Knapp/Meskell 1997: A. B. Knapp/L. Meskell, Bodies of Evidence in Cypriot Prehistory. Cambridge Arch. Journal 7 (2), 1997, 183-204.
Meskell 1996: L. Meskell, The Somatisation of Archaeology: Institutions, Discourses, Corporeality. Norwegian Arch. Rev. 29, 1996, 1-16.
Morse/Duncan/Stoutamire 1983: D. Morse/J. Duncan/J. Stoutamire (Hrsg.), Handbook of Forensic Archaeology and Anthropology. Tallahassee: Eigenverlag, Distributed by Bill's Book Store 1983.
Paddayya 1983: K. Paddayya, Myths About the New Archaeology. Saeculum 34, 1983, 70-104.
Peirce 1878: Ch. S. Peirce, Deduktion, Induktion und Hypothese (1878). In: Ders., Schriften zum Pragmatismus und Pragmatizismus (hrsg. von K.-H. Apel). Frankfurt a. M.: Suhrkamp 1967, 229-250
Peirce 1929: Ders., Guessing. The Hound and Horn 2, 1929, 267-282.
Peirce 1931/58: Ders., Collected Papers. Bd. I-VI (hrsg. von Ch. Hartshorne und P. Weiss) Cambridge/Mass.: Harward University Press 1931-35, Bd. VII-VIII (hrsg. A. W. Burks). Cambridge/Mass.: Harward University Press 1958 [oben zitiert als »Peirce 1931/58« ergänzt um die Band- und die Paragraphennummer].
Pieper 1989: P. Pieper, Die Weser-Runenknochen. Neue Untersuchungen zur Problematik. Original oder Fälschung. Oldenburg: Isensee 1989.
Richthofen 1994: J. von Richthofen, Gebrauchsspuren an Silber- und Bronzefibeln der älteren römischen Kaiserzeit Norddeutschlands. Offa 51, 1994, 49-100.
Riederer 1994: J. Riederer, Echt und falsch. Schätze der Vergangenheit im Museumslabor. Berlin/Heidelberg: Springer 1994.
Sebeok/Umiker-Sebeok 1982: T. A. Sebeok/J. Umiker-Sebeok, »Du kennst meine Methode«. Charles S. Peirce und Sherlock Holmes. Frankfurt a. M.: Suhrkamp 1982.
Sebeok 1983: Th. A. Sebeok, One, Two, Three Spells UBERTY. In: Eco/Sebeok 1983, 1-10.
Semenov 1957: S. A. Semenov, Pervobytnaja technika. Moskva: Akad. 1957.
Shanks/Tilley 1987: M. Shanks/C. Tilley, Re-Constructing Archaeology: Theory and Practice. New Stud. Arch. Cambridge u. a.: Cambridge University Press 1987.
Shanks/Hodder 1995: M. Shanks/I. Hodder, Processual, Postprocessual and Interpretive Archaeologies. In: I. Hodder/M Shanks/A Alexandri/V. Buchli/J. Carman/J. Last/ G. Lucas (Hrsg.), Interpreting Archaeology: Finding Meaning in the Past. London/ New York: Routledge 1995, 3-29.
Strinnholm 1998: A. Strinnholm, Archaeology - Jigsaw Puzzle or Crime Novel? The Use of Abductive Reasoning in Archaeology. In: A.-C. Andersson/Å. Gillberg/O. Jensen/H. Karlsson/M. Rolöf (Hrsg.) The Kaleidoscopic Past. Proceedings of the 5th Nordic TAG Conference Göteborg, 2-5 April 1997. GOTARC Serie C, Arkeologiska Skrifter 16. Göteborg: Institutionen för Arkeologi, Göteborgs Universitet 1998, 170-180.
Teegen 1999: W.-R. Teegen, Studien zu dem kaiserzeitlichen Quellopferfund von Bad Pyrmont. Ergänzungsbd. RGA 20. Berlin: de Gruyter 1999.
Thomas 1991: J. Thomas, Science versus Anti-Science. Arch. Rev. Cambridge 10 (1), 27-36.
Tringham 1991: R. Tringham, Households with Faces: the Challenge of Gender in Prehistoric Architectural Remains. In: J. Gero/M. Conkey (Hrsg.), Engendering Archaeology: Women and Prehistory. Oxford: Oxford University Press 1991, 93-131.

Tringham/Krstic 1990: R. Tringham/D. Krstic, Selevac: a Prehistoric Village in Yugoslavia. Monumenta arch. 15, 1990.
Turner 1999: Ch. Turner, Man Corn: Cannibalism and Violence in the Prehistoric American Southwest. Salt Lake City: University of Utah Press 1999.
Wenzky 1959: O. Wenzky, Zur Untersuchung der Verbrecherperseveranz. Der »modus operandi« als kriminalphänomenologisches Element und kriminalistisches System. Schriftenreihe des Bundeskriminalamtes Wiesbaden (2), 1959.
Whittle 1998: A. Whittle, Beziehungen zwischen Individuum und Gruppe: Fragen zur Identität im Neolithikum der ungarischen Tiefebene. Ethnogr.-Arch. Zeitschr. 39 (4), 1998, 465-487.

WOLFGANG WEISSMÜLLER

Von Gestaltungsfreiheit und Standardisierungszwang: Zum Zeichencharakter paläolithischer Silexartefakte

ZUSAMMENFASSUNG: Besprochen werden die Silexartefakte hinsichtlich ihres Zeichencharakters von den Anfängen in Afrika bis zum Beginn des europäischen Jungpaläolithikums. Den Artefakten der archaischen Industrien Afrikas (Olduwan) wird insofern Zeichencharakter zuerkannt, als die Anwesenheit eines Artefaktes auf die Existenz eines Verfertigers verweist. Die symmetrische Form der Faustkeile wird als technologisch bedingt erklärt, gleichwohl als Nachweis der Fähigkeiten des Verfertigers verstanden. In zwei Exkursen wird auf den experimentellen Charakter der Werkzeugentstehung hingewiesen und auf die Bedeutung der Werkzeugherstellung zur Kontrolle der Vorstellungswelt. Während die Morphologie der Artefakte der Neandertaler alleine als das Ergebnis eines auf Zweckmäßigkeit ausgerichteten Schaffens erklärt werden kann, unterliegt das Schaffen der modernen Sapienten zusätzlich einer vom Kollektiv gesteuerten Standardisierung: erstmals dienen Artefakte zum Nachweis der Gruppenzugehörigkeit des Verfertigers bzw. zur Manifestation seiner Stellung innerhalb der Gruppe. Offen bleibt beim derzeitigen Forschungsstand, welche Gründe das Streben nach Standardisierung hervorgerufen haben könnten.

In diesem Beitrag soll der Frage nachgegangen werden, ob paläolithische Silexartefakte über ihre Funktion hinaus für ihre Verfertiger auch Zeichencharakter besessen haben und wenn ja, welcher Art die Botschaften gewesen sein könnten. Die Darstellung wird vom Älteren zum Jüngeren vorgehen, von den frühesten Werkzeugen in Afrika bis zum Beginn des Jungpaläolithikums in Europa mit dem ersten Nachweis der modernen Sapienten vor etwa 40.000 Jahren. Zu beachten ist, dass wir es somit ausschließlich mit den Hinterlassenschaften von Menschenformen zu tun haben, die nicht zu unserer Art gehörten – deren Denken uns deshalb vollständig fremd sein muss.

Wenn sich diese Besprechung auf Silexartefakte beschränkt und andere Lebensbereiche, etwa Jagdorganisation, Lagerplatz-Struktur, Körperschmuck sowie eventuelle Bestattungssitten oder Kunstäußerungen, nicht weiter berücksichtigt, so liegt dies nicht alleine an der für diesen Rahmen gebotenen Kürze. Vielmehr ist zu diesen Themen bereits eine umfangreichere Literatur vorhanden.[1] Andererseits ist es immer

---

[1] Eine Auswahl wichtiger Arbeiten zum Alt- und Mittelpaläolithikum sei genannt: Gamble 1987 (Jagdmethoden); Otte 1988a, 95-124 (Lagerplatzstruktur); Wreschner 1980 (Farberden); Gargett 1989; Defleur 1993; Gargett 1999 (Bestattungen); Mania/Mania 1988 (mit den zugehörigen Kommentaren in der Zeitschrift *Rock Art Research* 5, 1988 bis 8, 1991); Bar-Yosef 1988 (Kunstäußerungen). Die reichste, in ihrer Bedeutung auch bis heute noch nicht annähernd ausgelotete Erkenntnisquelle finden wir in *Le geste et la parole* von A. Leroi-Gourhan (1964 *Technique et langage* und 1965 *La mémoire et les rhythmes*): Indem Leroi-Gourhan die Phänomene in ihren Kontext stellt, den jeweiligen Kontext dem vorangegangenen und dem

wieder notwendig, technologische und konzeptuelle Fragen der Werkzeugherstellung anzusprechen, denn es besteht die Gefahr, dass Archäologen beim Ordnen von Objekten Formen aussondern, die ihnen bedeutsam erscheinen und in denen sie deshalb Zeichen vermuten, die aber nur das Ergebnis herstellungstechnischer Zwänge sind.

Archaische Industrien (Olduwan)

Die frühesten Steingeräte-Industrien des sog. Olduwan traten vor wenigstens 2 Millionen Jahren in Ost-Afrika in Erscheinung. Fast wichtiger als die Tatsache, dass die damals lebenden frühen Hominiden mit Geröllen oder Lavabruchstücken Arbeiten verrichteten und dabei auch ein eingeschränktes Spektrum von Kernsteinen und Abschlägen erzeugt haben, erscheint mir, dass sie diese Objekte auf ihren Wegen mitgetragen haben. Die Anwesenheit von Werkzeuganhäufungen in an sich rohmaterialfreien Landschaftsabschnitten (Toth 1985; Roebroeks et al. 1988) belegt, dass Rohmaterial-Stücke, Kerne und Abschläge über Distanzen von mehr als fünf Kilometern verlagert wurden. Wir dürfen daraus schließen, dass diese Objekte auch im Bewusstsein mitgetragen wurden. Mit dem Zurücklassen von Werkzeugen wurden – ob willentlich oder nicht – auch Zeichen gesetzt. Artgenossen, sofern sie ebenfalls mit dem Gebrauch von Werkzeugen vertraut waren, konnten erkennen, dass in dem Landschaftsabschnitt mit ihresgleichen zu rechnen sei.

Dem Nachweis der Anwesenheit über zurückgelassene Artefakte dürfte in dünnbesiedelten oder erstmals begangenen Räumen durch alle Perioden des Paläolithikums – aber auch in den Zeiten danach – eine wichtige Funktion zugekommen sein. Da dies heute noch gilt[2], können wir darin eine Konstante in den Äußerungen des menschlichen Lebens erkennen. Einen darüber hinausgehenden Zeichencharakter kann ich in diesen frühen Werkzeugen nicht erkennen.[3]

Altpaläolithikum (Acheuléen)

Als Kennzeichen des Acheuléens gelten Faustkeile. Sie haben eine sehr weite Verbreitung, die mit dem Dreieck Afrika, Indien, England umrissen werden kann. Das Auftreten der Faustkeile wird auf die Ausbreitung der Menschen der Gattung *Homo erectus* zurückgeführt. Gelegentlich wird die sterereotype Erscheinungsweise der

---

folgenden gegenübergestellt, wird der Text offenbar. Hingewiesen sei ebenfalls auf seine Arbeiten zur prähistorischen Kunst (z. B. Leroi-Gourhan 1992).
2 Siehe z. B. das Anbringen von Gipfelkreuzen oder das Zurücklassen einer Nationalflagge auf dem Mond.
3 Es ist mir dazu auch keine Literatur bekannt. Hingewiesen sei aber auf die Besprechung eines Lagerplatzes aus Olduwai, Niveau I, durch M. Otte (1993, Pl. 2).

Faustkeile zum Anlass genommen, beim Acheuléen von einer Kultur zu sprechen (z. B. Fiedler 1997). Dies ist jedoch nicht zulässig, da über so weite Entfernungen eine Kommunikation – welcher Art auch immer – nicht aufrechtzuerhalten war. Hinsichtlich der Verwendung von Faustkeilen besteht in der Forschung keine Übereinkunft. Eine Funktion als Stichwaffen, Wurfgeräte oder Allzweckgeräte wird diskutiert. Der in diesem Zusammenhang einmal formulierte Satz »Handaxes are made for archeologists« kann die Ratlosigkeit am besten ausdrücken. Suchen wir den Grund für eine solche Ratlosigkeit, so entdecken wir eine monolithische Betrachtungsweise: die auffällige Form der Faustkeile hat die Aufmerksamkeit vollständig absorbiert und so den Prozess, der zu ihrer Entstehung geführt hat, aus dem Blickfeld gedrängt[4]. Es empfiehlt sich, nicht in den Faustkeilen selbst das Ziel der Bemühungen zu sehen, sondern in den bei der Herstellung anfallenden Produkten, den Abschlägen. Denn: Nichts könnte das natürliche Defizit der Menschen besser ausgleichen als ein frisch geschlagener, scharf schneidender Abschlag.[5]

Mit einem solchen Standpunkt findet sich dann auch eine Erklärung für die so weite Verbreitung der Faustkeile: sie ergibt sich aus technologischen Gründen, genauer: aus den bei der Steinbearbeitung wirksamen physikalischen Gesetzen. Faustkeile gehören technologisch zur Gruppe der Zweiseiter; sie haben zwei Seiten, die durch eine umlaufende spitzwinklige Kante getrennt werden. Ein spitzer Winkel ist jedoch die erste Voraussetzung, um erfolgreich Kraft auf ein Gesteinsstück zu übertragen. In der Silextechnologie wird dieser Winkel Abbauwinkel genannt. Ist an einem Gesteinsstück ein solcher Winkel einmal angebracht – und sollen weitere Abschläge davon gewonnen werden – gilt es, diesen Abbauwinkel aufrecht zu erhalten; schließlich wird er das ganze Gesteinsstück umrunden, mit einem Zweiseiter als Resultat.[6]

Besonders hinzuweisen ist auf die Einfachheit des der Herstellung eines Faustkeils zugrundeliegenden Vorgehens, das in der stereotypen Wiederholung des gleichen Arbeitsschrittes besteht. So bin ich der Ansicht, dass dem Zustandekommen

---

4 Dies gilt besonders für Th. Wynn (1985, 41), dessen auf J. Piagets Beobachtungen zur frühkindlichen Entwicklung basierende Vorstellung häufig zitiert wird: »Indeed the geometry of later Acheulean handaxes requires a stage of intelligence that is typical of fully modern adults.« Seiner im nächsten Satz gezogenen Schlussfolgerung (»No subsequent developements in stone tool technology require a more sophisticated intelligence«) wird allerdings kein mit Silexartefakten näher befasster Archäologe folgen können. Von Otte (1993, 33-42) wird ebenfalls die Symmetrie der Faustkeile hervorgehoben.
5 Vgl. Toth 1985, Tab. 1 mit einer Zusammenstellung seiner Experimente zur Funktion paläolithischer Werkzeuge; siehe dazu auch Ohel 1979.
6 Dazu Weißmüller 1995, 16. – Über eine solche – von der Physik der Silexbearbeitung ausgehende – Betrachtungsweise kann im Übrigen auch ein zweites Problem seine Erklärung finden: die Ubiquität von Blattspitzen (Freund 1952, 325). Es handelt sich ebenfalls um Zweiseiter, die sowohl am Ende des Mittelpaläolithikums in Zentraleuropa als auch im jungpaläolithischen Solutréen, in paläoindianischen Technokomplexen, in der europäischen Kupferzeit und im 10. Jahrhundert unserer Zeit in Mexiko zu finden sind.

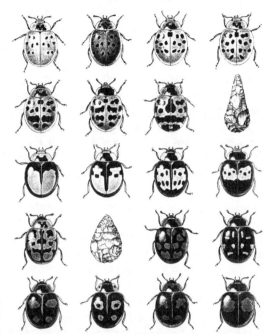

Abb. 1
Faustkeile als das Ergebnis einer auf die Bearbeitung von Stein gerichteten Motorik.

der Faustkeile weniger eine in den Köpfen der Verfertiger liegende Vorstellung von der endgültigen Form des Objektes zugrunde lag, als vielmehr eine auf das Gestalten von Stein gerichtete Motorik (Abb. 1). Trotzdem will ich den Faustkeilen, deren so zahlreiches Auftreten vielleicht am besten als das Ergebnis einer Art ›Gesellschaftsspiel‹ zu verstehen ist, Zeichencharakter zugestehen. Die Botschaft liegt in der möglichst regelmäßigen Ausführung des Artefaktes und kündet von der Kunstfertigkeit des Erzeugers. Zur Berechtigung einer derartigen Interpretation der in den Acheul-Keilen enthaltenen Botschaft sei auf Untersuchungen zur Mustererkennung in der Verhaltensforschung verwiesen, wonach eine symmetrische Erscheinungsform bei der Partnerwahl von Vorteil ist (Kirkpatrick/Rosenthal 1994, s. a. Kohn/Mythen 1999).

Exkurs 1: Zum experimentellen Charakter der Form von Silexartefakten

Gelegentlich wird in der Literatur die Frage aufgeworfen, warum über die so lange Dauer der Altsteinzeit wesentliche Änderungen im Steingeräte-Inventar nur so langsam eingetreten sind.[7] Eine Lösung dieser Frage findet sich, wenn die Entstehung

---

7 So für die Zeit des Mittelpaläolithikums Bordes und Sonneville-Bordes (1970, 72), die noch den Begriff des ›Genies‹ bemühen mussten (dazu Kubler 1982 und diesem folgend Weißmüller 1995, 31 f.) oder für das Jungpaläolithikum Renfrew 1996.

eines Artefaktes als das Ergebnis eines Experimentes betrachtet wird, bei dem der Versuch unternommen wird, einer aus der Erfahrung gewonnenen Vorstellung materielle Gestalt zu geben. Unter diesem Gesichtspunkt kommt die eminente Bedeutung der Werkzeugherstellung für die menschliche Evolution zum Vorschein: Das Herstellen von Werkzeugen zur Kontrolle der Richtigkeit der Vorstellungswelt. Somit zeigt sich die lange Zeit des Acheuléens als eine Zeit ständigen Experimentierens bis die Wirkungsweise der Bruchgesetze (Weißmüller 1991) immer mehr verstanden wurde und schließlich das Wissen, wie diese zum eigenen Vorteil gesteuert werden können, Bestandteil der Tradition geworden war. Aus den Artefakten kann abgelesen werden, dass dieser Zustand um etwa 250.000 erreicht ist. Kennzeichen ist die Technik der Kernpräparation zur Berechnung der Form der Abschlags, bekannt unter dem Begriff *Levallois*.

Mit der Kernpräparation zur Vorherbestimmung der Form des Abschlags ist innerhalb der Menschheitsgeschichte erstmals Antizipation sicher nachgewiesen. In Europa ist diese Art der Silexbearbeitung im wesentlichen mit den Menschen der Art Neandertaler verknüpft. Mit den *Levallois*-Methoden haben wir ein zielgerichtetes Vorgehen vor uns, das sich von den Prozessen der modernen Sapienten nur noch geringfügig unterscheidet. Wie sich zeigen wird, ist dieser Unterschied gleichwohl wesentlich.

Exkurs 2: Zu einer genaueren Kennzeichnung der Konzepte

Die Decodierung der mittelpaläolithischen Prozesse, der Methoden oder Konzepte – erinnert sei an den zentralen Begriff *chaîne opératoire*[8] –, stellt seit knapp zwei Jahrzehnten einen der wesentlichen Schwerpunkte der Paläolith-Forschung dar (Boëda et al. 1990). Im folgenden möchte ich deshalb auf die Entstehung von Konzepten eingehen, wozu ich die Überlegungen zum experimentellen Charakter der Entstehung von Silexartefakten wieder aufgreifen muss.

Als erstes stellt sich die Frage, wo die Konzepte denn zu finden sind. Zur Beantwortung dieser Frage ist es nicht notwendig, sich in fachfremde Gebiete wie etwa Gehirn-Forschung zu begeben[9] – es genügt anzunehmen, dass die Konzepte erstens in den Köpfen von Individuen abgelegt sind, und zweitens die Erinnerung an alle selbst erlebten Experimente darstellen, insofern sie als errinnerungswert erachtet

8 Dieser Begriff wurde von Leroi-Gourhan (1965, 26) in unser Fach eingeführt.
9 Trotz all der Fortschritte in den biologischen Wissenschaften dürfte es noch Jahrzehnte dauern, bis wir über den konkreten Platz eines Konzeptes sichere Auskunft erhalten. Bis dahin gilt die treffende Feststellung von D. Young: »There is, however, disagreement among the anthropologists about the possibility of the analyst to get inside the informant's head« (Young/ Bonnichsen 1984, 11).

Abb. 2
Kultur als gegenseitige Bedingtheit
von Individuum und Kollektiv
zwischen Tradition und Umwelt.
Erläuterung im Text.

wurden. Da innerhalb eines Individuums von der parallelen Existenz mehrerer Konzepte auszugehen ist, muss von einem individuellen Konzept-Reservoir gesprochen werden.

Selbst erlebt heißt nicht unbedingt selbst durchgeführt; vielmehr muss die Fähigkeit zum Experimentieren erst erlernt werden. Mit anderen Worten, dem individuellen Konzeptreservoir steht ein kollektives gegenüber, bestehend aus den Konzepten aller in der Gruppe befindlichen Individuen. Das individuelle und das kollektive Konzeptreservoir sind ineinander verwoben, jedoch nicht deckungsgleich, insofern jedes Experiment persönlich erlebt und erinnert wird.

Was nun die Entstehung von neuen Konzepten betrifft, so kann sie über Experimente absichtlich oder beiläufig vor sich gehen. Entscheidend für den Erfolg ist allein, ob das Neue in das kollektive Konzeptreservoir übernommen wird. Entsprechend der Beschaffenheit der Umwelt, innerhalb der sich dieses Gruppenexperiment vollzieht – also entsprechend den Bedingungen, unter denen die Experimente durchgeführt werden – wird sich der transpersonale Wissensschatz – er kann als Tradition bezeichnet werden – allmählich verändern (Abb. 2).[10]

Förderlich für die Entstehung von neuen Konzepten sind zwei Faktoren: erstens Zeit und Muße zum Experimentieren und zweitens eine bestimmte physische Kapazität – wir sprechen ja über den Zeitraum des Paläolithikums mit verschiedenen Menschenformen.

Auf Abb. 3 ist die Verlagerung eines kollektiven Konzeptreservoirs von Region A nach Region B dargestellt; entsprechend einer kurzen Lebenserwartung im Paläolithithikum wäre für das links angedeutete Zeitintervall eine Länge von 25, 30 oder 40 Jahren vorstellbar.

Was aber, wenn durch eine Katastrophe alle älteren Gruppenmitglieder ums Leben gekommen wären? Sie hätte zu einer Verarmung des Konzeptreservoirs führen müssen, die sich uns innerhalb einer Stratigraphie z. B. in dem unvermittelten Auf-

---

10 Siehe dazu auch Renfrew/Scarre 1988 und das darin diskutierte Buch *Origins of Modern Mind* (Donald 1991).

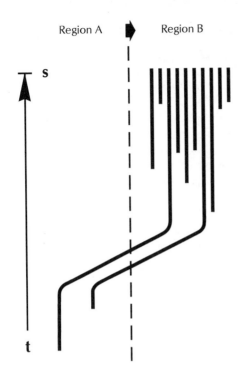

Abb. 3
Umfang und zeitliche Tiefe des verbal nicht übertragbaren Wissens einer Gruppe zum Zeitpunkt s. Jede Linie steht für ein individuelles Konzeptreservoir. Die in der Region A gewonnenen Kenntnisse sind in der Region B innerhalb der Gruppe nur noch für zwei Individuen verfügbar (Weißmüller 1995, 30 Abb. 5).

treten eines urtümlicheren Formengutes darstellen würde. Durch den Kontakt zu einer anderen Gruppe mit einem intakten Konzeptreservoir könnte der Verlust jedoch sehr schnell wieder ausgeglichen werden.[11]

Doch am besten kann ich mir die Langsamkeit der Veränderungen angesichts der Komplexität der Handlungsketten vergegenwärtigen: Wie schwierig und zeitraubend wäre es z. B., sollte der *Levallois*-Prozess ohne die Hilfe einer Abbildung erklärt werden. Oder: Wieviel Jahrzehnte moderner Wissenschaft hat es gedauert, bis ein unscheinbares Detail der Silextechnologie, z. B. die Abrasion der Kernkante zur besseren Wölbung des Kernes, erkannt und allgemein akzeptiert wurde. Nicht die Sprache war das Problem, sondern das Isolieren allgemein als mitteilenswert erachteter Begriffe.

11 Hier sei an den Bericht über den sog. ›Wilden vom Aveyron‹ erinnert, der von Jean Itard, dem Leiter der Pariser Taubstummenanstalt, in zwei Protokollen 1801 und 1807 niedergelegt wurde. Darin werden detailliert seine Bemühungen geschildert, Victor, einen in sehr frühem Alter der Natur überlassenen Jungen zu sozialisieren (Malson et al. 1972). Die sog. Wolfskinder, *homines feri* nach Linné, sind in der Regel stumm, der aufrechte Gang ist ihnen unbekannt, sie ernähren sich von Wurzeln und rohem Fleisch oder Kleintieren. Einigermassen glaubhaft sind weltweit ca. 50 Fälle belegt. Sie zeigen uns, inwieweit menschliches Überleben ohne Tradition tatsächlich möglich ist (siehe auch Weißmüller 1995, 31 Anm. 40).

Mittelpaläolithikum und Jungpaläolithikum

Die Frage nach einem eventuellen Zeichencharakter der Silexartefakte des Mittelpaläolithikums sieht sich vor allem mit zwei Problemen konfrontiert: Ob die Form der uns heute vorliegenden Artefakte von ihren Verfertigern so antizipiert wurde und welche kognitiven Fähigkeiten wir diesen zugestehen wollen. Die Typologie von François Bordes für das Mittelpaläolithikum wurde als Grundlage für eine beschreibende Statistik mittelpaläolithischer Silexinventare entwickelt. Das Problem aller mit dieser Zusammenstellung arbeitenden Archäologen kann mit dem Begriffspaar *finale* und *transiente* Form[12] beschrieben werden. Wann ist ein mittelpaläolithisches Werkzeug fertig? Sind die hier dargestellten Formen von den damaligen Verfertigern wirklich so konzipiert worden? Handelt es sich nicht eher um die Restzustände von Abschlägen, die durch verschiedene Tätigkeiten modifiziert wurden, bis sie den jetzigen Zustand erreicht haben? Für die Morphologie transienter Formen ist allein der Zeitpunkt der Ablage entscheidend.[13] Es empfiehlt sich, davon auszugehen, dass für die Menschen des Mittelpaläolithikums eine derart detaillierte Nomenklatur nicht existierte.[14]

Das zweite Problem betrifft die Diskussion um die kognitiven Fähigkeiten der Neandertaler. Die Debatte ist durch eine starke Polarität gekennzeichnet und hat fast schon den Charakter eines Glaubenskriegs angenommen. Es lassen sich zwei Lager ausmachen: In dem einen sind die Protagonisten versammelt, die in den Neandertalern unsere unmittelbaren Vorgänger sehen und ihnen entsprechende Fähigkeiten zubilligen, im anderen werden die Neandertaler als eine uns parallele Art gesehen mit entsprechend geringerem Vermögen (dazu Stringer/Gamble 1993). Bei dem Versuch, die Debatte zu verfolgen, ohne mich von einem der beiden Lager einvernehmen zu lassen, bin ich zu der Überzeugung gekommen, dass die ursprünglichen Europäer des Mittelpaläolithikums, die Neandertaler, ihren Artefakten keinen Zeichencharakter zugemessen haben. Diese Ansicht wird u. a. durch die Tatsache gestützt, dass bis heute gesicherte Hinweise etwa auf Körperschmuck und Kunstäußerungen fehlen (vgl. Anm. 1). Noch viel wichtiger erscheint mir jedoch das Fehlen

---

12 Wiederum Weißmüller 1995, 20; siehe auch die *reduction sequence* von Dibble 1987, die Morphologie mittelpaläolithischer Schaber betreffend.
13 Ausführlich hat dies J. Richter (1997) für die Formen des Micoquiens, der in Mittel- und Osteuropa verbreiteten Ausprägung des späten Mittelpaläolithikums, dargestellt.
14 Es ist mittlerweile üblich, die Bordes'sche Analyse nur noch in reduzierter Form anzuwenden, reduziert auf die Gruppe II des Moustérien und auf die Gruppe IV der *denticulés*. Dies kann als Ergebnis der Datenverarbeitung gewertet werden, welche es ermöglichte, die Gesamtheit der nach der Bordes'schen Methode erstellten Statistiken zusammenfassend auszuwerten (Dibble 1988). Eine inhaltliche Diskussion der von F. Bordes verwendeten Begriffe, wie sie von Minzoni-Deroche (1985) für die jungpaläolithische Typenliste von de Sonneville-Bordes/Perrot 1954-1956 an Hand des semantischen Inhalts der zur Definition der einzelnen Typen herangezogenen techno-typologischen Termini vorgebracht wurde, ist m. W. noch nicht unternommen worden.

einer absichtlichen Standardisierung der Werkzeuge der Neandertaler und dies gerade im Hinblick auf die Werkzeuge der Nachfolger, der modernen Sapienten. Den Unterschied möchte ich wie folgt formulieren: Die Neandertaler, ausgestattet mit einem realen Blick für das Nötige, sahen nirgends die Veranlassung, etwas über den Zweck hinaus zu tun, und waren so im Besitz vollständiger Gestaltungsfreiheit. Im Vergleich dazu scheinen die modernen Sapienten dem Zwang ausgesetzt, ihr Schaffen an dem des Kollektivs zu kontrollieren – bis hin zur Aufgabe der individuellen Kreativität[15].

Wenn die Neandertaler Artefakte zurückließen, so haben sie passive Zeichen gesetzt; wenn die Sapienten dies taten, ließ sich an der Form der finalen Objekte – besonders an Spitzen für Projektile oder an speziell geformten Werkzeugen für genau definierte Aufgaben – zusätzlich ablesen, welcher Gruppe ihr Hersteller angehörte.[16] Von nun an hatten die Fundstellen mit zurückgelassenen Artefakten auch den Charakter von ›Technischen Bibliotheken‹, an denen das Schaffen der anderen Gruppen studiert werden konnte.[17] Die Objekte waren zum Stellvertreter ihrer Verfertiger geworden (Weißmüller 1995, 56).

Für die in den Artefakten enthaltenen Botschaften der modernen Sapienten können zwei Richtungen angenommen werden. Die eine Richtung geht nach außen, von der eigenen Gruppe zu den benachbarten Gruppen (dazu grundsätzlich: Wobst 1977). Dabei ist die Problematik sich entwickelnder Territorialität zu berücksichtigen. Die zweite Richtung der Botschaften zielt in das eigene Kollektiv. Hier sollen die Zeichen die Stellung des Individuums manifestieren. Dass mit dem Phänomen der Inegalität bereits im Jungpaläolithikum zu rechnen ist, darf an Hand gelegentlich auftretender, besonders reicher Bestattungen vermutet werden (etwa in Sungir: Bosinksi 1989, 13-21 mit Taf. 1).

15 Mit dem Begriffspaar *curated* und *expedient* hat L. Binford (1973, 242) m. W. als erster auf den fundamentalen Unterschied im Werkzeugverhalten von Neandertalern und modernen Sapienten hingewiesen. Das Adjektiv *expedient* kann als ›zweckmäßig‹ übersetzt werden, *curated* im Sinne Binfords hingegen entzieht sich einer direkten Übertragung ins Deutsche. In der Zeit unserer Bearbeitung der mittelpaläolithischen Steinwerkzeuge aus der Sesselfelsgrotte haben deshalb J. Richter und ich den Begriff ›Hätschel-Stücke‹ verwendet, wobei wir immer die Möglichkeit offen gelassen haben, dass das ›Hätscheln‹ vielleicht nur von uns ausgeübt wurde – weil die entsprechenden Stücke eben besser in die ›Typologien‹ passten.
16 C. Gamble hat die am Schaffen der modernen Sapienten erstmals zu beobachtende Neuerung am treffendsten definiert: »style, the means by which objects are made distinctive« (Stringer/Gamble 1993, 211).
17 Weißmüller 1995, 29 Anm. 37. – Ein tatsächlicher Nachweis des Lernens über die Analyse gefundener Artefakte, d. h. ohne direkte mündliche Tradition, ist wohl kaum zu erbringen. Allerdings könnte die Entstehung der *Grand-Pressigny*-Methode in der Kupferzeit, mit der die mittelpaläolithische *Levallois*-Methode (*exploitation d'un surface* nach Boëda et al. 1990) wieder aufgegriffen wird, auf das ›Lesen‹ aufgesammelter Artefakte zurückgehen. In dieser Zeitstufe wurde die Herstellung der Spanklingen von hochspezialisierten Handwerkern (Bergleuten und Klingenproduzenten) ausgeübt.

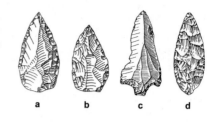

Abb. 4
Ähnliche Artefakt-Formen (Moustier-Spitze) verschiedener Zeitstellung. A: Biache-san-Vaast (Nordfrankreich) ca. 175.000 Jahre, B: La Ferrassie (Südwestfrankreich) ca. 50.000 Jahre. Unten: Erste Artefakte mit Zeichencharakter vom Ende des Mittelpaläolithikums. C: El Djouf (Algerien), D: Szeleta (Ungarn).

Die Zwecke des Zeichencharakters der Objekte der modernen Sapienten des Paläolithikums unterscheiden sich also nicht von den Zwecken der materiellen Botschaften in den anschließenden Perioden der Menschheitsgeschichte, weshalb in diesem Überblick nicht weiter darauf eingegangen werden muss. Doch ist es notwendig, am Ende dieses Beitrags noch einmal auf die Artefakte der Neandertaler zurückzukommen, und zwar aus jenem Zeitabschnitt, der mit dem ersten Auftreten der modernen Sapienten in der Peripherie Europas zusammenfällt.

Die Anpassung der Neandertaler scheint sehr erfolgreich gewesen zu sein. Dies darf aus dem Fehlen von Veränderungen im Formengut über einen wenigstens 100.000 Jahre langen Zeitraum geschlossen werden (Abb. 4). Mit dem Beginn des Klimastadiums 3, vor 65.000 bis 60.000 Jahren, zeigen sich jedoch erstmals Veränderungen im Formengut, die sich nicht anders als kulturell bedingt erklären lassen. Was könnte diese Veränderungen hervorgerufen haben?

Nach mehrheitlicher Überzeugung wird die Herkunft der modernen Sapienten in Europa auf eine von Afrika ausgehende und über die Levante gekommene Einwanderung zurückgeführt, wobei Palästina um 90.000 v. H. ereicht war.[18] Haben moderne Sapienten Mittel-Europa bereits lange vor 40.000 v. H. begangen – vielleicht in so geringer Zahl, dass bisher keine Skelettreste entdeckt werden konnten – und so die Veränderungen provoziert? Die Frage ist jedoch noch komplizierter, insofern die in Palästina gefundenen Sapienten in Schichten mit Artefakten liegen, die sich von den bisher üblichen Neandertaler-Artefakten nicht unterscheiden.[19] So spricht einiges für die Annahme, dass erst die Erkenntnis des Anders-Seins die Herstellung von Werkzeugen mit Zeichencharakter hervorgerufen hat.

18 Zusammenfassend benannt wird diese Theorie mit dem Begriff *Out of Africa II*. Sie gründet allein auf genetischen Untersuchungen. Bemerkenswert erscheint, dass von prähistorischer Seite bisher noch kein Versuch unternommen wurde, diese These auf ihre Gültigkeit zu überprüfen, umso mehr, als von sprachwissenschaftlicher Seite die fachlich inkompetente Verwendung von Genanalysen zur Ordnung von Sprachfamilien überzeugend dargestellt werden konnte (Sims-Williams 1998). Welche Komplexität dem Übergang Neandertaler/Sapiens tatsächlich zu Grunde gelegen haben mag, zeigt Clark (1992) aus paläoanthropolgischer Sicht. Zu Palästina siehe Bar-Yosef 1989.

19 »The current state of research leads us to conclude that there are no obvious direct coerrelations between archaeological remains and the two different morphotypes often defined as Near Eastern Neandertals and ›Proto-Cro-Magnons‹« (Bar-Yosef/Meignen 1992, 164).

Literatur

Bar-Yosef 1988: O. Bar-Yosef, Evidence for Middle Palaeolithic Symbolic Behaviour: a Cautionary Note. In: Otte 1988b, 11-16.
Bar-Yosef 1989: Ders., Geochronology of Levantine Middle Palaeolithic. In: P. Mellars/ Ch. Stringer (Hrsg.), The Human Revolution. Behavioural and Biological Perspectives in the Origins of Modern Humans. Edinburgh: University Press 1989, 589-610.
Bar-Yosef/Meignen 1992: Ders./L. Meignen, Insights into Levantine Middle Palaeolithic Cultural Variability. In: Dibble/Mellars 1992, 163-182.
Binford 1973: L. R. Binford, Interassemblage Variability: the Mousterian and the »Functional« Argument. In: C. Renfrew (Hrsg.), The Explanation of Culture Change: Models in Prehistory. London: Duckworth 1973, 227-254.
Boëda et al. 1990: E. Boëda/J.-M. Geneste/L. Meignen, Identification de chaînes opératoires lithiques du Paléolithique ancien et moyen. Paléo 2, 1990, 43-80.
Bordes 1961: F. Bordes, Typologie du paléolithique ancien et moyen. I/II. Publications de l'Institut de Préhistoire de l'Université Bordeaux, Mém. 1. Bordeaux ¹1961.
Bordes/Sonneville-Bordes 1970: Ders./D. de Sonneville-Bordes, The Significance of Variability in Palaeolithic Assemblages. World Arch. 2, 1970, 61-73.
Bosinski 1989: G. Bosinski, Die große Zeit der Eiszeitjäger. Europa zwischen 40000 und 10000 v. Chr. Jahrb. RGZM 34, 1987, 1-139.
Clark 1992: G. A. Clark, Continuity or Replacement? Putting Modern Humans in an Evolutionary Context. In: Dibble/Mellars 1992, 183-205.
Defleur 1993: A. Defleur, Les sépultures moustériennes. Paris: Éditions du CNRS 1993.
Dibble 1987: H. L. Dibble, Reduction Sequences in the Manufacture of Mousterian Implements of France. In: Soffer 1987, 33-45.
Dibble 1988: Ders., Typological Aspects of Reduction and Intensity of Utilization of Lithics in the French Mousterian. In: Dibble/Montet-White 1988, 181-197.
Dibble/Mellars 1992: Ders./P. Mellars (Hrsg.), The Middle Palaeolithic: Adaption, Behaviour, and Variability. University Museum Monograph 78. Philadelphia 1992.
Dibble/Montet-White 1988: Ders./A. Montet-White (Hrsg.), Upper Pleistocene Prehistory of Western Eurasia. University Museum Monograph 54. Philadelphia 1998.
Donald 1991: M. Donald, Origin of Modern Mind: Three Stages in the Evolution of Culture and Cognition. Cambridge (Mass.): Harvard Universitiy Press 1991.
Fiedler 1997: L. Fiedler (Hrsg.), Archäologie der ältesten Kultur in Deutschland. Ein Sammelwerk zum älteren Paläolithikum, der Zeit des Homo erectus und des frühen Neandertalers. Materialien zur Vor- und Frühgeschichte von Hessen 18. Wiesbaden 1997.
Freund 1952: G. Freund, Die Blattspitzen des Paläolithikums in Europa. Quartär-Bibliothek 1. Bonn: Röhrscheid 1952.
Gamble 1987: C. Gamble, Man the Shoveler: Alternative Models for Middle Pleistocene Colonization and Occupation in Northern Latitudes. In: Soffer 1987, 81-98.
Gargett 1989: R. H. Garget, Grave Shortcoming. The Evidence to Neandertal-Burial. Current Anthr. 30 (2) 157-177.
Gargett 1999: Ders., Middle Palaeolithic Burial is Not a Dead Issue: the View from Quafzeh, Saint-Césaire, Kebara, Amud, and Dederiyeh. Journ. Human Evolution 37, 27-90.
Kirkpatrick/Rosenthal 1994: M. Kirkpatrick/G. G. Rosenthal, Symmetry without Fear. Nature 372, 1994, 134-135.
Kohn/Mythen 1999: M. Kohn/S. Mythen, Handaxes: Products of Sexual Selection? Antiquity 73, 1999, 518-526.

Kubler 1982: G. Kubler, Die Form der Zeit. Anmerkungen zur Geschichte der Dinge. Frankfurt a. Main: Suhrkamp [Erstausgabe: The Shape of Time. Remarks on the History of Things. New Haven 1962].
Leroi-Gourhan 1964: A. Leroi-Gourhan, Le geste et la parole. I. Technique et langage. Paris: Albin Michel 1964.
Leroi-Gourhan 1965: Ders., Le geste et la parole. II. La mémoire et les rhythmes. Paris: Albin Michel 1965.
Leroi-Gourhan 1992: Ders., L'art pariétal. Langage de la préhistoire. Grenoble: Jérôme Million 1992.
Malson et al. 1970: L. Malson/J. Itard/O. Mannoni, Die wilden Kinder. Frankfurt a. Main: Suhrkamp 1970.
Mellars/Gibson 1996: P. Mellars/K. Gibson (Hrsg.), Modelling the Early Mind. McDonald Institute Monographs, Oxford: Oxbow 1996.
Mania/Mania 1988: D. Mania/U. Mania, Deliberate Engravings on Bone Artefacts of Homo Erectus. Rock Art Research 5 (2) 1988, 91-95.
Minzoni-Deroche 1985: A. Minzoni-Deroche, Lithic Artefacts Interpretation: an Empirical Approach. World Arch. 17 (1) 1985, 20-31.
Ohel 1979: M. Y. Ohel, The Clactonian: an Independent Complex or an Integral Part of the Acheulean? Current Anthr. 20, 1979, 685-726.
Otte 1988a: M. Otte, Interpretation d'un habitat au paléolithique moyen. In: Dibble/Montet-White 1988, 95-124.
Otte 1988b: Ders. (Hrsg.), L'Homme de Neandertal. Actes du Colloque International de Liège (4 - 7 Decembre 1986). Études et Recherches Archéologiques de l'Univérsité de Liège 5. Liège 1988.
Otte 1993: Ders., Préhistoire de religions. Paris: Masson 1993.
Piel-Desruisseaux 1984: J.-L. Piel-Desruisseaux, L'outil de pierre préhistorique. Paris: Masson 1984.
Roebroeks et al. 1988: W. Roebroeks/J. Kolen/E. Rensink, Anticipation and the Organization of Middle Palaeolithic Technology: The »Archaic Natives« Meet Eve's Descendants. Helinium 28, 1988, 17-34.
Renfrew 1996: C. Renfrew, The Sapient Behaviour Paradox: How to Test for Potential? In: Mellars/Gibson 1996, 11-14.
Renfrew/Scarre 1998: Ders./Ch. Scarre (Hrsg.), Cognition and Material Culture: the Archaeology of Symbolic Storage. McDonald Institute Monographs. Oxford: Oxbow 1998.
Richter 1997: J. Richter, Sesselfelsgrotte III. Der G-Schichten-Komplex der Sesselfelsgrotte. Zum Verständnis des Micoquien. Quartär-Bibliothek Band 7. Saarbrücken: Saarbrücker Druckerei und Verlag 1998.
Sims-Williams 1998: P. Sims-Williams, Genetics, Linguistics, and Prehistory. Thinking Big and Thinking Straight. Antiquity 72, 1998, 505-527.
Soffer 1987: O. Soffer (Hrsg.), The Pleistocene Old World Regional Perpectives. New York: Plenum Press 1987.
Sonneville-Bordes/Perrot 1954: D. de Sonnevilles-Borde/J. Perrot, Lexique typologique du Paléolithique supérieur. Bull. Soc. Préhist. Franç. 51, 1954, 327-333; 52, 1955, 76-79; 53, 1956, 408-412.
Stringer/Gamble 1993: Ch. Stringer/C. Gamble, In Search of the Neanderthals. London: Thames & Hudson 1993.
Toth 1985: N. Toth, The Olduwan Reassessed: A Close Look at Early Stone Artefacts. Journal Arch. Science 12, 1985, 101-120.
Weißmüller 1991: W. Weißmüller, Die graphische Simulation des Kanteneffekts zum besseren Verständnis der Kernpräparation. Arch. Korrbl. 21, 1985, 173-186.

Weißmüller 1995: Ders., Sesselfelsgrotte II. Die Silexartefakte der Unteren Schichten der Sesselfelsgrotte. Ein Beitrag zum Problem des Moustérien. Quartär-Bibliothek Band 6. Saarbrücken: Saarbrücker Druckerei und Verlag 1995.

Wobst 1977: H. M. Wobst, Stylistic Behaviour and Information Exchange. Anthropolocigal Papers 61. Ann Arbor, Michigan: University of Michigan 1977, 317-324.

Wreschner 1980: Wreschner, Red Ocre and Human Evolution: a Case for Discussion. Current Anthr. 21, 1980, 631-644.

Wynn 1985: Th. Wynn, Piaget, Stone Tools and the Evolution of Human Intelligence. World Arch. 17, 1985, 32-43.

Young/Bonnichsen 1984: D. E. Young/R. Bonnichsen, Understanding Stone Tools: a Cognitive Approach. Peopling the Americas. Process Series 1. Orono/Maine: University of Maine, Center for the Study of Early Man 1984.

Thomas Knopf

Die Botschaften der Keramik: Ethnoarchäologische Studien zu Herstellung und Veränderung von Tonware

ZUSAMMENFASSUNG: Keramik wird in der Archäologie häufig für kulturhistorische Interpretationen herangezogen. Dabei fehlen jedoch quellenbedingt fundamentale Informationen zu Herstellenden, Herstellung, Verwendung und Formwandel. Aus ethnographischen Untersuchungen kann eine Vielzahl solcher Beobachtungen gewonnen werden. Die systematische Auswertung der Daten zu mehr als 60 rezenten, keramikproduzierenden ›Gruppen‹ erbrachte nicht nur vielfältige Informationen zu verschiedensten Aspekten der Töpferei, sondern auch zu den Ursachen des Wandels von Formen und Herstellungstechnik sowie häufig wiederkehrende Zusammenhänge zwischen Töpfernden, ihren Produkten und z. B. dem wirtschaftlichen oder sozialen Umfeld. Damit stehen grundlegende Anhaltspunkte für die archäologische Deutung zur Verfügung. Durch die ›Systematisierung‹ von Analogien werden neue Interpretationen ermöglicht und spezifischen Deutungen wird zu einer größeren Wahrscheinlichkeit verholfen. Die Anwendung in konkreten archäologischen Fallstudien demonstriert, dass aus der materiellen Kultur nicht-materielle Hintergründe erschlossen werden können. Für den keramischen Wandel in einem Abschnitt des Jungneolithikums am Zürichsee können etwa konkrete Kontaktsituationen, Einheirat von Frauen und der Zuzug von Familien wahrscheinlich gemacht werden.

Einführung

Keramik ist im archäologischen Kontext häufig die quantitativ umfangreichste Fundgattung. Sie wird regelmäßig für kulturhistorische Interpretationen herangezogen, etwa bei Fragen von sozialer Differenzierung, handwerklicher Spezialisierung oder ethnischer Deutung. Entsprechende Anhaltspunkte können ansatzweise aus dem Fundzusammenhang der Keramik, dem sonstigen archäologischen Quellenbild und verschiedenen - etwa statistischen - Auswertungsmethoden erschlossen werden. Bei ausreichender Quellenlage wird somit die eine oder andere Interpretation nahegelegt. Viele - um nicht zu sagen die meisten - Informationen zu Herstellung, Verwendung und den Ursachen des Wandels von Keramik bleiben uns aber aufgrund des besonderen Charakters archäologischer Quellen verschlossen. Innerhalb der Archäologie fehlen weitgehend Korrektive oder Hinweise, die Deutungen archäologischer Sachverhalte auf der Basis von Tonware eine höhere Wahrscheinlichkeit geben könnten. Will man nicht bei sehr begrenzten oder pauschalen Interpretationen stehen bleiben, müssen zur Rekonstruktion kulturhistorischer Abläufe zwangsläufig Analogien aus Bereichen außerhalb der Archäologie herangezogen werden.

Unmittelbare Aufschlüsse über technische und soziale Aspekte von Töpferei sowie Gründe formaler Veränderung von Keramik sind nur aus einem der Beobachtung zugänglichen ›lebenden Kontext‹ zu erhalten. Die Dokumentation der Töpferei bei rezenten Gruppen[1] ergibt eine Fülle entsprechender Informationen. Dabei wird nicht nur eine Vielzahl tatsächlich realisierter Möglichkeiten des Töpferns, der Verbreitung von Keramik usw. im Sinne eines Analogiefundus bereitgestellt; relevant sind vor allem Regelhaftigkeiten und immer wiederkehrende Zusammenhänge zwischen Herstellenden und der Ausprägung der Töpferei und den Töpferwaren.

Regelhafte Zusammenhänge, die im lebenden Kontext erkannt werden – etwa zwischen wirtschaftlicher Grundlage und Geschlecht der Töpfernden und damit korrelierter Wandel – sind zwar für die archäologische Interpretation keramischer Sachverhalte keine einfach übertragbaren ›Beweise‹. Es stehen jedoch auf interkulturellem Vergleich beruhende Analogien bereit, die eine höhere interpretatorische Wahrscheinlichkeit besitzen. Damit wird die für die Archäologie so zentrale Frage nach der Verknüpfung des Materiellen mit dem Nicht-Materiellen einer Beantwortung erheblich nähergebracht.[2]

Die Töpferei und ihre Produkte sind Bestandteil der Traditionen und Normen von Gruppen. Diese Normen werden wiederum in erheblichem Maße vom wirtschaftlichen, sozialen und religiösen Umfeld bestimmt. Ein Wandel der Normen bezüglich der Töpferei ist entsprechend vom Wandel bestimmter Bestandteile des Umfelds abhängig. Es ist daher – auch im archäologischen Kontext – von grundsätzlichem Interesse, welche ökonomische und soziale Grundlage eine Gruppe besitzt, welche Personen töpfern, welches Geschlecht sie besitzen usw.

Unter diesen Vorgaben wurden Daten zu mehr als 60 ethnographisch untersuchten Regionen, Gruppen, Dörfern oder Einzeltöpferinnen aus der Literatur aufgenommen und ausgewertet.[3] Im Folgenden sollen einige Ergebnisse in geraffter Form vorgestellt werden. Im Anschluss erfolgt exemplarisch der Ausblick auf die ›Nutzanwendung‹ in einem konkreten archäologischen Beispiel.

Ethnoarchäologische Studien

Bei der Beschäftigung mit ›Keramikethnoarchäologie‹ sieht man sich mit einer immensen Anzahl thematisch verschiedenster Publikationen konfrontiert.[4] Für die hier vorgestellten Untersuchungen waren in erster Linie solche Arbeiten sinnvoll heranzuziehen, in denen nicht nur technische Aspekte der Töpferei, sondern auch Angaben zum wirtschaftlichen und sozialen Umfeld sowie einem möglichen Wandel

---

1 Damit sind nicht nur jüngste Angaben, sondern auch historische Aufzeichnungen über die Töpferei, etwa aus dem 19. und frühen 20. Jahrhundert, gemeint.
2 Siehe dazu auch den von Eggert (1991, 50-51) formulierten Anspruch der Ethnoarchäologie und seine allerdings eher pessimistische Perspektive für die Keramikforschung (ebd.).
3 Diese Untersuchung und das im Anschluss vorgestellte Fallbeispiel stellen in stark verkürzter Form Ergebnisse von Teilen meiner Dissertation (Knopf 2002) dar.
4 Siehe z. B. die Zusammenstellung entsprechender Literatur bei Longacre 1991, 247-296, der etwa 845 Titel anführt.

der Herstellung und der Keramik selbst vorhanden waren.[5] Die so gewonnene Datengrundlage kann zwar nicht den Anspruch völliger Einheitlichkeit erheben, es liegen jedoch in der Regel von einer Mehrzahl der untersuchten Gruppen[6] Informationen zu bestimmten Fragestellungen vor.[7]

Insgesamt wurden sowohl allgemeine Aussagen zur Gruppe als auch spezifische Informationen zur Töpferei und der Keramik aufgenommen und ausgewertet. Im einzelnen wurden Daten zur Wirtschafts- und Siedlungsweise, zur Sozialstruktur, u. a. Residenz- und Verwandtschaftsregeln, zur Religion und sonstige Angaben, etwa zum Naturraum, aufgenommen. Bei der Töpferei standen Fragen nach Geschlecht und sozialer Stellung der Töpfernden, der Art ihrer Ausbildung, dem Umfang der Keramikproduktion, den Rohstoffen, der Herstellung und der Distribution im Vordergrund. Daneben waren Hinweise zu Konstanz und Wandel der Keramikformen bzw. des Herstellungsprozesses von Bedeutung.

Auf einzelne Beispiele sei hier nicht näher eingegangen. Insgesamt liegt für die eben genannten Aspekte ein sehr großes Spektrum an tatsächlich realisierten Möglichkeiten und damit auch ein umfassendes Analogiepotential für die Archäologie vor.

Um einen gewissen Überblick über den Datenbestand zu bekommen seien einige zusammenfassende Diagramme vorgestellt (Abb. 1-3). Bei einer Differenzierung nach dem Geschlecht der Töpfernden (Abb. 1) zeigt sich, dass überwiegend Frauen Keramik herstellen, bereits wesentlich seltener wird sowohl von Frauen als auch Männern innerhalb einer Gruppe getöpfert. Insgesamt sind bei etwa der Hälfte der Fälle alle oder zumindest viele Gruppenmitglieder für die Herstellung verantwortlich (Abb. 2). Daneben gibt es auch Fälle, in denen Spezialist(inn)en oder besondere Klans bzw. Kasten für die Töpferei zuständig sind. Bei den Herstellungstechniken (Abb. 3) dominiert bei den ausschließlichen Formungstechniken klar das Aufwulsten der Keramik. Daneben sind vor allem Mischtechniken oder die parallele Anwendung verschiedener Techniken häufig zu beobachten.

Charakteristika der Töpfernden (z. B. Geschlecht, Wirtschaftsweise) bzw. der Töpferei (z. B. Produktionsumfang) können miteinander verknüpft werden. Gleiches gilt für die Gegenüberstellung von Art, Form und Verteilung der Keramik und Angaben zu den Töpfernden. Hierbei sind jeweils einige signifikante Häufungen festzustellen.

5 Aus den mehr als 60 ausgewählten Töpfereistudien seien hier nur einige besonders ergiebige Arbeiten angeführt, so zu den Kalinga (Philippinen; u. a. Longacre/Skibo 1994), den Luo (Kenia; Herbich 1987; Dietler/Herbich 1989), den Maya (Guatemala; Reina/Hill 1978), den Dogon (Mali; Gallay 1981), den Bamum (Kamerun; Preuß 1997), den Kwoma (Neuguinea; Kaufmann 1972) sowie dem Ort Dangwara (Indien; Miller 1985).

6 Hier und im folgenden spreche ich der Einfachheit halber von keramikproduzierenden ›Gruppen‹, auch wenn zuweilen Regionen, Dörfer oder spezifische Bevölkerungsteile gemeint sind.

7 Im Gegensatz zur umfangreichen Datensammlung Drosts (1967; 1968) konnten hier Informationen aus verschiedensten Bereichen der Töpferei und des wirtschaftlich-sozialen Umfelds verglichen, kombiniert und systematisch ausgewertet werden.

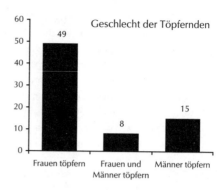

Abb. 1:
Geschlecht der Töpfernden.

So zeigt sich etwa, dass in subsistenzorientierten Gruppen fast ausschließlich Frauen töpfern, und zwar alle oder relativ viele Frauen der jeweiligen Gruppe. Die Herstellung von Keramik in Wulsttechnik ist mit eher subsistenzorientierten Wirtschaftsformen und einer ›Frauentöpferei‹ kombiniert. Bei Herstellungsverfahren mit Modeln oder der schnellrotierenden Töpferscheibe dominiert eine spezialisierte Herstellung durch Männer. Zwischen einer auf Eigenbedarf ausgerichteten Töpferei durch Frauen und einer verkaufsorientierten Produktion durch Männer existiert aber ein breites Spektrum an Möglichkeiten, die überwiegend vom wirtschaftlichen und sozialen Kontext abhängig sind.

Beim Erlernen bzw. der Weitergabe des Handwerks fällt auf, dass in Gruppen, die das Wulstverfahren als einzige Formungstechnik anwenden, in aller Regel nicht nur von der Mutter gelernt wird, sondern auch von weiblichen Verwandten, Nachbarinnen usw., was eine unterschiedliche Tradierung technischer und stilistischer Merkmale bewirken kann.

Weitere, hier nicht ausführlicher besprochene Aspekte betreffen die Beschaffung von Rohstoffen, die Saisonalität des Handwerks oder den Produktionsumfang (s. Knopf 2002).

Auch bei der Analyse der ethnographischen Daten hinsichtlich Tradition und Innovation der Töpferei konnten verschiedene Häufigkeiten und Zusammenhänge festgestellt werden. Vor allem fiel ein vergleichsweise großer Anteil an Gruppen auf, bei denen über 100 oder mehr Jahre (z. T. bis zu 1000 Jahren) fast kein oder nur ein sehr geringer Wandel der Keramik und ihrer Herstellung stattgefunden hat.[8]

---

8 Beispiele wären etwa der Töpferort Ikenge in Zaïre (Eggert/Kanimba 1980), die Sarakolé in Mali (Gallay 1970), die ländliche Töpferei im Maghreb (Balfet 1981), aber auch ausgegrabene Keramik des 19. Jahrhunderts bei den Kalinga (Longacre/Skibo 1994) gleicht der Tonware aus den siebziger Jahren des 20. Jahrhunderts in extremer Weise.

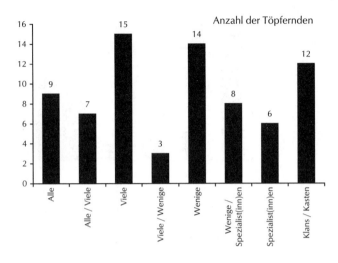

Abb. 2:
Anzahl der
Töpfernden
innerhalb der
Gruppen.

Dies stellt einen Sachverhalt dar, der auch im archäologischen Zusammenhang - man denke etwa an Abschnitte der Bandkeramik - nicht selten begegnet. Die ethnographisch dokumentierten Gruppen, für die eine derartige hohe Keramikkonstanz dokumentiert ist, besitzen gewisse charakteristische Verhaltensnormen und feste Traditionen. Diese manifestieren sich aber - zumindest soweit sie in der Literatur dokumentiert sind - in jeweils verschiedener Ausprägung. So sind z. B. sozial verankerte Wertevorstellungen wie ein spezifisches Zusammengehörigkeitsgefühl und entsprechende Abgrenzungen anzutreffen, aber auch eine besondere, z. B. konservative, soziale Stellung der Frau, des Haushalts oder des Handwerks. Die grundsätzlichen Normen äußern sich darüber hinaus in motorischen Gewohnheiten - etwa bestimmten Handhaltungen bei der Herstellung - oder einer funktionellen Anpassung der Tonware an äußere Lebensumstände.

Die Zusammenschau der sonstigen Informationen zu diesen Gruppen zeigte, dass die dokumentierten Verhaltensregeln insgesamt in starkem Maße von der sozioökonomischen Stabilität der Gruppe abhängen. Gleichbleibende Grundlagen der Wirtschafts- und Siedlungsweise und des sozialen Zusammenlebens, die jeweils ideelle und physische Gewohnheiten steuern, sind für eine Konstanz der Traditionsgemeinschaft verantwortlich. Gerade für die Archäologie ist es jedoch von Bedeutung, dass verschiedenste äußere Einflüsse und Veränderungen, die bei den Gruppen mit hoher Keramikkonstanz belegt sind, die Keramikherstellung in wesentlichen Merkmalen unberührt ließen. So sind etwa wechselnde Handelspartner, ein gewisser Produktionsanstieg, die Nachbarschaft zu wirtschaftlich oder sozial differenzierteren Gruppen oder Bevölkerungsteilen, europäische koloniale Aktivitäten verbunden mit Errichtung neuer politischer Strukturen, Ausbeutung von Arbeitskraft oder Bevölkerungsrückgang belegt.

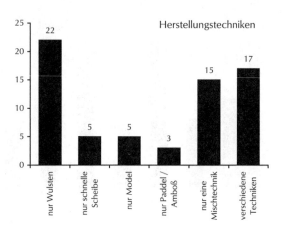

Abb. 3: Herstellungstechniken.

Der Herstellungsprozess von Tonware bzw. Form und Verzierung von Keramik wird, wie die Angaben zu vielen anderen Gruppen zeigen, von verschiedenen Faktoren beeinflusst (Abb. 4). An erster Stelle stehen in den untersuchten Fällen Einflüsse von Markt und Nachfrage. Daneben wirken sich sehr häufig Kontakte zu benachbarten Gruppen bzw. Keramiktraditionen oder die Existenz von Fremdformen auf die Töpferei aus.[9] Hier ist nicht in jedem Fall eine klare Trennung gegenüber Markt-/Nachfrage-bedingten Ursachen möglich. Die Spezialisierung des Handwerks verursacht ebenfalls oft Veränderungen in Herstellung und Formen. Eine Reihe weiterer Gründe, etwa soziopolitischer, religiöser oder technischer Art sind dokumentiert.

Die Auswertung der ethnographischen Daten hat verdeutlicht, dass ein Wandel der keramischen Tradition, charakterisiert durch das Hinzukommen einzelner neuer Gefäßformen, Formmerkmale oder Zierelemente, die Zu- oder Abnahme bestimmter traditioneller Gefäßformen oder das Verschwinden von Formen und Merkmalen, auf eine Reihe von Ursachen zurückgehen kann. Allein aus solchen Veränderungen – und dies gilt analog auch für archäologische Situationen – kann somit nur schwer bzw. in einigen wenigen Extremfällen auf die Ursache eines formalen Wandels geschlossen werden. Die ethnographischen Beispiele zeigen auf dieser Ebene in erster Linie die Möglichkeiten an Veränderungen der Töpferei und der Keramik bei jeweiligen Einflüssen an, etwa bei einer Spezialisierung des Handwerks, bei Kontakten mit anderen keramischen Traditionen, bei einer Ausweitung des Markts oder beim Wandel von wirtschaftlichen oder sozialen Strukturen der Gemeinschaft.

Der Blick auf den lebenden Zusammenhang verdeutlicht jedoch zugleich, dass viele Veränderungen kultureller und keramischer Art nicht unabhängig voneinander ablaufen. Handwerkliche Spezialisierungen hängen häufig mit einem Bevölkerungs-

---

9 Im Gegensatz zu den hier als ›Kontakte/Fremdformen‹ angeführten Ursachen sind bei ›ethnischen Einflüssen‹ Einwanderungen, Bevölkerungsüberschichtungen u. ä. gemeint.

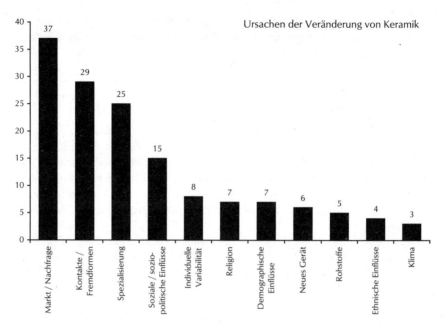

Abb. 4: Ursachen der Veränderung von Keramik.

anstieg und Markteinflüssen zusammen, Kontakte mit einem ökonomischen und evtl. sozialen Wandel usw. Das bedeutet, dass je nach ökonomischem, ethnischem oder sozialem Kontext der eine oder andere Faktor eine entscheidende Rolle für einen Wandel der Töpferei spielt. In einer Subsistenzwirtschaft fallen z. B. Markteinflüsse nicht oder kaum ins Gewicht und scheiden als Motor für Veränderungen aus. Insofern können durch entsprechende Vorgaben und Eingrenzungen z. B. des wirtschaftlichen Umfelds spezifische Ursachen keramischen Wandels ausgeschlossen und damit andere Möglichkeiten entsprechend wahrscheinlicher gemacht werden. Hier bieten sich gute Ansatzpunkte für die archäologische Interpretation.

Die skizzierten Aussagemöglichkeiten der Ethnographie gehen sowohl von Eigenschaften der Keramik selbst aus (Beispiel: gewulstet, standardisiert) als auch von Charakteristika der herstellenden Gruppe und z. T. auch von allgemeinen Bedingungen (Beispiel: Subsistenzwirtschaft, starke soziale Gliederung, ungünstiger Naturraum usw.). Da allein mit dem formalen Bestand bzw. Wandel an Tonware nur wenige Angaben möglich sind, muss entsprechend auch für die Archäologie nicht nur die Keramik und ihr unmittelbares Produktionsumfeld betrachtet werden. Für eine Eingrenzung der Erklärungsmöglichkeiten sind auch die aus archäologischem Kontext möglichen Aussagen zu Wirtschaftsweise, naturräumlichen Grundlagen etc. heranzuziehen. Eine entsprechende archäologische Quellensituation mit daraus abzuleitenden Anhaltspunkten kann also grundlegende Aussagen, z. B. zur Organisation der Töpferei beeinflussen und bestimmen. Dabei ist natürlich die Gefahr von Zirkelargumentationen zu beachten.

Fallbeispiel: Jungneolithikum am Zürichsee

Bevor mit ethnographischen Analogien gearbeitet wird, ist die quellenkritische Darstellung und Überprüfung des jeweiligen archäologischen Forschungsstandes unabdingbar. Dies ist nach dem oben Ausgeführten umso zwingender, als archäologische Hinweise, z. B. auf den ökonomischen Kontext der Töpferei bzw. der Töpfernden, grundlegende Richtungen für die Interpretation vorgeben. Daneben ist generell und vor allem für Fragen nach dem Wandel kultureller Phänomene die Chronologie von Bedeutung.

Das Jungneolithikum am Zürichsee im beginnenden 4. Jahrtausend v. Chr. bietet eine hervorragende Quellensituation für die Beurteilung der Ursachen keramischer Veränderung.[10] Hier wird etwa an der Wende vom 39. zum 38. Jahrhundert der Übergang von der Cortaillod zur Pfyner Kultur angesetzt. Dabei beruht die Argumentation in erster Linie auf keramischen Merkmalen. Durch die Feuchtbodenerhaltung sind nicht nur umfangreiche Siedlungsstrukturen und organisches Fundmaterial überliefert. Die bisher gewonnenen Dendrodaten, vor allem aus den Fundstellen im Züricher Stadtgebiet, bieten die Möglichkeit, die Geschwindigkeit des keramischen Wandels näher einzugrenzen.[11] Die umfangreichen Auswertungen und Publikationen bilden die Voraussetzung für die Heranziehung als Fallbeispiel.

Im Folgenden sollen zunächst wesentliche Merkmale der bisherigen kulturhistorischen Interpretation zum Übergang Cortaillod-Pfyn am Zürichsee skizziert werden. Danach seien Befund- und Fundsituation, Chronologie und Merkmalsveränderungen der Tonware zusammenfassend vorgestellt. Aus den ökonomischen und sozialen Grundlagen – soweit sie mit archäologischen Mitteln erfassbar sind – werden dann auf Grundlage der ethnographischen Beobachtungen die Rahmenbedingungen der Töpferei umschrieben. Darauf aufbauend können Hintergründe und Ursachen des keramischen Wandels charakterisiert und damit neue kulturhistorische Aspekte aufgezeigt werden.

Zu Beginn der Forschung waren nur wenige Fundstellen am Zürichsee und in seiner Umgebung Grundlage der Interpretation. Sie deckten die Entwicklung der materiellen Kultur nur lückenhaft ab. Vor allem E. Vogt (1934; 1947; 1964; 1971) hatte in verschiedenen Arbeiten die Keramik differenziert und als Definitionsmerkmal verwendet. Zeitlich und räumlich abgegrenzte Fundgruppen wurden von ihm

---

10 Auf ein weiteres archäologisches Fallbeispiel, den eisenzeitlichen Hunsrück-Eifel-Raum, kann hier nicht eingegangen werden. Siehe dazu ausführlich Knopf 2002.
11 Zu den neuesten Daten und Schichtkorrelationen siehe Gross-Klee/Eberli 1997.

mit Kulturen bzw. mit spezifischen Bevölkerungen und Stämmen gleichgesetzt (deutlich etwa bei Vogt 1971, 243). Dieses Prinzip hat in mehr oder weniger expliziter Form bis heute Bestand.[12] Während jedoch Vogt und bis in die 80er Jahre auch andere (Gross 1987, 121; Suter 1987, 196) von einem raschen Wechsel der Bevölkerungen, etwa durch Ab- bzw. Einwanderungen, ausgingen, dominiert in den letzten Jahren die Annahme einer ›Bevölkerungskontinuität‹. Der Entwicklungsbruch zwischen Cortaillod und Pfyn sei nicht so stark (Ruoff/Gross 1991, 409), es handele sich um eine nahtlose Entwicklung im Rahmen von ›Transformationsprozessen‹ (Bleuer/Hardmeyer 1993, 128; Gross-Klee 1998, 249). Grundlage dieser Interpretation ist neben der Siedlungsabfolge in erster Linie die formale Entwicklung der Keramik, die chronologisch relativ gut abgesicherte, formale und quantitative Übergänge aufweist. Als Ursachen dieser kulturellen Entwicklung werden sowohl das Hinzukommen von Menschen als auch Kontakte und äußere Einflüsse genannt (etwa Bleuer/Hardmeyer 1993, 135). Was genau unter ›Beeinflussung‹, ›Diffusion von Formen‹ oder der ›Übernahme von Elementen‹ zu verstehen ist, bleibt aber sehr vage.

Für die Diskussion des keramischen Wandels sind vor allem die Fundstellen ›Mozartstraße‹, ›Kanalisationssanierung‹ (›Kansan‹), ›Kleiner Hafner‹ und ›AKAD/Pressehaus‹ im Züricher Stadtgebiet von Bedeutung (Abb. 5).[13] Sie decken den hier relevanten Bereich des 39. und 38. Jh. zum Teil mit Überschneidungen ab (Abb. 6).[14]

Die Schichten Mozartstraße 6 und 5 mit ihren teilweise differenzierten Untereinheiten (oben/unten) erbrachten jeweils einige hundert bzw. über tausend aussagekräftige Rand-, Boden- und Wandscherben (Bleuer/Hardmeyer 1993). Die Schichten sind durch dendrochronologisch bestimmte Weißtannenpfähle datiert (Abb. 6). Zwar ist die Probenmenge gering und eine abschließende Korrelation mit der Eichenkurve steht noch aus, jedoch scheint eine Serie von C 14-Proben die Dendrodaten zu stützen (Gross-Klee/Eberli 1997, 29).

Die Grabung Kansan verbindet die Fundstellen Mozartstraße und AKAD/Pressehaus. Hier konnten lange Profile aufgenommen werden (Gerber et al. 1994). Die Fundmenge ist etwas geringer als bei der Mozartstraße. Von Bedeutung ist vor allem Schicht 9, die aufgrund der Verteilung von Keramikgattungen in zwei räumlich getrennte Bereiche Nord und Süd unterteilt wurde (Bleuer et al. 1993, ›Einleitung‹).

---

12 Siehe dazu auch die generellen Ausführungen von Wotzka 1993.
13 Gross et al. 1992; Bleuer/Hardmeyer 1993; Bleuer et al. 1993; Gerber et al. 1994; Suter 1987; Kustermann/Ruoff 1984.
14 Auch archäozoologische und archäobotanische Reste aus diesen Fundstellen liegen ausgewertet vor (Jacomet et al. 1989; Schibler et al. 1997). Für die im genannten Zeitraum z. T. vorhandenen Veränderungen bei der Tierhaltung, Jagd, der Nutzung pflanzlicher Ressourcen und Textil- bzw. Geräteherstellung sei auf die Literatur bzw. zusammenfassend auf Knopf 2002 verwiesen. Dort auch Angaben zu anderen Fundplätzen am Zürich-, Zuger- und Greifensee.

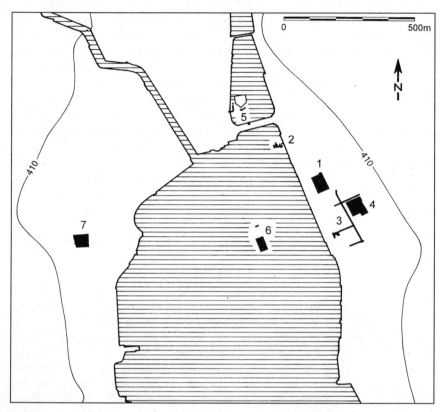

Abb. 5: Lage der Fundstellen im Züricher Stadtgebiet. 1 = ›Mozartstraße‹; 2 = ›Kleiner Hafner‹; 3 = ›Kansan‹; 4 = ›AKAD/Pressehaus‹; 5 = ›Bauschanze‹; 6 = ›Großer Hafner‹; 7 = ›Rentenanstalt‹ (nach Schibler et al. 1997).

Bei den Weißtannendatierungen (3816–3804 v. Chr.) wird von einer ›eindeutigen‹ Zuweisung zu den Schichten ausgegangen (Gross-Klee/Eberli 1997, 29). Die Schichtenparallelisierung zwischen den Grabungen Mozartstraße und Kansan legt offensichtlich eine stratigraphische Einheit von Mozartstraße Schicht 5 und Kansan Schicht 9 nahe (siehe auch Tabelle Abb. 6). Auch hier bestätigen C 14-Daten die Dendrokurve. Unstimmigkeiten zwischen den Dendrodaten der Mozartstraße (Beginn der Schlagdaten Schicht 5: 3860 v. Chr., Datum 3812 v. Chr. nur einmal belegt) und Kansan Schicht 9 (Schlagphase zwischen 3816 und 3804 v. Chr.) werden mit

Abb. 6 (rechte Seite):
Bezeichnung, stratigraphische Korrelation und Datierung der
Schichten im Züricher Stadtgebiet (nach Gross-Klee/Eberli 1997).

kulturelle Zuweisung	MOZARTSTRASSE Schicht	Datierung v. Chr.	KANSAN SEEFELD Schicht	Datierung v. Chr.	AKAD/PRESSEHAUS Schicht	Datierung v. Chr.	KLEINER HAFNER Schicht	Datierung v. Chr.	S.-Ph.
PFYN	Red.hor. OK4	3547-3539?	Schicht 5.1						28
		3568-63?							27
		3595-3591?							26
	SE 0.4, Basis								
	Schicht 4o	3613-3600	Schicht 5.2.1	3612?	Org. Hu				25
			Schicht 5.2.2						
	Schicht 4m	Um 3640?-3620	SE 0.7		SE Hu				24
	Schicht 4u	Ca. 3668-3661							23
	SE 0.5								
	Schicht 4A	Um 3675?	Schicht 6			3681 >>?			22
	SE 0.5B		SE 0.8						
	Schicht 4B	3714?	Schicht 7.1-2.3	3711-3681	Schicht J1	3711-3681			21
	SE 0.5B		Schicht 7.3.4-8	3719-3717	Schicht J2	3719-3717			20
			SE 0.9						
			Schicht 8	3729-3722	Schicht J 3	3735-3721			19
ÜBERGANG CORTAILLOD-PFYN			SE 0.10		SE Ko				
			Schicht 9 Süd		Schicht L	3872 >>	Schicht 4 G		18
		3812?	Schicht 9 Nord	3816-3804?	SE Ku				17
CORTAILLOD	Schicht 5o	Nach 3840?	Hiatus				SE 4FB7		16
							Schicht 4Fb		
	SE 0.5o						Sand 4FA3		
	Schicht 5u		SE 0.11				Schicht 4Fa		15
	SE 0.6	Um 3860-3840?					SE 4EC9		
	Schicht 6o						Schicht 4E	3885-3865 BCal	14
		3888-3880?					Sand 4D3		
	SE 0.6o						Schicht 4D		
	Schicht 6u	3910-3905?					SE 4CB5		13
FRÜHES CORTAILLOD	HIATUS		HIATUS		HIATUS		Schicht 4C	4105-4085 BCal?	12
							Schicht 4B	4125-4115 BCal?	11
							Sand 4A4		
							Schicht 4A	4185-4165 BCal?	10
EGOLZWIL							SE 0.5		9
							Schicht 5C	4235-4225 BCal?	
							SE		
							Schicht 5B	4285-4255 BCal?	8
							SE 5A4		
							Schicht 5A	4425-4355 BCal	7

einem langsamen Anstieg des Seespiegels und einer entsprechenden Verlagerung der Siedlung über 50-60 Jahre erklärt (Gross-Klee/Eberli 1997, 21). Hinzu kommt eine unterschiedliche Ausrichtung der Weißtannenpfähle in beiden Grabungen. Die Daten der Kansan Schlagphase für Schicht 9 streuen über das gesamte Areal der Schicht (Nord und Süd). Somit ist eine zumindest partielle Gleichzeitigkeit anzunehmen. Der Bereich 9 Süd kann darüber hinaus auch noch länger als 9 Nord Bestand gehabt haben.[15]

Die Schichten 4 D bis G der ehemaligen Inselsiedlung ›Kleiner Hafner‹ erbrachten mit Ausnahme von 4 E nur etwa je 100 Randstücke. Darüber hinaus kann Schicht 4 G nicht als geschlossener Komplex angesehen werden (Suter 1997, 113). Dendrodaten fehlen bisher, jedoch erfolgte eine Eingrenzung durch Abgleich von C 14-Daten aus Schicht 4 E mit den dendrochronologisch belegten Schlagphasen am Zürichsee sowie einer anschließenden Korrelation der anderen Schichten mit den bekannten Wassertiefständen (Gross-Klee/Eberli 1997, 27-29). So können die Inselschichten mit Schichten der Mozartstraße bzw. Kansan in etwa parallelisiert werden (siehe Abb. 6).

Während die relevante Fundschicht L aus dem Bereich AKAD/Pressehaus nur wenige Funde erbrachte, liegt aus der jüngeren Schicht J vergleichsweise umfangreiches Material vor (Kustermann/Ruoff 1984). Schicht L bildet mit Kansan Schicht 9 stratigraphisch eine Einheit und ist räumlich dem jüngeren Abschnitt 9 Süd anzuschließen (Gross-Klee/Eberli 1997, 21).

Insgesamt ergibt sich trotz fehlender bzw. nicht abschließend gesicherter Dendrodaten ein stimmiges Bild der Datierungen und Schichtenkorrelationen. Für die Schlagphasen, d. h. auch die Bautätigkeiten, kann aber durchaus noch mit einer Ausweitung gerechnet werden, da außer Weißtannen vermutlich noch anderes Bauholz verwendet wurde. Für die Ausdehnung des Dorfes zwischen Mozartstraße Schicht 5 und Kansan Schicht 9 legt die Überschneidung der Dendrodaten zwischen 3816 und 3812 v. Chr. – eine durchgehende Bebauung vorausgesetzt – eine Ausdehnung von über 200 Metern Länge nahe.

Bei der keramischen Entwicklung fällt auf, dass sich innerhalb der ›älteren‹ Schichten (Mozartstraße 6 und 5 bzw. Kleiner Hafner Schicht 4 D-G) weniger die Gesamtgefäßformen als vielmehr einzelne Merkmale (z. B. Oberflächenbehandlung) und die quantitativen Anteile an Formen (z. B. Abnahme von Schalen und rundbodiger Tonware) verändern.[16] Der keramische Wandel erstreckt sich über einen Zeitraum von gut 100 Jahren. Erst in den Schichten Mozartstraße 5 oben bzw. Kleiner Hafner 4 G treten vereinzelt andere Topfformen auf und ein Teil der längerfristigen Ent-

---

15 Gerber (et al. 1994, 46) vermutet, dass eine ältere Phase im Bereich Süd durch die nachfolgende Besiedlung weitgehend zerstört worden sein könnte. Dafür fehlen bisher allerdings konkrete Anhaltspunkte.
16 Vergleiche für die Keramik vor allem die Tafelbände Gross et al. 1992 und Bleuer et al. 1993 sowie die z. T. vergleichenden Auswertungen bei Bleuer/Hardmeyer 1993, 18-261; Gerber et al. 1994 und Suter 1987.

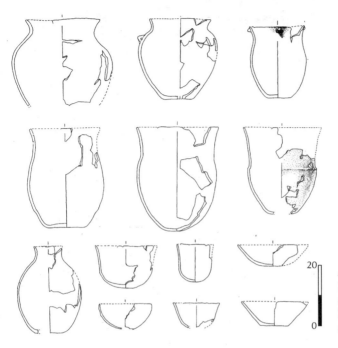

Abb. 7:
Keramikformen aus
der Schicht Kansan 9
Nord (nach Bleuer
et al. 1993)

wicklungen, wie z. B. Zunahme der Topfgröße, wird wieder umgekehrt. Fremdformen wie etwa Michelsberger Tulpenbecher und Knickwandschalen kommen bereits ab Mozartstraße Schicht 5 unten vor.

Die Keramik aus Schicht 5 oben der Mozartstraße besitzt große Ähnlichkeit mit dem Material aus Kansan 9 Nord. In beiden kommen z. B. auch Tulpenbecher und gynaikomorphe Gefäße vor. Hingegen sind die Unterschiede zwischen Kansan 9 Nord und Süd größer als zwischen allen anderen vorhergehenden Straten (siehe Auswahl Abb. 7 u. 8). Dies betrifft sowohl die Gesamtformen als auch Einzelmerkmale wie die Bodengestaltung, Oberflächenbehandlung oder die Verzierung. Gleichwohl bestehen auch noch Gemeinsamkeiten und bei den meisten Merkmalen existiert keine Ausschließlichkeit der Verbreitung in Schicht 9 Nord oder Süd. Die Veränderungen zwischen Kansan 9 Nord und Süd müssen in vergleichsweise kurzer Zeit abgelaufen sein; auch eine Gleichzeitigkeit beider Inventare kommt in Betracht. Die Grenze zwischen Cortaillod und Pfyner Kultur wird z. B. von Y. Gerber (et al. 1994, 44) zwischen Kansan 9 Nord und Süd angesetzt, wobei sie (ebd.) die gesamte Keramik aus Schicht 9 als »Pfyner Keramik mit Cortaillodsubstrat« bezeichnet.

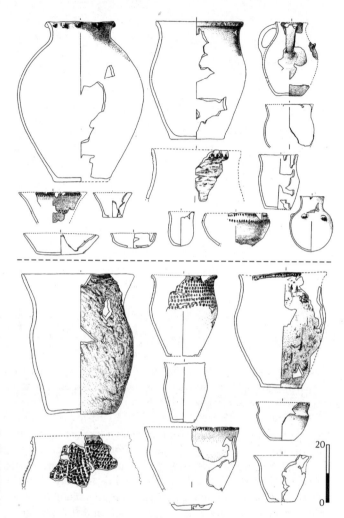

Abb. 8:
Keramikformen aus
den Schichten
Kansan 9 Süd und
Kansan 8 (nach
Bleuer et al. 1993).

Zur allgemeinen siedlungsbezogenen, wirtschaftlichen und sozialen Situation der jungneolithischen Siedler sind einige Anhaltspunkte vorhanden bzw. können wahrscheinlich gemacht werden.[17] Insgesamt ist von einer bäuerlichen Subsistenzgemeinschaft auszugehen. Handels- bzw. Tauschbeziehungen mit Nachbarsiedlungen bis zu einem Umkreis von 20-30 Kilometern sind anzunehmen.[18] Die Menschen lebten in

---

17 Dazu auch Jacomet et al. 1989, 85-92; 222-225 sowie Gallay 1995.
18 Für diese Entfernungen sprechen etwa die Lage von Silexvorkommen (Suter 1987, 126) sowie die Verbreitung einiger in den Siedlungen gefundener Tier- und Pflanzenarten (Jacomet et al. 1989, 92).

Die Botschaften der Keramik 201

kleinen Dörfern oder Weilern. Die Größe der Häuser legt zwar Kernfamilien nahe, doch sind auch Großfamilien denkbar, deren Untereinheiten (z. B. verheiratete Kinder) in Nachbarhäusern wohnten.

Siedlungs- und Wirtschaftsweise sowie die Herstellungstechnik (Aufwulsten) sprechen mit Blick auf die ethnographischen, kulturvergleichenden Analogien zur Keramikherstellung dafür, dass am jungneolithischen Zürichsee ausschließlich Frauen töpferten. Wahrscheinlich wurde von annähernd allen Frauen Keramik produziert, wobei an eine saisonale Herstellung zu denken ist. Tonware wurde für den Eigenbedarf angefertigt. In benachbarte Siedlungen gelangte sie nicht als Handelsobjekt, sondern vermutlich eher im Rahmen verwandtschaftlicher Beziehungen, etwa als Gastgeschenk. Tone wurden überwiegend in nächster Nähe abgebaut.[19]

Für die belegten Veränderungen der Keramik können somit Einflüsse eines ›Marktes‹ bzw. Handels mit entsprechender Nachfrage sowie handwerklicher Spezialisierungen als Ursachen ausgeschlossen werden. Individuelle Variabilität oder die Übernahme neuer religiöser Vorstellungen reichen nicht aus, um einen Wandel wie er an der Wende von 39. zum 38. Jahrhundert stattfand, zu begründen. Kontaktsituationen ergaben sich durch Tauschhandel der Frauen, aber auch durch verwandtschaftliche Beziehungen oder zufällige Begegnungen. In diesem Rahmen sind die Veränderung von Einzelmerkmalen oder das Aufgreifen von Gestaltungsprinzipien durch Töpferinnen vorstellbar. Da Pfyner und Michelsberger Formen bzw. Merkmale innerhalb der Cortaillodkeramik auftreten, ist davon auszugehen, dass ›Cortaillod‹-Frauen entsprechende Formen sehen konnten, zuweilen vielleicht sogar Fremdstücke ins eigene Dorf gelangten. Pfyner Siedlungen des ausgehenden 39. Jahrhunderts, wie etwa Hüttwilen, Nussbaumersee (SPM II 1995, 312), lagen in 30-40 Kilometer Entfernung vom Zürichsee, evtl. auch näher. Es ist von sozialen Kontakten auszugehen, die sich zunehmend etablierten und vermutlich auch zur Einheirat von ›Pfyner‹ Frauen führten. Eingeheiratete Frauen dürften eher in ihrer eigenen Tradition, die sie als Kind erlernten, getöpfert haben.[20] Die archäologische Situation des allmählichen Formenwandels und vereinzelter Fremdformen, wie er z. B. in den Schichten Mozartstraße 6 und 5 dokumentiert ist, findet so insgesamt eine Erklärung. Die vermutete Ausdehnung des Dorfes zwischen Mozartstraße und Kansan Schicht 9 spricht dann für einen gewissen Bevölkerungsanstieg. Für die innerhalb kurzer Zeit ablaufenden Veränderungen der Keramik mit einer möglichen Gleichzeitigkeit verschiedener Keramiktraditionen ist am ehesten ein verstärkter Zuzug von Personen verantwortlich zu machen. Dabei ist nicht nur an einzelne Frauen, sondern an ganze Familien zu denken, die auf ein bereits bestehendes Netz verwandtschaft-

---

19 Für Abschnitte des älteren Cortaillod vom Kleinen Hafner sind Entfernungen von etwa 20 Kilometern für die Tone bestimmter Gefäße nachgewiesen (Suter 1987, 126).
20 Der Fall der Luo in Kenia (s. o.) zeigt zwar, dass eingeheiratete Frauen bezüglich des Töpferns die einheimischen Formen und Muster übernehmen müssen und dazu von der Schwiegermutter neu eingewiesen werden; dies stellt jedoch eher eine Ausnahme im ethnographischen Bestand dar.

licher oder allgemein sozialer Beziehungen zurückgreifen konnten. Für existierende Kontakte und einen allgemeinen Austausch innerhalb des Dorfes sprechen auch Mischformen sowie die nicht ausschließliche Verbreitung der unterschiedlichen Keramikformen.

Durch die – an dieser Stelle eher kursorisch vorgenommene – Einbeziehung der ethnographischen bzw. ethnoarchäologischen Ergebnisse zeigt sich, dass die zuvor recht verschwommenen ›Transformationsprozesse‹ oder stark spekulativ umschriebenen kulturellen Veränderungen in diesem Abschnitt des Jungneolithikums am Zürichsee konkreter zu fassen sind. Die vorgenommenen Deutungen besitzen eine höhere Wahrscheinlichkeit als die bisherigen Interpretationen.

Wenngleich hier nicht alle quellenbezogenen und interpretatorischen Aspekte des Fallbeispiels angesprochen werden konnten, so wurde dennoch aufgezeigt, wie sinnvoll die systematische Analyse ethnographischer Daten im Sinne eines ›erweiterten Kulturvergleichs‹ sein kann, wenn sie mit einer quellenkritischen und durchaus ›klassisch‹ materialorientierten Untersuchung verknüpft wird. Dem archäologischen Material kann auf diese Weise einiges von seinem einstigen immateriellen Inhalt zurückgegeben werden.

Literatur

Balfet 1981: H. Balfet, Production and Distribution of Pottery in the Maghreb. In: H. Howard/ E. L. Morris, Production and Distribution: A Ceramic Viewpoint. BAR Int. Ser. 120. Oxford: 1981, 257-269.

Bleuer/Hardmeyer 1993: E. Bleuer/B. Hardmeyer, Zürich »Mozartstrasse«. Neolithische und bronzezeitliche Seeufersiedlungen. Bd. 3: Die neolithische Keramik. Zürcher Denkmalpflege, Arch. Monogr. 18. Zürich: Fotorotar AG 1993.

Bleuer et al. 1993: E. Bleuer/Y. Gerber/Ch. Haenicke/B. Hardmeyer/M. Joos/A. Rast-Eicher/ Ch. Ritzmann/J. Schibler, Jungsteinzeitliche Ufersiedlungen im Zürcher Seefeld. Ausgrabungen Kanalisationssanierung 1986-1988 (Zürich Kan.San. Seefeld). Bd. 2: Tafeln. Zürcher Denkmalpflege, Arch. Monogr. 23. Zürich: Fotorotar AG 1993.

Dietler/Herbich 1989: M. Dietler/I. Herbich, Tich Matek: the Technology of Luo Pottery Production and the Definition of Ceramic Style. World Arch. 21, 1989, 148-164.

Drost 1967: D. Drost, Töpferei in Afrika. Technologie. Veröff. Mus. Völkerkunde Leipzig 15. Berlin: Akademie-Verlag 1967.

Drost 1968: D. Drost, Töpferei in Afrika. Ökonomie und Soziologie. Jahrb. Mus. Völkerkunde Leipzig 25, 1968, 131-258.

Eggert 1991: M. K. H. Eggert, Ethnoarchäologie und Töpfereiforschung. Eine Zwischenbilanz. In: H. Lüdtke/R. Vossen (Hrsg.), Töpfereiforschung – Archäologisch, ethnologisch, volkskundlich. Beiträge des Internationalen Kolloquiums 1987 in Schleswig. Bonn: Habelt 1991, 39-52.

Eggert/Kanimba 1980: M. K. H. Eggert/Kanimba Misago, Aspects d'un métier traditionelle: L'industrie de poterie à Ikenge. Baessler-Archiv N. F. 28, 1980, 387-430.

Gallay 1970: A. Gallay, La poterie en Pays Sarakolé (Mali, Afrique Occidentale). Étude de technologie traditionelle. Journal de la Soc. des Africanistes 40, 1970, 7-84.

Gallay 1981: A. Gallay, Le Sarnyéré Dogon. Archéologie d'un isolat, Mali. Paris: Édition ADPF 1981.
Gallay 1995: A. Gallay, Vorschlag für ein Modell der neolithischen Gesellschaften. In: SPM II 1995, 275-287.
Gerber et al. 1994: Y. Gerber/Ch. Haenicke/B. Hardmeyer, Jungsteinzeitliche Ufersiedlungen im Zürcher Seefeld. Ausgrabungen Kanalisationssanierung 1986-1988 (Zürich Kan.San). Bd. 1: Die Keramik. Zürcher Denkmalpflege, Arch. Monogr. 22. Zürich: Fotorotar AG 1994.
Gross-Klee 1998: E. Gross-Klee, Michelsberg: Heterogenität und kulturelle Einbindung in Raum und Zeit. In: J. Biel/H. Schlichtherle/M. Strobel/A. Zeeb (Hrsg.), Die Michelsberger Kultur und ihre Randgebiete – Probleme der Entstehung, Chronologie und des Siedlungswesens. Kolloquium Hemmenhofen, 21.-23.2.1997. Materialh. Arch. Baden-Württemberg 43. Stuttgart: Konrad Theiss Verlag 1998, 249-259.
Gross et al. 1992: E. Gross/E. Bleuer/B. Hardmeyer/A. Rast-Eicher/Ch. Ritzmann/ B. Ruckstuhl/ U. Ruoff/J. Schibler, Zürich »Mozartstrasse«. Neolithische und bronzezeitliche Ufersiedlungen. Bd. 2: Tafeln. Ber. Zürcher Denkmalpflege, Monogr. 17. Zürich: Fotorotar AG 1992.
Gross-Klee/Eberli 1997: E. Gross-Klee/U. Eberli, Die archäologischen Grundlagen. In: Schibler et al. 1997, 18-37.
Guyan 1977: W. U. Guyan (Hrsg.), Emil Vogt. Schriften zum Neolithikum. Chronologie und Pfahlbaufrage. Frauenfeld: Verlag Huber 1977.
Herbich 1987: I. Herbich, Learning Patterns, Potter Interaction and Ceramic Style among the Luo of Kenya. African Arch. Review 5, 1987, 193-204.
Jacomet et al. 1989: S. Jacomet/Ch. Brombacher/M. Dick, Archäobotanik am Zürichsee. Ackerbau, Sammelwirtschaft und Umwelt von neolithischen und bronzezeitlichen Seeufersiedlungen im Raum Zürich. Ber. Zürcher Denkmalpflege, Monogr. 7. Zürich: Orell Füssli Verlag 1989.
Knopf 2001: Th. Knopf, Kontinuität und Diskontinuität in der Archäologie – Quellenkritisch-vergleichende Studien. Tübinger Schriften zur Ur- und Frühgeschichtlichen Archäologie 6. Münster/New York: Waxmann 2001.
Kustermann/Ruoff 1984: A.-C. Kustermann/U. Ruoff, Die jungneolithische Pfynergruppe im unteren Zürichsee-Becken. Zürcher Studien Arch. 2. Zürich: Juris Druck + Verlag AG 1984.
Longacre 1991: W. Longacre, Ceramic Ethnoarchaeology. Tucson: The University of Arizona Press 1991.
Longacre/Skibo 1994: W. A. Longacre/J. M. Skibo (Hrsg.), Kalinga Ethnoarchaeology. Expanding archaeological method and theory. Washington/London: Smithsonian Institution Press 1994.
Miller 1985: D. Miller, Artefacts as Categories. A Study of Ceramic Variability in Central India. Cambridge: Cambridge University Press 1985.
Preuß 1997: Ch. Preuß, Mbanké und Messi. Die Töpferei der Bamum im Wandel. Eine Studie im Grasland Kameruns. Kulturanthropologische Studien 26. Hamburg: Lit 1997.
Reina/Hill 1978: R. E. Reina/R. M. Hill, The Traditional Pottery of Guatemala. Austin/London: University of Texas Press 1978.
Ruoff/Gross 1991: E. Ruoff/E. Gross, Die Bedeutung der absoluten Datierung der jungsteinzeitlichen Kulturen in der Schweiz für die Urgeschichte Europas. In: J. Lichardus (Hrsg.), Die Kupferzeit als historische Epoche. Symposium Saarbrücken und Otzenhausen 6.-13.11.1988. Saarbrücker Beitr. Alt.kde. 55. Bonn: Dr. Rudolf Habelt GmbH 1991, 401-420.
Schibler et al. 1997: J. Schibler/H. Hüster-Plogmann/S. Jacomet/Ch. Brombacher/E. Gross-Klee/A. Rast-Eicher, Ökonomie und Ökologie neolithischer und bronzezeitlicher Ufersiedlungen am Zürichsee. Ergebnisse der Ausgrabungen Mozartstrasse,

Kanalisationssanierung Seefeld, AKAD/Pressehaus und Mythenschloss in Zürich. Monogr. Kantonsarch. Zürich 20. Zürich: Fotorotar AG 1997.

SPM II 1995: W. E. Stöckli/U. Niffeler/E. Gross-Klee, Die Schweiz vom Paläolithikum bis zum frühen Mittelalter. SPM II Neolithikum. Basel: Verlag Schweizerische Gesellschaft für Ur- und Frühgeschichte 1995.

Suter 1987: P. J. Suter, Zürich, »Kleiner Hafner«. Tauchgrabungen 1981-84. Ber. Zürcher Denkmalpflege, Monogr. 3. Zürich: Orell Füssli Verlag 1987.

Vogt 1934: E. Vogt, Zum Schweizerischen Neolithikum. Germania 18, 1934, 89-94 [Zitiert nach Guyan 1977, 1-8].

Vogt 1947: E. Vogt, Urgeschichtliche Siedlungsgrenzen, Kulturgebiete und Einflusssphären auf dem Gebiet der Schweiz. Volkshochschule 16, 1947, 11-17 [Zitiert nach Guyan 1977, 23-27].

Vogt 1964: E. Vogt, Der Stand der neolithischen Forschung in der Schweiz. Jahrb. SGUF 51, 1964, 7-27 [Zitiert nach Guyan 1977, 163-193].

Vogt 1971: E. Vogt, Die steinzeitlichen Bauernvölker. In: E. Vogt/E. Meyer/H. C. Peyer, Zürich von der Urzeit zum Mittelalter (Zürich 1971) 30-60 [Zitiert nach Guyan 1977, 235-262].

Wotzka 1993: H.-P. Wotzka, Zum traditionellen Kulturbegriff in der prähistorischen Archäologie. Paideuma 39, 1993, 25-44.

ULRIKE SOMMER

Materielle Kultur und Ethnizität – eine sinnlose Fragestellung?

ZUSAMMENFASSUNG: Die Frage, ob und wie Ethnizität oder die Zugehörigkeit zu einem Volk/Ethnos oder einer sonstwie gearteten prähistorischen Wir-Gruppe archäologisch nachzuweisen ist, hat eine lange Geschichte. Implizit wird in diesen Diskussionen jedoch fast immer auf ein essenzialistisches Konzept von Ethnizität Bezug genommen: Es *gibt* eine, vermutlich mit der Geburt erworbene, Volkszugehörigkeit. Es ist also nur zu untersuchen, *wie* sich diese in der materiellen Kultur niederschlägt. Die Existenz von Stämmen und Völkern wird als anthropologische Konstante begriffen, eine Form der Gruppenorganisation, die es zu allen Zeiten in gleicher Art und Weise gab. In diesem Beitrag wird das Ethnizitäts-Konzept F. Barths (1969) aufgegriffen, das sich mit der Entstehung und Aufrechterhaltung von Ethnizität durch die Konstruktion von Grenzen beschäftigt. Ethnizität ist hier nicht gegeben, sondern wird nur unter bestimmten Bedingungen als Kategorie mobilisiert, sie ist Teil der Sozialstruktur. Teile der materiellen Kultur dienen als Emblemata, um ethnische Zugehörigkeit zu demonstrieren, die konstitutiven Elemente von Ethnizität liegen aber auf dem Gebiet des Verhaltens. Auch diese hinterlassen jedoch im Rahmen eines erweiterten Konzepts der materiellen Kultur einen materiellen Niederschlag und machen damit dieses Konzept für die Archäologie fruchtbar, wie am Beispiel der Bandkeramik kurz gezeigt werden soll. Für die Suche nach solcherart definierten ethnischen Gruppen in der Vorgeschichte ist es jedoch notwendig, den archäologischen Kulturbegriff als heuristisches Prinzip aufzugeben und ihn durch ein Spurenparadigma zu ersetzen.

Einleitung

In seinem Artikel zum Kulturbegriff betont H.-P. Wotzka (1993), dass die Frage nach der Selbstzuweisung von Individuen, die der anthropologischen Ethnoskonzeption zu Grunde liege, aus den archäologischen Quellen nicht zu beantworten sei. Zustimmend zitiert er den Ethnologen R. Mischung, der den Konstruktcharakter archäologischer Kulturen betont, die oft mehr über »geistig-kulturelle Zusammenhänge« ihrer Bearbeiter als über die prähistorische Realität aussagten (Wotzka 1993, 40 f.).

Ist es demnach also überhaupt sinnvoll, die Frage nach prähistorischer Ethnizität zu stellen, und ist es eine Frage, welche die Archäologie mit ihren Mitteln lösen kann? Das hängt meines Erachtens davon ab, wie ein Volk oder Ethnos definiert wird.[1]

Die Frage, ob und wie die Zugehörigkeit zu einem Volk archäologisch nachzuweisen ist, hat in der Archäologie eine lange Geschichte, man kann sogar behaupten, dass diese Frage eine der Gründe für die Herausbildung einer wissenschaftli-

---

[1] In moderneren Publikationen wird der politisch belastete Begriff ›Volk‹ oft durch Ethnos ersetzt. Ich habe ihn hier der Deutlichkeit wegen weitgehend beibehalten, bin bei dem zugehörigen Adjektiv allerdings doch auf ›ethnisch‹ ausgewichen.

chen Archäologie überhaupt ist. Die Frage, zu welchem der durch antike oder mittelalterliche Schriftsteller beschriebenen Völkern die Hersteller prähistorischer Bodenfunde und Bodendenkmäler gehörten, wird bereits von den Humanisten gestellt (Gummel 1937; Sklenar 1983; Stemmermann 1934) und dann seit dem Ende des 18. Jahrhunderts verstärkt diskutiert.

Da ›germanische‹ Bodenfunde seit den zwanziger Jahren dazu verwendet wurden, deutsche Gebietsansprüche zu begründen (Kossinna 1941; Steinbach 1926; Petri 1937), wurde die Frage nach prähistorischer ›Volkszugehörigkeit‹ nach dem Krieg meist mit Zurückhaltung behandelt oder ganz gemieden. Dies bewahrte jedoch nicht vor der impliziten Gleichsetzung archäologischer Kulturen mit Völkern (Veit 1989; Wotzka 1993). Die Frage nach der sozialen und politischen Organisation prähistorischer Populationen muss allerdings nicht notwendig zu chauvinistischen oder rassistischen Schlussfolgerungen führen. Dies ist abhängig von der Definition des Begriffs ›Volk‹, die einem starken Wandel unterlag.

Die Definition von Volk/Ethnos

Im 19. Jahrhundert[2] operierte man überwiegend mit einem Volksbegriff, den wir heute als essenzialistisch bezeichnen (für einen Überblick der Begriffsgeschichte s. Koselleck et. al. 1992). Das definierende Merkmal eines Volkes ist demnach die gemeinsame Abstammung, als weitere Kriterien können Sprache, Kultur und Religion hinzukommen. Dieses Verständnis bedingt einen primordialistischen Standpunkt, nach dem also angenommen wird, dass Volkszugehörigkeit etwas ist, das es zu allen Zeiten und unter allen Umständen gibt und gegeben hat.

Eine Gruppendefinition über Abstammung oder andere ›gegebene‹ Gemeinsamkeiten ist implizit rassistisch, wenn auch in der Realität unzählige Mechanismen existieren, um Systeme, die auf Abstammung beruhen, den tatsächlichen Gegebenheiten anzupassen, sei es durch Zuschreibung einer Verwandtschaft (Adoption, Blutsbrüderschaft etc.), sei es durch Anpassung der Erinnerung wie z. B. in der Verkürzung und Veränderung von Genealogien (Vansina 1985; Schachermeyr 1984).

Der große Erfolg des essenzialistischen Volksbegriffs zeigt sich heute vor allem darin, dass das Bewusstsein seiner Historizität weitgehend verloren gegangen ist. Volk erscheint als quasi naturwüchsige Kategorie, die notwendig und angeboren ist. Selbst wenn gegenüber dem Begriff ›Volk‹ ein (berechtigtes) Misstrauen herrscht, werden die dahinter stehenden Denkmuster selten klar erkannt und damit einer kritischen Reflektion zugänglich.

---

2 In Deutschland wird der Begriff ›deutsches Volk‹ erst nach den napoleonischen Kriegen geläufig (Hoffmann 1991, 196).

Aber eine gemeinsame Abstammung macht aus Menschen mit einer gemeinsamen Abstammung zunächst einmal gar nichts. Sie können eine Familie bilden, einen Clan, eine Kaste, ein Volk oder eben Menschen mit einer gemeinsamen Abstammung. Lediglich wenn das Merkmal der gemeinsamen Abstammung mit Bedeutung aufgeladen wird, kann es innerhalb der so definierten Gruppe Solidarität erzeugen und diese somit konstituieren. In den Worten Max Webers: »Die ethnische Gemeinschaft ist ... nicht selbst Gemeinschaft, sondern nur ein die Vergesellschaftung erleichterndes Element.« (Weber 1947, 237).

Eine andere Definition von Volk finden wir bei Max Weber (1947, 219). Sie hebt auf den *Glauben* an eine Gemeinsamkeit ab, es handelt sich also um einen konstruktivistischen Ansatz.

»Wir wollen solche Menschengruppen, welche auf Grund von Aehnlichkeiten des äußeren Habitus oder der Sitten oder beider oder von Erinnerungen an Kolonisation oder Wanderung einen subjektiven Glauben an eine Abstammungsgemeinschaft hegen, derart, dass dieser für die Propagierung von Vergemeinschaftungen wichtig wird, dann, wenn sie nicht ›Sippen‹ darstellen, ›ethnische‹ Gruppen nennen, ganz einerlei, ob eine Blutsgemeinsamkeit objektiv vorliegt oder nicht. Von der ›Sippengemeinschaft‹ scheidet sich die ›ethnische‹ Gemeinschaft dadurch, dass sie eben an sich nur (geglaubte) ›Gemeinsamkeit‹, nicht aber ›Gemeinschaft‹ ist.«

Unter dem Habitus, also den äußerlichen Ähnlichkeiten, führt Weber neben der Sprache vor allem die »Lebensführung des Alltags«, Kleidung, Haar- und Barttracht, Wohnungs- und Ernährungsweise, und die Art der gesellschaftlichen Arbeitsteilung an, sowie die Frage, was als ›schicklich‹ gilt (ebd. 221). Unterschiede der Sitten werden durch bereits existierende Gemeinschaften oder durch verschiedene politische und ökonomische Bedingungen hervorgerufen, oder auch durch scharfe ökologische Grenzen. Wenn diese Bedingungen fehlen, fehlen auch deutliche Unterschiede der ›Sitten‹ und ›ethnische Grenzen‹ (ebd. 221). Weber führt weiter aus, dass es vor allem politische Gemeinschaft sei, die so zur Bildung ethnischer Gruppen führe. Politische Beziehungen werden dabei oft als verwandtschaftliche Beziehungen geschildert (ebd. 219), da letztere unter vorstaatlichen Bedingungen die Rechtsverhältnisse geordnet hatten.

Ein voluntaristischer Volksbegriff, nach dem sich ein Volk durch den Willen zum gemeinsamen Handeln begründet, erscheint zunächst ungewöhnlich, wenn nicht unmöglich. Dies dürfte vor allem daran liegen, dass seit den Napoleonischen Kriegen in den deutschen Staaten der französischen ›Willensnation‹, die sich in ihrem Selbstverständnis durch den Entschluss, gemeinsam zu handeln, also unabhängig von Abstammung, Sprache, Geschichte usw. konstituiert (Ernest Renan hat dies mit dem geflügelten Wort von der Nation als permanenter Volksabstimmung beschrieben, vgl. Wodak 1998, 20 f.), offensiv das deutsche *Volk* entgegengesetzt wurde, das sich eben nicht auf politische Prozesse und bürgerliche Rechte, sondern auf Sprache und Abstammung gründete (Brubaker 1992; Thom 1995). Der Zusammenschluss

von Menschen heterogener Herkunft (z. B. ›Alemannen‹) wird jedoch oft durch die Erzählung von einem gemeinsamen Stammvater (origines gentium) ideologisch untermauert und so in das essenzialistische Modell eingepasst (Pohl 1997; 1998).
Das Vorherrschen des essenzialistischen Volksbegriffs besonders in Deutschland geht also auf Entwicklungen des 19. Jahrhunderts zurück, die freilich, zum Beispiel in der Begründung der deutschen Staatsbürgerschaft über Abstammung, durchaus noch aktuelle Auswirkungen haben.
Auch die Sprache unterstützt die unhinterfragte Übernahme dieses Volksbegriffs. Für die Bezeichnung von Gruppen und Verwandtschaftsbeziehungen werden oft verwandte Begriffe verwendet (Stamm/Abstammung etc.). Aus der Ethnologie wissen wir jedoch, dass Verwandtschaftsbezeichnungen sehr oft auch im übertragenen Sinne verwendet werden, um bestimmte Arten der Solidarität und Abhängigkeit zu beschreiben, sei es in Bereich gleichberechtigter, sei es auf der Ebene hierarchischer Beziehungen. Solche Bezeichnungen können auch ideologisch eingesetzt werden, um die Natur tatsächlich bestehender (Abhängigkeits-)verhältnisse zu verschleiern.

Der subjektivistische Ethnosbegriff

Grundsätzlich lässt sich zwischen Gruppendefinitionen von außen und von innen unterscheiden. Eine Deckungsgleichheit von materieller Kultur, politischer Organisation, Sprache und Überbau ist jedoch nicht zwangsläufig vorauszusetzen, wie die zunehmende Kritik an dem holistischen Kulturkonzept seit den Ende der 50er Jahre gezeigt hat (s. Jones 1997).

Eine Definitionen von Kulturen auf Grund der möglichst vollständigen Erfassung von Merkmalen (traits) der untersuchten Populationen, wie materielle Kultur, Sozialsystem, Glaubensvorstellungen, Siedlungs- und Wirtschaftsweise etc. wurde unter anderem durch die amerikanischen Funktionalisten betrieben. Sie suchten so eine objektive Abgrenzung von Stammesgebieten und größeren Kulturräumen (culture areas) aus der Außensicht zu erreichen (Kroeber 1939),[3] ein Konzept, das sich ohne größere Schwierigkeiten auch auf die Archäologie übertragen ließ.

Der norwegische Ethnologe Frederick Barth zählt zu den führenden Kritikern dieser Kulturdefinition an Hand ›morphologischen Charakteristika‹ (Barth 1969a, 12). Er vertritt dagegen einen subjektivistischen Ansatz (vgl. Jones 1997, 59; Vermeulen 1994), bei dem die Selbstdefinition eines Akteurs als das entscheidende Kriterium für die Zugehörigkeit zu einer ethnischen Gruppe angesehen wird.

Ausgehend von seinen Studien im pakistanisch-afghanischen Grenzgebiet (Barth 1956), wo verschiedene ethnischen Gruppen unter Nutzung unterschiedlicher ökologischer Nischen teilweise ohne zusammenhängende Territorien und unter starker ge-

---

[3] In der US-amerikanischen Tradition wird eine Übereinstimmung von materieller Kultur, Sprache und somatischen Merkmalen also nicht implizitat erwartet. Zu dem Unterschied zwischen dem europäischen und amerikanischen Kulturbegriff s. Binford (1982).

genseitiger Interaktion und wirtschaftlicher Abhängigkeit zusammenleben, beschäftigte sich Barth (1969a) mit der Frage, wie ethnische Gruppen[4] entstehen, interagieren und ihre Identität in dieser Interaktion aufrechterhalten und reproduzieren. Barth definiert ethnische Gruppen als eine Form der sozialen Organisation. Als weiteres Kriterium führt er ein, dass diese ethnische Askription für den Akteur fundamental sein muss. Das unterscheidet dieses Konzept von einigen z. Z. populären Definitionen von Ethnizität, bei denen von multiplen und veränderlichen Ethnizitäten gesprochen wird (z. B. Hall 1996).[5]

Einige Autoren (z. B. Cohen 1974) werfen Barth einen primordialistischen Standpunkt vor, da er behaupte, Ethnizität sei ein Merkmal, das eine Person notwendig und immer aufweisen müsse. Da Barth jedoch der Entstehung und dem Wechsel von Ethnizität großes Gewicht beimisst, halte ich diesen Vorwurf für unberechtigt. Falls eine ethnische Identität existiert, muss sie nach Barths Definition einen fundamentalen Bestandteil der Selbstbeschreibung darstellen, dass heißt jedoch nicht, dass jede Person jederzeit eine ethnische Identität besitzen *muss*, und dass sie unter allen Umständen den selben Stellenwert hat. »... Ethnic categories ... may be of great relevance to behaviour, but they need not be; they may pervade all social life, or they may be relevant only in limited sectors of activity« (Barth 1969a, 14). Unter Umständen können Einzelpersonen oder Familien ihre ethnische Identität relativ einfach und in großer Zahl wechseln, ohne dass das System dadurch bedroht wird, wie die klassischen Fallstudien der sudanesischen Ful und Baggara von G. Haaland (1969) und der Interaktion von Pathanen, Kohistanis und Hazara im Nordwesten Pakistans von F. Barth (1969 b) zeigen.

Ethnizität dient nach Barth zur Organisation von Interaktion. Ethnizität setzt also grundsätzlich eine Interaktion, eine wie auch immer geartete gegenseitige Abhängigkeit *verschiedener Gruppen* voraus. In seinen Worten (Barth 1969a, 18): »... on

---

4 Den englischen Begriff ›ethnicity‹ mit Ethnizität zu übersetzen ist problematisch, da er viel stärker den potentiell multiplen Charakter einer solchen Zuordnung betont, und vor allem zur Bezeichnung ethnischer Minderheiten benutzt wird (vgl. z. B. Eriksen 1993, 3-4). Nach amerikanischem Sprachgebrauch würde man zwar im Zusammenhang mit Schwarzen, Hispaniern etc. von ›ethnicity‹ reden, nicht aber bei WASPs. Dagegen wird im Deutschen darunter vor allem die Zugehörigkeit zu einem Volk verstanden. Barths ›ethnic groups‹ ließe sich mit ›Volksgruppen‹ übersetzen, aber auch dieser Begriff wird meist im Sinne einer ethnischen Minderheit verwendet, Barth verwendet ihn aber auch für die Bevölkerungsmehrheiten.
5 Ein beliebtes Beispiel sind die britischen Börsenmakler. Diese erfüllen viele der geläufigen Definitionen einer ethnischen Gruppe: Sie sind endogam, haben eine gemeinsame Identität und besitzen eine kollektiv organisierte Strategie zum Schutz ihrer ökonomischen und politischen Interessen (Cohen 1974; vgl. Eriksen 1993, 34). Diese Gruppenzugehörigkeit ist jedoch nur eine unter vielen, und keine, welche der primären persönlichen Identifikation dient. Nach Barts Definition sind Börsenmakler also keine ethnische Gruppe, sie könnten es aber unter bestimmten Bedingungen werden.

fields where there is no complementarity, there can be no basis for organisation on ethnic lines – there will be no interaction, or interaction without reference to ethnic identity.«

Barth unterscheidet verschiedene Arten der Interaktion:

1. direkte Konkurrenz um ökologische ›Nischen‹, also um Territorien oder Ressourcen
2. zwei deutlich unterschiedene Nischen
3. getrennte Territorien
4. gegenseitige Abhängigkeit unter Nutzung unterschiedlicher ökologischer Nischen.

Barth lehnt es ab, ethnische Gruppen wie die Funktionalisten über einen Katalog von Merkmalen kultureller Elemente (›stuff‹) zu definieren. Viele so genannte Kulturmerkmale seien durch die Anpassung an die jeweilige Umwelt, sowohl die natürlichen Bedingungen als auch die unmittelbare Lebensumwelt, wie z. B. die Möglichkeiten für handwerkliche Spezialisierung usw., bedingt. Daher sieht Barth bei einer Definition über die materielle Kultur die Gefahr, dass Einflüsse der Umwelt mit kulturell bedeutungsvollen Eigenschaften verwechselt werden, und dass umgekehrt die selbst zugeschriebene Gruppenzugehörigkeit wegen der Anpassung der materiellen Kultur an unterschiedliche Lebensräume nicht mehr als solche erkannt wird.[6]

Für Barth ist es die ethnische Grenze selbst, die eine Gruppe definiert, nicht die kulturellen Elemente, die sie umschließt (Barth 1969a, 15). Diese Grenze ist sozialer Natur, auch wenn sie territoriale Entsprechungen haben kann – aber nicht muss, wie im Beispiel ökonomisch spezialisierter Gruppen ohne zusammenhängendes Territorium.

Dabei können sich die Kulturelemente, die eine solche Grenze signalisieren, im Laufe der Zeit verändern, ebenso wie die Eigenschaften der Träger und auch die Organisationsformen der betreffenden Gruppen. Solange aber die Trennung ›Insider/Outsider‹ weiterbesteht, besteht auch die ethnische Gruppe fort. Bei einer Definition ethnischer Gruppen an Hand von Kulturmerkmalen dagegen wird nach Barth die Kontinuität von Gruppen von vorne herein als erwiesen angenommen (Barth 1969a, 12) und so bei einer diachronen Betrachtung Abweichungen in der Ausbildung der materiellen Kultur toleriert, die bei einer synchronen Betrachtung zur Definition unterschiedlicher Gruppen geführt hätten. Ich werde auf diesen Aspekt noch zurückkommen.

---

6 Ein bekanntes Beispiel für dieses Problem lieferte T. W. Thomson (1939), der die ausgeprägten saisonalen Unterschiede in der Lebensweise und materiellen Kultur der australischen Wik Mukan beschrieb und schloss, dass ihre Hinterlassenschaften von Archäologen nicht als die einer einzigen Gruppe erkannt werden würden. Ein anderes wäre die schnelle Veränderung materieller Kultur ethnischer Gruppen bei Migration (Wissler 1914; Burmeister 1996).

In diesem Modell ist die Definition des Fremden, eine Kategorisierung (wir/sie), erste Voraussetzung für die Entstehung ethnischer Grenzen. Damit kann die Existenz unterschiedlicher Wertmaßstäbe in der Eigen- und Fremdgruppe akzeptiert werden, mit anderen Worten, es findet eine Akzeptanz der Umgrenzung des Fremden statt, die eine erfolgreiche Interaktion erst ermöglicht. Gleichzeitig besteht das Bedürfnis und die Notwendigkeit, die eigene Identität zu signalisieren. Folglich werden Verhaltensformen dichotomisiert; bereits vorhandene Unterschiede werden verstärkt und dienen als Signal der jeweiligen Gruppenzugehörigkeit. Ethnische Grenzen können entstehen, indem *eine* Identität auf Kosten anderer Zuschreibungen besonders betont und damit zum ausgrenzenden Merkmal gemacht wird, zum Beispiel Stamm (politische Gliederung), Kaste (Arbeitsspezialisierung), Sprachgruppe, Herkunftsgebiet (Region) oder staatliche Zugehörigkeit (Barth 1969a, 18).

Bei der Kodifizierung der zukünftigen ethnischen Merkmale kommt es auch zu einer ›Wiederbelebung‹ vorgeblich alter Sitten und Gebräuche, der Herausbildung von Trachten und der Definition anderer materieller Symbole (Diakrita), die der ethnischen Unterscheidung dienen können, mit anderen Worten, zur Erfindung von Traditionen (Hobsbawm und Ranger 1983).

Die Schaffung einer solchen ethnischen Grenze gelingt freilich nur, wenn sie von der jeweils als ›fremd‹ definierten Gruppe akzeptiert wird. Sie kann nur von Dauer sein, wenn sie sich in der täglichen Praxis bewährt, also nicht ständig der konkreten Erfahrung widerspricht und in der Interaktion der beiden Gruppen funktioniert. Ist ein solches System allerdings erst einmal hergestellt und allgemein akzeptiert, werden aktive Bemühungen gemacht, es aufrechtzuerhalten. Dazu dient selektive Wahrnehmung – abweichendes Verhalten wird nicht als solches wahrgenommen, Takt – falls abweichendes Verhalten beobachtet wird, wird es stillschweigend ignoriert oder zumindest nicht aktiv hervorgehoben, und schließlich auch Sanktionen, mit denen abweichendes Verhalten bestraft wird, und zwar sowohl von der In- als auch der Outgroup (da es die Transaktionskosten erhöht). Dazu kommt die Trägheit des Systems. Revisionen erfolgen nur, wenn das System offensichtlich und störend untauglich ist. Es besitzt also meist eine beachtliche Beharrungskraft (1969a, 30).

Barth betont, dass die Selbstdefinition als ethnische Gruppe nicht primär über materielle Kultur erfolgt, sondern über Wertvorstellungen und dadurch bedingte Unterschiede im Verhalten. Wenn eine ethnische Gruppe vorhanden ist, muss ein Individuum allerdings als deren Angehöriger erkennbar sein, sowohl für andere Mitglieder der Gruppe, um Hilfe und Solidarität in Anspruch nehmen zu können, als auch nach außen, um eine angemessene Interaktion zu garantieren.

»If a group maintains its identity when members interact with others, this entails criteria for determining membership and ways of signalling membership and exclusion.« (Barth 1969a, 15)

Dazu dienen materielle Signale, zum Beispiel Kleidung, Haartracht und Embleme wie Wappen, Siegel, Fahnen etc. Die Auswahl der jeweiligen Embleme ist weitgehend zufällig.

»The features taken into account are not the sum of ›objective‹ differences, but only those the actors themselves regard as significant. Not only do ecological variations mark and exaggerate differences; some cultural features are used by the actors as signals and emblems of differences, others are ignored, and in some relationships radical differences are played down and denied.« (Ebd. 14)

Wie Barth am Beispiel der Pathanen in Pakistan und Afghanistan zeigt, dient nicht die gesamte Kultur, die sich durch unterschiedliche Wirtschaftsweisen und Umweltbedingungen auch innerhalb der Gruppe stark unterscheiden kann, der Manifestation der Gruppenzugehörigkeit, sondern nur ausgewählte Merkmale (1969b, 119). Die Auswahl dieser Merkmale kann allerdings Auswirkungen auf die zukünftige Grenzerhaltung und die weitere Entwicklung der interethnischen Beziehungen haben (Barth 1969a, 35).

Eine Minderung kultureller Unterschiede muss damit nicht unbedingt bedeuten, dass ethnische Unterschiede an Bedeutung verlieren: Je besser das System eingespielt ist, desto weniger ist eine Hervorhebung der Unterschiede notwendig. Andererseits können kulturelle Unterschiede unter Umständen auch beibehalten werden, wenn die betreffende ethnische Grenze verschwunden ist, sie also bedeutungslos geworden sind. Und ethnische Gruppen können assimiliert werden, ohne Spuren in der materiellen Kultur der aufnehmenden Gesellschaft zu hinterlassen.

Der subjektivistische Ethnosbegriff und die Archäologie

Das alles scheint für die Archäologie zunächst nicht sehr verheißungsvoll zu sein. Aber ich habe Barths Überlegungen deshalb so ausführlich dargestellt, weil ich durchaus der Ansicht bin, dass wir mit ihrer Hilfe beim Nachweis der Existenz oder Nicht-Existenz prähistorischer Völker weiterkommen können.

Barth betont zwar, dass es primär Verhaltensweisen und Wertvorstellungen, nicht so sehr Artefakte sind, die eine Abgrenzung ethnischer Gruppen erlauben, und dass die für die ethnische Zuweisung entscheidenden Wertvorstellungen sich nicht aus dem kulturellen System, also den Artefakten erschließen lassen. Daran möchte ich jedoch Zweifel anmelden. Barth geht hier von einer sehr engen Definition materieller Kultur aus. Wenn wir uns der Begriffsbestimmung von J. Deetz (1967), nach der die materielle Kultur derjenige Teil der Umwelt ist, der durch menschliche Einwirkung verändert wird, anschließen, können auch Verhaltensweisen materielle Spuren, wenn auch nicht unbedingt Artefakte im klassischen Sinne, hinterlassen. Wie Lewis Binford immer wieder betonte, sind archäologische Funde die Nebenpro-

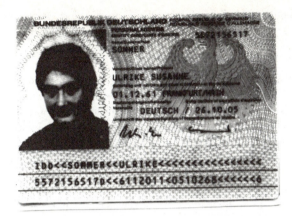

Abb. 1
Ein Element der heutigen materiellen Kultur.

dukte und Resultate prähistorischen Verhaltens (1973),⁷ und die Variation in der Zusammensetzung und Verteilung archäologischer Funde spiegelt Verhaltensmuster wider (Binford 1986, 560). Die Natur der archäologischen Überlieferung sorgt zudem dafür, dass nur häufig ausgeführte Verhaltensweisen die Chance haben, überliefert zu werden, indem sie zur Ausbildung charakteristischer Muster innerhalb des archäologischen Fundgutes führen (Binford 1981).

Bei einer Betrachtung nicht nur der Funde selbst, sondern auch ihrer Verteilung und Assoziation sollte es m. E. durchaus möglich sein, Rückschlüsse auf prähistorische Verhaltensweisen und Wertvorstellungen zu ziehen.

Aus der Akteursperspektive gesehen, kann materielle Kultur verwendet werden, um soziale Unterschiede auszudrücken, und das Verhalten, mit dem soziale Unterschiede ausgedrückt werden, *kann* Spuren in der materiellen Kultur hinterlassen. Daher sollte es prinzipiell möglich sein, soziale Gruppen in der archäologischen Überlieferung nachzuweisen, als da etwa wären religiöse Gruppen, Geheimgesellschaften, politische Gliederungen, Völker, Altersklassen, Geschlechter, Gruppen unterschiedlichen Prestiges oder Rangs, Kasten, Berufe oder Klassen.

Dass es möglich ist, das Geschlecht oder den Rang eines Individuums zum Beispiel auf Grund der Grabbeigaben zu erschließen, wird durch kaum einen Archäologen bezweifelt. Warum sollte dies im Falle der Ethnizität grundsätzlich anders sein?⁸

Die Zugehörigkeit zu einem Volk kann durchaus direkt aus bestimmten Elementen der materiellen Kultur abgelesen werden (Abb. 1). Diese ›ethnischen Marker‹ werden allerdings nicht unbedingt archäologisch überliefert, wie das bei dem Perso-

---

7 »The archaeological record is the direct result of behaviour.« (ebd. 229).
8 Das Argument einer unabhängigen Überprüfungsmöglichkeit durch anthropologische Untersuchungen gilt nur, wenn man mit einer unbedingten Übereinstimmung von biologischen und sozialem Geschlecht rechnet.

nalausweis unmittelbar einsichtig ist (im Fall z. B. einer Uniform allerdings durchaus möglich wäre). Es gibt aber keine absoluten Merkmale, um sie als solche zu erkennen.

In ihrer bekannten Studie der materiellen Kultur verschiedener San-Gruppen konnte P. Wiessner (1983; 1984) z. B. zeigen, dass die Formen von Pfeilspitzen recht gut der Aufteilung nach Sprachgruppen entsprach und diese insgesamt nur geringe individuelle Variationen aufwiesen, während perlenbestickte Stirnbänder eine wesentlich größere individuelle Variation besaßen und eher lokale Beziehungen innerhalb der Sprachgruppen nachzeichneten. Unterschiedliche Kennzeichen haben also einen potentiell unterschiedlichen Wirkungsbereich, der dem Kennzeichen selber nicht zu entnehmen ist.

Gerade die Symbole, die eine große emotionale Aufladung erfahren, und deren Erhalt/Verlust/Wiedereroberung große Bedeutung für die jeweilige Gruppe besitzt, wie Feldzeichen (Fahnen, römische Adler), ›nationale Kunstschätze‹ wie die Quadriga auf dem Brandenburger Tor, ein bestimmter römischer Silberschatz für die Westgoten (Hardt 1997) oder die Naram-Sin Stele in den altorientalischen Reichen (Bernbeck/Lamprichs 1992) werden nur selten archäologisch als solche nachweisbar sein. Ihr Verlust bedeutet aber auch nicht das Ende der jeweiligen Gruppe – er kann diese im Zweifelsfall sogar noch enger verbinden – und sie haben, beim Fehlen moderner Kommunikationstechniken, keine Auswirkungen auf das Alltagsleben.

Da solche bewusst gesetzten Zeichen also nicht oder nur in Ausnahmefällen zu deuten sind, bleibt als einzige Erkenntnisquelle für die Existenz und die Abgrenzung sozialer Gruppen Variationen der materiellen Kultur insgesamt.[9] Dabei handelt es sich um Variation durch die Zeit, durch den Raum und eine synchrone Variation im Raum, wie sie zum Beispiel durch die unterschiedliche Funktion von Fundorten (Jagdlager und Basislager, Siedlungen, Horte und Gräber etc.) und, je nach Größe des Beobachtungsrasters, durch Unterschiede zwischen den Fundorten (mehrgliedriges Siedlungssystem), innerhalb eines Fundortes (unterschiedliche Hausgröße, funktionale Gliederung der Siedlung etc.) und innerhalb einer Behausung (Aktivitätszone) verursacht sein kann.

Der archäologische Kulturbegriff

Die bisherige Diskussion konzentrierte sich meist auf die Frage, in welchem Verhältnis archäologische Kulturen zu prähistorischen Ethnien stehen. Nach dem Modell Barths ist jedoch nur ein gewisser Teil der materiellen Kultur in der Kennzeichnung

---

9 Vergleiche zum Beispiel Bernbeck (1997, 262-264) zum Problem der Wertsetzung in Gräberanalysen. Auch hier können keine modernen Wertvorstellungen verwendet werden, um den Reichtum der Beigaben abzuschätzen, sondern es muss über deren Kombination gearbeitet werden.

ethnischer Gruppen wirksam, und die Art der (etischen) Gruppenbildung führt zu Vorannahmen über ihre Entstehung, Struktur und Funktion (Barth 1969a, 11). Was folgt nun daraus für die Beziehung archäologischer Kulturen zu prähistorischen Wir-Gruppen?

Archäologische Kulturen, was immer ihre Beziehung zur prähistorischen Wirklichkeit oder der archäologischen Überlieferung ist, dienen auch als Kategoriensysteme zur zeitlichen und räumlichen Einordnung von Funden. Damit unterliegen sie bestimmten methodischen Vorgaben.

1. Das typologische Verfahren, das der archäologischen Heuristik immer noch weitgehend zu Grunde liegt (zumindest auf dem europäischen Festland), verlangt nach einer gewissen Konstanz von Merkmalen in der Zeit, den bekannten ›battleships‹ oder Spindeln: Ein Merkmal ist selten, wird häufiger und verschwindet schließlich allmählich wieder. Im Falle eines völligen ›Kulturbruchs‹ kann keine Abfolge der Artefakte mehr hergestellt werden, außer im Rückgriff auf die Annahme bestimmter allgemeiner Mechanismen der ›Kulturentwicklung‹ (ständige Höherentwicklung oder Niedergang), wie sie natürlich implizit auch der Typologie insgesamt innewohnen.

Die Ähnlichkeit von Artefakten dient zu deren zeitlicher und räumlicher Ordnung. Artefakte *verändern sich*, und sind sich um so ähnlicher, je näher ihre Entstehung in Zeit und Raum zusammenliegt (man beachte die, durchaus übliche Art der Formulierung, die den Artefakten Eigenleben zuschreibt). Ein expliziter Grund für diese Veränderung von Artefakten in Abhängigkeit von Zeit und Raum wird meist nicht gegeben. Eine gewisse ›natürliche‹ Variation, die durch ein kulturelles Analogon zur spontanen Mutation entsteht, oder den Übertragungsfehlern in der Informationstheorie entspricht, scheint jedoch implizit angenommen zu werden.

Ein unterschiedliches Tempo in der Stilentwicklung innerhalb einer Kultur kann damit nicht wahrgenommen werden.

2. Die Merkmale sollen eine eindeutige Zuordnung eines Fundkomplexes zu einer bestimmten Kultur ermöglichen. Merkmale, die über sehr große Gebiete und sehr lange Zeiträume, oder im Gegenteil nur kurz und stark lokalisiert auftreten, werden daher meist in der Kulturdefinition nicht berücksichtigt. Was dabei als groß/lang oder klein/kurz betrachtet wird, hängt von selten explizit definierten Anforderungen an das Wesen einer archäologischen Kultur ab (also oft ihrer Gleichsetzung mit einer sozialen Gruppe).

3. Im Raum sollen sich eindeutige Grenzen mit einem zusammenhängenden Territorium ergeben, ›Mischzonen‹ sind möglichst klein zu halten. Idealerweise fallen diese ›Kulturgrenzen‹ mit ›natürlichen Grenzen‹[10] und siedlungsleeren Gebieten zusammen.

---

10 Auch dies ist natürlich eine Hinterlassenschaft des 19. Jahrhunderts und der meist expansionistischen Versuche europäischer Staaten, ihr Territorium bis zu ihren ›natürlichen Grenzen‹ (z. B. dem Rhein) auszudehnen (vgl. Schulze 1990).

Dass viele dieser Merkmale, wie Homogenität der Gruppe und Abgeschlossenheit des Territoriums denen ähneln, die als Merkmale von Volk und Nation angestrebt oder behauptet wurden, ist sicher kein Zufall (Jones 2000). Ein geschlossenes und abgrenzbares Territorium scheint ein wesentliches Merkmal eines Volkes zu sein. Ein solches Territorium ist in der Tat ein Kennzeichen moderner Nationen, aber, wie der Geograph A. Paasi (2000) betont, ist Nationalismus eine spezielle raumbezogene Form von Ideologie. Territorium ist, wie Volk, das Produkt sozialen Handelns und nicht per se gegeben. Hier, wie im Falle der Gleichsetzung von Volk mit Abstammung, handelt es sich um Semantiken, Mechanismen der Komplexitätsreduktion, in denen versucht wird, Zusammenhänge verständlich zu machen und sie gleichzeitig zu essenzialisieren, sie also als naturwüchsig und quasi metaphorisch zwangsläufig darzustellen.

»Weil sie fast bei jedem Gebrauch spontan ontologisiert werden, sind Raumabstraktionen auch gut geeignet, Nichträumliches (z. B. soziales) als räumlich-materiell Fixierbares, Verankertes, Bedingtes, Verursachtes, Steuerbares, ja als etwas weitgehend bis ganz und gar räumliches oder Physisch-Materielles erscheinen zu lassen und es illegitimerweise mit größerer Objektivität, zusätzlichem Wirklichkeitsgewicht und einer Art Unhintergehbarkeit auszustatten.« (Hardt 1999, 156)

Die Verwandtschaftsmetapher des Mittelalters und der frühen Neuzeit wird in der Moderne, wenn über Völker geredet wird, weitgehend durch die Raummetapher ersetzt (Wardenga 1997). Ethnische Gruppen ohne festes und zusammenhängendes Territorium erscheinen ebenso wie sich überschneidende und nicht eindeutig bestimmte Gruppenidentitäten als problematisch und ›anormal‹.

In Barths Modell müssen Grenzen dagegen durchaus nicht territorial definiert sein, hier sind interstitiale Gruppen mit unterschiedlicher ökologischer und/oder ökonomischer Spezialisierung eher die Regel (vgl. Barth 1956).

In der Archäologie ist seit der Durchsetzung der ›langen‹ ^{14}C-Chronologie das Modell gleichzeitiger, kulturell unterschiedlicher Gruppen weitgehend aus der Mode gekommen, obwohl der nun größere durch Funde zu füllenden Zeitraum nicht per se für ein strenges Nacheinander verschiedener archäologischer Kulturen spricht. Sehgewohnheiten und die Suche nach einer einfachen Darstellung führen bei der kartographischen Darstellung von Kulturgebieten meist zu flächendeckenden Signaturen, auch in Fällen, wo eine Besiedlung bestimmter Landschaftsräume sicher auszuschließen ist, und verstärken so noch den Eindruck der räumlichen Homogenität.

Materielle Kultur und Sozialstruktur

Gerade die Eigenheiten in der Definition spezifischer archäologischer Kulturen, die sie als Kategorisierungssysteme unter einer bestimmten Fragestellung nützlich machen, machen sie bei der Suche nach prähistorischen ethnischen Gruppen/Völker

Materielle Kultur und Ethnizität 217

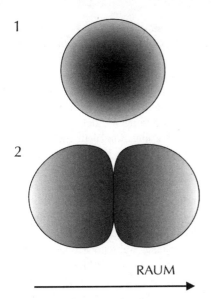

Abb. 2
Schematische Darstellung der Verbreitung ›kulturtypischer‹ archäologischer Merkmale.

im Sinne Barths untauglich. Durch die räumliche Homogenisierung und die Synchronisierung der stilistischen Entwicklung werden Merkmale, die eine bewusste Erzeugung von Unterschieden belegen könnten, verdeckt.

Die Merkmale, die zum Zwecke archäologischer Gruppenbildung ausgewählt werden, haben vermutlich wenig mit den Merkmalen zu tun, die als Kennzeichen ethnischer Gruppen im Sinne Barths zu erwarten sind.

Während archäologische Gruppen idealerweise nach außen ›ausdünnen‹, das heißt, es finden sich zum Rand des Verteilungsgebietes hin immer weniger ›kulturtypische‹ Merkmale (Abb. 2.1, Inselmodell), oder eine Mischzone mit steigendem Anteil von Artefakten der Nachbarkultur, erwarten wir im Fall ethnischer Gruppen auf Grund der contextuellen Natur von Ethnizität gerade in der Nähe der Grenze eine besonders deutliche Ausprägung der als gruppenspezifisch angesehenen Merkmale (Abb. 2.2).[11]

Bei der Definition archäologischer Kulturen werden vor allem die Materialklassen herangezogen, die eine große Variationsbreite von Merkmalen ermöglichen. Es wird also, mit wenigen Ausnahmen, zum Beispiel im Neolithikum die Keramik gegenüber der Silexindustrie, und in der Bronzezeit die Bronzen gegenüber der Keramik vorgezogen. Bereiche materieller Kultur, die sich nicht, oder nur langsam verändern, werden zur Abgrenzung archäologischer Kulturen nicht benutzt. Damit

---

11 Dabei muss es sich bei dem Verbreitungsgebiet, wie oben ausgeführt, nicht um ein durchgehendes und geschlossenes Territorium handeln.

werden eine unterschiedliche Geschwindigkeit der Veränderung und asynchrone Brüche in der ›Entwicklung‹ verschiedener Bereiche der materiellen Kultur unsichtbar.

Die jeweilige Veränderungsgeschwindigkeit in verschiedenen Bereichen der materiellen Kultur sollte jedoch Hinweise auf die Art des Signals geben. Sie ist Indiz einer unterschiedlichen ideologischen Aufladung der entsprechenden Gegenstände. Unterhalb einer bestimmten Schwelle dürften Veränderungen oder auch Merkmalsausprägungen überhaupt von der prähistorischen Population nicht mehr wahrgenommen worden sein – die ›natürliche‹, vielleicht individuelle Variation innerhalb einer archäologischen Kultur.[12]

Handelt es sich dagegen um die Spuren von Verhalten, das Abgrenzung hervorrufen oder kennzeichnen will, sollten die unterschiedlichen ›Adressatenkreise‹ Auskunft über die Art der Gruppe, auf die sie sich beziehen, geben. Die Veränderungen eines Merkmals, das Alter, Rang oder Geschlecht signalisiert, ist z. B. von der Entwicklung innerhalb einer ethnischen Gruppe abhängig, während Merkmale, die ethnische Zuordnung kennzeichnen, für alle in Kontakt stehenden ethnischen Gruppen gültig und verständlich sein müssen. Das heißt, ihre Veränderung ist anderen Mechanismen und vermutlich auch einem anderen zeitlichen Rahmen unterworfen als die innerethnischer Merkmale.

Gerne wird hier mit einem Unterschied zwischen funktionaler und stilistischer Veränderung argumentiert.[13] Ich halte diese Trennung jedoch für künstlich. Auch Stil hat eine Funktion, und sei es nur die, die Individualität des Erzeugers oder ein unterschiedliches Maß an Kunstfertigkeit der jeweiligen Produzenten sichtbar zu machen. Die unterschiedliche Lebensdauer der einzelnen Artefakte dürfte dagegen sicher einen Einfluss auf die Geschwindigkeit der Veränderung haben: Veränderungen an der Form und Verzierung von Gefäßen sind meist öfter möglich als solche an Hausgrundrissen (leider wissen wir nichts über Hausbemalung und dergl.).

Das Beispiel der Bandkeramischen Kultur

Betrachtet man zum Beispiel die bandkeramische Kultur, so ist selbst bei einer Analyse auf einem sehr groben Niveau offensichtlich, dass unterschiedliche Elemente der materiellen Kultur sowohl unterschiedliche Variationsbreiten aufweisen, als auch in ihrer Variation jeweils unterschiedliche Gebiete definieren. Während sich in den 400 Jahren der Ältesten LBK fast überhaupt keine Veränderung der keramischen

---

12 Das Ausmaß, in dem eine solche individuelle Variation toleriert wird, unterscheidet sich von Gesellschaft zu Gesellschaft und ist sowohl von dem jeweiligen Lebensbereich, als von der sozialen Gruppe, der das betreffende Individuum angehört, abhängig.
13 Die Literatur zu diesem Thema ist kaum noch zu überschauen, zusammenfassend s. Wobst 1999; Boast 1997.

Verzierung feststellen lässt (Cladders 1997), beschleunigt sich die stilistische Veränderung gegen Ende der Bandkeramik immer mehr. Wie die Arbeiten von Stäuble (1995) und Frirdich (1994) gezeigt haben, findet der keramische Stilwechsel jedoch nicht synchron statt.

Auch die Veränderungen der materiellen Kultur beim Übergang von einer Stufe zur nächsten sind weder synchron noch umfassend. Beim Übergang von der ältesten Bandkeramik zur Stufe Flomborn ändert sich bei der Keramik zuerst die Art der Magerung, dann die Verzierung.[14] Die Befunde von Frankfurt Niedereschbach (Haus 2) zeigen, dass bei den Häusern die flomborntypischen Y-Pfosten einsetzen, bevor die ältestbandkeramischen Außengräben aufgegeben werden (Bernhardt/ Hampel 1992; Hampel 1992). In der Silexbearbeitung scheint der Einfluss mesolithischer Traditionen, wie er sich zum Beispiel durch primär facettierte Schlagflächenreste anzeigt, an Hand der zugegebenerweise spärlichen Daten (Gronenborn 1997) bereits im Verlauf der ältesten LBK deutlich nachzulassen.

Ist also z. B. die Bandkeramik also eine ethnische Gruppe? Akzeptieren wir zunächst das klassische Modell der Einwanderung aus dem Südosten (Zusf. zum Diskussionsstand: Lüning 1988, 33-37), so hätten wir es mit einer isolierten Bevölkerung zu tun, die im Verständnis F. Barths keine Notwendigkeit hatte, ethnische Identität auszubilden oder zu signalisieren. Ebenso hätten die vorher isolierten mesolithischen Gruppen allenfalls gegenüber benachbarten anderen mesolithischen Gruppen ethnische Grenzen ausbilden können. Bei dem Kontakt dieser beiden, auch durch die Wirtschaftsweise deutlich unterschiedenen Gruppen hätte es zur Ausbildung einer ethnischen Grenze kommen können, indem etwa Elemente der bereits vorhandenen materiellen Kultur ideologisch aufgeladen und als Kennzeichen der Fremdheit definiert werden. Wie z. B. der Kontakt zwischen Bantu und San zeigt, ist dies jedoch kein notwendiger Prozess. Hier wird auf die Ausbildung einer ethnischen Grenze verzichtet und die San statt dessen in das Wirtschaftssystem und das Heiratsnetzwerk eingegliedert, freilich nicht auf gleichberechtigter Basis. Auch im Falle der versuchten oder tatsächlich erfolgten physischen Ausrottung einheimischer Jäger und Sammler, wie in Feuerland, Tasmanien oder Australien, kommt es nicht zur Ausbildung einer ethnischen Grenze, man will den anderen hier nicht als ›Fremden‹, sondern als ›nicht-menschlich‹ definieren.

Die Übernahme mesolithischer Bearbeitungstechniken und Geräteformen in der ältesten Bandkeramik scheint zu belegen, dass diese Aspekte der materiellen Kultur nicht zur Abgrenzung herangezogen wurden. Gleichermaßen spricht die große Einheitlichkeit der keramischen Formen und Verzierungen über das gesamte Verbreitungsgebiet dagegen, dass sie eine ethnische Grenze signalisieren sollten.

14 In der von A. Neth (1999) definierten Stufe Papstäcker findet sich bereits die für die jüngere LBK typische anorganische Magerung, aber noch das Formen- und Verzierungsspektrum der ältesten LBK. Bernhardt und Hampel (1992, 11) sprechen dagegen in Frankfurt/Niedereschbach von ›Flomborner Elementen in der Motivgestaltung‹ noch organisch gemagerter Gefäße.

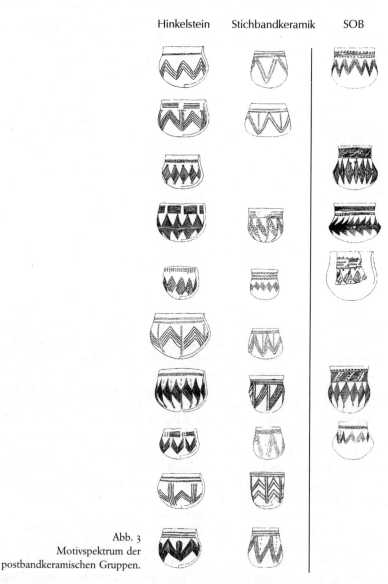

Abb. 3
Motivspektrum der
postbandkeramischen Gruppen.

Ethnische Signale müssen von allen Beteiligten verstanden und als sinnvoll empfunden werden. Daher ist zumindest im Falle der Neubildung ethnischer Gruppen damit zu rechnen, dass sie auf ein gemeinsames ›Repertiore‹ zurückgreifen, das dann jeweils gruppenspezifisch umgebildet wird. Die spätbandkeramischen Gruppen, die postbandkeramische Entwicklung und die von A. Zeeb-Lanz (dieser Band) vorgestellten Schulterbandgruppen erscheinen mir als verheißungsvolle Kandidaten für ethnische Gruppen. Im Falle der postbandkeramischen Gruppen (Hinkelstein, Stichbandkeramik und SOB) lässt sich zeigen, wie das Motivspektrum der späten Linienbandkeramik extrem verengt und mit jeweils anderen Techniken wiedergegeben wird (Abb. 3). Ließen sich hier Ähnlichkeiten in anderen Bereichen der materiellen Kultur finden, wie es sich für Hausbau, Wirtschaftsweise und Silexbearbeitung ja auch abzuzeichnen scheint, ist dies eher ein Beweis für als gegen eine ›Ethnogenese‹.

Auf diesem allgemeinen Niveau können solche Aussagen nicht mehr als Spekulation sein. Ich hoffe jedoch, gezeigt zu haben, dass es durchaus Indizien für prähistorische Gruppenbildung geben kann. Um diese finden und auswerten zu können, muss jedoch die ›homogene Schachtel‹ des archäologischen Kulturbegriffes aufgegeben werden. Wie H.-P. Wotzka (1993, 28) betont, handelt es sich dabei um einen kompletten Paradigmenwechsel, bei dem sowohl das zu Erklärende als auch die Erklärung gewechselt werden. Erste Vorbedingung dafür ist eine stilunabhängige Datierung und eine wesentlich bessere Datenbasis, als wir sie für die meisten Epochen der Vorgeschichte besitzen.

Es würde sich dabei um Wechsel von einem Kulturparadigma zu einem Spurenparadigma (Ginzburg 1995) handeln, das eine Verbindung zwischen materieller Kultur (im weiteren Sinne) und deren Produzenten ohne das zwischengeschaltete Klassifikationssystem ›archäologische Kultur‹ herstellt. Es kann zwar nicht garantiert werden, dass jede Spur lesbar ist, und dass keine absichtlich falschen Spuren gelegt wurden. Doch wird grundsätzlich angenommen, dass materielle Kultur Hinweise auf die Aktionen und die Intentionen ihrer Hersteller/Benutzer enthalte. Während absichtlich erzeugte Spuren - Botschaften - mit dem Verlust des Codeschlüssels nicht mehr zu entziffern sind, werden unabsichtliche Spuren, unter einer uniformitaristischen Grundannahme für potentiell immer lesbar gehalten.

Literatur

Barth 1956: F. Barth, Ecologic Relationships of Ethnic Groups in Swat, North Pakistan. Am. Anthr. 5, 1956.
Barth 1967: Ders., On the Study of Social Change. Am. Anthr. 69, 1967, 661-669.
Barth 1969a: Ders. (Hrsg.), Ethnic Groups and Boundaries. Boston: Little Brown 1969.
Barth 1969b: Ders., Pathan Identity and its Maintenance. In: Barth 1969a, 117-134.
Barth 2000: Ders., Boundaries and Connections. In: A. Cohen (Hrsg.), Signifying Identities. Anthropological Perspectives on Boundaries and Contested Values. London: Routledge 2000, 15-36.
Bernbeck 1997: R. Bernbeck, Theorien in der Archäologie. Tübingen/Basel: Francke 1997.
Bernbeck/Lamprichs 1992: Ders./R. Lamprichs, Museen, Besitz und Macht: wohin mit den Altertümern? Das Altertum 38, 1992, 109-124.
Bernhardt/Hampel 1992: G. Bernhardt/A. Hampel, Vorbericht zu einem ältestlinearbandkeramischen Siedlungsplatz in Frankfurt-Niedereschbach. Germania 70, 1992, 1-16.

Binford 1973: L. R. Binford, Interassemblage Variability: the Mousterian and the ›Functional‹ Argument. In: C. Renfrew (Hrsg.), The Explanation of Culture Change: Models in Prehistory. London: Duckworth 1973, 227-254.

Binford 1981: Ders., Bones: Ancient Men and Modern Myths. New York: Academic Press 1981.

Binford 1982: Ders., Paradigms, Systematics and Archaeology. Journal Anthrop. Research 38, 1982, 137-153.

Binford 1986: Ders., An Alyawara Day: Making Men's Knives and Beyond. Am. Ant. 51/3, 1986, 547-562.

Brubaker 1992: R. Brubaker, Citizenship and Nationhood in France and Germany. Cambridge, Mass.: Harvard University Press 1992.

Boast 1997: R. Boast, A Small Company of Actors. A Critique of Style. Journal Material Culture 2, 1997, 173-198.

Burmeister 1996: S. Burmeister, Migrationen und ihre archäologische Nachweisbarkeit. Arch. Inf. 19, 1996, 13-21.

Cladders 1997: M. Cladders, Die Tonware der Ältesten Bandkeramik. Untersuchungen zur zeitlichen und räumlichen Gliederung. Arch. Nachrichtenbl. 2, 1997, 298-300.

Cohen 1974: A. Cohen, Urban Ethnicity. London: Tavistock 1974.

Deetz 1967: J. Deetz, Invitation to Archaeology. Garden City: Natural History Press 1967.

Eriksen 1993: Th. H. Eriksen, Ethnicity and Nationalism, Anthropological Perspectives. London: Pluto Press 1993.

Frirdich 1994: Chr. Frirdich, Kulturgeschichtliche Betrachtungen zur Bandkeramik im Merzbachtal. In: P. Stehli/J. Lüning (Hrsg.), Die Bandkeramik im Merzbachtal auf der Aldenhovener Platte. Rheinische Ausgr. 36. Köln: Rheinland Verlag 1994, 207-393.

Ginzburg 1995: C. Ginzburg, Spurensicherung. Die Wissenschaft auf der Suche nach sich selbst. Berlin: Wagenbach 1995.

Gronenborn 1997: D. Gronenborn, Silexartefakte der ältestbandkeramischen Kultur. Universitätsforsch. Prähist. Arch. 37. Bonn: Habelt 1997.

Gummel 1938: H. Gummel, Forschungsgeschichte in Deutschland. Berlin: de Gruyter 1938.

Haaland 1969:G. Haaland, Economic Determinants in Ethnic Process. In: Barth 1969a, 58-73.

Hall 1996: St. Hall, Who Needs Identity? In: St. Hall/P. du Gay (Hrsg.), Questions of Cultural Identity. London: Sage 1996, 1-18.

Hampel 1992: A. Hampel, Frankfurt am Main Niedereschbach, ein ältestbandkeramischer Siedlungsplatz. 1. Die Befunde. Beitr. Denkmalschutz Frankfurt a. M. 5. Bonn: Habelt 1992.

Hard 1999: G. Hard, Raumfragen. In: P. Meusburger (Hrsg.), Handlungszentrierte Sozialgeographie. Benno Werlens Entwurf in kritischer Diskussion. Stuttgart: Steiner 1999, 133-162.

Hardt 1996: M. Hardt, Silbergeschirr als Gabe im Frühmittelalter. Ethnogr.-Arch. Zeitschr. 37, 1996, 431-444.

Hobsbawm/Ranger 1983: E. J. Hobsbawm/T. Ranger (Hrsg.), The Invention of Tradition. Cambridge: Cambridge University Press 1983.

Kind 1999: C.-J. Kind, Komplexe Wildbeuter und frühe Ackerbauern. Bemerkungen zur Ausbreitung der Linearbandkeramik im südlichen Mitteleuropa. Germania 77, 1999, 1-23.

Koselleck et al. 1992: R. Koselleck et al., Stichwort »Volk, Nation, Nationalismus, Masse«. In: O. Brunner et al. (Hrsg.), Geschichtliche Grundbegriffe. Historisches Lexikon zur politisch-sozialen Sprache in Deutschland, Bd. 7. Stuttgart: Klett-Cotta 1992.

Kossinna 1940: G. Kossinna, Das Weichselland, ein uralter Heimatboden der Germanen. Leipzig: Kabitzsch ³1940 [1911].

Kroeber 1939: A. L. Kroeber, Cultural and Natural Areas of North America. Berkeley: University of California Press 1939.

Lüning 1988: J. Lüning, Frühe Bauern in Mitteleuropa im 6. und 5. Jahrtausend vor Chr. Jahrb. RGZM 35/1, 1988, 27-93.

Neth 1999: A. Neth, Eine Siedlung der frühen Bandkeramik in Gerlingen. Forsch. u. Ber. Vor- und Frühgesch. Baden-Württemberg 79. Stuttgart: Theiß 1999.
Paasi 2000: A. Paasi, Territorial Identities as Social Constructs. International Social Science Review 23, 2000.
Petri 1937: F. Petri, Germanisches Volkserbe in Wallonien und Nordfrankreich: die fränkische Landnahme in Frankreich und in den Niederlanden und die Bildung der westlichen Sprachgrenze. Bonn: Roehrscheid 1937.
Pohl 1997: W. Pohl, Ethnic Names and Identities in the British Isles: a Comparative Perspective. In: J. Hines (Hrsg.), The Anglo-Saxons from the Migration Period to the Eighth Century. San Marino: Boydell Press 1997, 7-32.
Pohl 1998: Ders., Introduction: Strategies of Distinction. In: Ders. (Hrsg.), Strategies of Distinction, the Construction of Ethnic Communities, 300-800. Leiden: Brill 1998, 1-15.
Schulze 1990: H. D. Schulze, Deutschlands ›natürliche‹ Grenzen. In A. Demandt (Hrsg.), Deutschlands Grenzen in der Geschichte. München: Beck, 1990, 35-40.
Sklenar 1983: K. Sklenar, Archaeology in Central Europe, the First 500 Years. London: Leicester University Press 1983.
Stäuble 1995: H. Stäuble, Radiocarbon Dates of the Earliest Neolithic in Central Europe. Radiocarbon 37, 1995, 227-237.
Steinbach 1926: F. Steinbach, Studien zur Westdeutschen Stammes- und Volksgeschichte. Jena: Fischer 1926.
Stemmermann 1934: P. H. Stemmermann, Die Anfänge der deutschen Vorgeschichtsforschung. Deutschlands Bodenaltertümer in der Anschauung des 16. und 17. Jahrhunderts. Quackenbrück: Trute, 1934.
Thom 1995: M. Thom, Republics, Nations and Tribes. London: Verso 1995.
Thomson 1939: T. W. Thomson, The Seasonal Factor in Human Culture. Proc. Prehist. Soc. 5, 1939, 209-221.
Tillmann 1993: A. Tillmann, Kontinuität oder Diskontinuität? Zur Frage einer bandkeramischen Landnahme im südlichen Mitteleuropa. Arch. Inf. 16, 1993, 157-187.
Veit 1989: U. Veit, Ethnic Concepts in German Prehistory: a Case Study on the Relationship between Cultural Identity and Objectivity. In: S. J Shennan (Hrsg.), Archaeological Approaches to Cultural Identity. London: Routledge 1989, 35-56.
Vermeulen 1994: H. Vermeulen, The Anthropology of Ethnicity: beyond »Ethnic Groups and Boundaries«. Amsterdam: Spinhuis 1994.
Wardenga 1997: U. Wardenga, Wandlungen im Weltbild vom Mittelalter bis zu Mercator. In: R. Vermij (Hrsg.), Gerhard Mercator und seine Welt. Duisburg 1997, 7-27.
Wiessner 1983: P. Wiessner, Style and Social Information in Kalahari San Projectile Points. Am. Ant. 48, 1983, 253-276.
Wiessner 1984: Dies., Reconsidering the Behavioural Basis for Style: a Case Study among the Kalahari San. Journal Anthrop. Arch. 3, 1984, 190-234.
Wissler 1914: C. Wissler, Material Cultures of the North American Indians. American Anthr. 16, 1914, 447-505.
Wobst 1999: H. M. Wobst, Style in Archaeology or Archaeologists in Style. In: E. S. Chilton (Hrsg.), Material Meanings. Critical Approaches to the Interpretation of Material Culture. Salt Lake City: University of Utah Press, 118-132.
Wotzka 1993: H.-P. Wotzka 1993. Zum traditionellen Kulturbegriff in der prähistorischen Archäologie. Paideuma 39, 1993, 25-44.
Wotzka 2000: Ders., »Kultur« in der deutschsprachigen Urgeschichtsforschung. In: S. Fröhlich (Hrsg.), Kultur, ein Interdisziplinäres Kolloquium zur Begrifflichkeit, Halle (Saale), 18. bis 21. Februar 1999. Halle (Saale): Landesamt für Archäologie 2000, 55-80.

TIM KERIG

Von Gräben und Stämmen: Zur Interpretation bandkeramischer Erdwerke*

ZUSAMMENFASSUNG: Bandkeramische Erdwerke gehören zu den seit langem bekannten Kulturerscheinungen des mitteleuropäischen Neolithikums. In den letzten Jahren haben sich Umfang und Qualität des Quellenmaterials dramatisch verändert. Zu einer kurzen Darstellung dieser Befunde werden Arbeiten zur altneolithischen Sozialstruktur in Beziehung gesetzt. Dabei sichtbar werdende Widersprüche sollen in einer neuen Interpretation aufgehoben werden, die den Verbindung von Erdwerken mit Veränderungen der Sozialstruktur betont. Als Argumente dienen gerade die den Erdwerken zugeschriebenen unterschiedlichen Funktionen. Versucht wird, einen Indizienbeweis zu führen: Die Tragfähigkeit eines solchen Schlusses beruht zuerst auf der Gültigkeit der Beobachtungen und dann auf der Gültigkeit der Annahme, diese Beobachtungen verwiesen ihrerseits auf das Vorhandensein weiterer Tatsachen. Der Zusammenhang zwischen dem Beobachteten und dem Erschlossenen muss dabei bekannt sein. Hier wird eine neo-evolutionistische These der amerikanischen Kulturanthropologie als überzeugend angesehen, entliehen und in einem Indizienschluss zur Klärung des Einzelfalles herangezogen. Eine solche Argumentation kann künftig gestützt oder falsifiziert werden. Angestrebt wird eine pragmatische Verbindung von »szientistisch« kontrollierter Arbeitsweise und der »partikularistischen« Feststellung historischer Individualität.

»Wann und warum tun sie das?«
(Max Weber)

Einleitung

Bandkeramische Erdwerke werden herkömmlicherweise als Befestigungen, als Viehkrale oder als kultische Anlagen gedeutet. In den letzten beiden Jahrzehnten rücken immer mehr Autoren von solchen monokausalen Erklärungen ab und versuchen stattdessen typologische Unterschiede herauszuarbeiten. Gerade die Variabilität innerhalb der Anlagengruppe wird hier zum Ausgangspunkt gewählt. Einer kurzen Darstellung der Befunde folgt ein ebenso kurzer Überblick über Arbeiten zur bandkeramischen Sozialstruktur. Seit der Entdeckung erster Erdwerke bezweifelt niemand, dass in ihnen wesentliche Elemente gesellschaftlicher Ordnung ihren Niederschlag, vielleicht ihren Ausdruck finden – ein forschungsgeschichtlicher Abriss verspricht zentrale Momente theoretischer Konzeptionen deutlich zu machen. Meiner Interpretation nach scheint weniger die Entstehung der Erdwerke, als ihre Form, Funktion und Nutzung eng mit einer einschneidenden Veränderung der Sozialstruk-

---

* Für fruchtbare Anregungen und notwendige Korrekturen bin ich neben zahlreichen Teilnehmern der Tübinger Tagung insbesondere J. Lechterbeck, J. Skidmore und A. Zimmermann zu Dank verpflichtet.

tur verbunden. Mit dieser geschichtlichen Entwicklung gehen deutliche Veränderungen der materiellen Kultur einher - die jüngerbandkeramischen Regionalgruppen entstehen.

Von Gräben: Die bandkeramischen Erdwerke

Die außergewöhnliche Einheitlichkeit des Fundmaterials im gesamten Verbreitungsgebiet des ältesten mitteleuropäischen Neolithikums ist seit langem bekannt. Die Feststellung bezieht sich insbesondere auf Form und Verzierung der Keramik, auf die Formgebung von Felsgesteingeräten und auf die Grundrissgestaltung der Langhäuser. Die Keramik der Ältesten Bandkeramik ist deutlich von der der nachfolgenden älteren Phase unterschieden; eine kontinuierliche Keramikentwicklung erlaubt danach die Umschreibung einer mittleren, einer späten und einer spätesten Phase. Von der mittleren Phase bis zum Ende der Bandkeramik ist ein zunehmender Trend zur Regionalisierung der Verzierungsstile festzustellen. Insbesondere mit der Keramik der späten und spätesten Phasen sind Grabenanlagen verbunden. Erdwerke bandkeramischer Zeitstellung sind in ihrem Vorkommen auf Mitteleuropa beschränkt. Sie sind somit als bandkeramische Innovation zu werten.[1]

In der Literatur wird zumeist eine Einteilung bandkeramischer Erdwerke in zwei oder drei Klassen vorgenommen, dabei dient das Vorhandensein oder Fehlen von Innenbebauung als diagnostisches Merkmal, ergänzt durch Beobachtungen am Grabenprofil sowie zum unregelmäßigen oder konzentrischen Verlauf der Gräben.[2]

Diese Typologien vernachlässigen notwendig indifferente Grabenabschnitte, die den höchsten Anteil unter den bekannten Befunden ausmachen dürften. Zumeist handelt es sich um auf wenige Meter verfolgte Grabenstrecken in kleinen Grabungsflächen. Darüber hinaus verbergen sich in dieser Gruppe lineare, hangparallel verlaufende einzelne Gräben. So konnte etwa der ältestbandkeramische Graben von Eilsleben auf eine Länge von ca. 170 m verfolgt werden (Abb. 1), ohne dass sich Hinweise auf ein Ende oder eine Krümmung ergeben hätten. Die ursprüngliche Tiefe des Sohlgrabens rekonstruiert Kaufmann (1978, 5) auf 0,7 m. Eine fortifikatorische Funktion scheint zumindest in Eilsleben eher unwahrscheinlich. Grundsätzlich wäre zu überprüfen, ob unklare Befunde von Sohlgräben nicht schlüssiger als Hohlwege zu interpretieren wären (vgl. Behrends 1998). Jedenfalls sind sämtliche Gräben der Ältesten Bandkeramik schlecht beurteilbar.[3] Die Bezeichnung »Erdwerk« scheint in solchen Zusammenhängen mitunter ausgesprochen optimistisch.

1 Übersichtsdarstellungen zur Bandkeramik: Bogucki 1988; Modderman 1990; Lüning/Stehli 1989; Lüning 1991; Bogucki/Grygiel 1993; Whittle 1996, 144-77; Gronenborn 1999. Zusammenfassend zu Grabenanlagen: Lüning 1988; Steuer 1989, 447-9; Höckmann 1990; Petrasch 1990, 489-92; Andersen 1997, 133-309; Kaufmann 1997; Petrasch 1998.
2 Z. B. Kaufmann 1978; 1997; Lüning 1988; Petrasch 1990, 489-92.
3 Z. B. Stäuble 1990; Trnka 1991, 139-40; Kaufmann 1997, 48 u. 81.

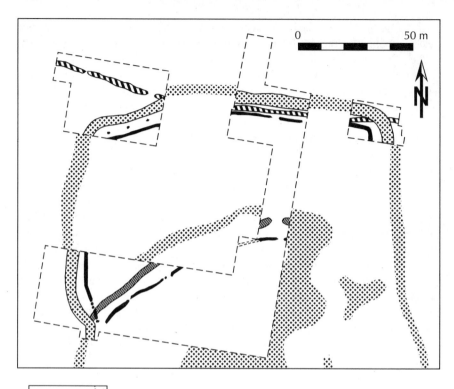

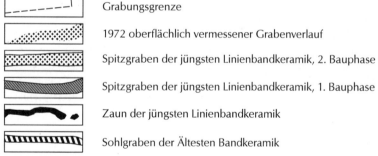

Grabungsgrenze

1972 oberflächlich vermessener Grabenverlauf

Spitzgraben der jüngsten Linienbandkeramik, 2. Bauphase

Spitzgraben der jüngsten Linienbandkeramik, 1. Bauphase

Zaun der jüngsten Linienbandkeramik

Sohlgraben der Ältesten Bandkeramik

Abb. 1: Eilsleben (Bördekreis). Erdwerk der ältesten und jüngsten Linienbandkeramik (nach Kaufmann 1988).

Mindestens so unklar sind die Befunde der von Gräben umschlossenen Einzelgehöfte, eine Interpretation, die erstmals Lehner (1912) für Plaidt vorgeschlagen hat. Meines Wissens existiert bislang kein einziger überzeugender Grundplan einer solchen Anlage in Mitteleuropa (dagegen: Claßen 1999), allenfalls wird deutlich, mit welchen Problemen bei der Befundansprache in den heute stark überprägten Lösslandschaften zu rechnen ist.

Der Nachweis einer Gleichzeitigkeit von Gebäuden und Gräben ist nur in den seltensten Fällen überzeugend zu führen und bereitet auch bei den als befestigte Dörfer angesehenen Anlagen Probleme: Klassisch ist der schwer zu entwirrende Gesamtplan von Köln-Lindenthal, bei dem ein Zusammenhang zwischen Hausstellen und Grabenverlauf zunächst nicht erkennbar scheint (Bernhardt 1986, 142-156; 1990, 349). Deutlicher zeigen Plandetails der Dorfanlagen von Erkelenz-Kückhofen (Weiner 1992; Lehmann 2000) und Vaihingen (Krause et al. 1999, 19), dass dort bei der Anlage von Palisade und Graben auf bestehende Häuser Rücksicht genommen worden sein dürfte. Auffällig sind Gräben und andere Einfriedungen innerhalb der Siedlungen, auch hier sind Köln-Lindenthal und Vaihingen gute Beispiele. In Eilsleben soll ein vergleichbarer Graben einer früheren Bauphase angehören, erst später sei dann das Areal vergrößert worden (Kaufmann 1988). Grundsätzlich sind fast aus jeder großflächig untersuchten bandkeramischen Siedlung Zäune bekannt (Höckmann 1990). Innerhalb des umfriedeten Areals liegen mitunter Tümpel, Seen oder Brunnen, mehrfach zeigen die Gräben selbst eine Verbreiterung, die möglicherweise als Wasserreservoir für Brauchwasser oder als Viehtränke gedient haben mag (Bernhardt 1990, 351-354; Koschick 1998). Die als funktional einheitliche Befundgattung gedeuteten Schlitzgruben finden sich in Köln-Lindenthal in auffälliger räumlicher Konzentration (Bernhardt 1990, 354-355). Auch innerhalb von Anlagen in Belgien glauben Keeley und Cahen (1989) unterschiedliche Aktivitätsbereiche feststellen zu können. Erdwerke mit Innenbebauung zeigen tendenziell häufiger flache Sohlgrabenprofile, doch kommen auch in diesem Zusammenhang Spitzgräben oder nebeneinander Sohl- und Spitzgräben, diese sogar ineinander übergehend vor (z. B. Jeunesse 1996, 253; Kaufmann 1988; Lehmann 2000). Eine Segmentierung der Gräben in geradlinige Grabenstrecken (Abb. 2) ist mitunter beobachtbar und vielleicht als Anzeichen eines diskontinuierlichen Bauvorgangs zu werten (Zimmermann 1994). Grabenparallele Pfostenreihen sind häufig und lassen auf Palisaden schließen. Die Zugänge und Torkonstruktionen sind vergleichsweise einfach, doch erstaunlich vielfältig konstruiert.[4]

In den letzten Jahren sind wiederholt große Serien altneolithischer Menschenreste aus solchen mit Erdwerken befestigten Siedlungen bekannt geworden: Dabei handelt es sich um so genannte »Verlochungen« (vgl. Kimmig 1947, 112), besser: impare Bestattungen[5], selten im Verband und häufig mit klar erkennbaren Anzeichen von Manipulationen. Daneben sind von mehreren Fundorten Bestattungen aus der Grabenverfüllung bekannt, die so auch auf Gräberfeldern gefunden worden sein

---

4 Zum Beispiel Kneipp 1998, 297-298; Krause et al. 1999, 16-18.
5 Von lateinisch *impar, -aris*: ungleich, ungerade; ungleichförmig, schiefsitzend, nicht ebenbürtig.

Von Gräben und Stämmen

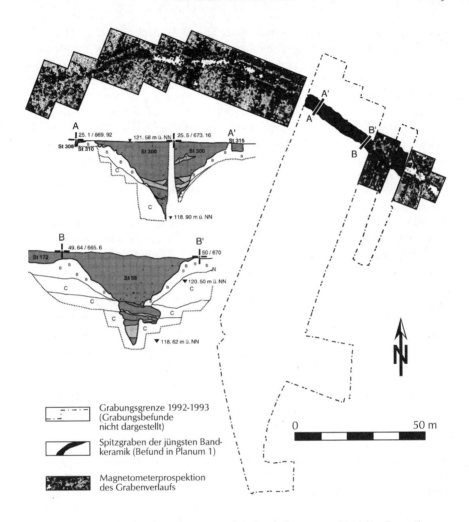

Abb. 2: Hanau-Mittelbuchen (Main-Kinzig-Kreis). Erdwerk der jüngsten Linienbandkeramik (Phase Meier-Arendt V). Untersuchungen des Seminars für Vor- und Frühgeschichte der Universität Frankfurt/M (Kerig in Vorb.).

könnten (Veit 1996, 173-200). Die in Erdwerksgräben überlieferten Totengemeinschaften stellen offensichtlich bestimmte Populationsausschnitte dar: In Menneville fanden sich in einem kurzen Stück eines Segmentgrabens nur juvenile Individuen (Hachem et al. 1998, 133), für Vaihingen wurde zwischenzeitlich erwogen, ob Unterschiede in der Robustizität der Skelette mit der Sorgfalt der Bestattung korrelierbar seien (Krause 1998, 9) und unter den 67 untersuchten und als Opfer eines Massakers gedeuteten Toten von Schletz seien die Reste Jugendlicher und junger Frauen signifikant unterrepräsentiert (Windl 1999, 54-55). In Schletz wie in Herxheim (Häußer 1998) kommen zu Schädelbechern zugearbeitete menschliche Kalotten vor. Zumindest in Herxheim scheint der Gesamtbefund eher durch eine die Bestattungspraxis betreffende Mussnorm als durch ein Einzelereignis erklärbar (mündl. Mitteilung J. Orschiedt).

Grabenanlagen ohne Innenbebauung sind überwiegend von Spitzgräben umgeben. Die Anlagen sind im Grundplan rund, oval oder rechteckig. Mitunter sind die Gräben, etwa in Langweiler 3 (Ihmig 1971) nur hangparallel vorhanden; das Fehlen von Innenbebauung ist in jedem Fall neu zu belegen. In Hanau-Mittelbuchen liegen erhaltene Hausgrundrisse der Ältesten Bandkeramik im Areal des jüngstbandkeramischen Erdwerkes. Eine der älteren Bebauung entsprechende Innenbebauung aus der Zeit der Grabenanlage war offenbar nie vorhanden. Für die ergrabene Fläche kann somit eine jüngstbandkeramische Innenbebauung ausgeschlossen werden (Zimmermann 1994; Kerig in Vorb.). Die funktionale Ansprache der Befunde innerhalb dieser Grabenringe fällt schwer: Es gibt Hinweise darauf, dass sich in leeren Erdwerken eine höhere Diversität an Keramikformen und -verzierungen findet (Fridrich 1994, 348). In Langweiler 8 ist der Anteil unverzierter Ware überdurchschnittlich hoch und die verzierte Ware ist überdurchschnittlich gut erhalten (Boelicke 1988, 413; vgl. Kneipp 1998, 21). Die unterschiedliche Zusammensetzung der Silexinventare aus Siedlungen und Erdwerken kann funktional interpretiert werden und legt den Schluss nahe, dass verschiedenartige Aktivitäten in Siedlungen und Erdwerken stattfanden (Zimmermann 1990). An mehreren Fundorten, wie im elsässischen Rosheim (Jeunesse/Schnitzler 1993, 70-72) und in Hanau-Mittelbuchen, lässt sich das Vorhandensein von Öfen und Feuerstellen belegen, in Lamersdorf 2 wurden auffällig viele Mahlsteine gefunden (Malcher 1992, 63; Langenbrink 1992, 164 u. 172). Auch unterscheidet sich die Art der Feuer in Erdwerksgräben und in Siedlungen (Zimmermann 1990). Diese und weitere Hinweise auf Getreideverarbeitung und Nahrungszubereitung führten Kaufmann (1997, 72) zur Vermutung von regelrechten »Erntedankfesten«. Kneipp und Büttner (1988) interpretieren längs gespaltene menschliche Langknochen sowie Kieferreste mit Schnittspuren als Belege für »anthropophage Riten« (Kneipp 1998, 23) in Verbindung mit der Grabenanlage von Ober-Hörgern. In den leeren Grabenanlagen sind interessanterweise niemals Gärten oder Einhegungen wertvoller Sonderkulturen gesehen worden (vgl. Golson/ Gardner 1990; Bayliss-Smith 1996).

Es gibt – freilich unsichere – Hinweise auf astronomische Ausrichtungen und wiederkehrende Symmetrieeigenschaften bei bandkeramischen Erdwerken (van Berg 1991). So wenig überzeugend die Einzelfälle auch sein mögen, bleibt doch zu bedenken, dass astronomische Orientierungen sowohl bei der Ausrichtung der Häuser eingehalten wurden, als auch im zeitlich unmittelbar folgenden Horizont der mittelneolithischen Grabenanlagen auffällig häufig beobachtet werden können (Petrasch 1990, 469-470).

Die Rolle der Erdwerke im Siedlungssystem ist schwer zu beurteilen. Die befestigten Siedlungen Ostbelgiens sollen hinsichtlich der Verteilung von Silexrohmaterialien, Dechselklingen und vielleicht sogar der Keramikproduktion Spezialisierungen zeigen und gewisse zentralörtliche Funktionen wahrgenommen haben (Keeley/ Cahen 1989). Eine Häufung von Erdwerken ohne Innenbebauung ist aus den rheinischen Braunkohletagebauen bekannt. In den letzten drei Hausgenerationen des Merzbachtals sind drei Grabenanlagen errichtet worden, wobei unklar ist, ob die Anlagen gleichzeitig nebeneinander oder kurz nacheinander bestanden.[6] Im Keramikstil sind Verbindungen zwischen diesen leeren Erdwerken und einigen der umliegenden Siedlungen erkennbar (Kerig in Vorb.). Rech (1979, 383) erschloss, ausgehend von den damals bekannten Anlagen, einen ursprünglichen Bestand von ca. 100 Erdwerken im Gebiet zwischen Maas und Rhein. Ähnliche Dimensionen zeichnen sich jetzt auch in anderen Fundregionen ab und es wird immer klarer, dass entgegen früherer Annahmen das Vorkommen von Erdwerken nicht auf den Westrand der bandkeramischen Verbreitung beschränkt ist (z. B. Schmidgen-Hager 1992, 218-219; Schmotz 1997).

Typologien bandkeramischer Erdwerke sind an den wenigen großen, flächig untersuchten Anlagen entwickelt worden. Berücksichtigt man die praktischen Probleme der Synchronisation von Gräben mit Hausbefunden, dann entfällt in den meisten Fällen das einzig hinreichende Kriterium der Typzuweisung, das Vorhandensein von Innenbebauung. Dazu kommt, dass leere Erdwerke im Gelände häufig siedlungsgünstig liegen und mitunter der Eindruck entsteht, sie nähmen auf bestehende oder sogar auf abgegangene Siedlungen Bezug (Stehli 1989, 74; 1994, 121). Das einzelne Erdwerk scheint eher gekennzeichnet durch die individuelle Kombination einer vergleichsweise beschränkten Anzahl von Elementen. Es sind dies beispielsweise die Form der Grabenprofile und der Zugänge, die Art der Wasserversorgung und der Nahrungszubereitung, die Bestattung von und die Manipulation an Toten. Jedenfalls stehen gegen Ende der Bandkeramik befestigte Siedlungen neben unbebauten befestigten Plätzen.

Von Stämmen: Die bandkeramische Sozialstruktur

1911 legt Lehner auf einer Kuppe bei Plaidt mehrere Gruben und Grubenkomplexe frei, umfangen von zwei noch halbkreisförmig erhaltenen Spitzgräben. Den Gesamtbefund interpretiert er als »umwehrten Gutshof oder Herrensitz« vergleichbar und genetisch verbunden der »Burg« von Dimini (Lehner 1912, 299). Die sozialen Implikationen dieser Interpretation und der Defensivcharakter der Erdwerke scheinen zunächst allgemein akzeptiert worden zu sein (z. B. Schuhmacher 1921, 36-37; Schuchhardt 1935, 66).

6 Stehli 1989, 74; Lüning 1997, 46 dagegen: Stehli 1994, 120-1.

Nachdem die relativchronologische Position der Bandkeramik am Beginn des mitteleuropäischen Neolithikums erkannt worden war, wird der Grad gesellschaftlicher Differenzierung offenbar neu beurteilt. So charakterisiert Childe die bandkeramische Lebensweise jetzt als nomadisierend-halbsesshaft, die Siedlungen werden als Akkumulationen kurzzeitig aufgesuchter Grubenhäuser gedeutet. Erdwerke dagegen erwähnt er mit keinem Wort: »There is no evidence for either war or chieftainship« (Childe 1929, 47; vgl. Menghin 1940, 376).

Die Ausgrabung der Siedlung von Köln-Lindenthal 1929-1934 veranlasste W. Buttler, die Anzahl prinzipiell gleichartiger Langhäuser der Anzahl der Familien gleichzusetzen und eine egalitäre Gesellschaft zu rekonstruieren. Er spricht von einem halbsesshaften »Freibauernvolk ohne ausgesprochenes Führerprinzip« (Buttler/Haberey 1936, 163). Die Anlage der Lindenthaler Erdwerksgräben zeige, dass größere Verbände mobilisiert werden konnten, auch sei zu erwägen, ob siedlungsinterne Gräben in Köln-Lindenthal Sippen voneinander getrennt haben könnten (Buttler/Haberey 1936, 163; vgl. Behn 1957, 50-52). Die Buttlerschen Befundansprachen kritisiert grundsätzlich Paret (1948, 54-93). Als einer der Ersten erkannte er nicht mehr in den Grubenkomplexen, sondern in den Langhäusern die Wohn- und Wirtschaftsgebäude. Neolithische Erdwerke hält er generell für Viehkrale, sei doch mit dem Aufkommen fortifikatorischer Anlagen nicht vor der Urnenfelderzeit zu rechnen.

J. Neustupný (1950) glaubt wiederkehrende Bauregeln in der Erdwerksarchitektur erkennen und aus deren Einhaltung auf planvolle Bauleitung durch regelrechte Architekten schließen zu können. Bau und Instandhaltung der Anlagen über mehrere Generationen setze langlebige gesellschaftliche Institutionen voraus. Im Nebeneinander der unterschiedlichen Siedlungsformen Einzelgehöft, offener Weiler, befestigte Siedlung sei ein Mosaik sozial, ökonomisch und ethnisch unterschiedener Gruppen erkennbar. Das Konzept der Befestigung komme letztlich aus dem Vorderen Orient, doch hätten in Mitteleuropa die sozialen und ökonomischen Voraussetzungen einer städtischen Entwicklung gefehlt. Den regionalen Verhältnissen angepasst seien die befestigten Siedlungen »älteste Versuche Marktflecken in Mitteleuropa zu gründen«.[7] Neustupnys Aufsatz gehört in begrifflicher und argumentativer Hinsicht sicher zu den herausragenden Arbeiten der kulturhistorischen Schule und noch eine Generation später wird sich Höckmann (1975, 278) explizit auf diese Tradition berufen.

Ab den fünfziger Jahren ermöglichen großflächige Siedlungsgrabungen neue Forschungsstrategien. Untersuchungen zur internen und regionalen Siedlungsstruktur regen Überlegungen zur Sozialstruktur der Bandkeramik an (z. B. Soudsky 1962, 195-196). Dabei handelt es sich um Synthesen in der kulturhistorischen Tradition

---

7 »... les plus anciens essais de formation des bourgades en Europe Centrale« (Neustupny 1950, 146).

(z. B. Müller-Karpe 1968, 261; Clark/Piggott 1970, 237-241) und erstmals um der amerikanischen Kulturanthropologie oder dem Historischen Materialismus verpflichtete Arbeiten.

So beschreibt K.-H. Otto (1978, 51-62) in einem Lehrbuchbeitrag die Gesellschaft der Bandkeramik als Urkommunismus mit matriarchal-gentilem Prinzip. Die Erträge von Gemeineigentum an Grund und Boden seien allen gleichermaßen zugute gekommen. Die Formierung größerer Einheiten wird zurückgeführt auf die Entwicklung der Produktivkräfte, in erster Linie wohl die zur Verfügung stehende menschliche Arbeitskraft. Letztlich bestimmt dann die Bevölkerungsdynamik den Stand der Produktivkräfte. Befreundete Sippen hätten sich allmählich zu Stämmen mit Heiratsklassen zusammengeschlossen, wobei Sippenvorsteher den Stammesrat gebildet hätten. S. Tabaczynski (1972) deutet die neolithischen Erdwerke unabhängig von ihrer Zeitstellung monokausal und erkennt in ihnen Anzeichen gesellschaftlicher Evolution. Siedlungslagen der Bandkeramik seien zunächst offen und unbefestigt, erst gegen Ende treten allmählich Befestigungen auf. Die taktische Funktion der Erdwerke bestände weniger darin, das Eindringen von Feinden, als vielmehr das Wegtreiben des Viehs zu verhindern: »Die Entwicklung von extensiven Viehzuchtformen führte zu umfassenden Vorraussetzungen der Erzeugung eines wirtschaftlichen Überschusses und einer unregelmäßigeren Verteilung zwischen den einzelnen Menschengruppen, als es vorher der Fall war« (Tabaczynski 1972, 49). Ausgehend von spekulativethologischen Annahmen glaubt H. Behrens (1973; 1975), generelle Grundlagen der neolithischen Gesellschaft, etwa Matrilinearität, geschlechtliche Arbeitsteilung, Privat- und Gemeineigentum sowie das Vorhandensein von Häuptlingen erschließen zu können. Der dem Autor – freilich in denunziatorischer Absicht – gemachte Vorwurf des Sozialdarwinismus (zusammenfassend Behrens 1984, 59-61) ist nicht unberechtigt und es verwundert, wenn ausgerechnet diese Arbeit als Beispiel historisch-materialistischer Argumentation zitiert wird (vgl. van de Velde 1979, 127-128).

Explizit auf die neo-evolutionistischen Konzepte der *Cultural Anthropology* bezieht sich wohl als erster Milisauskas (1972). Aus der prinzipiellen Gleichartigkeit der Langhäuser schließt auch er auf egalitäre Verhältnisse; Unterschiede zwischen Siedlungen seien funktional bedingt und ließen keine verschiedenen administrativen Ebenen innerhalb des Siedlungssystems einer Gruppe erkennen (Milisauskas 1978, 120-121; Milisauskas/Kruk 1989, 409-419). Der tendenziell höhere Status einzelner Personen, bevorzugt älterer Männer, sei mitunter auf Gräberfeldern erkennbar und möglicherweise auch aus der Assoziation von überdurchschnittlich großen Häusern – den Großbauten vom Typ 1 a – mit exotischen, als Prestigegütern interpretierten Artefakten erschließbar. Ebenso sei eine Deutung der Großbauten als Versammlungshaus möglich. Milisauskas (1976, 35; 1978, 120-122) rekonstruiert eine Stammesgesellschaft, vielleicht mit Kriegerbünden oder Zeremonialgesellschaften und mit der charismatisch begründeten Stellung einzelner *Big-Men*. Auf einen Zusammenhang zwischen Sozialstruktur und den von ihm als Fortifikationen gedeuteten Erdwerken geht Milisauskas (1978, 121) nicht ein.

In seiner Arbeit »On Bandkeramik social structure« verwendet P. van de Velde (1979) solche neo-evolutionistischen neben strukturalistischen und neo-marxistischen Konzepten. Im Rahmen eines von ihm »positional« genannten Vorgehens versucht er Zuschreibungen individuellen Status bei einer geschlechtsdifferenzierten Arbeitsteilung. Ähnlich wie Milisauskas argumentiert er für eine ranggestaffelte, nicht aber stratifizierte Gesellschaft mit vorherrschendem Senioritätsprinzip. Daneben fänden sich Hinweise eines entstehenden erblichen Häuptlingstums. Zur strukturalistischen Analyse setzte van de Velde Gräbergruppen mit Residenzgruppen gleich. Als Ergebnis dieser Untersuchung glaubt er verschiedene, durch asymmetrische Tauschbeziehungen verbundene Residenzgruppen zu erkennen. Während Residenz generell virilokal bestimmt werde, begründe sich Abstammung in Elsloo in mütterlicher Linie und in Hienheim patrilineal (zur Terminologie: Fox 1967). Ausgehend von Godelier (1975) identifiziert van de Velde in derselben Gesellschaftsformation verschiedene Produktionsweisen: Eine häusliche Produktionsweise mit geschlechtlicher Arbeitsteilung, eine nicht-erbliche handwerkliche Spezialisierung, eine überregionale, nicht genauer beschriebene Produktionsweise sowie schließlich die dominierende *lineage*-Produktionsweise. Letztere werde charakterisiert durch den unterschiedlichen Zugang zum Mehrwert, der durch die jeweilige Position in der *matrilineage* bestimmt worden wäre (van de Velde 1979, 170). In seinen Untersuchungen stellte van de Velde die deutlichsten sozio-strukturellen Unterschiede nicht wie beabsichtigt innerhalb, sondern zwischen den untersuchten Siedlungsgemeinschaften fest (van de Velde 1979, 169).

Van de Veldes Arbeit wurde diskutiert, blieb aber folgenlos. Sicher zurecht vermutet P. Bogucki (1988, 17), dass die egalitäre Bandkeramik gerade den vordringlich an sozialen Fragestellungen interessierten Kollegen zu unergiebig erschien. Er selbst vertritt ab Mitte der achtziger Jahre einen prozessual-ökologischen Ansatz, der die Einbettung der Gemeinschaften und Haushalte in das natürliche und soziale Habitat ebenso untersucht, wie die daraus resultierenden Interaktionen. Ausgangspunkt solcher Überlegungen ist die Verfügbarkeit von Ressourcen, darunter menschliche Arbeitskraft, und deren prinzipielle Unsicherheit. Der Wettbewerb um verknappte Ressourcen war neo-evolutionistischen Theorien zufolge Motor der Herausbildung von Hierarchien in vorher egalitären Gesellschaften. Dagegen sieht Bogucki in der prinzipiellen Ressourcenknappheit und -unsicherheit einen Faktor, der die Entstehung komplexerer Strukturen gerade verhindert habe. Er betont die Notwendigkeit eines verwandtschaftlich gedachten Netzwerkes zwischen Gleichen, um in Notzeiten Hilfe einfordern zu können, wie man sie zu anderen Zeiten selber gewähre (Bogucki 1988, 123). Die autonome Siedlungseinheit sei nicht das Dorf, sondern vielmehr der einzelne Haushalt. Während einige Erdwerke klar fortifikatorische Funktionen zeigten, seien einfachere möglicherweise Viehkrale (Bogucki/Grygiel 1993, 417-419).

Zu ganz anderen Schlüssen kommen Keeley und Cahen (1989). Auch sie betonen die fortifikatorische Funktion von Erdwerken, darüber hinaus stellen sie Unterschiede zwischen ostbelgischen befestigten Siedlungen in Bezug auf die Häufigkeit lithischer Rohmaterialien und verzierter Keramik fest. In den Erdwerken sehen sie gleichermaßen Orte der Redistribution und Verteidigungsanlagen neolithischer Pioniere an der Grenze gegen mesolithische Bevölkerungen. Historische Analogien suchen sie in der Kolonialgeschichte (vgl. Bogucki/Grygiel 1993, 420–421). Sie erwägen, ob die Ausbreitung der Bandkeramik als eine gerichtete Invasion von Stämmen zu erklären sei. Ihre Überlegungen resultieren letztlich aus dem in ihrem neoevolutionistischen Bezugsrahmen entstandenen Widerspruch zwischen dem Auftauchen von Erdwerken und der Tatsache, dass keinerlei Ressourcenverknappung erkennbar ist.

Der kulturhistorischen Schule verpflichtet sind zwei sehr unterschiedliche deutschsprachige Arbeiten der neunziger Jahre. So sucht Fridrich (1994) den Ausgangspunkt ihrer Betrachtungen im Lernmodell von Boyd und Richerson (1985), einem gleichermaßen evolutionistischen wie partikularistischen Ansatz zur Erklärung sozialen Wandels durch Selektion von Verhaltensmustern und Traditionen als adaptativen Modellen. Typologische Reihen interpretiert sie letztlich als Traditionslinien, Stilwandel wird geschichtlichem Wandel gleichgesetzt. Sie postuliert Institutionen, die über die Verbindung von Verhalten und Stil wachen: Stilistische Variation führt sie auf nachlassende Kontrolle durch die Gruppe der Älteren zurück.

Dagegen beruft sich U. Veit (1996) auf kulturvergleichende Ansätze. Da Kultur ausschließlich als Kulturdifferenz erfahrbar werde, fordert er, Fremdartiges aus einer ethnographischen Perspektive heraus zu betrachten. Es gelingt ihm, innerhalb der Gruppe bandkeramischer Bestattungen das Vorhandensein einer Vielzahl von Ordnungsprinzipien nachzuweisen und damit indirekt Aussagen zur gesellschaftlichen Struktur der Bandkeramik zu treffen. So werden vielfältige Unterschiede erkennbar, die wohl kaum immer den sozialen Differenzierungen soziologischer Schemata entsprechen.

In einer neueren Arbeit operiert van de Velde mit Begriffen der Weberschen Herrschaftstheorie (vgl. Weber 1980; Breuer 1991): »This leadership structure can be framed as ›authority‹ [...]; ›power‹ is visible in the unequal distribution of adzes in Elsloo [...]; and ›prestige‹ may possibly be attributed to the major inhabitant of the type 1a house« (van de Velde 1990, 38). Dabei ersetzt er nicht, sondern ergänzt die früher von ihm verwendete kulturanthropologische Terminologie. Er schafft so ein begriffliches Instrumentarium zur Bezeichnung verschiedener Typen politischer Herrschaft, bewusst unsystematisch und geeignet, genau die vorgefundenen Phänomene zu beschreiben. In unbefestigten Siedlungen in Niederländisch-Limburg und in Köln-Lindenthal erkennt er jetzt – ähnlich Buttler – siedlungsinterne Gliederungen, ordnet diesen jeweils ein herausragendes Gebäude zu und interpretiert sie als zusammengehörige Hausplätze, denen jeweils eine Person vorstand, die ein Besucher wohl als Häuptling bezeichnet hätte und deren Stellung durch »Autorität« begründet gewesen sein solle.

Ausgehend von Untersuchungen zur Silexverbreitung kann A. Zimmermann (1995) zentralörtliche Modelle anwenden und Unterschiede in der Rohmaterialversorgung zwischen Siedlungen feststellen. Er interpretiert diese zunächst als Anzeichen für Rangstaffelung und schließt, da Feuerstein über lange Zeitperioden von den Bewohnern derselben Siedlung beschafft worden sei, sei Erblichkeit der Zugangsrechte nicht auszuschließen (Zimmermann 1995, 107). Auch das Vorkommen von Grabenanlagen könne als weiteres Anzeichen für Zentralität gewertet werden (Zimmermann 1995, 96).

Im Gegensatz zu den späteren westeuropäischen Erdwerken sind bandkeramische Grabenanlagen kaum in post-prozessualen Arbeiten berücksichtigt worden. In der Literatur zur Bandkeramik findet man Begriffe wie »Monumentalität«, »kommunaler Raum« und »soziales Drama« in zwei englischsprachigen Übersichten. So interessiert sich I. Hodder (1990, 100-140; vgl. Kerig 1998, 234-235) für die historisch spezifische, dramatische Ausprägung der sozialen Beziehungen. Praxis und Emotionen bedingten und reproduzierten einander. Ausdruck und Rechtfertigung gesellschaftlicher Verhältnisse werde sinnfällig in Ideologie und Praxis des Langhauses: »The monumental ›home‹ fixed people and domesticated them into regularized and graded social relations« (Hodder 1990, 139). In den Erdwerken erkennt Hodder (1990, 124-126) recht allgemein Artefakte sozialer Grenzziehungen.

Wie Hodder sieht auch A. Whittle (1996, 174-176) im umgrenzten Raum der Erdwerke eine soziale Dimension manifestiert. Ausgangspunkt seiner Überlegungen ist die Vermutung einer möglichen Ähnlichkeit von mesolithischer und altneolithischer Lebensweise. So wie an den nordeuropäischen Küsten biologisch hoch produktive Habitate aufgesucht wurden, sei man in Mitteleuropa gewissermaßen dazu übergegangen, in den Rodungsinseln solche Verhältnisse selbst zu schaffen. Der Kultur des mitteleuropäischen Altneolithikums lägen letztlich autochthone Wertvorstellungen von Gemeinschaft und Aufnahmebereitschaft zugrunde.[8] Vor diesem Hintergrund könnten die Erdwerke als definierter Raum, als feste Orte bei ansonsten mobilerer Siedlungsweise interpretiert werden.

Unter der erdrückenden Beweislast für Mord und Totschlag gegen Ende der Bandkeramik (zusammenfassend Petrasch 1999), feiert eine unmittelbare Interpretation in der Art der älteren kulturhistorischen Schule fröhlich Urständ. Angesichts der Erschlagenen von Talheim (Wahl/König 1987) und den ursprünglich wahrscheinlich Hunderten im Graben von Schletz verscharrten Toten, scheint die Interpretation evident und jede weitere soziologische Einschätzung obsolet: Im Kampf um befestigte Siedlungen seien große, expansive soziale Verbände involviert gewesen, Kulturwandel scheint erklärbar ohne soziologische Modellbildung (vgl. Spatz 1998; Windl 1999; zusammenfassend Gronenborn 1999, 175-178).

---

8 »Indigenous ethic of cooperation and integration« (Whittle 1996, 150).

Von Gräben und Stämmen:
Eine Interpretation bandkeramischer Erdwerke

Es herrscht weitgehend Einigkeit darin, die Sozialstruktur der Bandkeramik, bezogen auf die Skala von Horde über Stamm, Häuptlingstum und schließlich Staat (Service 1962) in einem Bereich anzusiedeln, der zwischen der Horde und dem Häuptlingstum liegt, also zwischen der losen Assoziation weniger Jäger und Sammler und der hierarchisch strukturierten und ökonomisch wie politisch zentralisierten Gesellschaft. Bestehende Unterschiede zwischen den einzelnen Autoren scheinen weniger durch die Zugehörigkeit zu einem der vier hier erkennbaren Lager der kulturhistorischen, der historisch-materialistischen, der prozessualen oder der postprozessualen Archäologien bestimmt zu sein. Vielmehr neigen Bearbeiter Ältester und älterer Bandkeramik tendenziell eher zu Modellen der bandkeramischen Gesellschaft, die der Horde näher stehen, als die mit späteren Phasen befassten. So würde man beispielsweise Boguckis, Whittles oder neuerdings Kinds (1998) Interpretationen in die Nähe komplexer Jäger- und Sammlergesellschaften (zusammenfassend Zvelebil 1998; Lee/Daly 1999) stellen, während aus Windls, Keeleys und Cahens Argumentationen konkurrierende und expansive Häuptlingstümer (vgl. Johnson/Earle 1987, 207-245) zu erschließen sind.

Während der älteren Forschungsgeschichte schien die Sozialstruktur noch unmittelbar im Befund erkennbar. Im Rahmen des Historischen Materialismus wurden *a priori* bekannte Entwicklungen im Fundgut gesucht. Für die prozessualen Ansätze der siebziger und achtziger Jahre war eine erstaunlich statische Konzeption kennzeichnend, letztlich ging es um die Anwendung evolutionistischer Sozialtypologien (Trigger 1998). Ein innerkultureller sozialer Wandel scheint nur von marxistischer Seite thematisiert worden zu sein. Dagegen erschließen die neueren post-prozessualen Arbeiten Wandlungsprozesse, freilich ohne dafür einen plausiblen Motor benennen zu können.

Im Folgenden möchte ich versuchen, sämtliche an Erdwerken gewonnenen Beobachtungen als Indizien eines einzigen historischen Vorganges zu werten, eines Vorganges, der von neo-evolutionistischer Seite postuliert und als Tribalisation beschrieben worden ist (zuletzt Haas 1995). Die Herausbildung von Stammesgesellschaften wird generell als Reaktion auf verstärkten Wettbewerb um verknappte Ressourcen erklärt. Kooperationen zwischen Verwandtschafts- oder Solidargruppen verändern diese und erhöhen zugleich deren evolutive ›Fitness‹ gegenüber nicht-kooperierten Gruppen. Dabei ist es letztlich gleichgültig, ob man Allianzen von Kriegern oder Solidarversicherungen für Verknappungszeiten stärker gewichtet (zusammenfassend Lewellen 1992, 20-67). Meine Argumentation beruht auf an Erdwerken gemachten Beobachtungen, von denen ich vermute, dass sie ihrerseits auf nicht unmittelbar Beobachtbares, die »Tribalisation«, verweisen.

Geschichtliches Geschehen soll also aus Einzelbeobachtungen rekonstruiert werden, eine Vorgehensweise, ähnlich induktiven Verfahren, die jedoch nicht auf Generalisierungen, sondern auf die Klärung des Einzelfalls zielt. Ich sehe in »Tribalisation« allenfalls eine Tendenz, keine allgemeine Gesetzmäßigkeit und weder Fortnoch Rückschritt. Die Annahme »Tribalisation« entspricht der Theorie bei hypothetisch-deduktivem Vorgehen: Sie scheint mir hier ein überzeugendes Szenario. Die Auswahl und Gewichtung der einzelnen Argumente schließlich entspräche den testbaren Hypothesen. So sind die vorgebrachten Indizien durch weiteres Indizienmaterial, auch durch neue Grabungsergebnisse, in ihrer Aussage prinzipiell erhärtbar, beziehungsweise prinzipiell widerlegbar. Die Überzeugungskraft eines solchen Indizienschlusses beruht zuerst auf der Gültigkeit der verwendeten Beobachtungen, dann auf der Berechtigung der Annahme, diese Beobachtungen verwiesen ihrerseits notwendig auf weitere Tatsachen und schließlich muss der prinzipielle Zusammenhang zwischen dem Beobachteten und dem Erschlossenen nach Plausibilitätskriterien (»*common sense*«) hinreichend überzeugend sein.

Der Indizienschluss ähnelt also sowohl induktiven als auch hypothetisch-deduktiven Schlussfiguren. Ein »szientistisches« Vorgehen, gekennzeichnet durch statistische Erhärtung sowie Testbarkeit der Aussagen, ist ohne Berufung auf Gesetze und durchaus auch »historistisch« möglich. So wie hier die prozessuale Hypothese »Tribalisation« – der Übergang von einem Idealtypus in einen anderen – zur Erklärung einer spezifischen historischen Situation nutzbar gemacht werden soll, so können unterschiedlichste Aussagen pragmatisch verknüpft werden. Jede in sich widerspruchsfreie Argumentation kann zur kumulativen Erhärtung beitragen, sofern sie eine Verbindung zwischen Zeichen und Bezeichnetem nicht grundsätzlich leugnet. Für die Reichweite des Indizienschlusses freilich, ist auf Gesetze zu verzichten.

Seit der Ältesten Bandkeramik sind kurze Grabenabschnitte und lineare Grabenstrecken dokumentiert, durchweg Sohlgräben. Erdwerke im Sinne von Einhegungen oder Befestigungen sind aus dieser Zeit nicht bekannt. In der älteren und insbesondere ab der mittleren Bandkeramik werden erstmals große Siedlungsareale von Gräben und Palisaden eingefasst. Zäune und Gräben innerhalb der Siedlungen und sekundäre Erweiterungen umfriedeter Areale deuten auf eine sich räumlich niederschlagende funktionale, vielleicht soziale Differenzierung, wie sie möglicherweise auch in den Großbauten vom Typ 1a fassbar sind. Daneben sind zahlreiche Bestattungen im Erdwerkskontext bekannt, die auf eine totenrituelle, also eine zumindest postmortale »soziale« Differenzierung schließen lassen. Unterschiedliche Gruppen sind auch durch die Belege für Gewalt und Aggression erkennbar. Ein kommunaler Charakter der Erdwerke ist durch die erbrachte Arbeitsleistung offensichtlich. Dazu passt, dass die Innenbebauung mit Brunnen und Wassersammelstellen sowie Schlitzgruben assoziiert sein kann. Grabenwerke ohne Innenbebauung und Palisaden gehören an das Ende der Bandkeramik. Die in diesen Anlagen belegbaren Aktivitäten scheinen in wiederkehrender Form durchgeführt worden zu sein. Eine Deutung als Ort ritueller Feiern bietet sich an.

Mit den Erdwerken verbunden sind also Anzeichen für sozial unterschiedliche Gruppen innerhalb der Siedlungen, Gruppen von teilweise beachtlicher Größe und mit der Möglichkeit zur Mobilisierung gemeinschaftlicher Arbeit. So erschließen aufwendige Brunnenanlagen siedlungswichtige neue Ressourcen. Während der Herausbildung hierarchischer Siedlungssysteme befestigen die Erdwerke große Siedlungen. Sie dominieren die Landschaft und verbergen einzelne Langhäuser hinter einer gemeinsamen Front. Es häufen sich Hinweise auf Krieg und Kampf. Am Ende der Bandkeramik stehen befestigte Siedlungen und befestigte Plätze mit ritueller Funktion und Bedeutung nebeneinander. Chronologisch gesehen ist seit der älteren, insbesondere seit der mittleren Bandkeramik eine Zunahme des in soziale Arbeit investierten Aufwandes festzustellen, schließlich werden Zusammenschluss und Ausgrenzung ebenso in Festplätzen wie in Massakern manifest.

Das Aufkommen von Erdwerken markiert in der hier vorgeschlagenen Interpretation die Grenze zwischen zwei Stufen der soziopolitischen Evolution, die plakativ als »band« und »tribe« etikettiert werden könnten. Die Älteste Bandkeramik stände demnach komplexen Jäger- und Sammlergesellschaften strukturell näher, als den jüngsten Gruppen der bandkeramischen Kultur. Gesellschaftliche Evolution ist dialektisch Ursache und Ergebnis der Handlungen von Individuen, Interessens- und Machtgruppen. Das Bild klar abgrenzbarer Stämme im Sinne von Ethnien wird abgelöst durch den Entwurf differenzierter Netzwerke unterschiedlich motivierter Assoziationen, deren Bewährung gleichermaßen Ergebnis wie Antrieb der gesellschaftlichen Entwicklung ist. In der Ältesten und älteren Bandkeramik scheint die Fission, verbunden mit räumlicher Ausbreitung, die bevorzugte Strategie zur Erschließung neuer Ressourcen und zur Konfliktvermeidung gewesen zu sein. Bei der oft betonten stilistischen Einheitlichkeit zu Beginn des Altneolithikums könnte es sich um ein Artefakt handeln, um zwischen personal unbekannten Individuen die in Pioniersituationen überlebensnotwendige Solidarität zu mobilisieren. Der Kumpf wäre das Entréebillett zur neolithischen Kultur. Die demonstrative Einheitlichkeit der materiellen Kultur in einem weiten Raum korrelierte dabei mit lockeren sozialen Beziehungen. Das Zerbrechen der Einheitlichkeit und die Entstehung regionaler Stilgruppen wäre zurückzuführen auf eine zunehmende Bedeutung sozialer Bindungen und der damit verbundenen Formation größerer Verbände – ein Prozess, monumental manifestiert in Erdwerken.

Literatur

Adersen 1997: N. H. Andersen, The Samp Enclosures – The Funnel Beaker Culture of the Samp Site Including Two Causewayed Camps Compared to the Contemprorary Settlements in the Area and Other European Enclosures. Jutland Arch. Society Publications XXXIII: 1, 1997. Moesgaard: Aarhus University Press 1997.
Bayliss-Smith 1996: T. Bayliss-Smith, People-Plant Interactions in the New Guinea Highlands: Agricultural Hearthland or Horticultural Backwater? In: D. R. Harris (Hrsg.), The Origins and Spread of Agriculture and Pastoralism in Eurasia. London: UCL Press 1996, 499-523.
Behn 1957: F. Behn, Aus europäischer Vorzeit – Grabungsergebnisse. Stuttgart: Kohlhammer 1957.
Behrends 1998: R.-H. Behrends, Ein Weg aus der Jungsteinzeit nachgewiesen? Arch. Nachr. Baden 58, 1998, 3-7.
Behrens 1973: H. Behrens, Die Jungsteinzeit im Mittelelbe-Saale-Gebiet. Veröff. Landesmus. Vorgesch. Halle 27. Berlin: VEB Deutscher Verlag der Wissenschaften 1973.
Behrens 1975: H. Behrens, Wirtschaft und Gesellschaft im Neolithikum des Mittelelbe-Saale-Gebietes (Methodische Grundlegung und systematische Ergebnisse). Prähist. Zeitschr. 50, 1975, 141-160.
Behrens 1984: H. Behrens, Die Ur- und Frühgeschichtswissenschaft in der DDR von 1945-1980 – Miterlebte und mitverantwortete Forschungsgeschichte. Arbeiten zur Urgeschichte des Menschen 9. Frankfurt a. M. : Lang 1984.
van Berg 1991: P. -L. van Berg, L'Enceinte fossoyée de l'Étoile: Géometrie et Chronologie. Banatica 11, 1991, 237-258.
Bernhardt 1986: G. Bernhardt, Die linienbandkeramische Siedlung von Köln-Lindenthal. Eine Neubearbeitung. Kölner Jahrb. Vor- und Frühgesch. 18/19, 1986, 7-165.
Bernhardt 1990: Ders., Die linienbandkeramischen Befestigungsanlagen von Köln-Lindenthal. Siedlungsökonomische Gesichtspunkte ihrer Lage und Entstehung. Jahresschr. Mitteldt. Vorgesch. 73, 1990, 345-356.
Boelicke 1988: U. Boelicke, Das Erdwerk. In: U. Boelicke/D. v. Brandt/J. Lüning/P. Stehli/ A. Zimmermann, Der bandkeramische Siedlungsplatz Langweiler 8, Gemeinde Aldenhoven, Kreis Düren. Rheinische Ausgrabungen 28. Köln: Rheinland-Verlag 1988, 395-428.
Bogucki 1988: P. Bogucki, Forest Farmers and Stockherders: Early Agriculture and its Consequences in North-Central Europe. New Stud. Arch. Cambridge: Cambridge University Press 1988.
Bogucki/Grygiel 1993: P. Bogucki/R. Grygiel, The First Farmers of Central Europe: A Survey Article. Journal Field Arch. 20, 1993, 399-426.
Boyd/Richerson 1985: R. Boyd/P. J. Richerson, Culture and the Evolutionary Process. Chicago: University of Chicago Press 1985.
Breuer 1991: S. Breuer, Max Webers Herrschaftssoziologie. Theorie und Gesellschaft 18. Frankfurt: Campus 1991.
Buttler/Haberey 1936: W. Buttler/W. Haberey, Die bandkeramische Ansiedlung bei Köln-Lindenthal. Röm.-Germ. Forsch. 11. Berlin: de Gruyter 1936.
Childe 1929: V. G. Childe, The Danube in Prehistory. Oxford: Clarendon 1929.
Clark/Piggott 1970: J. G. D. Clark/S. Pigott, Prehistoric Societies. Harmondsworth: Penguin ^{2}1970.
Claßen 1999: E. Claßen, Der linearbandkeramische Siedlungsplatz Frimmersdorf 122, Erftkreis. Arch. Inf. 22/2, 1999, 361-366.

Fox 1967: R. Fox, Kinship and Marriage: An Anthropological Perspective. Cambridge Stud. Social Anthr. 50. Cambridge: Cambridge University Press ²1983.
Frirdich 1994: Ch. Frirdich, Kulturgeschichtliche Betrachtungen zur Bandkeramik im Merzbachtal. In: J. Lüning/P. Stehli (Hrsg.), Die Bandkeramik im Merzbachtal auf der Aldenhovener Platte. Beiträge zur neolithischen Besiedlung der Aldenhovener Platte V. Rheinische Ausgrabungen 36. Köln: Rheinland-Verlag 1994, 207-364.
Godelier 1975: M. Godelier, Modes of Production, Kinship and Demographic Structures. In: M. Bloch (Hrsg.), Marxist Analyses and Social Anthropology. London: Malaby Press 1975, 3-27.
Golson/Gardner 1990: J. Golson/D. S. Gardner, Agriculture and Sociopolitical Organizations in New Guinea Highlands Prehistory. Ann. Rev. Anthr. 19, 1990, 395-417.
Gronenborn 1999: D. Gronenborn, A Variation on a Basic Theme: The Transition to Farming in Southern Central Europe. Journal World Prehist. 13, 1999, 123-210.
Hachem et al. 1998: L. Hachem/Y. Guichard/J. -P. Farruggia/J. Dubouloz/M. Ilett, Enclosure and Burial in the Earliest Neolithic of the Aisne Valley. In: M. Edmonds/C. Richards (Hrsg.), Understanding the Neolithic of North-Western Europe. Glasgow: Cruithne Press 1998, 125-140.
Häußer 1998: A. Häußer (Hrsg.), Krieg oder Frieden? Herxheim vor 7000 Jahren. Herxheim: Landesamt für Denkmalpflege 1998.
Haas 1995: J. Haas, Warfare and the Evolution of Tribal Polities in the Prehistoric Southwest. In: J. Haas (Hrsg.), The Anthropology of War. A School of American Research Book. Cambridge: Cambridge University Press 1995, 171-189.
Höckmann 1975: O. Höckmann, Wehranlagen der Jüngeren Steinzeit. In: Römisch-Germanisches Zentralmuseum (Hrsg.), Ausgrabungen in Deutschland - gefördert von der Deutschen Forschungsgemeinschaft 1950-1975. Teil 3. Mainz: Verlag des Römisch-Germanischen Zentralmuseums 1975, 277-295.
Höckmann 1990: Ders., Frühneolithische Einhegungen in Europa. Jahresschr. Mitteldt. Vorgesch. 73, 1990, 57-86.
Hodder 1990: I. Hodder, The Domestication of Europe: Structure and Contingency in Neolithic Societies. Social Archaeology. Oxford: Blackwell 1990.
Ihmig 1971: M. Ihmig, Ein bandkeramischer Graben mit Einbau bei Langweiler, Kr. Jülich, und die zeitliche Stellung bandkeramischer Gräben im westlichen Verbreitungsgebiet. Arch. Korrbl. 1, 1971, 23-30.
Jeunesse 1996: Ch. Jeunesse, Les enceintes à fossés interrompus du Néolithique Danubien ancien et moyen et leurs relations avec le Néolithique récent. Arch. Korrbl. 26, 1996, 251-261.
Jeunesse/Schnitzler 1993: Ders./B. Schnitzler, Les Premiers Agriculteurs - Le Néolithique en Alsace. Les Collections du Musee Archeologique 2. Strasbourg: Editions les Musees de la ville de Strasbourg 1993.
Johnson/Earle 1987: A. W. Johnson/T. Earle, The Evolution of Human Societies - from Foraging Group to Agrarian State. Stanford: Stanford University Press 1987.
Kaufmann 1978: D. Kaufmann, Ergebnisse der Ausgrabungen bei Eilsleben, Kr. Wanzleben, in den Jahren 1974 bis 1976 - 2. Vorbericht. Zeitschr. Arch. 12, 1978, 1-8.
Kaufmann 1988: Ders., Ausgrabungen in der ältesten befestigten Siedlung auf dem Gebiet der DDR. Mitt. Berliner Ges. Anthr. 9, 1988, 49-59.
Kaufmann 1997: Ders., Zur Funktion linienbandkeramischer Erdwerke. In: K. Schmotz (Hrsg.), Vorträge 15. Niederbayerischer Archäologentag. Deggendorf: Marie Leidorf 1997, 41-87.
Keeley/Cahen 1989: L. H. Keeley/D. Cahen, Early Neolithic Forts and Villages in NE Belgium: A Preliminary Report. Journal Field Arch. 16, 1989, 157-176.

Kerig 1998: T. Kerig, Ian Hodder und die britische Archäologie: Ein Profil. In: M. K. H. Eggert/ U. Veit (Hrsg.), Theorie in der Archäologie: Zur englischsprachigen Diskussion. Tübinger Archäologische Taschenbücher 1. Münster: Waxmann 1998, 217-242.

Kerig in Vorb.: Ders., Keramik und Befunde des bandkeramischen Fundplatzes Hanau-Mittelbuchen (Arbeitstitel). Dissertation Köln in Vorbereitung.

Kimmig 1947: W. Kimmig, Neue Michelsbergfunde am Oberrhein. Bad. Fundber. 17, 1947, 95-127.

Kind 1998: C. -J. Kind, Komplexe Wildbeuter und frühe Ackerbauern. Bemerkungen zur Ausbreitung der Linearbandkeramik im südlichen Mitteleuropa. Germania 76, 1998, 1-23.

Kneipp 1998: J. Kneipp, Bandkeramik zwischen Rhein, Weser und Main - Studien zu Stil und Chronologie der Keramik. Universitätsforschungen zur prähistorischen Archäologie 47. Bonn: Habelt 1998.

Kneipp/Büttner 1988: J. Kneipp/H. Büttner, Anthropophagie in der jüngsten Bandkeramik der Wetterau. Germania 66, 1988, 490-497.

Koschick 1998: H. Koschick (Hrsg.), Brunnen der Jungsteinzeit. Internationales Symposium in Erkelenz 27. bis 29. Oktober 1997. Materialien zur Bodendenkmalpflege im Rheinland 11. Köln: Rheinland-Verlag 1998.

Krause 1998: R. Krause, Bandkeramische Siedlung mit Grabenwerk. Arch. Deutschland 4/98, 1998, 6-9.

Krause et al. 1999: R. Krause, Die bandkeramischen Siedlungsgrabungen bei Vaihingen an der Enz, Kreis Ludwigsburg (Baden-Württemberg). Ein Vorbericht zu den Ausgrabungen von 1994-1997. Mit Beiträgen von R. -M. Arbogast, S. Hönscheidt, J. Lienemann, S. Papadopoulos, M. Rösch, I. Sidéra, H. W. Smettan, H. -C. Strien und K. Welge. 79. Ber. RGK, 1998 (1999), 5-105.

Langenbrink 1992: B. Langenbrink, Rohmaterial und Grundformen des Steinmaterials. In: W. Bender/G. Malcher/B. Langenbrink/B. Schimmelschulze, Der bandkeramische Siedlungsplatz Lamersdorf 2, Gemeinde Inden, Kreis Düren. Rheinische Ausgrabungen 37. Köln: Rheinland-Verlag 1992, 134-174.

Lee/Daly 1999: R. B. Lee/R. Daly (Hrsg.), The Cambridge Encyclopedia of Hunters and Gatherers. Cambridge: Cambridge University Press 1999.

Lehmann 2000: J. Lehmann, Befunde und Keramik des bandkeramischen Siedlungsplatzes Erkelenz-Kückhofen, Kr. Heinsberg (Grabungskampagnen 1989-1994). [Unpubl. Diss. Köln 2000]

Lehner 1912: H. Lehner, Prähistorische Ansiedlungen bei Plaidt an der Nette. Bonner Jahrb. 122, 1912, 271-310.

Lewellen 1992: T. C. Lewellen, Political Anthropology: an Introduction. Westport: Bergin & Garvey ²1992.

Lüning 1988: J. Lüning, Zur Verbreitung und Datierung bandkeramischer Erdwerke. Arch. Korrbl. 18, 1988, 155-158.

Lüning 1991: Ders., Frühe Bauern in Mitteleuropa im 6. und 5. Jahrtausend v. Chr. Sechste Theodor Mommsen - Vorlesung 1987. Jahrb. RGZM 35, 1988 (1991), 27-93.

Lüning 1997: Ders., Wohin mit der Bandkeramik? Programmatische Bemerkungen zu einem allgemeinen Problem am Beispiel Hessens. In: C. Becker/M. -L. Dunkelmann/C. Metzner-Nebelsick/H. Peter-Röcher/M. Roeder/B. Teržan (Hrsg.), Chronos - Beiträge zur prähistorischen Archäologie zwischen Nord- und Südosteuropa. Festschrift für Bernhard Hänsel. Internationale Archäologie - Studia honoraria 1. Espelkamp: Verlag Marie Leidorf 1997, 23-57.

Lüning/Stehli 1989: Ders./P. Stehli, Die Bandkeramik in Mitteleuropa: von der Natur- zur Kulturlandschaft. Spektrum der Wissenschaft, April 1989, 78-88.

Malcher 1992: G. Malcher, Befunde. In: W. Bender/G. Malcher/B. Langenbrink/B. Schimmelschulze, Der bandkeramische Siedlungsplatz Lamersdorf 2, Gemeinde Inden, Kreis Düren. Rheinische Ausgrabungen 37. Köln: Rheinland-Verlag 1992, 4-70.

Menghin 1940: O. Menghin, Weltgeschichte der Steinzeit. Wien: Anton Schroll ²1940.

Milisauskas 1972: S. Milisauskas, An analysis of Linear Culture Longhouses at Olszanica Bl, Poland. World Arch. 4/1, 1972, 57-74.

Milisauskas 1976: Ders., Olszanica. An Early Farming Village in Poland. Archaeology 29/1, 1976, 30-41.

Milisauskas 1978: Ders., European Prehistory. Studies in Archaeology. New York: Academic Press 1978.

Milisauskas/Kruk 1989: Ders./J. Kruk, Neolithic Economy in Central Europe. Journal World Prehist. 3, 1989, 403-446.

Modderman 1990: P. J. R. Modderman, The Linear Pottery Culture: Diversity in Uniformity. Ber. ROB 38, 1988 (1990), 63-139.

Müller-Karpe 1968: H. Müller-Karpe, Handbuch der Vorgeschichte. 2. Band: Jungsteinzeit. München: C. H. Beck 1968.

Neustupný 1950: J. Neustupný, Fortifications appartenant a la civilisation Danubienne néolithique. Premières bourgades en Europe Centrale. Archiv Orientální 18, 1950, 131-158.

Otto 1978: K. -H. Otto, Deutschland in der Epoche der Urgesellschaft (500 000 v. u. Z. bis zum 5. /6. Jh. u. Z.). Lehrbuch der deutschen Geschichte (Beiträge) 1. Berlin: VEB Deutscher Verlag der Wissenschaften ³1978.

Paret 1948: O. Paret, Das neue Bild der Vorgeschichte. Stuttgart: August Schröder Verlag ²1948.

Petrasch 1990: J. Petrasch, Mittelneolithische Kreisgrabenanlagen in Mitteleuropa. 71. Ber. RGK, 1990, 407-564.

Petrasch 1998: Ders., Graben- und Palisadenanlagen (Erdwerke). In: J. Preuß (Hrsg.), Das Neolithikum in Mitteleuropa. Kulturen - Wirtschaft - Umwelt vom 6. bis 3. Jahrtausend v. u. Z. - Übersicht zum Stand der Forschung. Teil A: Das Neolithikum in Mitteleuropa. Weissbach: Beier und Beran 1998, 187-199.

Petrasch 1999: Ders., Mord und Krieg in der Bandkeramik. Arch. Korrbl. 29, 1999, 505-516.

Rech 1979: M. Rech, Ein bandkeramisches Erdwerk bei Bergheim-Glesch, Erftkreis. Beiträge zur Urgeschichte des Rheinlands III. Rheinische Ausgrabungen 19. Köln: Rheinland-Verlag 1979, 363-384.

Schade-Lindig 2000: Schade-Lindig, Neolithische Kreisgrabenanlage? Arch. Deutschland 4/2000, 44.

Schmidgen-Hager 1992: E. Schmidgen-Hager, Das bandkeramische Erdwerk von Heilbronn-Neckargartach. Fundber. Baden-Württemberg 17, 1992, 173-291.

Schmotz 1997: K. Schmotz, Altneolithische Grabenwerke in Niederbayern - Zum Stand der Kenntnis aufgrund Luftbildarchäologie, Magnetometerprospektion und archäologischer Ausgrabung. In: K. Schmotz (Hrsg.), Vorträge 15. Niederbayerischer Archäologentag. Deggendorf: Marie Leidorf 1997, 119-160.

Schuchhardt 1935: C. Schuchhardt, Alteuropa. Kulturen - Rassen - Völker. Berlin: de Gruyter ³1935.

Schuhmacher 1921: K. Schuhmacher, Siedelungs- und Kulturgeschichte der Rheinlande von der Urzeit bis in das Mittelalter. 1. Band: Die vorrömische Zeit. Mainz: Wilckens 1921.

Service 1962: E. R. Service, Primitive Social Organization: An Evolutionary Perspective. New York: Random House 1962.

Spatz 1998: H. Spatz, Krisen, Gewalt, Tod - zum Ende der ersten Ackerbauernkultur Mitteleuropas. In: A. Häußer (Hrsg.), Krieg oder Frieden? Herxheim vor 7000 Jahren. Herxheim: Landesamt für Denkmalpflege 1998, 10-19.

Stäuble 1990: H. Stäuble, Die ältestbandkeramische Grabenanlage in Eitzum, Ldkr. Wolfenbüttel. Überlegungen zur Verfüllung und Interpretation von Befunden. Jahresschr. Mitteldt. Vorgesch. 73, 1990, 331-344.

Stehli 1989: P. Stehli, Merzbachtal – Umwelt und Geschichte einer bandkeramischen Siedlungskammer. Germania 67, 1989, 51-76.

Stehli 1994: Ders., Chronologie der Bandkeramik im Merzbachtal. In: J. Lüning/P. Stehli (Hrsg.), Die Bandkeramik im Merzbachtal auf der Aldenhovener Platte. Beiträge zur neolithischen Besiedlung der Aldenhovener Platte V. Rheinische Ausgrabungen 36. Köln: Rheinland-Verlag 1994, 79-191.

Steuer 1989: H. Steuer, Stichwort »Erdwerke«. In: H. Beck/H. Jankuhn/K. Ranke/R. Wenskus (Hrsg.), Reallexikon der Germanischen Altertumskunde Bd. 7. Berlin: de Gruyter 1989, 443-475.

Soudský 1962: B. Soudský, The Neolithic Site of Bylany. Antiquity 36, 1962, 190-200.

Tabaczynski 1972: S. Tabaczynski, Gesellschaftsordnung und Güteraustausch im Neolithikum Mitteleuropas. Neolithische Studien 1, 1972, 31-96.

Trigger 1998: B. G. Trigger, Sociocultural Evolution: Calculation and Contingency. Oxford: Blackwell 1998.

Trnka 1991: G. Trnka, Neolithische Befestigungen in Ostösterreich. Mitt. Anthr. Ges. Wien 121, 1991, 137-155.

Veit 1996: U. Veit, Studien zum Problem der Siedlungsbestattung im europäischen Neolithikum. Tübinger Schr. Ur- und Frühgesch. Arch. 1. Münster/New York: Waxmann 1996.

van de Velde 1979: P. van de Velde, On Bandkeramik Social Structure – an Analysis of Pot Decoration and Hut Distributions from the Central European Neolithic Communities of Elsloo and Hienheim. Leiden: Universitaire Pers Leiden 1979.

van de Velde 1990: Ders., Bandkeramik Social Inequality – a Case Study. Germania 68, 1990, 19-38.

Wahl/König 1987: J. Wahl/H. G. König, Anthropologisch-traumatologische Untersuchung der menschlichen Skelettreste aus dem bandkeramischen Massengrab bei Talheim, Kreis Heilbronn. Mit einem Anhang von J. Biel. Fundber. Baden-Württemberg 12, 1987, 65-193.

Weber 1980: M. Weber, Wirtschaft und Gesellschaft. Grundriss der verstehenden Soziologie. Studienausgabe, besorgt von J. Winckelmann. Tübingen: J. C. B. Mohr ^{5}1980.

Weiner 1992: J. Weiner, Abfall, Holzgeräte und drei Brunnenkästen. Neue Ergebnisse der Ausgrabung des bandkeramischen Holzbrunnens. Arch. Rheinland 1992, 21-30.

Windl 1999: H. J. Windl, Makaberes Ende einer Kultur? Arch. Deutschland 1/1999, 54-57.

Whittle 1996: A. Whittle, Europe in the Neolithic: the Creation of New Worlds. Cambridge World Archaeology. Cambridge: Cambridge University Press 1996.

Zimmermann 1990: A. Zimmermann, Ein Versuch zur funktionalen Deutung von Erdwerken. Vergleiche von Steinartefakten aus Gräben und zugehörigen Siedlungen. Jahresschr. Mitteldt. Vorgesch. 73, 1990, 389-397.

Zimmermann 1994: Ders., Hanau-Mittelbuchen. Bandkeramische Siedlung. In: S. Wolfram/P. Jüngling/H.-O. Schmitt (Bearb.), Hanau und der Main-Kinzig-Kreis. Führer zu archäologischen Denkmälern in Deutschland 27. Stuttgart: Theiss 1994, 183-185.

Zimmermann 1995: Ders., Austauschsysteme von Silexartefakten in der Bandkeramik Mitteleuropas. Universitätsforsch. prähist. Arch. 26. Bonn: Habelt 1995.

Zvelebil 1998: M. Zvelebil, What's in a Name: the Mesolithic, the Neolithic, and Social Change at the Mesolithic-Neolithic Transition. In: M. Edmonds/C. Richards, Understanding the Neolithic of North-Western Europe. Glasgow: Cruithne Press 1998, 1-36.

ANDREA ZEEB-LANZ

Keramikverzierungsstil als Kommunikationsmittel: Ein Beispiel aus dem frühen Jungneolithikum Südwestdeutschlands

ZUSAMMENFASSUNG: Kommunikation ist, so die einhellige Meinung in den Sozialwissenschaften die Grundlage und Voraussetzung für die Bildung sozialer Strukturen und die Entstehung und Differenzierung von Kultur. Die vorliegende Studie widmet sich der Untersuchung von Stil als Kommunikationsmittel. Dabei wird ein am ethnologischen Fallbeispiel entwickeltes Modell auf die Keramikverzierung im frühen Jungneolithikum übertragen. Die Untersuchung von Pfeilspitzen der Kalahari-San hat ergeben, dass es offenbar gruppenspezifische Stilelemente gibt, die identitätsstiftenden Charakter für die jeweilige Kleingruppe besitzen und darüber hinaus Abgrenzung gegen andere Gruppen signalisieren. Daneben existieren gruppenübergreifende Stilvarianten, die die kulturelle Zusammengehörigkeit der Gruppen ausdrücken. Dieses Modell von kleingruppenspezifischem und gruppenübergreifendem Stil und seine kulturellen Implikationen können für die Keramikverzierung der südwestdeutschen ›Kleingruppen‹ des letzten Viertels des 5. Jahrtausends v. Chr. übernommen werden.

Einleitung

»There is a need for archaeologists to integrate theories and ideas from a wide range of studies concerned with structure, meaning and social action« (Hodder 1992, 42). Diese Forderung Hodders hat mittlerweile auch in der deutschsprachigen Forschung ihren Niederschlag gefunden; eine Reihe jüngerer Arbeiten widmet sich Fragen wie überregionalen Rohstoffdistributionsnetzen (Zimmermann 1995), den Hintergründen von Status und Prestige (Müller/Bernbeck 1996) oder dem Ablauf von Innovationsprozessen (Eisenhauer 1997). Derartige Arbeiten fordern theoretische Ansätze und Modellvorstellungen als unverzichtbares Rüstzeug.

Angesichts der Material- und Befundmengen, die in zahllosen Ausgrabungen zutage gefördert werden, ist die Notwendigkeit größer als je zuvor, Fragen nach sozialen Zusammenhängen und kulturellen Strukturen zu stellen, die sich hinter Artefakt und Befund verbergen, wollen wir nicht Gefahr laufen, auf der Ebene von Klassifizierung und Beschreibung des archäologischen Materials stecken zu bleiben. Die Notwendigkeit, Antworten etwa in den Bereichen Kulturwandel, soziale Veränderungen und Kommunikation zu finden, hat in Deutschland allmählich eine begrüßenswerte Diskussion theoretischer Ansätze in Gang gesetzt. So zählt die 1990 gegründete ›Theorie-AG‹ (Wolfram et al. 1991) mittlerweile zu den etablierten Arbeitsgemeinschaften bei den Deutschen Alterumsverbänden (s. a. Bernbeck 1997). Widmete man sich in der deutschsprachigen Literatur in den sechzig Jahren nach K. H. Jacob-Friesens »Grundlagen der Urgeschichtsforschung« (Jacob-Friesen 1928) nur vereinzelt explizit theoretischen Fragestellungen[1], so erfolgte doch implizit immer wieder ein Rückgriff auf theoretische Vorstellungen und Modelle. Dagegen war in Großbritannien und den USA spätestens seit dem Erscheinen des Sammelbandes *New Perspectives in Archaeology* (Binford/Binford 1968) das »Zeitalter der theoretischen Archäologie« angebrochen.[2]

Den Schritt in das ›Dickicht‹ der Theorie will auch die vorliegende Studie wagen, indem sie sich mit einer der Grundlagen der Sozialisation und Bildung kultureller Strukturen beschäftigt: Sie fragt nach der Funktion und den Mechanismen von Kommunikation. Der wichtige Stellenwert von Kommunikation in sozialen Prozessen aller Art wird in mehreren Arbeiten der letzten Jahre zwar betont (Zimmermann 1995, bes. 127 ff.; Eisenhauer 1997, bes. 140 ff.), die internen Mechanismen von Kommunikation und spezifische Fragestellungen (»wie und durch welche Mittel funktioniert Kommunikation?«) sind jedoch nicht Inhalt der genannten Studien. R. Maraszek (2000, 281) hat kürzlich beklagt, der Begriff ›Kommunikation‹ sei über die soziologische Theoriediskussion und geisteswissenschaftliche Analysen »gealtert und leidlich erschöpft in der Ur- und Frühgeschichte angekommen«; dort würde er überwiegend nur dazu genutzt, in »unergiebiger Konsequenz« als neuer Anstrich für das Fundmaterial zu fungieren. Sie fordert daher eine Füllung des Begriffs mit konkreten Inhalten (ebd. 286). Genau an dieser Stelle will die folgende Untersuchung ansetzen und anhand der Verzierung frühjungneolithischer Gefäße aus Südwestdeutschland ein Beispiel für Kommunikationsmechanismen in der Vorgeschichte liefern.

Kommunikationstheorie

Neben der Sprache, dem wichtigsten menschlichen Kommunikationsmittel (welches für eine vorgeschichtliche Untersuchung naturgemäß ausgeklammert werden muss), können auch sämtliche nonverbalen Elemente einer Kultur Träger »codierter Informationen« darstellen (Leach 1978, 18). Dementsprechend wird Kommunikation hier als Interaktion und Informationsaustausch mittels vielfältiger Symbole und materieller Kommunikationsmittel verstanden. Unter den fünfzehn Hauptkomponenten von Kommunikation, die S. W. Littlejohn (1992, 7 Tab. 1.1) zusammengestellt hat, sind

---

[1] Beispielsweise Lüning 1972; Eggert 1978a; 1978b; Veit 1984; Hachmann 1987.
[2] Zur amerikanischen *New Archaeology* s. Eggert 1978a; zur Entwicklung in Großbritannien Bayard 1978; Wolfram 1986 sowie die Beiträge in Eggert/Veit 1998.

für unser Verständnis prähistorischer Kommunikationssysteme die Begriffe ›Symbolik/*code*‹[3], ›Interaktion‹, ›Verbindung‹, ›Prozess‹ und ›Reduktion von Unsicherheit‹ von zentraler Bedeutung.

- ›Symbolik/*code*‹: Kommunikation funktioniert nicht nur auf der verbalen Ebene. Symbole werden in vielfältiger Hinsicht für den Austausch von Ideen und Informationen genutzt (dazu ausführlicher Mead 1934; Manis/Meltzer 1978, bes. 437 f.; Littlejohn 1992, 169 ff. mit weiterführender Literatur). Symbole können in Form von ›*codes*‹ Informationen vermitteln; diese *codes* sind für die am Kommunikationsprozess beteiligten Parteien zu entschlüsseln (Parsons 1977, 168; Schneider 1994, 26 f.).
- ›Interaktion‹: Interaktion ist immer auch ein Akt von Kommunikation – ohne Kommunikation kann es nicht zu einem Austausch (von Informationen, Gefühlen, Meinungen, etc.) zwischen Personen kommen (Watzlawick et al. 1967, 50 f.; Becker-Beck 1997, 21 f.).
- ›Verbindung‹: Kommunikation ist das grundlegende Verbindungsnetz, das ein Sozialgefüge entstehen und wachsen lässt. Kommunikation begründet die Kontakte einer menschlichen Gemeinschaft zu deren äußerer Umwelt (Natur, andere soziale Gruppen; s. Berger/Luckmann 1966; Littlejohn 1992, 190 ff.).
- ›Prozess‹: Die Verbreitung/Übertragung von Informationen ist ein aktiver Prozess. Der ›kommunikative Akt‹ ist dabei als konkrete Handlung aufzufassen: »Communication is a form of *action* that *creates* social orders« (Cronen et al. 1982, 63; Hervorhebung A. Z.-L.).[4]
- ›Reduktion von Unsicherheit‹: Kommunikation entspringt dem Bedürfnis, Unsicherheit zu vermindern (durch Erhalt von Information, Kenntnissen, Meinungen). Dadurch wird effektives, zielgerichtetes Handeln möglich, das menschliche Selbstbewusstsein erfährt eine Stärkung und soziale Bindungen werden vertieft (Garner 1962; Littlejohn 1992, 50 ff.).

Diese zentralen Aspekte von Kommunikation besitzen einen gemeinsamen Bezug zu den Bereichen Sozialstruktur, Gesellschaft und kulturelle Identität. Kommunikation stellt die Grundlage jedes Sozialgefüges und damit die Quelle kultureller Entwicklung und Manifestation dar; dennoch existieren, je nach theoretischem Standpunkt des Bearbeiters, vielfältige Definitionen und Einschätzungen von Kommunikation. Für kontroverse Meinungen über Natur und Inhalt von Kommunikation gibt es zahlreiche Beispiele.[5] »There is more than one way to skin a cat« (Sackett 1992, 33) – so-

---

3 Der Begriff ›*code*‹ ist in der Liste wichtiger Kommunikationskomponenten bei Littlejohn nicht enthalten, stellt aber ebenso wie ›Symbolik‹ einen zentralen Faktor im Kommunikationsprozess dar (s. dazu auch Parsons 1977, 237).
4 Eine Erweiterung dieser Aussage findet sich bei N. Luhmann, der Kommunikation als Operation definiert, »durch deren Verkettung soziale Systeme sich reproduzieren. Handlung ist dabei die Selbstvereinfachung von Kommunikation« (Luhmann 1984, 191).

fern die verschiedenen Theorien ihren entsprechenden Grundprämissen und Kriterien gerecht werden, sind sie als durchaus gleichberechtigt nebeneinander stehend zu bewerten (Fisher 1982, 193).

Im Bereich der Archäologie sind im kommunikationswissenschaftlichen Sinne nicht nur Artefaktgruppen wie Keramik, Werkzeuge oder Waffen als Träger von Kommunikation, also als Kommunikationsmittel zu verstehen.»Humans can't communicate without acting« (Fisher 1982, 194) – unter dieser Prämisse gehören alle archäologisch dokumentierten Überreste menschlicher Aktivitäten zu der Kategorie ›Kommunikation‹. Dazu zählen u. a. Hausbau, Grabritus und Bestattungssitten. Damit bietet sich für den Archäologen ein weites Untersuchungsfeld.

Wie in der Soziologie werden auch in der Anthropologie und der Ethnologie vielfach Modelle zu Kommunikationsmitteln und -strategien erarbeitet, denn in diesen Wissenschaftszweigen bietet sich die Möglichkeit empirischer Überprüfung der entwickelten Hypothesen ebenso wie die Chance, am ›lebenden Objekt‹ Modellvorstellungen zu entwickeln. Der Analogieschluss, die Übernahme von ethnologisch beobachteten Verhaltensformen in den archäologischen Kontext, sollte generell als eines der wichtigsten Hilfsmittel des Archäologen akzeptiert werden (Narr 1990, 301 f.; Gramsch 2000). Einschränkend warnt allerdings zu Recht U. Veit (1993, 137) vor der Annahme, es gäbe »so etwas wie eine systematische Anleitung zur Interpretation prähistorischer Kulturverhältnisse durch Heranziehung ethnographischer Parallelen«. Vielmehr müsse der Prähistoriker versuchen, seine in der Regel spärliche Überlieferung durch differenzierte ethnographisch oder historisch belegte Phänomene zu erhellen (ebd. 139). D. Krauße (Krauße 1999) hat kürzlich sehr ausführlich dargelegt, welche Abstufungen bei der Verwendung ethnographischer Analogien in der Archäologie vorliegen. Demnach sei die Generalisierbarkeit von Hypothesen beim Regionalvergleich (Vergleich benachbarter Kulturen) gering; beim interkulturellen Vergleich (Vergleich weit voneinander entfernter Kulturen) dagegen, werde die höchste Variation eines beobachteten Phänomens geliefert und dergestalt die Möglichkeit eröffnet, generalisierbare Hypothesen aufzustellen (Krauße 1999; 2000; Kritik an Kraußes Ansatz: Eggert 1999; Veit 2000).

---

5 Um den Rahmen dieser Studie nicht zu sprengen, sei auf die Beiträge zu diesem Thema in der Zeitschrift Communications Quarterly verwiesen; s. auch Littlejohn 1992, 13 ff.

Stil als Kommunikationsmittel: Das Modell[6]

Ein Beispiel für einen Vergleich mehrerer voneinander entfernter Kulturen soll im folgenden anhand des Kulturelements ›Stil‹ in seiner Funktion als Kommunikationsmittel ausgeführt werden. Seit dem Beginn der 70er Jahre beschäftigte man sich in der englischsprachigen Archäologie unter dem Einfluss der New Archaeology zunehmend mit Verzierungsstil als aktivem Kommunikationsmittel (Conkey 1992, 8 f.). Nicht unumstritten (s. Hantman/Plog 1982) blieb der – dennoch richtungweisende – Beitrag zur Interpretation von Stil als Kommunikationsmittel von M. Wobst (Wobst 1977, 332). Er unterzog die Kopfbedeckungen der verschiedenen ethnischen Gruppen im ehemaligen Jugoslawien einer stilistischen Analyse und stellte dabei fest, dass die Hüte oder Mützen je nach Zugehörigkeit des Trägers zu einer ethnischen Gruppe divergierten: »Being visible over the greatest distance, [the headdresses] are the only parts of dress which allow one to decipher a stylistic message before one gets into the gun range of one's enemy« (ebd.). Kritisiert wurde an dem Ansatz von Wobst, dass er sich auf formale Unterschiede als Markierung für Gruppenzugehörigkeit beschränkte. Dieser Ansatz verhindert das Verständnis von Stil als konkret agierendem Teil des Kommunikationsprozesses (Conkey 1992, 10). M. Conkey (1978; 1992) oder S. Plog (1978, 1980; 1983) plädieren dagegen für eine aktive Rolle von Stil als Kommunikationsmittel; es soll aber an dieser Stelle nicht verschwiegen werden, dass um den Platz, den Stil im Kommunikationsprozess einnimmt, unter den Fachkollegen eine lebhafte Kontroverse geführt wird.[7]

Die Anthropologin P. Wiessner hat ein Modell zu Stil als aktivem Kommunikationsmittel entworfen, das sie anhand langjähriger Studien bei den San der Kalahari entwickelte (Wiessner 1983). Entgegen der Kritik von J. R. Sackett an diesem Modell (Sackett 1985; 1986) bin ich mit M. Conkey einer Meinung (Conkey 1992, 13), dass das Beispiel, welches Wiessner für Stil als Kommunikationsmittel anführt, den Beleg für eine aktive Rolle des Kulturelements Stil im Informationsaustausch und damit im Kommunikationsprozess darstellt. Wiessner, die intensiv zu den kommunikativen Inhalten von Stil geforscht hat (Wiessner 1983; 1984; 1985; 1989; 1992) entwickelt ein Kommunikationsmodell, in dem ›kleingruppenspezifische Stilelemente‹ (emblemic style elements) den Mitgliedern einer engeren sozialen Gemeinschaft Gruppenidentität vermitteln und Gruppengrenzen signalisieren (Wiessner 1983, 257 f.). Diese Informationen sind für die Gruppenmitglieder klar verständlich. Sie beziehen sich ausschließlich auf die eigene Gruppe und können durch Verknüpfung mit Normen, Werten oder Zielen der Gemeinschaft identitätsstiftenden Charakter

---

6 Dem hier angeführten Modell sowie dem prähistorischen Anwendungsbeispiel liegt in Ansätzen ein Kapitel meiner Dissertation zugrunde (Zeeb 1998, 149 ff.); die vorliegende Studie stellt eine Vertiefung und Erweiterung meiner damaligen Voruntersuchungen dar.
7 Siehe etwa Binford 1965; 1986; Longacre 1981; Plog 1983; Sackett 1973; 1992; Wiessner 1989.

besitzen. Da kleingruppenspezifischer Stil Grenzen anzeigt, muss er innerhalb seines Funktionsradius eine gewisse Uniformität aufweisen und sollte dadurch auch archäologisch identifizierbar sein (Wiessner 1983, 257).

Im Gegensatz zum *kleingruppenspezifischen Stil* korrespondiere der ›gruppenverbandsspezifische Stil‹ (*assertive style*) mit sozialer Interaktion, dem Verhältnis einer spezifischen sozialen Einheit zu ihrer Umwelt, d. h. in diesem Fall zu anderen sozialen (Klein-)Gruppen. Gruppenverbandsspezifischer Stil wende sich nicht an eine spezielle ›Empfängergruppe‹. Er vermittle keine Gruppenidentität, sondern sei in der Lage, ein Anderssein mitzuteilen, ohne eine klare Abgrenzung zu schaffen (z. B. die Aussage »wir sind die Mannschaft x«, ohne »wir sind anders als ihr, ihr gehört zu Mannschaft y«). *Gruppenverbandsspezifischer Stil* beinhalte Aussagen über interpersonelle Beziehungen und Kontakte zwischen verschiedenen Gruppen, die auch für den Archäologen messbar sein müssten (Wiessner 1983, 258). Er bilde eine Ergänzung zu *kleingruppenspezifischem Stil*: Gruppenimmanente Information werde von letzterem, gruppenübergreifende von ersterem vermittelt. *Gruppenverbandsspezifische Stilelemente* seien nicht an einen bestimmten Adressaten gebunden. Deshalb sei davon auszugehen, dass *gruppenverbandsspezifischer Stil* im Laufe der Zeit Veränderungen unterworfen sei, die als Indikatoren für sozialen und/oder ökonomischen Wandel gewertet werden könnten (Kroeber/Richardson 1940). *Gruppenverbandsspezifischer Stil* könne bewusst oder unbewusst eingesetzt werden, was ihn ebenfalls von *kleingruppenspezifischem Stil* unterscheide, der als eine bewusste Handlung gewertet werden müsse. Die Grenze zwischen diesen beiden Aspekten von Stil sei nicht immer klar zu ziehen. Es sei auch möglich, dass beide Aspekte auf demselben Gegenstand vorkommen. Stilelemente, die in einer Gruppe insgesamt häufiger als bei ihren ›Nachbarn‹ auftreten würden, könnten unter besonderen Umständen (z. B. Stress oder Wettbewerb) für diese Gruppe ›ihr‹ spezielles identitätsstiftendes Emblem werden (Wiessner 1983, 259).

Wiessner hat dieses Modell empirisch an stilistischen Merkmalen von Pfeilspitzen der einzelnen Sprachgruppen der San überprüft (Wiessner 1983, 262). Im Ergebnis ihrer Untersuchung konnte das theoretische Modell verschiedener Stilausprägungen, die unterschiedliche kommunikative und informelle Bedeutung besitzen, generell bestätigt werden: Drei verschiedene linguistische Gruppen, die !Kung, G/wi und !Xo wurden mit Pfeilspitzen aller drei Gruppen konfrontiert. Innerhalb der drei linguistischen Gruppen existieren noch jeweils unterschiedliche Dialektgruppen. Diese sind in Horden (*bands*) oder Dorfgemeinschaften untergliedert. Bei der Befragung durch Wiessner ergab sich, dass auf der Ebene der linguistischen Einheit die Pfeilspitzen der zugehörigen Dialektgruppen ohne Zögern identifiziert wurden. Dagegen reagierten die Befragten ›with surprise and anxiety‹ (Wiessner 1983, 269) auf die Pfeile der anderen Gruppen, die sie ganz offenbar als fremd und auch nicht als zu weiter entfernt lebenden Mitgliedern der eigenen Sprachgruppe gehörig identifizierten. Ohne hier im Einzelnen auf die Diskussionsbeiträge der Stammesmitglieder eingehen zu können, macht die Reaktion der Befragten deutlich, dass die stilistischen Ausprägungen der Pfeilspitzen jeder Sprachgruppe kommunikativen Charakter besitzen und klare Botschaften für die !Kung, G/wi und !Xo enthalten. Die Pfeilspitzen der eigenen Gruppe signalisieren, dass der Hersteller zur gleichen Gruppe gehört und mit dieser Wertvorstellungen und Lebensgewohnheiten (als Ausdruck soziokultureller Zusammengehörigkeit) teilt. Den Pfeilspitzen einer anderen Gruppe dagegen standen die Befragten jeweils sehr misstrauisch gegenüber. Form und Machart der Spitzen verriet ihnen, dass der Hersteller ein Fremder sein musste, der möglicherweise nach ganz anderen Normen und Werten lebte. Der *emblemic effect* ist offenbar in den Pfeilspitzen der San das vorherrschende Stilelement. Wiessner betont aber, dass diese Artefaktgruppe nur ein einzelner Bestandteil der Lebenswelt der San ist. Stileelemente der mit Perlen verzierten Kopfbänder, ein ›Allgemeingut‹ der San, vermitteln dagegen in weitaus stärkerem Maße *assertive messages*. Diese machen den Grad der Kontakte zwischen den verschiedenen Sprachgruppen sichtbar und bekräftigen, dass alle gemeinsam zum Stamm der San gehören (Wiessner 1984).

Übertragung: Das Modell im prähistorischen Kontext

Im Rahmen meiner Dissertation habe ich mich eingehend mit der Verzierung frühjungneolithischer Keramik in Südwestdeutschland beschäftigt (Zeeb 1998, bes. 80 ff.). Die auf das großräumig verbreitete Phänomen ›Rössen‹ folgenden Keramikgruppen zeichnen sich durch eine Aufsplittung in regionale Stilvarianten aus. Die vormals flächendeckende Rössener Verzierung weicht nun einer Beschränkung des Ornamentbereiches auf ein umlaufendes Schulterband unterschiedlicher Breite.[8] Gelegentlich treten additiv schmale Außenrandverzierungen oder vom zentralen Band herabhängende Sekundärmotive auf (ebd. 84 Abb. 49). Die auffallende Konzentration der Ornamentik auf den Schulterbereich, die im ganzen südwestdeutschen Raum zu beobachten ist, hat zum Vorschlag einer Zusammenfassung dieser Gruppen unter dem Oberbegriff ›Schulterbandgruppen‹ geführt (Zeeb 1994). Zu den Schulterbandgruppen zählen die Aichbühler Gruppe im Federseemoor, die Schwieberdinger Gruppe im mittleren Neckarland, die Goldberg-Gruppe im Ries und in Mittelfranken sowie die bislang nur von wenigen Fundplätzen bekannte, vorläufig ›Unterfränkische Gruppe‹ (Zeeb 1998, 109) benannte Fazies und eine längs der Donau zu identifizierende Schulterbandgruppe (›Donau-Gruppe‹, ebd. 133). Die auf einheitlichen Prinzipien fußenden Verzierungen aller Schulterbandgruppen weisen im Detail wichtige Unterschiede auf, die es genauer zu betrachten gilt.

Die Verzierung der Schulterbandgruppen wird in einheitlicher Technik vorgenommen. Vorherrschend ist der spitze Furchenstich, mit dem umlaufende Bänder, aber auch Winkelmuster oder Dreiecke hergestellt werden. Daneben bestimmen

---

8 Für detaillierte Literaturangaben zu den einzelnen Gruppen sowie in die Tiefe gehende Beschreibung der Verzierungselemente verweise ich auf Zeeb 1998.

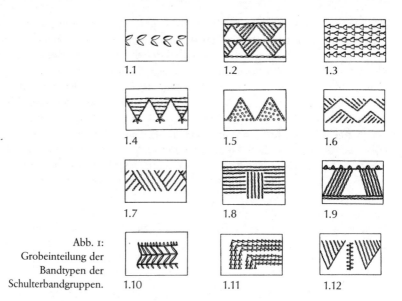

Abb. 1: Grobeinteilung der Bandtypen der Schulterbandgruppen.

spitze oder ovale Einzelstiche sowie stempelartige Eindrücke mit mehrzinkigen Geräten das Bild (Zeeb 1998, 80 ff. mit Abb. 50-56). Die Ornamentik der Schulterbandgruppe zeichnet sich durch das Auftreten zahlreicher Einzelmotive innerhalb gleichartiger Bandtypen aus. Eine Differenzierung und statistische Auswertung kleinster Ornamenteinheiten (Motivelemente, vgl. ebd. 81) ist nicht sinnvoll, da zahlreiche, nur mit einem Element besetzte Gruppen entstehen würden (Gut/Strobel 1996, 188, Anm. 47). Daher wurde eine Unterteilung der Verzierung auf Ornamentebene vorgenommen, d. h., es wurden Bandtypen klassifiziert (Zeeb 1998, 88 ff.).

Ohne hier auf die einzelnen Bandarten eingehen zu können, seien die für mein Thema wichtigen Grobeinteilungen der Bandtypen der Schulterbandgruppen genannt (Abb. 1)[9]: Ein- bis fünfzeilige (1.1-1.3) umlaufende Bänder (häufig bestehend aus Furchenstich- oder Einzelstichlinien sowie Stempeleindrücken) bilden die große Menge der Bandtypen. Daneben treten nicht in Zeilen gegliederte Bänder auf, die aus hängenden/ stehenden Dreiecken (1.4-1.5), Winkelbändern (1.6; sowohl positive als auch ausgesparte Winkel), Flechtbändern (1.7), Metopenbändern (1.8), sog. Schrägmetopen (1.9) oder Fenstermotiven (1.10), Rahmendispositionen (1.11) und ›Kombinationsbändern‹ (1.12)[10] bestehen können.

---

[9] Für die tatkräftige Unterstützung bei der digitalen Aufbereitung der Abbildungen sei Frau Nora Seeländer, Dresden, herzlich gedankt.

[10] Unter dieser Bezeichnung wurden vor allem singulär oder selten auftretende Motive subsumiert, die aus verschiedenen Motiven, etwa Dreiecken/hängenden Bändern oder Leiterbändern/Schrägmetopen kombiniert sind (Zeeb 1998, 96 Abb. 54).

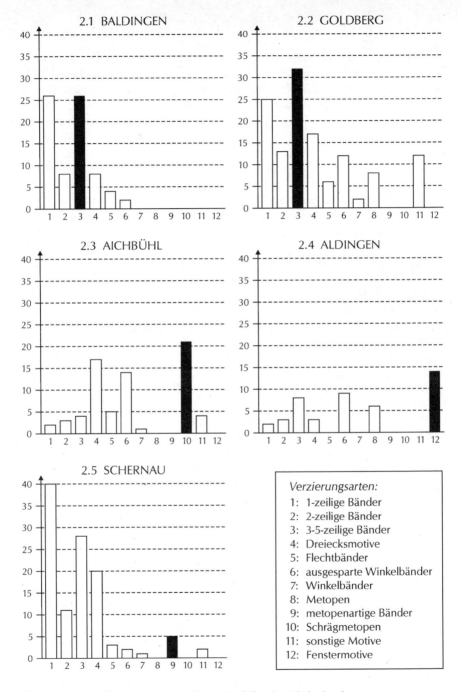

Abb. 2: Anteil der Verzierungsarten auf Keramikgefäßen der Schulterbandgruppen. Die Säulenhöhen repräsentieren jeweils die Anzahl der Fälle.

Fünf Siedlungen der Schulterbandgruppen wurden im Hinblick auf die Quantitäten der verschiedenen Bandarten in jeder Siedlung überprüft (vgl. Zeeb 1998, 105 ff.; 150 f.). Dabei konnte festgestellt werden, dass in den einzelnen Siedlungen spezielle Bänder entweder überproportional häufig oder aber ausschließlich auf diese Siedlung beschränkt auftreten (Abb. 2.1-5). In den Siedlungen der Goldberg-Gruppe (Goldberg, Baldingen, 2.1-2.2) ist das umlaufende Band aus 3 bis 5 Furchenstichlinien mit oben und unten daranhängenden ›Fransen‹ aus Einzelstichen das dominierende Motiv. Dagegen zeichnet sich Aichbühl durch das häufige Auftreten von so genannten Schrägmetopen aus (2.3). Diese Schrägmetopen, die eigentlich durch vertikale Begrenzungslinien gekappte Winkelbänder darstellen (Strobel 1997, 345) sind ausschließlich im Federseemoor und dort auch nur auf den Fundplätzen Aichbühl und Riedschachen vertreten (ebd.). Die Siedlung Aldingen weist so genannte Fenstermotive auf (2.4), die sich in keiner der anderen vier Siedlungen finden und als charakteristisch für die Schwieberdinger Gruppe angesehen werden können (Keefer/Joachim 1988, 18).

Ebenso singulär wie Schrägmetopen und Fenstermotive in Aichbühl und Aldingen sind die ›metopenartig‹ unterbrochenen Bänder[11] (2.5) der Gefäße von Schernau (Lüning 1981, 130). Auch die Donaugruppe der Schulterbandgruppen zeichnet sich durch eine charakteristische Eigenart aus; sie besteht aus der Verbindung einer speziellen Gefäßform, dem sog. ›Pilzschulterbecher‹ (Zeeb 1998, 50; 154 ff.) mit einer häufig als Rahmen ausgebildeten Zierzone, die aus pfeilförmigen Stichen gebildet wird. Der Pfeilstich als Zierelement findet sich überwiegend im Donaubereich (Strobel 1997, 349 f. mit Abb. 328; Zeeb 1998, 133).

Damit ergibt sich für die flachbodige Keramik der Schulterbandgruppen folgendes Bild: In allen Schulterbandgruppen-Fundplätzen (sofern es sich nicht um Einzelfunde oder nur kleine Scherbenmengen handelt) treten Zierbänder auf, die als ›Allgemeingut‹ der frühjungneolithischen Keramikgruppen Südwestdeutschlands bezeichnet werden können. Hierzu zählen einfache umlaufende Streifenbänder mit einer oder mehreren Zeilen (in den östlicheren Siedlungen allerdings stärker vertreten als in den westlichen)[12], Dreiecksbänder, Flechtbänder sowie ausgesparte Winkelbänder. Darüber hinaus zeichnen sich die einzelnen Gruppen durch Motive aus, die räumlich auf das jeweilige Verbreitungsgebiet der Keramikgruppen beschränkt sind.

11 Der Ausdruck ist nicht ganz exakt; es handelt sich um waagerecht umlaufende Furchenstichbänder, die in regelmäßigen Abständen von senkrechten Furchenstichbündeln unterbrochen werden, wobei jedoch die obersten Reihen der waagerechten Stichlinien in der Regel durchlaufen und es sich deshalb rein formal nicht um ›echte‹ Metopen handelt (s. Lüning 1981, Taf. 65).

12 Im Bereich der mittelfränkischen Fundprovinz der Goldberg-Gruppe wurde kürzlich eine fundreiche Siedlungsgrube der Goldberg-Gruppe bearbeitet, die einen überproportional hohen Anteil an einfachen umlaufenden Bändern aufweist. Zu evtl. chronologischen Implikationen demnächst Zeeb-Lanz (in Vorb.).

KLEINGRUPPENSPEZIFISCHE STILE

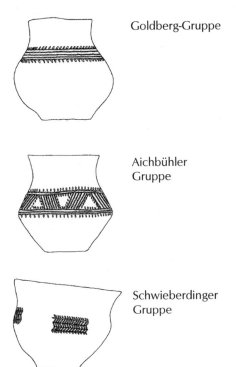

Abb. 3:
»Kleingruppenspezifische« Stilelemente der Schulterbandgruppen (Auswahl).

Innerhalb des gemeinsamen Verzierungskanons der Schulterbandgruppen lassen sich eindeutig gruppenspezifische Zierbandvarianten identifizieren. Diese sind mit dem von Wiessner geprägten Ausdruck *emblemic style* verknüpfbar: Die Bewohner der Federseemoor-Siedlungen betonen ihre Zugehörigkeit zu einer engeren sozialen Gemeinschaft durch die Verwendung von Schrägmetopen auf dreigliedrigen Bechern. Den gleichen Zweck erfüllt das Fenstermotiv der Schwieberdinger Gruppe (Abb. 3). Auch die metopenartigen Zierbänder in Schernau können als Identität stiftende und den Gemeinschaftszusammenhalt fördernde Symbole gewertet werden. In der Goldberg-Gruppe ist das mehrzeilige umlaufende Furchenstichband mit Einzelstichen oben und unten (›Fransen‹) als *kleingruppenspezifisches Stilelement* anzusprechen (das sog. ›Goldberg-Motiv‹; vgl. Zeeb 1998, 81 f.). Auf den Fundplätzen der Goldberg-Gruppe tragen 40 % der verzierten Gefäße dieses ›Goldberg-Motiv‹. Für die Donau-Gruppe ist die Verzierung mit Pfeilstich, vorzugsweise in Rahmenmustern, als *kleingruppenspezifisch* anzusprechen.

GRUPPENVERBANDS-
SPEZIFISCHER STIL

Flachbodige SBG

Abb. 4:
»Gruppenspezifische« Stilelemente
der Schulterbandgruppen (Auswahl).

Damit weisen alle flachbodigen Keramikgruppen des frühen Jungneolithikums jeweils eine Stilvariante auf, die ihre Zugehörigkeit zu einer sozialen Einheit signalisiert und als Abgrenzung gegen andere Gruppen fungieren kann. Für die innere Stabilität und die Bewahrung der Gruppenidentität stehen stellvertretend diese gruppenimmanenten Ornamente. Auf der anderen Seite zeigen die zahlreichen Motive, die in unterschiedlichen Konzentrationen in allen Gruppen anzutreffen sind (*gruppenverbandsspezifischer Stil*, Abb. 4), dass sich die Hersteller der Schulterbandgruppen-Keramik einem gemeinsamen kulturellen Überbau zugehörig fühlen. Die Häufigkeit der als ›Allgemeingut‹ ansprechbaren Zierbandarten in allen Siedlungen der Schulterbandgruppen weist auf stabile soziale Verhältnisse hin. Es ist nicht nötig, sich von den Nachbarsiedlungen vollständig abzugrenzen. Diese stellen offenbar keine Bedrohung dar, deshalb kann die gesamtkulturelle Zusammengehörigkeit gefahrlos in vielfältiger Wiese auf der Keramik dokumentiert werden.

Die allgemein verbreitete Lesart des Übergangs vom Mittel- zum Jungneolithikum besagt, dass die Rössener Kultur in die ›Epi-Rössener‹ Gruppen ›zerfallen‹ sei. Zieht man die kommunikativen Aussagen der frühjungneolithischen Keramik in Betracht, so ändert sich dieses Bild in nicht unerheblichem Maße. Alle stilistischen und formenkundlichen Merkmale weisen darauf hin, dass sich gemeinsam mit sozialen und wirtschaftlichen Veränderungen am Ende der Rössener Kultur ein neues Identitätsbewusstsein[13] ausbreitet. Die engen Verbindungen der Aichbühler Gruppe, der Goldberg-Gruppe und der Fundstellen um Schernau zum böhmisch-mährischen Lengyelkomplex zeigen sich in vielen Einzelheiten (Strobel 1997, 345 ff.; Zeeb 1998 141 ff.). Durch diesen Einfluss wird das Rössener Erbe »fast bis zur Unkenntlichkeit überschichtet« (Strobel 1997, 355). M. Strobel (ebd.) spricht sich für eine Einwanderung der Träger der Aichbühler Gruppe aus dem Lengyelgebiet aus. Dem widersprechen jedoch die an der Keramik festgestellten Übereinstimmungen mit den anderen

---

13 Zu den deutlichen Veränderungen in Siedlungsstruktur, Hausbau und Totenbrauchtum s. z. B. Zeeb 1996.

Schulterbandgruppen. Das hier vorgeführte Kommunikationsmodell weist deutlich auf einen gemeinsamen kulturellen Verband der flachbodigen Schulterbandgruppen hin, was eine Einwanderung der Aichbühler Siedler nicht plausibel erscheinen lässt.
 Das hier dargelegte, ansatzweise (Zeeb 1998, 149 ff.) bereits publizierte Fallbeispiel wurde kürzlich kritisiert, da mit der ›Umdeutung‹ spezifischer Verzierungskombinationen in Kommunikationsmittel ein Zirkelschluss entstanden sei: Die frühjungneolithischen Gruppen seien ja gerade durch diejenigen Merkmale definiert worden, die ich als identitätsstiftende *emblemic messages* interpretiere (Strobel 1997, 356). Dieser Vorwurf muss zurückgewiesen werden. Vor ca. 6200 Jahren wurden die Gefäße mit Verzierungen versehen, die, so darf m. E. aus der Kommunikationswissenschaft und ethnologischen Parallelen (s. oben) gefolgert werden, ein aktives kommunikatives Potential enthalten. Ohne dieses kommunikative Potential zu erkennen oder zu hinterfragen, wurden in unserer Zeit die stilistischen Unterschiede zwar definiert, aber ausschließlich für eine typo-chronologische Einordnung der frühjungneolithischen Keramik genutzt - es wurden Keramikgruppen gebildet. Dass die gruppentrennenden Stilelemente auch für den modernen Betrachter als solche erkennbar sind, ist dabei nur natürlich. Der neue Ansatz bei dieser Untersuchung ist jedoch, die Inhalte dieser Stilelemente zu hinterfragen. Dabei wird deutlich, dass die rein keramiktypologische Gruppentrennung der kulturellen Zusammengehörigkeit der Schulterbandgruppen nicht genügend Rechnung trägt. Die Einordnung des Verzierungsstils als Kommunikationsmittel kann zu einer Erweiterung des Bildes vom soziokulturellen Gefüge der frühjungneolithischen Bevölkerung beitragen: Wir haben es hier eher mit demographisch differenzierten ›Teilmengen‹ einer übergeordneten kulturellen Einheit als mit getrennten Kulturgruppen oder Kulturen zu tun. Die Heranziehung eines kommunikationstheoretischen Konzepts eröffnet neue Möglichkeiten für das Verständnis der sozio-kulturellen Zusammenhänge im frühen Jungneolithikum Südwestdeutschlands. A. Gut und M. Strobel (Gut/Strobel 1996, 201) sprachen noch recht vage von einer auf unsicheren Füßen stehenden Umschreibung der Gruppen Aichbühl und Goldberg, die »untereinander durch eine Vielzahl von Merkmalen verklammert zu sein scheinen«. Unter der Prämisse, dass die Übertragbarkeit des vorgestellten Modells auf das frühe Jungneolithikum zulässig ist, lässt sich als Ergebnis der oben dargelegten Untersuchung formulieren, dass im letzten Drittel des 5. Jahrtausends in Südwestdeutschland die ›Schulterband-Kultur‹ existiert; diese gliedert sich in die Kleingruppen Aichbühl, Goldberg, Unterfränkische Gruppe und Donau-Gruppe.
 Das angeführte Beispiel ist nur eines für die zahlreichen Möglichkeiten, anhand kommunikationstheoretischer Modelle neue Wege der Interpretation vorgeschichtlicher Artefakt- und Befundgruppen zu beschreiten. Die vorgestellte Hypothese von Verzierungsstil als Kommunikationsmittel im frühen Jungneolithikum müsste wohl noch in einiger Hinsicht erweitert werden, um mehr als nur ein ›Fenster‹ darzustellen, durch das wir auf das weite Feld der Kommunikationswissenschaft blicken können, auf dem eine Reihe für die Archäologie verwertbarer ›Pflanzen‹ wachsen. Be-

sinnt man sich auf die von Krauße dargelegten intra- und interkulturellen Vergleichsverfahren (Krauße 2000, bes. 125 Tab. 2), so ist es sicherlich notwendig, für eine Absicherung der hier dargelegten Modellübertragung weitere vorgeschichtliche Kulturen am selben Modell zu prüfen; wünschenswert wären darüber hinaus ergänzende Primäranalysen aus dem Bereich der Ethnologie. Die vorliegende Studie versteht sich deshalb auch als Fallbeispiel, welches noch der Vertiefung bedarf. Sie ist an dieser Stelle primär als Anstoß zu einem kommunikationstheoretischen Ansatz bei der Interpretation vorgeschichtlicher Phänomene gedacht.

Literatur

Bayard 1978: D. Bayard, 15 Jahre »New Archaeology«. Saeculum 29, 1978, 69-106.
Becker-Beck 1997: U. Becker-Beck, Soziale Interaktion in Gruppen. Opladen: Westdeutscher Verlag 1997.
Berger/Luckmann 1966: P. L. Berger/Th. Luckmann, The Social Construction of Reality: A Treatise in the Sociology of Knowledge. New York: Doubleday 1966.
Bernbeck 1997: R. Bernbeck, Theorien in der Archäologie. Tübingen/Basel: Francke 1997.
Binford 1965: L. R. Binford, Archaeological Systematics and the Study of Cultural Process. Am. Ant. 28, 1965, 204-210.
Binford 1986: Ders., An Alyawara Day: Making Men's Knives and Beyond. Am. Ant. 51, 1986, 547-562.
Binford/Binford 1968: Ders./S. R. Binford (Hrsg.), New Perspectives in Archaeology. Chicago: Aldine 1968.
Conkey 1978: M. W. Conkey, Style and Information in Cultural Evolution: Toward a Predictive Model for the Palaeolithic. In: Ch. L. Redman/M. J. Berman/ E. V. Curtin/ W. T. Langthorne Jr./N. M. Versaggi/J. C. Wanser (Hrsg.), Social Archaeology: Beyond Subsistence and Dating. New York: Academic Press 1978, 61-85.
Conkey 1992: Dies., Experimenting with Style in Archaeology: Some Historical and Theoretical Issues. In: Conkey/Hastorf 1992, 5-17.
Conkey/Hastorf: Dies./C. A. Hastorf (Hrsg.), The Uses of Style in Archaeology. New Directions Arch. Cambridge: Cambridge University Press ^{2}1992.
Cronen et al. 1982: V. E. Cronen/W. B. Pearce/L. M. Harris, The Coordinated Management of Meaning: A Theory of Communication. In: Dance 1982, 61-89.
Dance 1982: F. E. X. Dance (Hrsg.), Human Communication Theory. Comparative Essays. New York: Harper & Row 1982.
Eggert 1978a: M. K. H. Eggert, Prähistorische Archäologie und Ethnologie: Studien zur amerikanischen New Archaeology. Prähist. Zeitschr. 53, 1978, 6-164.
Eggert 1978b: Ders., Zum Kulturkonzept in der prähistorischen Archäologie. Bonner Jahrb. 178, 1978, 1-20.
Eggert 1999: Ders., Der Tote von Hochdorf. Bemerkungen zum Modus archäologischer Interpretation. Arch. Korrbl. 29, 1999, 211-222.
Eggert/Veit 1998: M. K. H. Eggert/U. Veit (Hrsg.), Theorie in der Archäologie: Zur englischsprachigen Diskussion. Tübinger Arch. Taschenb. 1. Münster: Waxmann 1998.
Eisenhauer 1997: Untersuchungen zur Siedlungs- und Kulturgeschichte des Mittelneolithikums in der Wetterau. Frankfurt a. M.: ungedr. Diss. Univ. Frankfurt a. M. 1997.

Fisher 1982: B. A. Fisher, The Pragmatic Perspective of Human Communication. A View from System Theory. In: Dance 1982, 192-219.
Garner 1962: W. R. Garner, Uncertainty and Structure as Psychological Concepts. New York: Wiley 1962.
Gramsch 2000: A. Gramsch (Hrsg.), Vergleichen als archäologische Methode. Analogien in den Archäologien. Brit. Arch. Rep. Internat. Ser. 825. Oxford: BAR 2000.
Graves 1982: M. W. Graves, Breaking Down Ceramic Variation: Testing Models of White Mountain Redware Design Style Development. Journal Anthr. Arch. 1, 1982, 305-354.
Gut/Strobel 1996: A. Gut/M. Strobel, Neue Erkenntnisse zu einer alten Ausgrabung. Die Untersuchungen des Biberacher Zahnarztes Heinrich Forschner in Aichbühl (Lkr. Biberach). Fundber. Baden-Württemberg 21, 1996, 179-212.
Hachmann 1987: : R. Hachmann (Hrsg.), Studien zum Kulturbegriff in der Vor- und Frühgeschichtsforschung. Saarbrücker Beitr. z. Altkde. 48. Bonn: Habelt 1987.
Hantman/Plog 1982: J. L. Hantman/S. Plog, The Relationship of Stylistic Similarity to Material Exchange Patterns. In: J. E. Ericson/T. K. Earle (Hrsg.), Contexts for Prehistoric Exchange. New York: Academic Press 1982, 237-263.
Hodder 1981: I. Hodder, Society, Economy and Culture: an Ethnographic Case Study amongst the Lozi. In: I. Hodder/G. Isaac/N. Hammond (Hrsg.), Pattern of the Past. Studies in Honour of David Clarke. Cambridge: Cambridge University Press 1981, 67-95.
Hodder 1992: Ders., Theory and Practice in Archaeology. Material Cultures. London: Routledge 1992.
Jacob-Friesen 1928: K. H. Jacob-Friesen, Grundfragen der Urgeschichtsforschung. Stand und Kritik der Forschung über Rassen, Völker und Kulturen in urgeschichtlicher Zeit. Veröff. Urgesch. Abt. Provinzial-Museum Hannover 1 [Festschrift zur Feier des 75jährigen Bestehens des Provinzial-Museums]. Hannover: Hedwingsche Verlagsbuchhandlung 1928.
Keefer/Joachim 1988: E. Keefer/W. Joachim, Eine Siedlung der Schwieberdinger Gruppe in Aldingen, Gde. Remseck a. Neckar, Kr. Ludwigsburg. Fundber. Baden-Württemberg 13, 1988, 1-114.
Krauße 1999: D. Krauße, der »Keltenfürst« von Hochdorf: Dorfältester oder Sakralkönig? Arch. Korrbl. 29, 1999, 339-358.
Krauße 2000: Ders., Intra- und interkulturelle Vergleichsverfahren in der Hallstatt-Archäologie. In: Gramsch 2000, 119-130.
Kroeber/Richardson 1940: A. Kroeber/J. Richardson, Three Centuries of Women's Dress Fashions: A Quantitative Analysis. Berkeley: University of California Press 1940.
Leach 1978: E. Leach, Kultur und Kommunikation. Zur Logik symbolischer Zusammenhänge. Frankfurt a. M.: Suhrkamp 1978.
Littlejohn 1992: S. W. Littlejohn, Theories of Human Communication. Belmont: Wadsworth 41992.
Longacre 1981: W. A. Longacre, Kalinga Pottery: an Ethnoarchaeological Study. In: I. Hodder/G. Isaac/N. Hammond (Hrsg.), Pattern of the Past. Cambridge: Cambridge University Press 1981, 49-66.
Lüning 1972: J. Lüning, Zum Kulturbegriff im Neolithikum. Prähist. Zeitschr. 47, 1972, 145-172.
Lüning 1981: Ders., Eine Siedlung der mittelneolithischen Gruppe Bischheim in Schernau, Ldkr. Kitzingen. Materialh. Bayer. Vorgesch. Reihe A, Bd. 44. Kallmünz/Opf. :Michael Lassleben 1981.
Luhmann 1984: N. Luhmann, Soziale Systeme. Grundriß einer allgemeinen Theorie. Frankfurt a. M.: Suhrkamp 1984.
Manis/Meltzer 1978: J. G. Manis/B. N. Meltzer (Hrsg.), Symbolic Interaction. Boston: Allyn & Bacon 1978.
Mante 2000: G. Mante, Diskussion: Theoriekategorien und ihre Relevanz für die deutsche prähistorische Archäologie. In: A. Gramsch/S. Reinhold (Hrsg.), Rundbrief 1/2000. Arbeitsgemeinschaft Theorie. Der Sprecherrat. Berlin: Internet-Rundbrief 2000, 4-5.

Maraszek 2000: R. Maraszek; Fallbeispiel ritueller Kommunikation - Spätbronzezeitliche Beilhorte in West- und Nordeuropa. Archäologisches Nachrichtenblatt 3/2000, 281-287.
Mead 1934: G. H. Mead, Mind, Self and Society. Chicago: University of Chicago Press 1934.
Müller 1982: W. Müller (Bearb.), Stichwort »Epigone«. In: G. Drosdowski/R. Köster/ W. Müller/W. Scholze-Stubenrecht (Hrsg.), Duden Fremdwörterbuch. Duden Bd. 5. Mannheim: Bibliographisches Institut 1982, 222.
Müller/Bernbeck 1996: J. Müller/R. Bernbeck (Hrsg.), Prestige - Prestigegüter - Sozialstrukturen. Bonn: Holos 1996.
Narr 1990: K. J. Narr, Nach der nationalen Vorgeschichte. In: W. Prinz/P. Weingart (Hrsg.), Die sogenannten Geisteswissenschaften: Innenansichten. Frankfurt a. M.: Suhrkamp 1990, 279-305.
Parsons 1977: T. Parsons, Social Systems and the Evolution of Action Theory. London: Routledge 1977.
Plog 1978: S. Plog, Social Interaction and Stylistic Similarity: a Reanalysis. In: M. B. N. Schiffer (Hrsg.), Advances in Archaeological Method and Theory. Vol. 1. New York: Academic Press 1978, 143-182.
Plog 1980: Ders., Stylistic Variation in Prehistoric Ceramics. Cambridge: Cambridge University Press 1980.
Plog 1983: Ders., Analysis of Style in Artifacts. Annu. Rev. Anthr. 12, 1983, 125-142.
Sackett 1973: J. R. Sackett, Style, Function and Artifact Variability in Palaeolithic Assemblages. In: C. Renfrew (Hrsg.), The Explanation of Culture Change. London: Duckworth 1973, 317-325.
Sackett 1985: Ders., Style and Ethnicity in the Kalahari: a Reply to Wiessner. Am. Ant. 50, 1985, 154-159.
Sackett 1986: Ders., Isochrestism and Style: a Clarification. Journal Anthr. Arch. 5, 1986, 266-277.
Sackett 1992: Ders., Style and Ethnicity in Archaeology: the Case for Isochrestism. In: Conkey/Hastorf 1992, 32-43.
Schneider 1994: W. L. Schneider, Die Beobachtung von Kommunikation. Zur kommunikativen Konstruktion sozialen Handelns. Opladen: Westdeutscher Verlag 1994.
Strobel 1997: M. Strobel, Die Schussenrieder Siedlung Taubried I (Bad Buchau, Kr. Biberach). Ein Beitrag zu den Siedlungsstrukturen und zur Chronologie des frühen und mittleren Jungneolithikums in Oberschwaben. Marburg: Ungedr. Diss. Univ. Marburg 1997.
Veit 1984: U. Veit, Gustaf Kossinna und Gordon V. Childe. Ansätze zu einer theoretischen Grundlegung der Vorgeschichte. Saeculum 35, 1984, 326-364.
Veit 1993: Ders., Europäische Urgeschiche und ethnographische Vergleiche: Eine Positionsbestimmung. Ethnogr.-Arch. Zeitschr. 34, 1993, 135-143.
Veit 2000: Ders., König oder Hohepriester? Zur These einer sakralen Gründung der Herrschaft in der Hallstattzeit. Arch. Korrbl. 30, 2000, 549-568.
Watzlawick et al. 1967: P. Watzlawick/J. H. Beavan/D. D. Jackson, Pragmatics of Human Communication: A Study in Interactional Patterns, Pathologies and Paradoxes. New York: Norton 1967.
Wiessner 1983: P. Wiessner, Style and Information in Kalahari San Projectile Points. Am. Ant. 48, 1983, 253-276.
Wiessner 1984: Dies., Reconsidering the Behavioural Basis of Style. Journal Anthr. Arch. 3, 1984, 190-234.
Wiessner 1985: Dies., Style or Isochrestic Variation? A Reply to Sackett. Am. Ant. 50, 1985, 221-224.
Wiessner 1989: Dies., Style and Changing Relations between the Individual and Society. In: I. Hodder (Hrsg.), The Meanings of Things: Material Culture and Symbolic Expression. One World Arch. 6. London: Unwin Hyman 1989, 156-163.

Wiessner 1992: Dies., Is There a Unity to Style? In: Conkey/Hastorf 1992, 105-12.
Wobst 1977: M. Wobst, Stylistic Behaviour and Information Exchange. In: Ch. E. Cleveland (Hrsg.), For the Director: Research Essays in Honour of James B. Griffin. Mus. of Anthropol., University of Michigan, Anthr. Papers 61. Ann Arbor: Museum of Anthropology, University of Michigan 1977, 317-342.
Wolfram 1986: S. Wolfram, Zur Theoriediskussion in der prähistorischen Archäologie Großbritanniens. Ein forschungsgeschichtlicher Überblick über die Jahre 1968-1982. Brit. Arch. Rep. Internat. Ser. 306. Oxford: BAR 1986.
Wolfram et al. 1991: Dies./U. Sommer/M. Schmidt/A. Träger/J. Jacobs, Eine neue Arbeitsgemeinschaft: Die Theorie-AG. Arch. Inf. 14/1, 1991, 103-105.
Zimmermann 1995: A. Zimmermann, Austauschsysteme von Silexartefakten in der Bandkeramik Mitteleuropas. Universitätsforschungen zur Prähistorischen Archäologie 26. Bonn: Habelt 1995.
Zeeb 1994: A. Zeeb, Poströssen-Epirössen-Kugelbechergruppen: Zur Begriffsverwirrung im frühen Jungneolithikum. In: H.-J. Beier (Hrsg.), Der Rössener Horizont in Mitteleuropa. Beitr. zur Ur- u. Frühgesch. Mitteleuropas 6. Wilkau-Haßlau: Beier & Beran 1994, 7-10.
Zeeb 1996: Dies., Der neue Siedlungstyp. Frühjungneolithische Dorfanlagen in Südwestdeutschland. In: H.-J. Beier (Hrsg.), Studien zum Siedlungswesen im Jungneolithikum. Beitr. zur Ur- u. Frühgesch. Mitteleuropas 10. Weissbach: Beier & Beran 1996, 101-118.
Zeeb 1998: Dies., Die Goldberg-Gruppe im frühen Jungneolithikum Südwestdeutschlands. Ein Beitrag zur Keramik der Schulterbandgruppen. Universitätsforschungen zur Prähistorischen Archäologie 48. Bonn: Habelt 1998.
Zeeb-Lanz in Vorb.: A. Zeeb-Lanz, Die Keramik der Goldberg-Gruppe aus Marktbergel, Kr. Windsheim, Mittelfranken. In: M. Nadler (Hrsg.), Archäologie im Fränkischen Gipskarst. Arbeiten zur Archäologie Süddeutschlands. Büchenbach: Verlag Dr. Faustus in Vorbereitung.

Kodierungen

STEFAN BURMEISTER

Die Herren der Ringe: Annäherung an ein späthallstattzeitliches Statussymbol

ZUSAMMENFASSUNG: Charles S. Peirce unterscheidet in seiner Semiotik drei Arten von Zeichen: Ikon, Index und Symbol. Das komplexeste Zeichen ist das Symbol, das im Mittelpunkt dieser Betrachtung steht. Symbolen liegt eine Deutungskonvention zugrunde, die keine direkte Beziehung zwischen dem Objekt und seiner symbolischen Bedeutung herstellen lässt. Damit stellt sich für die Prähistorische Archäologie das grundlegende Problem, dass mit der Kultur, in deren soziales Handeln die Symbole eingebettet waren, auch der Schlüssel zum Verständnis ihrer Bedeutung verloren gegangen ist. Aus rein methodologischen wie theoretischen Erwägungen bleibt der Prähistorie eine Rekonstruktion der einstigen Symbolbedeutung auf rein archäologischer Basis versagt. Eine kulturanthropologische Perspektive, die auf rezenten Beobachtungen basiert, erlaubt jedoch zumindest eine interpretatorische Annäherung an prähistorische Statussymbole. Die Statussymbole herausgehobener sozialer Gruppen sind notwendigerweise exklusiv und nur einer kleinen Gruppe vorbehalten. Dies lässt sich auf mehreren Ebenen auch für die hallstattzeitlichen Goldhalsringe zeigen.

Materielle Kultur ist das Rückgrat einer jeden archäologischen Untersuchung, unabhängig davon, welchem wissenschaftlichen Denkstil der Autor sich verpflichtet fühlt. So verwundert es umso mehr, dass eine theoretische Reflexion über ihr Interpretationspotential, vor allem aber ihre Interpretationsproblematik im deutschsprachigen Raum so wenig selbstverständlich ist.

Der Begriff ›Statussymbol‹ ist in der archäologischen Fachsprache gebräuchlich. Symbole sind in der allgemeinen Definition Bedeutungsträger und Bedeutungen werden in allen gängigen archäologischen Analysen aus der überlieferten Sachkultur ›herausgelesen‹. Damit betreten wir semiotisches Terrain, auf dem genau solche Bedeutungsfragen verhandelt werden.

Ikon - Index - Symbol

Der amerikanische Philosoph Charles Sanders Peirce (1839-1914) kann mit einigem Recht als der Begründer der modernen Semiotik gelten. Bereits 1867 legte er die Grundlage für seine Theorie der Zeichen, die er in den folgenden Jahrzehnten zu einem umfassenden erkenntnistheoretischen System ausbaute (s. Oehler 1981). Ein Zeichenprozess (Semiose) enthält ihm zufolge drei zentrale Aspekte (Abb. 1): das Zeichen selbst, das Objekt, auf das es sich bezieht, und den Interpretanten, der die Bedeutung des Zeichens bestimmt. Diese Triade taucht in den anderen semiotischen Modellen wieder auf, wenngleich die Bezeichnungen dafür voneinander ab-

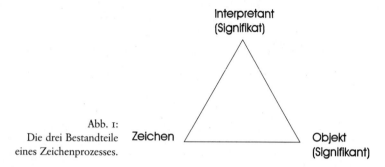

Abb. 1:
Die drei Bestandteile
eines Zeichenprozesses.

weichen (Eco 1977, 30). In der Fachsprache hat sich die auf F. de Saussure zurückgehende Begrifflichkeit weitgehend durchgesetzt, die von der Dreiheit Zeichen, Signifikant und Signifikat ausgeht. Für das hier interessierende Problemfeld, die Analyse materieller Kultur, verdient die von Peirce gegebene Einteilung der Zeichen besonderes Augenmerk. In Bezug auf ihre Objekte unterscheidet er die Zeichen in drei Kategorien: Ikons, Indizes und Symbole (Peirce 1983, 64 ff.; 1986, 375, 428; 1988; 1990, 267, 273, 382; 1992, 341).

Ikons sind Zeichen, die sich auf ein Objekt beziehen, dem sie formal ähnlich sind. Die einzige Beziehung zwischen einem Ikon und dem von diesem bezeichneten Objekt besteht in ihrer formalen Übereinstimmung oder Ähnlichkeit. Die Abbildung eines Objekts, so abstrakt und schemenhaft diese auch sein mag, verweist, solange wesentliche Merkmale zum Ausdruck gebracht werden, ausschließlich auf das abgebildete Objekt. Das Ikon ist ein reines Vorstellungsbild, das nichts weiter benennt als den benannten Gegenstand. Es ist hierbei keine Voraussetzung, dass dieser Gegenstand real existiert, wie das Fabelwesen auf der Situla von Benvenuti zeigt (Abb. 2). Das macht deutlich, dass das Ikon letztlich das Zeichen einer Idee ist. Es bezeichnet streng genommen kein reales Objekt, sondern die Vorstellung eines Objektes, die sich in dessen Zugehörigkeit zu einer Klasse von Objekten ausdrückt. Somit ist auch jeder Gegenstand ein Ikon seiner Objektklasse. Solche Klassen fassen – ähnlich den archäologischen Typen – Objekte aufgrund bestimmter, kulturell definierter Merkmale zu ›kulturellen Einheiten‹ (Eco 1994, 74 ff.) zusammen.

Im Gegensatz zum Ikon steht der Index, der sich nicht in einer abbildenden, sondern in einer wirklichen Relation mit einem realen Objekt befindet. Der Rauch am Horizont, der auf ein Feuer hindeutet, der Wetterhahn, der die Windrichtung anzeigt, verweisen auf eine Ursache (Feuer, Wind), mit der sie in kausaler Beziehung stehen. Diese Kausalität zwischen Zeichen und Bezeichnetem bringt es mit sich, dass der Index, nicht wie das Ikon eine abstrakte Objektklasse, sondern ein konkretes, singuläres Objekt bezeichnet.[1] Da das indizierende Zeichen an sein Objekt ge-

---

[1] Einzig der Index ist in seiner Bedeutungszuweisung eindeutig, wohingegen Ikons und Symbole mehrdeutig sind. Letztere weisen keine unmittelbare Beziehung zwischen Objekt und In-

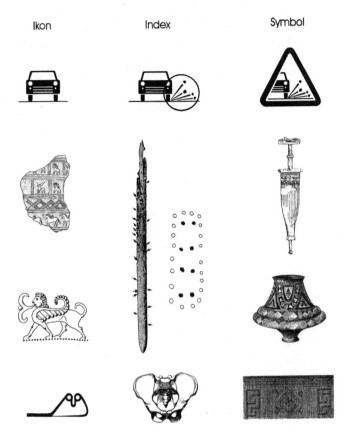

Abb. 2:
Ikon, Index, Symbol.

bunden ist, würde es ohne das Objekt seine Zeichenfunktion verlieren, diese Eigenschaft verlöre es jedoch nicht, wenn es keinen Interpretanten gäbe, so z. B. wenn kein Interpret in der Lage wäre, die kausale Beziehung zwischen Index und Ursache zu deuten.

Das komplexeste der drei Zeichentypen ist das Symbol. Symbole weisen weder wie die Ikons die bezeichneten Eigenschaften auf noch garantieren sie wie die Indizes die Wirklichkeit ihrer Objekte. Die Verbindung zwischen Symbol und Objekt

terpretanten auf, sind somit auch nicht zwangsläufig eindeutig. Ein ikonisches oder symbolisches Objekt kann immer auch mehrere Bedeutungen haben. Da Ikons, vor allem aber Symbole an der Basis sozialer Handlungen stehen, bedingt diese Polyvalenz einen zentralen Unterschied zwischen den Natur- und den Sozialwissenschaften. Während die Naturwissenschaften sich aufgrund der Gesetzhaftigkeit ihres Untersuchungsgegenstandes mit eindeutigen indexalischen Phänomenen befassen, lassen die von den Sozialwissenschaften untersuchten Vorgänge jede Eindeutigkeit missen, was in der Untersuchung gänzlich andere methodische Verfahren verlangt.

wird ausschließlich durch Interpretation hergestellt; ohne den Interpretanten, seine Bedeutung, würde ein Symbol seinen Zeichencharakter verlieren. Es ist ein Zeichen, weil es so interpretiert wird. Eine Fahne kann ihre Bedeutung als nationales Symbol nur aufgrund einer gesellschaftlichen Deutungskonvention entfalten. Die Bedeutung des Zeichens, die wir mit Peirce als *Interpretant* oder mit Saussure als *Signifikat* bezeichnen können, ist in allen Fällen ein gedankliches Produkt. Ikons und Symbole sind kulturelle Ordnungs- bzw. Deutungskonventionen und werden vom Rezipienten reproduziert; Indizes erhalten ihre Bedeutung durch die individuelle Erfahrung des Rezipienten, sind somit ebenfalls kulturell determiniert. Dennoch existiert ein wesentlicher Unterschied zwischen Ikon und Symbol einerseits und Index andererseits: der Interpretant von Ikon und Symbol ist gesellschaftlich konstruiert, wohingegen der Interpretant des Index zunächst unabhängig vom Betrachter und seiner Kultur besteht, einzig seine Lesbarkeit verlangt kulturelle Voraussetzungen.

Der Begriff der Bedeutung ist in diesem Zusammenhang allerdings sehr unklar, da er nicht deckungsgleich mit dem Interpretanten oder dem Signifikat ist. Peirce macht unmissverständlich klar, dass es Zeichen ohne Bedeutung nicht geben kann, wie es auch keine bedeutungslosen Objekte gibt, da jedes Objekt immer auch das Objekt eines Zeichens ist. Dennoch wurde oben ausgeführt, dass Indizes keinen Interpretanten benötigen. Die Bedeutung im Sinne des Interpretanten ist die Bedeutung wie sie vom Rezipienten des Zeichens gedacht wird, und nicht die, die außerhalb des Subjekts existiert. Die kausale Beziehung zwischen Feuer und Rauch besteht auch dann, wenn sie nicht als solche verstanden wird. Der Index ›Rauch‹ hat zwar einen Zeichencharakter, ist ohne Kenntnis der kausalen Beziehung in dieser Zeichenfunktion jedoch nicht erfahrbar, da dies die Interpretationsleistung eines Interpreten voraussetzt.

Zeichen im archäologischen Befund

Aus erkenntnistheoretischer Sicht lassen sich die Probleme der Interpretation archäologischer Quellen ebenfalls mit Hilfe der drei Zeichenarten Ikon, Index und Symbol beschreiben. Die jeweiligen Zeichen entfalten als archäologische Quelle jedoch eine spezifische Struktur und ihre Deutung ist mit jeweils eigenen Problemen behaftet.

Jedes Artefakt ist zunächst ein Ikon, das als Vertreter seiner Objektklasse nach Eco auf eine ›kulturelle Einheit‹ verweist (s. o.). Diese Einheiten wurden im Kontext der prähistorischen Kultur erzeugt und umfassen als logische Größe alle denkbaren Objekte, die taxonomisch als zusammengehörig gesehen wurden. Typologie als formenkundliches Ordnungsverfahren ist der rezente Versuch einer Taxonomie des prähistorischen Fundmaterials. Will die Archäologie sich mit Hilfe der Typologischen Methode den prähistorischen kulturellen Einheiten annähern, steht sie vor dem Problem, wie das taxonomische System der untersuchten Kultur erschlossen werden kann. So lassen sich zwar auf rechnerischem Wege, z. B. mit Hilfe der Korrespondenzanalyse, Ordnungen im Fundmaterial ermitteln, die im Wesentlichen nicht durch den rezenten Bearbeiter an das Fundmaterial herangetragen werden. Dennoch wird kaum zu ermitteln sein, ob diese Strukturen auch die wesentlichen Merkmale der prähistorischen Taxonomie erfassen. Heutige taxonomische Systeme lassen sich ebenfalls auf das archäologische Fundmaterial übertragen und erlauben dessen Ordnung, eventuell auch dessen Deutung. Doch ist auch hier nicht zu übersehen, dass formale Ähnlichkeiten als gruppenbildende Merkmale kaum hinreichen, das heutige System auf das vergangene zu übertragen, denn welche Merkmale zur Ähnlichkeitsbestimmung herangezogen werden, wird wiederum kulturell bestimmt. Eine Annäherung an das prähistorische Klassifikationssystem kann durch die Untersuchung regelhafter Verwendung der Sachkultur und dadurch wiederkehrender Muster erreicht werden. So erlaubt der Nachweis von Sichelglanz auf neolithischen Silexklingen (der in diesem Fall ein Index ist) oder der Nachweis geschlechtsspezifischer Beigaben, Verwendungskategorien auszuweisen, die mit hoher Wahrscheinlichkeit auch von der untersuchten prähistorischen Kultur als semantische Einheit betrachtet wurden.

Als zweite Gruppe von Ikons sind bildliche Darstellungen zu nennen. Höhlenmalereien und Felsbilder, Bilddarstellungen auf Metallobjekten oder Keramik setzen sich zunächst aus Ikons zusammen, die jeweils auf ein Objekt verweisen. Auch wenn sie eine symbolische Aussage transportieren, befinden sich die Ikons an ihrer Basis. Figurinen und andere Plastiken liegen im Schnittpunkt gegenständlicher Objekte und bildlicher Darstellungen. Sie sind zugleich ein Bild, das auf ein Objekt, als auch selbst ein Objekt, das auf eine Objektklasse verweist. Bildliche Darstellungen beziehen sich wiederum auf ein taxonomisches System, das das Erkennen der Bildinhalte anhand formaler Ähnlichkeiten ermöglicht. Die Abbildungsbedeutung kann vom rezenten Betrachter jedoch nur verstanden werden, wenn die Darstellung der Objekte sich auf allgemein menschliche Erfahrung der Wahrnehmung bezieht. Führen die ikonographischen Idiome zu einer stark abstrahierten Bildform, ist das ikonische Zeichen ohne Kenntnis dieser Idiome nicht zu lesen. Die oft schematischen Darstellungen prähistorischer Kunst machen dieses Problem offenkundig. Kulturell bedingte Darstellungs- und Sehgewohnheiten führen dazu, dass prähistorische Bildinhalte heute oft nicht erkannt werden können.

Gänzlich anders strukturiert sind die Indizes, mit denen wir in der archäologischen Praxis konfrontiert sind. Der sich durch unterschiedlichste Dekompositionsvorgänge ausbildende archäologische Befund setzt sich aus einer Reihe von Indizes zusammen: die Holzkohlekonzentration, die auf eine Feuerstelle verweist, oder die Ansammlung von Pfostenlöchern, die sich als Überreste eines vergangenen Hauses deuten lässt. Die sich aus der archäologischen Praxis ergebende Erfahrung liefert die Kenntnis der die Indizes ausbildenden Prozesse. Eine andere Gruppe von Indizes sind die Gebrauchsspuren an archäologischen Funden. Der bereits erwähnte Sichelglanz auf Silexklingen, die Schlagmarken auf Schwertern, die Abnutzungsspuren

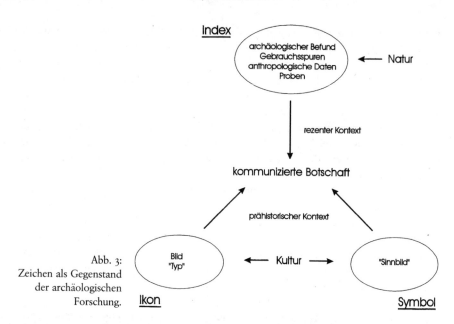

Abb. 3: Zeichen als Gegenstand der archäologischen Forschung.

auf Fibeln etc. sind durch den Gebrauch hervorgerufene oberflächliche Veränderungen der Materialstruktur oder Störungen der Materialintegrität. Der ursächliche, etwa durch die experimentelle Archäologie zu erschließende Zusammenhang zwischen der mechanischen Einwirkung und der Gebrauchsspur am Objekt gibt den Hinweis auf die ehemalige Verwendung der Objekte. Ebenfalls einen Indexcharakter haben die materiellen Überreste, die sich mit Hilfe naturwissenschaftlicher Methoden untersuchen lassen.

Gefangen im Fragment: Probleme der archäologischen Deutung materieller Kultur

Im Gegensatz zu Ikons und Symbolen entfalten Indizes ihren Zeichencharakter erst im rezenten Kontext des archäologischen Betrachters, der aufgrund seines Erfahrungshintergrundes oder des der Nachbardisziplinen die Zeichen zu deuten versucht (Abb. 3). Während Ikons und Symbole ihre Zeichenfunktion einzig durch die sie erzeugende Kultur erhalten, wird die Zeichenhaftigkeit der Indizes durch natürliche Vorgänge erzeugt. Dies schließt selbstverständlich nicht aus, dass die Ausprägung eines Index nicht auch auf kulturelle Mechanismen zurückgeht. Auch wenn menschliches Verhalten auf die Objekte einwirkt, ihre Bedeutung, den Interpretanten, erhalten die Indizes erst durch die natürlichen Vorgänge, die sich im Objekt manifestieren. Damit sind sie der unmittelbaren Sphäre kultureller Praxis der untersuchten prähistorischen Gesellschaften enthoben, weswegen sie auch vom rezenten Interpreten ohne Kenntnisse des prähistorischen Kontextes gedeutet werden können. Während Ikons und Indizes ihren unmittelbaren Niederschlag im archäologischen Fundstoff haben, gilt dies nicht für Symbole. Da sie ihre Zeichenfunktion erst aufgrund des Interpretanten entfalten können, also einer immateriellen, geistigen Größe, sind sie als Symbole in der archäologischen Quellenbasis nicht präsent. Was wir sehen sind Ikons und Indizes, die durchaus als Elemente eines Symbols auftreten, dennoch aber keinen Verweis auf dessen Zeichenbedeutung geben können. Da die Symbole bereits in der prähistorischen Gesellschaft ausschließlich auf Interpretation beruhten, verlangt die rezente, auf die einstige symbolische Funktion abzielende Deutung der archäologischen Quellen eine doppelte Interpretationsleistung: die Interpretation einer Interpretation.

Dazu stellt sich ein weiteres Problem, das vor allem vom sozialwissenschaftlichen Standpunkt aus seine Wirkung entfaltet. Das triadische System von Zeichen, Objekt und Interpretant schließt das Subjekt aus. So betont Peirce ausdrücklich, dass das Symbol seinen Interpretanten bestimme (Peirce 1988, 374), und hebt damit auch auf die normative Kraft ab, die im semiotischen Prozess den Bedeutungsgehalt zur Wahrheit werden lässt. Jedes auf Konvention beruhende Zeichen hat einen gesetzartigen Charakter (Peirce 1983, 124) und nimmt damit dem handelnden Subjekt jeden Spielraum. Eco (1994, 423) hat darauf verwiesen, dass die Semiotik nicht sagen könne, was mit der Botschaft geschieht, sobald sie empfangen worden ist. Die Instrumentalisierbarkeit und auch Manipulierbarkeit der ›symbolischen Kultur‹ ist aus unser modernen Gesellschaft jedoch hinlänglich bekannt: die schöpferische Gestaltung identitätsstiftender Symbole lässt sich auf allen gesellschaftlichen Ebenen beobachten und ist fester Bestandteil sozialen und politischen Handelns. Auch für prähistorische Gesellschaften wird z. B. in der britischen *Contextual Archaeology* davon ausgegangen, dass Handlung und materielle Kultur in einem wechselseitigen Verhältnis stehen, gesellschaftliche Realität durchaus durch die Verwendung der Sachkultur manipulierbar ist. Eco fordert für die Semiotik ein Umdenken, eine stärkere Integration des Akteurs in die semiotische Betrachtung durch Thematisierung der Struktur der Rezeption und der Taktik der Decodierung (Eco 1994, 437 f.). Mit dem im wissenschaftlichen Diskurs zunehmend in den Vordergrund drängenden Handlungsaspekt setzt sich die Einsicht durch, dass Zeichen nur »als das Medium und Ergebnis kommunikativer Prozesse in der Interaktion« existieren (Giddens 1992, 84). C. Fabre-Vassas und D. Fabre (1987) betonen, dass Symbole offene Verweisungssysteme seien, die als ein Netz von Sinnbezügen verstanden werden müssten und die sich erst in einer spezifischen kommunikativen Situation entfalteten. Sie folgern,

> »daß eine Analyse, will sie konsequent sein, keine andere Wahl hat, als sich im Zentrum des Handelns und der dazugehörigen Sprache anzusiedeln. ... Es kommt dabei auf das geringste Detail der Gegenstände und Gesten an, auf die Form, den Namen und die Reihenfolge in

der Anwendung, selbst auf die Geschichte, die einer Klassifizierung zugrunde liegen kann, und in deren Kontext das archaische Instrument mit größerer Wirksamkeit ausgestattet ist« (ebd. 231).

Die Aufgabe der Analyse des Symbolgebrauchs ist somit nicht die Dekodierung einzelner Teilphänomene, sondern die Untersuchung des gesamten Feldes, in dem das Symbol zur Wirkung gelangt. Unmittelbar davon berührt sind die sozialen Bedingungen der Produktion, Verwendung und Reproduktion des Symbols. Die beschriebenen Wesensmerkmale von Symbolen haben für die archäologische Praxis weitreichende Konsequenzen. Zwei neuralgische Punkte sind zu nennen:

Erstens, im archäologischen Befund sind Symbole abwesend. Da Symbole sich erst über ihren Interpretanten, ihre Bedeutung, konstituieren, sind sie ohne Kenntnis der prähistorischen Deutungskonventionen bedeutungslos und somit nicht mehr existent – sieht man hier einmal von den rezenten Bedeutungsaufladungen ab. Erkennen wir an, dass Symbole die Grundlage menschlicher Handlungen bilden, und beabsichtigen folglich, die Bedeutung dieser Handlungen zu erkennen, so müssen wir konstatieren, dass sich die Handlungen zwar im archäologischen Befund manifestieren, der Sinn dieser Handlungen uns allerdings verschlossen bleiben wird.

Zweitens, das Objekt alleine ist nicht aussagefähig. Erst im Kontext seiner symbolischen Erzeugung lässt sich seine Bedeutung erschließen. Doch was ist dieser Kontext? Ist der Entstehungskontext des Zeichens auch in seinem Deponierungskontext enthalten? Denn nur letzteren fassen wir ja im archäologischen Befund. Was die archäologische Quellenbasis uns von der einstigen prähistorischen Kultur überliefert, ist äußerst fragmentarisch. Die Deponierungspraktiken ebenso wie die Dekompositionsprozesse im Boden verkleinern in ihrer Gesamtheit den Ausschnitt, der von der einstigen Kultur überliefert wird. Weder der Verlust ist hinreichend bekannt noch die Repräsentativität des Sichtbaren. Die oben zitierten, von Fabre-Vassas und Fabre formulierten Anforderungen an eine kontextuelle Analyse mögen für die Untersuchung rezenter Gesellschaften adäquat erscheinen, in der Realität der archäologischen Praxis jedoch muss eine solche kontextuelle Symbolanalyse am fragmentarischen Befund scheitern.

Die Abwesenheit von Symbolen im archäologischen Befund und die beschränkte Möglichkeit zu kontextuellen Analysen blockieren die von der *Contextual Archaeology* propagierte Anwendung hermeneutischer Methodik und die nach ›Verstehen‹ trachtende Interpretation des Symbolgebrauchs. Die ursprüngliche Bedeutung wird kaum zu entschlüsseln sein.

Ich möchte hinsichtlich der Deutungsmöglichkeiten der archäologisch erschlossenen materiellen Kultur nicht einer pessimistischen Sichtweise das Wort reden. Es war soweit mein Anliegen, Gedanken zum Interpretationspotential der überlieferten prähistorischen Sachkultur vorzutragen, und hierbei auf die interpretatorischen Grenzen hinzuweisen. Ich meine dennoch, dass es geeignete Möglichkeiten gibt, sich dem Symbolgehalt vergangener Sachkultur anzunähern.

Im Mittelpunkt müssen nach wie vor die archäologisch erschlossenen Realien stehen. Doch im Unterschied zur semiotischen Analyse, die sich mit Bedeutungszuschreibungen und deren Wirkung auf die Rezipienten befasst, wird das Objekt nicht zum Sprechen gebracht. Es ist ein für alle Mal verstummt. Sprechen kann gewissermaßen nur der Wissenschaftler, der begründete Aussagen zum Objekt macht. Jede Annäherung an die einstigen Symbole kann nur von außen erfolgen. Das heißt in unserem Falle, einen Brückenschlag von bereits besser durchdrungenem historischen oder rezenten Kontext zu wagen. Dieser mittels Analogiebildung gewagte Brückenschlag zwischen zeitlich und räumlich weit auseinander liegenden Räumen setzt eine generalisierend-strukturelle Betrachtungsweise voraus und verbietet damit ein partikularistisch-individualisierendes Fachverständnis.[2]

Die Absage an eine Rekonstruktion der einstigen Symbolbedeutung heißt ebenfalls, dass wir uns von der Vorstellung einer Identität analytischer Kategorien und solcher der untersuchten Bevölkerung verabschieden müssen.[3] Der für unsere Diskussion relevante Punkt liegt in der Natur der archäologischen Quellen begründet. Auch wenn wir sicher davon ausgehen müssen, dass die uns archäologisch überlieferten Realien ebenso ihren Ursprung im gesellschaftlichen Handeln hatten wie sie dieses im Gegenzuge auch strukturierten – und die ihnen eigene Bedeutung erst in ihrem Verwendungskontext erhielten –, so müssen wir zugleich erkennen, dass der Handlungsrahmen mit den Realien nicht überliefert wurde. Auch wenn es das Bestreben ist, diesen Handlungsrahmen als soziale Praxis der untersuchten Gesellschaft zu rekonstruieren, so ist ausdrücklich zu betonen, dass ein solches Vorhaben nur von ›außen‹ erfolgen kann. Da jede Rekonstruktion der Interpretation bedarf, jede Interpretation aber zwangsläufig auch standort-, zeit- und ideologiegebunden ist, gibt es eine unüberbrückbare Kluft zwischen der einstigen Realität und der rezent rekonstruierten. Auch wenn solche Rekonstruktionen im strengen Sinne Konstruktionen, also Neuschaffungen der Vergangenheit sind (s. Eggert 1991, 11 ff.; für die Kunstgeschichte Meyer 1988), darf dennoch nicht übersehen werden, dass hierbei doch nicht alles möglich ist: Jede Aussage über die Vergangenheit muss sich am archäologischen Befund auf ihre Plausibilität hin überprüfen lassen. Eine Aneignung

---

2   Die Auseinandersetzung um das sich hierin äußernde grundlegende Fachverständnis hat gerade in der deutschsprachigen Archäologie zu reichlich kontroverser Diskussion geführt. Ich möchte an dieser Stelle nur kurz auf die prononciertesten Antagonisten verweisen. M. K. H. Eggert und U. Veit haben sich in mehreren Beiträgen für eine kulturanthropologische, d. h. generalisierend-strukturelle Perspektive und die Unabdingbarkeit der Analogiebildung der archäologischen Deutung ausgesprochen (z. B. Eggert 1991a; 1991b; 1999; 2001, bes. 308 ff.; Veit 1990; 1995; 2000a; 2000b). Die Gegenposition wurde mehrfach von U. Fischer formuliert (1987; 1990). Für einen Überblick über die Problematik der Analogiebildung siehe jüngst Gramsch 2000.

3   Siehe hierzu auch Eggert 1977, dessen kritische Bemerkungen nichts an Aktualität verloren haben.

des ›fremden‹ Blicks wird aufgrund der geschilderten interpretatorischen Gebundenheit nicht gelingen, und sollte dies einmal doch geschehen sein, würden wir dieses Erfolgs nie sicher gewahr werden.

Das Fallbeispiel: Die goldenen Halsringe der ›Hallstattfürsten‹

Bislang sind aus dem Gebiet der Westhallstattkultur des späten 7. bis frühen 5. Jh. v. Chr. 25 Goldhalsringe bekannt, die sich meist in regionalen Ballungen über das Kerngebiet dieser Kultur in Ostfrankreich, der westlichen Schweiz und Baden-Württemberg verteilen. Einzig der Goldhalsring aus Helpfau-Uttendorf in Oberösterreich liegt abseits dieser für das westliche Hallstattgebiet charakteristischen Verteilung (Abb. 4).[4] Die funktionale Deutung der Ringe war lange umstritten. Da sie meist in der Nähe des Kopfes gefunden wurden, hatte man sie vielfach als Diademe angesprochen. Erst mit der Arbeit von Kimmig/Rest (1954, 192) sowie der zwar nie publizierten, dennoch aber viel beachteten Dissertation von S. Schiek (1956, 86 ff.) hat sich ihre Deutung als Halsringe bzw. Halsreifen durchgesetzt.

Zu einem frühen Zeitpunkt durchgesetzt hat sich hingegen ihre Deutung als Statussymbol. Bereits 1878 hatte E. Paulus d. J. die von ihm im Vorfeld der Heuneburg untersuchten Bestattungen als ›Fürstengräber‹ ausgewiesen, die nahe gelegene Burganlage deutete er als Wohnsitz der ›Fürsten‹ (Paulus d. J. 1878). Die reichen Goldfunde und mit diesen die goldenen Halsringe hatten die soziale Interpretation maßgeblich beeinflusst. Mit der Zunahme an ähnlich ausgestatteten Grabfunden verfestigte sich die soziale Ausdeutung dieser Objektgruppe dahingehend, dass die goldenen Halsringe als kennzeichnendes Merkmal für die so genannten ›Fürstengräber‹ angesehen wurden (Paret 1941, 80). Es besteht in der Hallstattforschung heute kein Zweifel daran, dass es sich bei diesen Ringen – wie auch beim mediterranen Import, bei den Wagen und dem Bronzegeschirr – um einstige Statussymbole der sozialen Oberschicht handelt. Es ist jedoch auch nicht zu übersehen, dass die Bestimmung der Objekte als Statussymbole sich an heutigen Wertmaßstäben orientiert. Über ihre vermutete Funktion als Statussymbol hinaus wird den Goldhalsringen eine Abzeichenfunktion zugesprochen: Als Insignie des ›Fürsten‹ hätten sie diesen demnach verbindlich kenntlich gemacht (z. B. Zürn 1970, 125 ff.).

---

4 In den Beständen des Musée des Antiquités Nationales, Saint-Germain-en-Laye, befinden sich fünf verzierte Gold-Fragmente, die wahrscheinlich zu einem weiteren Goldhalsring gehören. Unter der gleichen Inventarnummer wird ein sechstes Fragment geführt, das möglicherweise von einem zweiten Ring stammt. Für die aus dem Pariser Kunsthandel erworbenen Stücke wird die Bretagne als Fundregion angegeben, was allerdings wenig wahrscheinlich ist. Die zu einem Ring gehörenden Fragmente waren im Repoussée-Verfahren ausgeformt und mit verschiedenen Punzen verziert. Sie lassen sich aufgrund von Herstellung und Dekor zwanglos den Goldhalsringen der nordwestalpinen Hallstattkultur anschließen. Einzig die angebrachten maskenartigen Punzen lassen an eine Herstellung in der frühen Latènezeit denken (Joffroy 1969; Kimmig/Rest 1954, 214 ff.).

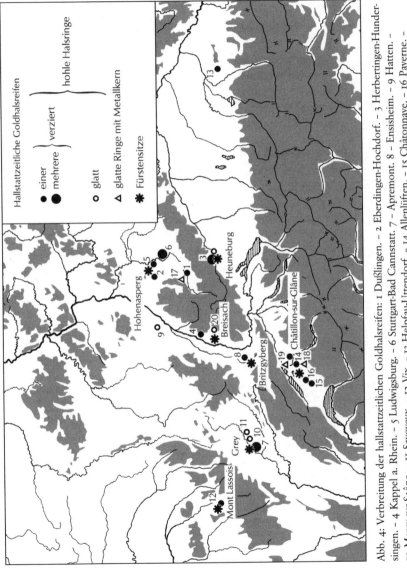

Abb. 4: Verbreitung der hallstattzeitlichen Goldhalsreifen: 1 Dußlingen. – 2 Eberdingen-Hochdorf. – 3 Herbertingen-Hundersingen. – 4 Kappel a. Rhein. – 5 Ludwigsburg. – 6 Stuttgart-Bad Cannstatt. 7 – Apremont. 8 – Ensisheim. – 9 Hatten. – 10 Mercy-sur-Saône. – 11 Savoyeux. – 12 Vix. – 13 Helpfau-Uttendorf. – 14 Allenlüften. – 15 Châtonnaye. – 16 Payerne. – 17 Rottenburg-Baisingen. – 18 Düdingen. – 19 Hermrigen. – 20 Ihringen (nach Egg 1985, 358 Abb. 28).

Die Bestimmung der ›Fürstengräber‹ anhand der Grabanlage und der Grabausstattung ist mit einer Reihe von Problemen behaftet; verbindliche, die soziale Oberschicht kennzeichnende Merkmale sind nicht gegeben, so dass eine klare Gruppenbildung bislang kaum möglich ist (Burmeister 2000, 112 ff.). Hier sollen jedoch nicht die bisherigen soziologischen Ausdeutungen einzelner Objektgruppen bzw. die Modelle der späthallstattzeitlichen Gesellschaftsstruktur beleuchtet werden. Das Ziel dieser Arbeit ist bescheidener gesteckt. Es geht um die Frage, was dafür spreche, dass die goldenen Halsringe als Statussymbole gedeutet werden können? Um auf diese Frage eine Antwort zu finden, soll für diese exponierte Objektgruppe der Weg archäologischer Erkenntnisgewinnung vom Fund bis zur inhaltlichen Interpretation seiner einstigen Funktion und seiner Bedeutung im urgeschichtlichen Kontext nachgezeichnet werden.

Das Statussymbol

Statussymbole zeigen als äußerlich erkennbare Zeichen im üblichen sozialen Kontext an, welchen Status die damit gekennzeichnete Person im Verhältnis zu anderen im Statussystem einnimmt. Diese einfache Definition verweist auf zwei hier zentrale Aspekte: 1. die Zeigefunktion des Statussymbols und 2. das zu Zeigende, nämlich die gesellschaftliche Position des Zeichenträgers in der sozialen Hierarchie. Zwar sind diese beiden Aspekte noch Wesensmerkmale eines jeden Zeichens, für unsere Fragestellung ergeben sich daraus jedoch spezifische Anforderungen.

Die Zeigefunktion des Goldhalsringes als mögliches Statussymbol setzt seine Sichtbarkeit in den Bereichen der gesellschaftlichen Öffentlichkeit voraus, in denen die Information über die gesellschaftliche Position seines Trägers von Bedeutung ist. Das leitet über zum zweiten Aspekt. In der Darstellung der gesellschaftlichen Position liegt eine doppelte Bedeutung: zum einen die Abgrenzung von Anderen mit abweichendem Status, zum zweiten die Vergewisserung der Zugehörigkeit zur eigenen Gruppe. Die Adressaten, die über das Statussymbol angesprochen werden sollen, sind somit die Allgemeinheit wie auch die eigene soziale Gruppe. A. Cohen (1974; 1981) zeigte in seinen Untersuchungen gesellschaftlicher Eliten die beiden Seiten derselben Medaille, die durch Ausgrenzung der Nicht-Mitglieder und Zusammenschluss der Mitglieder geprägt ist.

Es ist nicht von vornherein davon auszugehen, dass ein und dasselbe Statussymbol sich an beide Adressatenkreise richtet; die spezifische Verwendung kontextabhängiger Symbole lässt sich mit Beispielen vielfach belegen. Für die hallstattzeitlichen Goldhalsringe ist der Adressatenkreis nur indirekt zu erschließen. Die bisher bekannten, sicheren Funde stammen ausschließlich aus Grabkontexten. Gerade die Bestattungen mit dieser Beigabe sind überdurchschnittlich aufwendig ausgeführt. Das gut untersuchte Beispiel des Grabes von Hochdorf gibt zudem Hinweise auf eine Reihe von Aktivitäten im Zusammenhang mit den Bestattungen (Biel 1985). Es spricht momentan alles dafür, dass diese Bestattungen als öffentliche Angelegenheit inszeniert wurden. Zumindest in ihrem Deponierungskontext, den wir zunächst ja nur mit der Bestattung fassen, möchte man für den Goldhalsring – wie auch für die anderen Bestandteile der Grabausstattung – annehmen, dass die Botschaft für die Öffentlichkeit bestimmt war.[5]

Gemeinhin werden Statussymbole als Zeichen der sozialen Oberschicht verstanden, was im strengen Wortsinne nicht richtig ist, da jede Person eine gesellschaftliche Statusposition innehat und diese anhand spezifischer Symbole darstellen kann. Der Einfachheit halber beschränke ich mich in der Diskussion auf die Statussymbole sozialer Eliten. Der Soziologe T. Veblen (1986) hat in seiner inzwischen klassischen *Theorie der feinen Leute* bereits Ende des 19. Jh. herausgearbeitet, dass ein verschwenderischer Lebensstil und der Konsum exklusiver Produkte ein Wesenszug sozialer Eliten ist. Cohen sprach in diesem Zusammenhang von »dramaturgischen Inszenierungen« (Cohen 1981, 2 f.), anhand derer diese nicht nur ihre herausgehobene gesellschaftliche Position demonstrieren, sondern diese darüber auch legitimieren und festigen. Exklusivität ist somit ein zentrales Moment elitärer Statusrepräsentation; die Statussymbole der Oberschicht sind folglich ebenfalls exklusiv.

Die geforderte Exklusivität kann sich durch hohen ideellen oder ökonomischen Wert ausdrücken, in jedem Falle ist das exklusive Gut nicht allgemein zugänglich und damit selten. L. Jørgensen (1987, 22) stellte in seiner Analyse eisenzeitlicher Gräber auf Bornholm fest, dass die seltensten Beigaben nur in den reichhaltig ausgestatteten Inventaren vorkommen, woraus er eine Korrelation von Beigabenseltenheit und hohem Status folgerte. Dennoch ist hier zur Vorsicht zu mahnen, da z. B. ›Berufsgruppen‹-spezifische oder stigmatisierende Beigaben ebenfalls selten sind.

Somit sind zwar nicht alle seltenen Güter Statussymbole der sozialen Elite, aber alle Statussymbole der Oberschicht sind selten. Die eingangs gemachten Ausführungen zum Wesen von Symbolen müssen hier präzisiert werden. Es wurde oben ausgeführt, dass eine Verbindung zwischen Symbol und Objekt ausschließlich durch die Interpretation hergestellt wird. Das heißt jedoch nicht, dass die Beziehung zwischen Symbolbedeutung und Objekt beliebig ist. Diese Feststellung steht im deutlichen Gegensatz zu dem von Saussure formulierten Grundsatz der Beliebigkeit des linguistischen Zeichens (Saussure 1931, 79). Auch sprachliche Zeichen sind im Sinne der Peirceschen Klassifikation Symbole. Die von Saussure betonte Beliebigkeit leuchtet ein, denn linguistisch besteht kein innerer Zusammenhang zwischen dem sprachlichen Zeichen und dem sprachlich so Bezeichneten – ein Blick in ein beliebiges

---

[5] Das vor allem von der britischen Archäologie aufgeworfene Problem, dass sich in den Bestattungen nicht der Status des Bestatteten, sondern eher der Status der Bestattenden ausdrücken würde, kann an dieser Stelle vernachlässigt werden. Denn für unsere Diskussion ist es zunächst unerheblich, ob ein Goldhalsring aus dem eigenen Besitz des Toten stammte oder von anderen Personen als Liebesgabe oder Ehrenbezeugung dem Toten übergeben wurde (hierzu auch Burmeister 2000, 98 f.).

Fremdsprachenwörterbuch führt dies eindrücklich vor Augen.[6] Für die materiellen Zeichen hat dieser Grundsatz jedoch keine generelle Gültigkeit. Gerade am Beispiel des elitären Statussymbols haben wir gesehen, dass Symbole eine bedeutungsspezifische Gebundenheit haben, dass es eine inhaltliche Beziehung zwischen dem Symbol (Signifikat) und dem Objekt (Signifikant) gibt. Nicht alle Zeichenträger sind geeignet, die intendierte Bedeutung zu transportieren. Der gesellschaftliche Kontext, in dem das Symbol entsteht, verlangt hier eine gezielte Auswahl, die geeignet ist, der spezifischen Zeichenfunktion gerecht zu werden.

Gold

Gold ist aufgrund seiner Materialeigenschaften ein idealer Werkstoff für Statussymbole: die extreme Verform- und Dehnbarkeit erlaubt die Ausformung hauchdünner Goldauflagen oder Goldeinlagen. Die Geschmeidigkeit des Metalls ermöglicht eine vielfältige Formgebung, die mit den eher spröden und starren Werkmaterialien Bronze und Eisen kaum zu erzielen ist. Wegen seiner Weichheit ist es als Ausgangsmaterial für die Werkzeug- oder Geräteherstellung jedoch wenig geeignet. Goldobjekte finden in erster Linie nicht über ihren praktischen Nutzen Verwendung, sondern wirken durch ihren besonderen, nicht durch Oxidation zu beeinträchtigenden Glanz (Jäggy 1991).

Im Kulturvergleich stellt sich Gold als universeller Ausdruck von Macht, Reichtum und Ansehen dar (Clark 1986, 50 ff.). Mit Gold wird eine Fülle symbolischer Bedeutungen verknüpft, wobei seinem Glanz eine besondere Bedeutung beigemessen wird. In etlichen alt- und neuweltlichen Kulturen wird Gold als materialisiertes Sonnenlicht gesehen[7] und mit den Göttern in Verbindung gebracht (z. B. Betz 1995, 21). Anhand der indischen Veden hat J. Gonda (1991) die Bedeutungsverknüpfungen von Gold u. a. mit der Sonne, den Göttern und dem König dargestellt. Ähnliche Bedeutungsketten lassen sich für die frühchristliche Spätantike aufzeigen (James 1998, 74-79). In den Fällen, wo Gold nicht dem sakralen Bereich vorbehalten war, war es nach James (ebd.) immer auch an die soziale Elite gebunden. Hierfür ist sicherlich nicht nur sein ökonomischer Wert verantwortlich, sondern ebenso die spezifische ideelle Wertzuschreibung, die der Elite ihren besonderen Nimbus gab. Trotzdem ist

---

6 Doch auch hier ist eine Einschränkung zu machen: Sprachgeschichtlich wirksame Lautverschiebungen wie auch Wortableitungen verweisen auf Wort- und Bedeutungsverwandtschaften, die entwicklungsgeschichtlich bedingt und eben nicht zufällig sind. In der alltagssprachlichen Praxis erfährt dieser Umstand jedoch keine Bedeutung; hier kommt der von Saussure betonten ›Beliebigkeit‹ der sprachlichen Symbole uneingeschränkte Gültigkeit zu.
7 An der Basis der symbolischen Sonnen-Bedeutung liegt eine ikonische Beziehung zwischen dem Glanz des Goldes und der Sonne.

vor allzu schnellen Schlüssen zu warnen. So bemerkt Clark (1986, 63), dass in Japan dem Gold keine vergleichbare Bedeutung zukam. Dies ruft eine von E. Leach (1978, 81) geäußerte Mahnung in Erinnerung:

> »Denn obwohl gewisse strukturelle Beziehungen zwischen bestimmten Kulturelementen sehr häufig vorkommen, gibt es wahrscheinlich immer Sonderfälle, bei denen eine Umkehrung der Werte zu beobachten ist.«

Für die Späthallstattkultur fehlen uns aussagekräftige Text- oder Bildquellen. Erst für die folgenden Jahrhunderte geben römische Quellen einen Eindruck von der hohen Bedeutung, die Gold für die latènezeitlichen Kelten hatte (s. Eluère 1987). Wir können jedenfalls nicht von vornherein davon ausgehen, dass Gold auch im hallstattzeitlichen Mitteleuropa ein Statusanzeiger war. Die herausragende Bedeutung, die Gold in zeitnahen und benachbarten Kulturen hatte, erhöht jedoch die Wahrscheinlichkeit dieser Annahme. Für die griechische, genauer die attische Ökonomie des 5. Jh. v. Chr. lässt sich eine Wertrelation zwischen Gold und Bronze von ca. 1 : 1000 ermitteln (Burmeister 2000, 130 Anm. 223). Es gibt zwar eine Reihe namhafter mediterraner Importfunde aus dem Gebiet der Westhallstattkultur, dennoch ist kaum davon auszugehen, dass der nordalpine Raum an die griechische Ökonomie angebunden war, wir also nicht ohne weiteres von entsprechenden Wertrelationen ausgehen können. Die bisherigen Funde reichen allein quantitativ nicht aus, um regelmäßige Wirtschaftsbeziehungen wahrscheinlich zu machen. Allerdings gewinnen wir über das gegebene Wertverhältnis einen Anhaltspunkt über die unterschiedlichen Wertbemessungen, die ja auch auf die unterschiedliche Verfügbarkeit zurückzuführen sind. So war Bronze in späthallstattzeitlichen Gräbern das mit Abstand am meisten verwendete Metall, sowohl was die Zahl der beigegebenen Gegenstände als auch was das absolute Gewichtsaufkommen betrifft.

Die Frage der Verfügbarkeit von Gold im Westhallstattgebiet ist schwer zu beantworten. Sichere Nachweise einer hallstattzeitlichen Goldgewinnung fehlen bislang. In unserem Raum dürfte die Gewinnung von Flussgold die größte Bedeutung gehabt haben. Besonders der Rhein wie auch die Aare mit ihren Nebenflüssen führen nennenswerte Vorkommen. Hier wurde im Mittelalter und der frühen Neuzeit in größerem Umfang Gold gewonnen (Hofmann 1991). Einige der Goldfunde aus dem Zentralgrab von Hochdorf wurden wahrscheinlich aus Flussgold hergestellt, eine Herkunftsbestimmung war allerdings nicht möglich (Hartmann 1985, 133 f.). Einen Anhaltspunkt über den einstigen Wert von Gold liefern die historischen Angaben über den erforderlichen Arbeitsaufwand zur Gewinnung von Flussgold. Im Luzerner Hinterland wurde in der frühen Neuzeit an guten Waschstellen in 2,5 ›Manntagen‹ ein Gramm Flussgold gewonnen, im badischen Oberrhein in den besten Jahren pro Person jährlich etwas über 20 g (Hofmann 1991, 38). Die frühen Belege prähistorischer Gewinnung von Flussgold zeigen ein den frühneuzeitlichen Zeiten durchaus vergleichbares technisches Niveau (z. B. Waldhauser 1991), so dass die gegebenen Werte durchaus auch für die hallstattzeitliche Goldgewinnung als realistisch gelten können. Dementsprechend würde der Aufwand der reinen Goldgewinnung für den 144 g schweren Goldhalsring aus Hochdorf für eine Person etwa zwischen einem und sieben Jahren Arbeit gelegen haben.

Aus der Bronzezeit und der darauf folgenden Urnenfelderzeit sind aus unserem Untersuchungsraum eine große Zahl namhafter Goldfunde bekannt geworden (z. B. Eluère 1987, 44 ff.), am Beginn der Eisenzeit, in Ha C, setzen die reichen Goldfunde jedoch aus. Nennenswerte Goldarbeiten sind für diese Zeit nur vereinzelt belegt, so etwa die Goldschale von Wehringen, die mit ihrer papierdünnen Folie wohl einstmals ein Gefäß aus organischem Material umkleidete (Kimmig 1991, 244), ein goldverziertes Schwert aus Gomadingen, Kr. Reutlingen (Zürn 1987, 124 ff.), zwei wietere aus dem Gräberfeld von Hallstatt. Mit dem Beginn der Späthallstattzeit tauchen wieder vermehrt Goldfunde auf; meist handelt es sich um kleinere Objekte, die zum Trachtschmuck gehörten. Doch erst im weiteren Verlauf dieser Zeitstufe – mit dem Beginn von Ha D2 – gibt sich der Goldreichtum zu erkennen, der so unmittelbar mit dem ›Fürstenphänomen‹ der Westhallstattkultur in Verbindung gebracht wird.

Verarbeitung und Dekor

Die hallstattzeitlichen Goldhalsringe sind in ihrer äußeren Gestaltung sehr unterschiedlich. Allen gemeinsam ist jedoch, dass sie aus einem glatten, zu einem Ring gebogenen Goldblechstreifen in ihre Form getrieben wurden. Sie haben meistens einen Durchmesser, der es erlaubte, sie über den Kopf zu ziehen. Diese Ringe sind geschlossen, wobei sich bei keinem dieser Stücke bislang eine zusammengelötete Nahtstelle beobachten ließ. Die anderen Ringe sind hingegen offen oder mit einem Verschluss versehen; sie haben meist einen kleineren Durchmesser. Die Herstellung der Ringe in Treibtechnik resultiert aus den günstigen Materialeigenschaften von Gold; der zeitgenössische Ringschmuck aus Bronze wurde dagegen im Gussverfahren hergestellt. Der Herstellung des Goldschmucks erforderte somit eigene Fertigkeiten, die von einem Bronzeschmied nicht in dem Maße verlangt wurden. Die angewandten Verschlusstechniken bei den offenen Ringen finden sich jedoch auch an anderen, gewöhnlichen Schmuckstücken.[8]

Die Goldhalsringe von Rottenburg-Baisingen, Düdingen und Hermrigen enthielten – abweichend vom allgemeinen Muster – einen Bronze- bzw. Eisenring als Kern. Ähnliches ließ sich auch bei einer Reihe von hohlen Bronzeringen beobachten. Be-

---

[8] Hier ist auf den Goldarmring aus Dußlingen hinzuweisen, der mit seinem einzigartigen Schiebeverschluss eine für die Hallstattzeit ungewöhnliche Verschlusstechnik zeigt (s. Zürn 1987, 193 f). – Im Fall von Uttendorf finden wir einen Hakenverschluss, ansonsten wurden die durchbohrten offen Enden übereinander geschoben und durch einen Stift bzw. einen Draht gesichert.

Abb. 5: Späthallstattzeitlicher Goldhalsreifen aus Stuttgart-Bad Cannstatt, Grab 2 (Zürn 1987, Taf. 400, A1).

reits Kimmig und Rest vermuteten, dass die z. T. sehr dünn ausgetriebenen Goldhalsringe aus Stabilitätsgründen einen Kern, wahrscheinlich aus organischem Material wie Holz oder Leder, umschlossen (Kimmig/Rest 1954, 193). Zumindest Holz konnte als Füllmaterial bei bronzenem Ringschmuck in etlichen Fällen nachgewiesen werden.

Die hallstattzeitlichen Goldarbeiten stehen im Wesentlichen in einer handwerklichen Tradition, die auf die Goldschmiedekunst der mitteleuropäischen Bronzezeit zurückgeht. Auch wenn die Goldschmiede in unserem Untersuchungsraum ein technisch sehr hohes Niveau erreichten, blieben sie gegenüber der Kunstfertigkeit der zeitgenössischen Goldhandwerker Etruriens deutlich zurück (z. B. von Hase 1974). Dies mag umso mehr verwundern, als für diesen Zeitraum transalpine Kontakte belegt sind. Nur eine kleine Zahl an Goldarbeiten aus dem französischen wie dem Schweizer Raum weisen die Granulationstechnik auf, die südlich der Alpen sehr geläufig war. Die Frage nach der Herkunft dieser Schmuckstücke konnte bislang nicht befriedigend beantwortet werden (Eluère 1987, 123). Entweder lehnten die Menschen nördlich der Alpen solche Formen ab oder den Handwerkern fehlten die notwendigen technischen Fertigkeiten.

Neben einigen glatten, unverzierten Halsringen ist die Mehrzahl der Ringe verziert (Abb. 5).[9] Kimmig und Rest unterschieden für die späthallstattzeitlichen Goldarbeiten vier Zierstile (Kimmig/Rest 1954, 195 ff.): Der ersten Gruppe der unverzierten Stücke stehen die Arbeiten mit Ziermuster gegenüber. Letztere zeichnen sich alle durch mehr oder weniger ausgeprägt profilierte Längsrippen aus. Während die zweite Gruppe sich auf diese im Repoussé-Verfahren erzeugten Längsrippen beschränkt, tritt bei der dritten Gruppe eine reiche, geometrisch gereihte Ornamentik hinzu. Die vierte Gruppe zeichnet ein mehr ›zeichnerisch-linearer‹ Ornamentstil aus. Die Ornamente der letzten beiden Gruppen wurden in Punz- und Presstechnik angebracht und folgen der umlaufenden Zonierung der Längsrippen.

Um zu klären, ob die Musterkarten der verzierten Goldhalsringe exklusiv auf diese beschränkt waren, bietet sich der Vergleich mit den reich verzierten bronzenen Gürtelblechen an. Bei den flächig mit Punzen verzierten Blechen fällt zunächst die

---

9 Der in der Gruppe der hier diskutierten Goldringe jüngste Halsring aus dem Grab von Vix bleibt unberücksichtigt. Dieser Ring ist aufgrund seiner Form, Verzierung und Herstellungstechnik ein Unikat, dessen Ursprung außerhalb des Westhallstattkreises gesucht wird (z. B. Eluère 1987, 114; Spindler 1983, 348).

große Gruppe der Bleche auf, die eine strenge Gliederung der Zierfläche in kleine geschlossene Felder aufweisen. Weitere Bleche lassen jegliche Flächengliederung missen und nur die Gürtelbleche vom Typ Cudrefin (s. Kilian-Dirlmeier 1972) zeigen eine den Halsringen entsprechende Einteilung in Horizontalstreifen; die z. T. umlaufenden Bänder der Bleche vom Typ Brumath sind hier anzuschließen. Die ungleiche regionale Verbreitung dieser Bleche lässt jedoch nicht darauf schließen, dass Halsringe und Gürtelbleche in einem dekorativen Zusammenhang standen.

Eine Längsrippung findet sich ebenfalls auf den Gürtelblechen vom Typ Hundersingen. Bereits F. Maier wies darauf hin, dass die gegossenen längsgerippten Gürtelbleche, die aufgrund der Beifunde als männliche Ausstattungsstücke anzusprechen seien, in mehreren Fällen in ›Fürstengräbern‹ auftreten (Maier 1958, 154). Das goldene Gürtelblech aus Eberdingen-Hochdorf mit Längsrippung scheint diese Beobachtung zu bestätigen. Dennoch tauchen Gürtelbleche diesen Typs, dessen Verbreitungsschwerpunkt im südlichen und mittleren Württemberg liegt, auch in einfacher ausgestatteten Inventaren auf (Kilian-Dirlmeier 1972, 35 ff.). Des Weiteren findet sich eine entsprechende Längsrippung auf einigen späthallstattzeitlichen Dolchscheiden. In der bisherigen Forschung wurde dieser Objektgruppe ein besonderer Abzeichencharakter zugesprochen (s. Burmeister 2000, 92 Anm. 150). Für Württemberg ließ sich zeigen, dass den Dolchen im Grabbrauch ein hoher Statuswert zukam (ebd., passim). Die längsgerippten Gürtelbleche wie auch die Dolche gehören zum männlichen, die verzierten, gefelderten Gürtelbleche dagegen zum weiblichen Ausstattungsrepertoire. In der unterschiedlichen Dekoranordnung jedoch einzig ein geschlechtsspezifisches Moment zu sehen, greift sicherlich zu kurz, da z. B. auch die Goldarmringe aus den reichen Frauengräbern von Ditzingen-Schöckingen und Esslingen-Sirnau ebenfalls die beschriebene Längsrippung aufweisen, die goldenen Schuhbeschläge aus Hochdorf hingegen die gefelderte Gliederung des Dekors. Es festigt sich der Eindruck, dass die Längsrippung in Abgrenzung zu anderen Dekorstilen zu sehen ist und einer besonderen Personengruppe vorbehalten gewesen zu sein scheint.

Ansonsten sind die Musterkarten der Goldhalsringe nicht auf diese beschränkt. Die einzelnen Punzen finden sich vielfach ebenso auf den Gürtelblechen wieder wie auch auf den bronzenen Tonnenarmbändern. Ebenso sind die doppelten Kreispunzen und die gegenüberstehend ineinander greifenden Dreiecke, wie sie auf dem Halsreif von Kappel angebracht sind (Kimmig/Rest 1954, Abb. 5.2), ein gängiges Stempelmuster auf der Alb-Hegau Keramik der älteren Hallstattzeit bzw. der frühen Späthallstattzeit.[10] Mäanderband und Winkelhaken finden sich ebenso auf etlichen Gefäßen bemalter weiß- und rotgrundiger Keramik von der Heuneburg. Ungewöhn-

---

10 Die dekorativen Anleihen, die der Halsring von Kappel von der älteren Keramik übernimmt, könnte Kimmig in seiner frühen Datierung dieses Grabes unterstützen (Kimmig/Rest 1954, 209; zur Kontroverse über die chronologische Einordnung dieses Inventars s. Burmeister 2000, 117 f. Anm. 202).

lich sind einzig die maskenartigen Köpfe auf einem Halsring mit fraglicher Herkunftsbezeichnung, der hier nicht weiter berücksichtigt wurde.[11] Die Figurenpunze mit Pferd und Reiter vom Halsring aus Hochdorf ist in dieser Form ebenfalls ein Unikat; in ihrer Art entspricht sie jedoch ähnlichen Punzen auf einer Reihe von Gürtelblechen.

Insgesamt ist somit festzuhalten, dass sich das Motivrepertoire der Goldhalsringe nicht von dem anderer Objektgruppen unterscheidet. Wenn vielleicht die lineare Anordnung des Dekors auf die besondere Bedeutung der Halsringe verweist, so ist aus den Ziermotiven selbst jedenfalls kein Hinweis auf eine derartige Bedeutung zu gewinnen. Folgt man den einleitenden Gedanken zum Charakter von Statussymbolen, so ist zu erwarten, dass diese besonders qualitätsvoll gearbeitet sind, dass sie entweder Herstellungstechniken aufweisen, die nur von wenigen Spezialisten umgesetzt werden konnten oder dass sie sich in ihrer Bearbeitung durch eine qualitativ hochwertige Ausführung von den gebräuchlicheren Werkstücken unterscheiden. Durch die angewandten filigranen Treib- und Löttechniken hebt sich der Goldschmuck sehr wohl von anderen toreutischen Arbeiten ab. Zwar möchte man einige der glatten, unverzierten Ringe in ihrer Verarbeitungsqualität nicht über anderen, kunstvoll gestalteten Bronzeschmuck stellen. Die verzierten Halsringe wie auch andere Goldarbeiten weisen jedoch eine sehr hohe handwerkliche Qualität und, besonders wenn man auf das hier nicht besprochene Exemplar von Vix blickt, technische und gestalterische Raffinesse auf, die ihres Gleichen in den westhallstättischen Metallarbeiten sucht. So kann man nur unterstreichen, dass uns mit der Mehrzahl der goldenen Schmuckstücke ganz besondere kunsthandwerkliche Objekte vorliegen.

Der Halsring

Der Vergleich der Goldhalsringe mit den späthallstattzeitlichen Halsringen aus anderen Materialien zeigt ebenfalls prägnante Unterschiede. Die gewöhnlichen Halsringe wurden meist im Gussverfahren aus Bronze hergestellt, eine deutlich kleinere Zahl aus Eisen geschmiedet. Diese Verfahren erlaubten es nicht, vergleichbar filigrane Ziermuster anzubringen. Insgesamt sind diese Halsringe sehr schlicht gehalten, die unverzierten Stücke überwiegen. Verzierungen bestehen meist aus einfachen Strichgruppen, nur vereinzelt wurden Ringe im Tremolierstichverfahren mit flächigen Mustern versehen. Die verwendeten Muster beschränken sich weitgehend auf geritzte Kreis- und Linienmuster; die Formenvielfalt, die von der Punztechnik bekannt ist, fehlt hier. Die verzierten bronzenen Halsringe haben nicht die Plastizität der Goldringe und entfalten somit auch nicht deren optische Wirkung, die zum einen durch den Glanz des Goldes, aber auch durch das Licht- und Schattenspiel der Oberflächenstruktur hervorgerufen wird.

---

11 Siehe hierzu Anm. 4; Kimmig verweist in diesem Zusammenhang auf ähnliche Masken im osthallstättischen Raum (Kimmig/Rest 1954, 216).

Der optische Reiz, der von den Goldhalsringen ausgeht, wird durch ihre Größe verstärkt. Während die bronzenen Ringkörper selten mehr als 1 cm Durchmesser haben, sind die Goldringe deutlich größer angelegt: Ihr Ringkörper erreicht im Mittel eine Höhe von 3-4 cm[12], so dass sie – um den Hals gelegt – ein auffälliger Blickfang sind. Alles in allem haben die Goldhalsringe gegenüber den Halsringen aus anderen Materialien eine Signalwirkung, die ihren Trägern eine herausragende optische Präsenz verleihen konnte.

Ein weiterer Aspekt scheint ebenfalls bedeutsam zu sein. In Württemberg gehörten die bronzenen Halsringe zum weiblichen Beigabenrepertoire.[13] Die Beigabe eines Halsringes in Verbindung mit einer Waffenbeigabe gehörte hier zur Ausnahme.[14] Für die anderen Regionen des Westhallstattkreises fehlen entsprechende Untersuchungen zur Geschlechtsspezifität der Beigabenausstattung. Überträgt man die geschlechtsspezifischen Beigabenmuster aus Württemberg, findet man ein ähnliches Bild: so sind im französischen Jura und in Burgund die bronzenen Halsringe nicht mit Waffen vergesellschaftet, sondern stehen meist in Zusammenhang mit vielteiligen Arm- und Beinringsätzen (s. Wamser 1975). Auch im Schweizer Mittelland und Jura schließt sich in den gesicherten Fällen die Beigabe von Bronzehalsring und Waffe aus (s. Drack 1970). Demgegenüber steht die Beigabe des Goldhalsringes. In Württemberg handelt es sich um eine ausschließlich männliche Beigabe, was anhand der Beifunde auch für die anderen Regionen bestätigt werden kann. Einzig das Grab aus Vix nimmt hier eine Sonderstellung ein, da es aufgrund des Trachtschmucks als weibliche Grablege anzusehen ist. Diese Deutung wird durch die anthropologische Bestimmung bestätigt (Langlois 1987; s. auch Knüsel im Druck).

So war der Halsring im Allgemeinen zwar ein weibliches Attribut, dennoch wurde der Goldhalsring von Männern getragen. Es gibt eine Reihe weiterer Fälle, in denen Männer mit Gegenständen aus dem weiblichen Beigabenspektrum bestattet

---

12 In der Regel sind die Goldhalsringe mit aufgebogener Innenseite restauriert und dargestellt. Kimmig und Rest sprachen sich bereits vor nun rund 50 Jahren dafür aus, dass die Ringe an ihrer Innenseite ursprünglich zusammengelötet gewesen sein müssten (Kimmig/Rest 1954, 193). Die Höhe der jeweiligen Ringe wäre demnach etwas kleiner anzusetzen. Dennoch wären sie immer noch deutlich höher als die bronzenen Ringe, so dass der optische Unterschied weiterhin gewahrt bliebe.

13 Im südlichen Württemberg war die geschlechtsspezifische Verteilung der Halsringe zu Beginn der Späthallstattzeit (Ha D1) nicht signifikant, da hier Halsringe auch in Inventaren vorkamen, die sich geschlechtsspezifisch nicht eindeutig zuordnen ließen; dazu Burmeister 2000, 71 f.

14 Hier wären zu nennen: das Nebengrab aus Eberdingen-Hochdorf (Biel 1985, 40); ein Grab aus Gerlingen-Löhle (Zürn 1987, 97); aus einer Altgrabung aus St. Johann-Würtingen stammen u. a. zwei Schlangenfibeln, ein Dolch, zwei Lanzen, die Reste eines Wagens sowie eines Bronzekessels, in wie weit die einzelnen Teile wirklich aus einer Grablege stammen, ist unklar (Zürn 1987, 154). Zur südlichen Bestattung aus Grab VI im Hohmichele gehörten ein eiserner Halsring sowie ein Hiebmesser. Weitere, nicht unmittelbar am Körper gelegene Beigaben des männlichen Beigabenspektrums werden dieser Bestattung zugewiesen (Riek 1962).

worden sind, was auf die zumindest partielle Durchlässigkeit des idealisierten Geschlechtsdimorphismus schließen lässt. Dies muss nicht auf rituelle Praktiken zurückzuführen sein, wie Pauli gefolgert hat, der im ›Trachtwechsel‹ Transvestiten und kultisch-religiös begründete Bisexualität repräsentiert sah (Pauli 1972, 127 ff.), sondern kann den abgesteckten individuellen Handlungsspielraum umreißen, der Abweichungen von der Norm zuließ. Die Möglichkeit des Konventions- und Normenbruches muss nicht für alle gleichermaßen gegeben gewesen sein. Pauli sah in dem kultischen Geschlechtsrollenwechsel ein Oberschichtphänomen (ebd.) und jüngst vermutete Schönfelder, dass es vor allem die soziale Elite war, die mit scheinbar weiblichen Schmuckelementen ihre Unabhängigkeit und Macht zur Schau stellte (Schönfelder 1998). Die unterschiedlichen Möglichkeiten sozialer Gruppen, sich über spezifische normative Verhaltensmuster zu stellen, liefern einen interpretatorischen Ansatzpunkt, der auch bei der sozialen Interpretation der Goldhalsringe zu berücksichtigen ist.

Die Gräber

Versuchen wir die Goldhalsringe im Kontext der Grabausstattung, der Grabanlage sowie ihrer räumlichen Verbreitung zu betrachten, ergibt sich eine Reihe von Problemen. Die Zusammensetzung der Beigabenausstattung der Gräber mit Goldhalsringen, die Monumentalität der jeweiligen Grabanlagen sowie die Nähe der Grabhügel zu den angenommenen ›Fürstensitzen‹ hat die soziologischen Deutungskonzepte der Hallstattforschung maßgeblich geprägt. Anhand der Beigabenausstattung wurden soziale Gruppen unterschieden, deren jeweilige Definition jedoch eine Reihe von Unstimmigkeiten aufwies (s. hierzu Burmeister 2000, 112 ff.). Zudem erscheint es fraglich, ob das bloße Fehlen oder Vorhandensein einer Objektgruppe im Grab die Zuweisung zu einer je spezifischen sozialen Gruppe erlaubt. Darüber hinaus handelt es sich bei der Mehrzahl der fraglichen Gräber um Altfunde – oft auch in alter Zeit beraubt –, die sich einer stichhaltigen Bewertung entziehen.

Trotz der Unstimmigkeiten, wie der Beigabenreichtum sozial zu klassifizieren ist, ist es eine unstrittige Beobachtung, dass die Gräber mit Goldhalsring-Beigabe meist eine Reihe weiterer exklusiver Beigaben enthielten. Hier ist vor allem die Beigabe weiteren Goldschmucks, eines Wagens und von Bronzegeschirr zu nennen (Egg 1985, 382 Abb. 43). Ein Fehlen dieser Beigaben in einigen der Gräber mit Goldhalsring ist sicherlich auch auf unvollständige Bergung bzw. mangelhafte Beobachtung bei der Ausgrabung zurückzuführen.[15] Eine feste Ausstattungsregel ist nicht erkenn-

---

15 Die antike Beraubung kann man als Ursache für eine Unvollständigkeit der fraglichen Inventare sicherlich ausschließen. In keinem der nachgewiesen beraubten Gräber wurde ein Goldring gefunden. Da diese aufgrund ihrer Handlichkeit leicht und vor allem vollständig aus dem Grab entnommen werden konnten, wären sie bei Beraubung ebenfalls verloren gegangen.

bar und so war es bislang auch nicht zu erschließen, in wie weit die Kombinationen der einzelnen Objektgruppen im Grab auf soziale Ausstattungsnormen zurückgehen. Mit Hilfe der so genannten materialimmanenten Beigabenbewertung lassen sich Grabbeigaben ermitteln, die eine Funktion als Statussymbol herausgehobener Sozialgruppen gehabt haben könnten. Das Verfahren basiert auf den Annahmen, dass Beigaben mit hohem Statuswert zum einen exklusiv und somit selten sind, zum anderen dass sie häufig in Verbindung mit wohlhabenden Personen stehen, wofür die Vielfalt der Beigabenausstattung als ein Ausdruck angesehen werden kann.[16]

Die württembergischen Gräber wurden aufgenommen und einer entsprechenden Analyse unterzogen. Für unsere Frage wurden ausschließlich die Inventare mit männlichem Beigabenrepertoire einbezogen, die nach Ha D2-3 datieren, da nur diese die Ausgangs- und Referenzgruppe für die Gräber mit Goldhalsring bilden. Hierbei zeigt sich, dass die Gräber mit Goldhalsring sich im oberen Bereich der nach ihren Inventarwerten[17] geordneten Inventare konzentrieren (Abb. 6). Bei den drei im mittleren Bereich eingruppierten Inventaren – Dußlingen, Gießübel-Talhau, Hügel 1, Nachbestattung 3 und 6 – handelt es sich um Altfunde des 19. Jh., bei denen die Unvollständigkeit des Inventars nicht auszuschließen ist. Das Zentralgrab aus dem Grafenbühl wurde hier als Inventar mit dem zweithöchsten Inventarwert ermittelt. Dieses Grab war alt beraubt: trotz der verbliebenen Zeugnisse seiner einstigen überaus reichen Ausstattung enthielt es keinen nennenswerten Goldschmuck mehr; die ursprüngliche Beigabe eines Goldhalsringes ist jedoch denkbar. Es bleibt festzuhalten, dass die Gräber mit Goldhalsring einen überdurchschnittlichen Inventarwert haben. In Bezug auf die in die Untersuchung eingegangenen Grundannahmen der Beigabenexklusivität und Beigabenvielfalt haben diese Gräber insgesamt einen hohen Statuswert und heben sich deutlich von den einfacher ausgestatteten Gräbern ab.

Die besondere Stellung dieser Gräber wird durch den großen Aufwand unterstrichen, der für ihre Errichtung betrieben wurde. In der Regel wurden die mit einem Goldhalsring bestatteten Toten in einer gezimmerten Kammer von mehreren Quadratmetern Grundfläche niedergelegt. Für etliche der aus Altgrabungen des 19. Jh. herrührenden Funde lassen sich diesbezüglich keine sicheren Aussagen treffen, für die Bestattung aus Helpfau-Uttendorf sowie für drei der Nachbestattungen aus dem Grabhügel 1 der Gießübel-Talhau-Gruppe mit Goldhalsring kann die Anlage einer Kammer jedoch ausgeschlossen werden. Die jeweiligen Grabhügel waren ebenfalls überdurchschnittlich dimensioniert. In wie weit der für die Errichtung der Grabhü-

---

16 Verfahrensweg und -logik werden eingehend bei Gebühr 1986, 136 ff. und Burmeister 2000, 128 ff. beschrieben. Dort wird jeweils noch die Vergesellschaftung mit Gold als Analyse-Faktor herangezogen, was sich hier allerdings verbietet, würde die hier doch vorrangige Untersuchung des Goldhalsringes Gefahr laufen einem Zirkelschluss aufzusitzen.

17 Der Inventarwert setzt sich aus den ermittelten Statuswerten aller zum Inventar gehörenden Beigaben zusammen und gibt somit einen Anhaltspunkt für die relative Statusposition der so ausgestatteten Person.

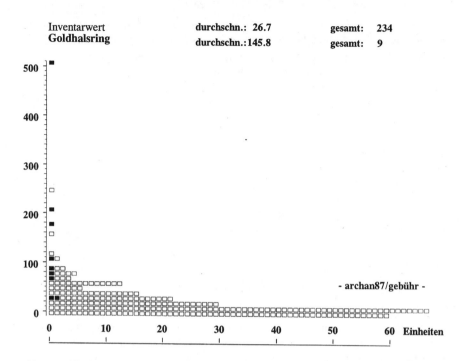

Abb. 6: Goldhalsringe als Statusbeigabe in den württembergischen Männergräbern (Ha D2-3). – Das Grab aus Rottenburg-Baisingen mit Goldhalsring wurde hier nicht berücksichtigt, da die Fundumstände keine Angaben zum weiteren Inventar erlauben, dieses Inventar sich somit auch der geschlechtsspezifischen Ansprache entzieht.

gel erbrachte Aufwand in unmittelbarem Zusammenhang mit den bestatteten Personen steht, ist unklar. Es ist dennoch deutlich, dass die Gräber mit Goldhalsring in einem Kontext großer Arbeitsleistung standen. Ebenso deutlich ist es auch, dass dies auch auf eine Reihe anderer Gräber zutrifft, die keinen Goldschmuck enthielten. Der überdurchschnittliche Arbeitsaufwand wurde somit für einen erweiterten Personenkreis geleistet.

Die räumliche Verteilung der Gräber mit Goldhalsringen zeigt eine auffällige Konzentration im Umfeld der so genannten ›Fürstensitze‹ (Abb. 4). Das ›Fürstensitz‹-Konzept ist fest in die Hallstattforschung integriert und liefert ein vielbeachtetes Modell der sozialhistorischen Interpretation. Insbesondere M. K. H. Eggert (1989) hat auf die Unzulänglichkeiten dieses Konzeptes hingewiesen. Die Goldhalsring führenden Gräber greifen in dieses Konzept insofern ein, als sie als vermeintlich ›fürstliche‹ Bestattungen ein klassifikatorisches Kriterium für die ›Fürstensitze‹ sind bzw. sie durch ihre räumliche Nähe zu den ›Fürstensitzen‹ als ›fürstliche‹ Bestattungen gedeutet werden. Hier besteht ein unentwirrbares Geflecht sich gegenseitig bestätigender

Grundannahmen, das kaum dazu geeignet ist, ein vorurteilsfreies Bild der einstigen Sozialverfassung zu ermitteln. Das derart geschaffene Problem der Interpretation des archäologischen Fundbildes lässt sich an dieser Stelle nicht lösen.

Zwar stammen die meisten der Goldhalsringe aus dem Umfeld der ›Fürstensitze‹, dennoch passen einige der bislang bekannten Funde nicht in dieses Verbreitungsbild. Der Fundort des Goldhalsringes von Helpfau-Uttendorf in Oberösterreich liegt außerhalb der ›Fürstensitzzone‹, die beiden Gräber von Dußlingen und Rottenburg-Baisingen, Kr. Tübingen, liegen ebenfalls in beträchtlicher Entfernung zu den nächsten bekannten ›Fürstensitzen‹, und auch die Distanz zwischen den beiden Gräbern aus Stuttgart-Bad Cannstatt sowie dem Grab aus Eberdingen-Hochdorf und dem Hohenasperg misst immerhin noch 10-12 km. Trotz der zuvor geschilderten Problematik und der in das ›Fürstensitz‹-Konzept nicht immer sauber einzupassenden Fundverteilung der Goldhalsringe ist dennoch nicht von der Hand zu weisen, dass die Gräber mit Goldhalsringen sich meist im Bereich kleinräumiger Reichtumsverdichtungen befinden.

Die Halsringträger

Nachdem wir uns mit dem Goldhalsring selbst, seinen Eigenschaften und dem Grabkontext befasst haben, stellt sich die Frage nach weiteren Anhaltspunkten, die den Kreis der Halsringträger und darüber die mögliche Funktion der Ringe näher bestimmen lassen. Die gängige Deutung der Halsringträger als Repräsentanten einer dynastisch begründeten Herrschaft gründet im Konzept des ›Fürstensitzes‹ bzw. des ›Fürstengrabes‹. Zeitgenössische Schrift- oder Bildquellen, die diese Deutung stützen könnten, liegen nicht vor. Spätere Quellen lassen jedoch einen anderen Bezug herstellen.

Die antiken Texte, die mittel- und spätlatènezeitliche Ereignisse beschreiben, erwähnen den keltischen Torques, den goldenen Halsreif, immer in Zusammenhang mit Kriegern oder kriegerischen Ereignissen; Bildquellen wie etwa die Plastik des ›sterbenden Galliers‹ weisen auf einen ebensolchen Zusammenhang. Titus Livius berichtet in seiner vielbändigen *Römischen Geschichte*, dass die Römer die gallischen Boier im Jahre 191 v. Chr. empfindlich schlugen. Auf dem Triumphzug führte der siegreiche Konsul P. Cornelius u. a. 1471 erbeutete goldene Halsreifen und 247 Pfund Gold mit sich (Livius, *ab urbe condita* XXXVI, 40, 11 f.). Dieser beträchtlichen Zahl mag man skeptisch gegenüber stehen.[18] Auch wenn man die Beute geringer ansetzen möchte, bleibt dennoch der Eindruck, dass ein größerer Personenkreis als nur die herrschaftliche Oberschicht mit einem Goldhalsring ausgestattet war.

---

18 Livius gibt für die Opfer der Kämpfe und die eingenommene Beute z. T. sehr hohe Zahlen an. Bisweilen vermerkt er selbst eine Skepsis gegenüber den eigenen Angaben (z. B. Livius, *ab urbe condita* XXXVI, 38, 7). – Das mehrbändige Werk ist in einer lateinisch/deutschen Ausgabe unter dem Titel »Römische Geschichte« von H. J. Hillen herausgegeben worden, München: Artemis & Winkler 1991.

In seiner Analyse der spätantiken Quellen konnte K. Hauck (1954) den besonderen Charakter des Goldhalsringes bei den Germanen aufzeigen. Germanische Gottheiten trugen den goldenen Halsschmuck ebenso wie die germanische Führungsschicht. Der goldene Halsring kann nach Hauck als Sinnzeichen höchster Heiligkeit gelten und da in der zeitgenössischen Vorstellung die den Göttern entsprossene adlige Führungsschicht dieser Heiligkeit am ehesten teilhaftig werden konnte, wurde der goldene Halsring zum vornehmen Würdezeichen. Auf die ideelle Verbindung zwischen Gold und Heiligkeit wurde bereits hingewiesen. Daneben wurden die Ringe auch als Gratifikation und Ehrengabe an verdiente Personen aus dem Umfeld der Führungsschicht gereicht. Die Belege für eine Halsring-Investitur germanischer Herrscher weisen darauf hin, dass die besondere Bedeutungszuweisung des Goldhalsrings ihre Wurzeln nicht im römischen, sondern im barbarischen Kulturbereich hat. Insgesamt lässt sich für den germanischen Bereich die Bedeutung des Goldhalsringes als Symbol für das Heilige und eng damit verbunden die Herrschaft klar fassen. Mangels geeigneter Quellen kann der germanische Ring zwar Modellcharakter für unsere hallstattzeitlichen Befunde erlangen, eine ebenso weitreichende Analyse und damit der Nachweis struktureller Parallelen bleibt uns jedoch versagt.

Einen Hinweis auf den Personenkreis der hallstattzeitlichen Goldhalsringträger erhalten wir dennoch aus den Gräbern. Die Altersspezifität der Beigabenausstattungen liefert hier einen interessanten Aufschluss. Da Goldhalsringe meist im Rahmen von Altgrabungen geborgen wurden, ist die Zahl der Bestattungen, für die ein anthropologisch bestimmtes Sterbealter vorliegt, sehr klein. Einzig vier Angaben liegen uns vor: Eberdingen-Hochdorf (ca. 40 Jahre alter Mann), Ludwigsburg-Römerhügel (50-60jähriger Mann), Ihringen (etwa 30 Jahre alter Mann), Vix (35-40 Jahre alte Frau[19]). Diese Werte signalisieren eine vage Tendenz zu Gunsten der höheren Altersgruppen. Im Gegensatz dazu stehen die goldreichen Frauengräber, die sich, wie z. B. das Grab von Ditzingen-Schöckingen, durch ihren herausragenden Goldarm- und Goldohrschmuck auszeichnen; hier wurden junge Frauen, die meist mit Anfang 20 verstarben, bestattet. Eine weiterreichende Interpretation verbietet sich jedoch in Anbetracht der zu kleinen Zahl.

Da die Gräber mit Goldhalsringen regelhaft ebenfalls weitere herausragende Beigaben wie Wagen und Bronzegeschirr enthielten, können wir die Gräber mit diesen Beigaben in die Untersuchung einbeziehen. Die Sterbealterbestimmung der späthallstattzeitlichen Gräber mit diesen Beigaben zeigt ein deutliches Übergewicht der maturen und senilen Altersgruppen. Die mittlere Lebenserwartung der Personen

---

19 Während Langlois (1987, 215) das Alter der Verstorbenen auf Mitte 30 datiert, hält Knüsel (im Druck) ein um einige Jahre höheres Sterbealter für denkbar. Für eine Bewertung der Sonderstellung, die das Grab von Vix einnimmt – die Ausstattung einer älteren Frau mit Goldhalsring und anderen herausragenden Beigaben des männlichen Beigabenspektrums –, sind die von Knüsel festgestellten Körperanomalien der ›Dame von Vix‹ bedenkenswert. – An dieser Stelle möchte ich mich gerne bei Ch. Knüsel, Bradford, für die freundliche Überlassung seines zum Druck eingereichten Manuskriptes bedanken.

dieser Gruppe liegt zumindest in Württemberg um rund 10 Jahre über der Lebenserwartung der Gesamtpopulation (Burmeister 2000, 188 ff.). Als Ursache dieser Altersverteilung ist weniger eine überdurchschnittlich hohe Lebenserwartung der mit diesen Beigaben ausgestatteten Personen anzunehmen. Im Vergleich mit den demographischen Daten europäischer Herrscherhäuser des Mittelalters und der frühen Neuzeit scheint eine andere Deutung wahrscheinlicher: Das Lebensalter war eine wesentliche Voraussetzung, um mit diesen Beigaben im Grab ausgestattet zu werden. Diese Deutung lässt sich über die Parallele der gerontokratisch verfassten homerischen Gesellschaft wie auch anderer, ethnographisch untersuchter Gesellschaften untermauern (ebd. 199 ff.).[20]

Der Goldhalsring als Statussymbol

Gesellschaftliches Handeln ist ein kommunikativer Prozess, der über Symbole vermittelt wird. Somit ist es für die prähistorische Forschung unabdingbar, die einstige Bedeutung von Symbolen zu untersuchen. Die Semiotik als die Wissenschaft, die sich mit den Zeichen und den Zeichenprozessen befasst, lehrt uns jedoch ein Verständnis von Symbolen, das eine unüberbrückbare Kluft zwischen unserem Erkenntnisinteresse und unseren Erkenntnismöglichkeiten aufbaut. Da Symbole gesellschaftliche Konstruktionen sind, die nur in ihrem Entstehungskontext wirken und auch nur in diesem zu verstehen sind, entziehen sie sich der archäologischen Rekonstruktion. Symbole sind Deutungskonventionen, die zwar direkt mit ihren Objekten, den Bedeutungsträgern, verbunden sind, als Bedeutungsaufladungen sich jedoch nicht im je spezifischen Objekt manifestieren. Wir handeln hier über einen Bereich der ideellen Kultur, der eben nicht über die materielle Kultur erfahrbar ist. Die archäologischen Quellen sind in der Begrenztheit ihres Aussagepotentials unerbittlich. Den materiellen Überresten sind einzig jene Informationen zu entnehmen, die sich aus den stofflichen Gegebenheiten der Objekte ableiten lassen und die deren ikonische und indexalische Bedeutungen berühren. Die rein ideelle Ebene des Symbolischen hingegen ist, wie oben dargelegt, mit archäologischen Mitteln nicht zu erfassen.

Die archäologischen Quellen haben nach U. Fischer die »fatale Eigenschaft, dass der Schlüssel zu ihrem Verständnis mit ihnen zugleich begraben wurde« (Fischer 1987, 184). Dies begründet Fischers Zurückhaltung gegenüber interpretatorischen Ansätzen, die das rein Antiquarische zu überwinden trachten. Er spricht sich für

---

20 Eine soziologische Ausdeutung dieses altersspezifischen Befundes soll an dieser Stelle nicht erfolgen. Für unsere Diskussion reicht es festzustellen, dass die Goldhalsringe zu einer Gruppe von Beigaben gehören, die einem durch ihr Lebensalter ausgewiesenen Personenkreis vorbehalten gewesen sind.

einen archäologischen Positivismus aus, der seine Interpretationen ausschließlich aus den archäologischen Quellen bezieht (Fischer 1990, 320). Daraus ergibt sich für ihn ein eingeschränktes erkenntnistheoretisches Leitbild:

> »Die Ratio der prähistorischen Archäologie liegt in ihrem Vermögen, entlang der Achse der Zeit und jenseits der schriftlichen Überlieferung menschliche Zeichen aufzufinden, zu ordnen und zu geregelten Bildern und Abläufen zu verdichten.« (Fischer 1987, 194 f.)

Dieses Credo spiegelt auf geradezu programmatische Weise das dominierende Selbstverständnis der deutschsprachigen Nachkriegsforschung wider, was ebenfalls in der früheren, von W. Torbrügge gegebenen Charakterisierung der prähistorischen Archäologie als »hervorragend antiquarischer Disziplin« seinen Ausdruck findet (Torbrügge 1959, 4).

Die hier dargestellten wissenschaftlichen Ansätze unterscheiden sich nicht so sehr in der kritischen Einschätzung des Erkenntnispotentials der archäologischen Quellen als im jeweils anvisierten Erkenntnisziel. Während der archäologische Positivismus sich in seiner Selbstbescheidung auf das Antiquarische, das ausschließliche Erkennen chronologischer und chorologischer Strukturen und Regeln im archäologischen Fundstoff reduziert, wird in der vorliegenden Studie ein im weitesten Sinne kulturanthropologischer Ansatz vertreten. Dieser Ansatz basiert auf einer strukturellvergleichenden Perspektive, die ihre Berechtigung aus der Annahme bezieht, das kulturübergreifende kausale Beziehungen zwischen dem Materiellen und Immateriellen bestehen. Da der originär archäologische Methoden- und Theorieapparat keine Handhabe bereithält, das Immaterielle vergangener Kulturen, also jene Phänomene, die die ikonische und indexalische Bedeutungsebene der archäologisch erschlossenen Objekte übersteigen, zu untersuchen und einer kulturhistorischen Deutung zuzuführen, bedarf es erkenntnisführender Ansätze, die notwendigerweise nicht-archäologisch sind. Diese stammen ebenfalls notwendigerweise aus jenen sozial- und kulturwissenschaftlichen Disziplinen, die es erlauben, die strukturellen Beziehungen zwischen dem Materiellen und Immateriellen unter kontrollierten Bedingungen, d. h. empirisch überprüfbar, zu enthüllen.

Die aus der Untersuchung moderner wie auch traditionaler Gesellschaften entwickelte Sozialtheorie liefert eine wichtige Einsicht: *Statussymbole gesellschaftlicher Eliten sind exklusiv*, d. h. die als elitäres Statussymbol fungierenden Objekte sind selten und von besonderer materieller wie immaterieller Qualität. Diese vielfach bestätigte Beobachtung bildet als kulturübergreifendes strukturelles Phänomen den Ausgangspunkt für unsere Fallstudie der hallstattzeitlichen Goldhalsringe, die quasi als formulierte Erwartung die weiteren Beobachtungen am archäologischen Fundmaterial leitet. Es ist an dieser Stelle deutlich zu betonen, dass es sich hierbei um eine Setzung und nicht um eine Hypothese handelt. Eine Hypothesenbildung schließt sich aus, da uns unabhängige Prüfverfahren fehlen, die diese Aussage am archäologischen Fundmaterial verifizieren bzw. falsifizieren könnten, und so wäre nicht mehr als die zirkuläre Bestätigung der Grundannahme zu erreichen. Insofern sind die aus einer kulturanthropologisch begründeten Theorie abgeleiteten Aussagen meist nicht zu überprüfen. Die an die Archäologie herangetragenen Aussagen haben vielmehr paradigmatischen Charakter, erlauben aber wiederum die Ableitung spezifischer Hypothesen, etwa: Als potentiell elitäre Statussymbole sind die Goldhalsringe exklusiv.

Dieser Hypothese wurde auf mehreren Ebenen nachgegangen und sie kann insgesamt für das hallstattzeitliche Fallbeispiel bestätigt werden. Die kulturübergreifend feststellbare besondere ideelle Bedeutung von Gold kann wiederum nur axiomatisch an das Fallbeispiel herangetragen, auch hier fehlen uns – etwa im Gegensatz zu den germanischen Goldhalsringen der Spätantike – geeignete Möglichkeiten einer stichhaltigen Überprüfung. Der im Gegensatz zu anderen Werkmaterialien wahrscheinlich sehr hohe Aufwand der Goldgewinnung und die Seltenheit der Goldfunde zeugen jedoch ebenso von der Exklusivität der Goldgegenstände wie deren meist überdurchschnittlich kunstvolle Verarbeitung. Die meisten Goldhalsringe sind von einer handwerklichen Kunstfertigkeit, die z. B. den für Bronze-Schmuckstücke investierten Aufwand bei weitem übertrifft. Auch im weiteren Fundkontext lässt sich der hohe Aufwand feststellen. So sind unsere Ringe regelhaft mit weiteren ›wertvollen‹ Grabbeigaben vergesellschaftet und auch für die Ausgestaltung der jeweiligen Grabanlage wurde meist ein überdurchschnittlicher Aufwand betrieben. Diese Beobachtungen weisen in ihren verschiedenen Facetten auf die besondere gesellschaftliche Arbeitsleistung, die im weitesten Sinne mit den Goldhalsringen in Verbindung steht.

Doch auch auf anderen Ebenen spiegelt sich die besondere Bedeutung der Goldhalsringe wider. So weisen sie einen Zierstil auf, der auf eine kleine Gruppe herausragender Metallarbeiten beschränkt ist und sich von den gängigen Ziermustern anderen Metallschmucks abhebt. Hier stehen sich zwei Stile gegenüber, wobei die u. a. an den Goldhalsringen beobachtete Längsrippung einer kleinen Personengruppe vorbehalten gewesen zu sein scheint. Des Weiteren demonstrieren die Goldhalsringe einen deutlichen Bruch mit dem gängigen geschlechtsspezifischen Trachtverhalten. In der Westhallstattkultur gehörten die weit verbreiteten Bronzehalsringe zum weiblichen Ausstattungsrepertoire, wohingegen die Goldhalsringe, von einer Ausnahme abgesehen, nur von Männern getragen wurden. Hier offenbart sich ein gesellschaftlicher Handlungsspielraum, geschlechtsspezifische Normen zu durchbrechen, der anscheinend nur einem bestimmten Personenkreis zugestanden wurde. Die Annahme, dass wir hier eine eingrenzbare soziale Gruppe fassen, erhält weiteres Gewicht durch die Beobachtung, dass vornehmlich ältere Männer im Grab exklusiv ausgestattet wurden. Insgesamt erhöht die Summe der einzelnen Beobachtungen die Plausibilität, dass wir in den Personen mit Goldhalsringen Vertreter einer herausgehobenen sozialen Gruppe vor uns haben.

Die Goldhalsringe sind somit als ein elitäres Statussymbol anzusehen. Sie waren in ihrer Trageposition deutlich sichtbar und ihre Signalwirkung wurde durch den Glanz des Goldes, aber auch durch die im Verhältnis zu anderem Halsschmuck große Breite der Ringe verstärkt. In Verbindung mit ihrer Exklusivität lässt gerade diese, man möchte fast sagen, aufdringliche Sichtbarkeit, die Goldhalsringe besonders geeignet erscheinen, die herausgehobene soziale Stellung ihrer Träger zu demonstrieren. Der Hochdorfer Befund legt nahe, dass die Ringe bereits zu Lebzeiten der Bestatteten getragen wurden. Ihre Funktion beschränkt sich somit nicht in ihrem Deponierungskontext, dem Grab. Damit steht der Halsring in einem deutlichen Gegensatz zu den anderen goldenen Ausstattungsstücken des Hochdorfer Toten, die extra für die Grabniederlegung am Ort der Bestattung gefertigt wurden (Biel 1985, bes. 77 f.). Die Goldarbeiten wurden zumindest teilweise sorglos ausgeführt und wie das Beispiel des Dolches zeigt, der auf der nicht sichtbaren Rückseite nachlässig und nur partiell mit Goldblech verkleidet war, stand bei der nachträglichen Anbringung des Goldbelags weniger die qualitätvolle Verarbeitung im Vordergrund als die bloße, vom Goldüberzug ausgehende Wirkung. Der bereits zuvor reich verzierte Bronze-Dolch und das ebenfalls verzierte bronzene Gürtelblech wurden mit in anderem Dekor verzierten Goldblechen belegt. Dies, wie etwa auch die Herstellung gebrauchsunfähiger Fibeln aus Gold lassen erahnen, dass hier im Rahmen der Bestattungszeremonie etliche Ausstattungsstücke des Toten ›umgewertet‹ wurden. Nicht die Funktionalität der Objekte war maßgeblich, sondern die Tatsache ihrer Veredelung, die symbolische Bedeutung des Goldes. So sehr die Grabgestaltung darauf angelegt war, einen äußeren Schein hervorzurufen, umso mehr muss folgender, scheinbar paradoxer Umstand verwundern: Die Grabbeigaben wurden wie auch der Tote mit seiner unmittelbaren Ausstattung in Tücher eingeschlagen und waren so den Blicken der Öffentlichkeit entzogen (Banck-Burgess 1999, 27 Abb. 4). Was auf Sichtbarkeit angelegt war, wurde ab einem bestimmten, nicht näher zu erfassenden Zeitpunkt verborgen. Die ›Aufwertung‹ der Grabausstattung – und so auch des Toten – erfolgte erst am Grab, so dass davon auszugehen ist, dass der Tote zumindest für kurze Zeit in vollem Ornat präsentiert wurde. Die Verhüllung lässt aber ebenso daran denken, dass das Gold nicht nur die am Grabe stehenden Hinterbliebenen zu beeindrucken hatte, sondern dass dessen besondere Bedeutung auf die Welt, in die der Tote nun einzutreten hatte, abziele. Sollte die gezielte Ergänzung der Ausstattung mit Gold, die eben kein Abbild des Lebenden, sondern ein Bestandteil des Totenrituals war, in eben jener transzendenten Welt ihre Wirkung entfalten, gewinnen wir einen zusätzlichen Anhaltspunkt für die mögliche hohe religiös-rituelle Bedeutung von Gold in der Westhallstattkultur.

Literatur

Banck-Burgess 1999: J. Banck-Burgess, Hochdorf IV. Die Textilfunde aus dem späthallstatt-
zeitlichen Fürstengrab von Eberdingen-Hochdorf (Kreis Ludwigsburg) und weitere
Grabtextilien aus hallstatt- und latènezeitlichen Kulturgruppen. Forsch. u. Ber. Vor- u.
Frühgesch. Baden-Württemberg 70. Stuttgart: Theiss 1999.
Betz 1995: O. Betz, Considerations on the Real and the Symbolic Value of Gold. In:
G. Morteani/J. P. Northover (Hrsg.), Prehistoric Gold in Europe. Mines, Metallurgy and
Manufacture. Dordrecht: Kluwer Academic Publishers 1995, 19-28.
Biel 1985: J. Biel, Der Keltenfürst von Hochdorf. Stuttgart: Theiss 1985.
Burmeister 2000: St. Burmeister, Geschlecht, Alter und Herrschaft in der Späthallstattzeit
Württembergs. Tübinger Schriften zur Ur- und Frühgeschichtlichen Archäologie 4.
Münster: Waxmann 2000.
Clark 1986: G. Clark, Symbols of Excellence. Cambridge: Cambridge University Press 1986.
Cohen 1974: A. Cohen, Two-Dimensional Man. An Essay on the Anthropology of Power and
Symbolism in Complex Society. Berkeley: University of California Press 1974.
Cohen 1981: Ders., The Politics of Elite Culture. Explorations in the Dramaturgy of Power in a
Modern African Society. Berkeley: University of California Press 1981.
Drack 1970: W. Drack, Zum bronzenen Ringschmuck der Hallstattzeit aus dem Schweizerischen
Mittelland und Jura. Jahrb. SGUF 55, 1970, 23-87.
Eco 1977: U. Eco, Zeichen. Einführung in einen Begriff und seine Geschichte. Frankfurt a. M.:
Suhrkamp 1977.
Eco 1994: Ders., Einführung in die Semiotik. München: Fink 1994.
Egg 1985: M. Egg, Die hallstattzeitlichen Hügelgräber bei Helpfau-Uttendorf in Oberösterreich.
Jahrb. RGZM 32, 1985, 323-93.
Eggert 1977: M. K. H. Eggert, Prehistoric Archaeology and the Problem of Ethno-Cognition.
Anthropos 72, 1977, 242-255.
Eggert 1989: Ders., Die »Fürstensitze« der Späthallstattzeit. Bemerkungen zu einem archäologi-
schen Konstrukt. Hammaburg N. F. 9 [Festschrift W. Hübener], 1989, 53-66.
Eggert, 1991a: Ders., Prestigegüter und Sozialstruktur in der Späthallstattzeit: Eine
kulturanthropologische Perspektive. Saeculum 42, 1991, 1-28.
Eggert 1991b: Ders., Die konstruierte Wirklichkeit: Bemerkungen zum Problem der archäologi-
schen Interpretation am Beispiel der späten Hallstattzeit. Hephaistos 10, 1991, 5-20.
Eggert 1999: Ders., Der Tote von Hochdorf. Bemerkungen zum Modus archäologischer
Interpretation. Arch. Korrbl. 29, 1999, 211-22.
Eggert 2001: Ders., Prähistorische Archäologie: Konzepte und Methoden. Tübingen: Francke
2001.
Eluère 1987: Ch. Eluère, Das Gold der Kelten. München: Hirmer 1987.
Fabre-Vassas/Fabre 1987: C. Fabre-Vassas/D. Fabre, Die Ethnologie des Symbolischen in Frank-
reich. Gegenwärtige Lage und Perspektiven. In: I. Chiva/U. Jeggle (Hrsg.), Deutsche
Volkskunde - Französische Ethnologie: zwei Standortbestimmungen. Frankfurt a. M.:
Campus 1987, 222-43.
Fischer 1987: U. Fischer, Zur Ratio der prähistorischen Archäologie. Germania 65, 1987, 175-95.
Fischer 1990: Ders., Analogie und Urgeschichte. Saeculum 41, 1990, 318-25.
Gebühr 1986: M. Gebühr, Ursachen für den »Siedlungsabbruch« auf Fünen im 5. Jahrhundert
n. Chr. Studien zu Voraussetzungen und Motiven für Wanderbewegungen im westlichen
Ostseegebiet. Hamburg: Habil. 1986.
Giddens 1992: A. Giddens, Die Konstitution der Gesellschaft. Grundzüge einer Theorie der
Strukturierung. Frankfurt a. M.: Campus 1992.
Gonda 1991: J. Gonda, The Functions and Significance of Gold in the Veda. Leiden: Brill 1991.

Gramsch 2000: A. Gramsch (Hrsg.), Vergleichen als archäologische Methode. Analogien in den Archäologien. Mit Beiträgen einer Tagung der Arbeitsgemeinschaft Theorie (T-AG) und einer Kommentierten Bibliographie. BAR Int. Ser. 825. Oxford: Archaeopress 2000.

Hartmann 1985: A. Hartmann, Die Bronze- und Goldfunde aus dem Fürstengrab von Hochdorf. In: Der Keltenfürst von Hochdorf. Methoden und Ergebnisse der Landesarchäologie. Katalog zur Ausstellung, Stuttgart, Kunstgebäude vom 14. Aug. bis 13. Okt. 1985. Stuttgart: Theiss 1985, 130-34.

von Hase 1974: F.-W. von Hase, Die frühetruskische Goldschale aus Praeneste im Victoria und Albert Museum. Arch. Anz. 89, 1974, 85-104.

Hauck 1954: K. Hauck, Halsring und Ahnenstab als herrscherliche Würdezeichen. In: P. E. Schramm, Herrschaftszeichen und Staatssymbolik. Beiträge zu ihrer Geschichte vom dritten bis zum sechzehnten Jahrhundert 1. Schriften der Monumenta Germaniae historica 13,1. Stuttgart: Hiersemann 1954, 145-212.

Hofmann 1991: H. Hofmann, Gold, seine Lagerstätten und seine Gewinnung. In: A. Furger/ F. Müller (Hrsg.), Gold der Helvetier. Keltische Kostbarkeiten aus der Schweiz. Katalog zur Ausstellung. Zürich: Eidolon 1991, 35-39.

Jäggy 1991: Ch. Jäggy, Gold – Vollkommenes Metall und idealer Werkstoff. In: A. Furger/ F. Müller (Hrsg.), Gold der Helvetier. Keltische Kostbarkeiten aus der Schweiz. Katalog zur Ausstellung. Zürich: Eidolon 1991, 40-47.

James 1998: D. James, God and Gold in Late Antiquity. Cambridge: Cambridge University Press 1998.

Joffroy 1969: R. Joffroy, Deux couronnes d'or inédites du Musée des Antiquités Nationales. Antiqu. Nationales 1, 1969, 7-14.

Jørgensen 1987: L. Jørgensen, Family Burial Practices and Inheritance Systems. The Development of an Iron Age Society from 500 BC to AD 1000 on Bornholm, Denmark. Acta Arch. (København) 58, 1987, 17-53.

Kilian-Dirlmeier 1972: I. Kilian-Dirlmeier, Die hallstattzeitlichen Gürtelbleche und Blechgürtel Mitteleuropas. PBF XII, 1. München: Beck'sche Verlagsbuchhandlung 1972.

Kimmig 1991: W. Kimmig, Edelmetallschalen der späten Hallstatt- und frühen Latènezeit. Arch. Korrbl. 21, 1991, 241-53.

Kimmig/Rest 1954: W. Kimmig/W. Rest, Ein Fürstengrab der späten Hallstattzeit von Kappel am Rhein. Jahrb. RGZM 1, 1954, 179-216.

Knüsel im Druck: Ch. Knüsel, More Circe than Cassandra: the Princess of Vix in Ritualized Social Context. European Journal Arch. 2001 (im Druck).

Langlois 1987: R. Langlois, Le Visage de la Dame de Vix. In: Trésors des Princes Celtes. Galeries nationales du Grand Palais 20 octobre 1987-15 février 1988. Paris: Réunion des musées nationaux 1987, 212-17.

Leach 1978: E. Leach, Kultur und Kommunikation. Zur Logik symbolischer Zusammenhänge. Frankfurt a. M.: Suhrkamp 1978.

Maier 1958: F. Maier, Zur Herstellungstechnik und Zierweise der späthallstattzeitlichen Gürtelbleche Südwestdeutschlands. Ber. RGK 39, 1958, 131-249.

Meyer 1988: K.-H. Meyer, Das Bild ist im Betrachter. Zur Struktur- und Bedeutungskonstruktion durch den Rezipienten. Hephaistos 9, 1988, 7-41.

Oehler 1981: K. Oehler, Idee und Grundriss der Peirceschen Semiotik. In: M. Krampen et al. (Hrsg.), Die Welt als Zeichen. Klassiker der modernen Semiotik. Berlin: Severin und Siedler 1981, 15-49.

Paret 1941: O. Paret, Der Goldreichtum im hallstattzeitlichen Südwestdeutschland. Ipek 15/16, 1941/42, 76-85.

Pauli 1972: L. Pauli, Untersuchungen zur Späthallstattkultur in Nordwürttemberg. Analyse eines Kleinraumes im Grenzbereich zweier Kulturen. Hamburger Beitr. Arch. 2 (1), 1972.

Paulus d. J. 1878: E. Paulus d. J., Ausgrabungen, Entdeckungen und Restaurationen in den Jahren 1876 und 1877. Württ. Vierteljahrsh. Landesgesch. 1, 1878, 35-43.
Peirce 1983: C. S. Peirce, Phänomen und Logik der Zeichen. Frankfurt a. M.: Suhrkamp 1983.
Peirce 1986: Ders., Semiotische Schriften 1. Herausgegeben und übersetzt von Ch. Kloesel/ H. Pape. Frankfurt a. M.: Suhrkamp 1986.
Peirce 1988: Ders., Neue Elemente [1904, MS 517]. In: Naturordnung und Zeichenprozess. Schriften über Semiotik und Naturphilosophie. Herausgegeben und eingeleitet von H. Pape. Aachener Studien zur Semiotik und Kommunikationsforschung 18. Aachen: Alano, Rader Publikationen 1988, 339-77.
Peirce 1990: Ders., Semiotische Schriften 2. Herausgegeben und übersetzt von Ch. Kloesel/ H. Pape. Frankfurt a. M.: Suhrkamp 1990.
Peirce 1992: Ders., Semiotische Schriften 3. Herausgegeben und übersetzt von Ch. Kloesel/ H. Pape. Frankfurt a. M.: Suhrkamp 1992.
Riek 1962: G. Riek, Der Hohmichele. Ein Fürstengrabhügel der späten Hallstattzeit bei der Heuneburg. Heuneburgstudien I = Röm.-Germ. Forsch. 25. Berlin: De Gruyter 1962.
Saussure 1931: F. de Saussure, Grundfragen der Allgemeinen Sprachwissenschaft. Berlin: De Gruyter 1931.
Schiek 1956: S. Schiek, Fürstengräber der jüngeren Hallstatt-Kultur in Südwestdeutschland. Tübingen: Diss. 1956.
Schönfelder 1998: M. Schönfelder, Männer mit goldenen Ohrringen. Zu insignienhaften Gegenständen in der späten Hallstatt- und frühen Latènekultur. Arch. Korrbl. 28, 1998, 403-22.
Spindler 1983: K. Spindler, Die frühen Kelten. Stuttgart: Reclam 1983.
Torbrügge 1959: W. Torbrügge, Die Bronzezeit in Bayern. Stand der Forschungen zur relativen Chronologie. Ber. RGK 40, 1959, 1-78.
Veblen 1986: T. Veblen, Theorie der feinen Leute. Eine ökonomische Untersuchung der Institutionen. Frankfurt a. M.: Fischer 1986.
Veit 1990: U. Veit, Kulturanthropologische Perspektiven in der Urgeschichtsforschung. Einige forschungsgeschichtliche und wissenschaftstheoretische Vorüberlegungen. Saeculum 41, 1990, 182-214.
Veit 1995: Ders., Zwischen Geschichte und Anthropologie: Überlegungen zur historischen, sozialen und kognitiven Identität der Ur- und Frühgeschichtswissenschaft. Ethnogr.-Arch. Zeitschr. 36, 1995, 137-43.
Veit 2000a: Ders., König und Hohepriester? Zur These einer sakralen Gründung der Herrschaft in der Hallstattzeit. Arch. Korrbl. 30, 2000, 549-68.
Veit 2000b: Ders., Kulturanthropologische Ansätze in der Ur- und Frühgeschichtsforschung des deutschsprachigen Raumes: Ein Blick zurück nach vorn. Arch. Inf. 23, 2000, 77-98.
Waldhauser 1991: J. Waldhauser, Das keltische Gold in »Boiohaemum«. Einführung in die Problematik der Goldgewinnung, -verarbeitung und -benützung während der Stufen HZ C bis LTZ D1 in Böhmen. Zeitschr. Schweizer. Arch. u. Kunstgesch. 48, 1991, 12-37.
Wamser 1975: G. Wamser, 1975: Zur Hallstattkultur in Ostfrankreich. Die Fundgruppen im Jura und in Burgund. Ber. RGK 56, 1975, 1-178.
Zürn 1970: H. Zürn, Hallstattforschungen in Nordwürttemberg. Veröffentlichungen des Staatlichen Amtes für Denkmalpflege Stuttgart A 16. Stuttgart: Müller 1970.
Zürn 1987: Ders., Hallstattzeitliche Grabfunde in Württemberg und Hohenzollern. Forsch. u. Ber. Vor- u. Frühgesch. Baden-Württemberg 25. Stuttgart: Theiss 1987.

MARIAN DIEPEVEEN-JANSEN

To Be Visible or not to Be: Problems in the Interpretation of Fluctuations in Archaeological Data[*]

SUMMARY: In archaeological discourse, material culture has until recently been approached as objects with an intrinsic value due to raw material, provenance and/or outstanding production techniques. The conspicuous consumption of extraordinary objects is interpreted in terms of individuals competing for status or power. The competition was determined by the control of the production and exchange of prestige goods, and in displaying their status and power by using these goods in rituals and ceremonies. The last decades, archaeological science has been more inspired by anthropological and social theories and the focus has shifted to the way people act in and react to their surrounding world including social, physical and metaphysical domains. The main progress of these social approaches for archaeological discourse is the awareness that individual actions in daily practice are embedded in collective long term histories of ideas and values and short term histories of reinterpretation of these ideas and values in societies bounded in time and space. People are not divorced from the material world, but are inextricably linked with objects and features in their surrounding landscape. The reciprocal meanings of people, goods and features are acquired in interaction. Several theoretical studies have been published on this theme, but the integration in archaeological research is still scarce. In the archaeological documents of the Western and Central European Iron Age, burial data predominate. In most studies fluctuations in archaeological data are interpreted as reflecting the outcome of evolutionary and devolutionary transformation processes. In this paper the appearance and disappearance of graves will be approached as fluctuations in the visibility of funerary practices, linked to the dynamics of transformation processes in which the society is involved. This phenomenon is interpreted in terms of the instrumentality of funerary practices in the constitution of the social and cosmological order. Another aspect brought to our attention by social theories is the concept of reflexivity to avoid biased approaches embedded in modern Western thought. The visibility of funerary practices has not only an impact on the social life of the object of study. The monumentality and lavishness of graves also dominates archaeological discourse, henceforth the double hermeneutics enclosed in the title of this paper.

Late Hallstatt and La Tène elite groups

Archaeological research of the Iron Age in Western and Central Europe has mainly focused on the emergence and disappearance of large grave monuments in various regions to the north of the Alps.[1] The dead are buried in wooden chambers under barrows, with an usually lavish set of grave goods: wagons or chariots, valuable ware (partly bronze vessels and/or of Mediterranean provenance), weapons, jewellery,

---

[*] Christine Jefferies kindly corrected the English text.
[1] For a more elaborate theoretical discussion, documentation of data, and literature references, see Diepeveen-Jansen 2001.

and clothing accessories. In Western Europe this type of elite grave is known from the Late-Hallstatt Period (600-450 BC), the Early-La Tène Period (450-250 BC), the Middle- and Late-La Tène Periods (250-50 BC). Because I focus on Western Europe, the elite graves in Eastern Europe are not included (Guštin/Pauli 1984).

In the western part of the European Late-Hallstatt zone these graves are found in the vicinity of fortified settlements on hilltops. The grave goods consist of four-wheeled wagons, imported bronze elements of drinking services, daggers and arrows, jewellery and brooches. The bronze imports were mostly unique specimens such as a *krater*, a *pyxis*, a *hydria*, a tripod, and an *amphora*. The so-called *Fürstensitze* are interpreted as the residences, and the *Fürstengräber* as the graves of chiefs, princes or kings. These powerful leaders were thought to be at the top of a stratified society, a position based on the control of the extraction of raw material, the production and redistribution of goods and the dominance of interregional trade, especially the acquisition of prestige goods.[2]

In the Early-La Tène period the *Fürstensitze* and *Fürstengräber* disappear in this area. This phenomenon coincides with the emergence of elite graves in neighbouring areas to the north, in the Marne-Moselle zone (the German Middle Rhine-Moselle region; the French Aisne-Marne region and a small area in the Belgian Ardennes).[3] The number of elite graves increases. Rounded off, about 80 Hallstatt elite graves are known and more than 300 Early-La Tène elite graves in the Marne-Moselle zone (over 200 from the Aisne-Marne region, which is a minimum because many unexcavated monuments are discovered by air). These elite graves are not constructed near fortifications, but are mostly located between the other tombs or in small groups on the edges of cemeteries. In the grave inventories four-wheeled wagons are replaced by two-wheeled chariots, daggers by swords, the unique vessels by a more standardized drinking service of drink containers, jugs (in the German region, these vessels are mostly bronze utensils and often imported), drinking horns or beakers or bowls. Just like the Hallstatt daggers, the Early-La Tène swords, jewellery, brooches and belt-hooks are unique, richly decorated objects, fabricated of, or inlaid with gold and coral, especially in the German region. Decoration motifs and design are in a new style, the ›Early Style‹ characterized by anthropomorphic, zoomorphic and vegetal motifs designed with compasses. In the last phase of the Early-La Tène Period the swords lose their unique character. Length, form and the decoration consisting of a stylized representation of two opposed dragons or griffins near the opening of the scabbard, the so-called *lyre zoomorphe*, all correspond (Rapin 1991).

In the Middle-La Tène Period only around 10 elite graves are known in the Marne-Moselle zone, but the number increases again in the Late-La Tène period to around 40 graves (Haffner/Joachim 1984, Roymans 1990). This type of elite grave

[2] Frankenstein/Rowlands 1978; Collis 1984; Mohen et al.1988; Cunliffe 1994.
[3] Haffner 1976; Endert 1987; Cahen-Delhaye 1991; Verger 1994; Demoule 1999.

is also found to the north and west of the Marne-Moselle zone. Again the grave inventory is composed of two-wheeled chariots, a drinking service (now with Roman imported containers, jugs, pans and sieves) and weapons. A new element in grave inventories is the equestrian equipment, mostly in combination with weapons. The development towards uniformity continues. The brooches lose their unique and precious character, but most striking is the standardization of the military equipment. Long swords with chains attached to the belts, large oval shields with umbos and lances are the components of a weapon set whose distribution is not restricted to the Marne-Moselle zone, but is found over large parts of Europe, including Italy.

Theories and models

The prevailing consensus among archaeologists over the last few decades is to interpret the appearance and disappearance of rich burials in cycles of continuity - discontinuity; stability - instability; centralization - decentralization; complex societies - more egalitarian societies; and the rise and subsequent fall of regional power systems (see for example Brun 1993, 277). In these approaches World System or centre-periphery models dominate. The centre of the supra-regional system is the Mediterranean world, i. e. the Greek and Etruscan societies. The Hallstatt elites in the ›barbarian‹ periphery are interpreted as ›middlemen‹ in the long distance trade, controlling the exchange of raw materials and the acquisition of Mediterranean prestige goods (fig. 1). The disruption of the equilibrium is caused by the reorientation of Etruscan trade routes and the emergence of the Early-La Tène elite who replace the Hallstatt elite as middlemen (cf. Brun 1988, 142; Pauli 1994). The disappearance of the Early-La Tène elite is less subject to such theories. Here demographic disasters and migrations to Eastern and Southern Europe are put forward to explain the fluctuations in burial data. The migration theories are mainly based on classical literature, the archaeological basis is thought to be the decrease of burial data in the Marne-Moselle zone and the distribution of Early-La Tène (brooches, belt hooks, swords, but in particular the decoration style on these objects) and Middle-La Tène material culture (the weapon set) over Central Europe and Italy (see for example the various articles in Moscati et al. 1991; Cunliffe 1994, 395). The Late-La Tène elite groups with one foot in history are placed in theories focusing on the Roman occupation and the integration in patron-client relations of Romans and aristocratic ›Celtic‹ or ›Gallic‹ families (Haffner 1989; Roymans 1993; Lambot/Casagrande 1996). Also in this period the imports are explained as the result of trade relations, instigated by the Romans.

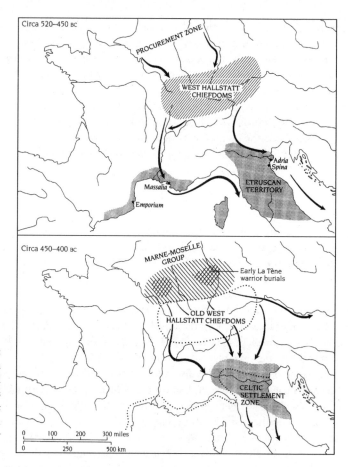

Fig. 1:
Relation between Mediterranean and transalpine societies from an economic and world-system perspective (after Cunliffe 1994, 359).

Critical comments

The above mentioned theories and models can be criticized on empirical/methodological aspects as well as theoretical/ideological ones. The implicit assumptions of these approaches are:

- economic motives are dominant in social developments;
- Mediterranean cultures are superior, which explains their active role in commercial contacts with the transalpine ›barbarians‹;
- developments are embedded in an evolutionary perspective towards more complex, hierarchical societies (see for example Demoule 1999, table 11.10);
- material culture is a mirror of the social structure: ›Gräber, Spiegel des Lebens‹ (Haffner 1989) or ›reflet de la puissance‹ (Biel 1987);

- in migration theories, material culture is directly linked to ethnic groups, and changes in material culture are connected with migrations or invasions (see various articles in Moscati et al. 1991: Kruta 1991, 29 ff.; Pauli 1991, 215 ff.; Szabó 1991, 303 ff.).
- Finally the image of the Iron Age in Western and Central Europe is described in terms of revolutionary changes and ruptures mainly based on one aspect of the thought and actions of one segment of the society, i. e. the elite burial system.

There is however a growing awareness that archaeological research is informed by prevailing western idea and value systems. Trigger (1989) has placed the archaeological discourse in a historical perspective and has illuminated the ethnocentric, neo-colonial and evolutionary suppositions. In the data from Iron Age research, the interpretation of Mediterranean objects in transalpine graves as a result of commercial trade relations is one example of a western biased approach, as well as the supposed ›prestige good‹ value of objects from a ›more civilized‹ origin. The presence of Etruscan and Greek objects in Hallstatt and Early-La Tène graves, and of Roman objects in Late-La Tène contexts surely implies exchange contacts, but these are not necessarily purely economic trade relations and are not causally linked with social transformations. Several arguments can be put forward to support this view.

First, the numbers of imports do not sustain a theory of intensive trade: for example 67 imported articles are known in the Marne-Moselle zone in the Early-la Tène period, which is not much for 200 years. In the Hallstatt period the number of imports does not exceed 50, and while in the Late-La Tène period the number of pottery amphorae suggest a more or less regular trade in wine, the number of bronze vessels found in the Marne-Moselle zone does not exceed 30 utensils.

Second, the acquisition of foreign vessels highlights the specific choice of the transalpine elite out of a much greater range of material culture deposited in Etruscan graves (furniture, household goods, toilet articles and status insignia such as fans and sceptres) and from Roman households. If valuable tableware is searched for, only those bronze vessels are acquired which are related to aristocratic drinking customs, and only vessels which are associated with the host: containers and jugs. Drinking vessels are virtually all of local manufacture. This phenomenon is not restricted to the transalpine Late-Hallstatt and Early- and Late-La Tène transalpine elite groups but, also in southern Italy, Greek imports consist mostly of drinking vessels (Arafat/Morgan 1994, 112). In the Marne-Moselle zone in the Early-La Tène period, imports are virtually restricted to the Middle Rhine-Moselle region, where they replace indigenous vessels such as situlae, cauldrons, spouted jugs and pottery forms. In the Belgian Ardennes imported ware is lacking, and in the Aisne-Marne region it is rare. Here valuable tableware consists of large, decorated fine pottery. The scarcity of imports in the French region is not the result of the exclusion of exchange networks, for other objects such as decorated brooches and belt hooks point to close contacts with North Italian communities (Frey 1991).

Third, Fischer's statement (1995, 37) that those acquisitions are more a result of their position than the basis of it, is confirmed by archaeological data. The imports in the Late-Hallstatt elite graves are a phenomenon from the last phase, when social differentiation is already established. In the Early-La Tène period, imports in the German region of the Marne-Moselle zone date from the high La Tène A period, when they partly replace the chariot as a status symbol. Furthermore, the value of imported bronze ware is put into perspective by the decoration of imported bronze jugs in an indigenous style.

Fourth, the absence of imports in the Middle-La Tène period, when the standardized weapon set and brooches suggest intensive and extensive exchange networks, highlights the pitfall of direct causal relationships between contacts, prestige goods and power.

Hodder was one of the first critics of the idea that material culture reflects the social organization. He (1982, 145) related the variety of grave gifts to »prevailing attitudes to death and different conceptions of the living practical world«. In his anthropological study Thomas (1991) focuses on the cultural and political dynamics of western and non-western (Polynesian) societies and speaks of entangled objects »to capture the dialectic of international inequalities and local appropriations« (ibidem 123-124). He states (ibidem 3 ff.) »that objects are not what they are made to be, but what they have become«. Objects are appropriated, which means a »recontextualization and reauthorship« on both the western and non-western side, referring in this last aspect to the objects out of their context in our museums. The deliberate selection of foreign objects of certain groups and the deposition in graves at a specific moment in their history illustrates this indigenous appropriation and recontextualization in ritualized circumstances. We must turn to the conceptions of living social beings to understand the presence of the various deposition contexts and leave static models of societies separated by clean breaks and disasters based on fluctuations in grave data. Linking the visibility of rich burials mechanically to complex social structures and the absence to more egalitarian organizations creates a false image. In the north-western neighbouring areas of the Marne-Moselle zone in the Early-La Tène period, graves are virtually lacking and elite graves are absent. However, settlement data suggest social differentiation and the presence of elite groups with similar attitudes to the elite of the Marne-Moselle zone. Chariot parts, sherds of imported and locally manifacted luxury ware are found on fortified hilltops and in lowland settlements (Kemmelberg, Kesselberg, Kooigem, Elversele: Cahen-Delhaye 1991; Bauters et al. 1990). Thus places for the living and places for the dead are both contexts in which elite groups can be recognized. The choice of communities for dwellings or burials, or the monumentality and/or lavishness of those contexts and the ensuing archaeological visibility, must be significant in social practice. Other questions should be asked if we really want to understand the meaning of archaeological remains: Why define vehicles, valuable tableware and weapons elite groups? Why are they deposited in graves? Why at certain moments in the history of certain societies are these contexts and grave goods so prominently present in the archaeological record?

To delve deeper into the relation between structural long-term, and culturally related aspects of thinking and acting we turn firstly to other domains of human science, before trying to explain the material remains of those actions and the fluctuations in the visibility of certain contexts of deposition in the course of time.

The dynamics of social practice

Anthropological and social theories shed light on human thought and action, on the one hand on the object of study, the functioning of non-modern societies, on the other hand on the subject of study, our motives and perspectives, sometimes highlighting the anachronisms embedded in western thought. A major problem is the gap between individual and society; between long term mental histories and daily practice. The social theories of Bourdieu (1977, 1994) and Giddens (1979, 1984) escape this dilemma, because they view the dialectic relation between the polarities as the origin of human actions. Giddens (1984, 2) formulates social theory as »neither the experience of the individual actor, nor the existence of any form of societal totality, but social practices ordered across time and space«. Both sociologists state that the social structure (objective structure in Bourdieu's theory) with its ideas, values, norms, codes of conduct, institutions, hierarchies etc, does not exist without individual persons practising and materializing the ensuing ideological and practical achievements. These achievements (*habitus*) are the basis of valuations, assessments and classifications of people and things, but on the other hand through the *habitus* – as the internalized or embodied structure – the structure is reproduced (Bourdieu 1994, 173). The consequence for archaeological interpretations is that acts of individuals are not reducible to calculated actions, but are embedded in the system of ideas and values of the society to which they belong. Neither are the actions of individuals only determined by the social structure, because human agency is a continuous process of responding to specific circumstances interpreting and reformulating structural ideas and values. Under certain conditions, and through the continuity of the social practice, changes can occur when eventually, social relations and institutions are integrated in the social system, ›institutionalized‹ says Giddens (1979, 65; 1984, 34). Research into social transformations should focus on »first, the routinized intersections of practices which are the ›transformation points‹ in structural relations and, second, the modes in which institutionalized practices connect social with system integration« (idem 1984, xxxi).

In the perspective outlined above it is clear that the surrounding material world of human beings is as much embedded in structural history and bound up with the conceptual universe as people themselves. The environment in which they live is a materialized history with social, religious and territorial markers: settlements, field systems, cemeteries, sacred places, and so on. People are inextricably intertwined with this material world. They form a part of the ›cultural biography‹[4] in which people, goods and places are bestowed with meaning through their interrelations. Each act, each manipulation of material culture derives its meaning from the context at a certain intersection in time and space.

In aboriginal studies of the Dreaming, for example by Morphy (1995, 184), it becomes clear how geographical elements, decoration motifs, mythology and territorial rights are not separate domains, but form an inextricably interwoven whole:

»I asked Narritjin how he knew it was Dhuwa moiety country since neither of us had ever been there before. Moreover, little was known of the mythology of the people who once lived in the area, before their lives had been so rudely interrupted by European colonization in the middle of the last century. Narritjin pointed to the sharp pebbles that lay beside the stream that were Ganydjalala's stone spears, and he pointed out the trees that were so similar to those in the forest through which Ganydjalala hunted, and finally he reminded me of how the lake she created was represented in the paintings on the Djuwany posts made for the Djungguwan ceremony by his brother Bokarra, and how its shape resembled the shape of the lake by which we were sitting.«[5]

Anthropological research of the intertwined relationships between the social community and the surrounding world has directed the archaeological debate in the last decade, especially in landscape archaeology.[6] In this perspective two opposite approaches are possible: firstly, the landscape as a container of actions (Tilley 1994), what Hirsch (1995, 4) defines as the ›foreground actuality‹, or secondly, as the ›background potentiality‹, as a medium in the production and reproduction of the social order. Ingold (1993, 152 ff.) transcends this duality by approaching the surrounding world from a ›dwelling‹ perspective. He sees the landscape as »an enduring record of – and testimony to – the lives and works of past generations who have dwelt in it, and in so doing, have left there something of themselves«. Visible material remains in the landscape have fulfilled a role during the life of people. On the one hand the constructed space is characterized by markers and cognitive instruments which direct the movements and actions of the inhabitants, on the other hand a communal history of the ancestral past is created through oral tradition and social practice in this environment.

---

4 The term ›cultural biography‹ of goods is from Kopytoff (1986). The extension to the landscape is from Koolen (1993).
5 Ganydjalala is an ancestral woman who, with others, hunted kangaroos through the forests with stone spears. Ganydjalala is associated with the origin of stone spears as well as with one of the great ceremonies of Arnhem land, the Djungguwan. The ancestral women cut down trees in the inland forest as they looked for honey. In different places, where the trees fell, they created watercourses and lakes, or ceremonial grounds, or stone-spear quarries.
6 See the various articles in Archaeological Dialogues 1995, 2.1; 1997, 4.1.

Places for the living, for the dead and for the gods are differently represented in archaeological data. However, the absence of houses, cemeteries, and sanctuaries does not necessarily mean that they are lacking in that specific society. The setting of the interaction of people, gods/spirits/ancestors and places is probably more or less constant, but the fluctuations in physical appearance, monumentality and the ensuing archaeological visibility is related to ongoing processes in the society. According to the dynamics in social practice, various identities are defined: the collective identity as a whole, or as the interrelations between the constituent parts: groups and/or individuals.

The meaning of the context and of the goods manipulated in circumstances or situations are interdependent. Goods acquire value in social practice, determined by place, time and context (Appadurai 1986, 4). Objects embody the view of persons or groups of their own identities and mutual relations. Weiner (1992, 6) speaks of inalienable objects, because they »are imbued with the intrinsic and ineffable identities of their owners«. The question of why certain goods are deposited in graves can only be answered if the hidden concepts, ideas and values, are revealed. These embody the constructing principles of the social order as well as the reproductive mechanisms.

Funerary practices are important instruments in the constitution and reproduction of the social order, because the past, the present and the future are integrated in a communal history. Bourdieu (1989, 171) states that giving a material form to ideas and values, which do not yet have an objective or collective existence (in other words are not institutionalized) implies a great social power, because categories of people and goods, and their hierarchical relations are materialized and given a definite existence. Burial monuments and cemeteries are social and territorial markers. They are a manifestation of the entire order, including the living, the dead, and the supernatural, ancestors, spirits or gods. The meaning transcends the local community, because at the same time a definite past is created with historical rights to land.

The symbolic meaning of goods is historically constructed, articulated contextually and produced in social practice. Meanings are bound in space and time. Social practice in all circumstances and situations are media, constraining and enabling human actions, bound to rules and regulations, but also manipulable through the reinterpretation and/or relocation of the reproductive mechanisms. Funerary practices in cemeteries are ritual contexts and one of the media in which we acknowledge insight in the organization of the landscape and of social life. Burial monuments are symbols of the liminal state, the altered state for the transition to occur from the world of the living to the world of the dead, ancestors, spirits and gods. The title of this paper refers to the interdependence of meanings and societies in a double hermeneutic sense (Giddens 1984, 284; Hodder 1992, 101), because not only do we try to interpret the visible remains of bygone societies, but the richness and visibility of certain contexts stimulate archaeological research models built on this specific context, while neglecting other aspects of social life.

In the next section I will return to the first two questions: why are these goods (vehicles, valuable ware and weapons) so prominently present in the Iron Age of Western and Central Europe and why in this specific context (burials)?

Vehicles, valuable ware and weapons in graves

Wagons/chariots, precious vessels and weapons are the essential elements in the material manifestation of elite groups in different times and places and in various social systems. The systematically recurrent combination of these three categories of material culture, henceforth the elite set, is striking. In order to grasp the hidden concepts, a comparative analysis of the elite set focused on similarities as well as differences, might reveal certain patterns. Here the comparison is restricted to Mesopotamia, Greece, Italy and the Early-Hallstatt Period in Central Europe.[7]

In Mesopotamia in the 3rd millenium four-wheeled wagons, valuable ware and weapons are deposited in graves (Ur) and depicted on walls and on objects. Wagons and weapons are used in war scenes, vessels in receptions of the ruler. Later in the 2nd and 1st millennium two-wheeled chariots occur in war scenes, but later processions and hunting activities dominate.

In Mycenae, Greece, chariots are not deposited in graves, but depicted on stelae of warrior graves. In the iconography after the Dark Age, the chariot is no longer associated with weapons and war, but with ceremonial (funerary) processions, hunting and races. From the 6th century onwards, tableware is seen in representations of the *symposion*, an aristocratic group activity during the second part of the banquet in which drinking is the main activity. Valuable vessels, cauldrons, tripods and weapons are also found in sanctuaries and depicted as prizes in games. In ›democratic‹ Greece grave goods fulfil a minor role.

In Italy two-wheeled chariots, weapons and tableware are deposited in graves from the 8th till the 5th century and are present in representations on walls of tombs, of elite residences Murlo and on objects (in Northern Italy on situlae). The composition of tableware in graves and on representations points to a standardized drinking service. On the North Italian situlae the symposion motif is lacking. The seated position is retained and only the host, some guests and servants are depicted.

---

[7] For the use of wagons and chariots in the Near East and Mediterranean cultures, see Littauer/Crouwel 1979; Crouwel 1992, idem 1991); for wagons in the Late-Hallstatt period Pare 1992; for tableware Dentzer 1982; Bouloumié 1988; for weapons Gerdson 1986; Tomedi 1996; Sievers 1982.

Fig. 2: Diagram of the assemblage of drinking services in Central-European graves from the Urnfield period to the Early-La Tène period (a - Hart a. d. Alz, 12th century; b - St-Romain-de-Jalionas, 8th century; c - Magny-Lambert, 7th century; d - Sigmaringen/Vilsingen, beginning 6th century; e - Hochdorf, middle 6th century; f - Vix, beginning 5th century; g - Asperg, middle 5th century BC (after: a - Müller-Karpe 1955, fig. 2, 3; b - Verger 1990, fig. 3, 8; c - Chaume 1987, 64-66; d-g - Biel 1987, 125).

In Western- and Central Europe in the 3rd millennium, wooden wagon wheels were deposited in bogs and possibly in graves (Piggott 1983, 40). Since the Neolithic, pottery and weapons are important elements in the richest grave assemblages (Sherratt 1994). In the Late Bronze Age (12th - 8th century) bronze ware and weapons are not only found in burials, but also in other ritual contexts, i. e. depots and watery contexts (Coles/Harding 1979). The first appearance of the complete elite set in graves (wagons, tableware and weapons, see fig. 2) dates from the beginning of this period, the Hart an der Alz group. This custom disappears only to emerge again in the Early Iron Age (8th - 6th century).

At the end of this period this type of elite grave spreads from Central Europe to Western Germany, Switzerland and Eastern France, the Late Hallstatt zone. Pare (1992, 218) has convincingly proved that the social meaning of the wagon is continuous and the gaps in the use of wagons are related to the context of deposition. The same can be said for the use of tableware and weapons.

The conclusion is that vehicles, valuable ware and weapons seem to form a coherent set defining elite identities in societies with various social organizations: from despots, kings or local leaders to an aristocratic group. However the elite set is a constant, the material form differs in the emphasis on one of the composing elements, their form (fig. 2), the deposition context; the association with individuals or groups/classes; and the inclusion or exclusion of women and children. The contexts in which vehicles and weapons are used are according to representations and classical literature: war, raids, or less violent competitive situations such as games or hunting, in processions (for example funerary processions). Valuable tableware occurs in feasts, receptions, banquets or *symposia*. All are ritualized contexts bound by strict rules and regulations for behaviour. The participation and the aim of actions are restricted, as is the location and time of the event. Communal meals or drinking bouts accompany all important social events. The greetings, the dress code, the place at the table, the portion of meat, all are related to the internal hierarchical order. Violence is also a social, ritualized action, but only towards the correct adversaries and for the correct objective. Through eating, drinking, and fighting the cohesion as well as the hierarchy of the social group is established (cf. Dietler 1986; idem 1990). The narrow relation between the two mechanisms is expressed by Plutarch in his discourse on the practical art of living, *Moralia* (9). He says that the same man must show his most fearsome side at the battle front and his most pleasant side at the banquet, followed by Homer's statement that this is how those men distinguish themselves who are fitted for leadership (cited after Dentzer 1982, 437).

Vehicles, ware and weapons are goods which define elite identities, because during life they are handled in ritualized situations and circumstances in which, according to the codes of conduct, elites manifest themselves as leaders of the society. They form a shared material vocabulary, a complex entangled set of symbols, which conceals ideas about the social order and the rules and regulations steering the social practice of society in general and especially those of the elite. This elite set incorporates values of martiality and hospitality, the internalized or embodied structural values which direct action in daily practice. They do not only reflect or communicate the mutual relations, but are constitutive for the social order. Through the materialization of structural principles the internal order is produced and reproduced.

In the Late-Hallstatt period, hilltop fortifications are to some extent contemporary with elite barrows in the Hallstatt zone; in the German part of the Marne-Moselle zone, they disappear in the Early-La Tène Period, to reappear in another

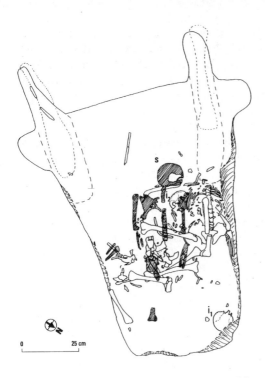

Fig. 3:
Emptied or plundered chariot grave from Quilly (after Frézouls 1981, fig.4, by L. Jansen).

form and with another character in the Middle- and Late-La Tène period over large parts of West- and Central Europe. In the Late-Hallstatt and Early-La Tène Period cemeteries and especially elite graves are monumental constructions, barrows placed on the highest point in the landscape, on slopes near communication roads. They are clearly visible markers, vehicles of the memories and essential elements in the manifestation of the constructed space, orienting the daily practice of the inhabitants. In addition to being territorial markers, they are also social markers. In the oral tradition tales circulate about the glorious past of the dead buried there. The ancestral past legitimates their being and projects it into the future. The symbolic meaning of these markers is recognized by neighbouring communities, which can be deduced from the robbery of many Late-Hallstatt and Early-La Tène elite graves shortly after the funeral. Especially in the French area of the Marne-Moselle zone it is a striking phenomenon. Secondary manipulations of the dead body, removing and replacing skulls and long arm- and/or leg bones in other graves or in settlements by the community itself occurs frequently. But also hostile interventions in which bodies are destroyed and grave goods are removed are a common feature.

One example is the grave of Quilly. Two contemporaneously buried persons are roughly put aside (fig. 3, 11/12), the chariot and other possible objects are removed. The wheel slots and the human remains are the only remains of this first double burial. Later in the Early-La Tène Period a third person was buried (fig. 3, s). The destruction of graves means the denial of the historical rights and roots of the community and/or of the position of the participants. This phenomenon belongs to all times and places. We can find more recent examples in the history of Indians in America, of Aboriginals in Australia, and of the war in Bosnia Hercegovina where the graves of opponents were blown up (Bax 1995, 10). The symbolic and constitutive meaning of mortuary rituals in the definition of the cultural identity of the society as a whole and of the individual identities of its participants, and in the fixation of their legitimate place in the landscape determines the importance of this mechanism.

The elite set in graves can be approached as a manifestation of an ongoing process of social formations and as an active element in the fixation of the internal order. At a certain moment a transformation point is reached when the interrelations are institutionalized and integrated in the social system. A changed social organization requires other constitutive mechanisms. The striking visibility of certain contexts in the archaeological record is perhaps due to the instrumentality of the reproduction mechanisms in specific circumstances and situations at a specific moment in the history of a specific society. With the symbolic analysis as a starting point I will return to the Iron Age in Western and Central Europe, focusing on the Early-La Tène Period in the Marne-Moselle Zone to perform the social analysis.

The constitution of Iron Age societies

The last question to be answered is why in this society, at this precise moment in their history, burial data and especially elite graves are so prominent in the archaeological record through the monumentality of graves and the luxurious character of grave inventories? I will argue that in the course of the Early-La Tène Period in the Marne-Moselle zone this phenomenon represents a ›symbolic violence‹ which leads, and is instrumental in the transformation towards a social system with more institutionalized social differentiation, and with the integration of regional and supra-regional relationships in a clientele system. The arguments supporting this hypothesis are several.

1. There is a strong increase in burial data, in general as well as in elite graves. In the German area of the Marne-Moselle zone, the greater importance of funerary practices goes hand in hand with the disuse of the majority of the Late-Hallstatt hill-forts. Most of these hill-forts were not continually occupied. A possible interpretation is use for regular gatherings, ritualized meetings in which the collective identity of the community is created and confirmed.

2. The increase in burial data is partly due to the greater visibility of the barrows, demarcated by walls, ring ditches and often with stelae on top. Through the richer grave inventories the various social personae according to sex, age and status are recognizable. We cannot speak of kings or princes because the cemeteries belong to small communities of one or two families, occupying territories of about 15 square km.
3. Also women and sometimes children are buried with the elite set (women without weapons). Apart from the elite with the complete elite set, chariots, valuable ware and swords, there is a second elite group with swords. They take an intermediate position, but are closer to the elite group with chariots and ware in the definition of their identity, than to the other members of the community. However the distinctions are subtle.
4. Not only within, but also between the local communities differences are recognized. There are cemeteries with rich and sober grave inventories; with several, or sometimes virtually only elite graves; and cemeteries without elite graves. In several cemeteries it is established that the elite graves are the oldest graves (Bell, Briedel and possibly Kerling-les-Sierck). These could be interpreted as the ›founder graves‹, the first burial in a new territory from a fissioned family group. In the French area a similar mechanism can be detected in the linking up with older grave monuments. Furthermore, the growing importance of family ties is demonstrated by the multiple burial or secondary burials in older graves and the burial of body parts, mostly skulls or long bones of legs or arms in other graves or in settlements. We can conclude that in the Early La Tène Period in funerary practices the collective identity of local family groups as well as the individual identities are defined, together constituting the social whole. Also micro-regional groups can be identified within the German and French area of the Marne-Moselle zone.
5. The differentiated elite group and the expansion and intensification of exchange networks suggest a growing integration of clientele relations. The growing stability of (hereditary) status positions emerges in the dynamics of these exchange relations. The prominent position of woman in elite graves, probably due to the acquisition of high positions, could also be explained by the importance of connecting families through marriage in the clientele system.
6. The more formalized relations and positions are illustrated in the disappearance of micro regional characteristics and a growing standardization of the elite attire, not only in the Marne-Moselle zone. Throughout large parts of Western and Central Europe in the Middle- and Late-La Tène period the same military equipment is found: large swords, oval shields and spears. Brooches too have lost their unique character. At the same time *Viereckschanzen*, sanctuaries, and oppida or fortified lowland settlements arise. Together with the emergence of

money, this points to a transformed society. From literary sources we know that clientele relations determine social life and direct marriages, education and the relations between tribes.

The emergence and disappearance of elaborate funerary practices cannot be used as a measuring rod for social complexity. They are signs of the dynamics of interaction between structural ideas and values, the reinterpretation in material forms, in certain contexts and within certain groups. In the process of transformation during the Early-La Tène period in the Marne-Moselle zone, funerary practices are prominently present as an instrument in the definition of the regional, local and individual identities. They are linked to social formation, but in an active way. In fig. 4 the relations between the presence of vehicles, bronze ware and swords in graves, the burial rite, the presence of archaeological contexts, the external stimuli, and the dominant social relations are represented.

In the Early-La Tène period there is a growing emphasis on cemeteries as the social and territorial markers of the historical roots of local groups and their mutual and internal relations. These places for the dead as essential structuring elements of the surrounding world refer to the rights of being there and in this constellation, in the past, the present and the future. The complexity of funerary practices, the monumentality of the burials, the integration of a much greater part of the community in cemeteries are tokens of the symbolic meaning of mortuary rituals in the production and reproduction of the social order.

If the hypothesis that the constitutive meaning of funerary practices influences the visibility of burial data is correct, then the disappearance is not the result of devolution, population decrease or migrations, but a shift in the social role of funerary practices. Not are only people and goods responsible for the repartition of material culture, but especially the ideas and values directing the actions. Distribution maps are the result of the continuous process of objectifying the interrelations in which people, goods and places are embedded (Thomas 1996, 162). In the Middle-La Tène period the decrease of burial data goes hand in hand with a changing burial rite; a lesser (archaeologically visible) complexity of burial rituals, a lesser monumentality of graves; and the emergence of other archaeological contexts. Chariots, valuable ware and weapons are still present in the Middle- and Late-La Tène period, but apart from graves also in sanctuaries and/or in settlements. We can state that there are other fields, arenas of symbolic violence, in which the social order is produced and reproduced. The constitutive meaning of funerary practices has lost its exclusiveness, in daily practice as well as in the organization of space. The visibility of sanctuaries and settlements and similarities in form throughout large parts of Europe ensue from similar developments, i. e. a transformation towards more institutionalized social, religious and economic domains in society.

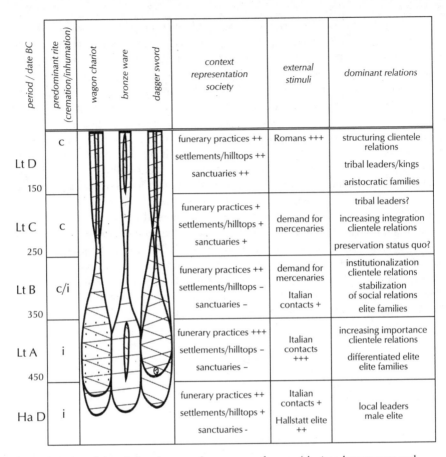

period / date BC	predominant rite (cremation/inhumation)	wagon chariot	bronze ware	dagger sword	context representation society	external stimuli	dominant relations
Lt D 150	c				funerary practices ++ settlements/hilltops ++ sanctuaries ++	Romans +++	structuring clientele relations tribal leaders/kings aristocratic families
Lt C 250	c				funerary practices + settlements/hilltops + sanctuaries +	demand for mercenaries	tribal leaders? increasing integration clientele relations preservation status quo?
Lt B 350	c/i				funerary practices ++ settlements/hilltops − sanctuaries −	demand for mercenaries Italian contacts +	institutionalization clientele relations stabilization of social relations elite families
Lt A 450	i				funerary practices +++ settlements/hilltops − sanctuaries −	Italian contacts +++	increasing importance clientele relations differentiated elite elite families
Ha D	i				funerary practices ++ settlements/hilltops + sanctuaries −	Italian contacts + Hallstatt elite ++	local leaders male elite

Fig. 4: Overview of the relations between the presence of wagon/chariots, bronze ware and dagger/swords in graves and social-cultural phenomena bounded in time and space. // = Middle Rhine-Moselle region; \\ = Aisne-Marne region; . . . = Belgian Ardennes.

The fluctuations in burial data are fluctuations in the instrumentality of funerary practices in the constitution of societies. The ideas behind vehicles, valuable ware and weapons do not change. They continue to define elite identities by materializing the values of martiality and hospitality, but in different contexts, and probably within different groups, matching the necessities related to the internal organization of the society in question and the social developments in course. Several ritual acts continue: the bending or breaking of arms is attested in graves in the Early-La Tène period in graves, in the Middle- and Late-La Tène periods in sanctuaries, the square form of graves is reinterpreted in the *Viereckschanzen*, secondary manipulation of dead bodies, especially the relocation of skulls and long arm/leg bones, shift from funerary practices to sanctuaries (Ribemont-sur-Ancre, Brunaux 1995).

The interaction between structural ideas and values of the *longue durée*, the objective structure of Bourdieu; the culture-specific embodiment of the structure in the *habitus*; and the social practice in daily life are the interactive elements of the dynamics of social processes. At certain intersections in time and space, specific contexts become the focus of ritualized actions. The archaeological visibility does not mean that these are the only situations and circumstances which are at stake at that precise moment, but their visibility highlights their social importance. Every society will choose the most appropriate mechanism and the way of implementing it. That is what Bourdieu and Giddens mean by the constraining and enabling capacity of the structure. It is not a question of individual calculated actions, but actions embedded in the conceptual universe, leaving the possibility of reinterpretations in form, context, time, participants, frequency, and so on. A direct mechanical link of fluctuations in burial data and social-political systems does not do justice to the complex and active role of rituals and the material culture used in it. These goods and contexts refer to ideas and values rooted in the history of the society and acquire their meaning in social practice. Human action is a continuous process of reinterpretation and reformulation of these structural principles. Changes are to be interpreted in view of the interaction which results in the gradual integration of new relations, institutions and customs in the social system.

Bibliography

Appadurai 1986: A. Appadurai, Introduction: Commodities and the Politics of Value. In: A. Appadurai (ed.), The Social Life of Things. Cambridge: Cambridge University Press 1986, 3-63.
Arafat/Morgan 1994: K. Arafat/C. Morgan, Athens, Etruria and the Heuneburg: Mutual Misconceptions in the Study of Greek-Barbarian Relations. In: I. Morris (ed.), Classical Greece. Cambridge: Cambridge University Press 1986, 108-134.
Bauters et al. 1990: L. Bauters et al. (eds), De metaaltijden in de provincie Oost-Vlaanderen. Een blik op 25 jaar onderzoek. Vobov-Info 38/39/40, 1990.
Bax 1995: M. Bax, Medjugorje: Religion, Politics and Violence in Rural Bosnia. Amsterdam: VU Universitry Press, Anthropological Studies 6, 1995.
Biel 1987: J. Biel, L'équipement du mort. Richesse dans la tombe, reflet de la puissance. In: J. P. Mohen/A. Duval/Ch. Eluère (eds.), Trésors des princes celtes. Paris: Editions de la réunion des Musées Nationaux 1987, 115-136.
Bouloumié 1988: B. Bouloumié, Le symposion gréco-étrusque et l'aristocratie celtique. In: Mohen et al. 1988, 343-384.
Bourdieu 1977: P. Bourdieu, Outline of a Theory of Practice. Cambridge: Cambridge University Press 1977.
Bourdieu 1989: P. Bourdieu, Opstellen over smaak, habitus en het veldbegrip (1975-1988, compilation by Dick Pels). Amsterdam: Van Gennip 1989.
Bourdieu 1994: P. Bourdieu, Raisons pratiques. Paris: Seuil 1994.
Brun 1988: P. Brun, Les »residences princières« comme centres territoriaux: elements de verification. In: Mohen et al. 1988, 129-144.

Brun 1993: P. Brun, La complexification sociale en Europe moyenne pendant l'Age du Fer: essai de modélisation. In: Daubigny 1993, 275-290.

Brunaux 1995: J. L. Brunaux, Die keltische Heiligtümer Nordfrankreichs. In: A. Haffner (ed.), Heiligtümer und Opferkulte der Kelten. Sonderheft Archäologie in Deutschland 1995. Stuttgart: Theiss 1995, 55-74.

Cahen-Delhaye 1991: A. Cahen-Delhaye, L'Age du Bronze. L'Age du Fer. Les sépultures de La Tène. Les habitats ouverts et les fortifications de La Tène. In: H. Rémy (ed.), Archéologie en Ardenne de la Préhistoire au XVIIIe siècle, Brussel: Credit Communal (exposition guide) 1991, 53-94.

Chaume 1987: B. Chaume, Vix. In: J. P. Mohen/A. Duval/Ch. Eluère (eds.), Trésors des princes celtes. Paris: Editions de la réunion des Musées Nationaux 1987, 207-232.

Coles/Harding 1979: J. M. Coles/A. F. Harding, The Bronze Age in Europe. London: Methuen 1979.

Collis 1984: J. Collis, The European Iron Age. London: Batsford 1979.

Crouwel 1992: J. H. Crouwel, Chariots and Other Wheeled Vehicles in Iron Age Greece. Allard Pierson Series 9. Amsterdam: Allard Pierson Museum 1992.

Crouwel 1981: J. H. Crouwel, Chariots and Other Means of Land Transport in Bronze Age Greece. Allard Pierson Series 3. Amsterdam: Allard Pierson Museum 1981.

Cunliffe 1994: B. Cunliffe, Iron Age Societies in Western Europe and Beyond, 800-140 BC. In: B. Cunliffe (ed.), The Oxford Illustrated Prehistory of Europe. Oxford/New York: Oxford University Press 1994, 336-372.

Daubigny (ed.), Fonctionnement social de l'Age du Fer. Opérateurs et hypothèses pour la France. Lons-le-Saunier: Centre Jurassien du Patrimoine 1993.

Demoule 1999: J. P. Demoule, Chronologie et société dans les nécropoles celtiques de la culture Aisne-Marne, du VIe au IIIe siècle avant notre ère. Revue Archéologique de Picardie, numéro spécial 15. Amiens 1999.

Dentzer 1982: J. M. Dentzer, Le motif du banquet couché dans le Proche-Orient et le Monde Grec du VIIe au IVe siècle avant J.-C. Bibliothèque des Ecoles Françaises d'Athènes et de Rome 246. Rome: Ecole Française de Rome 1982.

Diepeveen-Jansen 2001: M. Diepeveen-Jansen, People, Ideas and Goods. New Perspectives on ›Celtic Barbarians‹ in Western and Central Europe (500-250 BC). Amsterdam Archaeological Studies 7. Amsterdam: Amsterdam University Press 2001.

Dietler 1986: M. Dietler, Greeks, Etruscans and Thirsty Barbarians; Exchange and Cultural Interaction in the Development of Complex societies. In: T. Champion (ed.), Comparative Studies on the Development of Complex Societies. The World Archaeological Congress 3. Southampton/London: Allen and Unwin, 1986, 1-19.

Dietler 1990: M. Dietler, Driven by Drink: the Role of Drinking in the Political Economy and the Case of Early Iron Age France. Journal Anthr. Arch. 9, 1990, 352-406.

Endert 1987: C. von Endert, Die Wagenbestattungen der späten Hallstatt und der Latènezeit im Gebiet westlich des Rheins. Brit. Arch. Rep. Intern. Ser. 355. Oxford: BAR 1987.

Fischer 1995: F. Fischer, The Early Celts of West Central Europe: the Semantics of Social Structure. In: B. Arnold/D. B. Gibson, Celtic Chiefdom, Celtic state. The Evolution of Complex Social Systems. Cambridge: Cambridge University Press 1995, 34-40.

Flouest/Stead 1985: J. L. Flouest/I. M. Stead, Une tombe à char sans char. Archéologia, Les Dossiers histoire et archéologie 98, 1985, 26-27.

Frey 1991: O.-H. Frey, The Formation of the La Tène Culture in the Fifth Century B. C. In: Moscati et al. 1991, 127-146.

Frankenstein/Rowlands 1978: S. Frankenstein/M. J. Rowlands, The Internal Structure and Regional Context of Early Iron Age Society in South-Western Germany. Bulletin Inst. Arch. (London) 15, 1978, 73-112.

Gerdsen 1986: H. Gerdsen, Studien zu den Schwertgräbern der Älteren Hallstattzeit. Mainz: Zabern 1986.
Giddens 1979: A. Giddens, Central Problems in Social Theory. Action, Structure and Contradiction in Social Analysis. Hampshire/London: Macmillan 1979.
Giddens 1984: A. Giddens, The Constitution of Society. Outline of the Theory of Structuration. Cambridge: Polity Press 1984.
Guštin/Pauli 1984: M. Guštin/L. Pauli, Keltski Voz. Posavski Muzej Brežice 6. Brežice 1984.
Haffner 1976: A. Haffner, Die westliche Hunsrück-Eifelkultur. Röm.-Germ. Forsch. 36. Berlin: De Gruyter 1976.
Haffner 1989: A. Haffner, Gräber – Spiegel des Lebens. Schriftenr. Rheinisches Landesmus. Trier 2. Mainz: Zabern 1989.
Haffner/Joachim 1984: A. Haffner/H. E. Joachim, Die keltischen Wagengräber der Mittelrheingruppe. In: Guštin/Pauli 1984, 71-87.
Hirsch 1995: E. Hirsch, Landscape: between Place and Space. In: E. Hirsch/M. O. Hanlon, The Anthropology of Landscape. Oxford: Clarendon Press 1995, 1-30.
Hodder 1982: I. Hodder (ed.), Symbolic and Structural Archaeology. New Directions Arch. Cambridge: Cambridge University Press 1982.
Ingold 1993: T. Ingold, The Temporality of Landscape. World Arch. 25, 1993, 152-174.
Kopytoff 1986: I. Kopytoff, The Cultural Biography of Things: Commoditization as Process. In: A. Appadurai (ed.), The Social Life of Things. Cambridge: Cambridge University Press 1986, 64-94.
Koolen 1993: J. Koolen, The Cultural Biography of the Landscape. A Re-appraisal of History. Paper given at the »Theoretical Archaeology Group« conference at Durham 1993.
Kruta 1991: V. Kruta, In Search of the Ancient Celts. In: Moscati 1991, 29-34.
Lambot/Casagrande 1996: B. Lambot/P. Casagrande, Les Rêmes à la veille de la romanisation. Le Porcien au 1er siècle avant J.-C. Revue Archéologique de Picardie, numéro special 11. Amiens 1996, 13-38.
Littauer/Crouwel 1979: M. A. Littauer/J. H. Crouwel, Wheeled Vehicles and Ridden Animals in the Ancient Near East. Handbuch der Orientalistik, Abt. 7.1, 2e Abschn. B1. Leiden/ Keulen: Brill 1979.
Mohen et al. 1987: J. P. Mohen/A. Duval/Ch. Eluère (eds.), Trésors des princes celtes. Paris: Editions de la réunion des Musées Nationaux 1987.
Mohen et al. 1988: J. P. Mohen/A. Duval/Ch. Eluère (eds.), Les princes celtes et la Mediterrannée. Paris: La Documentation Française 1988.
Morphy 1995: H. Morphy, Landscape and the Reproduction of the Ancestral Past. In: E. Hirsch/M. O. Hanlon, The Anthropology of Landscape. Oxford: Clarendon Press 1995, 184-209.
Moscati et al. 1991: S. Moscati et al. (eds.), The Celts. Milano: Bompiani 1991.
Müller-Karpe 1955: H. Müller-Karpe, Das urnenfelderzeitliche Wagengrab von Hart-an-der-Alz, Oberbayern. Bayer. Vorgeschichtsbl. 21, 1955, 46-75.
Pauli 1991: L. Pauli, The Alps at the Time of the First Celtic Migrations. In: Moscati 1991, 215-219.
Pauli 1994: L. Pauli, Case Studies in Celtic archaeology. In: K. Kristiansen/J. Jensen (eds.), Europe in the First Millennium B. C. Sheffield Archaeological Monographs 6. Sheffield: Collis 1994., 67-79.
Pare 1992: Ch. F. E. Pare, Wagons and Wagongraves of the Early Iron Age in Central Europe. Oxford University Committee Arch. Monogr. 35. Oxford: Oxford University Committee for Archaeology 1992.
Piggott 1983: S. Piggott, The Earliest Wheeled Transport. From the Atlantic Coast to the Carpatian Sea. London: Tames and Hudson 1983.

Pion 1990: M. P. Pion, De la chefferie à l'état? Territoires et organisation sociale dans la vallée de l'Aisne aux Ages des Metaux (2200-20 av. J.-C). Juan-les-Pins: Archéologie des espaces 1990, 183-260.
Rapin 1991: A. Rapin, Weaponry. In: Moscati et al. 1991, 321-331.
Roymans 1990: N. Roymans, Tribal Societies in Northern Gaul. Cingula 12. Amsterdam 1990.
Roymans 1993: N. Roymans, Romanisation and the Transformation of a Martial Elite-Ideology in a Frontier Province. In Frontières d'Empire. Actes de la Table Ronde International 1992. Mémoires du Musée de Préhistoire d'Ile-de-France 5. Nemours 1993, 33-50.
Sievers 1982: S. Sievers, Die mitteleuropäischen Hallstattdolche. Prähist. Bronzefunde VI 6. München: Beck 1982.
Szabó 1991: M. Szabó, The Celts and Their Movements in the Third Century B. C. In: Moscati 1991, 303-319.
Thomas 1996: J. Thomas, Time, Culture and Identity. An Interpretive Archaeology. London/New York: Routledge 1996.
Thomas 1991: N. Thomas, Entangled Objects. Exchange, Material Culture and Colonisation in the Pacific. Cambridge: Harvard University Press 1991.
Tierney 1959/1960: J. J. Thierney, The Celtic Ethnography of Posidonius. Proceedings of the Royal Irish Academy 60, Section C, 1959/1960, 189-275.
Tilley 1994: Ch. Tilley, A Phenomenology of Landscape. Places, Paths and Monuments. Oxford: Oxford University Press 1994.
Trigger 1989: B. T. Trigger, A History of Archaeological Thought. Cambridge: Cambridge University Press 1989.
Weiner 1992: A. B. Weiner, Inalienable Possessions. The Paradox of Keeping-While-Giving. Berkeley: University of California Press 1992.
Verger 1990: St. Verger, Du dépôt métallique à la tombe fastueuse. In: A. Bocquet et al., Les premiers princes celtes (2000 à 750 ans avant J.-C.). Autour de la tombe de Saint-Romain-de-Jalionas. Grenoble: Musée Dauphinois 1990, 53-71.
Verger 1994: St. Verger, Les tombes à char de La Tène ancienne en Champagne et les rites funéraires aristocratiques en Gaule de l'Est au Ve siècle avant J.-C. Dijon: unpublished Doctorat de l'Université de Bourgogne.

BEAT SCHWEIZER

Zur Repräsentation sozialen Raums: Die Fürstengräber von Pontecagnano 926 und 928[*]

ZUSAMMENFASSUNG: Kontextuelle Archäologie wird als Weg betrachtet, auf der Basis archäologischen Materials ideelle Bereiche vergangener Gesellschaften zu rekonstruieren, und zwar mit Bezug auf anthropologische Konzepte, aber ohne direkten Rückgriff auf historische und anthropologische Analogien. Im Vergleich zu und in Abgrenzung von Hodders *Contextual Archaeology* werden Möglichkeiten und Grenzen dieses aus einem Forschungsstrang der Klassischen Archäologie abgeleiteten strukturalistischen Ansatzes aufgezeigt und am Beispiel der Fürstengräber Pontecagnano 926 und 928 erläutert. Mit dem Aspekt der Repräsentation sozialen Raums wird ein Zug der Interpretation B. d'Agostinos in der 1977 vorgelegten Publikation dieser Gräber aufgenommen und vertieft.

Theoretische Vorüberlegungen

Analogie und Kontext

Ausgehend von den Befunden der 1966 aufgedeckten und ins frühe 7. Jh. v. Chr. zu datierenden Gräber 926 und 928 von Pontecagnano (d'Agostino 1977)[1] bei Salerno im südlichen Teil der heutigen Region Kampanien (Abb. 1) soll exemplarisch gezeigt werden, inwieweit archäologisches Material die Basis für wissenschaftliche Interpretationen sein kann, ohne auf schriftliche Überlieferung bzw. kulturhistorische Analogien zurückgreifen zu müssen. Nicht tangiert wird davon die Auffassung, dass erstens das archäologische Material nicht für sich selbst spricht oder zum Sprechen zu bringen ist, sondern interpretiert wird,[2] und dass zweitens - nicht nur - archäologische Interpretationen auf Analogien beruhen (Eggert 1998; Morris 2000, 6). Bereits die Ansprache der Objekte ist als Analogieschluss aufzufassen (Bernbeck 1997, 84), Analogie ist Bestandteil archäologischer Heuristik (Kümmel 2001, 119-123). Probleme treten dabei in Bezug auf die hier behandelten Befunde schon auf, sobald ein Fundgegenstand als phönikische Kanne bzw. griechische Kotyle bezeichnet und klassifiziert wird (Gras 2000, 209).

---

[*] Für technische Hilfe bei der Erstellung der Abbildungen 1 und 2 danke ich M. Lesky und Ch. Kümmel, für konstruktive Kritik an der ersten Fassung des Textes L. Koch.

[1] Fundobjekte von Pontecagnano, Grab 928 waren zu sehen in den großen Ausstellungen von Florenz 1985: Cristofani 1985a, 88-90 Nr. 3. 11 (L. Cerchiai); Hannover 1990: Gehrig/ Niemeyer 1990, 172-175 Nr. 108-110, 112-114 und 180 Nr. 123 [hier auch Funde aus Grab 926: 173 Nr. 111; 176-181 Nr. 117-122, 124-127]; Bologna 2000/1: Bartoloni et al. 2000, 126-128 Nr. 74-76 (L. Minarini); vgl. auch Emiliozzi 1997, 311 f. Nr. 9/10.

[2] Zum Beispiel Eggert 1991 mit Bezug auf Berger und Luckmann.

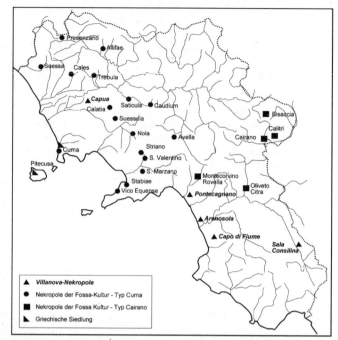

Abb. 1
Eisenzeitliche
Kulturgruppen der
heutigen Region
Kampanien
(d'Agostino 1988,
Taf. 1).

Diskutiert werden Analogien aber meist in dem umfassenderen Rahmen der Rekonstruktion der Verhaltens- oder Denkweise bzw. der Organisationsform vergangener Gesellschaften und Gruppen. Und als Analogiequellen werden in den theoretischen Beiträgen der englisch- und dann auch deutschsprachigen prähistorischen Archäologie meist *nur* Einheiten des »ethnographischen Präsens« herangezogen.[3] Demgegenüber sind im Forschungsfeld der frühen historischen Periode Italiens (*Orientalizzante antico/medio* vom späten 8. bis in die erste Hälfte des 7. Jh. v. Chr.) Analogiequellen für die Interpretation der hier behandelten und vergleichbarer Befunde - also Fürstengräber (*tombe principesche*) - einerseits historische Quellen zur römischen Geschichte. Die Fürstengräber vor allem Etruriens und Latiums werden danach als Gräber der *principes* der entstehenden Gentilgruppen verstanden.[4]

---

3 Bernbeck 1997, 85-108; Gramsch 2000b. Die neuere Diskussion zum Gebrauch von Analogien in Bezug auf die Fürstengräber der Hallstattzeit (Eggert, Krauße, Schier, Veit) soll andernorts diskutiert werden.
4 Zur Verbindung römischer Schriftquellen und archäologischer (etruskischer) Befunde v. a. des 7. Jhs.: Torelli 1988, 79-113; Torelli 2000a, 196-198; Naso 2000; Menichetti 2000. Vgl. Guidi 1998 zur abweichenden Sichtweise der Forschung zur italienischen *protostoria*. Auf die Probleme der Verbindung von *tombe principesche* mit den *principi* der italienischen Sprache und den *principes* der schriftlichen Überlieferung weist Cristofani 1985b. Dazu und allgemein zu den Forschungskonzeptionen: Schweizer in Vorb.

Im Rahmen dieses Interpretationsmodus wird dem archäologischen Material also auch Bedeutung für spezifisch historische Fragestellungen zur Stadtwerdung und zur Entwicklung von Sozialstrukturen zugeschrieben. Andererseits werden für die Rekonstruktion von Bewertung und Verwendung der in diesen Gräbern vertretenen Objekte die homerischen Epen herangezogen,[5] die als Quellen der Analogie zwar zeitgleich mit den Subjekten der Analogie, den Fürstengräbern, sind, aber einer anderen, der archaischen griechischen Kultur zuzuordnen sind. Im Fall der Gräber von Pontecagnano wird dies jedoch dadurch relativiert, dass im 8. Jh. v. Chr. neu gegründete griechische Siedlungen wie Kyme und Pithekoussai (Ridgway 1992) quasi vor der Haustür liegen (Abb. 1) und durch ein Graffito auf einem Trinkgefäß[6] aus Pithekoussai, Grab 168 die Kenntnis griechischer, wenn nicht der homerischen Epen auch im gleichen (Zeit-)Raum belegt ist.

Dass archäologische Interpretationen auf Analogien angewiesen sind, ist die Grundlage von Aussagen, wonach sich Archäologie »notgedrungen als ein den Einzelfund und Einzelbefund transzendierendes Fach« erweise (Eggert 2001, 13) oder das archäologische Material »zeitimmanente Maßstäbe« nicht liefern könne und somit interpretationsneutral wäre (Gramsch 1996, 263). Ziel des vorliegenden Beitrags ist es, diese generalisierenden Aussagen in gewisser Weise einzuschränken. Diese gelten nur, wenn das einzelne, dekontextualisierte archäologische Objekt im Rahmen der unterschiedlichen typo-, chrono- und chorologischen Ordnungssysteme im Vordergrund steht. Nur dann ist der Annahme, dass der »einstige Kultur- und Funktionszusammenhang« archäologischer Quellen »heute jedoch nicht mehr existent und uns daher *a priori* auch nicht zugänglich« ist (Eggert 2001, 101), zuzustimmen.

Eine andere Perspektive ergibt sich, sobald Kontexte archäologischer Funde und Befunde als das Material der Archäologie angesehen werden. Dass über eine kontextuelle Archäologie, deren Grundlage der Kontext bzw. der Text der Funde oder der Befunde ist, ein Einblick in die ideelle Sphäre möglich ist, belegen zahlreiche Arbeiten der Klassischen, aber auch der Vorderasiatischen Archäologie zur Bildwelt unter (post-)strukturalistischen bzw. semiotischen Prämissen,[7] soll aber für materielle Hinterlassenschaft im allgemeinen Sinn hier aufgezeigt werden. Dabei ist der kontextuelle Ansatz als »das *sine qua non* jedes Versuchs, Kulturgeschichte auf der Basis archäologischer Zeugnisse zu schreiben« (Whitley 1994, 52), zu betrachten. In dieser Hinsicht besteht kein Unterschied zwischen einer prähistorischen und einer

---

5 d'Agostino 1977b; Rathje 1986; 1990; Ampolo 2000.
6 Zum »Nestorbecher«: Ridgway 1992, 55 Abb. 8; Bartoněk/Buchner 1995, 146-154.
7 Beispiele einer strukturalistisch, auf die Analyse von Bildsystemen ausgerichteten Archäologie sind Arbeiten aus dem Umkreis von J. P. Vernant, Paris und J. Bérard, Lausanne und der »Hamburger Schule«: z. B. Bérard/Vernant 1985; Steuernagel 1998 und Schneider/Zazoff 1994. Beispiele poststrukturalistischer Archäologie zur Bilderzählung, in denen die Aspekte des »content of the form« im Vordergrund stehen, sind: Brilliant 1984; Winter 1981; 1985; auch 1995; Giuliani 1996 oder Bergmann 1999.

historischen Archäologie.[8] Die Verwendung von Schriftquellen bietet zwar eine zusätzliche Ebene der Interpretation und somit die Möglichkeit zu einem komplexeren Bild der Vergangenheit. Schriftquellen können aber in den seltensten Fällen als Explanans fungieren, sondern sind im Zusammenhang mit den archäologischen Quellen selbst als Explanandum zu betrachten (Morris 2000, 6).

Grundlage der kontextuellen Betrachtungsweise ist, das archäologische Material als Zeugnis einer zeitlich und räumlich fixierten Auswahl zu verstehen, die durch spezifische menschliche Handlungen und Vorstellungen bestimmt ist (Snodgrass 2000, 356- 358; Hölscher 2000, 51). In Hinblick auf den hier behandelten Aspekt: Da Raum sozial konstruiert ist (Werlen 2000), sind Befunde räumlicher Gliederung wie die Grabbefunde als Spuren sozial gebundener Konstruktion zu verstehen, Gräber als Repräsentationen sozialen Raums.

Kontexte archäologischen Materials können somit als Spur eines Signifikationsprozesses betrachtet werden,[9] oder als Text, der Rückschlüsse auf die syntaktische Ebene der Zeichen erlaubt. Kontextuelle Archäologie könnte also auch als textuelle Archäologie bezeichnet werden. Dies würde insbesondere unterstreichen, dass Kontexte von Befunden und Funden zur Basis der archäologischen Analyse zu machen, nicht bedeutet, dass einem – wie auch immer – rekonstruierten oder vorausgesetzten (etwa soziokulturellen) Kontext die alleinige Erklärungskraft für den Einzelfund oder -befund zugeschrieben wird. Problematisch ist eine Konzeption der archäologischen Quellen als Text eigentlich nur angesichts eines etwas altertümlichen Textverständnisses, das Text mit Schriftlichem im engeren Sinn identifiziert oder auch schriftliche Texte mit vermeintlich eindeutig denotierten Zeichen im Gegensatz zu polysemischen Dingen und Bildern sieht. Auch setzt eine semiotische Perspektive weder voraus, dass Kultur als Gegenstand einer historischen Kulturwissenschaft mit Kommunikation gleich zu setzen, noch dass Archäologie auf eine Wissenschaft imaginärer Zeichen zu reduzieren wäre.[10] Behauptet wird jedoch, dass dadurch wesentliche Aspekte von Kultur zu erhellen sind (Eco 1972, 33). Aus der Tatsache, dass die Bedeutung von Zeichen zwar durch den Kontext determiniert wird, aber nicht auf den Kontext reduziert werden kann (Jakobson 1974), ergibt sich andererseits auch die Grenze dieses Ansatzes. Verfolgt werden kann die Einbindung von Zeichen bzw. der Materialität von Zeichen in die Konstruktion der Realität, nicht jedoch die semantische Ebene der Zeichen in engerem Sinn. Dennoch scheint dies eine (nicht nur) für die Archäologie produktive Fragestellung zu sein, auch wenn deren Erörterung unter das fällt, was Gumbrecht (1988) als »flache Diskurse« bezeichnet hat.

---

8 Entgegen Morris 2000, 8 und – aus anderem Blickwinkel – Eggert 2001, 46-51.
9 »Material culture is a technology which stores codes of signification to be drawn upon in social discourse« (Barrett 1987, 471).
10 Zum Beispiel Flaig 1998; vgl. schon Schneider et al. 1979, 8 zum Vorwurf, sich mit semiotischen Ansätzen »weg und hin zu einer immateriellen Scheinwelt von Zeichen zu bewegen«. Und Hodder 1989, 256 zur »distinction between the model of text as language (within structuralism) and the model of text as work (within post-structuralism).« Handlungstheoretische Aspekte sind auch in den neuen Texten bei Hodder 1992 hervorgehoben.

Kontextuelle Archäologie und *Contextual Archaeology*

Dass die Zielstellung und Methode kontextueller Archäologie, so wie sie hier verstanden wird, zum Teil deckungsgleich ist mit Hodders *Contextual Archaeology* (Hodder 1986, 118-146) oder auch dem theoretischen Ansatz Tilleys vor deren hermeneutischer bzw. interpretativer Wende (vgl. Hodder 1986 und 1991; Tilley 1989 und 1993, 8 f.), zeigen Sätze wie: »archaeology is not the study of isolated objects. [...] Objects in their ›text‹ may not be totally mute« und: »the term contextual will refer to the placing of items ›with their texts‹ - ›con-text‹« (Hodder 1986, 123 f.). An die Überlegungen Hodders kann auch angeknüpft werden, wenn dieser die Kategorie des Kontextes von anderen traditionellen archäologischen Kategorien wie Kultur oder Typ dadurch abhebt, dass dafür nicht nur das Kriterium der Ähnlichkeit relevant ist, sondern auch das der Differenz (Hodder 1986, 124-132; v. a. 139-141). Etwa hat er mit Bezug auf Arbeiten Parker Pearsons darauf hingewiesen, dass Gräber nicht durch die alleinige Analyse von Gräbern bzw. einzelnen Objekttypen in Gräbern verstanden werden können, sondern durch die kontextuelle Analyse von Gräbern, Siedlungen und Heiligtümern.[11] Die Einsicht in die Vorstellungswelt der untersuchten Gesellschaften gelingt also nicht dadurch, dass bestimmten durch typo- und chorologische bzw. formale Klassifikation gebildeten Typen, Formen oder sonstigen Elementen feste Inhalte zugeschrieben werden.[12]

Insbesondere der Rückgriff auf die Hermeneutik Gadamers hat bei Hodder (Kerig 1998, 229-232) aber zu einer stark subjektivistischen Ausrichtung archäologischer Theorie geführt, die dann nicht mehr als Fortschritt bezeichnet werden kann, und die auf einer undifferenzierten Rezeption hermeneutischer Positionen beruht, die - nach der Differenzierung von A. Assmann (1996, 12-18) - über die kritischen Ansätze der dritten Phase (eines *literalistic turn*) der Hermeneutik auf die ›ermächtigende‹ Lektüre der zweiten Phase (des *linguistic turn*) zurückgeht.[13] Mit dem Rückgriff auf theoretische Positionen (auch der Archäologie) der Zeit zwischen den Weltkriegen werden aber positiv zu bewertende Einsichten der *Post-processual Archaeology* wieder verschenkt. So wandeln sich auch in Hodders *Interpretative Archaeology* die Anleihen kritischer Theorie der poststrukturalen Literaturwissenschaft (*Poetics*) im oben beschriebenen Sinn, sobald dieser sich als »poet of the Neolithic of Europe« bezeichnet (Hodder 1990, 279) oder die zur Analyse der Ge-

---

11 Hodder 1986, 140 zu Parker Pearson 1982; Hodder 1999, 90 f. zu Parker Pearson 1993.
12 Zu Recht wird sowohl die Annahme kognitiver Typen kritisiert (Eggert 2001, 142-145), wie auch die formal zu erfassender geistiger Strukturen in der so genannten Strukturforschung (Hölscher 1992, 475-478).
13 Deutlich die Missverständnisse: »The discipline is beginning to undertake a ›linguistic turn‹ through the ›discovery‹ that material culture has to be *written*. [...] Such a ›development‹ is hardly novel. It [...] has a common ground in the post-structuralist and hermeneutic thought of Barthes, Derrida, Deleuze and Guattari, Foucault, Lacan, Gadamer, Ricœur« (Tilley 1993, 11).

schichtsschreibung des 19. Jhs. von H. White herangezogenen Tropen in eine zyklische Konzeption archäologischer Kulturen überträgt (Hodder 1993; 1995; dazu bereits Last 1995, 145-147). Diese Tendenz ist aber in Hodders *Contextual Archaeology* von Anfang an angelegt. Denn über die Auswertung empirisch zu erfassender bzw. (re-)konstruierter synchron-räumlicher Kontexte von Funden und Befunden – von der kleinsten erkennbaren archäologischen Einheit bis zur archäologischen Kultur (zuletzt Hodder 1999, 85) – hinaus versteht Hodder als *Contextual Archaeology* auch eine Operation, die generelle symbolische Prinzipien – im Sinne einer *histoire du longue duree* (Last 1995, 144) konzipierte polare Begriffspaare – auf das archäologische Material überträgt.[14] Diese Art der *contextualisation* ist von Barrett schon 1987 mit Recht als *dekontextualisation* bezeichnet worden.[15] Anstelle des Kontextes ist Hodders Interpretation also durch Analogien[16] bestimmt (Veit 1998, 42-44), von denen, selbst wenn es sich um strukturalistische Homologien handelte, kein Weg zur spezifischen Bedeutung bestimmter Objekte in spezifischen Kontexten führen würde (Miller, 1998, 10).

Ohne hier Hodders theoretische Basis (Kerig 1998; Porr 1998, 194-201) eingehender behandeln zu können, scheint seine *Contextual* bzw. *Interpretative Archaeology* insgesamt durch eine spezifische Rezeption des Strukturalismus geprägt zu sein wonach ein Grundelement strukturalistischer (Sprach-)Theorie, nämlich die Arbitrarität der Zeichen, auf sprachliche Zeichen eingeschränkt wird. Für das archäologische Material gilt dagegen nach Hodder, dass das spezifische Symbol in seiner Verwendung, in seinem spezifischen kulturellen und historischen Kontext nicht als arbiträr angesehen werden kann.[17] Arbitrarität als grundlegende Kategorie

14 »An archaeology in which an emphasis is placed on the particular way that general symbolic and structural principals are assembled into coherent sets and integrated into social and ecological strategies can be called a ›contextual‹ archaeology« (Hodder [1982] 1992, 29). »My aim is therefore to conduct a long-term contextual analysis of the European Neolithic. By ›contextual‹ I mean an analysis which attempts to ›read‹ or to interpret the evidence primarily in terms of internal relations rather than in terms of outside knowledge« (Hodder 1990, 20 f.). Und Hodder 1990, 280-282 im Abschnitt zur »theory which explains the long duration of structures« das Fazit: »the most enduring structures may be those that are so general, simple or ambigous, that they can be reinterpreted to justify and make sense of highly varied, even contradictory events and positions.«
15 »The interpretation Hodder offers is in fact out of context« (Barrett, 1987, 472).
16 »And yet the constraints and potentials in these non-arbitrary relationships facilitate the role of the archaeologist since the primary [denotative] meanings can often be identified with relative ease using crosscultural analogy« (Hodder 1989, 263).
17 »the particular symbol used must not be seen as arbitrary« (Hodder 1982, 9). Dagegen »And we wish to see each object *both* as an object, the result of processes of production and action, and as a sign, since the object [...] can itself be the signifier for other concepts« (Hodder 1986, 47). Dann wiederum: »Saussure emphasized the arbitrariness of the sign. [...] Such an approach is clearly lacking in a discipline which can follow the way in which signs come to have non-arbitrary meanings through long-term historical sequences« (Hodder 1986, 49). »But the artifacts exchanged are not arbitrary. They are appropriate within a cultural, ideo-

der Zeichentheorie bezieht sich aber nicht auf die Ebene der Zeichenverwendung, sondern auf das Verhältnis von Signifikant und Signifikat bzw. nach Benveniste[18] von Signifikant und Referent und somit auf die Korrelation zweier Klassifikationssysteme. Dies betrifft die Ebene der *langue*, nicht die der *parole* im Sinne F. de Saussures. Selbstverständlich gilt aber mit Benveniste (1977, 65): »Für den Sprecher besteht zwischen Sprache und Realität vollständige Übereinstimmung: Das Zeichen umfasst und bestimmt die Realität.« Hodder vernachlässigt also die Unterscheidung zwischen *langue* und *parole*, überträgt so den nicht arbiträren Charakter der Zeichen im Rahmen der Verwendung in den Bereich des Systems. Damit fließt in Hodders kommunikationstheoretische Argumentation ein nicht-semiotischer Symbolbegriff ein, der auch die Voraussetzung für seine späteren Interpretationen bildet, in denen er seine eigenen Konzeptionen mit den Symboldeutungen der von ihm untersuchten Gesellschaften des europäischen Neolithikums gleichsetzt (Hodder 1990, 278-280). In diesem Sinne sind die Aussagen Hodders zu verstehen, nach denen sich seine Konzepte aus oder im Zusammenhang mit den Daten ergeben: »Çatal Hüyük and I, we bring each other into existence« (Hodder 1990, 20).[19]

Eher implizit findet sich bei Hodder aber auch die Vorstellung, dass Dinge aufgrund ihrer Materialität nicht arbiträre Zeichen wären. Dazu ist zu sagen, dass zwar in klassischen Arbeiten der Semiotik das »motivierte Zeichen« (de Saussure) oder »Ikon« (Peirce) vom arbiträren Zeichen abgegrenzt wird. Aber selbst wenn man der später vorgebrachten Kritik an dieser Differenzierung »nach ihrem angeblichen Zusammenhang mit dem Referenten« (Eco 1977, 60-68) nicht folgt, wird auch von den Verteidigern ikonischer Zeichen in der Konzeption von Peirce und Morris (Gombrich 1984) zugestanden, dass das Verhältnis zwischen Signifikant und Signifikat bzw. Referent wenn nicht willkürlich, dann immer noch konventionell ist. Dass »Gegenstände oft ›natürlicher‹ als Wörter erscheinen«, ist also lediglich ein den Dingen aufgrund ihrer Physikalität zugeschriebenes Ideologem (Miller 1994, 407 f.).[20]

---

logical, and historical context« (Hodder 1982b, 207). »Such a [Neolithic megalithic] tomb is not simply an arbitrary symbol of social relations. Rather it creates those relations in its very construction« (Hodder 1989, 263).

18 Nach Benveniste 1977, 63 ist die Beziehung zwischen Ausdruck und Inhalt, also Signifikant und Signifikat im Sinne De Saussures eine notwendige: »Das Arbiträre existiert hier auch nur in Bezug auf das Phänomen oder auf den *materiellen* Gegenstand und greift nicht in die Konstitution des Zeichens ein« (Benveniste 1977, 66).

19 Vgl.: »Significient contextual links within the Çatal Hüyük data to justify the reconstruction of a symbolism concerning a power and danger association with female representation« (Hodder 1990, 8). » My definition of the term [domus] came about through my haphazard experience of the data« (Hodder 1990, 44).

20 Hodder verwendet zwar in späteren Schriften den Begriff *partly arbitrary*, aber nur in der Argumentation gegen »cross-cultural scientific studies of the material properties.« Begründet werden diese *partly arbitrary symbols* durch die historische Entwicklung der entsprechenden Symbolsysteme: »To say that the meanings of material culture objects are partly arbitrary is to say that these meanings cannot be determined from cross-cultural scientific study of the

Es kann also keine Kategorie nicht arbiträrer Zeichen (oder Symbole) im Gegensatz zu arbiträren Zeichen gefasst werden. Das heisst aber auch, dass ein Einblick in die inhaltliche Seite, die Hodder als Voraussetzung jeder Interpretation fordert, nur eingeschränkt möglich ist. Aufgrund der Arbitrarität bzw. Konventionalität der Zeichen kann in Bezug auf die semantische Ebene eine gewisse Grenze nicht überschritten werden. So mag Eggerts Einschätzung der ethnoarchäologischen Arbeiten Hodders auch auf dessen Archäologie zutreffen: »Hodders strukturalistisch-kontextuelle ethnoarchäologische Arbeiten verkörpern letztlich eine extreme, historistisch-subjektivistische Position« (Eggert 2001, 350). Aus der hier vertretenen Sicht ist aber Hodders Archäologie trotz der programmatischen Texte weder strukturalistisch noch kontextuell. Genau deshalb trifft auf Hodders Analysen der wichtigste Vorwurf an strukturalistischen Analysen von Mythen und Texten zu: Der Forscher findet immer das, was er sucht (Leach 1991, 22).

Grundlegend bleibt jedoch, dass Hodders programmatische Schriften der frühen 80er Jahre eine wichtige Rolle in der Umorientierung der Archäologie zu einer wissenschaftlichen Diskussion semiotischer Aspekte gespielt haben. Er hat dabei durchaus zu Recht festgestellt, dass inzwischen in Nachbardisziplinen das Rüstzeug bereitgestellt wurde, um Fragestellungen der vorprozessualen Archäologie zu beantworten. Paradoxerweise entwickelte Hodder seine Theorie aber in einer Richtung weiter, nach der seine symbolischen Deutungen materieller Kultur sich von der jener älteren Generationen nur graduell unterscheiden, während die diskutierten Ansätze gerade geeignet gewesen wären, Aspekte zu erhellen, die Renfrew als Teil seines *Cognitive-Processual Approach* ansieht, die aber prozessual nicht zu lösen sind: also »the ways in which symbols were used« (Renfrew 1994, 10).[21] Es stellt sich allerdings die Frage, inwieweit auf die Bedeutung in der Interpretation tatsächlich verzichtet werden kann (Hodder 1992, 16-18; Veit 1998, 44) bzw. inwieweit eine Bedeutung immer mit einfliesst, gerade auch, wenn sie prinzipiell als Gegenstand der Untersuchung ausgeschlossen wird.[22]

---

material properties and functions of objects. While material culture meanings may be arbitrary in this sense, they are not arbitrary in another sense. Any use of an artifact depends on the previous uses and meanings of that artifact or of similar artifacts within a particular historical context. However fast that context is changing the meanings of artifacts at time t are not arbitrary because they are partly dependent on the meaning of artifacts at time t-1« (Hodder 1992, 14).

21 Renfrew (1994, 6) zum Unterschied zwischen dem Ziel prozessualer Archäologie: »*how* the minds of the ancient communities in question worked« und dem post-prozessualen Ansatz: »One seeks [...] to enter the mind [...] through some effort of active empathy.«

22 Etwa bei Renfrew: » Now of course [...] the evidence before one in the case of the burial may be considered as relating to the ›disposal of the dead‹ rather than the supernatural. But [...] in some cases it is reasonable to suggest, as a working hypothesis, that the living contemporaries of the deceased were acting in a manner consistent with a belief in an after-life for him and her« (Renfrew 1994, 8). Allgemein zu den Erkenntnismöglichkeiten von Renfrews Cognitive-Processual Archaeology: Kienlin 1998, 99-102.

Im Gegensatz zu Hodder sollte aber eine kontextuelle Analyse nicht mit der Analogie zusammenfallen, sondern als Kontrollinstanz analogischer Interpretation fungieren. Es besteht aber letztendlich kein Grund, Hodders *Contextual Archaeology* auf seinen hermeneutischen Ansatz[23] oder kontextuelle Archäologie auf Hodders privaten Ansatz zu reduzieren. Denn selbstverständlich wird ein kontextueller Ansatz auch von anderen Archäologen explizit verfolgt.[24] Darüber hinaus gibt es auch eine breite Strömung der Archäologie, in der kontextuell gearbeitet wird, entweder im Rückgriff auf Hodder oder direkt auf die auch von Hodder rezipierten Schriften.[25]

Die Gräber 926 und 928 von Pontecagnano

Fürstengräber als Beispiel

Fürstengräber[26] werden hier als Ansatzpunkt genommen, weil sie als Befundkontexte ausreichend komplex, zugleich aber noch überschaubar erscheinen. Mit der Wahl des Gegenstands wird also einerseits nicht unterstellt, dass es sich um zentrale Befunde einer Kulturwissenschaft handelt. Andererseits kann hier nur ein kleiner Aspekt dieses Forschungsfeldes und der relevanten Funde oder Fundobjekte angeschnitten werden. Es versteht sich von selbst, dass weder die Forschungsprobleme

23 So die einseitige Darstellung bei Bernbeck 1997, 278-286; Renfrew 1999. Eine genauere Abgrenzung von Contextual und Cognitive Archaeology muss unterbleiben. Voraussetzung wäre zunächst eine Klärung jener Aspekte, die sich erst aus der Polemik zwischen beiden Positionen ergeben (Porr 1998, 201). Zweifellos wäre es auch wichtig die Entwicklung bzw. die Argumentation anderer Fächer mit einzubeziehen, in denen vergleichbare Diskussionen schon vorher (wie in der Ethnologie: Ortner 1984) oder parallel dazu (in der Geographie: Hodder 1987 und Werlen 2000) stattgefunden haben. Konstruktive Auseinandersetzung mit Hodders Arbeiten: Barrett 1987 zu Hodder 1986; Barrett 1994, 164-171 zu Hodder 1990; 1991.
24 Barrett 1987; 1994; Pakkanen/Pakkanen 2000; Parker Pearson 1982; 1993; Veit 1996 [1988]; 2000; Whitley 1994. »Instead of attempting to read back from modern archaeological remains to meanings in the past, a better proposal is to explore the implications of particular material conditions for the structuring of specified social relations« (Barrett 1987, 471).
25 Für die Grabarchäologie: d'Agostino 1985; 2000; Cuozzo 1996. Siehe Schweizer 2000b für einen Versuch diese Ausrichtung bzw. auch Vorläufer im Bereich der Klassischen Archäologie zu erfassen.
26 »Ce sont des ›princes‹, mot que nous utilisons facilement dans notre vocabulaire moderne, en commettant un petit anachronisme [...] Peu important toutefois le mots, si les concepts sont cernés« (Gras 1995, 119). Es bleibt die Frage, ob die Verwendung von Begriffen wie *princeps* oder *basileus* in Bezug auf die Fürstengräber Mittel- bzw. Süditaliens, also der eher etruskisch-römisch bzw. griechisch geprägten Räume, die Möglichkeit für eine Geschichtsschreibung auf niedrigerem Generalisierungsgrad bietet. Vgl. Kosellecks Plädoyer für geschichtliche Begriffe im Rahmen der Gegenüberstellung von Begriffs- und Sozialgeschichte bzw. der Anwendung »überkommener Begriffe« oder »ex post gebildeter und definierter Kategorien« (Koselleck 1979, 127).

noch die Forschungsgeschichte (dazu Schweizer in Vorb.) zu diesen Fürstengräbern, nicht einmal die zu den beiden hier gewählten Gräbern von Pontecagnano auch nur angedeutet werden können, obwohl dies Grundlage jeder reflexiven Archäologie[27] und schon durch die Verwendung des Begriffs »Fürstengrab« im Titel gefordert wäre. Herausgehoben werden soll nur ein einziger Aspekt dieser Bestattungen. Dafür sind die Gräber von Pontecagnano nicht nur aufgrund der Befundlage ausgewählt, sondern auch aus wissenschaftsgeschichtlichen Gründen. Denn einerseits handelt es sich unter den Fürstengräbern Italiens der orientalisierenden Phase um die einzigen, die intakt aufgefunden, zugleich modern gegraben und auch publiziert sind. Andererseits ist schon in der Publikation d'Agostinos von 1977 die Richtung der hier verfolgten Interpretation, die die räumliche Gliederung von Grabanlage und Grabinventar als eine Repräsentation sozialen Raums bewertet, angelegt.

Zudem wird unterstellt, dass Gräber für die Interpretation den Vorteil bieten, dass sie als Spur der Bestattungsriten Lebenswelt in ihrer sozialen Bindung, zugleich aber auch vereinfacht repräsentieren. Dass Gräber nur einen Ausschnitt der Bestattungsriten darstellen, braucht dabei nicht als defizitär aufgefasst werden, da Grab und Grabausstattung schon von den Handelnden im Ritual selbst herausgehoben wurden: Sie sollen die rituelle Handlung überdauern. Dass Grabfunde wiederum von dem ehemaligen Grabmonument nur einen, nämlich den erhaltenen Ausschnitt bieten, soll hier ebenfalls vernachlässigt werden. Im Vordergrund des Interesses stehen hier nicht die Probleme der Überlieferung, sondern das, was mit dem Material gemacht werden kann.

Zum regionalen und lokalen Kontext der Gräber

Pontecagnano liegt in Kampanien am Golf von Salerno (Abb. 1). Archäologisch ist der Ort in erster Linie durch die seit 1962 andauernden (Rettungs-) Grabungen in den Nekropolen bekannt (d'Agostino 1996), durch die bis heute mehrere Tausend Gräber[28] der Zeit des 9. bis 4. Jhs. v. Chr. aufgedeckt worden sind. Die Nekropolen Pontecagnanos liegen südwestlich (am Picentino) bzw. östlich (S. Antonio) der archäologisch noch wenig bekannten Siedlung, deren Größe für die archaische Zeit auf 80 Hektar geschätzt wird. Die eisenzeitlichen Nekropolen sind mittlerweile publiziert (etwa 300 Gräber: d'Agostino/Gastaldi 1988; De Natale 1992). Aufgrund dieser Funde ist Pontecagnano neben Capua und Sala Consilina der wichtigste Fundort der kampanischen Villanovakultur (Bonghi Jovino 2000), die neben den griechischen Siedlungen Pithekoussai und Kyme und der Fossakultur das archäologische

---

27 »Die Sozialgeschichte und die Soziologie der Soziologie, verstanden als Erforschung des wissenschaftlichen Unbewussten des Soziologen, vermittelt durch die Formulierung der Problemgenese, der Denkkategorien und der von ihm eingesetzten Untersuchungswerkzeuge, bilden die absolute Grundvoraussetzung für die wissenschaftliche Praxis« (Bourdieu 1993, 372).
28 6000 Gräber nach Cuozzo 1994, 265, aber 8000 Gräber nach Cuozzo 1998, 101.

Bild Kampaniens im frühen 1. Jtsd. prägt (Abb. 1). Zum Villanoviano, das als prähistorische Phase der etruskischen Kultur angesprochen wird (Ridgway 1992, 127), gehören in Pontecagnano schon in der ersten Phase auch Körperbestattungen. Der Anteil der Körperbestattungen wächst im Laufe des 8. Jhs.; im 7. Jh., im Orientalizzante bilden Brandbestattungen dann die Ausnahme.[29] Die weiter verbreiteten Grabgruppen der orientalisierenden und archaischen Zeit liegen getrennt von den Villanova-Nekropolen und lassen im Gegensatz zu diesen einzelne von einander abgesonderte, zum Teil auch durch bestimmte Beigabentypen differenzierte Gruppen mit einem hohen Anteil von Kindergräbern erkennen, die dann zum Teil bis ins 5. Jh. durchgängig belegt sind.[30]

Ergebnisse der Bearbeitung der archaischen Gräber liegen für verschiedene Gräbergruppen vom späten 7. zum frühen 5. Jh. (Cerchiai et al. 1994) und für eine Grabgruppe des 7. Jhs. vor (Cuozzo 1994; 1998). Als publiziert können jedoch nur rund 40 Gräber des 7. Jhs. gelten (d'Agostino 1968), die jedoch nicht zu der Gruppe mit den hier behandelten Fürstengräbern gehören. In dieser wurden in dem ergrabenen Ausschnitt leicht abgesetzt von den parallel angelegten Fürstengräbern 926 und 928 insgesamt 23 weitere Gräber des 7. Jhs. gefunden. 17 dieser Gräber sind Kindergräber (d'Andrea 1994, 433 Anm. 107 bzw. 414 Abb. 3). Der hohe Anteil an Kindergräbern ist ein entscheidendes Merkmal, durch das sich die Nekropolen Griechenlands und Italiens des späten 8. und 7. Jhs. von den eisenzeitlichen unterscheiden.

Da Aussagen über den lokalen und regionalen Kontext momentan noch nicht möglich sind,[31] werden hier zunächst die beiden Gräber selbst, d. h. einerseits die Fundgegenstände im Kontext der Grabbefunde und andererseits die beiden Gräber im Vergleich, im Vordergrund stehen. Darüberhinaus wird anhand einiger ausgewählter Fundgegenstände eine Verbindung zu anderen Fürstengräbern vom Ende der italienischen *protostoria* gesucht und knapp auf die Verbindungen, aber auch die Unterschiede hingewiesen.[32]

---

29 Dazu und auch zur Rekonstruktion einer zunehmend komplexeren Sozialstruktur auf der Basis der Grabfunde: d'Agostino 1982. Dazu jetzt kritisch: d'Agostino 1995.
30 d'Agostino 1996; Cerchiai et al. 1994; Cerchiai 1995; Cuozzo 1994.
31 Vgl. jedoch Cuozzo 1994 und 1998 zu den Gräbern einer Gruppe im Osten Pontecagnanos. Hier sind die reichst ausgestatteten Gräber Frauengräber, die sich über das Inventar mit Nekropolen Etruriens verbinden lassen. Cuozzo stellt das Fürstinnengrab (›princessly‹ tomb) 2465 (Cuozzo 1994, 279 Abb. 9) den griechisch beeinflussten Fürstengräbern 926 und 928 bzw. 4461 gegenüber. So auch d'Agostino 1999. Zu Grab 4461: Cerchiai 1986; 1987; 1988. Ein weiteres Fürstengrab lässt sich aufgrund einer 1869 gefundenen silbernen phönikischen Schale, heute in Paris, Petit Palais, postulieren (d'Agostino 1996, 189 mit Literatur).
32 Diese überregionale Kontextualisierung wird hier also nicht auf einen gesamtmediterranen Zusammenhang ausgedehnt. Dies wäre über griechische und orientalische Typen leicht möglich und stellt einen wichtigen Aspekt der Interpretation dieser Gräber dar: Vertreter dieser Ausstattungstypen gehören auch zum Fundgut überregionaler griechischer Heiligtümer wie z. B. Olympia und sind Bestandteil orientalischer Herrscherikonographie.

Die Gräber 926 und 928

Bei beiden Gräbern handelt es sich um 2,50-2,60 x 1,30 m große Kistengräber aus großen Steinplatten mit einer ebenfalls mit Steinplatten verkleideten Eintiefung in der Mitte (Abb. 2), bei Grab 926 in der Grösse von 65 x 65 cm, bei Grab 928 von rund 60 x 80 cm. Darin fanden sich jeweils innerhalb eines Bronzekessels die Reste des Leichenbrandes eines erwachsenen Mannes – und wohl auch einer jüngeren Frau (Becker 1995, 280). Beide Gräber haben eine ähnliche, aber nicht identische Beigabenausstattung. Genauer soll hier das Inventar des Grabes 928 (die Publikation umfasst 101 Inventarnummern) angeführt werden (Abb. 2).

In der inneren Eintiefung wurden vier Bronzegefäße gefunden, einerseits zwei Bronzekessel in der Funktion als Urne und Urnendeckel, andererseits zwei Oinochoen. Sonst fanden sich in dieser inneren, eingetieften Kiste nur Objekte aus Silber: eine Kanne phönizischen Typs (Grau-Zimmermann 1978), eine Kotyle griechischen Typs, eine Phiale, ein Skyphos und eine Dragofibel eines spezifischen Typs mit aufgelötetem Röhrchen (Lo Schiavo 1981). In der äußeren, oberen Kiste fanden sich dicht um oder über dieser inneren Eintiefung Waffen, Werkzeuge und Gerät aus Eisen, darunter 18 Lanzenspitzen und vier Lanzenschuhe, zwei Feuerböcke, zehn Spieße, zwei Beile, ein Schlachtmesser und eine Zange. Im Zusammenhang mit dem eisernen Schlachtgerät sind je drei Vorder- bzw. Hinterbeine vom Schaf gefunden worden. An den Schmalseiten der äußeren Kiste befanden sich Gefäße in erster Linie aus Keramik, aber auch noch einige große Bronzegefäße sowie Fibeln aus Bronze.

Die interpretative Bedeutung dieses Grabkontextes liegt im Zusammenhang der Gestaltung der Grabanlage mit der Verteilung und funktionalen bzw. materiellen Differenzierung der erhaltenen Fundobjekte. Der Befund verdeutlicht in seiner räumlichen Ordnung relativ klar die Korrelation unterschiedlicher Klassifikationssysteme. Auffällig ist die Bindung der silbernen Trachtbestandteile und Trinkgefäße sowie der bronzenen Gießgefäße an den inneren, unteren Bereich mit der Urne des Bestatteten, die der eisernen Objekte der Bewaffnung und der Werkzeuge bzw. Instrumente der Fleischzubereitung dicht darum und die der Keramik und der offenen Bronzegefäße am Rand des Grabes. Diese Klassifizierung ergibt sich anders als bei Hodders strukturaler Semantik aus dem archäologischen Material und könnte durchaus für eine Ikonologie der Materialien (Raff 1994) ausgewertet werden.

d'Agostino setzte in seiner Interpretation die räumliche Ordnung des Grabes in Bezug zu Angaben der homerischen Epen. So parallelisierte er den inneren, eingetieften Teil der Gräber von Pontecagnano mit den Überresten des Toten und dessen persönlichen, auch mit seinem Status verbundenen Gütern (*ktemata*), also den Trachtbestandteilen und den Gefäßen aus Edelmetall, mit dem nicht öffentlichen Teil des homerischen Hauses (*thalamos*), in dem die Schätze, die als Schmuck und Gerät ausgeprägten Reichtümer (*agalmata*) bewahrt werden. Diesem individuellen,

PONTECAGNANO, TOMBA 928

Ⓔ Eisen Ⓑ Bronze Ⓢ Silber

Ton und Knochen nicht gekennzeichnet

Abb. 2:
Pontecagnano, Grab 928.
Plan mit Differenzierung der
Materialien (Vorlage: d'Agostino
1977b, 91 Abb. 13).

privaten stehe ein kollektiver, sozialer bzw. öffentlicher Bereich gegenüber, dem der äußere, obere Teil der Gräber mit dem dem Herdfeuer oder dem Opfer zu verbindenden Schlachtgerät, mit den Spießen und Feuerböcken, aber auch den Weinbehältern und -gefäßen zugeordnet wird (d'Agostino 1977b, 54-58). Der Unterschied dieser kontextuellen gegenüber anderen Interpretationen lässt sich vielleicht am ehesten anhand der Silbergefäße aufzeigen, welche sonst als dekontextualisierte Objekte entweder als Symbole von Fernbeziehungen (vgl. Pomian 1988) gewertet werden oder als Indiz des Status der bestatteten Personen, als Indiz phönikischer Handelsströme und der Übernahme ostmediterraner Gelagesitten, insgesamt also als Hinweis entweder für Hellenisierung oder Orientalisierung.

Auch in d'Agostinos kulturanthropologisch ausgerichteter Interpretation der Gräber von Pontecagnano finden sich Züge eines traditionell kulturhistorischen Ansatzes, etwa wenn Elemente des Bestattungsritus (Brandbestattung mit der Bergung der Knochen in Stoff und Bronzegefäß) auf das Vorbild der homerischen Epen zurückgeführt werden (d'Agostino 1977b, 59–61) und von daher – auch wegen der griechischen Siedlungen des 8. Jhs. v. Chr. mit euböischen Mutterstädten am Golf von Neapel – auf die Übernahme griechischer heroischer Ideologie (Bérard 1970; 1982; Crielaard 1998) im Italien des 7. Jhs. v. Chr. abgehoben wird.[33] Festzuhalten ist aber, dass in der historischen und archäologischen Forschung zur frühgeschichtlichen *Magna Graecia* seit den späten 1960er Jahren mit diesen historischen Analogien nicht mehr unbedingt eine eurozentrisch-historistische Interpretation gegenüber einer universal-kulturvergleichenden intendiert ist.[34] Die homerischen Epen als Analogiequellen für die Interpretation von Objekten und Grabbefunden zu nutzen, setzt eine komparativ-kulturanthropologische Perspektive voraus.[35] Und dies ist, anders als im Forschungsfeld zu den Hallstatt-Fürstengräbern, nicht nur implizit in die Forschung eingegangen.[36]

Über die Verbindung von strukturaler Analyse der Befunde und der am Beispiel der homerischen Epen herausgestellten Differenzierung von individuellem und kollektivem Raum bei d'Agostino hinaus ist für die Art und Weise, wie Gegenstände und Materialien im Kontext von Bestattungen eingesetzt wurden, der Vergleich mit dem nahe gelegenen und chronologisch nicht zu unterscheidenden Grab 926 wichtig (Abb. 3).

---

33 Crielaard 2000; Menichetti 2000; Naso 2000; Ridgway 1997; 2000. Das zuletzt auch in die deutsche Fürstengräber-Forschung eingegangene Konzept der Heroisierung (Kull 1999; Teržan 1997) wäre aber wie das des Fürstengrabes zu dekonstruieren. Es ist ebenso problematisch, Heroengrab und Fürsten- bzw. Prunkgrab zu vermischen (Kull 1999), wie griechische Heroengräber den italisch-etruskischen Fürstengräbern gegenüber zu stellen (Morris 1999).
34 Differenzierung nach Eggert 2001, 309.
35 Vgl. für die Aufnahme kulturanthropologischer Ansätze die Arbeiten des Historikers Lepore, etwa Lepore 1970, ein Beitrag zum siebten der seit 1961 jährlich stattfindenden *Magna Graecia* Kongresse in Taranto. Zu dieser Ausrichtung archäologisch-historischer Forschung zuletzt v. a. die Kongresse von 1997 und 1998: Stazio 1998; 1999.
36 Fischer 1973 und Eggert im Druck. Fischers philologischer Bezugspunkt, Benvenistes 1969 erschienene Untersuchung zu indoeuropäischen Institutionen auf der Basis strukturalistischer Sprachanalyse (deutsch: Benveniste 1993) ist zeitgleich und in vergleichbarem Rahmen auch für etruskische Funde herangezogen worden: Cristofani 1975 und zuletzt Cristofani/Martelli 1994.

Zur Repräsentation sozialen Raums   333

| | PONTECAGNANO 928 | | PONTECAGNANO 926 | |
	Kiste / ›recinto‹	Eintiefung / ›loculo‹	Kiste / ›recinto‹	Eintiefung / ›loculo‹
Gold		Zierblech der Silberkanne [101]		
Silber		Kanne, Kotyle, Skyphos, Phiale [78–81] Dragofibel [82]		Skyphos [44] Dragofibel [45]
Bronze	Gefäße [60/61.64/65] Reibe [68] Dragofibeln [69–72] Kleinteile [73–77]	Kessel (Urne) mit Deckel [62/63] Oinochoen [66/67]	Dragofibeln [41–43]	Kessel und Becken (darunter Urne und Deckel) [35–37; 39] Oinochoe und Phiale [38/40]
Eisen	Werkzeuge, Instrumente, Wagenteile [1–37] Lanzenspitzen, -schuhe [38–59]		Werkzeuge, Instrumente, Wagenteile [1–32] Lanzenspitzen [33–34]	
Ton	Amphore, Olla [83/84]		Amphore, Olla [46/47]	
Impasto	Gefäße [85–100]			4 Gefäße [48–61]

Abb. 3: Pontecagnano, Gräber 928 und 926. Räumliche Verteilung von Materialien und Typen. Die Ziffern in eckigen Klammern beziehen sich auf die Inventarnummern der Publikation (d'Agostino 1977b).

Der Vergleich beider Gräber mit dem Spektrum derselben Fundtypen und dem ähnlichen Muster der Verteilung belegt nämlich durch die Unterschiede, dass die für Grab 928 festgestellte Klassifikation der Materialien nicht absolut gesetzt werden darf. Es scheint, dass im Rahmen derselben Intention Objekte relativ flexibel eingesetzt werden konnten. Die Materialität der Objekte spielt dafür eine wichtige Rolle. Die Unterschiede weisen aber darauf hin, dass keinem der Materialien im Rahmen der Grablege eine bestimmte symbolische Bedeutung fest zuzuweisen ist. Dieselbe Aussage lässt sich offensichtlich durch unterschiedliche Materialkombinationen erreichen. Deutlicher wird dies noch, wenn vom Fundort Pontecagnano zu anderen Fundorten übergangen wird, und damit zu zeitgleichen Fürstengräbern anderer kultureller Milieus.

	PONTECAGNANO 928		PONTECAGNANO 926		KYME, ARTIACO 104	
	Kiste ›recinto‹	Eintiefung ›loculo‹	Kiste ›recinto‹	Eintiefung ›loculo‹	Fossa	Kiste
Gold		x				x
Silber		x		x		x
Bronze	x	x	x	x	x	x
Eisen	x		x		x	
Ton	x		x		x	
Impasto	x			x		

Abb. 4: Pontecagnano, Gräber 928 und 926 und Kyme, Fondo Artiaco, Grab 104. Räumliche Verteilung der Materialien.

Zum überregionalen bzw. transkulturellen Kontext

Ausgehend von den modern gegrabenen und dokumentierten Befunden Pontecagnanos konnte d'Agostino nach den Fundbeschreibungen ein entsprechendes Muster der Kombination von Grabanlage und Inventar auch für alt gegrabene Fürstengräber aufzeigen (d'Agostino 1977b, 58-60). Dies gilt insbesondere für das immerhin mit Befundskizze (Pellegrini 1903, 203 f. Abb. 1) vorgelegte Grab Kyme, Fondo Artiaco 104 (Guzzo 2000), das für die oben angesprochene Interpretation d'Agostinos insofern eine besondere Bedeutung hatte, da dadurch ein Bezug zu Gräbern des griechischen Mutterlandes (Eretria: Bérard 1970) hergestellt werden konnte (Abb. 4).

Das Grab aus Kyme zeigt enge Parallelen zu den Gräbern von Pontecagnano: Innerhalb einer großen Grabkammer wurde eine Steinkiste (1,30 x 0,75 x 35 cm) gefunden, und zwar wiederum mit einer zentralen, diesmal runden Eintiefung für den Bronzekessel, in den in diesem Fall noch eine silberne Urne gestellt worden war. Auch hier fanden sich Gefäße und Schmuck aus Edelmetall (Gold und Silber) innerhalb der Kiste, Bronzegefäße, Eisenwaffen und eine Tonamphore außerhalb derselben. Vergleichbares gilt für die Tomba Bernardini von Praeneste, was auch durch die zeichnerische Rekonstruktion des Grabplans in der Neupublikation (Canciani/ von Hase 1979, 4 Abb. 1) deutlich gemacht wurde.

Durch eine Auswahl in Silber bzw. auch in Gold ausgeführter Typen (Cristofani 1975, 147 f. Anm. 37)[37] - neben den in Pontecagnano, Grab 928 vertretenen der phönikischen Kanne, der Kotyle und der Dragofibel auch die der Schale mit Schup-

---

[37] Zu beachten ist, dass die Fürstengräber Italiens sich durch eine hohe Zahl unterschiedlicher Fundtypen auszeichnen (vgl. Abb. 5). Andere Typen bzw. dieselben Typen in anderen Materialien würden also zu anderen Kontexten führen. Ausgehend von Pontecagnano könnten z. B. Kontexte von Reiben (Ridgway 1997) bzw. Feuerböcken und Spießen (Stary 1979, Kohler/Naso 1991; Kohler 2000) verfolgt werden, ausgehend von den anderen Gräbern auch

Grabfunde von Süden nach Norden (Jahr der Ausgrabung in Klammern)	Fundnummern der Publikation	Kotyle griech. Typs	Kanne phönik. Typs	Schale mit Schuppenmuster	Kammschließe	Dragofibel
Pontecagnano, Tomba 928 (1966)	101	X	X			X
Cuma, Fondo Artiaco, Tomba 104 (1902)	52	X	X	X	X	X
Castel di Decima, Tomba 15 (1972)	69				X	X
Praeneste, Tomba Barberini (1855)	96 ++	X	X		X	
Praeneste, Tomba Bernardini (1876)	158	X	X	X	X	X
Cerveteri, Tomba Regolini-Galassi (1836)	389	X	X	X		
Marsiliana, Circolo degli Avori (zwischen 1908–14)	74 +	X		X	X	X
Vetulonia, Tomba del Duce (1886)	135	X	X	X		X

Abb. 5: Auswahl von Gefäßen und Trachtbestandteilen aus Silber (und z. T. auch Gold) in ›Fürstengräbern‹ des frühen 7. Jhs.

penmuster (Camporeale 1969, 83 f.) und der so genannten Kammschließe (Guzzo 1968) – lässt sich der überregionale Kontext der Fürstengräber Italiens, also die *cultura dei principi* erschließen (Abb. 5).[38]

Tatsächlich wurden auch im *Circolo degli Avori* von Marsiliana, in dessen Fossa (5,50 x 3,75 m) drei Tote bestattet wurden, fast alle Gegenstände aus Gold und Elfenbein innerhalb eines Bronzekessels niedergelegt, dieser wiederum in einen Steinblock gestellt (Michelucci 1987, 173).

Zuletzt ist auch für die *Tomba Regolini Galassi* von Cerveteri das schon für Pontecagnano festgestellte Verteilungsmuster hervorgehoben worden (Colonna/Colonna di Paolo 1997). Hier fand sich eine Frau mit reicher Ausstattung an Goldschmuck und Gefässen aus Edelmetall in der nach der Bestattung zugesetzten Grabkammer, und in der Vorkammer waren Objekte, die mit dem Herdfeuer bzw. mit dem Opfer zu verbinden sind, niedergelegt worden. Aber im Gegensatz zu den bisher betrach-

---

Bronzeschilde (Strøm 1971; Geiger 1994; 1998) und Bronzefeldflaschen (Marzoli 1989; 1998), wodurch letztendlich die eisenzeitlichen Kriegergräber in den Blick kämen (Marzoli 1993/ 94).

38 Zur *cultura dei principi* die in Anm. 4 genannten Arbeiten sowie: Camporeale 1985; Bedini 1992. Zu den Fürstengräbern und deren Fundobjekten grundlegend: Strøm 1971 und d'Agostino 1977b. Vgl. jetzt Winther 1997 und Emiliozzi 1997. Zu den bisher noch nicht genannten Gräbern: Vetulonia, Tomba del Duce: Camporeale 1967; Pagnini 2000; Castel di Decima, Grab 15: Zevi 1975.

teten Gräbern fand sich hier auch ein Bett, um das herum kleine Statuetten von Trauernden aufgestellt waren. In diesem Kammergrab ist also durch die Objekte, die auf die letzte Phase der Bestattungsriten hinweisen, die Trennung zwischen verschlossenem privatem Raum in der hinten liegenden Grabkammer und zugänglichem öffentlichem Raum in der Vorkammer anders gefasst. Dies ist im Zusammenhang zu sehen mit den späteren archaischen Gräbern Cerveteris, für die aufgrund der formalen Strukturäquivalenzen zwischen Grab und Haus (Prayon 1975) die Vorkammer des Grabs dem Atrium, also dem öffentlichen Bereich des italisch-römischen Hauses entspricht (Zaccaria Ruggiu 1995, 349 ff.).

Die knappen Darlegungen zu einem Aspekt der Fürstengräber des frühgeschichtlichen Italien sollten belegen, dass ein gewisser Einblick in die ideelle Sphäre vergangener Gesellschaften auch auf der Basis des archäologischen Materials möglich ist. Grundlage dafür ist jedoch eine kontextuelle Betrachtung von Funden und Befunden, also eine kontextuelle Archäologie, die den Zusammenhang und die Bezüge von Funden und Befunden als Basis hat. Ergibt sich hier – auch aus den gemeinsamen theoretischen Vorgaben – eine gewisse Nähe zur *Contextual Archaeology* Hodders, so sind die Unterschiede doch deutlich festzuhalten. Es kann nicht darum gehen, Symbolbedeutungen in diachroner Perspektive in die Tiefe der Zeit zu verfolgen, sondern synchrone Befunde in einer umfassenden Analyse zusammen zu führen.

Beim gewählten Beispiel der Fürstengräber von Pontecagnano hat die Korrelation der materiellen Differenzierung des Inventars mit der räumlichen Anordnung die Grundlage der Interpretation geliefert. Und beides ist empirisch aus dem archäologischen Material zu gewinnen. Für den hier verfolgten Interpretationsstrang spielen natürlich die homerischen Epen eine wesentliche Rolle. Nicht weiter verfolgt wurde aber die traditionell kulturhistorische Interpretation d'Agostinos, nach der die griechische heroische Ideologie über die griechische Siedlung Kyme ins frühgeschichtliche Italien übertragen wurde. Wichtig war jener Teil der Interpretation, in dem versucht wurde, anhand der homerischen Epen einer zeitgenössischen Differenzierung zwischen öffentlichen und privaten Räumen anhand dinglicher Objekte auf die Spur zukommen. So handelt sich hierbei nicht um eine Analogie des so genannten *direct historical approach*, sondern um eine Verbindung eines generalisierenden anthropologischen Konzepts (bzw. einer so genannten Invariante) mit spezifischen historischen und archäologischen Kontexten.[39]

Im behandelten Beispiel sollte insbesondere der knapp skizzierte Vergleich zwischen den Kistengräbern von Pontecagnano und dem Kammergrab von Cerveteri aber auch deutlich gemacht haben, dass innerhalb des Kontextes der *cultura dei principi* auch die Differenzen zwischen den Befunden genau zu betrachten sind. Erst durch eine kontextuelle Analyse kommen aber die kulturell bedingten Unter-

---

39 Siehe dazu von anderem Ausgangspunkt theoretisch Gramsch 1996; 2000a; Hoffmann 1980; angewandt auf die Interpretation griechischer Vasenbilder: Hoffmann 1977; 1994.

schiede in den Blick, gewinnen die spezifischen Befunde eigentlich erst ihre besondere Bedeutung: durch die Analyse der Kontexte wird der kulturhistorische Befund erst aufgedeckt.

Literatur

d'Agostino 1968: B. d'Agostino, Pontecagnano. Tombe orientalizzanti in contrada S. Antonio. Notizie degli Scavi 22, 1968, 75-196.
d'Agostino 1977a: Ders., Grecs et »indigènes« sur la cote tyrrhénienne au VIIe siècle. La transmission des idéologies entre élites sociale. Annales. Économies, Sociétés, Civilisations 32, 1977, 3-20.
d'Agostino 1977b: Ders., Tombe »principesche« dell'Orientalizzante antico da Pontecagnano. Mon. Ant. 49, Serie Miscellanea 2, 1977, 1-110.
d'Agostino 1982: Ders., L'ideologia funeraria nell'età del ferro in Campania. Pontecagnano, Nascità di un potere di funzione stabile. In: Gnoli/Vernant 1982, 202-221.
d'Agostino 1985: Ders., Società dei vivi, comunità dei morti. Un rapporto difficile. Dialoghi Arch. 3. Ser. 3.1, 1985, 47-58.
d'Agostino 1988: Ders., Le genti della Campania antica. In: G. Pugliese Carratelli (Hrsg.), Italia omnium terrarum alumna. La civiltà dei Veneti, Reti, Liguri, Celti, Piceni, Umbri, Latini, Campani e Iapigi. Milano: Scheiwiller 1988, 531-589.
d'Agostino 1995: Ders., Considerazioni sugli inizi del processo di formazione della città in Etruria. In: A. Storchi Marino (Hrsg.), L'incidenza dell'antico. Studi in memoria di Ettore Lepore 1, Atti del Convegno Internazionale, Anacapri, 24-28 marzo 1991. Napoli: Luciano Editore 1995, 315-323.
d'Agostino 1996: Ders., Pontecagnano. In: G. Nenci/G. Vallet (Hrsg.), Bibliografia topografica della colonizzazione greca in Italia e nelle isole tirreniche 14. Pisa - Roma - Napoli: Scuola Normale Superiore - École française de Rome - Centre J. Bérard 1996, 187-198.
d'Agostino 1999: Ders., I principi dell'Italia centro-tirrenica in epoca orientalizzante. In: Ruby 1999, 81-88.
d'Agostino 2000: Ders., Archäologie der Gräber. Tod und Grabritus. In: Borbein et al. 2000, 313-331.
d'Agostino/Gastaldi 1988: B. d'Agostino/P. Gastaldi (Hrsg.), Pontecagnano II. La necropoli del Picentino 1. Le tombe della Prima Età del Ferro. Annali. Archeologia e Storia Antica, Quaderno 5. Napoli: Istituto Universitario Orientale, Dipartimento di Studi del Mondo Classico e del Mediterraneo Antico 1988 (1990).
Ampolo 2000: C. Ampolo, Il mondo omerico e la cultura Orientalizzante mediterranea. In: Bartoloni et al. 2000, 27-36.
Ampolo/Bartoloni/Rathje 1986: C. Ampolo/G. Bartoloni/A. Rathje (Hrsg.), Aspetti delle aristocrazie fra VIII e VII secolo a. C. Tavola rotonda all'Accademia di Danimarca di Roma, 8 febbraio 1984. Opus 3.2, 1984 (1986).
d'Andrea 1994: A. d'Andrea, Area funeraria di Piazza Risorgimento. In: Cerchiai et al. 1994, 433-437.
Assmann 1996: A. Assmann, Einleitung: Metamorphosen der Hermeneutik. In: Dies. (Hrsg.), Texte und Lektüren. Perspektiven der Literaturwissenschaft. Frankfurt a. M.: Fischer 1996, 7-26.
Barrett 1987: J. C. Barrett, Contextual archaeology. Antiquity 61, 1987, 468-473.
Barrett 1994: Ders., Fragments of antiquity. An archaeology of social life in Britain, 2900-1200 BC. Social Archaeology. Oxford - Cambridge: Blackwell 1994.

Bartoloni et al. 2000: G. Bartoloni/F. Delpino/C. Morigi Govi/G. Sassatelli (Hrsg.), Principi etruschi tra Mediterraneo ed Europa. Bologna, Museo Civico Archeologico, 1 ottobre 2000 - 1 aprile 2001. Venezia: Marsilio Editori 2000.

Bartoněk/Buchner 1995: A. Bartoněk/G. Buchner, Die ältesten griechischen Inschriften von Pithekoussai (2. Hälfte des VIII. bis 1. Hälfte des VII. Jhs.). Die Sprache 37, 1995 (1997) 129-232.

Becker 1995: M. J. Becker, Human Skeletal Remains from the Pre-Colonial Greek Emporium of Pithekoussai on Ischia. In: N. Christie (Hrsg.), Settlement and Economy in Italy. 1500 BC - AD 1500. Papers of the Fifth Conference of Italian Archaeology, Oxford from 11-13 december 1992. Oxford: Oxbow 1995, 273-281.

Bedini 1992: A. Bedini, La cultura dei principi nel Lazio. In: A. La Regina (Hrsg.), Roma. 1000 anni di civiltà. Catalogo della mostra Montreal 1992, 7 maggio-12 ottobre. Roma: Leonardo 1992, 62-96.

Benveniste 1977: E. Benveniste, Zur Natur des sprachlichen Zeichens [1939]. In: Ders., Probleme der allgemeinen Sprachwissenschaft 2. Frankfurt/Main: Syndikat 1977, 61-68.

Benveniste 1993: Ders., Indoeuropäische Institutionen. Wortschatz, Geschichte, Funktionen. Frankfurt a. M./New York: Campus 1993.

Bérard 1970: C. Bérard, L'Hérôon à la porte de l'ouest. Eretria 3. Bern: Francke 1970.

Bérard 1982: Ders., Récupérer la mort du prince. Héroïsation et formation de la cité. In: Gnoli/Vernant 1982, 89-106.

Bérard/Vernant 1985: C. Bérard/J.-P. Vernant et al., Die Bilderwelt der Griechen. Schlüssel zu einer ›fremden‹ Kultur. Mainz: Zabern 1985.

Bergmann 1999: B. Bergmann, Rhythms of Recognition. Mythological Encounters in Roman Landscape Painting. In: F. de Angelis/S. Muth (Hrsg.), Im Spiegel des Mythos. Bilderwelt und Lebenswelt, Symposium 19.-20. Februar 1998. Palilia 6. Wiesbaden: Reichert 1999, 81-107.

Bernbeck 1997: R. Bernbeck, Theorien in der Archäologie. Tübingen - Basel: Francke 1997.

Bonghi Jovino 2000: M. Bonghi Jovino, The Etruscan Expansion into Campania. In: Torelli 2000b, 157-167.

Borbein et al. 2000: A. H. Borbein/T. Hölscher/P. Zanker (Hrsg.), Klassische Archäologie, Eine Einführung. Berlin: Reimer 2000.

Bourdieu 1993: P. Bourdieu, Narzißtische Reflexivität und wissenschaftliche Reflexivität. In: E. Berg/M. Fuchs (Hrsg.), Kultur, soziale Praxis, Text. Die Krise der ethnographischen Repräsentation. Frankfurt a. M.: Suhrkamp Taschenbuch 1993, 365-374.

Brilliant 1984: R. Brilliant, Visual Narratives. Storytelling in Etruscan and Roman Art. Ithaca: Cornell University Press 1984.

Camporeale 1967: G. Camporeale, La tomba del Duce. Monumenti Etruschi 1. Vetulonia 1. Firenze: Olschki 1967.

Camporeale 1969: Ders., I commerci di Vetulonia in età orientalizzante. Firenze: Sansoni 1969.

Camporeale 1985: Ders., La cultura dei principi. In: Cristofani 1985a, 79-84.

Canciani/von Hase 1979: F. Canciani/F.-W. von Hase, La tomba Bernardini di Palestrina. Latium vetus II. Roma: Consiglio nazionale delle ricerche 1979.

Cerchiai 1986: L. Cerchiai, Nuova »tomba principesca« da Pontecagnano (con un'appendice di F. Mallegni). In: Ampolo/Bartoloni/Rathje 1986, 411-420.

Cerchiai 1987: Ders., Una tomba principesca del periodo orientalizzante antico a Pontecagnano. Studi Etruschi 53, 1985 (1987), 27-42.

Cerchiai 1988: Ders., La situle de type Kurd découverte dans la tombe 4461 de Pontecagnano. In: Les princes celtes et la méditerranée, Rencontre 25 au 27 novembre 1987. Rencontres de l'Ecole du Louvre. Paris: La Documentation Française 1988, 102-108.

Cerchiai 1995: Ders., I Campani. Biblioteca di Archeologia 23. Milano: Longanesi 1995.

Cerchiai et al. 1994: L. Cerchiai/M. Cuozzo/A. d'Andrea/E. Mugione, Modelli di organizzazione in età arcaica attraverso la lettura delle necropoli. Il caso di Pontecagnano. In: P. Gastaldi/G. Maetzke (Hrsg.), La presenza etrusca nella Campania meridionale. Atti delle giornate di studio Salerno - Pontecagnano, 16-18 novembre 1990. Biblioteca di »Studi Etruschi«. Firenze: Olschki 1994, 407-451.

Colonna 2000: G. Colonna, La cultura Orientalizzante in Etruria. In: Bartoloni et al. 2000, 55-66.

Colonna/Colonna di Paolo 1997: G. Colonna/E. Colonna di Paolo, Il letto vuoto, la distribuzione del corredo e la »finestra« della tomba Regolini-Galassi. In: G. Nardi (Hrsg.), Etrusca et Italica. Scritti in ricordo di Massimo Pallottino. Pisa - Roma: Istituti Editoriali e Poligrafici Internazionali 1997, 131-172.

Crielaard 1998: J. P. Crielaard, Cult and Death in Early 7th-Century Euboea. The Aristocracy and the Polis. In: Marchegay et al. 1998, 43-58.

Crielaard 2000: Ders., Honour and Valour as Discourse for Early Greek Colonialism (8th-7th centuries B. C.). In: F. Krinzinger (Hrsg.), Akten des Symposions »Die Ägäis und das westliche Mittelmeer. Beziehungen und Wechselwirkungen 8. bis. 5. Jh. v. Chr.« Wien, 24. bis 27. März 1999. Archäologische Forschungen 4. Philosophisch-Historische Klasse, Denkschriften 288. Wien: Verlag der Österreichischen Akademie der Wissenschaften 2000, 499-506.

Cristofani 1975: M. Cristofani, Il »dono« nell'Etruria arcaica. Parola del Passato 30, 1975, 132-152.

Cristofani 1985a: Ders. (Hrsg.), Civiltà degli Etruschi. Firenze, Museo archeologico, 16 maggio-20 ottobre 1985. Milano: Electa 1985.

Cristofani 1985b: Ders., Stichwort »principi«. In: Ders. (Hrsg.), Dizionario della civiltà etrusca. Archeologia: storia, problemi, strumenti. Firenze: Giunti Martello 1985, 233-234.

Cristofani/Martelli 1994: M. Cristofani/M. Martelli, Le stile del potere e i beni di prestigio. In: J. Guilaine/S. Settis (Hrsg.), Storia d'Europa 2. Preistoria e antichità. Torino: Einaudi 1994, 1147-1166.

Cuozzo 1994: M. Cuozzo, Patterns of organisation and funerary customs in the cemetery of Pontecagnano (Salerno) during the orientalising period. Journal Europ. Arch. 2. 2, 1994, 263-298.

Cuozzo 1996: Dies., Prospettive teoretiche e metodologiche nell'interpretazione delle necropoli. La Post-Processual Archaeology. Annali. Archeologia e Storia Antica, Nuova Serie 3, 1996, 1-37.

Cuozzo 1998: Dies., Ideologia funeraria e competizione tra gruppi elitari nelle necropoli di Pontecagnano (Salerno), durante il periodo orientalizzante. In: Marchegay et al. 1998, 99-116.

De Natale 1992: S. De Natale, Pontecagnano II. La necropoli di S. Antonio. Propr. ECI 2. Tombe della Prima Età del Ferro. Annali. Archeologia e Storia Antica, Quaderno 8. Napoli: Istituto Universitario Orientale, Dipartimento di Studi del Mondo Classico e del Mediterraneo Antico 1992.

Eco 1972: U. Eco, Einführung in die Semiotik. München: Fink 1972.

Eco 1977: Ders., Zeichen. Einführung in einen Begriff und seine Geschichte. Frankfurt/M.: Suhrkamp 1977 [ital. Orig. 1973].

Eggert 1991: M. K. H. Eggert, Die konstruierte Wirklichkeit. Bemerkungen zum Problem der archäologischen Interpretation am Beispiel der späten Hallstattzeit. Hephaistos 10, 1991, 5-20.

Eggert 1998: Ders., Archäologie und Analogie. Bemerkungen zu einer Wissenschaft vom Fremden. Mitt. Anthr. Ges. Wien 128, 1998, 107-124.

Eggert 2001: Ders., Prähistorische Archäologie. Konzepte und Methoden. Tübingen - Basel: Francke 2001 (2000).

Eggert im Druck: Ders., Über Zimelien und Analogien. Epistemologisches zum sogenannten Südimport der späten Hallstatt- und frühen Latènekultur. In: M. Heinz/M. K. H. Eggert/U. Veit (Hrsg.), Zwischen Erklären und Verstehen. Zu den erkenntnistheoretischen Grundlagen archäologischer Interpretation. Tübinger Arch. Taschenb. 2. Münster: Waxmann im Druck.

Eggert/Veit 1998: M. K. H. Eggert/U. Veit (Hrsg.), Theorie in der Archäologie. Zur englischsprachigen Diskussion, Tübinger Arch. Taschenb. 1. Münster - New York: Waxmann 1996.

Emiliozzi 1997: A. Emiliozzi (Hrsg.), Carri da guerra e principi etruschi. Catalogo della mostra, Viterbo, Palazzo dei Papi, 24 maggio 1997 - 31 gennaio 1998. Roma: L'Erma di Bretschneider 1997.

Fischer 1973: F. Fischer, KEIMHLIA. Bemerkungen zur kulturgeschichtlichen Interpretation des sogenannten Südimports in der späten Hallstatt- und frühen Latène-Kultur des westlichen Mitteleuropa. Germania 51, 1973, 436-459.

Flaig 1998: E. Flaig, Geschichte ist kein Text. »Reflexive Anthropologie« am Beispiel der symbolischen Gaben im römischen Reich. In: H. W. Blanke/F. Jaeger/Th. Sandkühler (Hrsg.), Dimensionen der Historik. Geschichtstheorie, Wissenschaftsgeschichte und Geschichtskultur heute. Jörn Rüsen zum 60. Geburtstag. Köln et al.: Böhlau 1998, 345-360.

Gehrig/Niemeyer 1990: U. Gehrig/H. G. Niemeyer (Hrsg.), Die Phönizier im Zeitalter Homers. Kestner-Museum Hannover, 14. 9.-25. 11. 1990. Mainz: Zabern 1990.

Geiger 1994: A. Geiger, Treibverzierte Bronzerundschilde der italischen Eisenzeit aus Italien und Griechenland. PBF III 1. Stuttgart: Steiner 1994.

Geiger 1998: Dies., Die italischen Bronzeschildfunde der Eisenzeit. In: Schauer 1998, 83-116.

Giuliani 1996: L. Giuliani, Laokoon in der Höhle des Polyphem. Zur einfachen Form des Erzählens in Bild und Text. Poetica 28, 1996, 1-47.

Gnoli/Vernant 1982: G. Gnoli/J.-P. Vernant (Hrsg.), La mort, les morts dans les sociétés anciennes. Atti del convegno internazionale sull'ideologia funeraria nel mondo antico, Napoli - Ischia 1977. Cambridge et al. - Paris: Cambridge University Press - Editions de la Maison des Sciences de l'Homme 1982.

Gombrich 1984: E. H. Gombrich, Bild und Kode. Die Rolle der Konvention in der bildlichen Darstellung [1980]. In: Ders., Bild und Auge. Neue Studien zur Psychologie der bildlichen Darstellung. Stuttgart: Klett-Cotta 1984, 274-293.

Gramsch 1996: A. Gramsch, Klassifikation, Repräsentation, Invariante - oder: Prähistorie und die Unabdingbarkeit des Vergleichens. Ethnogr.-Arch. Zeitschr. 37, 1996, 263-267.

Gramsch 2000a: Ders., Braucht Prähistorie Vergleiche? In: Gramsch 2000b, 151-163.

Gramsch 2000b: Ders. (Hrsg.), Vergleichen als historische Methode. Analogien in den Archäologien, BAR Int. Ser. 825. Oxford: Hadrian Books 2000.

Gras 1995: M. Gras, La Méditerranée archaïque. Collection Cursus. Paris: Armand Colin 1995.

Gras 2000: Ders., Donner du sens à l'objet. Archéologie, technologie culturelle et anthropologie. Annales. Hist., Sciences Sociales 2000, 601-614.

Grau-Zimmermann 1978: B. Grau-Zimmermann, Phönikische Metallkannen in den orientalisierenden Horizonten des Mittelmeerraumes. Madrider Mitt. 19, 1978, 161-218.

Guidi 1998: A. Guidi, The Emergence of the State in Central and Northern Italy. Acta Archaeologica 69, 1998, 139-161.

Gumbrecht 1988: H. U. Gumbrecht, Flache Diskurse. In: Ders./K. L. Pfeiffer (Hrsg.), Materialität der Kommunikation. Frankfurt a. M.: Suhrkamp Taschenbuch 1988, 914-923.

Guzzo 1968: P. G. Guzzo, Su due classi di affibbiagli etruschi del VII secolo a. C. Studi Etruschi 36, 1968, 277-307.

Guzzo 2000: Ders., La tomba 104 Artiaco di Cuma o sia dell'ambiguità del segno. In: I. Berlingò et al. (Hrsg.), Damarato. Studi di antichità classica offerti a Paola Pelagatti. Milano: Electa 2000, 135-147.
Hodder 1982a: I. Hodder, Conclusions and Prospects. In: Ders., Symbols in Action. Cambridge: Cambridge University Press 1982, 212-229 [= Hodder 1992, 24-44].
Hodder 1982b: Ders. (Hrsg.), Symbolic and Structural Archaeology. New Dir. Arch. Cambridge: Cambridge University Press 1982.
Hodder 1982c: Ders., Theoretical Archaeology. A Reactionary View. In: Hodder 1982b, 1-16 [= Hodder 1992, 92-121].
Hodder 1986b: Ders., Reading the Past. Current Approaches to Interpretation in Archaeology. Cambridge et al.: Cambridge University Press 1986.
Hodder 1987: Ders., Converging Traditions. The Search for Symbolic Meanings in Archaeology and Geography. In: J. M. Wagstaff (Hrsg.), Landscape and Culture. Geographical and Archaeological Perspectives. Oxford: Blackwell 1987, 134-145.
Hodder 1989: Ders., This is Not an Article About Material Culture as Text. Journal Anthr. Arch. 8, 1989, 250-269.
Hodder 1990: Ders., The Domestication of Europe. Structure and Contingency in Neolithic Societies. Oxford - Cambridge, Mass.: Blackwell 1990.
Hodder 1991: Ders., Reading the Past. Current Approaches to Interpretation in Archaeology. Social Archaeology. Cambridge et al.: Cambridge University Press ²1991.
Hodder 1992: Ders., Theory and Practice in Archaeology. Material Cultures. London: Routledge 1992.
Hodder 1993: Ders., The Narrative and Rhetoric of Material Culture Sequences. World Arch. 25, 1993, 268-282.
Hodder 1995: Ders., Material Culture in Time. In: Ders. et al. (Hrsg.) Interpreting Archaeology. Finding Meaning in the Past. London - New York: Routledge 1995, 165-168.
Hodder 1999: Ders., The Archaeological Process. An Introduction. Oxford: Blackwell 1999.
Hölscher 1992: T. Hölscher, Bilderwelt, Formensytem, Lebenskultur. Zur Methode archäologischer Kulturanalyse. Studi Italiani di Filologia Classica 85 (= 3. Ser. 10), 1992, 460-484.
Hölscher 2000: Ders., Bildwerke. Darstellungen, Funktionen, Botschaften. In: Borbein et al. 2000, 147-165.
Hoffmann 1977: H. Hoffmann, Sexual and Asexual Pursuit. A Structuralist Approach to Greek Vase Painting. With a Foreword by Sir Edmund Leach. Occasional Papers 34. London: Royal Anthropological Institute of Great Britain and Ireland 1977.
Hoffmann 1980: Ders., Knotenpunkte. Zur Bedeutungsstruktur griechischer Vasenbilder. Hephaistos 2, 1980, 127-154.
Hoffmann 1994: Ders., The Riddle of the Sphinx. A Case Study in Athenian Immortality Symbolism. In: Morris 1994, 71-80.
Jakobson 1974: R. Jakobson, Zwei Seiten der Sprache und zwei Typen aphatischer Störungen [1956]. In: Ders., Aufsätze zur Linguistik und Poetik. München: Nymphenburger 1974, 117-141.
Kerig 1998: T. Kerig, Ian Hodder und die britische Archäologie. Ein Profil. In: Eggert/Veit 1998, 217-242.
Kienlin 1998: T. L. Kienlin, Die britische Processual Archaeology und die Rolle David L. Clarkes und Colin Renfrews. Herausbildung, Struktur, Einfluß. In: Eggert/Veit 1998, 67-113.
Kohler 2000: Ch. Kohler, Die Obeloi der Heuneburg. In: W. Kimmig (Hrsg.), Importe und mediterrane Einflüsse auf der Heuneburg. Heuneburgstudien XI. Röm.-Germ. Forsch. 59. Mainz: Zabern 2000, 197-213.
Kohler/Naso 1991: Ch. Kohler/A. Naso, Appunti sulla funzione di alari e spiedi nelle società arcaiche dell'Italia centro-meridionale. In: E. Herring/R. Whitehouse/J. Wilkins (Hrsg.),

The Archaeology of Power 2. Papers of the Fourth Conference of Italian Archaeology, London, 2nd-5th january 1990. London: Accordia Research Centre 1991, 41-63.

Koselleck 1979: R. Koselleck, Begriffsgeschichte und Sozialgeschichte [1972]. In: Ders., Vergangene Zukunft. Zur Semantik geschichtlicher Zeiten. Frankfurt a. M.: Suhrkamp 1979, 107-129.

Kümmel 2001: Ch. Kümmel, Frühe Weltsysteme. Zentrum und Peripherie-Modelle in der Archäologie. Tübinger Texte 4. Rahden: Leidorf 2001

Kull 1999: B. Kull, Tod und Apotheose. Zur Ikonographie in Grab und Kunst der jüngeren Eisenzeit an der unteren Donau und ihre Bedeutung für die Interpretation von »Prunkgräbern«. Ber. RGK 78, 1997 (1999), 197-466.

Last 1995: J. Last, The Nature of History. In: I. Hodder et al. (Hrsg.), Interpreting Archaeology. Finding Meaning in the Past. London - New York: Routledge 1995, 141-157.

Leach 1991: E. Leach, Lévi-Strauss zur Einführung. Hamburg: Junius 1991 [engl. ²1974].

Lepore 1970: E. Lepore, Per una fenomenologia storica del rapporto città - territorio in Magna Grecia. In: La città e il suo territorio. Atti del settimo convegno di studi sulla Magna Grecia, Taranto 8-12 ottobre 1967. Napoli: L'arte tipografica 1968 (1970), 29-66.

Lo Schiavo 1981: F. Lo Schiavo, La »fibula prenestina«. Considerazioni tipologiche. Bull. Paletn. Italiana 82, 1975-80 (1981), 287-306.

Marchegay et al. 1998: S. Marchegay/M.-Th. Le Dinahet/J.-F. Salles (Hrsg.), Nécropoles et pouvoir. Idéologies, pratiques et interprétations. Actes du colloque Théories de la necropole antique, Lyon, 21-25 janvier 1995. Travaux de la Maison de l'Orient Méditerranéen 27. Lyon: Maison de l'Orient Méditerranéen 1998.

Marzoli 1989: D. Marzoli, Bronzefeldflaschen in Italien. PBF II 4. München: Beck 1989.

Marzoli 1993/94: Dies., Eine Gruppe von früheisenzeitlichen Kriegergräbern in Etrurien. Mitt. Anthr. Ges. Wien 123/24, 1993/94, 175-183.

Marzoli 1998: Dies., Bronzene Feldflaschen aus hervorragenden Gräbern der italischen Eisenzeit. In: Schauer 1998, 69-82.

Menichetti 2000: M. Menichetti, Political Forms in the Archaic Period. In: Torelli 2000b, 205-226.

Michelucci 1987: M. Michelucci, Marsiliana, Circolo degli Avori. In: M. Cygielman (Hrsg.), Etrusker in der Toskana. Etruskische Gräber der Frühzeit. Hamburg: Museum für Kunst und Gewerbe 1987, 148-174.

Miller 1994: D. Miller, Artefacts and the Meaning of Things. In: T. Ingold (Hrsg.), Companion Encyclopedia of Anthropology. London - New York: Routledge 1994, 396-419.

Miller 1998: Ders., Why some things matter. In: Ders. (Hrsg.), Material Cultures. Why some things matter. Consumption and Space. London: UCL Press 1998, 3-21.

Morris 1994: I. Morris (Hrsg.), Classical Greece. Ancient Histories and Modern Approaches. New Dir. Arch. Cambridge: Cambridge University Press 1994.

Morris 1999: Ders., Iron Age Greece and the Meanings of ›Princely Tombs‹. In: Ruby 1999, 57-80.

Morris 2000: Ders., Archaeology as Cultural History. Words and Things in Iron Age Greece. Social Archaeology. Malden, Mass. - Oxford: Blackwell 2000.

Naso 2000: A. Naso, The Etruscan Aristocracy in the Orientalising Period. Culture, Economy, Relations. In: Torelli 2000b, 111-129.

Ortner 1984: S. B. Ortner, Theory in Anthropology Since the Sixties. Comparative Studies in Society and History 26, 1984, 126-166.

Pagnini 2000: L. Pagnini, Vetulonia (Grosseto), Poggio al Bello, tomba del Duce. In: Bartoloni et al. 2000, 176-190 Nr. 129-185.

Pakkanen/Pakkanen 2000: J. Pakkanen/P. Pakkanen, The Toumba Building at Lefkandi. Some Methodological Reflections on its Plan and Function. Annual Brit. School at Athens 95, 2000, 239-252.

Parker Pearson 1982: M. Parker Pearson, Mortuary Practices, Society and Ideology. In: Hodder 1982b, 99-113.
Parker Pearson 1993: Ders., The Powerful Dead. Archaeological Relationships between the Living and the Dead, Cambr. Arch. Journ. 3, 1993, 203-229.
Pellegrini 1902: G. Pellegrini, Tomba 104. In: Ders., Tombe arcaiche greche. Mon. Ant. 13, 1903, 201-294, hier 225-263.
Pomian 1988: K. Pomian, Zwischen Sichtbarem und Unsichtbarem. Die Sammlung [zuerst ital. in: Enciclopedia Einaudi 3. Torino: Einaudi 1978, 330-364]. In: Ders., Der Ursprung des Museums. Vom Sammeln. Berlin: Wagenbach 1988, 13-72.
Porr 1998: M. Porr, Die Postmoderne Archäologie in Großbritannien. In: Eggert/Veit 1998, 183-216.
Prayon 1975: F. Prayon, Frühetruskische Grab- und Hausarchitektur. Mitteilungen des Deutschen Archäologischen Instituts, Römische Abteilung, 22. Ergänzungsheft. Heidelberg: Kerle 1975.
Raff 1994: Th. Raff, Die Sprache der Materialien. Anleitung zu einer Ikonologie der Werkstoffe. Kunstwissenschaftliche Studien 61. München: Deutscher Kunstverlag 1994.
Rathje 1986: A. Rathje, I *keimelia* orientali. In: Ampolo/Bartoloni/Rathje 1986, 341-354.
Rathje 1990: Dies., The Adoption of the Homeric Banquet in Central Italy in the Orientalizing Period. In: O. Murray (Hrsg.), Sympotica. A Symposium on the Symposion. Oxford: Clarendon Press 1990, 279-288.
Renfrew 1994: C. Renfrew, Towards a Cognitive Archaeology, in: Ders./E. B. W. Zubrow (Hrsg.), The Ancient Mind. Elements of Cognitive Archaeology, New Dir. Arch. Cambridge: Cambridge University Press 1994, 3-12.
Renfrew 1999: Ders., Stichwort »Cognitive Archaeology«. In: I. Shaw/R. Jameson (Hrsg.), A Dictionary of Archaeology. Oxford: Blackwell 1999, 171-174.
Ridgway 1992: D. Ridgway, The First Western Greeks. Cambridge: Cambridge University Press 1992.
Ridgway 1997: Ders., Nestor's cup and the Etruscans, Oxford Journ. Arch. 16, 1997, 325-344.
Ridgway 2000: Ders., The Orientalizing Phenomenon in Campania. Sources and Manifestations, in: F. Prayon/W. Röllig (Hrsg.), Akten des Kolloquiums zum Thema »Der Orient und Etrurien. Zum Phänomen des ›Orientalisierens‹ im westlichen Mittelmeerraum (10.-6. Jh. v. Chr.)«, Tübingen, 12.-13. Juni 1997. Biblioteca di Studi Etruschi 35. Pisa: Istituti Editoriali e Poligrafici Internazionali 2000, 233-244.
Ruby 1999: P. Ruby (Hrsg.), Les princes de la protohistoire et l'émergence de l'état. Actes de la table ronde internationale organisée par le Centre Jean Bérard et l'École française de Rome, Naples, 27-29 octobre 1994. Collection du Centre Jean Bérard 17, Collection de l'École française de Rome 252. Napoli - Roma: Centre Jean Bérard - École française de Rome 1999.
Schauer 1998: P. Schauer (Hrsg.), Archäologische Untersuchungen zu den Beziehungen zwischen Altitalien und der Zone nordwärts der Alpen während der frühen Eisenzeit Alteuropas. Ergebnisse eines Kolloquiums in Regensburg 3.-5. November 1994. Regensburger Beitr. Prähist. Arch. 4. Regensburg: Universitätsverlag 1998.
Schneider et al. 1979: L. Schneider/B. Fehr/K. H. Meyer, Zeichen, Kommunikation, Interaktion. Zur Bedeutung von Zeichen-, Kommunikations- und Interaktionstheorie für die klassische Archäologie. Hephaistos 1, 1979, 7-41.
Schneider/Zazoff 1994: L. Schneider/P. Zazoff, Konstruktion und Rekonstruktion. Zur Lesung thrakischer und skythischer Bilder. Jahrb. DAI 109, 1994, 143-216.
Schweizer 2000a: B. Schweizer, Griechen und Phöniker am Tyrrhenischen Meer. Repräsentationen kultureller Interaktion im 8. und 7. Jh. v. Chr. in Etrurien, Latium und Kampanien. Unpublizierte Diss. Tübingen.

Schweizer 2000b: Ders., Stichwort »Klassische Archäologie III. Kontextuelle Archäologie«. In: Der Neue Pauly 14. Stuttgart – Weimar: Metzler 2000, 939-953.
Schweizer in Vorbereitung: Ders., »Fürstengräber« der italienischen *protostoria*. Zur Begriffs- und Problemgeschichte eines archäologischen Konzepts als Vorarbeit einer vergleichenden Archäologie der »Fürstengräber«.
Snodgrass 2000: A. Snodgrass, Archäologie in den angelsächsischen Ländern. Im Westen was Neues? In: Borbein et al. 2000, 347-364.
Stary 1979: P. Stary, Feuerböcke und Bratspieße aus eisenzeitlichen Gräbern der Apenninhalbinsel. Kleine Schr. Vorgesch. Seminar Marburg 5. Marburg: Seminar für Vor- und Frühgeschichte 1979, 40-61.
Stazio 1998: A. Stazio (Hrsg.), Mito e storia in Magna Grecia. Atti del Trentaseiesimo Convegno di Studi sulla Magna Grecia, Taranto, 4-7 ottobre 1996. Taranto: Istituto per la Storia e l'Archeologia della Magna Grecia 1997 [1998].
Stazio 1999: Ders. (Hrsg.), Confini e frontiera nella grecità d'Occidente. Atti del Trentasettesimo Convegno di Studi sulla Magna Grecia, Taranto, 3-6 ottobre 1997. Taranto: Istituto per la Storia e l'Archeologia della Magna Grecia 1999.
Steuernagel 1998: D. Steuernagel, Menschenopfer und Mord am Altar. Griechische Mythen in etruskischen Gräbern. Palilia 3. Wiesbaden: Reichert 1998.
Strøm 1971: I. Strøm, Problems Concerning the Origin and Early Development of the Etruscan Orientalizing Style. Odense University Classical Studies 2. Odense: Odense University Press 1971.
Teržan 1997: B. Teržan, Heros der Hallstattzeit. Beobachtungen zum Status an Gräbern um das Caput Adriae. In: C. Becker/M.-L. Dunkelmann/C. Metzner-Nebelsick (Hrsg.), CHRONOS. Beiträge zur prähistorischen Archäologie zwischen Nord- und Südosteuropa, Festschrift für Bernhard Hänsel. Internationale Archäologie, Studia Honoraria 1. Espelkamp: Leidorf 1997, 653-659.
Tilley 1989: Ch. Tilley, Interpreting Material Culture. In: I. Hodder (Hrsg.), The Meaning of Things. Material Culture and Symbolic Expression. One World Archaeology 6. London: Unwin Hyman 1989, 185-194.
Tilley 1993: Ders., Interpretation and a Poetics of the Past. In: Ders. (Hrsg.), Interpretative Archaeology. Explorations in Anthropology. Providence – Oxford: Berg 1993, 1-27.
Torelli 1988: M. Torelli, Die Etrusker. Geschichte, Kultur, Gesellschaft. Frankfurt a. M./ New York: Campus 1988 [nach ital. Orig. ²1984].
Torelli 2000a: Ders., The Etruscan City-State. In: M. H. Hansen (Hrsg.), A Comparative Study of Thirty City-State Cultures. An Investigation Conducted by the Copenhagen Polis Centre. Historisk-filosofiske Skrifter 21. Copenhagen: Det Kongelige Danske Videnskabernes Selskab 2000, 189-208.
Torelli 2000b: Ders. (Hrsg.), The Etruscans [Venezia, Palazzo Grassi 26. 11. 2000 – 1. 7. 2001]. Milano: Bompiani 2000.
Veit 1996: U. Veit, Studien zum Problem der Siedlungsbestattung im europäischen Neolithikum. Tübinger Schr. Ur- und Frühgesch. Arch. 1. Münster – New York: Waxmann 1996.
Veit 1998: Ders., Zwischen Tradition und Revolution. Theoretische Ansätze in der britischen Archäologie. In: Eggert/Veit 1998, 15-65.
Veit 2000: Ders., König oder Hohepriester? Zur These einer sakralen Gründung der Herrschaft in der Hallstattzeit. Arch. Korrbl. 30, 2000, 549-568.
Werlen 2000: B. Werlen, Sozialgeographie. Eine Einführung. Bern u. a.: Haupt 2000.
Whitley 1994: J. Whitley, Protoattic Pottery. A Contextual Approach. In: Morris 1994, 51-70.
Winter 1981: I. J. Winter, Royal Rhetoric and the Development of Historical Narrative in Neo-Assyrian Reliefs. Studies in Visual Communications 7.2, 1981, 2-38.
Winter 1985: Dies., After the Battle is Over. The *Stele of the Vultures* and the Beginning of Historical Narrative in the Art of the Ancient Near East. In: H. L. Kessler/M. S.

Simpson (Hrsg.), Pictorial Narrative in Antiquity and the Middle Ages. Studies in the History of Art 16, Center for Advanced Study in the Visual Arts, Symposium Series IV. Washington: National Gallery of Art 1985, 11-32.

Winter 1995: Dies., Homer's Phoenicians. History, Ethnography, or Literary Trope? (A Perspective on Early Orientalism). In: J. B. Carter/S. P. Morris (Hrsg.), The Ages of Homer. A Tribute to Emily Townsend Vermeule. Austin, Texas: University of Texas Press 1995, 407-413.

Winther 1997: H. C. Winther, Princely Tombs of the Orientalizing Period in Etruria and *Latium vetus*. In: H. Damgaard-Andersen/H. W. Horsnæs/S. Houby-Nielsen/A. Rathje (Hrsg.), Urbanization in the Mediterranean in the 9th to 6th Centuries BC. Acta Hyperborea 7, 1997, 423-446.

Zaccaria Ruggio 1995: A. Zaccaria Ruggio, Spazio privato e spazio pubblico nella città romana. Collection de l'École française de Rome 210. Roma: École française de Rome 1995.

Zevi 1975: F. Zevi, Tomba 15. In: Ders./G. Bartoloni/M. Catalda Dini, Castel di Decima (Roma). La necropoli arcaica, Notizie degli Scavi 1975, 233-367, hier: 251-294.

LEONIE C. KOCH

Zu den Deutungsmöglichkeiten der Situlenkunst*

ZUSAMMENFASSUNG: Die Situlenkunst stellt aufgrund der Einmaligkeit ihrer ansprechenden Bilder innerhalb der mitteleuropäischen Urgeschichte eine vielfach zitierte Denkmälergruppe dar. Einerseits wird sie häufig zur Illustration von angenommenen Verhältnissen in der Prähistorie herangezogen und somit für die Interpretation materieller Überreste benutzt, indem sie diese vermeintlich in einen geistigen Hintergrund einbindet. Andererseits sind die Darstellungen selbst Gegenstand von vielfachen Interpretationsversuchen. Die angeblich leichte Lesbarkeit der Friese und die Darstellung des Menschen hat zu einer hohen Erwartungshaltung bezüglich der Deutbarkeit geführt. Als *opinio communis* hat sich die Deutung der Bilder als narrative Darstellung eines kultisch-religiösen Festes durchgesetzt, das oft mit einer Leichenfeier in Verbindung gebracht wird. Während dieses ›Allgemeinwissen‹ inzwischen oft unreflektiert wiederholt wird, spielen in neueren Ansätzen Symbole eine große Rolle, anhand derer auf die Bedeutung der gesamten Darstellung geschlossen wird. Bildanalysen finden in der Regel nicht statt, weshalb an dieser Stelle auf einige Eigenheiten der Situlenkunst aufmerksam gemacht werden soll. Die Ambivalenz der Bildmotive - ihre Abkunft aus etruskischem Repertoire einerseits und die Darstellung einheimischer Realia andererseits - sowie die problematische Übertragung von Symbolbedeutungen von einem Kulturkreis auf einen anderen, lässt Deutungen, die über eine Bildbeschreibung hinausgehen, als methodisch fragwürdig erscheinen.

Einleitung

Die im Stil der Situlenkunst verzierten Objekte - Bronzegefäße, Deckel, Gürtelbleche und ein Spiegel - datieren in das 5. und 4. Jahrhundert v. Chr.[1] Sie sind im Ostalpengebiet bis nach Niederösterreich und an die Südspitze Istriens verbreitet, ein deutliches Zentrum liegt in Krain.

Die Abhängigkeit der Bildthemen und deren Ikonographie von Vorbildern aus dem Etrurien des 7. und 6. Jahrhunderts ist bereits von Ducati (1923) herausgearbeitet und durch viele Einzeluntersuchungen der letzten Jahrzehnte bestätigt worden

---

* Aus Platzgründen war es leider nicht möglich, alle notwendigen Abbildungen dem Text beizufügen; es wird deshalb empfohlen, die Bände Lucke/Frey 1962 und Frey 1969 heranzuziehen. Herrn A. Posluschny, Frankfurt möchte ich für die Unterstützung bei der Bildbearbeitung recht herzlich danken.
1 W. Lucke (Lucke/Frey 1962), der die erste monographische Zusammenstellung der Denkmäler des »klassischen« Situlenstils unternahm, datierte die Situla im Museum Providence noch ins 6. Jh. v. Chr. O.-H. Frey kommentierte und revidierte diese Auffassung bereits im Nachwort desselben Buches und in nachfolgenden Artikeln (Frey 1991, 83; 1992, 95). Jedoch wird meistens der Text Luckes zitiert und deshalb ein zu hohes Alter für die Situlenkunst angenommen (z. B. Mladin 1974, 155; Zemmer-Plank 1976, 311; Mason 1996, 113).

Abb. 1:
Ausschnitt der Verzierung des dritten Frieses der Situla Certosa (verändert nach Ducati 1923).

(Abb. 5).² Aber auch die formale Gliederung der Gefäße in Friese, das Auftreten und die Position eines Tierfrieses an unterster Stelle sowie die vegetabilen Ornamente lassen sich auf die orientalisierende Kunst in Etrurien zurückführen.³ Jedoch fand keines der bekannten griechischen, in Etrurien rezipierten Sagenbilder Aufnahme in die Situlenkunst, was die Identifizierung einzelner Personen ermöglicht hätte. Dagegen weisen die übernommenen Bildtopoi, wie etwa ›Boxkampf‹, Hasenjagd, Wagenrennen, Bankettszenen, Krieger u. a. m. Modifikationen auf, die allgemein als die Wiedergabe einheimischer Realia bzw. Sitten gedeutet werden.⁴ Ein Charakteristikum der Situlenkunst ist die Wiederholung und die Aneinanderreihung dieser Bildtopoi in unterschiedlichen Kombinationen.⁵ Diese Bildtopoi weisen darauf hin, dass es Vorlagen gegeben haben muss, eine Art Katalog, aus dem die Darstellungen kopiert wurden. Einige Szenen, wie die Musiker der Situla Certosa (Abb. 1) oder der komplexe ›Schiffskampf‹ einer Situla aus Nesactio/Pula, Istrien (Koch 2002, Abb. 7) sind nur einmal überliefert. Bei der fragmentarischen Erhaltung der meisten Gefäße kann jedoch nicht davon ausgegangen werden, dass sämtliche Bildthemen bekannt und in der ihrer Beliebtheit entsprechenden Häufigkeit überliefert sind.

2   Zum Raubtier mit Bein im Maul, Pflanzen u. a.: Bocci 1965; zum »fressenden« Vierbeiner: Frey 1980, 139; zum geflügelten Löwen oder Hirsch: Frey 1970, 83; zum Wagenrennen: Bronson 1965, 98 f.; zur Pflugszene: Frey 1992, 98; zum Flechtband: Boardman 1971, 130
3   Vgl. dazu die Elfenbeinpyxis »Pania« aus Chiusi (Montelius 1895-1910, Taf. 225) mit den gut erhaltenen Situlen Benvenuti, Certosa, Vače, Magdalenska gora und im Museum Providence (Lucke/Frey 1962, Taf. 65; 64; 73; 68 und Beil.1).
4   Als »Bildtopoi« werden die Einzelfiguren und Szenen bezeichnet, die mehrfach wiederholt in der Situlenkunst auftreten. Der ›Boxkampf‹ der Situlenkunst wird immer mit hantelartigen Geräten wiedergegeben, die auf griechischen und etruskischen Bildern unbekannt sind. In ihnen wird deshalb ein einheimisches Element erkannt, ebenso wie in der Abbildung von Helmen zwischen den Boxern als Siegespreis (Ausnahmen Situla Providence und eine Situla aus Magdalenska gora). Eine deutliche Verwandlung erfuhr der Löwe in ein Raubtier mit Wolfsschwanz.
5   Vgl. beispielsweise die Jagdszenen der Zisten Eppan und Sanzeno: Lucke/Frey 1962, Taf 62 u. 67.

Die Vermittlung der Motive und der Technik muss wohl zu einem großen Teil über Este vonstatten gegangen sein. Dort fanden sich Treibarbeiten aus dem 7. Jh. v. Chr., deren Verzierung jedoch vor allem aus Tierfriesen besteht (Frey 1969, Taf. 40-46; 51-63). Diese Gruppe von einigen Situlen und Deckeln unterschiedlicher Fundorte wird von O.-H. Frey (1969) unter dem Begriff ›älterer Estestil‹ zusammengefasst. Die Inhomogenität der Stücke und ihre weite Streuung sprechen zwar gegen eine einzige Werkstatt in Este. In den folgenden Jahrhunderten aber fand dort eine eigene stilistische Weiterentwicklung der Treibverzierung statt. Die Gefäße, Dolchscheiden und Gürtelbleche aus den Nekropolen von Este zeigen eine manirierte Verzierungsart, den ›jüngeren Estestil‹, in der der Mensch nur eine geringe Rolle spielt und die sich deutlich von der klassischen Situlenkunst im Sinne Luckes unterscheidet (Frey 1969, Taf. 66-68; 70-78). Als ein Verbindungsglied zwischen den beiden Stilrichtungen kann die Situla aus dem Grab Benvenuti 126 (Ende 7. Jh. v. Chr./um 600 v. Chr.) gelten. Sie trägt in übereinander angeordneten Friesen eine Verzierung, die sich aus den unterschiedlichsten Tieren, aber auch aus Szenen mit Menschen zusammensetzt (Frey 1969, Beil. 1). Es finden sich hier bereits Themen, die in der klassischen Situlenkunst üblich werden, wie der sitzende Mann mit einem Trinkgefäß in der Hand und der Boxkampf im obersten oder der Biga-Fahrer im untersten Fries. Bemerkenswert ist, dass die Elemente des Tierfrieses – äsende Tiere, Misch- und Flügelwesen – zusammen mit Menschen die Bilderreihen füllen und nicht auf einen Fries beschränkt sind. Frey (1969, 64 ff.) rechnet die Situla Benvenuti aufgrund der Pflanzen- und Tierbilder noch der ›älteren Estekunst‹ zu.

Ein großes Problem für die Beurteilung der weiteren Entwicklung der Situlenkunst stellt die Überlieferungslücke des 6. Jahrhunderts dar. In Este sind einige Fundstücke aus diesem Zeitraum vertreten, nicht jedoch aus dem Ostalpengebiet (Frey 1969; 1992). Die Situla Certosa aus Bologna ist das älteste, der klassischen Situlenkunst zuweisbare Stück (Lucke/Frey 1962, Taf. 64). Der Grabkontext verweist in das frühe 5. Jh. v. Chr.; Frey (1969, 88) setzt die Herstellung der Situla gegen 500 v. Chr. an. Die jüngere italienische Forschung stellt sie jedoch aufgrund der Form bereits in das 6. Jh. v. Chr. (Bartoloni/Morigi Govi 1995, 159 f., Anm. 17). Die Gefäße und Gürtelbleche aus Slowenien werden dem Certosahorizont, die jüngeren Situlen (Mihovilić 1996, Beil. 4; Knez 1986, Beil. 1 u. 2) dem Negau-Horizont zugeordnet.[6]

Die Situla Certosa stellt nicht nur in ihrer Datierung eine Ausnahme dar. Auch bezüglich der Qualität der Treibarbeiten und der Vielfältigkeit ihrer Darstellungen steht sie innerhalb der klassischen Situlenkunst allein. Der Zug der mit Gefäßen, Geräten und evtl. Brennholz ausgestatteten Frauen und Männer wird häufig als ›Prozession‹ bezeichnet, die dem eigentlichen kultischen Fest vorausginge. Auf das Fest sollen hier der Mischkessel, die Situla an der Wand über den Musikanten und der

---

6 Križ 1997a, 13 f.; 1997b, 17; 28; Mihovilić 1996, 49; Knez 1973, 322 f.; 1976, 38.

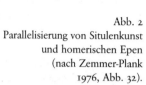

Abb. 2
Parallelisierung von Situlenkunst
und homerischen Epen
(nach Zemmer-Plank
1976, Abb. 32).

»... *Rasch aber schirrten sie an am Wagen die herrlichen Rosse
.... Dann jedoch stieg Telemachos ein in den prächtigen Wagen,
Neben ihn stieg auch ein in den Wagen der Herr seiner Leute,
Nestors Sohn Peisistratos, der aber griff nach den Zügeln,
Trieb mit der Peitsche zur Eile.*«
(Odyssee, Dritter Gesang, 478, 481-484)

erlegte Hirsch deuten; die sitzenden Zecher fehlen jedoch. Sie sind auf den gut erhaltenen ›Schwester‹-Situlen aus Vače und Magdalenska gora (Lucke/Frey 1962, Taf. 73 u. 68), der diesen sehr ähnlichen Situla des Museums Providence (angeblicher Fundort Bologna), in Fragmenten auf der Situla Welzelach und auf Gürtelblechen aus Pfatten zu finden. Als Einzelperson tritt der sitzende Trinker auf den Situlen Benvenuti und Kuffarn auf (Lucke/Frey 1962, Taf. 65 u. 75). Aufgrund der Vollständigkeit und den detailreichen Bildern werden an der Situla Certosa Interpretationen oft stellvertretend für die ganze Situlenkunst vorgenommen (Eibner 1981; Teržan 1997).

Deutung

Die Verwendung der im Situlenstil verzierten Bronzegefäße als Grabbeigaben oder sogar Urnen führte von Beginn an zu einer jenseitsbezogenen Interpretation der Bilder als Begräbnisfeier oder Leben im Jenseits. Die Vorstellung eines Festes liegt fast allen Interpretationen zugrunde. Diesem wird jedoch ein unterschiedlicher Charakter zugemessen. Für W. Lucke (Lucke/Frey 1962, 45; 49) ist ein freudiges ›Alpenfest‹ dargestellt, die feiernde Oberschicht sehen G. A. Mansuelli (1964, 26; 1967, 112 f.) und G. Fogolari (1992; 200 ff.), ein Stammesfest mit kultischem Hintergrund vertreten A. Eibner (1981, 261) und G. Kossack (1993; 17 f.; 1999, 67 f.; 81 f.; 88). Die Deutungen unterscheiden sich auch darin, dass einige Bearbeiter die ehemals real existierende Welt abgebildet sehen, andere eine transzendente, mythische Welt.

Nachdem bereits O. Tischler (1882, 232) und K. Deschmann (1883, 21 ff.; 51; 101) die Bilder in sepulkralen Zusammenhang stellten, führte L. Franz (1928, 165 ff.) zur Untermauerung die Leichenspiele des Patroklos an (Homer, Ilias 23, 686ff). Die Erklärung der Bilder der Situlenkunst mithilfe der homerischen Epen tritt seitdem immer wieder, vor allem bei jenseitsbezogenen Interpretationen auf.[7] Unmittelbare Parallelisierungen wie L. Zemmer-Plank sie vornahm (Abb. 2), suggerieren eine direkte Vergleichbarkeit von Wort und Bild. Epos und Situlenkunst sind jedoch neben zeitlichem und räumlichem Abstand auch inhaltlich von einander getrennt: Andere wichtige Wettkämpfe, wie Lauf und Ringkampf (Decker 1995, 28ff) und die beschriebenen Opfer - u. a. zwölf trojanische Kriegsgefangene am Grab des Patroklos! - finden in der Situlenkunst keine Entsprechung.

Die Vorstellung des Heros, der mit Leichenspielen geehrt wird, übernimmt auch B. Teržan (1997) aus dem griechischen Epos. Sie versucht nicht nur eine Interpretation im sepulkralen Zusammenhang, sondern hält sogar eine Funktion der Bilder im Dienste der Heroisierung des Toten - als Symbole im Grab - für möglich (ebd. 663). Die gleiche Vorstellung findet sich bei B. Kull (1997, 384) wieder; sie spricht von der Tränkung »heroisierter Toter und Götter«. Keine der Autorinnen setzt sich mit den Charakteristika und den Herkunftsfragen der Situlenkunst oder mit der Forschungsgeschichte auseinander.

In dem Vorgehen B. Teržans und B. Kulls spielt die Übertragung von Symbolbedeutungen aus dem Mittelmeerraum auf die Situlenkunst eine entscheidende Rolle. Teržan übernimmt beispielsweise die Interpretation E. Vermeules, die den Vögeln eine transitionsanzeigende Bedeutung und somit Jenseitsbezug beimisst. Teržan untersucht dabei nicht die unterschiedlichen Darstellungszusammenhänge, in denen Vögel auftreten können;[8] sie geht dagegen davon aus, dass diese ›Symbole‹ bedeutungsanzeigend für die gesamten Friesdarstellungen sind. In den vogelkopfschwänzigen Löwen im untersten Fries der Situla Certosa sieht sie eine »Anhäufung von sich steigernden und [...] Todesvorstellungen weckenden Symbolen«. Löwen mit zoomorphen Schwänzen sind im italisch-etruskischen Bildrepertoire häufig (Steingräber 1985, Taf. 159c; Salskov Roberts 1986, Abb. 17 f.); langschnäblige Vogelköpfe anstelle von Quasten finden sich auf etruskischer korinthisierender Keramik (Martelli 1987, Nr. 47 u. 48). Teržan diskutiert nicht, ob und wie die Rezeption von inhaltlicher Bedeutung der Motive vor sich gegangen sein könnte. Weitere Tiere und Objekte definiert sie als Symbole. Diese werden jedoch nicht aufgrund des Bildkontextes ausgesondert, sondern vor dem Hintergrund der von Teržan angenommenen Jenseitsvorstellungen als Bedeutungsträger angesprochen. Hunde z. B. seien ebenfalls als Todessymbole zu werten. Teržan führt dazu die Szene eines reparierten Gürtelbleches aus Molnik an, das aus einem Brandgrab stammt und eine Jagdszene zeigt (Abb. 3a). Sie setzt es mit der benachbarten Körperbestattung eines Bogenschützen in Verbindung. Weiter assoziiert sie die Szene mit der griechischen Jagd-Göttin Artemis und kommt zu dem Schluss: »So ist es nicht unwahrscheinlich, dass auf dem Gürtelblech aus Grab 10 gleichzeitig die Göttin als Bogenschützin und ein individueller Bogenschütze dargestellt sind, der seinerseits eine Verbindung zu Grab 2 - dem

---

7 Kastelic 1962, 48; Gabrovec 1993/94, 86; Teržan 1997.
8 Dazu und zu dem Aspekt der Vorbilder ausführlich: Koch 1999.

eines Bogenschützen – nahelegt«. Das Motiv des Bogenschützen mit Hund, kombiniert mit Pflanze und Hirsch tritt uns in der Situlenkunst mehrfach entgegen (Abb. 3): Es findet sich auf einer kürzlich gefundenen Situla aus Novo mesto, auf der sich die Szene über die Naht hinweg erstreckt, fragmentiert auf der ›Schiffskampf-Situla‹ von Nesactium zusammen mit einer Pflugszene und neben einer weiteren Jagdszene auf der Schale aus Hallein.[9] Die Beispiele zeigen, dass auch dieses Motiv als Bildtopos mehrfach wiederholt und in unterschiedlichen Zusammenhängen erscheint. Es handelt sich also nicht um die individuelle Darstellung eines heroisierten Bogenschützen, sondern vielmehr um eines der Standardmotive der Situlenkunst.

In den Pflanzen desselben Gürtelbleches (Abb. 3a) sieht Teržan einen Hinweis auf die Metamorphose von Artemis. Der hinter einem Baum oder Strauch versteckte Jäger gilt jedoch als ein orientalisches Motiv (Rasmussen 1991, 62) und findet seine Parallelen in Italien auf einer phöniko-zypriotischen Schale aus Palestrina und einem Buccherogefäß (Camporeale 1984, Taf. Xa). Die pflanzlichen Ornamente der Situla Certosa, die unzweifelhaft Elemente des orientalisierenden Stils sind, liest Teržan ebenfalls als Symbole (1997, 658 f.). Sie können in Griechenland und ostmediterranen Kulturen für das lebenserhaltende und auch lebensvernichtende Prinzip stehen und seien auch als ebensolche Bedeutungsträger in der Situlenkunst zu verstehen. Dagegen anzuführen ist, dass Rosetten, Knospenpflanzen und volutenartige Ranken alle figürlichen Darstellungen begleiten, die auf den orientalisierenden Stil zurückgehen. Darunter sind auch solche, denen kein Jenseits- oder Todesbezug beizumessen ist, wie die mythischen Bilder aus der Odyssee der Pyxis Pania oder die vielen ritzverzierten Bucchero-Trinkgefäße des 7. und 6. Jhs. aus Etrurien (Camporeale 1984; Bonamici 1974). Dieselben Pflanzen treten auch auf den Deckeln der ›frühen Estekunst‹ auf, die sonst nur Tierfriese wiedergeben.

Die Idee, in den Abbildungen nach Symbolen zu suchen, geht auf G. Kossack zurück. Er bezeichnet Rosetten und Blütenzweige als Symbole für erdhafte und kosmische Kräfte, die ein »Geschehen in eine religiöse Dimension« erheben würden (Kossack 1999, 67). Vögel gelten ihm als »Heils- oder allgemein als sakrales Zeichen«[10], durch das auf den Bildinhalt geschlossen werden könne. Auch dies ist eine Annahme, die sich in der Literatur unreflektiert seit 50 Jahren wiederfindet.[11] In seinen jüngsten Ausführungen fasst Kossack (1999) alle seine Interpretationen zu bildlichen Darstellungen zusammen. Er geht davon aus, dass sich Griechenland, Italien, Mitteleuropa und Südskandinavien »ihr gemeinsames Erbe von mythischer

---

9 Abb. 3d. Der Hase ist in der Rekonstruktion der Szene nur hypothetisch, die übrigen Figuren und ihre Anordnung dagegen gesichert (zu Jagdszenen s. Koch 2002).
10 Kossack 1999, 26; 1954; so auch bei den Deutungsversuchen der Thronlehne von Verucchio (Kossack 1992).
11 Als Beispiel sei hier, stellvertretend für viele, Hänsel (1997, 21) genannt.

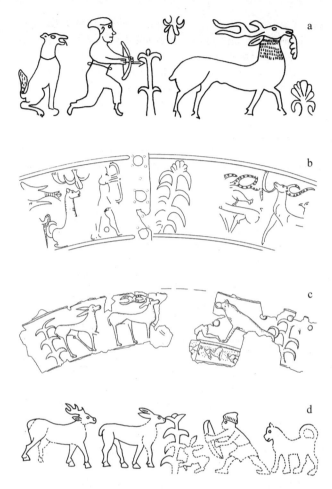

Abb. 3: Zusammenstellung von Jagdszenen in der Situlenkunst – a. Gürtelblech aus Molnik (Umzeichnung nach Teržan 1997, Abb. 12) – b. Situla aus Novo mesto (nach Križ 1997b, Beil. 3) – c. Situla aus Nesactium/Pula (nach Mihovilić 1996, Beil. 4) – d. Schale aus Hallein (Umzeichnung nach Zeller 1998, Abb. 6).

Überlieferung, die sich auch in figuraler Symbolik ausdrückt« anfänglich teilten (ebd. 5; 36f). Allerdings äußert er auch Bedenken, religiöse Vorstellungen anhand archäologischen Materials aufzeigen zu können (ebd. 7), versteht aber seine eigene Vorgehensweise als hermeneutisch (ebd. 23). Die bereits 1970 geäußerte Vorstellung,[12] die Bilder der Situlenkunst seien ein Ersatz für reale Grabbeigaben, wiederholt er bezüglich der Wagenbeigabe noch einmal (Kossack 1999, 54). Außerdem erklärt Kossack die Figurenfriese als die Wiedergabe von »mythischem Geschehen«, was bei Kultfesten in Handlung umgesetzt werden konnte (1993, 17 f.; 1999, 72; 88). »Attribuierte Figuren« wie Mischwesen und Vögel hätten als Richtungsweiser zur Entschlüsselung des Inhaltes gedient. So bezeichnet er Wagenkästen mit zoomor-

---

12 Kossack 1970, 167 f.; Torbrügge (1992, 596) sieht diese Möglichkeit als widerlegt an.

phen Protomen (Abb. 2) in Anlehnung an die ›Vogelsonnenbarke‹ als »Barken« (1993, 17) und sieht in der Löwenkopf- und Entenverzierung des Sofas (Abb. 1) der Situla Certosa »sakrosankte« Zeichen (1999, 67 f.).

Vielleicht ist das Heranziehen von Symbolen als ›Interpretationshilfen‹ darin begründet, dass in der Situlenkunst keine eindeutigen Opferszenen, Altäre oder Leichenaufbahrungen überliefert sind, wie sie auf etruskischen oder griechischen Denkmälern im Grabbereich durchaus zu finden sind.

Doch zurück zum Ausgangspunkt, dem Fest: Den Gedanken an ein Fest äußerte zum ersten Mal M. Hoernes (1891, 79 ff.; 1893, 302; Hoernes/Menghin 1925, 554 f.). Er nahm eine Dreiteilung des Festes vor und unterlegte diese mit römischen Schriftquellen (1891, 80; 1893, 302): Kriegeraufmarsch und Opferzug (*pompa*) bzw. Vorführung der Pferde (*probatio equorum*), gefolgt von Spielen und Wettkämpfen (*ludi/agon*) und dem eigentlichen Festessen (*epulum*). Übrige Szenen bezeichnet er als »alltäglichen oder phantastischen Überschuss«.

Die Vorstellung eines Festes wurde von Kromer (1980) erneut ausgeführt. Er übernahm die Dreiteilung Hoernes' von »Männeraufzug, Spiele und Mahl« und fügte dieser noch »Anreise, Vorbereitung und Zuschauer« hinzu (ebd. 227 ff.; 239 Abb. 1). So konnte er alle Szenen irgendwie dem Thema des Festes unterordnen. Jedoch ließ Kromer bei seinen Überlegungen die Gürtelbleche außer Acht, weshalb er sich beispielsweise nicht mit der Kriegsszene auf dem Blech von Vače auseinander setzte; auch die Tierfriese bezog er nicht in seine Überlegungen mit ein. Das Bild eines Festes als dem zentralen Thema der Situlenkunst beherrscht heute alle Interpretationsrichtungen. Betrachtet man aber die Stücke der Estekunst mit ihren frühen Tierfriesen und späten Phantasietieren oder die jüngeren Stücke der klassischen Situlenkunst, deren Verzierung nur noch aus der Aneinanderreihung von gleich bleibenden menschlichen Gestalten oder Tieren besteht (Lucke/Frey 1962, Taf. 71 u. 74; Mihovilić 1996, Beil. 4), wird deutlich, dass der Wunsch nach der Abbildung eines Festes weder am Beginn noch am Ende der Situlenkunst stand – das ›Fest‹ gab also auch nicht den Anlass zu den toreutischen Reliefs.

In ihrer jüngsten Betrachtung der Situla Certosa geben G. Bartoloni und C. Morigi Govi eine Umzeichnung bei, die die drei Friese mit szenischen Darstellungen zu einem ›Festzug‹ vereint (Abb. 4). Dabei reihen sie von oben nach unten den Kriegerfries an den ›Prozessionsfries‹ und lassen alle Gestalten auf die zentrale ›Festszene‹ der Musikanten zulaufen. Durch den Wechsel der Laufrichtung auf der Situla ergibt sich die Zick-Zack-Führung des Zuges. Die Hasenjagdszene und der einen Pflug schulternde, Ochsen treibende Mann bleiben ausgeschlossen. Es zeigt sich einmal mehr die Unmöglichkeit, alle Szenen einem einzigen Thema unterzuordnen.

Zu den Deutungsmöglichkeiten der Situlenkunst

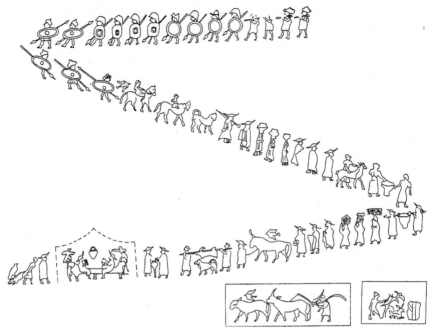

Abb. 4: Zusammenfassung der drei figürlichen Friese der Situla Certosa zu einem »Festzug« (nach Bartoloni Morigi Govi 1995, Abb. 6).

Die Vorgehensweise, bei der Interpretation die Friese von oben nach unten zu ›lesen‹ und so in eine zeitliche Abfolge zu setzen ist ebenso häufig, wie die Anordnung der Figuren innerhalb eines Frieses in eine Reihe, beginnend und endend bei der Gefäßnaht. Einige Beispiele zeigen jedoch deutlich, dass sich Szenen über die Naht hinweg erstrecken.[13]

Die Implikation einer zeitlichen Abfolge der Bilder setzt die Absicht einer wirklichen Bilderzählung voraus. Diese wird nicht nur durch die Darstellung von in Handlung begriffenen Personen definiert, sondern die Szenen müssen auch untereinander in Bezug stehen. Im Idealfall gibt eine Bilderzählung ein historisches Ereignis wieder, wie z. B. der Teppich von Bayeux. Auch die Darstellungen im oberen Fries der Pyxis Pania - Menschen, die unter Schafe gebunden sind, ein Schiff, vor dem ein hundsköpfiges Monster auftaucht (Montelius 1895-1910, Taf. 225 oben) - erzählen eine Geschichte, nämlich die Flucht des Odysseus und seiner Gefährten

---

13 Beispiele sind die Jäger auf der neu gefundenen Situla aus Novo mesto (Abb. 3b) und im untersten Fries der Situla Arnoaldi (Lucke/Frey 1962, Taf. 63); wahrscheinlich ist auch der Bezug von drei Figuren auf der Situla Magdalenska gora über die Naht hinweg: Sie bilden eine Dreiergruppe, die sich durch die Ausrichtung zusammenschließen lässt (Abb. 6c).

aus der Höhle des Polyphem und die Konfrontation mit dem Seeungeheuer Skylla. Die anschließenden Friese der Pyxis stehen im Übrigen nicht in einem inhaltlichen Bezug zu den mythischen Szenen.

Der Bezug der einzelnen, sich wiederholenden Szenen (Bildtopoi) zueinander bildet in der Interpretation der Situlenkunst ein zentrales Problem. Das charakteristische Aneinanderreihen ist mehrfach betont worden.[14] Kossack (1993; 1999) versucht dieses Problem zu lösen, indem er von »Bildgedanken« bzw. »Chiffren« spricht, die jede einzeln für einen spezifischen Inhalt stünden, »aus dem Mythos erzählen und Handlungen ins Bild setzen, die bei Kultfesten eine zentrale Bedeutung hatten«. Sowohl Teržan als auch Kull übernehmen diese Idee. Die Szenen werden bezeichnet als »epische Einheiten« oder »mythisch-epische Elemente« (Teržan 1997, 654; 663; 669) bzw. als »Symbole« für ein Gesamtgeschehen (Kull 1997, 402). Noch schwieriger ist es, die Friese untereinander inhaltlich in Beziehung zu setzen, wie die angeführten Beispiele gezeigt haben. Die Tierfriese der Gefäße werden nicht in die Festinterpretation miteinbezogen, es sei denn, sie dienen als ›Symbolträger‹ und somit Bedeutungsanzeiger wie bei Teržan (1997) oder Cassola Guida (1997). Überhaupt fließen meist nur die Darstellungen der gut erhaltenen Situlen, die komplexe Szenen mit dem Menschen zeigen, in die Interpretationen ein; die frühen Tierfriese der Estekunst werden nicht betrachtet und den späten Situlen ein Verlust ihrer eigentlichen Bedeutung zugeschrieben (Knez 1973, 321; 1976, 38; Eibner 1981, 282).

Darstellungsart und Darstellungskonventionen der Situlenkunst

Sowohl die Vorlage des Materials in Form von Umzeichnungen der aufgefalteten Bleche als auch die Art der Darstellungen selbst hatten und haben Einfluss auf die Interpretationen. Die ›Lesung‹ der Friese von oben nach unten bzw. von der Naht beginnend, wurde oben bereits angesprochen. Nun soll die Eigenart der Situlenkunst selbst einmal näher betrachtet werden.

Das Menschenbild

Auf den drei bis sechs Zentimeter hohen Friesen werden Überschneidungen möglichst vermieden, Staffelungen treten erst mit dem Motiv des Wagenrennens auf den Situlen Kuffarn und Arnoaldi auf (Abb. 5a). Menschen sind im Profil dargestellt, die Arme oft gar nicht angegeben; Kull (1997, 275; 389) sieht darin eine typische Darstellungsweise von Göttern und Toten. Eine klare Darstellungsart wird gegenüber einer naturalistischen bevorzugt. Die Tiere tragen nur ein Horn oder bei den Menschen erscheint oft nur ein Arm mit einer überproportional großen Hand. Ein anderes Mittel das Dargestellte zu verdeutlichen, ist die Zusammensetzung (Addi-

---

14 Hoernes/Menghin 1925, 550; Szombathy 1892, 11; Frey 1966, 70; 1970, 90 f.

Abb. 5:
Das Motiv des sich umwendenden Rennfahrers in der Situlenkunst und Italien –
a. Situla Kuffarn (nach Lucke/Frey 1962, Taf. 75) – b. Gürtelblech aus Noicattaro, Bari (nach Woytowitsch 1978, Taf. 46) –
c. »Pontische« Amphora aus Etrurien (nach Hampe/Simon 1964, Taf. 7) –
d. Malerei aus der Tomba delle Olimpiadi (nach Bronson 1965, Taf. 25b).

tion) eines Bildes aus unterschiedlichen perspektivischen Ansichten. Leicht ersichtlich ist das an der Darstellung des Sitzwagens, dessen Deichsel ›hochgeklappt‹ erscheint (Abb. 2) oder bei den die Panflöte spielenden Musikern: Die Personen sind in strenger Profilansicht wiedergegeben, das Instrument jedoch in Frontalansicht. Das Sitzschema im Profil wird auch bei den Musikern der Situla Certosa (Abb. 1) strikt beibehalten, obwohl die Ansicht des Sitzmöbels eine Frontaldarstellung erfordert hätte.

Ausnahmen der Profilansicht stellen die Boxer dar, aber auch zwei Personen mit langen Stäben auf den Situlen Magdalenska gora und Toplice, deren Oberkörper in die Frontale gedreht sind. Eine weitere Konvention, die die Menschenbilder auszeichnet, ist die Schrittstellung von nicht sitzenden Personen. Auch solche Personen,

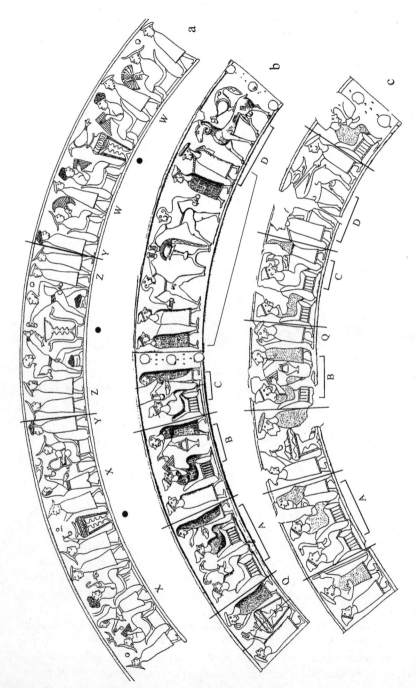

Abb. 6: Spiegelbildliche und sich wiederholende Figuren und Gruppen von »Festfriesen« – a. Situla in Providence – b. Situla Vače – c. Situla Magdalenska gora (verändert nach Lucke/Frey 1962, Beil. 1; Taf. 73; Taf. 68).

die sicherlich stehend gemeint sind, wie die Männer am Mischgefäß oder die Getränke ausgebenden Frauen, sind mit hintereinander gestellten Füßen wiedergegeben. Zwischen stehenden und schreitenden Personen kann also nur aus dem Bildkontext heraus unterschieden werden. Daraus ergibt sich aber, dass mehrere beieinander dargestellte Menschen immer hintereinander her zu schreiten scheinen, da, wie erwähnt, Staffelung und Überschneidung vermieden wurden. Eine Ansammlung war also gar nicht anders darstellbar, wie am Beispiel der ›Zuschauer‹ bei den Boxkämpfen zu sehen ist (Abb. 6a u. 6b) oder bei den Männern am Mischgefäß der Ziste Sanzeno (Lucke/Frey 1962, Taf. 67).

Die gleich bleibende Blickrichtung der Personen im zweiten Fries der Situla Certosa legt nahe, dass sie als hintereinander laufend gemeint sind, der Schluss ist aber nicht zwingend. Der Begriff der ›Prozession‹ ist für diese ›schreitende‹ Gesellschaft etwas unglücklich gewählt, da er bereits einen kultischen Hintergrund suggeriert. Er wird auch häufig in dieser Bedeutung aufgefasst und ebenso auf Krieger, sogar Tiere übertragen (Kull 1997, 243: »Tierprozession«). Eine Reihe aus mit Schild und Speer(en) bewaffneten Kriegern gehört im Situlenkreis – wie der Tierfries – zu den ältesten Bildmotiven, wie das Helmfragment aus Magdalenska gora zeigt (Frey 1969, Taf. 58). Das Motiv des Kriegers findet sich wiederholt, zu Ornamentfriesen gereiht auf korinthischen Aryballoi; in einem Falle mit zwei Friesen kombiniert, deren Themen wir auch in der Situlenkunst kennen, dem Wettreiten und der Hasenjagd (Haynes 1970, Nr. 11). Die wiederholende Reihung ist die Eigenschaft eines Ornaments. Die Krieger, denen ein oder zwei Berittene voranreiten, sind sowohl auf den Situlen Certosa und Arnoaldi als auch im etruskisch-orientalischen Motivrepertoire zu finden (Abb. 7). Man muss sich an dieser Stelle fragen, ob sie wirklich Teil des »Festes« oder ehemalige »taktische Einheiten« (Frey 1973, 625) darstellen, somit das Abbild einstiger Realität sind oder ob sie nicht als ornamentales Motiv rezipiert und im einheimischen Stil modifiziert wurden. Auch als Ornament behalten die Figuren natürlich die Bedeutung ›Krieger‹ bei, jede andere Interpretation aber wäre Spekulation.

Lineare Perspektive und Profilansicht

Ebenfalls ein Darstellungsmittel der Situlenkunst – wie auch anderer archaischer bildlicher Überlieferungen – ist die sog. ›lineare Perspektive‹.[15] Dabei wird hintereinander oder auch übereinander dargestellt, was in räumlicher Tiefe erscheinen sollte. Ein schönes Beispiel dafür findet sich in den Situlenträgern des zweiten Frieses der Situla Certosa (Lucke/Frey 1962, Taf. 64), die nebeneinander gedacht sind. Ihre Oberkörper sind sogar in die Frontale gedreht, wie sie dem Betrachter erscheinen würden, wenn sie mit dem Gefäß zwischen sich auf ihn zukämen (vgl. im Gegensatz

---

15 Dazu auch Eibner 1993, 101; dasselbe Phänomen bezeichnete Torbrügge (Torbrügge 1969, 8 ff.) als »Seitenverschiebung«; zu geometrischen Vasen: Coldstream 1991, 48 f.

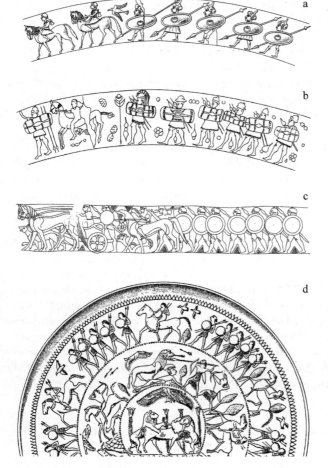

Abb. 7:
Das Motiv der Krieger hinter Reitern in der Situlenkunst und Etrurien –
a. Situla Certosa (nach Frey 1973, Abb. 1,1) –
b. Situla Arnoaldi (ebd., Abb. 1,2) – c. Straußenei aus Vulci (nach Rathje 1986, Abb. 5) –
d. Phöniko-zypriotische Silberschale aus Cerveteri (nach Montelius 1895-1910, Taf. 338).

dazu die Männer, die das Gefäß an der Stange tragen). Es ist demnach denkbar, dass die zwei sitzenden Personen im Wagen als ›nebeneinander‹ aufgefasst wurden. Möglich ist auch die Ergänzung zu zwei Paaren, wie es die Pferdedarstellungen der Bigen nahe legen, die nur ein angespanntes Pferd zeigen, obwohl funktional zwei angenommen werden müssen (vgl. die Rennwagen der Situlen Kuffarn Abb. 5a und Arnoaldi).

Zu einer Interpretation als ›Barken‹ führte die Seitendarstellung von Wagenkästen mit Tierprotomen (Abb. 2) ebenso wie die des Bettes auf dem Spiegel von Castelvetro.[16] Die Objekte sind in ihrer Grundfläche rechteckig, es ist also eher jeweils ein zweites Paar Protome zu ergänzen als eine Barkenform anzunehmen.

---

16 Kastelic 1962, 32 f.; Kossack 1970, 161; 1999, 67; Kull 1997, 276 f.; Spiegel Castelvetro: Lucke/Frey 1962, Taf. 21.

Komposition

Beim Aufbau der Gefäßverzierung lassen sich wahre Kompositionen erkennen: Der Tierfries erscheint bis auf wenige Ausnahmen[17] am unteren Rand. Zwischen den einzelnen Friesen ist häufig ein Richtungswechsel zu bemerken, wodurch die Gefäßwand eine Rhythmisierung erfährt (Lucke/Frey 1962, Taf. 63-64; 68; 73; Beil. 1).

Die Tierfriese können ebenfalls durch die Anordnung von Gruppen rhythmisiert sein: Im untersten Fries der Situla aus Magdalenska gora (Lucke/Frey 1962, Taf. 68) bilden drei Tiere mit Vogel auf der Kruppe eine Einheit, die jeweils durch ein Tier mit Blatt über dem Rücken, das das dahinter schreitende Tier im Maul hält, von der anderen Gruppe getrennt wird. Die ›Tierarten‹ auf der Situla Providence (Lucke/Frey 1962, Beil. 1) treten bis auf eine Ausnahme paarweise auf. Die Repetition einer Gruppe lässt sich auch auf der Ziste Moritzing (Lucke/Frey 1962, Taf. 66) aufzeigen, korrekte Rekonstruktion vorausgesetzt: Einem hornlosen Tier folgt ein Hirsch, diesem ein Horntier, worauf sich die Abfolge wiederholt. Im zweiten Fries derselben Ziste wechseln sich Reiter und geführtes Pferd ab. Das bewusste Einsetzen alternierender Motive ist auch an der Kleidung auszumachen: Figuren mit glatten oder schraffierten Gewändern wechseln sich häufig ab, wie auf den Situlen Vače und Magdalenska gora oder auf dem Gürtelblech aus Krain (Abb. 7b u. c; 8) zu sehen ist. Die Figuren des letzteren interpretierte B. Teržan (1997, 666) aufgrund ihrer unterschiedlichen Kleidung als Lebende und Schatten des Totenreichs. Auch die Pferdeleiber der Situla aus Kuffarn werden durch Schraffierung von einander abgesetzt (Abb. 5a). Der Kontrast von glatter und schraffierter Fläche kann mit dem Hell-Dunkel-Effekt der schwarzfigurigen Malerei verglichen werden (Abb. 5c).

An der Situla Certosa lässt sich eine symmetrische Komposition um eine Mittelachse aufzeigen. Im ›Festfries‹ der Situla in Providence gruppieren sich die Figuren um drei Brennpunkte (Abb. 6a). Diese werden jeweils aus einer symmetrischen Szene von zwei Personen gebildet, die ein Gefäß flankieren. Die übrigen Personen treten häufig in spiegelbildlicher Wiederholung auf (Abb. 6a: Figuren oder Gruppen W-Z). Aus szenischen Gruppierungen von zwei oder drei Personen setzen sich auch die Festfriese der Situlen aus Vače und Magdalenska gora zusammen (Abb. 6b u. c: Gruppen A-D; die senkrechten Linien geben die Szenengrenze an). In der Wiederholung wird deutlich, dass es sich auch hier um standardisierte Motive handelt, die unterschiedlich kombiniert oder durch Figuren erweitert werden können. Als Beispiel sei der Mann, der sich an die Nase fasst, genannt: Er tritt einmal im Fries der Situla Vače am Mischgefäß auf und als attribuierte Figur zur Gruppe des Syrinxspielers der Situla Magdalenska gora (Abb. 6b u. c: Figur Q). Zu beobachten ist auch die Verschränkung zweier Szenen (Abb. 6b): Der ein Beil schulternde Mann, der vor dem Widder schreitet (Gruppe D), bildet zugleich den vierten Zuschauer beim

---

17 Die Zisten aus Sanzeno und Montebelluna haben keinen Tierfries und auf einer Situla aus Magdalenska gora ist unter demselben noch ein Fries aus Vögeln angebracht.

Abb. 8: Gürtelblech aus Krain (nach Geupel 1972, Abb. 1).

Boxkampf, womit die Symmetrie dieser Szene gewahrt bleibt. Weitere Details ließen sich aufführen (Koch 1999). Viele Gefäße lassen sich aufgrund ihres Erhaltungszustandes nicht weiter analysieren. Es scheint aber doch deutlich, dass das ›Fest‹ formal nur eine Wiederholung des Motivs des sitzenden Zechers ist, der - wie oben erwähnt - auch einzeln auftreten kann.

Die abwechselnde Wiederholung unterschiedlicher Motive und die Reihung eines gleich bleibenden Motivs sind ornamentale Gestaltungsmittel. Entsprechend wird den späten Situlen keine inhaltliche Bedeutung mehr zugemessen (s. o.). Aber auch bei den szenischen Friesen lassen sich Komposition und Figurenkombination zum Teil auf die Intention ornamentaler Wirkung (Symmetrie, Rhythmisierung) zurückführen. Der visuelle Eindruck spielte also bei der Positionierung der Figuren auf den Gefäßen eine nicht zu unterschätzende Rolle. Die Bildung von Figurengruppen muss nicht unbedingt auf inhaltliche, sondern kann auch auf formale Gründe zurückgeführt werden.

Zusammenfassung und Schlussgedanken

Die Spannbreite der Deutungen zeigt die Schwierigkeit oder besser Unmöglichkeit derzeit eine befriedigende Interpretation der Bildfolgen zu finden. Es fehlt an einer Struktur, wie sie Eibner[18] vergeblich aufzuzeigen versuchte, einer ›Grammatik‹, die Anleitung zum ›Lesen‹ der Bilder geben könnte. Torbrügge (1992), der den einzigen kritischen Beitrag zur Diskussion geliefert hat, weist auf die Gefahr der Projektion von persönlichen Vorstellungen auf die Bilder hin. Die Abhängigkeit der Motive vom etruskischen Italien wird in jüngeren Ansätzen häufig übergangen. Jedoch ist die Intention, die Darstellung eines Objektes oder ganze Szenen zu übernehmen, zu modifizieren und neu zu kombinieren der Schlüssel zur Deutung. Diese kann aber nicht aus den Bildern selbst erschlossen werden. Warum wurden beispielsweise nur bestimmte Bildmotive aus dem vorhandenen Repertoire ausgewählt? Wurden sie mit einheimischen Verhältnissen identifiziert und so ›verstanden‹? Konnten fremde Bil-

---

18 Eibner 1981. In dieser Arbeit versucht A. Eibner, im Ansatz richtig durch Suche nach regelhaften Kombinationen von Szenen eine Struktur aufzuzeigen, um so einen Schlüssel zur Interpretation zu finden (dazu Torbrügge 1992, 593). Das Ergebnis ist allerdings nicht überzeugend.

der überhaupt der Illustrierung von eigenen Riten dienen? Die Abbildung von Gebräuchen wie Opfern oder Stammesfesten bleibt unbelegbar. Deshalb stellt die Situlenkunst keine Quelle dar, mit deren Hilfe Interpretationen archäologischer Funde vorgenommen oder auf religiöse oder soziale Verhältnisse geschlossen werden könnte. Aussagen wie, bei der Situlenkunst handele es sich um eine »unmittelbare Bildsprache« (Knez 1976, 20) oder eine »Quelle ersten Ranges« (Frey 1973, 622), die sogar in gewisser Weise schriftliche Quellen ersetzen könne (Knez 1973, 323) oder die Situlenkunst gäbe »einen anschaulichen Einblick in die Vorstellung der Bewohner und in ihr Verhalten dem Tod gegenüber« (Teržan 1997, 654) täuschen über die tatsächlich vorhandenen methodischen Möglichkeiten zur Interpretation hinweg.

Plausibel interpretierbar ist die Situlenkunst nur auf der Ebene einer Bildanalyse und über die archäologische Einbindung der Bildträger: Ihre Überlieferung auf Gefäßen, die zum Trinkservice zu rechnen sind[19] und neben anderen Bronzegefäßen ins Grab gelangten oder auf Gürtelblechen, die Abnutzungsspuren und Reparaturen aufweisen, zeigt ihre Funktion als (damals) zeitgemäße Verzierungsart von Objekten, die den Beigabensitten entsprechend auf uns gekommen sind. Die Bildträger selbst mögen im damaligen Umfeld ein Blickfang gewesen sein. Die weiteren überlieferten Grabbeigaben sind nur zum Teil überdurchschnittlich reich. In Krain gelangten die Gürtelbleche als Teil der Trachtausstattung mit ins Grab und lösten solche mit geometrischer Verzierung ab (Stare 1952, 211 ff.). Neben den figürlich verzierten Situlen fanden in Nesactium auch andere Bronzegefäße als Urnen Verwendung (Mihovilić 1996, 19; 49 f.). Zu erwähnen ist auch, dass zwei Situlen mit Sicherheit aus einem Frauengrab in Novo mesto stammen (Knez 1986, Taf. 28), zwei weitere, nämlich die Situlen Benvenuti und Certosa, möglicherweise Frauengräbern zuzuweisen sind.[20] Als Zeichen der Heroisierung (Vergöttlichung) eines Kriegers im Grab kann die Situlenkunst daher m. E. nicht gewertet werden.

Bildanalysen liefern immer wieder neue Details. Neben den hier aufgezeigten Darstellungskonventionen und Frieskompositionen sind dies besonders solche bezüglich der Beziehung zu den italisch-griechischen Vorbildern. Viel zu gering ist das Wissen über Vermittlungsart und -weg oder über die Tradierung innerhalb des Situlenkreises, als dass Aussagen darüber getroffen werden könnten, ob neben der Bildauch eine Bedeutungs- oder Symbolrezeption stattgefunden hat. Abgesehen davon ist die Deutung der etruskischen Bildüberlieferung – besonders im Grabbereich – ebenfalls umstritten.[21]

---

19 Mit der Situla Kuffarn wurde eine Schöpfkelle gefunden (Lucke/Frey 1962, 80 Abb. 18); aus Gräbern in Novo mesto sind Henkeltassen als Schöpfer zusammen mit Situlen überliefert (Knez 1973, 309 f.).
20 Gleirscher 1998, 38; Frey 1969, Taf. 16-19; Bartoloni/Morigi Govi 1995, 160.
21 Zur archaischen Grabmalerei beispielsweise Simon 1973; Weber-Lehmann 1985; Blome 1986; d'Agostino 1993; d'Agostino/Cerchiai 1999. Zu Bildprogramm auf archaischen »Treppensteinen«: Maggiani 1996.

Die ornamentalen Eigenschaften wie Symmetrie, Rhythmisierung und Wiederholung stehen einer Einschätzung als Bilderzählung entgegen, wie auch das Auftreten derselben Szenen (Topoi) in unterschiedlichen Zusammenhängen. Da Handlungen wiedergegeben sind, kann von der Situlenkunst als einer Verzierung im *narrativen Stil* gesprochen werden, wie sie ja auch für Trinkgefäße im Mittelmeerraum üblich war. Dass sie eine Botschaft aus einem, dem Osthallstattkreis gemeinsamen kultischen Geschehen vermittelt, ist unwahrscheinlich und unbelegbar. Die aufgezeigten Spuren weisen die Situlenkunst lediglich als eine für Mitteleuropa außergewöhnliche Verzierungsform aus, die durch die Kontakte mit dem Süden entstanden ist.

Literatur

d'Agostino 1993: B. d'Agostino, La Tomba della Scimmia. Per una lettura iconografica delle immagini etrusche. In: La civiltà di Chiusi e del suo territorio. Atti del XVII Convegno di Studi Etruschi ed Italici, Chianciano Terme 28. maggio - 1. giugno 1989. Firenze: Leo S. Olschki 1993, 193-202.

d'Agostino/Cerchiai 1999: B. d'Agostino/L. Cerchiai, Il mare, la morte e l'amore: Gli Etruschi, i Greci e l'immagine. Roma: Donzelli 1999.

Bartoloni/Morigi Govi 1995: G. Bartoloni/C. Morigi Govi, Etruria and Situla Art: The Certosa Situla - New Perspectives. In: J. Swaddling/S. Walker/P. Roberts (Hrsg.), Italy in Europe: Economic Relations 700 BC - AD 50. London: British Museum Publications 1995, 159-176.

Blome 1986: P. Blome, Das Opfer des Phersu. Ein etruskischer Sündenbock. Mitt. DAI Rom 93, 1986, 97-108.

Boardman 1971: J. Boardman, A Southern View of Situla Art. In: J. Boardman/M. A. Brown/ P. G. E. Powell (Hrsg.), The European Community in Later Prehistory. Studies in Honor of C. F. C. Hawkes. London: Routledge & Kegan Paul 1971, 121-140.

Bocci 1965: P. Bocci, Motivi etruschi sui bronzi atestini ed alpini. In: G. Becatti/R. Bianchi Bandinelli/G. Caputo/G. Devoto/G. Pugliese Carratelli (Hrsg.), Studi in onore di Luisa Banti. Roma: »L'erma« di Breitschneider 1965, 69-79.

Bonamici 1974: M. Bonamici, I Buccheri con figurazione graffite. Firenze: Leo S. Olschki 1974.

Bronson 1965: R. C. Bronson, Chariot Racing in Etruria. In: G. Becatti/R. Bianchi Bandinelli/G. Caputo/G. Devoto/G. Pugliese Carratelli (Hrsg.), Studi in onore di Luisa Banti. Roma: »L'erma« di Breitschneider 1965, 89-106.

Camporeale 1984: G. Camporeale, La caccia in Etruria. Archaeologica 50. Roma: »L'erma« di Breitschneider 1984.

Cassola Guida 1997: P. Cassola Guida, Spunti sull'interpretatione dell »arte delle situle«: La situla della tomba Benvenuti 126. Ostraka VI/2, 1997, 201-213.

Coldstream 1991: J. N. Coldstream, The Geometric Style: Birth of the Picture. In: T. Rasmussen/N. Spivey (Hrsg.), Looking on Greek Vases. Cambridge: 1991, 37-56.

Decker 1995: W. Decker, Sport in der griechischen Antike. Vom minoischen Wettkampf bis zu den Olympischen Spielen. München: C. H. Beck 1995.

Deschmann 1883: K. Deschmann, Ein Kunstwerk altetruskischer Metalltechnik. Mitt. K. K. Central-Comm. N. F. 9, 1883, 16-24, 51-58, 99-103.

Ducati 1923: P. Ducati, La Situla della Certosa. Mem. della R. Accad. delle Scienze dell'Ist. di Bologna, Cl. Scienze Mor. 2. Ser. 5-7 Bologna: 1923 [Nachdruck »L'erma« di Breitschneider 1970].

Eibner 1981: A. Eibner, Darstellungsinhalte in der Kunst der Hallstattkultur. Gedanken zum »überhöhten« Leben im Situlenbereich und Osthallstattkreis. In: Land Oberösterreich (Hrsg.), Die Hallstattkultur. Symposium Steyr 1980. Linz: OÖ Landesverlag 1981, 261-296.

Eibner 1993: Dies., Zur Lesbarkeit der Bildsymbolik im Osthallstattkreis. Thraco-Dacica 14, 1993, 101-116.

Fogolari 1992: G. Fogolari, Die Situlenkunst. In: Katalog Berlin 1993, Die Etrusker und Europa. Berlin/Milano: Staatliche Museen Preußischer Kulturbesitz/Fabi Editori 1992, 200-205.

Franz 1928: L. Franz, Totenglaube und Totenbrauch. Sudeta 4, 1928, 165-190.

Frey 1966: O.-H. Frey, Eine figürlich verzierte Ziste in Treviso (Montebelluna). Germania 44, 1966, 66-73.

Frey 1969: Ders., Die Entstehung der Situlenkunst. Studien zur figürlich verzierten Toreutik von Este. Röm. Germ. Forsch. 31. Berlin: Walter de Gruyter 1969.

Frey 1970: Ders., Figürlich verzierte Bronzeblecharbeiten aus Hallstatt und dem Südostalpengebiet. In: Krieger und Salzherren. Hallstattkultur im Ostalpenraum. RGZM Austellungskataloge 4. Mainz: 1970, 82-95.

Frey 1973: Ders., Bemerkungen zur hallstättischen Bewaffnung im Südostalpenraum. Arh. Vestnik 24, 1973, 621-636.

Frey 1980: Ders., Werke der Situlenkunst. In: Die Hallstattkultur. Frühform europäischer Einheit. Ausstellung des Landes Oberösterreich 1980, Schloss Lamberg, Steyr. Steyr 1980: OÖ Landesverlag 1980, 138-146.

Frey 1991: Ders., L'arte delle Situle. In: Immagini di una aristocrazia dell'età del ferro nell'arte rupestre camuna. Contribuiti in occasione della mostra Castello Sforzesco aprile 1991-marzo 1992. Milano: Edizioni Et 1991, 73-87.

Frey 1992: Ders., Beziehungen der Situlenkunst zum Kunstschaffen Etruriens. In: L. Aigner-Foresti (Hrsg.), Etrusker nördlich von Etrurien. Akten des Symposions Wien Schloss Neuwaldegg 2.-5. Okt. 1989. Wien: Österreichische Akademie der Wissenschaften 1992, 93-101.

Gabrovec 1993/94: S. Gabrovec, Die Ausgrabungen in Stična und ihre Bedeutung für die Geschichte der Eisenzeit in den Südostalpen. Mitt. Anthr. Ges. Wien 123/124 [Festschr. K. Kromer], 1993/94, 73-88.

Geupel 1972: F. Geupel, Funde der späten Hallstattzeit aus Krajina, Slowenjia. Forsch u. Ber. Staatl. Mus. Berlin 4, 1972, 203-208.

Giovanelli 1876: B. Giovanelli, Die räthisch-etruskischen Althertümer entdeckt bei Matrei im Mai 1845. Zeitschr. Ferd. 3. Folge, 20, 1876, 43-99.

Gleirscher 1998: P. Gleirscher, L'arte delle Situle. In: U. Raffaelli (Hrsg.), Rame d'arte. Dalla preistoria al XX secolo nelle Alpi centro-orientali. Trento: 1998, 37-44.

Hampe/Simon 1964: R. Hampe/E. Simon, Griechische Sagen in der frühen etruskischen Kunst. Mainz: Ph. v. Zabern 1964.

Hänsel 1997: B. Hänsel, Gaben an die Götter – Schätze der Bronzezeit – eine Einführung. In: A. Hänsel/B. Hänsel (Hrsg.), Gaben an die Götter. Schätze der Bronzezeit Europas. Ausstellung der Freien Universität Berlin und Museum für Vor- und Frühgeschichte, Staatliche Museen zu Berlin – Preußischer Kulturbesitz. Bestandskataloge 4. Berlin: Unze Verlagsanstalt 1997, 11-22.

Haynes 1970: D. E. L. Haynes, Fifty Masterpieces of Classical Art in the British Museum. London: British Museum Publications 1970.

Hoernes 1891: M. Hoernes, Beiträge zur Erklärung der Situla Kuffarn. Mitt. Anthr. Ges. Wien 21, 1891, (78)-(81).

Hoernes 1893: Ders., Über die Situla von Watsch und verwandte Denkmäler. Verhandl. 42. Versammlung der deutschen Philologen und Schulmänner in Wien 1893, 300-309.

Hoernes/Menghin 1925: M. Hoernes/O. Menghin, Urgeschichte der Bildenden Kunst in Europa von den Anfängen bis um 500 vor Christi. Wien: Kunstverlag Anton Schroll[3] 1925.

Kastelic 1962: J. Kastelic, Die Situlenkunst vom Po bis zur Donau. In: Situlenkunst zwischen Po und Donau. Verzierte Bronzearbeiten aus dem ersten Jahrtausend v. Chr. Katalog Naturhist. Mus. Wien: Naturhistorisches Museum Wien 1962, 19-55.

Knez 1973: T. Knez, Figurale Situlen aus Novo Mesto. Arh. Vestnik 24, 1973, 309-326.

Knez 1976: Ders., Figural verzierte Situlen aus Novo Mesto. Antike Welt 7/1, 1976, 32-38.

Knez 1986: Ders., Novo Mesto I. Carniola Arch. 1. Novo mesto: Dolenjski muzej Novo mesto 1986.

Koch 1999: L. C. Koch, Die Vögel der Situlenkunst: Darstellung und Deutung. Unveröff. Magisterarbeit Univ. Tübingen 1999.

Koch 2002: Dies., Notizen zu zwei Bildern der Situlenkunst. Arch. Korrbl. 32, 2002, 67-79.

Kossack 1954: G. Kossack, Studien zum Symbolgut der Urnenfelder- und Hallstattzeit Mitteleuropas. Röm.-Germ. Forsch. 20. Berlin: Walter de Gruyter 1954.

Kossack 1970: Ders., Gräberfelder der Hallstattzeit an Main und Fränkischer Saale. Materialhefte zur Bayerischen Vorgeschichte 24. Kallmünz/Opf.: M. Lassleben 1970.

Kossack 1992: Ders., Lebensbilder, mythische Bilderzählung und Kultfestbilder. Bemerkungen zu Bildszenen auf einer Thronlehne von Verucchio. In: A. Lippert/K. Spindler (Hrsg.), Festschr. zum 50jährigen Bestehen des Instituts für Ur- und Frühgeschichte der Leopold-Franzens-Universität Innsbruck. Univ. Forsch. Prähist. Arch. 8. Bonn: R. Habelt 1992, 231-246.

Kossack 1993: Ders., Die Zentralalpen und das Bayrische Alpenvorland in prähistorischer Zeit. In: Bayrisch-tirolische G'schichten II. Tiroler Landesausstellung 1993. Katalog Kufstein. Innsbruck: 1993, 7-26.

Kossack 1999: Ders., Religiöses Denken in dinglicher und bildlicher Überlieferung Alteuropas aus der Spätbronze- und frühen Eisenzeit (9.-6. Jahrhundert v. Chr. Geb.). Bayerische Akad. Wiss. Phil.-Hist. Klasse NF 116 München: Abhandlungen der Bayerischen Akademie der Wissenschaften 1999.

Krauße 1996: D. Krauße, Hochdorf III: Das Trink- und Speiseservice aus dem späthallstattzeitlichen Fürstengrab von Eberdingen-Hochdorf (Kr. Ludwigsburg). Forschungen zur Vor- und Frühgeschichte in Baden-Württemberg 64. Stuttgart: K. Theiss 1996.

Križ 1997a: B. Križ, Kapiteljska Njiva. Novo Mesto Slovenia. Eisenzeit in Slowenien. Katalog zur Ausstellung 28. Nov. 1997 - 30. Sept. 1998 Dolenjski Muzej. Novo Mesto: 1997.

Križ 1997b: Ders., Novo Mesto IV. Carniola Archaeologica 4. Ljubljana: 1997.

Kromer 1980: K. Kromer, Das Situlenfest. Versuch einer Interpretation der Darstellungen auf figural verzierten Situlen. Situla [Festschrift Stane Gabrovec] 20/21, 1980, 225-240.

Kull 1997: B. Kull, Tod und Apotheose. Zur Ikonographie in Grab und Kunst der jüngeren Eisenzeit an der unteren Donau und ihre Bedeutung für die Interpretation von »Prunkgräbern«. Ber. RGK 78, 1997, 197-466.

Lucke/Frey 1962: W. Lucke/O.-H. Frey, Die Situla in Providence (Rhode Island): Ein Beitrag zur Situlenkunst des Osthallstattkreises [hrsg. von O.-H. Frey]. Röm.-Germ. Forsch. 26. Berlin: Walter de Gruyter 1962.

Maggiani 1996: A. Maggiani, Un programma figurativo alto arcaico a Tarquinia. Riv. Arch. 20, 1996, 5-37.

Mansuelli 1964: G. A. Mansuelli, Die Situlenkunst in ihrer Zeit. In: J. Kastelic (Hrsg.), Situlenkunst. Meisterschöpfungen prähistorischer Bronzearbeit. Beograd/Wien/München: Schroll 1964, 23-28.

Mansuelli 1967: Ders., L'arte delle situle fra Mediterraneo ed Europa. In: Symposio Protostoria. Firenze: Leo S. Olschki 1967, 105-117.

Martelli 1987: M. Martelli, La Ceramica degli Etruschi. La Pittura Vascolare. Novara: Istituto Geografico De Agostini 1987.
Mason 1996: P. Mason, The Early Iron Age of Slowenia. BAR Internat. Ser. 643. Oxford: Tempus Reparatum 1996.
Mihovilić 1996: K. Mihovilić, Nesactii. The Discovery of the Grave Voult 1981. Monogr. i Katalogi Arch. Mus. Istri 6. Pula: Arheoloski Muzej Istre 1996.
Mladin 1974: J. Mladin, Broncane i Sljemovi iz Istre – Bronzegefäße und Bronzehelme aus Istrien. Diadora 7, 1974, 35-158.
Montelius 1895-1910: O. Montelius, La civilisation primitive en Italie depuis l'introduction des mètaux. Stockholm: Imprimerie Royale 1895-1910.
Nebehay 1993: St. Nebehay, Latènegräber in Niederösterreich. Kl. Schriften Marburg 41. Marburg: Vorgeschichtliches Seminar Philipps-Universität Marburg 1993.
Rasmussen 1991: T. Rasmussen, Corinth and the Orientalising Phenomenon. In: T. Rasmussen/ N. Spivey (Hrsg.), Looking on Greek Vases. Cambridge: Cambridge University Press 1991, 37-78.
Rathje 1986: A. Rathje, Five Ostrich Eggs from Vulci. In: J. Swaddling (Hrsg.), Italian Iron Age Artefacts in the British Museum. Papers of the Sixth British Museum Classical Colloquium 1982. London: British Museum Publications 1986, 397-404.
Salskov Roberts 1986: H. Salskov Roberts, Aspects of the Archaic Animal Style on Pottery Found in Etruria and the Faliscan Area. In: J. Swaddling (Hrsg.), Italian Iron Age Artefacts in the British Museum. Papers of the Sixth British Museum Classical Colloquium 1982. London: British Museum Publications 1986, 419-430.
Simon 1973: E. Simon, Die Tomba dei Tori und der etruskische Apollonkult. Jahrb. DAI 88, 1973, 27-42.
Starè 1952: F. Starè, Dekoracija pravokotnih pasnih spon na Kranjskem – Dekoration rechteckiger Gürtelschnallen aus Krain. Arh. Vestnik 3, 1952, 173-213.
Steingräber 1985: St. Steingräber (Hrsg.), Etruskische Wandmalerei. Stuttgart/Zürich: Belser 1985.
Szombathy 1892: J. Szombathy, Die Göttweiger Situla (Vortrag vom August 1891). Correspondenz-Blatt der deutschen Gesell. für Anthropologie, Ethnologie und Urgesch. 23, 1892, 9-14.
Teržan 1997: B. Teržan, Heros der Hallstattzeit. Beobachtungen zum Status an Gräbern um das Caput Adriae. In: C. Becker/M.-L. Dunkelmann/C. Metzner/H. Peter-Röcher/M. Roeder/B. Teržan (Hrsg.), CHRONOS Festschrift Bernhard Hänsel. Internat. Arch. Studia Honoraria 1. Espelkamp: Marie Leidorf 1997, 653-669.
Tischler 1882: O. Tischler, Die Situla von Waatsch. Correspondenz-Blatt der deutschen Gesell. für Anthropologie, Ethnologie und Urgesch. 13, 1882, 231-233.
Torbrügge 1969: W. Torbrügge, Figürliche Zeichnungen der Hallstattzeit aus Nordostbayern und ihre Beziehungen zur antiken Welt. In: D. Albrecht/A. Kraus/K. Reindel (Hrsg.), Festschrift für Max Spindler zum 75. Geburtstag. München: Ch. Beck 1969, 1-24.
Torbrügge 1992: Ders., Bemerkungen zur Kunst, die Situlenkunst zu deuten. In: I. R. Metzger/P. Gleirscher (Hrsg.), Die Räter – I Reti. Bolzano: Athesia 1992, 581-609.
Weber-Lehmann 1985: C. Weber-Lehmann, Spätarchaische Gelagebilder in Tarquinia. Mitt. DAI Rom 92, 1985, 19-44.
Woytowitsch 1978: E. Woytowitsch, Die Wagen der Bronze- und frühen Eisenzeit in Italien. PBF XVII, 1. München: C. H. Beck 1978.
Zeller 1998: K. W. Zeller, »Auf, auf zum fröhlichen Jagen«. Eine Bronzeschale mit Jagdfries vom Dürrnberg bei Hallein. Antike Welt 1998/5, 403-407.
Zemmer-Plank 1976: L. Zemmer-Plank, Situlenkunst in Tirol. Veröff. des Tiroler Landesmus. 56, 1976, 289-337.

MAREILE HAASE

Votivbilder als Werbemedien?
Votivterrakotten aus Gravisca als Zeichenträger in Prozessen symbolischer Interaktion

ZUSAMMENFASSUNG: Kleinformatige figürliche Gegenstände aus Terrakotta oder Bronze kamen in antiken Heiligtümern des heutigen Italien in großer Zahl zu Tage. Von der Forschung werden sie häufig als Votive bezeichnet, ohne dass verdeutlicht würde, welchen Handlungskontext diese Bezeichnung impliziert. Ausgangspunkt des Beitrags ist die Frage, ob sich genaueres darüber aussagen lässt, welche Handlungen mithilfe der Objekte ausgeführt worden sein könnten und welche Funktionen sie dabei möglicherweise erfüllt haben. Es geht also darum, anhand gegenständlicher Quellen Aussagen zur antiken praktizierten Religion zu treffen. Voraussetzung dafür ist ein intakter und ausreichend dokumentierter Fundzusammenhang, der im Fall des Heiligtums der Hafenstadt Gravisca gegeben ist: Dort wurden die Terrakottagegenstände in ihrem ursprünglichen Aufstellungskontext gefunden. Der Befund wird mithilfe von Theorien symbolischer Kommunikation interpretiert, für die im vorliegenden Fall Theorien des Kulturanthropologen Victor Turner als Beispiel dienen. Auf diese Weise werden die in der Forschung häufig angenommenen Standardbezüge zwischen Bildmotiv und Kultgottheit hinterfragt; ferner wird vorgeschlagen, die zunehmende Verbreitung der Terrakotten auf einen visuellen ›Werbeeffekt‹ zurückzuführen. Diese Vermutung eröffnet Forschungsperspektiven in Hinblick auf eine Konkurrenz antiker Heiligtümer. Vor dem Hintergrund dieses Interpretationsversuchs lassen sich andererseits auch Grenzen des Erkenntnisgewinns aufzeigen, die durch Unterschiede zwischen ethnologischer und (religions-)geschichtlicher Quellengrundlage erklärt werden können.

Bestimmung des Themas und Stand der Forschung

Akkumulationen von Objekten, die in der Forschung herkömmlich als Votivdepots bezeichnet werden, kamen in Heiligtümern des antiken Italien in großer Zahl zu Tage (Comella 1981; vgl. auch Haase 2002). Unter Votiven werden dabei Gegenstände verstanden, die einer Gottheit infolge eines Gelübdes (lat. *votum*) geweiht wurden. Es handelt sich um kleinformatige Objekte, die in Italien häufig aus Terrakotta, seltener aus Bronze hergestellt sind. Diese Objekte stellen, rundplastisch oder als Relief, menschliche Figuren und Gottheiten, aber auch menschliche Gliedmaßen, innere Organe (so genannte ›anatomische Votive‹), Miniaturgebäude oder Tiere bildlich dar. Sie können als Bilder bezeichnet werden. Diese Bezeichnung ist in der archäologischen Forschung zu den Votiven nicht geläufig, erscheint im vorliegenden Zusammenhang jedoch als geeignet, um die mögliche Funktion der Gegenstände in Prozessen visueller Kommunikation hervorzuheben.

Die tönernen Votivbilder wurden mithilfe von Matrizen massenhaft produziert (zur Herstellung s. Karatzas 1988); bestimmte Bildmotive wiederholen sich daher auch an verschiedenen Fundorten. Die Bilder sind dabei aus einer geringen Anzahl von Bildelementen zusammengesetzt oder bestehen gar nur aus einem einzigen Bildelement.

Ausgangspunkt der vorliegenden Überlegungen ist die Frage, ob sich genaueres darüber aussagen lässt, welche Handlungen mithilfe der Gegenstände ausgeführt worden sein könnten und welche Funktionen sie dabei möglicherweise erfüllt haben. Im Folgenden wird zunächst der Forschungsstand zu den Votiven im antiken Italien skizziert und im Anschluss daran der Befund von Gravisca vorgestellt und interpretiert. In einem abschließenden Schritt wird die für die Interpretation angewandte Methode expliziert und reflektiert: Es soll geprüft werden, wo sie über den bisherigen Forschungsstand hinausführt, aber auch, wo die Grenzen ihrer Anwendbarkeit auf archäologische Quellen gesehen werden können.

Literarische oder bildliche Darstellungen, die über die Handhabung dieser Gegenstände in den Heiligtümern des antiken Italien in dem hier interessierenden Zeitraum Aufschluss geben könnten, sind selten.[1] Ihr Aussagewert ist zudem begrenzt: Zum einen handelt es sich um Ausdrucksformen, die selbst interpretationsbedürftig sind,[2] zum anderen lässt sich vom Einzelfall, über den diese Quellen Auskunft geben können, nicht ohne weiteres abstrahieren; zum dritten sind zumal die literarischen Quellen meist jünger als die archäologischen Belege. Hauptquelle für die vorliegende Fragestellung sind also die Gegenstände selbst, genauer, die Gegenstände in ihrem Fundkontext. Denn der Fundkontext ist es, der für den Archäologen Aufschluss über die Handlungen geben könnte, die mit den Gegenständen durchgeführt wurden. Eine Durchsicht der neueren, das antike Italien betreffenden Publikationen zeigt allerdings, dass aussagekräftige Fundkontexte selten vorliegen.

Dafür können verschiedene Gründe angeführt werden: Zunächst ist es nicht die Frage nach der rituellen Handlung, die der Bearbeitung und Präsentation der neueren Forschung zu den Votiven zugrunde liegt.[3] Soweit eine religionsgeschichtliche

---

1 Vgl. Plinius, der Ep. 8, 8, 7 Inschriften an den Pfeilern und Wänden des Clitumnus-Heiligtums bei Spoleto erwähnt, die die Quelle und den Gott priesen (*multa multorum omnibus columnis omnibus parietibus inscripta, quibus fons ille deusque celebratur*). Mit den Inschriften könnten Weihinschriften gemeint sein, der Begriff *votum* fällt aber nicht.
2 Die Aussagen Griechisch oder Lateinisch schreibender Autoren über antike Religion können von literarischer Topik und von psychagogischen Intentionen mitbestimmt sein (gezeigt am Bericht über den ›Bacchanalienskandal‹ bei Livius, B. 39: Cancik-Lindemaier 1990; Walsh 1996; Frateantonio 1997); bildliche Ritualdarstellungen müssen nicht praktizierte Religion dokumentieren (gezeigt am Beispiel etruskischer Ritualdarstellungen von Haase 2000).
3 In systematischer Form betrieben insbesondere durch das »Corpus der Votivdepots in Italien« (*Corpus delle stipi votive in Italia*; Bd. 1: Comella 1986; zuletzt Bd. 10: Acconcia 2000). Das Corpus steht in der Tradition der großen archäologischen Corpora des 19. Jhs., wobei der Versuch einer systematischen Erschließung die Terrakotten aufwertet, die unter technologischen und kunstkritischen Gesichtspunkten anspruchslos erscheinen können, und dadurch über eine Kunst-

Interpretation der Gegenstände vorgenommen wird, zielt sie in der Regel darauf ab, von der Bildikonographie auf die Adressaten des Kults zu schließen; es wird also angestrebt, die adressierte Gottheit zu benennen und ihre Funktionsbereiche zu rekonstruieren. Dabei versucht man, konstante Entsprechungen zwischen bestimmten Bildmotiven und bestimmten Gottheiten zu erkennen; es wird also davon ausgegangen, dass ein bestimmtes Motiv immer und überall auf eine bestimmte Gottheit bzw. auf eine bestimmte Funktion deute. So werden Nachbildungen von Extremitäten und inneren Organen auf Heilkulte bezogen (z. B. Comella 1986, 197: Vignale-Heiligtum, Falerii),[4] Nachbildungen von Tieren auf ›ländliche‹, ›volkstümliche‹ Kulte (Ciaghi 1993, 286 mit Anm. 86). Weibliche Figuren mit Kleinkindern oder Kinder ließen auf eine Muttergottheit schließen (vgl. z. B. Nagy 1988, 28. 36 f. 44 f.). Im Vordergrund der archäologischen Forschung steht somit in der Regel nicht die rituelle Handlung, sondern stehen Probleme der Verbreitung, der Typologie, der Herstellungstechnik sowie der Stilanalyse, auf deren Grundlage eine Zuordnung zu Werkstätten und eine chronologische Einordnung vorgenommen werden. Solche Untersuchungen stellen eine unabdingbare Grundlage für weitere Forschungen dar, bieten jedoch keinen direkten Ansatzpunkt für die hier interessierende Frage nach dem Handlungskontext.[5]

Dass dieser weniger Berücksichtigung findet, hat nicht nur methodische Gründe, sondern ist auch auf die generelle Überlieferungs- und Dokumentationslage zurückzuführen. Das führt zu einem weiteren Grund für das weit gehende Fehlen aussagekräftiger Fundkontexte: Diese sind grundsätzlich in vielen Fällen nicht erhalten oder, zumal im Fall lange zurückliegender Grabungen, nicht hinreichend dokumentiert, um rekonstruiert werden zu können.[6]

---

archäologie in Winckelmann'scher Tradition hinausgeht. – Programmatisch zum Anliegen des Corpus: M. Torelli in: Comella 1986, S. V f.

4   Vgl. Pautasso 1994, 110 zum Depot, das beim nördlichen Stadttor von Vulci gefunden wurde: Dort soll das Fehlen der so genannten anatomischen Votive einen Heilkult ausschließen.

5   Einen Überblick über die im vorigen Jahrzehnt erschienenen Publikationen sowie eine kritische Einordnung vor dem Hintergrund religionsgeschichtlicher Fragestellungen geben O. de Cazanove/A. Dubourdieu in: Belayche et al. 2000, 290.

6   Eine Rekonstruktion der Fundkontexte kann auf der Grundlage von Archivarbeit versucht werden, doch exakte Daten fehlen häufig. Einige Votivfunde aus Falerii sind dazu geeignet, diese Dokumentationslage exemplarisch zu verdeutlichen: Die Grabungen der Heiligtümer von Celle, Sassi Caduti und Lo Scasato sind durch Berichte von lediglich zusammenfassendem Charakter dokumentiert; Archivforschungen erbrachten in diesen Fällen kein weiteres Votivmaterial; die exakten Fundkontexte der Depots sind nicht mehr rekonstruierbar; die Zuschreibung eines Gegenstands zu einem bestimmten Depotfund ist nicht in jedem Fall gesichert (Comella 1986, 2). Zudem kann die Unterscheidung zwischen Abfall und Depot Probleme bereiten, wie etwa im Falle des Fundes von Celle (Comella 1986, 182), während im Fall der Votivfunde von Sassi Caduti nicht sicher ist, ob es sich um eine geschlossene Niederlegung oder um Streufunde aus dem heiligen Bezirk handelt (Comella 1986, 189 f.).

Der dritte Grund für den Mangel an aussagekräftigen Fundkontexten liegt schließlich darin, dass auch intakte Befunde in den meisten Fällen einen Handlungszusammenhang abbilden, der sekundär sein dürfte. Meist werden die Gegenstände nämlich in akkumulierter Form gefunden; sie wurden in der Antike in Vertiefungen, die mithilfe steinerner oder tönerner Verkleidung befestigt und geschützt sein konnten, im Erdboden versenkt. Es wird angenommen, dass diese Akkumulationen dadurch zustandekamen, dass die im Heiligtum befindlichen Votive aus Gründen des Platzmangels regelmäßig abgeräumt und vergraben wurden (z. B. Santoro 1985; Glinister 2000, 54 mit Anm. 1). Wenn man diese Annahme akzeptiert, dann sagen solche Funde etwas über eine sekundäre Handhabung der Terrakotten aus. Die Handlungen, in die sie primär eingebunden waren, lassen sich daraus nicht erschließen.

Es stellt sich also zunächst das Problem, in der Masse des Materials und der Publikationen Funde von Votiven zu identifizieren, die nicht in deponiertem, d. h. sekundärem Zustand, sondern im ursprünglichen Aufstellungskontext vorliegen und folglich Aussagen darüber erlauben, welche Handlungen vor dem Zeitpunkt des angenommenen Aufräumens und Vergrabens der Gegenstände mit ihnen durchgeführt worden sein könnten. Einen solchen Fundkontext bietet das Heiligtum der Stadt Gravisca.[7]

Der Befund: Votivterrakotten im Heiligtum von Gravisca

Gravisca ist der Hafen der Stadt Tarquinia nördlich von Rom an der tyrrhenischen Küste (Grabungspublikation: Torelli 1971, 1977, 1982; zuletzt: Gori/Pierini 2001). Die in Gravisca gefundenen Votivobjekte sind aus Ton hergestellt und lassen sich in den Zeitraum zwischen 400 und 250 v. Chr. datieren (Comella 1978, 9). Im Moment der Zerstörung des Heiligtums befanden sich die meisten Votive an ihrem Aufstellungsort (hierzu und zum im folgenden beschriebenen Befund: Comella 1978, 9 f.; 89–92). Als abgeräumte Votive wurden lediglich die stilisierten Nachbildungen von Uteri gedeutet, die in einer von den Ausgräbern als Brunnen erklärten Vertiefung lagen. Die meisten Votivgegenstände fanden sich jedoch in den von den Ausgräbern als β und γ bezeichneten Gebäuden (Abb. 1), insbesondere in γ und dort besonders in der von den Ausgräbern als Hof erklärten Struktur I sowie in der als Raum be-

---

[7] Einen weiteren aus der Handlungsperspektive interessanten Kontext stellt der Fund von Villa di Villa im Veneto dar. Die dort gefundenen Votive aus Bronzeblech weisen zum Teil Löcher auf, und es kamen bei der Grabung Bronzenägel zu Tage. Die Vermutung, dass die Votive an Bäumen oder archäologisch nicht mehr nachweisbaren Holzkonstruktionen aufgehängt waren, liegt nahe (Maioli/Mastrocinque 1992, 167). Instrumente, die zur Bearbeitung der Bronzebleche gedient haben könnten, lassen auf eine Herstellung der Votivgegenstände vor Ort schließen (Maioli/Mastrocinque 1992, 168).

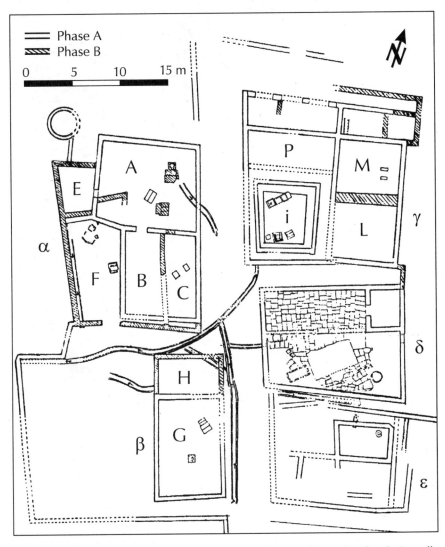

Abb. 1: Das Heiligtum von Gravisca im 4. Jh. v. Chr.: Grabungsplan (nach Comella 1978, Taf. 1).

zeichneten Struktur M. In Hof I wurden anatomische Votive in Form menschlicher Ohren, Hände, Füße entdeckt, in M stilisierte Nachbildungen von Gebärmüttern sowie gewickelter Säuglinge (Abb. 2). Sowohl in I als auch in M standen Steinblöcke, um die herum die Terrakotten verstreut waren. Die Vermutung, die Terrakotten seien auf diesen Steinblöcken aufgestellt gewesen, liegt nahe. In Gebäude β

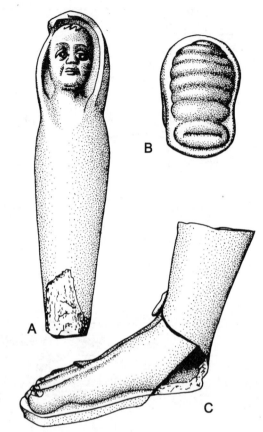

Abb. 2
Terrakotta-Votive aus Gravisca
(Zeichnung J. Frey, Tübingen).

fanden sich Votive verschiedener Form ausschließlich in Struktur G. Es handelt sich um Nachbildungen von Gebärmüttern im nördlichen Bereich, ferner um Miniaturgebäude, Köpfe, Statuetten im südöstlichen Bereich.

Interpretation des Befundes unter Berücksichtigung von Modellen symbolischer Interaktion

Was lässt sich aus diesem Befund in Bezug auf die Frage nach der Funktion der Gegenstände im Handlungskontext erschließen? Dem Befund direkt lässt sich mit hoher Wahrscheinlichkeit entnehmen, dass im Heiligtum von Gravisca in bestimmten Räumlichkeiten figürliche Terrakottagegenstände auf steinernen Basen gut sichtbar aufgestellt, ja ausgestellt wurden. Im Heiligtum sind Weihinschriften in griechischer und etruskischer Sprache an die Gottheiten Aphrodite, Apollon, Zeus und die Dioskuren sowie besonders zahlreich an Hera belegt, ferner an die etruskischen Gottheiten Turan, Uni und vielleicht Vei (Torelli 1982; Colonna 1989, 879; Johnston/ Pandolfini 2000). Es ist möglich, aber nicht zwingend, dass eine oder mehrere der epigraphisch belegten Gottheiten Adressaten der mittels der Terrakotten ausgeführten Handlungen sind.

Nicht direkt aus dem Befund erschließbar ist die Annahme, dass die Terrakottaobjekte die Funktion von Votivgaben hatten; ebenso wenig direkt aus der Grabung erschließbar ist, dass sie als Dank für eine erfüllte Bitte infolge eines Gelöbnisses aufgestellt wurden. Dieser Dank setzt eine zu einem früheren Zeitpunkt an die Gottheiten gerichtete Bitte voraus. Doch lassen sich diese Annahmen gut begründen. Ein gewichtiges Argument ist die formale Analogie zu griechischen Votivgaben. Insbesondere die anatomischen Votive (van Straten 1981, 105-151; Forsén 1996) sind in vergleichbarer, aber nicht völlig identischer Ausführung belegt: Es handelt sich in den meisten Fällen um reliefierte oder rundplastische Nachbildungen menschlicher Gliedmaßen aus Stein.[8] Aus steinernen Votiven, die mit Inschriften versehen sind, geht hervor, dass der Dank für eine erfüllte Bitte Anlass für die Weihung ist; in einigen Fällen wird deutlich, dass der Weihung ein Gelübde vorausging (Forsén 1996, 133; vgl. van Straten 1981, 102-104). Die Analogie zu Griechenland ist dabei nicht beliebig gewählt, sondern historisch durch unsere Kenntnis vielfältiger kultureller Beziehungen zwischen Italien und Griechenland gerechtfertigt.

Wenn kultisches Handeln symbolisches Handeln ist, dann kann das Aufstellen eines Votivgegenstands als symbolische Interaktion beschrieben werden. Die Abfolge der Handlungen und die Funktion des Votivgegenstands in diesem Kontext lässt sich anhand eines Schaubilds verdeutlichen (Abb. 3). Der Ausführende stellt einen Gegenstand in einem Heiligtum auf. Das ist die aus dem archäologischen Befund direkt erschließbare Handlung. Gedachter Adressat dieser Handlung ist eine Gottheit. Rahmen der archäologisch belegten Handlung ist also, aus Sicht des Akteurs, die symbolische Kommunikation mit einer Gottheit. Der Votivgegenstand fungiert in diesem Kontext als einer der Zeichenträger, neben Zeichenträgern, die archäologisch nicht fassbar sind und aus anderen Quellen nur selten erschlossen werden können, wie beispielsweise Sprechhandlungen (Gebete). Die Kulthandlung lässt sich bestimmen als eine Form des Gebens. Sie erfolgt in Reaktion auf eine vom Akteur wahrgenommene Zeichensetzung seitens der Gottheit. Das Wort ›wahrgenommen‹ ist bewusst gesetzt, um zu verdeutlichen, dass das Schaubild die Sicht des Ausfüh-

---

8   Terrakotta-Votive sind in größerem Umfang in Griechenland bislang nur aus Korinth bekannt (Forsén 1996, 130). – Grundsätzlich ist auch denkbar, dass das Aufstellen der Votive nicht den Dank, sondern die Bitte markiert; vgl. Haase 2002 mit Literatur. In Abb. 3 wird in den dazugehörigen Erläuterungen eine von zwei Möglichkeiten veranschaulicht; an den in Abb. 4 dargelegten Schlussfolgerungen zum ›Werbeeffekt‹ des Aufstellens muss das jedoch nichts ändern.

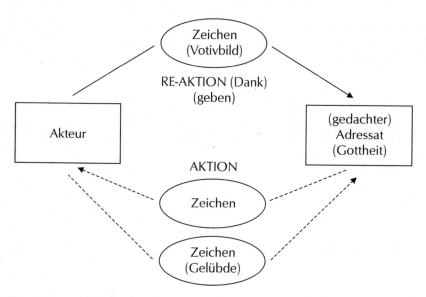

Abb. 3: Schema symbolischer Interaktion I – das Aufstellen eines Votivgegenstands als Dank für eine erfüllte Bitte.

renden beschreibt. Diese vom Akteur wahrgenommene Zeichensetzung besteht in der Erfüllung des Anliegens, das Auslöser für das Gelübde war, das der Weihung vorausging.

Hervorzuheben ist hier, dass sich neben der aus dem Befund direkt erschließbaren Handlung aus der Anwendung des Interaktionsmodells und aus der Berücksichtigung der griechischen Analogien weitere, nur indirekt erschließbare Handlungen ergeben, nämlich die Wahrnehmung durch den Akteur eines von einer Gottheit gesandten Zeichens, das wiederum ein Gelübde voraussetzt. Sofern man die bisherige Argumentation akzeptiert, ergibt sich die Schlussfolgerung, dass die Terrakotten als gleichsam materialisierte Form einer vom Ausführenden als geglückt wahrgenommenen Interaktion mit Gottheiten aufgefasst werden können. Die Terrakotten sind aus dieser Sicht der materielle Beleg für Rituale, die mit Erfolg durchgeführt wurden.[9]

---

9 Diese Interpretation setzt voraus, dass die formale Analogie zu griechischen Votivgaben, deren Handlungskontext durch Inschriften besser bekannt ist, eine funktionale Analogie impliziert. – Einen Beleg für die hier angenommene Sichtweise im Rahmen antiker Mentalität bietet Cic. nat. 3, 89; im philosophischen Disput wird dort die Quantität gemalter Votivtafeln als Beweis für die Macht der Götter angeführt, die die Menschen vor Schiffbruch bewahre: »Du, der du glaubst, dass die Götter die menschlichen Angelegenheiten vernachlässigten, ersiehst du nicht aus so vielen gemalten Tafeln, wie viele Menschen aufgrund von Gelübden (*vota*) der Macht des Unwetters entkommen und heil in den Hafen gelangt sind?«

Votivbilder als Werbemedien? 377

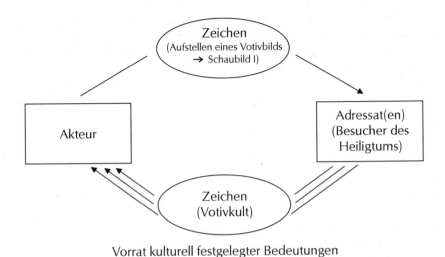

Abb. 4: Schema symbolischer Interaktion II - ›Werbeeffekt‹ aufgestellter Votivgegenstände.

Dass die Terrakotten durch Basen aus ihrer Umgebung hervorgehoben sind, lässt noch weitere Überlegungen zu. Die gut sichtbare Aufstellung impliziert visuelle Kommunikation; die Votivgegenstände fungieren, wie schon eingangs hervorgehoben, als Medien visueller Kommunikation, als Bilder. Auch dieser Vorgang visueller Kommunikation lässt sich als Bestandteil symbolischer Interaktion beschreiben (Abb. 4), die jedoch auf einer anderen Ebene stattfindet als die in Abb. 3 beschriebene. Als Adressaten kommen in diesem Fall andere Besucher des Heiligtums in Frage. Diese Annahme setzt voraus, dass die Räume mit Terrakottafunden in Gravisca für Besucher zugänglich waren. Im Rahmen des Interaktionsmodells, das voraussetzt, dass auf Handlung mit Handlung reagiert wird, d. h. auf Zeichensetzung mit Zeichensetzung, stellt sich die Frage, wie sich die Reaktion der Besucher in Form von Zeichensetzung darstellt. Eine denkbare, sogar nahe liegende Möglichkeit wäre, dass die Besucher, die zahlreichen gegenständlichen Beweise für erfolgreich durchgeführte Rituale vor Augen, mit vermehrter Ausübung von Votivkult reagieren: Immer mehr Individuen besuchen das Heiligtum und stellen dort immer mehr Votive auf. Die aufgestellten Votive, die jeder Besucher sieht, würden auf die in Abb. 3 beschriebene Handlung verweisen; sie würden implizieren, dass in diesem Heiligtum bereits eine Vielzahl geglückter Interaktionen voriger Heiligtums-Besucher mit der Gottheit stattgefunden hat, dass ein Besuch des Heiligtums und die Verehrung der dortigen Gottheit also Erfolg versprechen. Je mehr Votive geweiht würden, desto mehr Votivhandlungen müsste diese Tatsache nach sich ziehen. Aus dieser Sicht ist die gesamte in Abb. 3 beschriebene Handlung Zeichenträger der in Abb. 4 visualisierten Interaktion.

Der Hintergrund dieser Überlegung ist ein näher zu prüfendes Postulat einer Konkurrenz antiker Heiligtümer und Kulte. Antike Heiligtümer sind nicht nur sakrale Stätten, sondern auch ökonomische Institutionen, die miteinander kompatible Dienste anbieten und um die Besucher streiten.[10] Die ›Werbewirksamkeit‹ mittelitalischer wie auch griechischer Votivgegenstände war meines Wissens bislang nicht Thema wissenschaftlicher Untersuchung. Es könnte von Interesse sein, die Verbreitung und die vom 4. bis zum 1. Jh. v. Chr. zunehmende Produktion der Terrakotten einmal unter diesem Gesichtspunkt zu untersuchen. Interessant wäre beispielsweise die Frage, ob eine signifikante Zunahme von Terrakotten in einem Heiligtum oder aber von Weihungen an eine bestimmte Gottheit in verschiedenen Heiligtümern auf einen solchen ›Werbeeffekt‹ zurückgeführt werden kann. Diese Hypothese eröffnet neue Erklärungsmöglichkeiten auch für die massenhafte Produktion eines verhältnismäßig geringen Repertoires ikonographischer Motive. Die massenhafte Produktion dieser Motive wäre unter den geschilderten Voraussetzungen nicht kunstkritisch als Dekadenzphänomen zu bewerten, sondern religionssoziologisch und religionsökonomisch als Entscheidung der Ausführenden für einen bestimmten formalen Typ von Votiven und als Reaktion des Angebots auf die Nachfrage: Man hätte demnach bevorzugt diejenigen Motive benutzt, die Erfolg versprachen, die man also allenthalben in den Heiligtümern sah.

Zuletzt sei im Rahmen dieser Interpretation auf das Problem hingewiesen, dass sich die Verbreitung nur weniger Bildmotive vor dem Hintergrund der unterschiedlichen Zusammensetzung polytheistischer städtischer Panthea schwierig erklären lässt: Wenn in den einzelnen Städten unterschiedliche Gottheiten verehrt werden und wenn sich von einem Bildmotiv direkt auf den Kult eines bestimmten Adressaten schließen lässt, warum ist das Repertoire der Bildmotive dann so viel begrenzter als das Repertoire der im antiken Italien kultisch verehrten Gottheiten? Der herkömmliche Versuch, aus den Terrakottabildern auf die Benennung der Gottheiten zu schließen, erscheint aus diesem Grunde problematisch. Die Schwierigkeit lässt sich umgehen, wenn man auch die Gottheiten als Symbole mit sich je nach Kontext wandelnden Funktionen auffasst und annimmt, dass diese Funktionen durch menschliches Handeln erst geschaffen werden. Die Individuen, die Votive in Heiligtümern niederlegen, schaffen demzufolge durch den Vollzug ihrer Handlung die Funktionen der Gottheiten ihrem Anliegen gemäß. Damit wird hier nicht jeder Bezug zwischen

---

10 Zu einem ›Marktmodell‹ antiker Kulte, das geeignet ist, die Popularität, aber auch das Verschwinden bestimmter Kulte und Heiligtümer zu bestimmten Zeiten zu erklären, gelangt, auf der Grundlage anderer Methoden als der hier herangezogenen, auch Bendlin 2000, 132-135. – Es sind die Silberschmiede, die dem Bericht in den Apostelakten (19, 23-4; Rogers 1987) zufolge die Predigt des Paulus im Artemistempel von Ephesos stören, weil sie um ihren Verdienst fürchten. Man kann annehmen, dass die in den Apostelakten (19, 24) erwähnten kleinen Tempelnachbildungen als Votivgegenstände dienten; vgl. dazu Rogers 1987, 880.

den Funktionen einer Gottheit und bestimmten Bildmotiven abgestritten; vielmehr werden Standardbezüge zwischen Funktion und Bildmotiv, wie sie in der archäologischen Literatur gelegentlich absolut gesetzt werden, hinterfragt.

Einordnung und Explikation der Methode

Die Verwendung einer Theorie symbolischer Interaktion hat sich als geeignet erwiesen, anhand des Fallbeispiels Gravisca weitere Perspektiven der Interpretation mittelitalischer Votive zu eröffnen. Für diesen Ansatz dienen im vorliegenden Fall Theorien des schottisch-amerikanischen Kulturanthropologen Victor Turner (1920-1983) als Ausgangspunkt.[11] Die Symboltheorie lässt sich archäologisch insofern fruchtbar machen, als sie sich auf Gegenstände anwenden lässt, von denen man annehmen kann, dass sie symbolische Funktionen erfüllten. Auf Gegenstände, die in einem sakralen Kontext Verwendung fanden, trifft dieses Kriterium zu.

Turners Beobachtungen zufolge zeichnen sich Symbole und Symbolbedeutungen durch bestimmte Eigenschaften aus, von denen einige für den vorliegenden Interpretationsversuch von besonderer Wichtigkeit sind:[12] Symbole sind polyvalent und ihre Bedeutung daher abhängig von der gesamten Symbolkonstellation innerhalb eines gegebenen Kontextes (*positional [dimension of symbolic] meaning*); ihre Bedeutungen sind ferner abhängig vom übergeordneten Handlungskontext und können sich mit diesem wandeln, mehr noch, Symbolbedeutung wird durch Handlung überhaupt erst ›aktiviert‹ (*operational [dimension of symbolic] meaning*). Vor dem Hintergrund der Frage nach dem rituellen Handeln, die hier gestellt wird, ist letzterer Punkt von besonderer Bedeutung. Die symbolischen Gegenstände lassen sich aus dieser Sicht verstehen als Elemente einer (non-verbalen) Kommunikation durch Handlung, als Elemente symbolischer Interaktion. Insofern, als sie als Symbole aufgefasst werden können, beinhalten und transportieren die Gegenstände Bedeutung im Rahmen von Handlung. Das Interaktionsschema zeigt, dass symbolisches Handeln, Zeichensetzung, wieder symbolisches Handeln auslöst. Im vorliegenden Beispiel hat das zu der Annahme geführt, dass die Wahrnehmung von Votivkult durch die Besucher eines Heiligtums erneuten Votivkult auslöst, was eine Interpretation der Votive als ›Werbemedien‹ nahe gelegt hat. Ändert sich ein Faktor der Handlung, etwa der Ausführende oder der Adressat oder beide, kann sich nach dem Prinzip der *positional meaning* auch die Bedeutung des symbolischen Gegenstandes

---

11 Ausführlicher als an dieser Stelle möglich sind Aspekte der Theorie zusammengefasst und hinsichtlich ihrer Anwendbarkeit auf Interpretationen archäologischer Quellen reflektiert in Haase 2000, 16-27. - Zu Leben und Werk Turners aus religionswissenschaftlicher Sicht vgl. Bräunlein 1997.
12 Zum folgenden Turner 1967, bes. 27-30; 50-52; Anwendungsbeispiel: ebd., 292-294; vollständige Charakteristik von Symbolen und Symbolbedeutungen in Turners Theorien: Turner 1967, 19-47; vgl. Turner 1969, 41-43, 52 f.

wandeln. Die Schemata, die das hier veranschaulichen sollen, sind nicht Turner entnommen. Der handlungstheoretische Ansatz lässt sich jedoch an Turners *operational dimension of symbolic meaning* direkt anschließen bzw. ist darin angelegt. Die durch die Betonung der Bedeutung des Handlungskontextes bedingte dynamische Auffassung von Symbolbedeutungen (interpretatives Paradigma symbolischer Interaktion) führt über strukturfunktionalistische Deutungskonzepte hinaus, die von festgelegten Bedeutungen ausgehen (normatives Paradigma symbolischer Interaktion).[13]

Für die Interpretation der Votivbilder bedeutet diese dynamische Auffassung von symbolischer Bedeutung, dass Votive, die gleich aussehen, nicht unbedingt überall auf denselben Handlungsadressaten oder auf dasselbe Anliegen einer Votivhandlung zurückschließen lassen müssen. Diese Sichtweise führt hinaus über die von der gegenwärtigen archäologischen Forschung häufig vertretenen Deutungsweisen von Votivbildern, die - implizit - auf strukturfunktionalistischen Methoden beruhen: Wenn man, wie oben ausgeführt wurde, von einer festgelegten, konstanten Entsprechung zwischen Bild und Adressat bzw. Bild und Anliegen ausgeht, kommt man notwendigerweise zur Annahme von Mutter-, Heils- oder Fruchtbarkeitsgottheiten, die ebenso ubiquitär wären wie die Votivbilder.

Folgende Aspekte oder Folgen der Anwendung von Modellen symbolischer Interaktion können, aus der Perspektive einer sozialgeschichtlich ausgerichteten Religions- und Ritualwissenschaft, aber auch aus der Sichtweise einer kulturwissenschaftlich ausgerichteten Archäologie, als weiterführend betrachtet werden:

1. Die Betonung des Handlungskontextes führt zu Fragestellungen der praktizierten Religion, nicht der Theologie. Die Fragestellung verlagert sich von der in der gegenwärtigen Forschung häufig gestellten (theologischen) Frage nach dem Wesen der durch den Votivkult adressierten Gottheiten zur (ritualgeschichtlichen) Frage nach der Handlung.
2. Die Handlungstheorie führt zu einer verstärkten Beachtung der Fundkontexte von Gegenständen, die erst die Rekonstruktion der Handlung und somit die Einbettung symbolischer Gegenstände in einen Handlungskontext ermöglichen. Somit führt die Frage nach der Handlung archäologiemethodologisch in die kontextuelle Archäologie (zu dieser: Schweizer 2000), in der nicht das einzelne Objekt, sondern der Fundkontext im weiteren Sinne Quelle der Rekonstruktion von Geschichte ist.
3. Die Auffassung der Terrakotten als symbolische Gegenstände macht eine kunstkritische Bewertung überflüssig. Das Wertkriterium der künstlerischen Qualität wird ersetzt durch das Kriterium des Bedeutungsgehalts.

---

13 Die Verhaftung am Strukturfunktionalismus, die Turner gelegentlich zugeschrieben wird (z. B. in der Diskussion zwischen Handelman 1993 und Alexander 1994), ist aus dieser Perspektive nicht zutreffend. Vgl. zur Abgrenzung gegen den Strukturfunktionalismus Turner selbst: z. B. 1969, 41.

Abschließend sollen, auch im Sinne einer Anzeige von Forschungsperspektiven, Einschränkungen der Erkenntnismöglichkeiten nicht unerwähnt bleiben. Diese Einschränkungen können durch Unterschiede zwischen ethnologischer und (religions-) geschichtlicher Quellengrundlage erklärt werden: Die Quellen eines Ethnologen wie Turner sind, im Gegensatz zu den hier betrachteten Quellen, in der Regel weder antik noch in erster Linie gegenständlich.

(1) Interkulturelle Beziehungen kommen in der Symboltheorie Turners nicht zum Tragen; seine Theorie enthält daher keine Instrumente zur Analyse solcher Beziehungen. Turner erprobte seine Theorien an zeitlich und räumlich disparaten Einzelfällen (vgl. die in Turner 1974 zusammengestellten Untersuchungen), behandelte dabei aber nicht die Frage der Bedingungen und Mechanismen geschichtlicher Überlieferung von Symbolen und Symbolkonstellationen.

So sehr er auf kontextuelle Interpretation einzelner Symbole und Symbolkonstellationen achtete, so wenig sieht er die von ihm erforschten Ndembu in ihrem afrikanischen Umfeld oder in der Interaktion mit Nicht-Afrikanern. Die Votivterrakotten aus Gravisca weisen jedoch Motive auf, die auf griechische Bildüberlieferung zurückgeführt werden können, und die Anwesenheit griechischsprachiger Individuen in Gravisca ist durch griechische Votivinschriften belegt;[14] ferner fällt die Zeit der intensiven Verbreitung der Votive in die Zeit der zunehmenden Unterwerfung etruskischer Städte durch die Römer, die 396 v. Chr. mit der Eroberung Vejis beginnt. Die Frage, wie symbolische Kommunikation funktioniert, wenn die Mitglieder einer Gesellschaft aus eventuell unterschiedlichen Symbolvorräten schöpfen, lässt sich mithilfe der Symboltheorie Turners nicht beantworten.

(2) Die hier vorgetragenen Interpretationen beruhen zu einem guten Teil, aber eben nicht ausschließlich, auf den Gegenständen selbst. Es war nötig, auf Analogien zu griechischen Votiven und auf zusätzliche schriftliche Quellen zurückzugreifen. Turner betrieb als Ethnologe Feldforschungen in Sambia. Die von ihm erforschte Ndembu-Kultur ist ohne schriftliche Tradition; kulturelles Wissen wird jedoch durch die Arbeit des Ethnologen in Textform (wenn auch aus europäischer Sichtweise) zugänglich. Gegenstände sind für Turner Quellen als Teile empirisch beobachtbarer Handlung. Für den Archäologen dagegen ist Handlung nur anhand von Fundkontexten oder, in gefilterter Form, im Medium ›Bild‹, als bildliche Ritualdarstellung, fassbar. Turner geht bei seinen Analysen, anders als die Archäologen, also gerade nicht von ›materieller Kultur‹ aus. Hierin kann ein entscheidendes Problem der Übertragbarkeit von Turners Methode auf archäologische, d. h. gegenständliche, Überlieferung gesehen werden.

Zusammenfassend lässt sich sagen, dass der Gewinn bei der Auseinandersetzung mit dem symboltheoretischen Ansatz, wie er hier am Beispiel Turners fruchtbar zu machen versucht wurde, im Rahmen der Religionsgeschichte von Städten des anti-

---

14 Berühmt ist das steinerne Ankerfragment mit dem Namen des Sostratos (Johnston/Pandolfini 2000, Nr. 1).

ken Italien in einer Modifikation von Perspektiven liegt, die in der Forschungsliteratur seit langem tradiert werden und gleichsam festgeschrieben sind. Er liegt dagegen nicht in einem ›Patentschlüssel‹ zu den in den Gegenständen codierten Bedeutungen.

Literatur

Acconcia 2000: V. Acconcia, Il Santuario del Pozzarello a Bolsena (scavi Gabrici 1904). Corpus delle stipi votive in Italia 10 = Regio VII, 5. Archaeologica 127. Roma: Bretschneider 2000.
Alexander 1994: B. C. Alexander, Rejoinder to Book Review. Journal Ritual Stud. 8, 1994, 161-163.
Bendlin 2000: A. Bendlin, Looking Beyond the Civic Compromise: Religious Pluralism in Late Republican Rome. In: Bispham/Smith 2000, 115-135.
Bispham/Smith 2000: E. Bispham/Ch. Smith (Hrsg.), Religion in Archaic and Republican Rome and Italy: Evidence and Experience. Kongress Edinburgh 1997. New Perspectives Ancient World 2. Edinburgh: Edinburgh Univ. Press, 2000.
Belayche et al. 2000: N. Belayche et al., Forschungsbericht Römische Religion (1990-1999). Archiv Religionsgesch. 2, 2000, 283-345.
Bräunlein 1997: P. J. Bräunlein, Victor Witter Turner (1920-1983). In: A. Michaels (Hrsg.), Klassiker der Religionswissenschaft: von Friedrich Schleiermacher bis Mircea Eliade. München: Beck, 1997, 324-341.
Cancik-Lindemaier 1990: H. Cancik-Lindemaier, Der Diskurs Religion im Senatsbeschluss über die Bacchanalia von 186 v. Chr. und bei Livius (B. 39). In: H. Cancik/H. Lichtenberger/P. Schäfer (Hrsg.), Geschichte - Tradition - Reflexion: Festschrift für Martin Hengel zum 70. Geburtstag. Bd. 2. Tübingen: Mohr 1996, 77-96.
Ciaghi 1993: S. Ciaghi, Le terrecotte figurate da Cales del Museo nazionale di Napoli: sacro, stile, committenza. Roma: Bretschneider 1993.
Colonna 1989: G. Colonna, Le iscrizioni votive etrusche. Scienze di antichità 3-4, 1989/90, 875-903.
Comella 1978: A. Comella, Il materiale votivo tardo di Gravisca. Archaeologica 6. Roma: Bretschneider, 1978.
Comella 1981: Dies., Tipologia e diffusione di complessi votivi in Italia in epoca medio- e tardo-repubblicana. Mélanges de l'École Française de Rome (Antiquité) 93, 1981, 717-803.
Comella 1986: Dies., I materiali votivi di Falerii. Corpus delle stipi votive in Italia 1 = Regio VII, 1. Archaeologica 63. Roma: Bretschneider, 1986.
Forsén 1996: B. Forsén, Griechische Gliederweihungen: eine Untersuchung zu ihrer Typologie und ihrer religions- und sozialgeschichtlichen Bedeutung. Papers a. Monographs Finnish Inst. Athens 4. Helsinki: Foundation of the Finnish Institute at Athens 1996.
Frateantonio 1997: Ch. Frateantonio, Stichwort »Bacchanal(ia)«. In: H. Cancik/H. Schneider (Hrsg.), Der Neue Pauly: Enzyklopädie der Antike Bd. 2. Stuttgart: Metzler 1997, 389-390.
Glinister 2000: F. Glinister, Sacred Rubbish. In: Bispham/Smith 2000, 54-70.
Gori/Pierini 2001: B. Gori/T. Pierini, Ceramica comune di impasto. In: M. Torelli (Hrsg.), Gravisca: scavi nel santuario greco. Bari: Edipuglia 2001.
Haase 2000: M. Haase, Etruskische Kultdarstellungen. Bild und Handlung. Diss. Tübingen 2000.

Haase 2002: Dies., Stichwort »Votivkult«. In: H. Cancik/H. Schneider (Hrsg.), Der Neue Pauly: Enzyklopädie der Antike. Bd. 12/2. Stuttgart: Metzler 2002.
Handelman 1993: D. Handelman, Is Victor Turner Receiving His Intellectual Due? Journal Ritual Stud. 7, 1993, 118-124.
Johnston/Pandolfini 2000: A. Johnston/M. Pandolfini, Le iscrizioni. In: M. Torelli (Hrsg.), Gravisca: scavi nel santuario greco. Bari: Edipuglia 2000.
Karatzas 1988: S. Karatzas, Technical Analysis. In: Nagy 1988, 3-11.
Maioli/Mastrocinque 1992: M. G. Maioli/A. Mastrocinque, La stipe di Villa di Villa e i culti degli antichi. Con un contributo di Giovanni Leonardi. Corpus delle stipi votive in Italia 6 = Regio X, 1. Archaeologica 102. Roma: Bretschneider 1992.
Nagy 1988: H. Nagy, Votive Terracottas from the »Vignaccia«, Cerveteri, in the Lowie Museum of Anthropology. Archaeologica 75. Roma: Bretschneider 1988.
Pautasso 1994: A. Pautasso, Il deposito votivo presso la Porta Nord a Vulci. Corpus delle stipi votive in Italia 7. Roma: Bretschneider 1994.
Rogers 1987: G. M. Rogers, Demetrios of Ephesos: Silversmith and *Neopoios*? Belletin 50, H. 2, 1987, 877-883.
Santoro 1985: P. Santoro, Stichwort »ex voto«. In: M. Cristofani (Hrsg.), Dizionario della civiltà etrusca. Firenze: Martello 1985, 103-104.
Schweizer 2000: B. Schweizer, Stichwort »Klassische Archäologie III: Kontextuelle Archäologie«. In: M. Landfester (Hrsg.), Der Neue Pauly: Enzyklopädie der Antike. Bd. 14: Rezeptions- und Wissenschaftsgeschichte. Stuttgart: Metzler 2000, 939-953.
Torelli 1971: M. Torelli, Il santuario di Hera a Gravisca. La Parola del Passato 26, 1971, 44-67.
Torelli 1977: Ders., Il santuario greco di Gravisca. La Parola del Passato 32, 1977, 398-458.
Torelli 1982: Ders., Per la definizione del commercio greco-orientale: il caso di Gravisca. La Parola del Passato 37, 1982, 304-325.
Turner 1967: V. W. Turner, The Forest of Symbols: Aspects of Ndembu Ritual. Ithaca, New York: Cornell Univ. Press, 1967.
Turner 1969: Ders., The Ritual Process: Structure and Anti-Structure. London: Routledge & Kegan Paul, 1969.
Turner 1974: Ders., Dramas, Fields, and Metaphors: Symbolic Action in Human Society. Ithaca, New York: Cornell Univ. Press, 1974.
Van Straten 1981: F. T. van Straten, Gifts for the Gods. In: H. S. Versnel (Hrsg.), Faith, Hope and Worship: Aspects of Religious Mentality in the Ancient World. Studies Greek a. Roman Religion 2. Leiden: Brill 1981, 65-151.
Walsh 1996: P. G. Walsh, Making a Drama out of a Crisis: Livy on the Bacchanalia, Greece & Rome 43, 1996, 188-203.

AXEL POLLEX

Die Totenhochzeit: Ein Beispiel zur Dekodierung slawischer Toteninventare mit Hilfe von Quellen zum neuzeitlichen Volksglauben

ZUSAMMENFASSUNG: Für jungslawische Gräberfelder wurde wiederholt festgestellt, dass bei den bestatteten Frauen ein allmähliches Ansteigen der Schmuckfrequenz in der Altersstufe Infans II, ein markantes Ansteigen bei den Juvenilen bis zu den Erwachsenen und eine Abnahme in den folgenden Altersstufen zu beobachten ist. Dies lässt sich gut mit dem aus neuzeitlichen Quellen bekannten Phänomen der Totenhochzeit in Deckung bringen. Neben der Darstellung der historischen und volkskundlichen Quellen soll anhand des jungslawischen Gräberfeldes von Penkun, (Uecker-Randow-Kreis), exemplarisch gezeigt werden, dass für die betreffenden Personengruppen (Ledige, Wöchnerinnen, Bräute) die Bestattung in einer besonderen Festtags- oder Hochzeitstracht möglich ist, also Formen der Totenhochzeit auch in den frühmittelalterlichen slawischen Gesellschaften vollzogen worden sein könnten. Aussagen zu einer spezifischen Hochzeit- oder Festtagskleidung können jedoch nur hinsichtlich des Schmuckes gemacht werden. Den Schläfenringen kommt hier aufgrund ihrer Auffälligkeit und Häufigkeit in den Gräbern eine besondere Bedeutung zu. Damit deutet sich für den weiblichen Ringschmuck an, dass sich dieser nur schwer für eine Sozialanalyse verwenden lässt, da sein Auftreten offensichtlich zu stark von den Grabsitten beeinflusst wurde. Insgesamt ist es schwierig, aus der festgestellten Varianz der Kleidungselemente systematische Aussagen über die damalige Realität (z. B. die Altersabhängigkeit gewisser Kleidungs- oder Schmuckelemente) abzuleiten. Im Toteninventar spiegeln sich weniger die damaligen Bekleidungsregeln wider, denn es wird nicht die real getragene Kleidung manifestiert, sondern das Anrecht auf diese und den damit verbundenen Status.

Einführung in die Problemstellung

Für eine auf Grabfunden basierende Sozialanalyse ist es unumgänglich, dass alters- und geschlechtsspezifische Muster erkannt und berücksichtigt werden. Deren Auftreten erschwert zwar eine systematische Analyse der sozialen Strukturen, kann aber andererseits interessante Einblicke in die Vorstellungswelt der Bestattenden ermöglichen.

Für slawische Populationen des 11. bis 13. Jahrhunderts wurde mehrfach festgestellt, dass das Tragen von Schmuck in der Altersstufe Infans II einsetzt, die Schmuckfrequenz bei den Juvenilen bis zu den Adulten markant ansteigt und eine Abnahme in den folgenden Altersstufen zu beobachten ist, wobei Schmuck hauptsächlich von Frauen getragen wurde.[1] Die Befunde der Bestattungsplätze von Sanzkow (Kreis Demmin) und Penkun (Uecker-Randow-Kreis) sollen dies verdeutlichen.

1 Stloukal 1964, 107; Kralovánszky 1968, 90; Dušek 1971, 47; Sasse 1982, 37; Warnke 1987, 269. Bartholomeus Anglicus (um 1230) benennt die Altersstufen zwar anders, sie sind aber zumin-

Wenn die Schmuckfrequenz altersabhängig ist, dann sollte man von besonderen Grabsitten ausgehen, auf welche dieses Phänomen zurückgeht. Als Erklärung für dieses Phänomen bieten sich volkskundliche Quellen zum Vergleich an.

Die volkskundlichen Quellen

Aus Mittel- und Osteuropa sind in den letzten Jahrhunderten viele Beispiele für einen Bestattungsritus bekannt geworden, der in der volkskundlichen Literatur als Totenhochzeit beschrieben wurde.

F. Haase (1939, 306) berichtete z. B. von den Russen: »Die unverheiratet verstorbenen Mädchen werden überall mehr oder weniger festlich gekleidet, wie zur Hochzeit. Das Begräbnis eines Mädchens wird überall als ihre Ehe angesehen. [...] Ähnliches geschieht beim Begräbnis eines jungen Mannes.« Übereinstimmend teilte E. Schneeweis (1931, 95) von den Sorben mit: »Stirbt eine ledige Person, dann weist das Begräbnis viele Elemente einer Hochzeit auf, daher der Name *posledni kwas*, letzte Hochzeit [...] ein ledig verstorbenes Mädchen wird in der Brautkleidung der betreffenden Landschaft bestattet, ein lediger Bursche mit dem Bräutigamstrauß.« Es gab scheinbar keine Altersbegrenzungen, denn die Totenhochzeit wurde sowohl bei Jungfrauen in einem hohen Alter wie auch bei Säuglingen zelebriert (Segschneider 1976, 37; für Pommern: Brunk 1905, 147).

Der Brauch der Totenhochzeit war recht einheitlich ausgeprägt. Dies betrifft insbesondere die Personengruppen, welche in Hochzeitskleidung bestattet wurden. Aus der Literatur sind Unverheiratete[2], Bräute[3] und Wöchnerinnen[4] bekannt.

Allerdings gibt es auch Ausnahmen, so schrieb z. B. A. Schaller (1906, 181) über das Egerland, dass Wöchnerinnen absichtlich nicht im Brautkleid begraben wurden, da sonst der Witwer nicht mehr heiraten würde. Von den Sorben ist auch bekannt, dass verheiratete Frauen in Hochzeitskleidern bestattet wurden (Schulenburg 1934, 169). Allerdings könnte es auch sein, dass dem Toten die besten Kleider angezogen wurden und das dürfte gewöhnlich die Hochzeitskleidung gewesen sein.[5] Es gibt

dest für die jüngeren Altersstufen mit den heute gebräuchlichen identisch (7/14/21/50) (Hofmeister 1926, 294).
2 Für Schlesien: Peuckert 1928, 231; Drechsler 1903, 297; für Russland: Zelenin 1927, 322; Haase 1939, 306; Mahler 1936, 648; für Bosnien: Bartels/Mrazowić 1896, 282; in den Ostkarpaten: Kaindl 1907, 315 ff.; für Ostpreußen: Lange 1955, 146; für Polen: Sieber 1968, 41; für die Sorben: Schneeweis 1931, 95.
3 Für Schlesien: Drechsler 1903, 297; Peuckert 1928, 231; für die Niederlausitz: Brunner 1925, 193; für Brandenburg: Schulenburg 1912, 259.
4 Für Schlesien: Drechsler 1903, 298; Peuckert 1928, 231; für die Niederlausitz: Brunner 1925, 193. Im Lechrain begräbt man die im ersten Kindbett Verstorbene wie eine reine Jungfrau (Sartori 1910, 33, 137).
5 So z. B. John (1905, 171) für Westböhmen. Die Hochzeitskleidung wurde vielfach als Sonntagstracht weitergenutzt (Sartori 1910, 78).

zudem auch Hinweise auf andere trennende Elemente zwischen jung-alt oder ledig-verheiratet.[6] Bei Ledigen halten Ledige die Leichenwache, auch werden ledige Tote von Unverheirateten zu Grabe getragen und Verheiratete von Verheirateten.[7]
Die Totenhochzeit ist in weiten Teilen der Länder mit slawischen Traditionen Brauch.[8] S. Rietschel (1911, 304) führt die hohe Anzahl von Berichten aus diesen Landschaften sogar zu der Meinung, sie sei bisher nur bei den Slawen bezeugt. Das Schmücken des toten Mädchens als Braut ist aber auch im westelbischen Raum weit verbreitet, wenn der Brauch auch weniger deutlich ausgeprägt ist (HDA V, 1075; VIII, 1096). Dort wurde der Leichnam mit einer Totenkrone oder einem Totenkranz geschmückt, die als Teile des Ledigenbegräbnisses noch bis ca. 1870 in allen Teilen des deutschen Sprachgebietes verwendet wurden.[9] Totenkronen sind aber auch aus anderen Teilen Europas bekannt. Nach E. H. Segschneider (1976, 226 f.) resultiert letztlich auch der heute benutzte Grabkranz aus der Sinnentleerung des Ledigen-begräbnisses, als dieser Brauch auf alle Bestatteten ausgedehnt wurde. Generell scheint die Totenhochzeit aber auf den slawischen Raum beschränkt zu sein (HDA V, 1010).

Der Glaube, dass ledige Tote ruhelos bleiben, ist auch in anderen Teilen der Welt verbreitet. E. Cassin berichtet von einigen Kulturen in Vorderasien, dass Personen, die eines vorzeitigen Todes gestorben sind, ein angemessenes Ritual (z. B. Heirat) bekommen, als Kompensation für das ihnen entgangene Leben. Dies soll verhindern, dass die nicht mehr auf die ursprünglichen Ziele gerichtete Energie oder die Lebensreserve dieser Personen sich in böswillige Kräfte, z. B. Dämonen, verwandelt (Cassin 1981, 321 f.). Im antiken Attika wurde auf den Gräbern ledig Verstorbener ein Symbol der Ehe, die Lutrophoros, aufgestellt (Schrader 1904, 6; HDA V, 1009). Auch von den Ungarn, den Tataren, den Mossi im Sudan, den Wadschagga am Kilimanjaro, aus Südwest-Indien, dem Kaukasus und China sind der Totenhochzeit vergleichbare Bräuche bekannt (Sarasin 1934, 114 ff.). Bemerkenswert ist ein Beispiel aus Süd-Shandong (China). G. M. Stenz (1907, 92 f.) berichtet, dass

6   In manchen Landschaften unterscheiden sich die Farben der Särge; jung Verstorbene bekommen einen weißen, ältere einen schwarzen. Für Schlesien: Drechsler 1903, 296; Peuckert 1928, 231; für Westböhmen: John 1905, 174 f.; für Ostpreußen: Lange 1955, 89; für Böhmen und Mähren: Lehmann 1926, 184; für die Kaschuben: Seefried-Gulgowski 1911, 211 (Kindersarg hier aber gelb statt weiß).
7   Sartori 1910, 142, 152; Bartsch 1880, 93; HDA V, 1008.
8   Zachariae 1905, 232; HDA VIII, 1069; für Ukrainer, Belorussen und Serben: Schrader 1904, 13 ff.; für die Russen: Zelenin 1927, 322; Mahler 1936, 648; Haase 1939, 306; für die Gebirgsruthenen in den Karpaten: Kaindl 1907, 321; für den Lechrain: Sartori 1910, 33, 137; für Bosnien: Bartels/Mrazović 1896, 282; für Böhmen und Mähren: Schaller 1906, 181; Lehmann 1926, 185; für Schlesien: Drechsler 1903, 297; Peuckert 1928, 231; für die Sorben: Brunner 1925, 193; Schneeweis 1931, 95; Schulenburg 1934, 169: für Hinterpommern: Brunk 1905, 147; für die Polen: Sieber 1968, 41.
9   Segschneider 1976, 226; für Ostdeutschland: Brunner 1925, 197; für Westböhmen: John 1905, 174 f.

eine Braut kurz vor ihrer Hochzeit verstarb. 50 Jahre später beim Tod ihres versprochenen Mannes wurden ihre Knochen wieder ausgegraben und in einen Sarg gelegt. Nach dem Brautzug und dem Hochzeitsmahl wurden alle drei Särge nebeneinander beigesetzt.[10]

Möglicherweise bezeugt Masoûdy die Totenhochzeit im ostslawischen Raum bereits im 10. Jahrhundert. Er berichtet: »Die Heiden, die im Lande der Chasaren leben, gehören zu verschiedenen Stämmen, unter denen sich auch Slawen und Russen befinden [...] Wenn aber einer als Junggeselle stirbt, so verheiraten sie ihn nach seinem Tode.«[11]

Dies zeigt eine allgemeine Angst vor der Rückkehr der Toten. Die Wiederkehr konnte jedoch verhindert werden. In Einzelfällen scheinen die entsprechenden Riten ihre Wirksamkeit verfehlt zu haben, weil die Toten als besonders mächtig oder bösartig galten bzw. weil sie eines »schlechten« oder »vorzeitigen« Todes gestorben waren (HDA IX, 574). Zu letzteren zählten auch die Unverheirateten.[12] Die Auffassung von einem vorzeitigen Tod bedingt scheinbar eine enge Verbindung zur diesseitigen Welt, einen Drang zur »Vollendung« des Lebens und damit zur Wiederkehr. Man versuchte daher ledig Verstorbenen einen Ersatz für das ihnen Entgangene zu schaffen, durch Totenkronen, ein Übermaß an Blumen bis hin zur Totenhochzeit (Sartori 1910, 152 f.). Es gibt aber auch die Auffassung, dass die Gefahr der Wiederkehr aus der Tatsache resultiert, dass Unverheiratete keine Nachkommen haben, also auch niemanden, der ihnen die eine Wiederkehr verhindernden Totenopfer darbringen könnte (Lange 1955, 146). Ein anderes Element, welches aus dem Gedanken des »lebenden Leichnams« erwächst, ist die Fürsorge für den Toten im Jenseits, wie es sich auch an den Beigaben und den Totenhütten manifestiert.[13] Wenn die Ehe als notwendig erachtet wird und im Leben versäumt wurde, dann muss sie noch im Tod vollzogen werden, damit für die Zeit nach dem Tod gesorgt sei.[14]

---

10 Der Mann hatte zwischendurch geheiratet.
11 Nach Schrader 1904, 19. Gerade die umständliche Schilderung nebensächlicher Einzelheiten macht diese Schilderung glaubhaft (Segschneider 1976, 14).
12 Die besondere abergläubische Bewertung der Ledigen wird auf eine Lebensauffassung zurückgeführt, die in Ehe und Kindersegen eine Lebensnotwendigkeit sah (HDA V, 1003). Jungfrauen, die als Bräute starben, tanzten nach deutschem Volksglauben auf Kreuzwegen so lange, bis der Bräutigam nachstarb (Sarasin 1934, 120). In Serbien existiert die Vorstellung, dass die Seelen unverheiratet verstorbener Jungfrauen dazu verdammt seien, als Wilen den Jünglingen nachzustellen und in ihren nächtlichen Tänzen die ihnen Verfallenen zu Tode zu tanzen (Hanusch 1842, 308). In Griechenland glaubte man, dass ledig verstorbene Jungfrauen im Tode den Hochzeitstanz tanzten und als Vampire jungen Männern das Blut aussaugten (Sarasin 1934, 118; HDA V, 101).
13 Zu den ostslawischen Totenhütten: Murko 1910, 160; Mansikka 1922, 25 ff.; Haase 1939, 308. Zu den frühmittelalterlichen Totenhütten: Herfert 1965, 196; Schmidt 1984; 1992, 12 ff.; 1996.
14 Dies ist nach Schrader (1904, 4) und Kaindl (1907, 320) der Grundgedanke der Totenhochzeit.

In der Folge haben die Kirchen zur Erhaltung von Resten dieses Brauches beigetragen, in dem sie ihn als Ehrung des jungfräulichen Standes umdeuteten (HDA VIII, 1096).

Die aus Bestattungsplätzen extrahierten Daten reflektieren weder uneingeschränkt die damalige Gesellschaft, noch können wir die volkskundlichen Daten unbesehen zurückschreiben. Aber wenn es eine Schnittmenge gibt, dann sollte man diese nutzen.[15] Das angestrebte Verfahren ist nur bedingt interkulturell und basiert eher auf homologen denn auf analogen Verknüpfungen. Jedoch müssen aufgrund der fehlenden Überlieferungskontinuität die gleichen Anforderungen beachtet werden, wie in dem Umgang mit Analogien.

Die Verknüpfung von volkskundlichen und archäologischen Quellen

Vereinzelt wird das reichliche Vorkommen von Schmuck in jungslawischen Gräbern mit der symbolischen Hochzeit unverheirateter Mädchen bei der Bestattung in Zusammenhang gebracht.[16] Die volkskundlichen Quellen zeigen jedoch, dass die Totenhochzeit nicht ausschließlich an diese Personengruppe gebunden war, dass ein derartiges Ritual regelhaft auch bei Bräuten, Wöchnerinnen oder Unverheirateten höheren Alters zelebriert wurde.

Der Nachweis dieser drei Personengruppen auf der Grundlage des archäologischen und anthropologischen Datenbestandes, ist sehr schwierig. Wir kennen weder die Bestandteile einer möglichen Hochzeitskleidung noch können wir die bestatteten Individuen aufgrund ihrer sterblichen Überreste direkt einer der Personengruppen zuweisen. Andererseits liegen die Schmuckfrequenzen in eben den Lebensjahrzehnten am höchsten, in denen man noch nicht oder gerade geheiratet hat bzw. in denen die Wahrscheinlichkeit an Geburtskomplikationen zu sterben am höchsten ist. An Beispielen aus dem Gräberfeld Penkun sollen weitere Anzeichen angeführt werden.

Die junge Frau aus dem Penkuner Grab 23 (Abb. 1) ist mit einer gewissen Wahrscheinlichkeit in Folge einer Geburt verstorben. Einerseits deuten die beiden neben ihr bestatteten Säuglinge darauf hin, von denen einer noch eine Zeit gelebt haben muss. Zudem ist Grab 23 im Vergleich zu den anderen Bestattungen am tiefsten

---

15 Zender (1959, 33 f.) bemängelte seinerzeit, dass merkwürdigerweise wenig archäologische Arbeiten der Totenbestattung oder der Grabbeigabensitte an sich gewidmet sind. Eine Annäherung beider Fächer in diesen Fragen ist heutzutage weniger in Sicht denn je, nicht zuletzt durch Interessenverschiebung in der Volkskunde/Europäischen Ethnologie, die wohl auch aus den staatlich-geographischen Konsequenzen des 2. Weltkrieges resultieren, welche eine landschaftlich-stammlich orientierte Brauchtumsforschung unmöglich gemacht hat (Bimmer 1994, 382).

16 Fischer 1921, 296 ff.; Ratkoš 1968, 270 ff. Kritisch dazu Hanuliak (1997, 474).

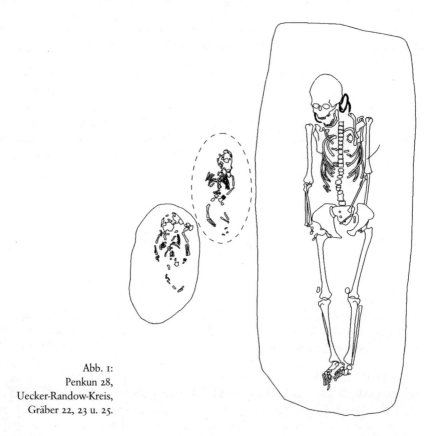

Abb. 1:
Penkun 28,
Uecker-Randow-Kreis,
Gräber 22, 23 u. 25.

angelegt worden. Möglicherweise deutet dies auf die Furcht vor einer Wiederkehr hin, denn Wöchnerinnen waren nach den volkskundlichen Quellen zu schließen bevorzugt der Wiedergängerei verdächtig.[17] Dass Grabtiefe mit der Angst vor der Wiederkehr des Toten verknüpft war, lässt auch die zweittiefste Bestattung vermuten, in der ein Kind mit auffälliger Schädeldeformation (möglicherweise ein hydro-

---

17 HDA III, 90; IX, 574; Sartori 1910, 32; Lecouteux 1987, 33; Stülzebach 1998, 114; für Ostpreußen: Lange 1955, 151; für Ostpreußen, Schlesien, Böhmen, Hessen, Franken, Süddeutschland, Schweiz, Österreich, Oldenburg: Wuttke 1900, 470; für Westböhmen: John 1905, 106, 179. Alle Bräuche, die sich an den Tod der Wöchnerin knüpfen lassen, zeigen, dass man ihre Rückkehr fürchtet und zu verhindern sucht (HDA III, 90). Schutzmaßnahmen am Grab von Wöchnerinnen, die eine Wiederkehr verhindern sollten, waren in fast allen Teilen Mitteleuropas vereinzelt üblich (Wiegelmann 1966, 171 Anm. 29). Sagen von der toten Mutter, die aufgrund der Tränen ihrer Kinder keine Ruhe findet oder von der Mutter, die zur Erde zurückkehrt, um für ihre Kleinkinder zu sorgen, scheinen universaler Natur zu sein (Jellinek 1904, 322 f.).

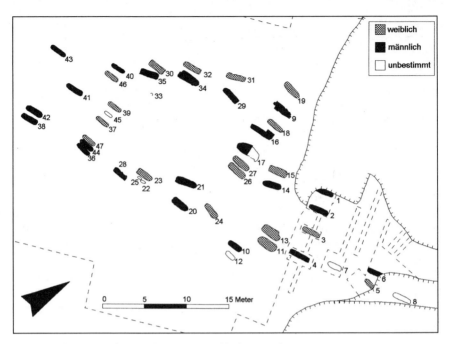

Abb. 2: Penkun 28, Uecker-Randow-Kreis, Geschlechterverteilung.

cephalus) niedergelegt wurde.[18] Da die hohe Sterbewahrscheinlichkeit von Frauen im dritten Lebensjahrzehnt offensichtlich auf Wochenbettfolgen zurückzuführen ist,[19] kann man annehmen, dass sich unter den in den Abb. 3 und 6 angeführten Frauen weitere Wöchnerinnen befunden haben.

Die These, unverheirateten Mädchen einen Ausgleich für Entgangenes mit einer Ledigenhochzeit zu ermöglichen, entbehrt aufgrund des in einigen Fällen sehr frühen Sterbealters der in Penkun bestatteten Mädchen (Abb. 3), welches sowohl eine bevorstehende Geburt als auch Hochzeit ausschließen sollte,[20] ebenfalls nicht einer gewissen Berechtigung.

Ob auch für verstorbene Bräute die Totenhochzeit zelebriert wurde, ist kaum zu ermitteln. Man könnte das Zustandekommen der Kleingruppe 36-44-47 (Abb. 4) gut damit erklären.

18 Hinweise auf die Wiedergängerfurcht bei Missgeburten und Behinderten siehe Lecouteux 1987, 33; Stülzebach 1998, 114; für das Wendland: Schwebe 1959, 241.
19 Ullrich/Donat 1972, 307; Bach/Simon 1978, 12 f.; Grimm 1982, 283.
20 In Sanzkow zeigen 6 Frauen, die als 17-18jährig eingestuft werden, Zeichen von Frühschwangerschaften (Grimm 1982, 279 f.).

Alter	10-20	20-30	30-40	40-50	50-60	>60
Sanzkow	25% (4)	12,5% (16)	8% ? (12,5)	0% (9,5)	0% (0,5)	0% (1,5)
Penkun	100% (4,5)	55,6% (4,5)	60% (2,5)	14,3 (3,5)	0% (1)	

Abb. 3: Ringschmuckfrequenz bei weiblichen Bestatteten (von Gesamtzahl der weiblichen Individuen pro Lebensjahrzehnt; Bestattete, welche aufgrund der Altersbestimmung in zwei Gruppen fielen, wurden in beiden jeweils zur Hälfte berücksichtigt) (Corpus 47/57; Pollex 2000).

In unserem Fall wäre vorstellbar, dass die Frau aus Grab 47 erst mit dem Mann aus Grab 44 zusammenlebte und sich nach dessen Ableben mit dem in Grab 36 bestatteten Mann verheiratete (Abb. 5). Die Datierungen der Gräber (Pollex 1999) lassen eine derartige Interpretation zu, und die räumliche Nähe deutet auf eine enge persönliche Beziehung hin (Pollex 2000 b). Die Frau ist auf diesem Bestattungsplatz die älteste mit Schläfenringen bestattete Person. Hier ist man sicher nahe daran, die formulierten Thesen über Gebühr zu strapazieren. Aber zweifellos sind auch Bräute höheren Alters vorstellbar.

Wenn auch diese drei Beispiele schwerlich geeignet sind, um Zweifel zu zerstreuen, so muss doch konstatiert werden, dass in den Lebensjahrzehnten, in denen Ledige, Bräute oder Wöchnerinnen die höchste Sterbewahrscheinlichkeit haben, auch das höchste Aufkommen von Ringschmuck festgestellt wurde.

Die Kleidung

Wenn die auffällige Häufung von Schmuck in Gräbern weiblicher Juveniler oder Adulter auf die Phänomene der Totenhochzeit zurückzuführen sein sollte, dann bedeutete dies, dass man einen besonderen Kleidungstyp aussondern kann, in dem die betroffenen Frauen bestattet worden sind. Ob dies eine allgemeine Festtags- oder eine spezielle Hochzeitskleidung war, lässt sich nicht beantworten, zumal fließende Übergänge vorstellbar sind.[21] Nach P. G. Bogatyrev (1971, 46, 91) repräsentiert Hochzeitskleidung jedoch überall den ältesten Trachtentyp und kann als spezielles Zeichen verstanden werden. Dies ist nicht verwunderlich, kann man doch leicht einsehen, welche Bedeutung dieser Übergangsritus im damaligen Leben gespielt haben muss. S. Dušek (1971, 47) konstatiert für Espenfeld, dass das Tragen der Tracht im Bereich der Altersstufe Infans II üblich wurde.[22] Gleiches trifft wohl bis auf Usadel, ein auch in anderer Hinsicht auffallender Platz (Schmidt 1992), im Großen und Ganzen auch für den elbslawischen Raum zu, wie aus Abb. 6 abzulesen

---

21 Die Hochzeitskleidung wurde im 19./20. Jh. vielfach als Sonntagstracht weiter genutzt (Sartori 1910, 78).
22 Dušek (1971, 48) führt aus der die Sorben betreffenden Volkskunde Parallelen: Dort gelten zwei Kriterien für die Überreichung der Tracht: Schulbeginn und Kommunion.

Grab	Alter	Finger-ring	Schläfen-ring	Hals-ring
11	50-60			
15	ca. 49			
46	ca. 45			
31	ca. 42			
47	ca. 40	1	2	
26	30-40			
37	ca. 34	1	5	
19	25-30			
23	ca. 25		5	
39	20-25	1		
13	20-25			
3	18-22	1	1	
32	15-18	2	8	1
27	15-17		7	
5	11-13	1	3	
24	11-12	1	5	1
30	15-17			
18	14-17			

Abb. 4:
Weibliche Bestattete in Penkun, Uecker-Randow-Kreis; Ringsschmuck im Verhältnis zum Alter (Gräber 30 und 18 anthropologisch unsicher und ohne archäologische Geschlechtsindikatoren).

ist. Jedoch scheint es mir nicht statthaft, allein aufgrund der Grabfunde derartige Aussagen zu machen. Dass ledig verstorbene Mädchen in der Hochzeits-/Festtagskleidung bestattet wurden, zeigt weniger die Realität, als vielmehr den Anspruch auf etwas nicht Erlebtes, die Ehe.

Versucht man diese Aussagen hinsichtlich des weiblichen Schmuckes zu präzisieren, dann kommen insbesondere die Schläfenringe[23] näher in Betracht. Von den Schmuckgattungen treten sie mit Abstand am häufigsten auf und sind sehr auffällig, da sie auf Augenhöhe befestigt waren. Betrachtet man deren Auftreten, insbesondere das – verglichen mit den Gräbern – frühere Auftreten in den Hacksilberschätzen (Grenz 1968, 174 Graph. 1; Kóčka-Krenz 1993, 52 ff.), dann bleiben zwei Schlüsse: Entweder, der Brauch der Totenhochzeit wurde erst in jungslawischer Zeit eingeführt oder andere, nicht überlieferte Trachtbestandteile konnten eine vergleichbare Funktion einnehmen. Gegen Ersteres könnte die frühe Erwähnung der Totenhochzeit bei den Ostslawen sprechen. Hier deuten sich die Schwierigkeiten der Methode

---

23 Sommer (1996, 143) sieht in ihnen Symbole der Corona-Eucharistie. Die geringe Verwurzelung des Christentums sollte für die pomoranischen Funde gegen diese Annahme sprechen. Die ersten Schläfenringe tauchen in Gdansker Siedlungsschichten bereits im 10. Jh. auf (Jażdżewski et al. 1966, Taf. XI), also vor der Christianisierung.

Grab	36	44	47
Geschlecht	m	m	w
Alter	ca. 40–50	ca. 34	ca. 40
Sterbezeitraum	1187–1190	1180–1187	1187–1190

Abb. 5: Kleingruppe 36-44-47 vom Bestattungsplatz Penkun, Uecker-Randow-Kreis (Pollex 2000).

an. Dass allein die Schläfenringe die erschlossene Zeichenfunktion hatten, ist unwahrscheinlich. Vielmehr ist davon auszugehen, dass sie nur einen Teil der Hochzeits-/Festtagstracht darstellten, und möglicherweise nicht einmal den auffälligsten.

Für die anderen Schmuckkategorien lässt sich ein Zusammenhang nur schwer herstellen, denn Halsringe und Perlenketten sind zwar recht auffällig, treten aber zu selten auf. Fingerringe treten häufiger auf, sind aber unauffälliger und wurden auch von Männern getragen.[24]

Es lässt sich festhalten, dass eine Festtags- oder Hochzeitstracht aufgrund der Überlieferungsbedingungen nicht näher präzisiert werden kann. Die überlieferten Reste der Männergräber geben dafür kaum Anhaltspunkte, für Frauen bietet sich als Indikator nur der Ringschmuck an. Sofern keine anderen Sitten für die Altersabhängigkeit desselben herangezogen werden können, lässt sich dieser in einer mehr oder weniger engen Beziehung zur Totenhochzeit/Ledigenbestattung deuten. Insbesondere den Schläfenringen kommt aufgrund ihrer Auffälligkeit und Häufigkeit in den Toteninventaren eine besondere Rolle zu. Da die archäologischen Quellen gut in die volkskundlichen Überlieferungen einzupassen sind, ist es nicht unwahrscheinlich, dass Formen der Totenhochzeit/Ledigenbestattung auch in den frühmittelalterlichen slawischen Gesellschaften vollzogen wurden. Lässt man derartige Vorstellungen, d. h. den Einfluss der Grab- und Kleidungssitten, unberücksichtigt, kommt man z. B. zu der Aussage, dass die so genannte »mittlere soziale Schicht« in Brześć Kujawski aus 15 Frauen, 7 Mädchen aber nur 3 Männern bestand (Kaszewscy/Kaszewscy 1971, 434).

Das Ende der Schläfenringperiode liegt im 13./14. Jahrhundert und dürfte mit einer allgemeinen Änderung in der Bekleidungsmode parallel laufen (Grenz 1968, 179). Dies berührt die damit verbundenen Bräuche scheinbar nur äußerlich, wie die volkskundlichen Quellen nahe legen.

Für den weiblichen Schmuck deutet sich an, dass dieser sich nur schwer für eine Sozialanalyse verwenden lässt, da sein Auftreten offensichtlich zu stark von den Grabsitten beeinflusst wurde. Eine systematische Einbeziehung der Toteninventare

24 Dušek 1971, 20; Wachowski 1975, 155; Malinowska-Łazarczyk 1982, I 172 ff.; Schmidt 1992, 34.

Grab[25]	Alter	Schläfen-ringe	Finger-ringe	Hals-ringe
Penkun 12	3-4			1
Penkun 24	11-12	5	1	1
Penkun 5	11-13	3	1	
Penkun 27	15-17	7		
Penkun 32	15-18	8	2	1
Penkun 3	18-22	1	1	
Penkun 39	20-25		1	
Penkun 23	ca. 25	5		
Penkun 37	ca. 34	5	1	
Penkun 47	ca. 40	2	1	
Sanzkow 118	3-4	1 ?		
Sanzkow 58	7-8	1		
Sanzkow 46	17-18	2		
Sanzkow 48	25-30	1	1	
Sanzkow 65	25-30	2 (3 ?)	1	
Sanzkow 20	35		1	
Sanzkow 98	35-40	1 ?		
Növenthien 53	7-8	1		
Növenthien 45	infans		2	
Növenthien 93	11-13		2	
Növenthien 52	23-40	1		
Növenthien 54	33-41	1		
Usadel 21	4-6	3		
Usadel 36	9-10	2	1	1
Usadel 88	10-12	3		
Usadel 18	infans 3-juvenil		1	
Usadel 99	juvenil	3	2	
Usadel 37	juvenil-adult	1		
Usadel 74	juvenil-adult	1		
Usadel 39	adult-matur	1		
Usadel 13	ca. 62	4		
Usadel 41	senil	1		

Abb. 6:
Alter in Beziehung zum Ringschmuck bei nordwestslawischen Frauen- und Kindergräbern.

in eine Sozialanalyse verbietet sich daher. Jedoch wird ebenso deutlich, dass die Differenzen beispielsweise in der Anzahl der Schläfenringe auch von anderen Faktoren abhängig sind.

25 Penkun (Pollex 2000); Sanzkow (Corpus 47/57); Növenthien: Viele Beifunde, aber schlechte Skeletterhaltung (Peters 1966; Nemeskéri et al. 1973); Usadel: schlechte Skeletterhaltung (Schmidt 1992). Diese Übersicht ist nur bedingt hilfreich, da das Verhältnis von ringschmucktragenden Frauen zu denen ohne für jede Altersstufe interessant wäre und weniger das allgemeine Auftreten, was jedoch aufgrund der wenigen Gräberfelder, bei denen eine durchgängig nutzbare anthropologische Analyse durchgeführt wurde oder möglich war, nur in Einzelfällen zu erbringen ist.

Literatur

Bach/Simon 1978: A. Bach/K. Simon, Sterblichkeit des Menschen im historischen Verlauf unter besonderer Berücksichtigung ihrer Geschlechtsspezifik. Alt Thüringen 15, 1978, 7-17.
Bartels/Mrazowić 1896: M. Bartels/M. Mrazowić, Bosnische Volkskunde. Zeitschr. Ethn. 28, 1896, 279-284.
Bartsch 1880: K. Bartsch, Sagen, Märchen und Gebräuche aus Mecklenburg 2. Gebräuche und Aberglauben. Wien: Braumüller 1880.
Bimmer 1994: A. C. Bimmer, Brauchforschung. In: R. Brednich (Hrsg.), Grundriß der Volkskunde. Berlin: Reimer ²1994, 375-395.
Bogatyrev 1971: P. G. Bogatyrev, The Function of Folk Costume in Moravian Slovakia. Approaches to Semiotic 5. Den Haag: Mouton 1971.
Brunk 1905: A. Brunk: Besprechung: Schrader 1904. Zentralbl. Anthr. 10, 1905, 146-148.
Brunner 1925: K. Brunner, Ostdeutsche Volkskunde. Leipzig: Quelle & Meyer 1925.
Cassin 1981: E. Cassin, The Death of the Gods. In: S. C. Humphreys/H. King (Hrsg.), Mortality and Immortality: the Anthropology and Archaeology of Death. London, New York, Toronto, Sidney, San Francisco: Academic Press 1981, 317-325.
Corpus: J. Herrmann/P. Donat (Hrsg.), Corpus Archäologischer Quellen zur Frühgeschichte. Berlin: Akademie-Verlag 1. Lieferung 1973, 2./3. Lieferung 1979, 4. Lieferung 1985.
Drechsler 1903: P. Drechsler, Sitte, Brauch und Volksglaube in Schlesien. Schlesiens volkstümliche Überlieferungen 2,1. Leipzig: Teubner 1903.
Dušek 1971: S. Dušek, Archäologische Untersuchungen. In: H. Bach/S. Dušek, Slawen in Thüringen. Veröff. Mus. Ur- u. Frühgesch. Thüringens 2. Weimar: Böhlau 1971, 7-129.
Fischer 1921: A. Fischer, Zwyczaje pogrzebowe ludu polskiego. Lwów: Zaklad Narodowy im. Ossolinskich 1921.
Grenz 1968: R. Grenz, Die Münzdatierung der slawischen Grabfunde im westslawischen Siedlungsgebiet. In: M. Claus/W. Haarnagel/K. Raddatz (Hrsg.), Studien zur europäischen Vor- und Frühgeschichte. Neumünster: Wachholtz 1968, 173-179.
Grimm 1982: H. Grimm, Paläopathologische Befunde aus slawenzeitlichen Skelettresten aus der DDR als Hinweise auf Lebenslauf und Krankheitsbelastung. Ausgr. u. Funde 1982, 276-285.
Haase 1939: F. Haase, Volksglaube und Brauchtum der Ostslaven. Wort und Brauch 26. Breslau: Märtin 1939.
Hanuliak 1997: M. Hanuliak, Zur Widerspiegelung realer und rituller Faktoren in der Gräberausstattung des 9.-12. Jh. Ethnogr.-Arch. Zeitschr. 38, 1997, 469-484.
Hanusch 1842: I. J. Hanusch, Die Wissenschaft des slavischen Mythus im weitesten, den altpreussisch-lithauischen Mythus mitumfassenden Sinne. Lemberg: Stanislawow 1842.
HDA: Handwörterbuch des Deutschen Aberglaubens (Hrsg. H. Bächtold-Sträubli) Bd. 1 ff. Berlin, Leipzig: de Gruyter 1927 ff.
Herfert 1965: P. Herfert, Slawische Hügelgräber mit Steinsetzung von der Insel Pulitz, Kr. Rügen. Ausgr. u. Funde 10, 1965, 191-197.
Hofmeister 1926: A. Hofmeister, Puer, Iuvenis, Senex. Zum Verständnis der mittelalterlichen Altersbezeichnungen. In: A. Brackmann (Hrsg.) Papsttum und Kaisertum [Festschrift Paul Kehr]. München: Münchner Drucke 1926, 287-316.
Jażdżewski et al. 1966: K. Jażdżewski /J. Kamińska/R. Gupieńcowa, Le Gdańsk des Xe-XIIIe siecles. Archaeologia Urbium. Corpus des ensembles archeologiques de villes du haut moyen age 1. Warszawa: Panstw. Wyd. Nauk. 1966.
Jellinek 1904: A. L. Jellinek, Zur Vampyrsage. Zeitschr. Ver. Volkskde. 14, 1904, 322-328.
John 1905: A. John, Sitte, Brauch und Volksglaube im deutschen Westböhmen. Beitr. dt.-böhm. Volkskde. 6,4. Prag: Calve 1905.

Kaindl 1907: A. Kaindl, Beiträge zur Volkskunde des Ostkarpatengebietes. Zeitschr. Ver. Volkskde. 17, 1907, 315-321.

Kaszewscy/Kaszewscy 1971: E. Kaszewscy/Z. Kaszewscy, Wczesnośredniowieczne cmentarzysko w Brześciu Kujawskim, pow. Włocławek. Mat. Starożytne i Wczesnośred. 1, 1971, 365-434.

Koćka-Krenz 1993: H. Koćka-Krenz, Biżuteria północno-zachodnio-słowiańska we wczesnym średniowieczu. Poznań: Wyd. Nauk. Uniw. im. Adama Miskiewicza 1993.

Kralovánszky 1968: A. Kralovánszky, The Paleosociographical Reconstruction of the Eleventh Century Population of Kérpuszte. Janus Pannonius Múz. Évk. 13, 1968, 75-117.

Lange 1955: E. R. Lange, Sterben und Begräbnis im Volksglauben zwischen Weichsel und Memel. Beih. Jahrb. Albertus-Univ. Königsberg, Pr. 15. Würzburg: Holzner 1955.

Lecouteux 1987: C. Lecouteux, Geschichte der Gespenster und Wiedergänger. Köln: Böhlau 1987.

Lehmann 1926: E. Lehmann, Sudetendeutsche Volkskunde. Leipzig: Quelle & Meyer 1926.

Mahler 1936: E. Mahler, Die russische Totenklage. Ihre rituelle und dichterische Bedeutung. Veröff. Slav. Inst. Friedrich-Wilhelms-Univ. Berlin 15. Leipzig: Harrassowitz in Komm. 1936.

Malinowska-Łazarczyk 1982: H. Malinowska-Łazarczyk, Cmentarzysko średniowieczne w Cedyni, T. 1., 2. Szczecin: Mus. Nar. Szczecinie 1982.

Mansikka 1922: V. J. Mansikka, Die Religion der Ostslaven 1. Quellen. FF Commun. 43. Helsinki: Acad. Scient. Fenn. 1922.

Murko 1910: M. M. Murko, Das Grab als Tisch. Wörter u. Sachen 2, 1910, 79-160.

Nemeskéri et al. 1973: J. Nemeskéri/L. Harsányi/G. Gerencsér, Die biologische Rekonstruktion der Population von Növenthien, Kreis Uelzen, aus dem 12.-13. Jahrhundert. Neue Ausgrab. u. Forsch. Niedersachsen 8, 1973, 127-166.

Peters 1966: H. G. Peters, Das wendische Reihengräberfeld von Növenthien, Kr. Uelzen. Neue Ausgrab. u. Forsch. Niedersachsen 3, 1966, 225-264.

Peuckert 1928: W.-E. Peuckert, Schlesische Volkskunde. Leipzig: Quelle & Meyer 1928.

Pollex 1999: A. Pollex, Die frühen pommerschen Denare aus dem slawischen Gräberfeld Penkun 28, Lkr. Uecker-Randow. Bodendenkmalpfl. Mecklenburg-Vorpommern, Jahrb. 47, 1999, 247-277.

Pollex 2000a: Ders., Das spätslawische Gäberfeld von Penkun, Lkr. Uecker-Randow. Magisterarbeit Humboldt-Universität zu Berlin 2000. Publ. i. Vorb.

Pollex 2000b: Ders., Betrachtungen zu jungslawischen Mehrfachbestattungen. Ethnogr.-Arch. Zeitschr. 41, 2000 (3), 407-422.

Ratkoš 1968: P. Ratkoš, Pramene k dejinám Veľkej Moravy. Sloven. Akad. vied. Histor. Ústav. Odkazy našej minulosti 4. Bratislava: Vyd. Akad. 1968.

Rietschel 1911: S. Rietschel, Der Totenteil in germanischen Rechten. Zeitschr. Savigny-Stiftung Rechtsgesch. 32, german. Abt., 1911, 297-312.

Sarasin 1934: F. Sarasin, Die Anschauungen der Völker über Ehe und Junggesellentum. Schweizer. Archiv Volkskde. 33, 1934, 99-143.

Sartori 1910: P. Sartori, Sitte und Brauch 1. Handbücher zur Volkskunde 5. Leipzig: Heims 1910.

Sasse 1982: B. Sasse, Die Sozialstruktur Böhmens in der Frühzeit. Historisch-archäologische Untersuchungen zum 9.-12. Jahrhundert. Germania Slavica IV (Berliner hist. Stud. 7). Berlin: Duncker & Humblot 1982.

Schaller 1906: A. Schaller, Aberglauben bei Geburt und Tod in Karlsbad und Umgebung. Unser Egerland 10, 1906, 177-184.

Schmidt 1984: V. Schmidt, Lieps. Eine slawische Siedlungskammer am Südende des Tollensesees. Beitr. Ur- und Frühgesch. Bez. Rostock, Schwerin u. Neubrandenburg 16. Berlin: Dt. Verlag d. Wiss. 1984.

Schmidt 1992: Ders., Lieps. Die slawischen Gräberfelder und Kultbauten am Südende des Tollensesees. Beitr. Ur- u. Frühgesch. Mecklenburg-Vorpommerns 26. Lübstorf: Arch. Landesmus. f. Mecklenburg-Vorpommern 1992.

Schmidt 1996: Ders., Ein slawisches birituelles Gräberfeld von Alt Käbelich, Lkr. Mecklenburg-Strelitz. Bodendenkmalpfl. Mecklenburg-Vorpommern 43, Jahrb. 1995. Lübstorf 1996, 83-113.

Schneeweis 1931: E. Schneeweis, Feste und Volksbräuche der Lausitzer Wenden. Veröff. slaw. Inst. Friedrich-Wilhelm-Univ. Berlin 4. Leipzig: Markert & Petters in Komm. 1931.

Schulenburg 1912: W. von der Schulenburg, Die Volkskunde. In: E. Friedel/R. Mielke (Hrsg.), Landeskunde der Prov. Brandenburg 3. Berlin: Reimer 1912, 161-261.

Schulenburg 1934: Ders., Wendisches Volkstum in Sage, Brauch und Sitte. Leipzig: Harrassowitz ²1934 [Nachdruck Bautzen: Domowina 1988].

Schwebe 1959: J. Schwebe, Spuren wendischer Nachzehrer-Vorstellungen im östlichen Niedersachsen. Rhein. Jahrb. Volkskde. 10, 1959, 238-252.

Seefried-Gulgowski 1911: E. Seefried-Gulgowski, Von einem unbekannten Volke in Deutschland. Ein Beitrag zur Landes- und Volkskunde der Kaschuben. Berlin: Dt. Landbuchhandlung 1911.

Segschneider 1976: E. H. Segschneider, Totenkranz und Totenkrone im Ledigenbegräbnis. Werken und Wohnen 10. Köln: Rheinland-Verlag 1976.

Sieber 1968: F. Sieber, Deutsch-westslawische Beziehungen zu Frühlingsbräuchen. Todesaustragungen und der Umgang mit dem »Sommer«. Veröff. Inst. Dt. Volkskde. 45. Berlin: Akademie-Verlag 1968.

Sommer 1996: P. Sommer, Christianizace střední Evropy a archeologické prameny. Slavia Ant. 37, 1996, 137-145.

Stenz 1907: G. M. Stenz, Beiträge zur Volkskunde Süd-Schantungs. Veröff. Städt. Mus. Völkerkde. Leipzig 1. Leipzig: Voigtländer 1907.

Stloukal 1964: M. Stloukal, Rozdíly ve výbavě mužilinských a ženských slovanských hrobů. Arch. Rozhledy 16, 1964, 101-117.

Stülzebach 1998: A. Stülzebach, Vampir- und Wiedergängererscheinungen aus volkskundlicher und archäologischer Sicht. Concilium medii aevi 1, 1998, 97-121.

Ullrich/Donat 1972: H. Ullrich/P. Donat, Besprechung: H. Bach/S. Dušek, Slawen in Thüringen. Veröff. Mus. Ur- u. Frühgesch. Thüringens 2. Weimar: Böhlau 1972. Zeitschr. Arch. 6, 1972, 307-313.

Wachowski 1975: K. Wachowski, Cmentarzyska doby Wcesnopiastowskiej na Śląsku. Wrocław, Warszawa, Kraków, Gdańsk: Zakł. Nar. im. Ossolinskich 1975.

Warnke 1987: D. Warnke, Das spätslawische Gräberfeld zwischen Liebon und Zscharnitz, Gem. Prischwitz, Kr. Bautzen. Arbeits- u. Forschungsber. Sächs. Bodendenkmalpfl. 31, 1987, 255-282.

Wiegelmann 1966: G. Wiegelmann, Der »lebende Leichnam« im Volksbrauch. Zeitschr. Volkskde., 1966, 161-183.

Wuttke 1900: A. Wuttke, Der deutsche Volksglaube der Gegenwart. Berlin: Wiegandt & Grieben ³1900.

Zachariae 1905: T. Zachariae, Besprechung: Schrader 1904. Zeitschr. Ver. Volkskde. 15, 232-233.

Zelenin 1927: D. K. Zelenin, Russische (ostslavische) Volkskunde. Berlin, Leipzig: de Gruyter 1927.

Zender 1959: M. Zender, Die Grabbeigaben im heutigen deutschen Volksbrauch. Zeitschr. Volkskde. 55, 1959, 32-51.

ANDERS ANDRÉN

The Meaning of Animal Art:
An Interpretation of Scandinavian Rune-Stones*

SUMMARY: The question of style is a fundamental archaeological issue, and the aim of this article is to deal with the issue through a study of early medieval animal art. Above all, the article is based on an interpretation of the complex interplay between animal art, images and texts on rune-stones from the 11th century in central Sweden. Rune-stones have been a major field of research in philology, archaeology, art history and history during the 20th century. Most of these studies have been based on the thorough editions of rune-stones published in Scandinavia during the century. It is possible, however, to question some of the fundamental principles of these editions. Elements of a more visual understanding of the monuments are presented, as well as some examples of a new contextual reading, which sometimes alter the philological interpretations in the rune-stone publications. The close relation between animal art and text indicate an analogous relation between animal art and skaldic poetry. This analogy opens up for a double perspective on animal art in particular and style in general. It is possible to give a semiotic interpretation of animal art as representing something else, but it also possible to give a non-semiotic interpretation where the form of expression in itself is the content.

Style and animal art

The concept of style has been discussed recurrent in the last two decades in archaeology (for instance Sackett 1977, 1982, Plog 1983, Washburn 1983, also cf. Vansina 1984). In the following lines I want to contribute to this debate with a case study, from which I will try to draw some general conclusions at the end. My case study is concerned with animal art, i. e. with a special kind of figurative expression used in Northern and Central Europe from the 5th century to at least the 12th century.

Ever since the beginning of modern archaeology in the 19th century, attention has been paid to animal art (cf. Karlsson 1983). Among the important contributions are Müller 1880; Salin 1904; Shetelig 1909; 1949; Brøndsted 1920; Åberg 1921; 1922; Lindqvist 1931; Holmqvist 1955; Christiansson 1959; Ørsnes 1966; 1969; Fuglesang 1978; Haseloff 1981 and Wilson 1995. The prevailing perspective in these studies has been to regard animal art as decoration without any deeper meaning. Therefore, the main aim of the investigations has been to define different styles in time and

---

* English revised by Alan Crozier. This paper has been presented at seminars in Malmö, Bergen, Stockholm, Uppsala, Lund, Tübingen, Reading and Cambridge during 1998-2000. Comments and questions raised on these occasions have been very useful in writing the article. Moreover, I want to thank Stefan Brink, Sanne Houby-Nielsen, Jörn Staecker and Jes Wienberg for comments on the manuscript.

space, and to follow different stylistic influences on animal art. These investigations represent the very core of chronological studies of early medieval Northern and Central Europe.

Another minor line of thought has, however, existed during the whole century, and has in the last decade played an important role in the debate on animal art. Already in the early 1890s the Swedish archaeologist Sven Söderberg argued that animal art should be regarded as a parallel expression to skaldic poetry (Söderberg 1905 - however, the article was written in 1892-93). To him animal art was thus not a neutral decoration, but could instead be viewed as an analogy to the difficult and complex art of poetry, practiced by well-known specialists called skalds. Similar ideas have later been expressed by the Norwegian literary historian Hallvard Lie (Lie 1952; 1963) the Norwegian art historian Anders Bugge (Bugge 1953) and the Russian historian Aaron Gurevich (Gurevich 1985). Inspired by recent archaeological debate on meaning of material culture, some archaeologists in the 1990s have underlined an inherent meaning of animal art, with associations above all to pagan cosmology (Thráinsson 1994; Kristoffersen 1995; Hedeager 1997; 1999). Others have turned back to the ideas of Söderberg and Lie, underlining the analogous construction of animal art and skaldic poetry as complex and partly concealed expressions (Johansen 1997; Zachrisson 1998; cf. Andrén 1989; 1993).

Although the parallels between animal art and skaldic poetry have been stressed in general no-one has actually showed how this analogy could work out in practice. That is what I want to demonstrate in this paper. The relation between animal art and skaldic poetry will be explored with the help of Scandinavian rune-stones from the 11th century.

Scandinavian rune-stones

More than 2000 rune-stones were raised in Scandinavia from about 400 AD to about 1100 AD. Most of them, however, were erected in the fairly short period 950-1100, and above all in Central Sweden. Rune-stones have been studied during 400 years in Scandinavia. In fact, the very start of the Scandinavian antiquarian tradition in the late 16th and early 17th centuries was directly related to the recording of rune-stones in the Danish and Swedish realms (cf. Klindt-Jensen 1975).

It was only in the second half of the 19th century, however, that rune-stones were recorded, interpreted and published by successively more specialised philologists. Due to the work of these specialists most Scandinavian rune-stones have been published in thorough editions during the 20th century. The aim of these editions has been to give a convincing semantic interpretation of the text on every rune-stone. The pervading method has been to publish one or more pictures of the rune-stone and its inscription, a transliteration of the rune characters into Latin letters, a normalised text in Old Icelandic, and a translation into a modern language.

Owing to the thoroughness of these editions they have been the natural starting-point for all studies of rune-stones in philology, archaeology, art history, history, and church history in the 20th century (Owe 1995). In the last few decades especially, the study of rune-stones has expanded considerably, covering a whole range of different topics (cf. Andrén 2000). As a summary of rune-stone studies in the 20th century I would like to point out the following characteristics. The interpretation of the rune-stones and their texts has been based on philological interpretations of the texts, on interpretation of images, on surveys in time and space of different aspects of the texts, and on additional aspects of the rune-stones, such as their location and spatial relation to other ancient monuments. Owing to the complexity of the rune-stones, many studies have been based on comparisons of different aspects of the monuments, such as texts and ornaments or texts and locations. Although these comparisons have led to new and interesting results in many cases, it is characteristic that the semantic interpretations in the rune-stone editions have usually been taken for granted.

In this article I want to start a new discussion of the interpretation of rune-stones by questioning the fundamental principles of the edition of the Scandinavian rune-stones. The published corpus of nearly all the Scandinavian rune-stones is indispensable, but the general method of philological interpretation, from image, via transliteration and normalisation to translation, reduces the runic inscriptions to linear texts – which they seldom are. This reduction has been further underlined by the traditional perspectives that the animal bodies on which many texts were cut had no special meaning but were only decorative basis for the text. I maintain that the reduction from runic inscription to linear text and the reduction from animal art to decoration have reduced the meaning of the inscription and ultimately of the rune-stone as a whole. Therefore I would argue for a new kind of re-reading, based primarily on combining inscriptions, ornaments and images in joint interpretations. Location should be added as a further aspect of the interpretation, although I will not consider the place of monument in this article.

I see this re-reading as an example of historical archaeology, and especially of what I recently labelled as »integrated discursive context« and as »association« (Andrén 1998, 149 ff., 168 ff.). By these concepts I understand a contextual reading based on the often complex interplay between image and text. In the case of rune-stones this interplay implies that the images were not only illustrations, but also extensions, complements, reinforcements or variations of the messages conveyed by the texts. Therefore, an important aspect of a contextual reading will be to develop a kind of »visual literacy« (cf. Berlo 1983), which may enable us to understand how the interplay of image and text actually worked on the rune-stones. Seminal inspiration for this re-reading comes from recent studies on art and epigraphic writing in Mesoamerica (Berlo 1983; Hanks/Rice 1989; Marcus 1992), Egypt (Baines 1989) and the classical world (Zanker 1987; Bérard et al. 1989; Svenbro 1993), as well as from inter-art studies (Lagerroth et al. 1993).

Elements of understanding

Although my aim is to interpret the rune-stones in a new kind of linguistic and visual totality, it is necessary to examine different elements *per se* in this totality. Unfortunately one important element for the interpretation of rune-stones is generally lacking today, namely colour. From occasional finds we know that the rune-stones were painted, and sometimes repainted, in bright colours. A well-preserved example is a runic gravestone from the church of St Lawrence in Linköping, which was painted in five colours (Jansson 1962, 152-153). Two snakes were coloured red and two snakes were painted black, whereas the background was held up by bluish grey and the knots binding the snakes together by light bluish grey. Finally, the runes were painted alternatively white and black, emphasising some of the words. Although this element is generally lacking, it is possible to define other important elements of understanding, by looking at the changes of the texts and the layout of the rune-stones through time.

The early rune-stones, from the earliest examples in the 4th century until the late 10th century, are usually stones with simple lines of runes. The text is linear in a modern sense, but the content is sometimes difficult to understand because the message is more or less concealed. The long inscription at Rök in western Östergötland (ÖG 136) from about 800 is partly written in cipher and only possible to read with the help of a code placed on top of the stone. Other stones are written in verse, like the stone at Karlevi on Öland (ÖL 1, cf. fig. 1) from the late 10th century, which is loaded with difficult poetic metaphors (*heitis* and *kennings*).

Only in the 11th century did the texts and the layout of the rune-stones change into mixed expressions. The texts usually became linguistically more simple as prose, whereas the layout became successively more complex with animals and ornamental loops intertwined in complex patterns. Thus, it is possible to trace a passage from linguistic to visual complexity among the rune-stones from the late 10th century until the early 12th century (cf. figs. 1, 2 and cf. Thráinsson 1994, 46 ff.; Zachrisson 1998, 129 ff.). Important elements in this late visual complexity are animals with texts on their bodies, animals without texts but twisted around other animals, directions of the text, word-crossings and different kind of images which are inserted by the animals with texts.

Snakes with texts

When runic inscriptions about the year 1000 began to be combined with animal bodies they were cut into animals that might be classified as snakes or dragons. There was no clear distinction between these creatures, and consequently I call them snakes. Recently Birgitta Johansen has made a study of the important snake motif in late Iron Age Scandinavia, and tentatively interpreted them in general as

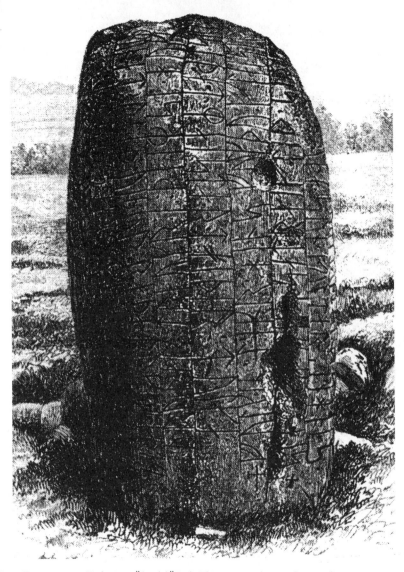

Fig. 1: Rune-stone at Karlevi on Öland (ÖL 1). This monument was the very first rune-stone presented in *Sveriges Runinskrifter* in the year 1900. It represents an early type of rune-stone from about the year 1000, with a linear text but containing a highly elaborate poetic language. According to Sven B. F. Jansson's translation (Jansson 1962, 125) the inscription runs: »This stone was erected after Sibbe the good, Foldar's son, but his host placed on the island... Hidden lies the man whom the greatest virtues accompanied – most men knew that – ›executor‹ of the goddess of battles [i. e. the warrior, lord] in this mound. A more honest battle-strong god of the wagon of the mighty ground of the sea-king [i. e. a more honest battle-strong sea-captain] shall not rule over land in Denmark«

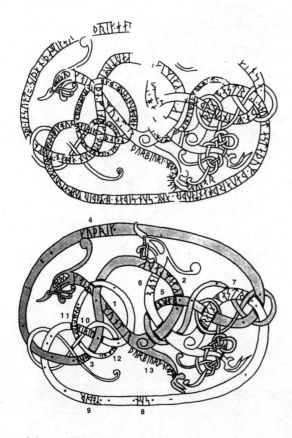

Fig. 2:
Rune-carving at Hillersjö in southern Uppland (U 29). The figure shows the carving as preserved (above) and as reconstructed in its main design (below). The reconstruction is shown with names and key words in the inscription as well as with all divisions of words (points or thick lines). According to a translation based on Sven B. F. Jansson (Jansson 1962, 77) and Birgit Saywer (Saywer 1988, 17) the inscription runs: Eye in left snake: »Solve!«. Left snake (shaded): »Germund [1] took Gerlög [2] a maiden as wife. Then they had a son [3] before he [= Germund] was drowned and then the son died. Then she had Gudrik [4] as her husband. He... Then they had children [5], but only one girl survived. She was called«.
Right snake: »Inga [6].
Ragnfast [7] of Snottsta took her to wife. Thereafter he died and the son [8]. And the mother [9] [= Inga] inherited from her son. Then she had Erik [10] as her husband. Then she died. Then Gerlög [11] inherited from Inga [12] her daughter.« Below left snake: »Torbjörn skald [13] carved the runes«.

protective creatures, especially of women and treasures. She has, however, interpreted the snake on the late rune-stones more specifically as protector of the farm or the village, surrounding the inherited property as an equivalent to the Midgard serpent surrounding the world (Johansen 1997, 143 ff.; 224; also cf. Zachrisson 1994; 1998). By comparing inscriptions of rune-stones containing one snake with those containing two snakes, I maintain that it is possible to define a somewhat different meaning, but with clear connections to Johansen's interpretation. In most cases the snake seems primarily to represent a family, although including other associations to a family, such as inheritance, property, land and settled space.

A good example of this interpretation is the above-mentioned inscription at Hillersjö (fig. 2). It contains two snakes, and the text is clearly divided between them. On the first snake a certain Gerlög, who commissioned the inscription, mentioned herself, her two husbands and their children, and on the second snake she mentioned her daughter Inga and her two husbands and the daughter's only child. Thus, the two snakes visually mark out the families created around two women; one mother and one daughter. We are in the lucky situation that the daughter Inga had another four rune-stones raised in another part of Uppland (U 329-332; cf. Zachrisson 1998, 165 ff.). On these stones she commemorated her first husband, their son, her sisters-in-law, her father-in-law, and her husband's steward (*huskarl*). On three stones she only used one snake to describe the family, but on the one where her father-in-law is mentioned she used two snakes (fig. 3). Thus, from her perspective the husband, the son, the sisters-in-law and the steward belonged to the same family, whereas the father-in-law belonged to another family. From these cases it is clear that the snakes represented families, but not in a clear-cut sense. What could regarded as one family or two families differed according to the context, and consequently the interpretation of a rune-stone must always be based on both text and ornament.

An interpretation of snakes as representation of families and their properties is well in accordance with the *Gutasaga* (*Saga of the Gotlanders*) from about 1200. The saga is a mythological introduction to the provincial code of Gotland, and it gives a historical background to the island and its laws. According to the saga, Gotland was initially inhabited by a single couple. The first night when they slept on the island, the wife dreamt that three snakes were twisted in her stomach. Her husband interpreted the dream as a vision of their three sons that would eventually inhabit the island and divide it between them in three parts. The snakes, in other words, represented the future families of the three sons and their respective possessions on the island (Holmbäck/Wessén 1943, 291).

Finally, by interpreting the large snakes on the rune-stones as families and their respective properties, it is important to underline that snakes with texts are nearly always of identical size. This may indicate that the families mentioned had the same hierarchical position, and that paternal and maternal kinship were regarded as equal.

From head to tail

Since the snakes represented families in some sense, it is essential where the texts were cut into the animal bodies: Where does the text start and where does it end? Most inscriptions start in the snake's head, and recently this fact has been explained as a kind of reading device (Norr 1998, 20 ff.). I would rather argue that the direction of the text in itself had a meaning. In most texts the persons that commissioned the stones are mentioned at the beginning and the commemorated dead persons are mentioned at the end (cf. figs. 3, 4C, 5C and D, 7, 8, 9E). The first per-

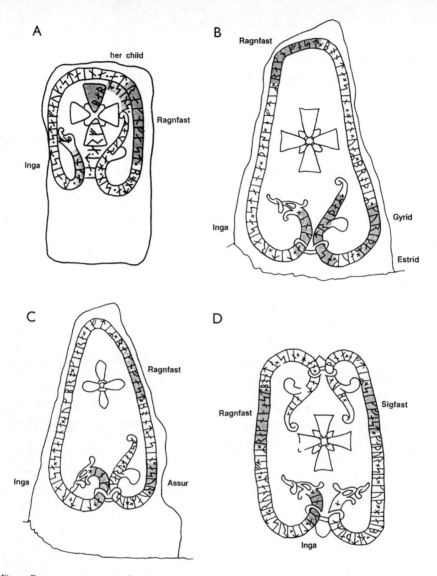

Fig. 3: Four rune-stones raised at Snottsta in southern Uppland, by Inga Gudriksdotter from Hillersjö (cf. fig. 3) after her husband Ragnfast Sigfastsson. The stones show how Inga Gudriksdotter used one snake in three cases and two snakes in one case to represent the family. Two snakes are only used when her father in law is mentioned. The inscriptions run as follows: A. (Vreta, U 332): »Inga raised staff and stones after Ragnfast, her husband. She came into inheritance after her child«. - B. (Snottsta, U 329): »Inga had these stones raised after Ragnfast, her husband. He was brother to Gyrid and Estrid«. - C. (Snottsta, U330): » Inga had these stones raised and made the bridge after Ragnfast, her husband. Assur was his servant«. - D. (Snottsta, U 331). Left snake: »Inga had these runes carved after Ragnfast, her husband. He owned alone«. Right snake: »this village after Sigfast, his father. God help their souls«.

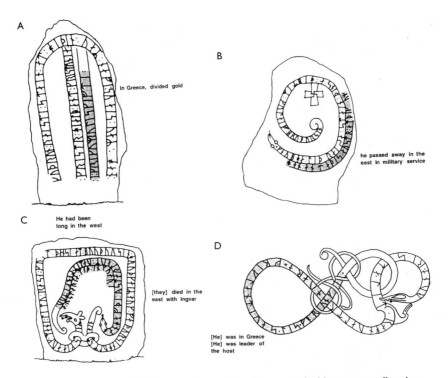

Fig. 4: Four rune-stones which illustrate the transition from textual additions to small snakes without texts. All the examples are related to military service abroad. A. (Grinda, SÖ 165). Main text-band: »Gudrun raised the stone after Hedin, [he] was nephew to Sven. He was«. Right additional text-band: »in Greece, divided gold«. Left additional text-band: »Christ help all souls of Christians«. - B. (Fredriksdal, SÖ 33). Main snake: »Gnupa had this stone raised after Gudlev, his brother«. Text-band outside main snake: »He passed away in the east in military service«. - C. (Tystberga, SÖ 173). Main snake: »Muskia and Manne had this memorial raised after their brother Rodger and their father Holmsten«. Minor snake: »He had long been in the west«. Text by the minor snake: »[They] died in the east with Ingvar«. - D. (Ed, U 112). The inscriptions are cut on two sides of a large block of stone. Main snake (not shown in the figure): » Ragnvald had the runes cut in memory of Fastvi, his mother, Onäm's daughter. She died in Ed. God help her soul«. Minor snake (shown in the figure): »Ragnvald let the runes be cut. [He] was in Greece, [he] was leader of the host«.

son mentioned, usually placed in the snake's head, may virtually have been the head of the surviving family, and the order of the other persons may have been an indication of the ranking within the family (cf. Saywer 1988, 15 ff.). Usually a man is mentioned as the first person in the head, but sometimes a wife or a mother is mentioned before brothers and sons. These cases may indicate a situation where a woman is head of a family, due to her property right, for instance as the single heir of an estate.

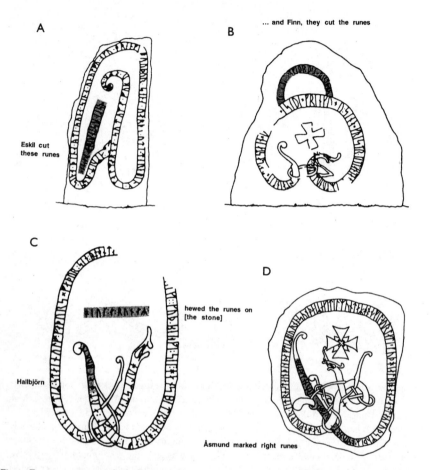

Fig. 5: Four rune-stones which illustrate the transition from textual additions to small snakes and tails of snakes without texts. All the examples are related to rune carvers. A. (Ärja, SÖ 333). Main snake: »Amunde raised this stone after his son Runulv and after Ring, his brother. [He] was killed out on Kalmarsund, [when they] went to Skåne«. Extra text-band: »Eskil cut these runes«. - B. (Korpabro, SÖ 139). Main snake: »Sten had this stone raised after Äshed, his relative. Christ give relief for her soul, a good woman«. Extra text-band: »...and Finn, they cut the runes«. - C. (Brösicke, SÖ 195). Main snake: »Holmsten raised the stone after Stenulv, his grandfather, a good yeoman who lived in Brösicke. Gud help his soul better than he deserved. Hallbjörn«. Extra runes: »hewed the runes on [the stone]«. - D. (Frösunda, U 346). »Ragnfrid had this stone raised after Björn, her and Kättilmund's son. He was killed in Virland. God and God's mother help his soul. Åsmund marked right runes«

Although most texts start at the snake's head, a few inscriptions start at the tail (cf. fig. 5B). This divergence may sometimes be explained by comparing the iconography with the text. An illuminating example is the rune-stone at Vänga in eastern

Södermanland (SÖ 3). The inscription starts at the tail, mentioning a man and a wife who raised the stone in memory of a dead son. The text ends at the head, however, with a concluding sentence mentioning a brother of the dead man. The reverse direction of the text may in this case be an indication that the parents wanted to point out that the surviving son was more honourable than themselves, possibly through service outside the family.

Snakes without texts

Apart from large snakes with texts, a large number of late rune-stones also contain many small snakes that are twisted around the large animals. The significance of these small snakes is indicated by the process by which they were created. It is possible to trace a successive transition during the 11th century, from short additions of the main texts to small snakes twisted around the main texts. In the latter cases the small snakes are twisted around passages of the text, which give the same kind of extra information as the earlier textual additions. Consequently, I see the textual additions outside the main text-band as deliberate compositions, and not as »lack of planning« or »faulty planning« of the design of the rune-stones (cf. Meijer 1992).

The pervading pattern is that the textual additions as well as the texts surrounded by small snakes emphasise information about relations outside the family in its narrow sense. Above all, the textual additions and the small snakes underline passages about men that took part in raids abroad or were in service of a lord. The examples in fig. 4 mention outside the main text-bands that the commemorated men had been in Greece or died »in the East«. Many small snakes also emphasise the rune-carver, indicating that the rune-carver was in the service of the person who had the stone raised. The examples in fig. 5 again show how rune-carvers signed the rune-stones outside the main loop where the close family is mentioned. Divergence from this pattern may in a few cases support the interpretation of the small snakes. On one of the rune-stones at Gripsholm in northern Södermanland (SÖ 178) a rune-carver is mentioned in the main inscription, but without any extra small snakes around the text. In this case, however, the rune-carver was a brother of the dead woman commemorated on the stone, and hence the rune-carver was a member of the immediate family.

Because the small snakes indicate relations outside the close family, the size of the snakes seems to be significant. Contrary to the large similar sized snakes with texts, the very difference of size between large snakes with texts and small snakes without texts signifies hierarchical relations, upwards as well as downwards, for instance to Byzantine emperors, kings, earls and chieftains as well as to rune-carvers in service as craftsmen.

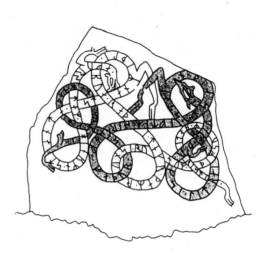

Fig. 6:
Rune-stone at Ågersta in southern Uppland (U 729). The monument is an example of how complex word crossings can extend the meaning of the text. In the following translation words from the opposite snake are marked in parentheses. Right snake (shaded): »Vidhugse had this stone raised (*those runes that Balle carved*) in memory of Särev, his good father (*who rune-wise is*). He lived at (*Ågersta*)«. Left snake: »(*He lived at*) Ågersta. Here shall stand the stone between farms. Let that man solve who rune-wise is (*his good father*) those runes that Balle carved (*Vidhugse had this stone raised*)«

Word crossing

A less common element in the rune-stones is word crossing, which is the result of snakes with texts that are closely intertwined with each other. The close relationship between the text and the plaited snakes is especially clear in the above-mentioned inscription at Hillersjö (fig. 2). The rune-carver Torbjörn Skald had usually employed points to make divisions between words. In 16 cases, however, he had instead used crossing parts of a snake as word-divider. In this case, the design of the inscription can be regarded as extremely »well planned« (cf. Meijer 1992).

The rune-carvers did not only use plaited snakes as division between words, but also as means to create visual associations between words that were not textually related. A good illustration of this visual association is the rune-stone at Ågersta (fig. 6) in south-western Uppland. The rune-carver Balle created three different clusters of word crossing through the intertwined snakes. In the right part of the inscription is a cluster of word crossing that emphasises the relationship between the rune-carver and the man who had the stone raised. A cluster in the left part of the inscription underlines the location of the stone and its relation to the farm where the dead man had lived. Finally, a centrally placed cluster of word crossing holds up the character of the dead man, especially his knowledge of runes. This aspect of the dead man's character, however, is not evident from the inscription as a linear text.

The word crossing gives an associative understanding of the text, which closely resembles skaldic poetry. Just as poetry was bound together by grammar and metric elements such as alliteration, the runic inscriptions were tied together by intertwined snakes with texts.

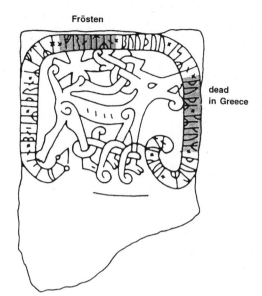

Fig. 7:
Rune-stone at Tumbo (SÖ 82). The stone is an example of the close relationship between text and image. The inscription runs: »Visten raised the stone after Frösten, his brother, dead in Greece. Tule hewed runes«.

The combined composition of the text and the plaited snakes is in several cases highly sophisticated, and therefore it is very interesting that the rune-carver at Hillersjö in fact called himself *skald* (poet).

Images

Many rune-stones contain images or standardised symbols like a cross in connection with the texts. In a few cases, as with the large rune-stone at Jelling in Denmark (DR 42), image and text have been interpreted together (Fuglesang 1986; cf. Moltke 1974). Usually, though, the images have been interpreted in isolation, without references to the rest of the rune-stones. From my point of view, these images should be regarded as part of the total composition, and consequently they are very important for the re-reading of the rune-stones. The close connection between image and text can be illustrated by two examples.

One rune-stone at Tumbo in western Södermanland (fig. 7) is dominated by a large beast with sharp teeth. According to the inscription, the stone was raised for a certain Frösten who »was dead« in Greece. The word »dead« (thuthR) was cut directly in front of the jaws of the beast. This relation between image and text can be interpreted with reference to Norse mythology. According to several poems the metaphor for being killed in a battle was that the wolf was fed (for instance *Sämunds Edda*, 127; 193; and *Snorres Edda*, 173). The beast at Tumbo can consequently be interpreted as a wolf, and the close relation between the wolf's jaws and

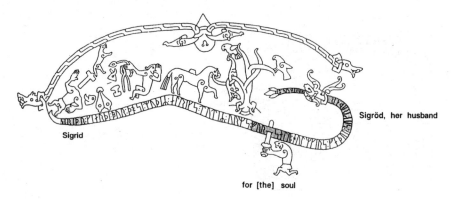

Fig. 8: Runic inscription at Ramsundsberget (SÖ 101). This famous monument with illustrations of the *Volunga saga* is another example of the close relationship between text and image. On the basis of the images the partly obscure inscription can be interpreted as follows: »Sigrid, Alrik's mother, Orm's daughter made this bridge for [the] soul of Holmger's father Sigröd, her husband«.

the word »dead« implied for the well-informed reader that Frösten had died in a battle, although that was not directly mentioned in the text.

Another example is the well-known rune-carving at Ramsundsberget in north-western Södermanland (fig. 8), with illustrations of the hero Sigurd in the *Volsunga saga*. According to the text the carving had been made by Sigrid for her dead husband. Two men are named, Holmger and Sigröd, but the text is a bit obscure, which means that it is difficult to determine the name of her husband (cf. Jesch 1991). From an iconographic point view I would argue that Sigröd was her dead husband's name, since Sigröd is the local form of Sigurd. It is only this interpretation that gives a comprehensible solution of the adjacent images. The widow Sigrid had used the pagan virtues of the *Volsunga saga* to commemorate her dead husband Sigröd. The images implied that he had been as heroic as his namesake the famous hero Sigurd Fafnisbani. However, the carving has at the same time clear Christian allusions. According to the text the widow had a bridge made »for the soul ... of her husband«. The words »for the soul« (fur salu) were cut exactly where the hero Sigurd stabbed his sword into the body of the dragon Fafnir. This close connection between image and text indicates that the whole composition of the carving expressed a dilemma for those persons who experienced Christianisation. According to pagan virtues a man should be heroic and kill people in battle, but according to Christian ethics he should in principle not kill another person. The crossing of the sword and the words »for the soul«, which in itself forms a cross, can therefore be regarded as a kind of prayer for the dead husband who had killed during his life.

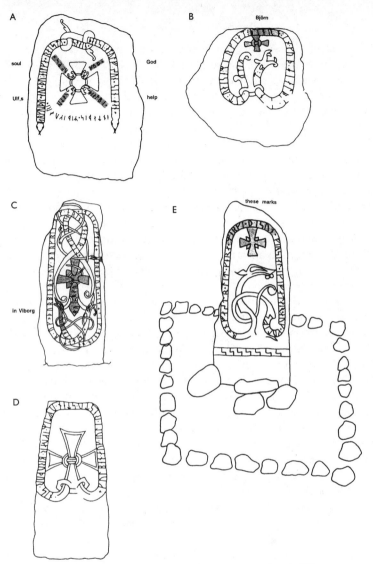

Fig. 9: Five rune-stones illustrating how the cross could be combined with different aspects of the text. A. Cross and Christian prayer (Lifsinge, SÖ 9). Main snakes: »Bergvid, he and Helga raised this stone after Ulf, their son. He«. Text between snakes: »passed away with Ingvar«. Text around the cross: »God help Ulf's soul«. - B. Cross and personal name (Ostra, SÖ 118): »Öind had the memorial raised after Björn and God help the soul«. - C. Cross and place-name (Össeby-Garn, U 180). Left snake: »Sigvat and Torbjörn and Torgrim and Ärenmund«. Right snake: »had the stone raised after their brother Sigsten. He died in Vi-«. Cross: »borg«. - D. Cross and the main loop (Tumbo, SÖ 362): »Kolben and Jule raised the stone after Ingvar, their brother«. - E. Cross and the concept of the monument (Tibble, U 496): Ragnfast had these marks done for the souls of Ingefast and Gullev«.

This kind of close connection between image and text can also be found in more recurring images such as crosses and large animals. Crosses on rune-stones have in several investigations been studied in relation to form, chronology and provenance (Wideen 1955; Thompson 1975; Lindblad/Wirtén 1992; Lager 1995), but not in relation to more specific meanings based on the appearance of the crosses on the rune-stones. However, a comparison of the placing of the crosses and the texts on the rune-stones clearly shows that the crosses had different signification according to the spatial context. Some crosses are placed in the middle of the stone, without direct relation to the text (fig. 9A). The meaning of this location is directly expressed on a rune-stone at Lifsinge in eastern Södermanland (SÖ 9), where the prayer »God help Ulf's soul« is written around the cross. A similar connection between cross and prayer is indicated by two rune-stones from the parish of Ytterselö in northern Södermanland (SÖ 197 and 203). The inscriptions on these rune-stones are identical, apart from a Christian prayer ending one of the stones. On the other stone this prayer is replaced by a cross. In these examples the cross stands for a prayer directed towards God.

In other instances the cross has been cut directly by the name of the dead person who is commemorated, for instance »Björn« and »Frösten« (fig. 9B, cf. fig. 8). This context rather indicates a »dead Christian«, in other words that the dead person had had a Christian funeral. In some cases the person had died abroad, and consequently the cross can be regarded as a reassurance that the person received proper Christian treatment when he or she was buried far from home. The location of the death and the funeral was in other words important, and sometimes this location was emphasised by a close connection between the cross and a place name. On the rune-stone at Össeby-Garn in southern Uppland (U 180) the sentence »He died in Viborg« is partly written in the cross itself (fig. 9C).

On some rune-stones the cross is part of the ribbons with text (fig. 9D; cf. Lindblad/Wirtén 1992). Since I have interpreted the main text-bands as signifying families, this location of the cross may instead indicate that the family as a whole was Christian, perhaps after a Christian wedding. Finally, some crosses have been cut in direct relation to words signifying the monument itself, like »this stone« (cf. SÖ 97) or »these marks«. In these instances the cross seems to signify that the monument in itself was Christian. One example comes from the grave-field at Tibble in southern Uppland (U 496), which has been discussed by Anne-Sofie Gräslund (fig. 9E). According to her this rune-stone was connected to a Christian grave, and marked out that the grave-field became Christian (Gräslund 1988). This context may explain why it was important to underline that the monument in itself was Christian.

Another common image was a large animal, placed adjacent to the snakes. It is known from several rune-stones in central Sweden, and the recurring pattern is that the animal appears on stones where a man is commemorated as »good« or »best« (cf. fig. 10). »Good« was a central concept of honour (Herschend 1998), and con-

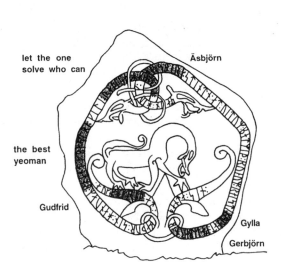

Fig. 10:
Rune-stone at Nybble on the island of Selaö in northern Södermanland (SÖ 213). The rune-stone represents a transitional type of monument, with two twisted snakes as well as a text written in verse. According to a translation based on Sven B. F. Jansson (Jansson 1962:150) the inscription runs: Right snake: »Äsbjörn hewed the stone/coloured as a memorial/he bound it with runes/Gylla raised it/after Gerbjörn her husband«. Left snake: »and Gudfrid after his father/He was the best yeoman in Kil/Let the one solve who can«

sequently the animal should in some way be related to that concept. The animal is well-known in late Viking Age art, not only from rune-stones but also from brooches, caskets and weathercocks. It has in other contexts been interpreted as a Scandinavian form of the lion as a symbol of lordship (Fuglesang 1986; cf. Hyenstrand 1996, 153 ff.). This interpretation fits well with a relation between the animal/lion and the concept »good«. To be »good« was to behave correctly towards friends, servants or a household, i. e. to execute lordship.

Thus, pictures on the rune-stones were not merely plain illustrations, but images composed in direct relation to the snakes and the texts cut into the snakes. Instead, the images functioned as allusions or associations, which underlined and extended the meaning of the texts.

Animal art and style

My proposed re-reading of rune-stones from the 11th century has several implications for the interpretation of these monuments (cf. Andrén 2000), but in this context I only want to turn back to the question of animal art and style. My proposed re-reading clearly support the idea that animal art was analogous to skaldic poetry, as several scholars previously have pointed out. Both genres were difficult forms of expression, which demanded special craftsmen to be created and good background knowledge to be understood. In fact a few rune-carvers called themselves *skald* (poet).

Animal art was a dominant form of figurative expression during 800 years. More than 100 different styles in animal art have been defined in the 20th century and these definitions have sometimes been regarded as only modern classifications, with little relevance for past »realities« (cf. Karlsson 1983, 92 ff.). The similarity between animal art and skaldic poetry instead speaks in favour of some kind of relevance for the different styles. They can be regarded as visual stanzas or visual metres by analogy with the metric forms of skaldic poetry that are described by Snorri in his *Háttatal* (*Snorres Edda*, 219-265.) From this point of view different styles of animal art, like the Mammen style and the Urnes style, may be regarded as analogous to poetic metres like Dróttkvætt and Fornyrdislag (cf. Lie 1952; Bugge 1953). It is even possible that the different art styles had the same social connotation as some of the poetic metres.

From a more theoretical point of view my re-reading have a double perspective. In one sense it is a semiotic interpretation, for instance when I assign large snakes with text a specific meaning as representations of families. This interpretation is specific and situated, and consequently only valid for the given context, and not for snakes in general in animal art.

In another sense, however, my interpretation is not semiotic, because I do not necessarily see a sharp division between form and content. If the different styles in animal art can be regarded as »visual metres« the form in itself may have had a meaning, just like the poetic metres in skaldic poetry or literary genres in general (cf. White 1987). In the case of animal art it should be viewed as a special mode of expression. Or more specific, animal art should be regarded as an aristocratic discourse based on difficult and abstruse metaphors connected with a world of divided, parted and partly hidden wild animals.

Bibliography

GO   S. B. F. Jansson/E. Wessén/E. Svärdström (Hrsg.), Gotlands runinskrifter I-II, Sveriges runinskrifter 11-12. Stockholm, Almkvist/Wiksell, 1962-1978.
ÖG   E. Brate (Hrsg.), Östergötlands runinskrifter 1-3, Sveriges runinskrifter 2. Stockholm: Almqvist/Wiksell, 1911-1918.
ÖL   S. Söderberg/E. Brate (Hrsg.), Ölands runinskrifter 1-2, Sveriges runinskrifter 1. Stockholm: Almqvist/Wiksell, 1900-1906.
SÖ   E. Brate/E. Wessén (Hrsg.), Södermanlands runinskrifter 1-4, Sveriges runinskrifter 3. Stockholm: Almqvist/Wiksell, 1924-1936.
U   E. Wessén/S. B. F. Jansson (Hrsg.), Upplands runinskrifter 1-4, Sveriges runinskrifter 6-9. Stockholm: Almqvist/Wiksell, 1940-1958.

Åberg 1921: N. Åberg, Stil III och Jellingestil. Fornvännen 16, 1921, 63-82.
Åberg 1922: N. Åberg, Stil II. Fornvännen 17, 1922, 1-26
Andrén 1989: A. Andrén, Dörrar till förgångna myter. En tolkning av de gotländska bildstenarna. In: A. Andrén (Hrsg.), Medeltidens födelse. Symposier på Krapperups borg 1. Krapperup: Gyllenstiernska Krapperupsstiftelsen, 1989, 287-319.

Andrén 1993: A. Andrén, Doors to Other Worlds. Scandinavian Death Rituals in Gotlandic Perspectives. Journal European Arch. 1, 1993, 33-56.
Andrén 1998: A. Andrén, Between Artifacts and Texts. Historical Archaeology in Global Perspective. Contributions to Global Historical Archaeology. New York: Plenum 1998 [Erstausgabe: Stehag/Stockholm 1997]
Andrén 2000: A. Andrén, Re-reading Embodied Texts – an Interpretation of Rune-stones. Current Swedish Arch. 8, 2000, 7-32.
Baines 1989: J. Baines, Communication and Display: the Integration of Early Egyptian Art and Writing. Antiquity 63, 1989, 471-482.
Bérard et al 1989: J. Baines/C. Bron/J.-L. Durand/F. Frontisi-Ducraux/F. Lissarrague/ A. Schnapp/J.-P. Vernant, A City of Images. Iconography and Society in Ancient Greece. Princeton: Princeton University Press 1989 [Erstausgabe: Paris 1985].
Berlo 1983: J. C. Berlo (Hrsg.), Text and Image in Pre-Columbian Art. Essays on the Interrelationship of the Verbal and Visual Arts. Brit. Arch. Rep. Intern. Ser. 180. Oxford: BAR 1989.
Brøndsted 1920: J. Brøndsted, Nordisk og fremmed Ornamentik i Vikingetiden, med særlig Henblik paa Stiludviklingen i England. Aarbøger for nordisk Oldkyndighed og Historie III: 10, 1920, 162-282.
Bugge 1953: A. Bugge, Norske stavkirker. Oslo: Dreyer 1953.
Christiansson 1959: H. Christiansson, Sydskandinavisk stil. Studier i ornamentiken på de senvikingatida runstenarna. Uppsala: Almqvist/Wiksell, 1959.
Fuglesang 1978: S. H. Fuglesang, Stylistic Groups in Late Viking Age. In: J. T. Lang (Hrsg.), Anglo-Saxon and Viking Age Sculpture and its Context. Brit. Arch. Rep. Brit. Ser. 49. Oxford: BAR 1978, 205-223.
Fuglesang 1986: S. H. Fuglesang, Ikonographie der skandinavischen Runensteine der jüngeren Wikingerzeit. In: H. Roth (Hrsg.), Zum Problem der Deutung frühmittelalterlicher Bildinhalte. Veröffentlichungen des Vorgeschichtlichen Seminars der Phillips Universitet, Marburg. Sigmaringen: Torbecke 1986, 183-210.
Gräslund 1988: A.-S. Gräslund, Runstenar, bygd och gravar. Tor 21, 1988, 241-262.
Gurevich 1985: A. J. Gurevich, A. J Categories of Medieval Culture. London: Routledge/Kegan Paul 1985 [Erstausgabe: Moskau 1972].
Hanks/Rice 1989: W. F. Hanks/D. S. Rice (Hrsg.), Word and Image in Maya Culture. Explorations in Language, Writing and Representation. Salt Lake City: University of Utah Press 1989.
Haseloff 1981: G. Haseloff, Die germanische Tierornamentik der Völkerwanderungszeit. Studien zu Salin's Stil I. Berlin/New York: de Gruyter 1981
Hedeager 1997: L. Hedeager, Skygger af en anden virklighed. Oldnordiske myter. Copenhagen: Samleren 1997.
Hedeager 1999: L. Hedeager, Skandinavisk dyreornamentik. Symbolsk repræsentation af en forkristen kosmologi. In: I. Fuglestvedt/T. Gansum/A. Opedal (Hrsg.), Et hus med mange rom. Vennebok til Bjørn Myhre på 60-årsdagen. Stavanger: Arkeologisk Museum i Stavanger 1999, 219-237.
Herschend 1998: F. Herschend, The Idea of the Good in Late Iron Age Society. Occasional Papers in Archaeology 15. Uppsala: Department of Archaeology and Ancient History 1998.
Holmbäck/Wessén 1943: Å Holmbäck/E. Wessén (Hrsg.), Svenska Landskapslagar 4. Skånelagen och Gutalagen. Stockholm: Geber 1943.
Holmqvist 1955: W. Holmqvist, Germanic Art during the First Millennium A. D. Vitterhetsakademien, Handlingar 90. Stockholm: Vitterhetsakademien 1955.
Hyenstrand 1996: Å. Hyenstrand, Lejonet, draken och korset. Sverige 500-1000. Lund: Studentlitteratur 1996.
Jansson 1962: S. B. F. Jansson, The Runes of Sweden. Stockholm: Norstedt 1962.

Jesch 1991: J. Jesch, Who was hulmkir? Double apposition in the Ramsund inscription. Arkiv för nordisk filologi 106, 1991, 125-136.
Johansen 1997: B. Johansen, Ormalur. Aspekter av tillvaro och landskap. Stockholm Studies in Archaeology 14. Stockholm: Department of Archaeology 1997.
Karlsson 1983: L. Karlsson, Nordisk form – om djurornamentik. Statens Historiska Museum. Studies 3. Stockholm: Statens Historiska Museum 1983.
Klindt-Jensen 1975: O. Klindt-Jensen, A History of Scandinavian Archaeology. London: Thames/Hudson 1975.
Kristoffersen 1995: S. Kristoffersen, Transformation in Migration Period Animal Art. Norwegian Arch. Rev. 28, 1995, 1-17.
Lager 1995: L. Lager, Kors på svenska runstenar. Duplicated seminar paper. Uppsala: Institute of Archaeology 1995.
Lagerroth et al 1993: U. B. Lagerroth/H. Lund/P. Luthersson/A. Mortensen (Hrsg.), I musernas tjänst. Studier i konstarternas interrelationer. Stockholm/Stehag: Symposion 1993.
Lie 1952: H. Lie, Skaldestilstudier. Maal og Minne 1952, 1-92
Lie 1963: H. Lie, Kenningar. Kulturhistoriskt lexikon för nordisk medeltid 8. Malmö: Allhem, 1963, 375-381.
Lindblad/Wirtén 1992: E. Lindblad/K. Wirtén, Korsbandsstenar – en kronologisk studie. Duplicated seminar paper. Uppsala: Institute of Archaeology, 1992.
Lindqvist 1931: S. Lindqvist, Yngre vikingastilar. Nordisk Kultur 27, 1931, 144-179.
Marcus 1992: J. Marcus, Mesoamerican Writing Systems. Propaganda, Myth, and History in Four Ancient Civilizations. Princeton: Princeton University Press.
Meijer 1992: J. Meijer, Planning in Runic Inscriptions. Blandade runstudier I. Runrön 6. Uppsala: Institutionen för nordiska språk 1992, 37-66.
Moltke 1974: E. Moltke, The Jelling Monument in the Light of the Runic Inscriptions. Mediaeval Scandinavia 7, 1974, 183-208.
Müller 1880: S. Müller, Dyreornamentiken i Norden. Aarbøger for nordisk Oldkyndighed og Historie 1880, 185-405.
Norr 1998: S. Norr, To Rede and to Rown. Expressions of Early Scandinavian Kingship in Written Sources. Occasional Papers in Archaeology 17. Uppsala: Department of Archaeology and Ancient History 1998.
Ørsnes 1966: M. Ørsnes, Form og stil i Sydskandinaviens yngre germanske jernalder. Copenhagen: Nationalmuseet 1966.
Ørsnes 1969: M. Ørsnes, Südskandinavische Ornamentik in jüngeren germanischen Eisenzeit. Acta Archaeologica 40, 1969, 1-121.
Owe 1995: J. Owe, Svensk runbibliografi 1880-1993. Runverket. Stockholm: Riksantikvarieämbetet 1995.
Plog 1983: Plog, Analysis of Style in Artifacts. Annual Rev. Anthr. 12, 1983, 125-143.
Sackett 1977: J. R. Sackett, The Meaning of Style: a General Model. Am. Ant. 42, 1977, 369-80.
Sackett 1982: J. R. Sackett, Approaches to Style in Lithic Archaeology. Journal Anthr. Arch. 1, 1982, 59-112.
Salin 1904: B. Salin, Die altgermanische Thierornamentik. Stockholm: Asher 1904.
Sämunds Edda = E. Brate (Hrsg.), Sämunds Edda. Stockholm: Norstedt 1913.
Sawyer 1988: B. Sawyer, Property and Inheritance in Viking Scandinavia. The Runic Evidence. Occasional Papers on Medieval Topics 2. Alingsås: Viktoria, 1988.
Shetelig 1909: H. Shetelig, Urnesgruppen. Det siste avsnit av vikingetidens stilutvikling. Aarsberetning fra Foreningen til norske Fortidsmindesmerkers Bevaring 1909.
Shetelig 1949: H. Shetelig, Classical Impulses in Scandinavian Art from the Migration Period to the Viking Age. Oslo: Instituttet for sammenlignende kulturforskning 1949.

Snæsdal Brink/Wachtmeister 1984: T. Snæsdal Brink/I. Wachtmeister, Runstenar i Södermanland. Vägvisare till runristningar i Södermanlands län. Sörmländska handlingar 40. Nyköping: Södermanlands Museum 1984.
Snorres Edda: K. G. Johansson/M. Malm (Hrsg.), Snorres Edda. Stockholm: Klassikerförlaget 1997.
Söderberg 1905: S. Söderberg, Om djurornamentiken under folkvandringstiden. Antiqvarisk tidskrift för Sverige XI, 1905, 1-93.
Svenbro 1993: J. Svenbro, Phrasikleia. An Anthropology of Reading in Ancient Greece. Ithaca. N. Y.: Cornell University Press 1993 [Erstausgabe: Paris 1988]
Thompson 1975: C. W. Thompson, Studies in Upplandic Runography. Austin/London: University of Texas Press.
Thráinsson 1994: Th. Thráinsson, Vid Urdarbrunnen. Om Urnesstilens ikonografi. Duplicated seminar paper. Uppsala: Institute of Archaeology, 1994.
Vansina 1984: J. Vansina, Art History in Africa. London/New York: Longman, 1984.
Washburn 1983: D. Washburn (Hrsg.), Structure and Cognition in Art. Cambridge: Cambridge University Press, 1983.
White 1987: H. White, The Content of the Form. Narrative Discourse and Historical Representation. Baltimore/London: The Johns Hopkins University Press, 1987.
Wideen 1955: H. Wideen, Västsvenska vikingatidsstudier. Arkeologiska källor till Vänerområdets kulturhistoria under yngre järnålder och äldsta medeltid. Göteborg: Göteborgs arkeologiska museum 1955.
Wilson 1995: D. Wilson, Vikingatidens konst. Signums svenska konsthistoria 2. Lund: Signum 1995.
Zachrisson 1994: T. Zachrisson, The Odal and Its Manifestation in the Landscape. Current Swedish Arch. 2, 1994, 219-238.
Zachrisson 1998: T. Zachrisson, Gård, gräns, gravfält. Sammanhang kring ädelmetalldepåer och runstenar från vikingatid och tidigmedeltid i Uppland och Gästrikland. Stockholm Studies in Archaeology 15. Stockholm: Department of Archaeology 1998.
Zanker 1987: P. Zanker, Augustus und die Macht der Bilder. München: Beck 1987.

Paradigmen

MANFRED K. H. EGGERT

Das Materielle und das Immaterielle: Über archäologische Erkenntnis*

ZUSAMMENFASSUNG: Dem Beitrag liegt die Ansicht von C. Hawkes (1954) zugrunde, dass die archäologischen Erkenntnismöglichkeiten eine vom Erkenntnisgegenstand abhängige innere Staffelung aufweisen. Von dieser Prämisse ausgehend, werden drei archäologische Fälle erörtert, die sämtlich mit der religiös-kultischen Sphäre zu tun haben. Im Zuge der Darlegungen wird deutlich, dass man sich kaum Hawkes' Auffassung entziehen kann, derzufolge der Bereich des »geistigen Lebens« archäologisch am schwierigsten zu erschließen ist. Im letzten Teil des Beitrages werden die erkenntnistheoretischen Implikationen der Fallstudien im größeren Kontext historischen und archäologischen Erkennens erörtert.

»Was ihr den Geist der Zeiten heißt,
das ist im Grund der Herren eigner Geist,
in dem die Zeiten sich bespiegeln.«
(J. W. Goethe, Faust I, Nacht, 577-579)

Der Klassische Archäologe J. Boardman leitete die Schlussbetrachtung seiner Studien über die Verbreitung klassischer Kunst im Altertum mit einer Satellitenkarte ein, die eine Weltraumperspektive auf Europa, Asien und Nordafrika bietet. Die von ihm gewählte Wiedergabe dieses Satellitenfotos war ungewöhnlich. Er kommentierte sie folgendermaßen: »This composite satellite map is *not* upside down since only the conventions of northern hemisphere civilizations have decided that north should be at the top«. Und er fuhr fort: »I show it in this way because, when we view the familiar in an unfamiliar way we often begin to see and understand things previously ignored or taken for granted« (Boardman 1994, 310).

Boardman nutzte diese unübliche Perspektive sodann, um über die räumlichen Relationen der abgebildeten Regionen, über Aspekte eines wie immer bestimmten Zentrums und seiner Peripherie nachzudenken: Wie unendlich peripher sind die Britischen Inseln im Rahmen der Alten Welt! Wie nah sind sich Italien und Griechenland! Wie weit ist die Levante von ihnen entfernt und wie nah das Schwarze Meer! Eine andere Perspektive, die er dem Leser nahe legt (Boardman 1994, 311) – »Put the book on its side so that the Mediterranean becomes a tortuous funnel for the waters of the Nile and Black Sea to the Atlantic [...]!« –, verändert wiederum die

---

* Für die kritische Lektüre einer früheren Version dieses Textes und hilfreiche Kommentare möchte ich Stefanie Samida (Tübingen) sehr danken.

Wahrnehmung altbekannter geographischer Relationen: Wie nah ist nun der Nil zu Mesopotamien, wie weit entfernt hingegen Persien! Und überhaupt: Was ist Europa gegen Indien und Zentralasien?

Mit diesem Verstoß gegen alle Regeln der Betrachtung der zweidimensional projizierten Erdoberfläche hat Boardman zumindest anschaulich gemacht, was wir immer schon wissen, aber allzu oft vernachlässigen: es kommt auf die Perspektive an. Und die Perspektive gründet in Konventionen, die wir meist als gegeben voraussetzen. Wie für das Leben, so ist diese Quintessenz auch für die hier zu erörternde Fragestellung von grundlegender Bedeutung.

Vorbemerkungen zu Theoretischem

Die folgenden Überlegungen möchten das archäologische Erkennen in einer Weise betrachten, die das Fachspezifische in einen größeren Rahmen rückt. Dieser Rahmen wird von den so genannten Geisteswissenschaften, speziell von den systematischen und historischen Kulturwissenschaften gebildet. An dieser Stelle soll nicht weiter generalisierend über das Materielle und das Immaterielle gesprochen werden. Nur so viel: Die Quellen der Ur- und Frühgeschichtlichen Archäologie sind in ihrer Masse bekanntlich konkrete, nichtschrifttragende Gegenstände und andere materielle bzw. in dieser oder jener Form materialisierte Zeugnisse vergangener Kulturen. Bei Gegenständen mag man an Keramik, an Schmuck, Waffen und Gerät denken, und bei dem, was uns an sonstigen Zeugnissen materiell gegenübertritt, fallen einem spontan mehr oder weniger aufwendige Grabbauten und Gebäudestrukturen, Vorrats- und Abfallgruben in einstigen Siedlungen, aber auch Felsgravierungen und Felsmalereien ein. Das Immaterielle im Titel dieses Beitrages bezieht sich auf all das Nichtphysische, das mit dem Materiellen vergangener Kulturen einst verbunden gewesen ist. Sowie wir also bei unserem Bemühen um Erkenntnis einer vergangenen Wirklichkeit die unmittelbare, handgreifliche Erfahrbarkeit unserer Quellen transzendieren, haben wir es mit dem Immateriellen zu tun. Daraus ergibt sich meine zentrale Frage nach dem archäologischen Umgang mit diesem Immateriellen oder, konkreter, nach dem Zustandekommen, den Bedingungen und der Struktur archäologischer Erkenntnis.

Im Mittelpunkt meiner Darlegungen werden allerdings nicht Methoden, sondern Theorien bzw. Interpretationen stehen; dabei verstehe ich ›Methoden‹ mit J. Meran (1988, 127) als »Instrumente von Theorien«. Somit spielen weder die gängigen archäologischen Methoden der grundlegenden Ordnung und Chronologisierung des Materials noch solche der räumlichen Integration eine Rolle. Auch Fragen und Verfahren der – mit J. G. Droysen zu sprechen – »Heuristik« und »Kritik«, also die Auswahl, Differenzierung und inhaltliche Bestimmung der Quellen auf der einen und ihre kritische Würdigung auf anderen Seite, sollen im Folgenden nicht erörtert werden. Stattdessen möchte ich in paradigmatischer Absicht drei Beispiele aus unterschiedlichen Quellenbereichen im Sinne unseres Themas behandeln. Die wesentlichen Aspekte dieser Beispiele sollen dann zusammengeführt und in einen größeren Rahmen gestellt werden.

Der Auswahl der drei Beispiele, die letztlich auch drei ›Objekt-‹ oder ›Erkenntnisbereiche‹ verkörpern, liegt eine theoretische Vorentscheidung zugrunde: ich unterstelle mit C. Hawkes (1954), dass kaum ein Bereich der Ur- und Frühgeschichte schwerer zu erschließen ist als die geistig-religiöse Sphäre der Menschen jener Zeiten. Davon soll im Folgenden die Rede sein: alle drei Beispiele haben mit Religion zu tun. Somit geht es um eine Thematik, die in einem besonderen Maße durch das Immaterielle geprägt ist und der Archäologie damit gewissermaßen das Äußerste abverlangt. Sollte das Endergebnis dabei letztlich nur recht mager sein, so würde dies daher keineswegs bedeuten, dass damit zugleich auch ein negatives Urteil über das Potential archäologischer Erkenntnis insgesamt gefällt wäre. Vielmehr würde sich hier der durch die Art und Struktur der zur Verfügung stehenden Quellen bedingte, durchaus unterschiedliche Zugang zu den verschiedenen Sphären des ur- und frühgeschichtlichen Menschen auswirken – ein Phänomen, das ja in seinem Kern keineswegs allein für die Archäologie gilt.

Über die ›Szene‹ im Schacht von Lascaux

Der erste Bereich archäologischer Erkenntnis, der hier interessiert, betrifft Hervorbringungen, die wir konventionell als ›Kunst‹ bezeichnen. In unserem speziellen Zusammenhang geht es um die Frage der Interpretation der paläolithischen Höhlenmalerei Südfrankreichs und Nordspaniens, also des so genannten ›franko-kantabrischen Kreises‹. Konkret handelt es sich um einen berühmten, vielfach gedeuteten Bildbefund der 1940 entdeckten Höhle von Lascaux.

Der hier interessierende Befund ist dicht über dem Boden einer acht Meter tiefen Felsspalte, dem so genannten ›Schacht von Lascaux‹, angebracht. Es handelt sich um einen Bison, einen ithyphallischen Mann mit einem vogelartigen Kopf, einem Vogel auf einer Stange und einem Rhinozeros.[1] Das Ensemble wird in aller Regel als szenische Komposition gedeutet, wobei das Nashorn im Gegensatz zu ersten Deutungen schon seit den fünfziger Jahren meist nicht dazugezählt wird. Die mutmaßliche Bildkomposition Bison, Mann, Vogel und Nashorn wurde zunächst als Bild aus dem Alltag des paläolithischen Jägers gedeutet. Demnach handelt sich um eine Jagdszene, bei der sich ein durch einen Speer tödlich verwundeter Bison unter Aufbietung aller noch verbleibenden Kräfte gegen den Jäger gewendet und ihn getötet hat. In den Worten eines Interpreten:

---

1   Zur räumlichen Situation der Szene in der Höhle siehe Leroi-Gourhan 1971, 356 Abb. 125 sowie Leroi-Gourhan/Allain 1979, 65 Abb. 54, 289 Abb. 285. Die gesamte Darstellung am besten in einer farbigen Fotomontage bei Bahn/Vertut 1988, 186 f.

Ein »todwunder Bison, dem das Eingeweide durch den mächtigen Widerhaken eines Speeres herausgerissen ist, blickt mit gesenktem Kopf nach der furchtbaren Wunde. Die Hörner sind durch eine ungewöhnlich gewaltsame Drehung dem vor ihm liegenden primitiv gezeichneten Jäger zugekehrt, den er mit letzter Kraftanstrengung soeben getötet hat und von dessen beiden Waffen der Speer erklärend noch an der Wunde lehnt, während der andere kurze zu seinen Füßen liegt.« (F. Wirth 1944, zitiert nach Kirchner 1952, 251 f.)

Andere Gelehrte, so etwa H. Breuil, haben auch dem Nashorn bei diesem ›Jagdunfall‹ eine Rolle zugemessen, indem sie es teils für den postulierten Tod des Jägers, teils des Bisons verantwortlich machten (Kirchner 1952, 252 mit Anm. 43).

Solchen recht schlichten Interpretationen im Sinne einer anekdotischen Schilderung aus dem jungpaläolithischen Alltagsleben (in diesem Sinne zuletzt Irwin 2000) hat erstmals H. Kirchner im Jahre 1952 eine radikal andere Auffassung entgegengesetzt. Er interpretierte die Szene (ohne das Nashorn) als eine »überraschend naturgetreue Darstellung einer geradezu typischen schamanistischen ›Scéance‹ (Geisterbeschwörung) mit Schamane, Hilfsgeist und Opfertier«. Der Maler habe die Beschwörungssitzung auf ihrem Höhepunkt festgehalten. In Kirchners (1952, 254) Worten:

> »Der eine Vogelkopfmaske tragende Schamane ist in die willentlich herbeigeführte Ohnmacht gefallen; sein Leib sinkt zu Boden, indes sich seine Seele auf die jedem Kenner schamanistischer Erscheinungen wohlvertraute Jenseitsfahrt begibt«.

Im Rahmen dieser den Schamanismus kennzeichnenden »exstatischen Besessenheit« spielten Vögel als »›Hilfsgeister‹ des Schamanen« eine herausragende Rolle (Kirchner 1952, 256). Kirchner suchte seine Interpretation mit einem beeindruckenden gelehrten Apparat abzusichern, der die Institution des Schamanismus als ein weltwites, Zeit und Raum übergreifendes Phänomen etablieren sollte. Allein das ethnographische Schrifttum zum Schamanismus insbesondere zirkumpolarer und innerasiatischer Völker war schon seinerzeit kaum mehr zu überblicken – bereits in den frühen dreißiger Jahren lagen allein in russischer Sprache rund 650 Arbeiten über den sibirischen Schamanismus vor (ebd. 254 f. Anm. 51). Hinzu kamen ständig neue sprachwissenschaftliche, religions- und kulturgeschichtliche, historische und archäologische Studien, in denen über weitere, bisher nicht wahrgenommene Spuren des Schamanismus in Asien und Alteuropa berichtet wurde.[2] Kirchner hatte den Titel seiner

---

2 Kirchner (1952, 245 ff.) schreibt: »Durch weitere, gleichstrebende Forschungen ist es seither immer deutlicher geworden, welchen Einfluß religiöse Vorstellungen, wie sie uns als schamanistische noch heute vornehmlich aus dem mittleren und nördlichen Asien geläufig sind, ohne dass sie sich deshalb auf diesen Erdteil beschränken würden, schon in frühgeschichtlicher Zeit auf das alteuropäisch-mediterrane Geistesleben ausgestrahlt haben. [...] unabhängig davon aber entdecken Vertreter der Religions- und Sprachwissenschaften immer neue schamanistische Züge nicht nur in der chinesischen Hochkultur, in Tibet und auf dem Boden des indischen Subkontinents, bei den georgischen Bergstämmen, im früh-indogermanischen ›Pferdeopfer-Komplex‹, in der zoroastrischen Religion, im Mithraskult und bei den Parthern, im alten Israel und im Islam, sondern auch bei den Etruskern und noch anderen Bewohnern der Apenninenhalbinsel, in der griechischen Welt, bei Thrakern und Skythen, ja im keltisch-germanischen Norden« (Belege Kirchners von mir eliminiert).

Abhandlung offenkundig mit Bedacht gewählt: »Ein archäologischer Beitrag zur Urgeschichte des Schamanismus«.

Aus heutiger Sicht wirkt seine Beweisführung merkwürdig unzeitgemäß. Sie erinnert an gelehrte Abhandlungen der zweiten Hälfte des 19. Jahrhunderts, etwa an Schriften von J. Lubbock und E. B. Tylor. Dennoch: Der Deutung der Bildkomposition von Lascaux als simple, wenngleich tragisch ausgehende alltägliche Geschichte aus der harten Wirklichkeit paläolithischer Jäger hatte Kirchner eine in allen Einzelaspekten wohlüberlegte, differenzierte und mit einem beeindruckenden Belegmaterial versehene Interpretation gegenübergestellt. Methodologisch gesehen war damit zugleich ein entscheidender Schritt von einer auf einem »vorwissenschaftlichen Alltagswissen« (Meran 1988, 128) aufbauenden Argumentation zu einem Vergleich vollzogen worden, der Institutionen mit ihren für relevant betrachteten Einzelelementen – Starrheit des Mannes, Vogelkopf, Bison, Vogel auf der Stange – in den Blick nahm. Dabei wurden, einschließlich der verschiedenen paläolithischen Bilder und Kleinkunstwerke, die Kirchner vergleichend heranzog, selbst unscheinbare Einzelheiten erörtert, wenn sie denn einen Zusammenhang mit dem historisch bezeugten bzw. rezenten und subrezenten Schamanismus nahe legten. Insofern stutzt man, wenn man plötzlich feststellt, dass der offenkundige Zustand sexueller Erregung des Mannes von Kirchner mit keinem Wort kommentiert wird. Der Verdacht drängt sich auf, dass derlei genauso wenig ein Merkmal von Schamanismus wie die natürliche Folge eines Jagdunfalls ist – die Ithyphallik war auch von den Anhängern der Jagdthese nicht kommentiert worden.

Dass der erigierte Penis des Mannes in beiden hier interessierenden Deutungsversuchen ignoriert worden ist, lässt sich kaum mit der Annahme erklären, man habe dieses Detail für unwichtig gehalten. Vielmehr liegt die Vermutung nahe, der mit der Ithyphallik dokumentierte Tatbestand habe – im Gegensatz zu zahlreichen anderen eingehend kommentierten Einzelheiten – nicht in den jeweiligen Deutungszusammenhang gepasst. Wahrscheinlich ist hier nur die allzu übliche Verfahrensweise praktiziert worden, in einer Argumentation nur jene empirischen Tatsachen berücksichtigen, die der favorisierten These dienlich sind bzw. sich mit ihr vereinbaren lassen.

K. J. Narr (1961, 146 ff.) hat einmal darauf hingewiesen, dass die Zugehörigkeit des Nashornes aufgrund des Stilunterschiedes »ganz und gar unwahrscheinlich«, die Zusammengehörigkeit von Mensch, Vogelfigur und Wisent aber auch nicht erwiesen sei. Dennoch tendierte er aufgrund der mutmaßlichen schamanistischen Bezüge dazu, das Ensemble als Szene zu deuten. Wie P. Ucko und A. Rosenfeld (1967, 43 f.) zu Recht betonten, haben nahezu alle Forscher – selbst jene, die dem Vorkommen von szenischen Darstellungen in der paläolithischen Wandkunst eher abgeneigt waren – den Bildbefund des Schachtes von Lascaux als Szene interpretiert. Warum aber zählt man das Nashorn – und zwar keineswegs erst, wie sie nahe legen (ebd. 244 Anm. 14), seit A. Leroi-Gourhans monumentaler Monographie über die paläolithische Kunst von 1965 – nicht mehr zu dieser Szene? Überzeugende Kriterien dürften dafür kaum zu finden sein. Auch hier ist es, doch zumindest in einem konkreten Sinne, eine Frage der Perspektive – mithin eine Frage der Begrenzung des für relevant gehaltenen Bildausschnittes, die ihrerseits auf Sehgewohnheiten und Konzepten beruht, die das Inhaltliche und das Räumliche aufeinander beziehen. Dies gilt im Übrigen für den gesamten Bildzusammenhang.

Was Kirchners Interpretation betrifft, so liegt hier eine ganz bestimmte, zeitspezifische theoretische Perspektive vor, die ohne weiteres damit rechnete, bei rezenten Jägergruppen Traditionen vorzufinden, die über einen Zeitraum von Jahrzehntausenden überliefert worden sein konnten. Es ist außerdem zu berücksichtigen, dass er auf dem Höhepunkt der Wiener Schule der Kulturhistorischen Ethnologie schrieb, zu einer Zeit also, in der man die Geschichte nichtschriftbesitzender Kulturen vor allem über die Herausarbeitung von ›Kulturschichten‹ zu erhellen trachtete und dabei durchaus mit sehr weiträumigen und tief reichenden historischen Zusammenhängen rechnete. Schließlich ist festzuhalten, dass er anderen gängigen, evolutionistisch-deterministisch geprägten Thesen, insbesondere der Jagdmagie-These des Grafen H. Bégouën (1929), mit seiner Interpretation eine genuin historische Erklärung entgegensetzte.[3]

»Gaben an die Götter«?

Der zweite Bereich, der hier in exemplarischer Absicht angesprochen werden soll, hat es mit konkreten Objekten, und zwar in allererster Linie mit bronzenen Waffen, Schmuck und Gerätschaften aller Art zu tun. Interessant sind hierbei nicht allein die Zeitstellung und das Typenspektrum dieser Objekte, sondern vor allem die Art ihrer Deponierung: es handelt sich dabei in erster Linie um mehr oder weniger umfangreiche Komplexe von Gegenständen, die entweder auf festem Terrain vergraben oder sonst wie deponiert oder aber in Gewässern bzw. feuchtem Milieu versenkt worden sind. Diesen so genannten ›Horten‹ oder ›Depots‹ ist die Motivation, die zu ihrer Niederlegung oder Versenkung geführt hat, in aller Regel nicht anzusehen (zu Horten und zur Hortforschung zusammenfassend Eggert 2001, 78 ff.).

Die Frage der funktionalen Deutung von Horten – insbesondere solchen der Bronze- und Urnenfelderzeit – wird in der Forschung seit fast 150 Jahren erörtert. So wurden sie als Opfer- und Weihegaben, als Gerät- bzw. Materialverstecke von Händ-

---

[3] Der hier ausschließlich anhand forschungsgeschichtlich recht alter Literatur erörterte Befund des Schachtes von Lascaux diente lediglich dazu, die Problematik der Deutung paläolithischer Kunst schlaglichtartig zu beleuchten. Eine knappe, kritische Übersicht über die Grundlinien verschiedener Deutungsansätze seit Breuil findet sich bei M. Lorblanchet (1995, 81 ff.) als Vorspann zu seinem eigenen Vorgehen. – Im Hinblick auf Kirchners Thesen entbehrt es aus ideengeschichtlicher Sicht nicht einer gewissen Ironie, dass rund 50 Jahre später mit D. Lewis-Williams' Thesen eine schamanistische Interpretation von Südafrika auf paläolithische Phänomene Europas übertragen wird (Clottes/Lewis-Williams 1996).

lern und Bronzegießern, als Selbstausstattungen für das Jenseits und als Verstecke von wertvollem Hab und Gut interpretiert. Die leitenden Prämissen veränderten sich im Laufe der Zeit (hierzu Eggert 2001, 80 ff.). Nachdem frühbronzezeitliche Spangenbarren- und Halsringbarren-Depots erstmals von P. Reinecke (1930) als Indikatoren kriegerischer Unruhen interpretiert worden waren, wurde es üblich, Horte generell als Zeugnisse politisch unruhiger Zeiten anzusehen. Diese Tendenz herrschte bis in die späten fünfziger Jahre vor – erst dann lenkte vor allem H. Müller-Karpe (1958, 24 ff.; bes. 32 ff.) die Aufmerksamkeit wieder auf kultisch-religiöse Vorstellungen und Praktiken als Ursache der Niederlegung und Versenkung wertvollen Gutes. Seitdem wurde die im weitesten Sinne religiöse Sphäre wieder stärker bei der Deutung von Horten berücksichtigt. In den letzten Jahren ist diese Interpretationsrichtung in der deutschen Forschung ausgesprochen dominant geworden. Die erste uneingeschränkt religionsgeschichtliche Deutung von Horten wurde Ende der siebziger Jahre von M. Menke (1978/79) am Beispiel frühbronzezeitlicher Horte Bayerns vorgenommen.

Wie bereits an anderer Stelle dargelegt (Eggert 2001, 80), ist die nunmehr vorherrschende kultisch-religiöse Interpretation mit B. Hänsel und dem Berliner Institut für Prähistorische Archäologie der Freien Universität verbunden. Unter seiner Leitung konzipierten und präsentierten Studenten und Mitarbeiter des Institutes gemeinsam mit A. Hänsel vom Berliner Museum für Vor- und Frühgeschichte im Jahre 1997 eine Hortfundausstellung unter dem Titel *Gaben an die Götter: Schätze der Bronzezeit Europas*. Im Folgenden soll uns die Frage interessieren, wie die in diesem Titel zum Ausdruck kommende, bereits in der Frühzeit der Hortfundforschung intensiv diskutierte These heute begründet wird und was daraus für unser Thema zu gewinnen ist.

In einem gemeinsam verfassten Vorwort zur Begleitveröffentlichung (Hänsel/Hänsel 1997) geben W. Menghin und B. Hänsel ihrer Auffassung Ausdruck, dass während der europäischen Bronzezeit eine »Kontinuität kultureller Gemeinschaftlichkeit« fassbar sei, deren Ursache in der Religion läge. Ihre »Grundideen und zentralen Riten« seien von Spanien bis nach Finnland und von Schottland bis an den Dnjepr so gleichartig gewesen, dass es »in diesem Raum zu verwandten archäologischen Hinterlassenschaften« kommen konnte, für die insbesondere die Horte charakteristisch seien: sie gäben, so meinen die beiden Autoren, »für einen Zeitraum von etwa 1500 Jahren die Gemeinsamkeiten in der bronzezeitlichen Religionsausübung zu erkennen« (Menghin/Hänsel 1997, 9). Diese Deutung legte Hänsel (1997, 13) in seinem einleitenden, programmatischen Beitrag im Einzelnen dar. Demzufolge bezeugen die Horte eine »überall in der Bronzezeitwelt Europas gefundene Opferpraxis«, in der das Opfer »zur wichtigsten, heute noch sichtbaren Form der Kommunikation mit den Göttern« geworden war.

Hänsel (1997, 11) geht davon aus, dass es die Archäologie grundsätzlich mit Indizien zu tun habe und es »Beweise im strengen Sinne« nicht gebe:

»So wie in einem Indizienprozeß vor Gericht die Wahrheit nur erschlossen und damit mehr oder weniger genau herausgearbeitet werden kann, ist jede Aussage der Archäologen mit einer gewissen Unsicherheit behaftet und bewegt sich in mehr oder minder großen Wahrscheinlichkeitsbereichen.«

Dies gelte auch für die Erforschung der bronzezeitlichen Kultur- und Lebensverhältnisse und damit für die Deutung der Horte dieser Zeit: »Wir müssen Indizien sammeln, diese intelligent kombinieren und dann wissenschaftlich unter strenger Methodenanwendung interpretieren.«

Für ihn repräsentieren die in Horten deponierten Bronzen in der Lebenswirklichkeit der bronzezeitlichen Menschen »Symbole der Macht« (Hänsel 1997, 12). Die Bronzen hätten durch »ihr metallenes, für jedermann erkenntlich unvergängliches, also für die Ewigkeit bestimmtes Aussehen« eine »Legitimität im Zeitlosen, d. h. eine von der Person des Mächtigen unabhängige Begründung« des Machtanspruches verkörpert – sie seien eben »Symbole« gewesen: »Machtentfaltung bedarf der Symbole«. Dies habe für hochwertige bronzene Gegenstände der in Horten gefundenen Art schlechthin gegolten: »Schwerter sind in ihrer ganzen Kunstfertigkeit genauso wie die Tafelservices edlen Bronzegeschirrs oder bestimmte Schmuckstücke solche Symbolträger«.

Legt man diese Sichtweise zugrunde, so ergibt sich beinah zwangsläufig die Frage, wieso die ›Mächtigen‹ jener Zeit ihre vermeintlichen Insignien nicht als Garant ihres Herrschaftsanspruches gehütet, sondern vergraben, versenkt oder sonst wie entäußert haben. Denn, wie Hänsel (1997, 12) treffend feststellt, »was im Boden, im Moor oder im Wasser dem wiederholten Zugriff entzogen ist, kann nicht mehr auf die Umwelt des Mächtigen wirken.« Dieser Einwand, so heißt es weiter, sei sicher richtig, zeuge aber »von einem für die Menschen der Bronzezeit ganz offensichtlich fremden rationalistischen Denken«, da damit die »religiöse Komponente« außer Acht gelassen werde.

Mit der einleuchtenden Hypothese, dass für den Bronzezeitmenschen »bei seinem aus unserer heutigen Sicht recht begrenzten rationalen Weltverständnis ganz zwingend weiteste Lebensbereiche in der Hand außermenschlicher Mächte« gewesen seien, legt Hänsel (1997, 12) das Fundament für seine Hortdeutung: Der damalige Mensch habe sich »in der Hand göttlicher Mächte« gefühlt, sie hätten sein Leben geprägt und daher sei es darauf angekommen, mit ihnen »in eine Form des Dialogs« zu treten, um »sie zu beeinflussen, sie günstig zu stimmen, Bitten oder Forderungen an sie zu richten, ihnen für geleistete Wohltaten zu danken«. Dies zu erreichen, so meint er,

»gelang nach den Vorstellungen der Bronzezeitmenschen in der Trennung vom Besitz, in der Weihung, in der Übereignung des Liebgewonnenen, des Macht und Lebensposition Dokumentierenden an die jenseitige Welt, die man durch das Chthonische, den Schoß der Erde, zu erreichen versuchte.« (Ebd. 13).

Nachdem das theoretische Fundament für Hänsels Deutung der Funktion der Hortfunde erörtert worden ist, stellt sich die Frage nach den »Indizien«, die er diesem »Indizienprozess« zugrunde legt. Sie lassen sich wie folgt zusammenfassen:

- Horte und Gräber zeigen in der Regel ein unterschiedliches Typenspektrum. Wären Horte lediglich als temporäre Verstecke in Unruhezeiten etc. angelegt worden, so würde man nach Hänsel (1997, 13) »das ganze benutzte Repertoire von wertvollem oder nützlichem Gut erwarten.«
- Die These, dass es sich bei Horten um versteckte und aus unbekannten Gründen nicht wieder geborgene Warenlager reisender Händler handele, könne zwar für diesen oder jenen Hort, nicht aber für die »ungeheure Masse von Depots« zutreffen: »Allzu viele persönliche Händlerkatastrophen mit verheerenden Folgen wären zu unterstellen. Ungeklärt bliebe auch, warum das persönliche Unglück die Händler immer wieder fast nur in der Bronzezeit ereilt haben soll« (Hänsel 1997, 14).
- Ähnlich verhalte es sich mit einer entsprechenden Deutung der seit dem Beginn der Mittelbronzezeit gehäuft auftretenden Horte mit zerbrochenen Bronzen: »Der Anteil der verunglückten ›Schrotthändler‹«, so Hänsel (1997, 14), »müsste unbegreiflich hoch und auf die Mittel- und Spätbronzezeit beschränkt gewesen sein.«
- Viele Horte zeigten einen eindeutigen Bezug zum Metallhandwerk und würden daher »als Gießerdepots, als Materiallager von Rohmetall, von wieder einschmelzbarem Bruch und von Halbfertigprodukten sowie gußfrischer Ware« gedeutet (Hänsel 1997, 14). Hier müssten die gleichen Einwände wie bei den vermeintlichen Händlerdepots (Punkt 2) zum Tragen kommen. In dem Augenblick aber, in dem diese Horte als Opfer von Gießern erkannt und entsprechend gedeutet würden, gäbe es dieses Problem nicht mehr.[4]
- Eine ›profane‹ Interpretation der Horte könne nicht erklären, dass es in einheitlichen Kulturregionen wie im Karpatenbecken zwischen Kroatien und Siebenbürgen »sieben gut voneinander scheidbare Hortfundprovinzen mit unterschiedlichen, regelhaft wiederkehrenden Fundinhalten« gäbe (Hänsel 1997, 14).

Diese fünf ›Indizienbeweise‹ wirken auf den ersten Blick sehr überzeugend.[5] Damit scheinen die gängigsten Alternativhypothesen zur Opferthese widerlegt. Eine nähere Betrachtung zeigt jedoch, dass dies nur dann gilt, wenn jede dieser Alternativhypo-

---

4 Hierzu Hänsel (1997, 15): »Sie hatten erstens das Metall, zweitens übten sie eine schwere, risikoreiche Arbeit aus, brauchten den Beistand der Götter also ganz besonders, die sie durch Opfer günstig stimmen mußten. Schließlich bearbeiteten sie einen dem Boden entnommenen Werkstoff, der den chthonischen Mächten abgerungen und daher auch wenigstens partiell wieder zurückzugeben, d. h. zu vergraben war.«
5 Zur Struktur des Indizienbeweises und seiner Tragfähigkeit in der Archäologie siehe Beitrag Ch. Kümmel in diesem Band.

thesen mit einem ähnlich monokausalen Erklärungsanspruch versehen wäre wie die Opferthese.[6] Dies ist jedoch in der Hortfunddiskussion schon lange nicht mehr der Fall.

Schließlich wäre ein letztes Argument Hänsels zu erwähnen. Es gehört jedoch nicht zur Kategorie der Indizien, sondern in den bereits erörterten Bereich der interpretatorischen Prämissen. Unter Verweis auf die Ethnologie stellt er fest, dass »einseitig von einigen Mitgliedern der Gemeinschaft erworbener übermäßiger Besitz« in »einfachen Stammesgesellschaften« zu sozialen Spannungen führe – sie könnten aber durch Entäußerung dieses Besitzes beseitigt werden. Eine solche »Form der Konfliktminimierung« sei das »Einbringen des Besitzes in den Kultbetrieb als persönliche Gabe an die Götter, als Opfer«. Durch diesen Akt der Entäußerung gewinne der Opfernde Ansehen und festige damit »seine Stellung in der Gesellschaft statt diese durch übermäßigen Besitz zu gefährden« (Hänsel 1997, 15).

Im Zuge der Übertragung dieser ethnologisch gegründeten These auf die Hortproblematik verwandelt sich der religiöse Bronzezeitmensch, dem »rationalistisches Denken« doch fremd gewesen sein soll, zu einem *Homo oeconomicus*, der sein Handeln um seines eigenen Vorteiles willen an klaren Zielvorgaben orientiert und bei der Erreichung dieser Ziele »sinnvoll und rational« vorgeht.[7] Es dürfte schwierig sein, diese Bemerkungen nicht im Sinne eines exemplarisch rationalistischen Verhaltens des Bronzezeitmenschen zu deuten. Der mit diesen Bemerkungen entstandene Widerspruch zu einer in gleichem Atemzuge behaupteten bronzezeitlichen Lebenswelt, in der ein Rationalismus und Utilitarismus der geschilderten Art angeblich wesensfremd wäre, tritt auch an anderen Stellen des Beitrages auf.[8]

---

6 Hänsel (1997, 13) geht mit folgender einleitender Formulierung auf alternative Deutungsmöglichkeiten ein: »Gibt es nicht andere und vielerlei Gründe, wertvolles Gut dem Boden anzuvertrauen? Die archäologische Literatur ist voll anderer Erklärungsmodelle recht praktischer und rationaler Natur. Lediglich Deponierungen, deren Niederlegungsort zweifelsfrei ein Ausgraben und Bergen aus dem Boden unmöglich macht, sind überall und von allen als Opferniederlegungen anerkannt« (Hervorhebungen von mir). Die in der Literatur gängigen, seiner Auffassung entgegenstehenden Deutungen werden dann ausnahmslos im Sinne der oben angeführten Indizien 1-5 zurückgewiesen.

7 Hierzu heißt es (Hänsel 1997, 14): »Die Bronzezeit ist mit einer gewissen Wahrscheinlichkeit eine Zeit solch einfacher Gesellschaftsstrukturen gewesen, in der sich Persönlichkeiten aus dem sozialen Umfeld gelöst und Ansätze zur Herrschaftsbildung entwickelt haben, diese aber behutsam aufbauen mussten und nicht durch Reichtumsakkumulation gefährden durften. Zusätzlich bestand die Notwendigkeit, diesen Machtanspruch zu legitimieren. Was war also sinnvoller und rationaler, als Besitz im Opfervorgang zu demonstrieren, ihn durch das Opfer aufzugeben und sich dabei auch noch der Gunst der Götter und der Gemeinschaft zu versichern?« (Hervorhebungen von mir).

8 So wird etwa der Eindruck, dass die Horte in ihrer Zusammensetzung gegen Ende der Bronzezeit »strukturierter« würden, von Hänsel (1997, 17) mit folgenden Worten kommentiert: »Das wird man wohl am ehesten mit konkreter und bildhafter werdenden Göttervorstellungen deuten mögen. Je klarer eine Gottheit umrissen ist, desto geregelter ist auch ihr

Jedenfalls zieht Hänsel (1997, 15) aus den hier referierten Überlegungen den Schluss, dass lediglich die »Opferhypothese« der »Gesamterscheinung der Verwahrfunde« gerecht zu werden vermag: die hinter ihr stehende Motivation könne als Normalfall der Hortdeponierung angesehen werden.[9] Offenbar durchdrungen von der Gewissheit, die Hortproblematik nunmehr ein für allemal gelöst zu haben, legt er sodann die Verfahrensregel für abweichende Auffassungen fest: »Andere Deutungen sind zwar möglich, sie sind aber nicht nachzuweisen. Die Beweisführungspflicht für eine andere als die sakrale Interpretation muss gefordert werden« (ebd.).

Es erscheint offenkundig, dass das mit der Opferhypothese beanspruchte Deutungsmonopol auf der generellen Annahme beruht, das Phänomen der »Gesamterscheinung der Verwahrfunde« (Hänsel 1997, 15) müsste mit einer Art ›Universaldeutung‹ erklärt werden. Somit stellt sich die Frage, was diese neue Lehrmeinung zum Problem der Hortfunddeutung für unsere zentrale Fragestellung nach den Bedingungen und der Struktur archäologischer Erkenntnis erbringt.

Zur Kritik der universalen Opferthese

Zunächst einmal gilt auch hier, dass die Perspektive im Sinne der theoretischen Grundposition und die damit verbundenen Prämissen die Ansprache, Auswahl, Verknüpfung und Beurteilung des Empirischen bestimmen. Ferner ist festzustellen, dass die altbekannte, von Hänsel wiederbelebte und radikaler gefasste monokausale Hypothese in jenen Bereich von Fragestellungen gehört, die nach längerem Schattendasein in den letzten Jahren plötzlich mit Macht in die Arena dessen, was man diskutiert, zurückgekehrt sind. Dies betrifft neben unserer konkreten religionswissenschaftlichen Problematik auch solche Traditionsthemen des Faches wie ›Ethnos‹ und ›Wanderungen‹. Insofern hat sich offenkundig das fachspezifische geistige Umfeld gewandelt, und diesem Wandel folgen die Fragestellungen bzw. die Interpretationsmuster. Schließlich ist darüber hinaus im Sinne der gewählten Perspektive zu vermerken, dass die aus der empirischen Basis, also aus den konkreten Horten und ihrem Inhalt einschließlich ihrer räumlichen, topographischen und zeitlichen Dimension gewonnenen Indizien von Hänsel ausschließlich unter dem Primat der Opferhypothese bewertet werden.

Verhalten in der Vorstellung ihrer Verehrer, sie ist leichter an einen Ort der Verehrung gebunden vorstellbar und dort anzutreffen.«

9   Wörtlich heißt es bei Hänsel (1997, 15): »Die außerordentlich große Zahl an bronzezeitlichen Hortfunden, ihre zeitliche und inhaltliche Beschränkung, die geschlossene geographische Verbreitung des Gesamtphänomens innerhalb eines sehr großen Teils von Europa lassen geistige Zusammenhänge erfassen, Gemeinsamkeiten in den Vorstellungen erkennen, die struktureller Natur sind. Spitzt man das zur Deutungsfrage der Horte Gesagte zu, so wird man die Opferhypothese als die normale anzusehen haben.«

Wenngleich die Opferhypothese als Ergebnis einer umfassenden Analyse bronzezeitlicher Horte präsentiert wird, kann man sich des Eindrucks nicht erwehren, dass es hier um mehr als um die Lösung eines archäologischen Problems geht. Wie sonst wäre zu erklären, dass Hänsel hierfür das Deutungsmonopol beansprucht, abweichende Interpretationen hingegen nachdrücklich mit einer »Beweisführungspflicht« belegt? Schließlich gilt auch in der Archäologie, dass alle Hypothesen, wenn sie denn einen Deutungsanspruch erheben, möglichst umfassend zu belegen sind. Dies auf solche beschränken zu wollen, die von einer wie auch immer begründeten Lehrmeinung abweichen, offenbart nicht nur ein merkwürdiges Verständnis von wissenschaftlicher Argumentation, sondern nährt zugleich den Verdacht, dass hier eine ausgesprochen subjektive Komponente mit im Spiel ist.

Um die Frage, ob der weitaus größte Teil der bronzezeitlichen Horte »Gaben an die Götter« sind, entscheiden zu können, bedarf es allerdings nicht unbedingt tragfähiger anderer Deutungen. Für die Zurückweisung dieser Interpretation würden bereits ungelöste innere Widersprüche genügen. Denn es handelt sich hier ja, um in dem von Hänsel bemühten Bilde der Rechtsprechung zu bleiben, um einen »Indizienprozess«: gravierende Widersprüche im Plädoyer führen unweigerlich zur Zurückweisung der Beweisführung.

Betrachtet man nicht nur diese recht allgemeine Ebene der Berliner Hortfunddeutung, sondern auch deren theoretische Ausgangsbasis, so ergibt sich ein nur wenig differenziertes Grundmuster. Die von mir zitierten Aussagen über das zugrunde gelegte Bild der Religiosität des bronzezeitlichen Menschen kreisen um das im Übrigen auch explizit angesprochene Prinzip des *do ut des*, des ›Ich gebe, damit du gibst‹ (Hänsel 1997, 13; 15). Solche scheinbar oder tatsächlich grundständigen Vorstellungen sind eingängig, da sie unserem Alltagsverständnis entsprechen: sie sind, mit anderen Worten, suggestiv, nicht analytisch. Hier wird im Wesentlichen auf der Basis unseres Weltverständnisses generalisiert.[10] Wie so häufig in den historischen Wissenschaften fühlt man sich auch hier an Goethes Wort über den »Geist der Zeiten« erinnert, das diesem Beitrag als Motto vorangestellt ist. Weil eine systematische, durch Kultur vergleichende Beobachtungen inspirierte Kategorienbildung fehlt, ergeben sich Widersprüche in der Argumentation. Im vorliegenden Fall konnte die scheinbare Schlüssigkeit der Darlegungen nur dadurch erreicht werden, dass der bronzezeitliche Mensch sowohl als ›vorrationales‹ wie als ausgesprochen zweckrational handelndes Wesen charakterisiert wurde – und zwar nicht etwa im Sinne eines ›Sowohl-als-auch‹, sondern in jeweils ausgesprochen eindimensionalem Verständnis.[11]

---

10 In diesem Zusammenhang erscheint es mir symptomatisch, dass Hänsel – kaum, dass er ihn formuliert hat – gegen seinen eigenen, oben angesprochenen impliziten Appell, die Vorstellungen der bronzezeitlichen Menschen nicht sogleich nach unserem Bilde zu formen, verstößt.

11 Man fühlt sich hier an die in der Archäologie und im hier vorliegenden Beitrag zentrale recht gängige Gegenüberstellung von ›Sakralem‹ und ›Profanem‹ erinnert, auf deren tatsächliche

Griechische Götter und kontinentaleuropäische Horte

Hänsel belässt es nicht bei der Hortdeutung nach dem Prinzip des *passe-partout*. Nach der Erörterung des Gabencharakters der bronzezeitlichen Depots widmet er sich schließlich unter der Überschrift »Die Götter der Bronzezeit« auch den Empfängern dieser Gaben. Wenngleich er sofort einräumt, dass es bei der Untersuchung dieser Frage »eine bis zum letzten befriedigende Antwort« nicht geben werde, ist er doch überzeugt, dass sich der Bronzezeitmensch ›seine‹ Götter nicht als »numinose, gestaltlose Mächte«, sondern »persönlich und in Menschengestalt« vorgestellt habe. Dabei stützt er sich vor allem auf die literarisch nachgewiesene Tatsache, dass Götter im mykenischen Griechenland Menschengestalt hatten: »Wahrscheinlich wurde in Griechenland textlich festgehalten, was andernorts in unserem Kontinent ebenso wie dort geglaubt wurde. Schließlich ist die Nachbarschaft eng« (Hänsel 1997, 17 sowie 2000, 331 ff.).

Nach diesem überraschenden Schluss von der räumlichen auf die mentale Nähe folgen aber sogleich wieder einschränkende Bemerkungen.[12] Die dabei erwähnte Tatsache der geringen Zahl von Bronzedeponierungen auf griechischem Boden hatte er bereits einige Seiten zuvor thematisiert. Dieser sehr markante quellenspezifische Unterschied wurde von ihm auf eine verblüffende Weise relativiert: er deutete die in den Schatzkammern der mykenischen Paläste aufbewahrten Metallobjekte als funktionales Äquivalent der aus den meisten Gegenden Europas bekannten Horte.[13] In diesem Zusammenhang kam er auch kurz auf die in den Palästen von Knossos und Pylos gefundenen Tontafeln mit »Verzeichnissen über Waffen, Metallgefäße und andere bronzene Gegenstände« zu sprechen, die sich »wie Auflistungen von Hortfundinhalten« läsen.

Verwobenheit im Denken »naturvölkischer« Gemeinschaften W. Torbrügge (1992, 594) im Zusammenhang mit der Situlenkunst hingewiesen hat. Dort wie hier ist nach den Quellen nicht zu entscheiden, inwieweit in der jeweiligen Lebenswirklichkeit eine mentale Trennung nach jenen Kategorien vollzogen worden ist, die wir zu analytischen Zwecken konzipiert haben (hierzu auch unten Anm. 31). Torbrügges Mahnung, dass bei solcher Quellenlage im Einzelfalle »die Option für gegensätzliche Positionen offen bleiben« müsse, gilt meines Erachtens entgegen der Universaldeutung Hänsels ganz generell für die Interpretation der bronzezeitlichen Horte. Was die hier unmittelbar interessierende Ebene der Begrifflichkeiten (›vorrational‹ kontra ›zweckrational‹) angeht, so dürfte es in jedem Falle unangemessen sein, für die gleiche Lebenswirklichkeit einmal ausschließlich das eine und beim nächsten Mal nicht minder ausschließlich das andere zu unterstellen.

12 Hänsel (1997, 19) schreibt: »Schwerer fällt es allerdings, diese nachbarschaftliche Berührung auf der Ebene der Religion zu beschreiben. Die kontinentale Bronzezeit Europas ist im Gegensatz zu der in Griechenland bilderfeindlich; unterschiedlich ist auch die Opfersitte, da es in Griechenland kaum Hortfunde aus dem Boden gibt.«

13 Hierzu heißt es (Hänsel 1997, 15): »Warum gibt es ausgerechnet in Griechenland, wo wir die Opfer verlangenden Götter kennen, keine Hortfunde? Die Antwort muss lauten: Es gibt sie, sie liegen nur nicht im Boden, sie wurden nicht vergraben, sondern in den Palästen und andernorts aufbewahrt.«

So nenne eine bestimmte Tontafel aus Pylos »zwei Dreifüße kretischer Werkstattproduktion, einen Dreifuß mit nur einem Henkel und einem Fuß, einen weiteren unbenutzbaren kretischen Dreifuß mit einem verbrannten Fuß« und beschreibe damit gleichsam einen »regelrechten Brucherzfund« - allerdings würden außerdem auch noch andere Objekte aufgelistet, die das ›Brucherzkriterium‹ offenbar nicht erfüllen (Hänsel 1997, 15). Die Frage, warum man eine derartige Ansammlung von Objekten für aufzeichnenswert erachtete, ist Hänsel zufolge kaum in der Registrierung des Metallwertes zu suchen - von denselben Orten gebe es Listen, in denen Metall nach seinem Gewicht notiert worden sei. Auf der genannten Tontafel sei vielmehr »etwas als geschlossenes Ensemble Aufhebenswertes« festgehalten worden.[14] Damit dränge sich der Gedanke auf, dass sie »Weihungen« gewesen seien und »als solche selbst in defektem Zustand aufbewahrt werden mussten«: »Sie durften nicht durch eine profane Nutzung entweiht oder dem Besitz der Götter entzogen werden« (ebd.).

Auf diese ungewöhnliche Weise wird die Nennung einer Ansammlung disparater Metallgegenstände ungeklärten Zustandekommens auf einer Tontafel zum Kronzeugen für eine vorgebliche Opferpraxis im mykenischen Griechenland, deren Existenz für das übrige Europa als ausgemacht gilt.[15] Mehr noch: Diese Tontafel dient Hänsel letzten Endes als implizite Begründung für die Projektion des schriftlich bezeugten griechisch-mykenischen Pantheons auf Mitteleuropa.[16] Folgt man seiner recht verschlungenen Argumentation, die von kretischen Doppeläxten[17] über den Stier als Gott[18] zu mitteleuropäischen Stierprotomen führt, so rücken »kontinentaleuropäi-

---

14 Dies »als geschlossenes Ensemble Aufhebenswerte« wird wie folgt präzisiert (Hänsel 1997, 15): »Geschenke, Tribute, Abgaben, Erbstücke, die bezeichnenderweise nicht einfach in den Wirtschaftsverkehr der Metallbenutzung eingeführt, sondern insgesamt als registrierenswert aufgehoben worden sind.«

15 Hierzu Hänsel (1997, 15) wörtlich: »Im Hochkulturbereich Griechenlands hat man also ebenso wie im übrigen Kontinent die Metallschätze in einen Opferzusammenhang gebracht - dort wurden sie im sicheren Palast aufbewahrt, hier dem Boden anvertraut. Der Befund aus dem mykenischen Griechenland spricht also keineswegs gegen die vorgeschlagene Deutung für die europäischen Hortfunde.«

16 Die hier nicht explizit thematisierte Übertragung der griechischen Götterwelt auf Mitteleuropa wird in einer anderen Arbeit klar angesprochen (Hänsel 2000, 332 f.). Das entscheidende Verbindungsglied jedoch - eben die spezifische Interpretation der in Schatzkammern gehorteten Güter als »Weihungen« und damit die angebliche Bedeutung der genannten Tontafel von Pylos - bleibt auch dort unerörtert; der inhaltliche Zusammenhang erschließt sich aus der Lektüre von Hänsel 1997.

17 Hänsel (1997, 19) schreibt: »Durch viele Darstellungen wissen wir, dass in der Bronzezeit auf Kreta und wohl auch im festländischen Griechenland die Doppelaxt ein religiöses Symbol ist, das oft mit dem Stier zusammen vorkommt.«

18 Über den Stier heißt es bei Hänsel 1997, 19: »Der Stier ist Gott, Zeus verwandelt sich in einen Stier, um Europa zu entführen. Im Stier erkennen wir Zeus, denn der zumeist in Menschengestalt verehrte Gott war wie auch die anderen Götter wandlungsfähig und mehrgestaltig.«

sche Hortfunde und die griechische Götterwelt enger zusammen«. Auf nicht minder verschlungenem Wege wird mit P. Orlandini aus Hortfunden von Gela (Sizilien) ein vorgriechischer Kult erschlossen. Er soll dem Kult der in der zweiten Hälfte des 6. Jahrhunderts v. Chr. verehrten griechischen Erdgöttin Demeter ähnlich gewesen sein – wiewohl die entsprechenden Horte »ein Gepräge« zeigen, das »nicht unbedingt auf Demeter hinweist« (Hänsel 1997, 19). Dennoch ist für Hänsel erwiesen, dass »ein direkter Weg von bronzezeitlichen Hortfunden zur griechischen Göttin Demeter führt«. Und damit lässt sich sogleich die zentrale Gottheit der bronzezeitlichen Hortwelt identifizieren:

»Auch die bronzezeitlichen Depots dürften einer in Menschengestalt gesehenen Göttin, einer Art von Demeter bzw. einer verwandten Vorgängerin der Griechengöttin, geweiht gewesen sein« (ebd.).

Es wäre für unser Anliegen wenig sinnvoll, auf weitere Einzelheiten einzugehen – das Grundmuster entspricht dem, was hier referiert worden ist. Das Gesamtergebnis formuliert Hänsel (1997, 20) folgendermaßen:

»Zusammenfassend ist festzustellen, dass manches von dem, was die in der Bronzezeit beginnende literarische Überlieferung an wichtigen Gottheiten kennt und als ihre Attribute bzw. ihnen bestimmte Devotionalien nennt, unter den Bronzen der kontinentaleuropäischen Horte wiedergefunden werden kann. Der Schluß, dass die Götterwelt in unserem Kontinent, wo doch überall die Horte in der Bronzezeit in den Boden gekommen sind, gar nicht so grundsätzlich anders als in Griechenland war, liegt nahe.«[19]

Horte und Götter: Ein Fazit

Wie bei dem ersten hier erörterten Beispiel lässt auch bei Hänsels archäologischem »Indizienprozess« eine Besinnung auf das Phänomen der Perspektive gewisse Grundbedingungen hervortreten, die sonst wohl eher undeutlich blieben. Um die Grundtendenz zu illustrieren, bietet sich ein erneuter Verweis auf Goethes *Faust* an. Auch für den zuletzt erörterten Fall hält das Motto dieses Beitrages alles Notwendige parat. Ähnliches hat Goethe im Zusammenhang mit Faustens Anmaßung, die Geister schauen zu wollen und ihnen gleich zu sein, geäußert (J. W. Goethe, Faust I, Nacht 512-513). Wenn Faust sich vom Erdgeist sagen lassen muss: »Du gleichst dem

---

19 Auf dieses klare Resümee folgen dann allerdings einige relativierende und einschränkende Bemerkungen. Die Kernaussage wird jedoch unmittelbar darauf mit einem neuen Argumentationsstrang (skandinavische Felsbilder, Ornamentik nordischer Bronzen) wieder aufgenommen und noch verstärkt: Die szenische Darstellung eines Gürtelbleches aus dem Hort von Floth in der ehemaligen Prov. Brandenburg (heute Polen) zeige, dass die Sonne »auch als Person gedacht« und »personifiziert verehrt« wurde, also: »Nicht nur in Griechenland, auch hier im Norden Europas besaßen die Gottheiten menschliche Gestalt oder konnten in Menschengestalt auftreten« (Hänsel 1997, 21). Dieser zwischen weit reichenden und außerordentlich gewagten Hypothesen und deren scheinbarer Relativierung oszillierende Argumentationsmodus ist für den gesamten Aufsatz charakteristisch.

Geist, den du begreifst, nicht mir!«, so geht es auch dabei um eine Spiegelung - in seiner eigenen Hervorbringung wird Faust mit sich selbst konfrontiert.[20] Es ist bereits an anderer Stelle auf W. Torbrügges (1985, 17) beißende Kritik an Hortdeutungen hingewiesen worden, die in wesentlichen Aspekten dem sehr ähnlich sind, was hier erörtert worden ist (Eggert 2001, 80 Anm. 47). Torbrügge spricht darin u. a. von »dogmatischen Ansätzen«, »Lehrmeinungen« und »Glaubensartikeln«, die »im konventionellen Missbrauch der ›Deutung‹ immerhin zum ursprünglichen Begriff« zurückführten, »nämlich in den mystischen Dunstkreis des Orakels«. Wenn Hänsel (2001, 254) nun darüber Klage führt, dass mir die »Verständnisbereitschaft für Interpretationsansätze im Rahmen des Möglichen, des Wahrscheinlichen oder auch des Hypothetischen« fehle, so muss ich ihm beipflichten, solange diese Interpretationsansätze jenem entsprechen, der hier exemplarisch behandelt worden ist.

Hänsel versteht sich in beinah postmoderner Weise als ein Anwalt archäologisch-religionsgeschichtlicher Forschung, der zunächst einmal die aus der Aufklärung resultierenden Vorurteile über Religiosität beiseite zu räumen hat.[21] Der von ihm eingeschlagene Weg vermag allerdings nicht zu gesicherten Erkenntnissen über bronzezeitliche Glaubensvorstellungen zu führen.[22] Sicherlich lassen sich unter gewissen

---

20 In unserem Zusammenhang gewinnt das Verdikt des Erdgeistes einen besonderen Reiz, wenn man es mit einer einschlägigen Aussage Hänsels (2000, 332) konfrontiert: »Viel zu lange war das Bemühen um Erkenntnisse zur Religiosität an die Glaubenswelt des damit befassten Autors gebunden gewesen. Religionsgeschichtliche Forschungen haben nichts mit dem Glauben der sie betreibenden Forschers zu tun.« Für eine wissenssoziologisch realistischere Einschätzung der Relation zwischen Forscher und Erforschtem im hier interessierenden Kontext konsultiere man beispielsweise die Bemerkungen Torbrügges zur Deutung der Situlenkunst durch H. Müller-Karpe (Torbrügge 1992, 584 ff.).
21 Hänsel (2000, 332) schreibt: »Das Göttliche bestimmte im Leben der Bronzezeitmenschen ganz erhebliche Bereiche des Alltags. Es verwundert ein wenig, dass dies in der Forschung bislang - sicher unter dem Einfluß der Ideologie der Aufklärung - aus unserem Interessenfeld verdrängt worden ist.«
22 Hänsel (ebd.) gründet seine religionsgeschichtliche Deutung auf eine sehr ungewöhnliche These: »Ich gehe [...] im folgenden davon aus, daß Formen der Religiosität real wie z. B. Formen von Tüllenbeilen sind. Ich gehe davon aus, daß sie sich ähnlich wie Bronzetypen ausgebreitet und in ihren Erscheinungen aneinander angepaßt haben. In einer Welt, die ähnliche Metallgegenstände allgemein nützt und verbreitet, verbreiten sich auch Glaubensformen in ähnlicher Weise. [...] Die Realität, das Sachgut weiterzugeben, gelingt nur, wo sich die Realitäten des Weltbildes berühren, wo die aus der Weltanschauung resultierenden Realitäten Basis der Gemeinsamkeiten sind. Wenn es Berührungen im Sachgut zwischen weiten Landstrichen Europas - zwischen Griechenland und Dänemark - über Etappen - gibt, so können wir davon ausgehen, daß es Berührungen auch in den Glaubenswelten gegeben hat.« Wenn ich diese Argumentation richtig verstehe, dann wird hier behauptet, dass ›fremde‹ materielle Güter nur dann akzeptiert werden, wenn das Weltbild der ›Gebenden‹ und ›Nehmenden‹ in wesentlichen Punkten - die unerörtert bleiben - übereinstimmt. Die historische Erfahrung spricht eindeutig gegen diese Verallgemeinerung: Gerade Kontaktsituationen zwischen - wie im vorliegenden Falle - zivilisatorisch höchst unterschiedlichen Gesellschaften belegen, dass

theoretischen Vorgaben durch im Empirischen wurzelnde »Indizien« mehr oder weniger deutlich jene Sphären bestimmen, in denen Kultisches dominant ist. Dies gilt vor allem dann, wenn diese Indizien aus einer Kultur vergleichenden Betrachtungsweise gewonnen worden sind. Dennoch wird uns kein epistemologisches Verfahren je in die Lage versetzen, den ›Götterhimmel‹ oder die Glaubensvorstellungen urgeschichtlicher Bevölkerungen zu erschließen. Diese Einschätzung hat nichts mit einer »aus Methodenpurismus begründeten Agnostik« oder der »Verweigerung einer religionsgeschichtlichen Betrachtung von Horten« (Hänsel 2001, 254) zu tun.[23] Sie sucht nur den Möglichkeiten der Quellen gerecht zu werden – eben um so genannten »Indizienprozessen« entgegenzuwirken, deren meist einseitiger Auslegung und Wunschdenken entsprungene »Indizien« zu einem methodologischen Kartenhaus zusammengefügt werden. Zu Recht wird argumentative Stringenz sowie weitestgehende Kontrolle und Eliminierung bloßen ›Glaubens‹, ›Meinens‹ und anderer die Erkenntnismöglichkeiten beeinträchtigender Faktoren zu den wichtigsten Aufgaben von Wissenschaft gezählt. Das Ausloten dessen, was rationaler Erkenntnis überhaupt bzw. nicht zugänglich ist, bildet dabei seit jeher die andere Seite der Medaille.[24]

»Viereckschanzen«, »Temenē«, »Rechteckhöfe« oder »Zentralörtlichkeiten der untersten Kategorie«?

Das dritte Beispiel, das hier zu erörtern ist, gehört der Jüngeren Latènezeit an, fällt also im Wesentlichen in die beiden letzten Jahrhunderte vor Christi Geburt. Dabei geht es um die Frage der funktionalen Interpretation der Viereckschanzen, jener

begehrte Güter trotz aller nur denkbaren Unterschiede zwischen den beteiligten Akteuren in die eine, wie in die andere Richtung fließen (siehe Eggert 1991 für einige Beispiele).

23 Bereits die Verwendung des Begriffes ›Methodenpurismus‹ als solche ist aufschlussreich, wenn man nicht bei diesem als Vorwurf intendierten Terminus stehen bleibt, sondern fragt, was denn einer möglichst konsistenten und konsequenten Anwendung von Methoden als Alternative entgegengesetzt wird bzw. entgegengesetzt werden könnte. Hänsel schweigt zu diesem Punkt, aber seine Darlegungen sind – wie hier zu zeigen versucht wurde – beredt genug, um eine Vorstellung von dem zu gewinnen, was er stattdessen praktiziert sehen möchte. Eine aus einem »programmatischen Vor-Urteil« erwachsene »Einheitsdeutung« und »seherische Argumente« sind nun einmal, wie Torbrügge (1985, 17; 19) seinerzeit im Kontext der Diskussion um die Hortdeutung auf der Regensburger Tagung des West- und Süddeutschen Verbandes für Altertumsforschung (1984) angemerkt hat, kein Ersatz für »gedankliche Toleranz wie methodische Präzision«.

24 Das hier vertretene Anliegen wird weitgehend in jenen Bemerkungen gespiegelt, die Torbrügges (1992, 601) Darlegungen zur Deutung der Situlenkunst beschließen: »Für den Archäologen bleibt die Fragmentierung der Relikte entscheidend. Es ist leicht, sich für ein vorgedachtes Programm die passenden Versatzstücke herauszusuchen, legitim ist es nicht. Wenn denn schon gedeutet werden muss, dann wenigstens mit allem Respekt vor den Grenzen, die uns durch die andersartige Rationalität der Vorzeit gerade auch nach unseren eigenen Einsichten gezogen werden«.

mehr oder weniger quadratischen Wall- und Grabenanlagen von etwa 80 bis 100 m Seitenlänge, die ihren Verbreitungsschwerpunkt im süd- und südwestdeutschen Raum besitzen, und die bereits in der ersten Hälfte des 19. Jahrhunderts das Interesse der historisch-landeskundlichen Forschung erregten.[25] Die wechselnde Geschichte ihrer Deutung ist allgemein bekannt – es genügen die Stichworte ›römisches *castrum*‹, ›Gehöft‹, ›befestigter Gutshof‹, ›Herrenhof‹, ›Fliehburg‹ und ›Viehpferch‹.[26] Mit F. Drexel setzt dann 1931 die Interpretation als Kultanlagen ein. In einem kurzen Aufsatz mit dem lapidaren Titel »Templum« wies er auf die mangelnde fortifikatorische Qualität der Wälle und Gräben hin und stellte zugleich einen formbezogenen Zusammenhang zu den zeitlich folgenden gallo-römischen Umgangstempeln her.

Mit den Aufsehen erregenden Grabungen, die K. Schwarz von 1957 von 1963 in einer der beiden rund 100 m auseinander liegenden Viereckschanzen von Holzhausen, Lkr. München, durchführte, setzte sich die kultische Deutung dann endgültig durch. Schwarz (1975) unterschied insgesamt fünf Ausbauphasen der Anlage, die zunächst nur aus einem einfachen Pfahlgraben bestand und im Laufe der Zeit zu einem der üblichen quadratischen Erdwerke mit Wall- und Graben führte. Im Zuge des Ausbaues dieser Anlage wurden – so Schwarz – drei Schächte von gut 33 m, 18 m und 6 m Tiefe angelegt und nach und nach wieder aufgegeben. Analysen von Proben des Verfüllmaterials erbrachten erhöhte Nitrit- und Nitratwerte. Schwarz deutete sie als Folge der Zersetzung von Blut und Fleisch von Tieren, die man getötet und als Opfer an chthonische Gottheiten in die Schächte geworfen hatte. Ein zweiphasiges, an gallo-römische Umgangstempel erinnerndes Gebäude in der Westecke der Anlage bestärkte ihn in seiner Deutung der Anlage als *temenos*, als umfriedeten, heiligen Platz (zur Begrifflichkeit siehe Reichenberger 1988).

Seit der Ausgrabung von Holzhausen und insbesondere seitdem Schwarz diese Anlage 1975 in den Kontext griechischen Kultgeschehens gerückt und dementsprechend als *temenos* bezeichnet hatte, wurde diese Deutung auf alle Viereckschanzen übertragen. Erst in den letzten Jahren ist an der Ausschließlichkeit dieser Deutung zunehmend Kritik geübt worden. Einige wenige Zitate mögen dies belegen.

In der Vorlage ihres Vorberichtes über die Viereckschanze von Bopfingen-Flochberg fassen R. Krause und G. Wieland ihre Ausführungen folgendermaßen zusammen:

> »Ein wesentlicher Befund von Bopfingen sei [...] nochmals herausgestellt: Der enge räumliche und zeitliche Zusammenhang von älteren und gleichzeitigen Siedlungsarealen mit der rechteckigen Wall-Graben-Anlage. Wir meinen allein daraus eine wesentliche Ergänzung im

---

[25] Der Begriff ›Viereckschanze‹ bzw. ›Schanze‹ wird hier als *terminus technicus* ohne die geringste Funktionszuschreibung verstanden.

[26] Alle relevanten Einzelheiten jetzt sehr gut zusammengefasst in Wieland 1999a. Da diesem Werk auch ein umfassendes Literaturverzeichnis beigegeben ist, sind im Folgenden nur die für den Gang der Argumentation zentralen Arbeiten angeführt – alle anderen finden sich dort.

Erscheinungsbild der Viereckschanzen ableiten zu können, die eine vielschichtigere Interpretation - losgelöst von dem Gedanken eines Heiligtums - zur Folge hat.« (Krause/Wieland 1993, 102)

Sehr klar äußert sich im gleichen Jahr auch F. Klein (1995, 35), der von 1991 bis 1997 die Viereckschanze auf der »Klinge« in Riedlungen untersucht hat:

»Aus Riedlinger Sicht ist eine ausschließlich religiöse Deutung der Viereckschanzen unwahrscheinlich. Ein Fundspektrum, das die gesamte Breite von Siedlungsresten zeigt, Funde und Befunde, die Landwirtschaft und Handwerk erkennen lassen, sowie die Lage im wirtschaftsgünstigen und siedlungsfreundlichen Ackerland vermitteln vielmehr das Bild eines ländlichen Anwesens. Zugleich fällt ein Siedlungsplan auf, der eine architektonische Konzeption mit klaren Strukturen und Funktionseinheiten andeutet.«

Vier Jahre später hat Klein (1999, 158) diese Überlegungen noch etwas präzisiert:

»Zu denken ist an eine Hofherrschaft, die die gesellschaftliche und wirtschaftliche Macht besitzt, das Anwesen in Krisenzeiten auch befestigen zu lassen. Da Kultübung und Recht zu den vornehmsten Pflichten eines Hofherrn zählen, ist es ferner zu erwarten, daß sich auch mancherlei religiös motivierte Lebens- und Baugepflogenheiten im Fundgut und im Baubefund äußern.«

Wenngleich die von Schwarz favorisierte Deutung der Viereckschanzen als Kultanlagen auch heute noch vertreten wird, und zwar vor allem von A. Reichenberger (1993), so hat doch inzwischen eine deutliche Distanzierung von dieser Lehrmeinung stattgefunden. Dieser Deutungswandel lässt sich zu einem gut Teil mit der Ausgrabung eines Schachtes in der Viereckschanze von Fellbach-Schmiden bei Stuttgart in Verbindung bringen, die D. Planck von 1977 bis 1980 durchgeführt hat. Er konnte den gut 20 m tiefen Schacht aufgrund einer Reihe von Argumenten - u. a. fanden sich vier Segmente eines hölzernen Daubeneimers und zwei Sprossen einer Leiter im ursprünglich völlig holzverschalten Schacht - als einstigen Brunnen erweisen. Diese Argumentation vertraten auch der Bodenkundler K. E. Bleich und die Botanikerin U. Körber-Grohne, die mit der naturwissenschaftlichen Analyse des Schachtes betraut waren (Planck 1982).

Aus dem unteren Bereich des Schachtes konnten auch drei Holzplastiken - zwei Ziegenböcke und eine Hirschfigur geborgen werden, für die Planck seinerzeit eine Verwendung als Teil eines den Schacht schützenden »Brunnenhauses« oder eines anderen, nahe gelegenen Holzgebäudes erwog. Obwohl er keinen Zweifel daran ließ, dass der Schacht nicht als »Kultschacht«, sondern als Brunnen genutzt wurde, interpretierte er die gesamte Anlage dennoch im Sinne der seinerzeit gängigen Auffassung als kultisch. Dabei spielten offenbar nicht zuletzt auch die drei Holzplastiken eine Rolle. Angesichts der vorauszusetzenden starken Differenzierung des kultischen Bereiches warnte er allerdings vor einer Verallgemeinerung seiner Ergebnisse und kam zu folgender abschließender Einschätzung:

»Aus diesem Grund möchte ich in dem ›nemeton‹ von Schmiden eine Kultanlage sehen, die in erster Linie einer oder mehreren Gottheiten geweiht war und die unmittelbar mit dem Wasser als heilbringenden Element in Verwendung zu bringen ist« (Planck 1982, 150).

Im Rückblick mag man in Plancks Gesamteinschätzung einen klassischen Kompromiss sehen: Obwohl der aus den Holzhausener Untersuchungen resultierenden Generalisierung der ›Schachtthese‹ mit der Grabung in Fellbach-Schmiden die Grundlage entzogen worden war, sucht der Ausgräber die wesentlich aus dieser These abgeleitete ausschließlich kultische Deutung der Viereckschanzen zu retten. Inwieweit das dafür herangezogene Argument – das aus dem Brunnen geförderte Wasser als »heilbringendes Element« – nicht nur eine mit antiker Überlieferung angereicherte zeitgenössische Auffassung, sondern eine genuin keltische Vorstellung repräsentiert, möge dahingestellt bleiben.[27]

Seit Plancks Schachtgrabung in Fellbach-Schmiden haben großflächige Untersuchungen der Viereckschanzen von Ehningen, Bopfingen, Riedlingen und Nordheim stattgefunden. Insbesondere die in Bopfingen, Riedlingen und Nordheim ergrabenen Funde und Befunde deuten nach ihren Ausgräbern auf eine in erster Linie wirtschaftliche Funktion der dortigen Anlagen hin. Für Ehningen gilt dies in geringerem Maße. Während die untersuchte Fläche der Viereckschanze von Bopfingen und eine der beiden Nordheimer Schanzen offenbar schachtlos waren[28], konnten in Riedlingen zwei rund 14,5 m tiefe Schächte ausgegraben werden. Sie lagen zwar unmittelbar nebeneinander, wurden jedoch nacheinander angelegt und benutzt. Der Ausgräber interpretiert sie aufgrund des Befundes und der Funde als Brunnen (Klein 1999, 156 f.). Eine weitere Viereckschanze mit in diesem Falle drei Schächten mit Holzerhaltung konnte in Plattling-Pankofen im Lkr. Deggendorf in Niederbayern ausgegraben werden (Schaich 1995, 22 ff.; 1999, 183 ff.). Die holzverschalten Schächte reichten mit einer Tiefe bis zu 2,6 m noch 0,8 m ins Grundwasser; der Ausgräber, M. Schaich, deutet sie als Brunnen. Im Innenraum der Anlage ließen sich eine Reihe von Gebäuden nachweisen, darunter ein so genanntes ›Umgangsgebäude‹ – ein Vierpfostenbau mit einer umlaufenden Pfostenreihe – in der Südwestecke.

Zieht man aus dieser knappen Übersicht ein Fazit, so wird deutlich, dass von einer ausschließlich kultischen Interpretation der Viereckschanzen nicht mehr die Rede sein kann. Allerdings ist die Schwarzsche Gesamtdeutung nicht gänzlich aufgegeben und durch eine ›profane‹ Variante ersetzt worden. Seine über mehr als drei Jahrzehnte allenthalben akzeptierte Interpretation wird zwar in ihrer Gesamtheit mehr oder weniger offen zurückgewiesen, jedoch ohne dass damit eine kultische Funktion völlig ausgeschlossen würde. Sie spielt aber nur noch eine untergeordnete

---

27 Zum Bezug von Viereckschanzen zu Gewässern und Quellen siehe die knappen Hinweise bei Reichenberger (1988, 294 mit Anm. 54; 1993, 389 mit Anm. 172).
28 Für Reichenberger (1993, 369) muss die Schachtfrage in Bopfingen »angesichts des gestörten und nicht untersuchten Südwestteils der Anlage, in dem sich durchaus noch ein Schacht befunden haben kann, unbeantwortet bleiben«.

Rolle. Allerdings konnte die bei der Deutungsfrage gängige Opposition von ›sakral‹ und ›profan‹ trotz der seit Plancks Aufsatz von 1982 erheblich verbesserten Quellenlage bisher keiner eindeutigen Entscheidung zugeführt werden. Sicher ist allerdings, dass der Vorschlag von Schwarz (1975, 324 f.), die auf P. Reinecke zurückgehende Bezeichnung ›spätkeltische Viereckschanzen‹ als funktional unzutreffend aufzugeben und diese Anlagen in der archäologischen Fachsprache stattdessen als »Latène-Temenē«, in der Umgangssprache hingegen als »Keltenheiligtümer« zu bezeichnen, heute keine ungeteilte Zustimmung mehr finden würde – im Gegenteil.

Statt weiter einer monofunktionalen Deutung – sei es nach dem Vorbild von Reinecke oder aber von Schwarz – anzuhängen, äußert man sich heute meist im Sinne einer multifunktionalen Nutzung der Viereckschanzen. Dabei ist jedoch häufig nicht klar, inwieweit das dabei vertretene ›Sowohl-als-auch‹ auf wissenschaftlichen, im empirischen Befund begründeten Überzeugungen beruht oder eher taktische Gründe hat.[29] Die folgenden Ausführungen werden zeigen, dass die derzeitige Deutungstendenz sehr klar in Richtung einer profanen Funktion geht.[30]

Bisweilen sucht man die derzeit zumindest vordergründig vertretene Position des ›Sowohl-als-auch‹ zusätzlich zu legitimieren. Dies geschieht etwa durch die Frage, »wie exakt sich ›kultische‹ und ›profane‹ Handlungen« denn in der Prähistorischen Archäologie überhaupt trennen ließen, wenn dies schon in der Volkskunde und Ethnologie nicht einfach sei (Wieland 1999c, 73). Man könnte auf diesem Wege noch einen Schritt weitergehen und diese Frage von der erkenntnistheoretischen Ebene auf die der Lebenswirklichkeit heben: Ist es überhaupt angebracht, so würde man dann fragen, analytische Kategorien wie ›sakral‹/›kultisch‹ und ›profan‹ mit alternativ verstandenen realen Gegebenheiten gleichzusetzen und diese alsdann auf bauliche Strukturen zu übertragen?

29 Siehe hierzu auch eine auf Krause/Wieland 1993 bezogene Bemerkung von Reichenberger (1993, 369 f. Anm. 81).
30 Im Kontext der mehr oder weniger ausgesprochenen Relativierung der kultischen Funktion der Viereckschanzen hat M. L. Murray (1995) die These aufgestellt, dass sie als Plätze »soziopolitischer Interaktion« geschaffen wurden und dazu auch gedient haben. Er gründet dies darauf, dass die in Viereckschanzen überlieferte Keramik gegenüber der aus zeitgleichen Siedlungen einen höheren Anteil von Koch- und Flüssigkeitsbehältern aufweise – daraus könne »eine Spezialisierung in der Vorbereitung und dem Verzehr von Nahrung« erschlossen werden: »As a possible explanation of these patterns, I suggest that the Viereckschanzen were venues for Celtic feasting ceremonies« (ebd. 135). In diesem Sinne hatte, wie Murray (ebd.) zu Recht bemerkt, bereits Ludwig Pauli (1991, 129) antike Berichte gedeutet und mit dem Althistoriker A. Momigliano die entsprechenden Feste auf eingehegten Plätzen als »eine Art ›keltischen Potlatsch‹« bezeichnet. Murray (1995, 140) meint, dass damit nicht unbedingt eine Negierung kultischer oder religiöser Aspekte verbunden sein müsse: »A variety of sources suggest that Celtic social and political elites were also spiritual leaders, and ritualised cult behaviour was certainly an important mechanism for the reproduction of Celtic sociopolitical power structures«. – Wenn man so will, mag man also auch hier eine – wenngleich sehr zurückgenommene – Form des ›Sowohl-als-auch‹ erkennen. So weit ich sehe, ist Murrays Interpretation in der deutschen Forschung nicht rezipiert worden.

Beschreitet man diesen Weg und beantwortet die Frage negativ, dann ist es im Geiste der überkommenen Generalisierung unausweichlich, die Viereckschanzen nunmehr als ›multifunktional‹ zu bezeichnen. Dabei liegt allerdings auf der Hand, dass die entscheidende archäologisch-historische Problematik damit nicht gelöst, sondern lediglich auf eine andere Ebene verschoben worden ist. Das wirkliche Problem besteht jedoch nicht in der Bejahung oder Verneinung der Frage - ich denke, sie *muss* negativ beantwortet werden[31] -, sondern in der verfrühten Verallgemeinerung je individueller, d. h. auf eine bestimmte Anlage bezogener Funde und Befunde. Es versteht sich mithin von selbst, dass dieses Problem unter keinen Umständen auf der Basis einer Verwechslung und Vermischung von analytischem Instrumentarium und zu erforschender Realität gelöst werden kann. Vielmehr muss es darum gehen, zu untersuchen, ob sich im Sachgut und in den Befunden von Viereckschanzen Hinweise finden lassen, die nach archäologischen Kriterien auf eine wahrscheinlich profane, sakrale oder sowohl profane als auch sakrale Nutzung hinweisen.[32] Der Unterschied zur oben genannten ›multifunktionalen‹ Deutung liegt in der Tatsache, dass damit beim derzeitigen Forschungsstand eine erneute Generalisierung vermieden und stattdessen zunächst einmal die mutmaßliche Funktion je spezifischer Viereckschanzen erörtert wird.

In Anbetracht dieses Vorschlages erscheint mir auch Wielands (1999b, 20) Meinung zu sehr dem überkommenen Zwang zu verfrühter Generalisierung verpflichtet. Er glaubt, dass es sich bei den Viereckschanzen »wahrscheinlich um Zentralörtlichkeiten der untersten Kategorie« gehandelt habe, »die für eine locker gestreute ländliche Besiedlung eine Mittelpunktsfunktion in verschiedenen kultischen und profanen Bereichen« verkörpert hätten.[33] Die Nachteile verfrühter Verallgemeinerung wer-

---

31 Reichenberger (1993, 370) verweist darauf, dass »politische oder rechtliche Elemente« in - wie er formuliert - »der keltischen Gesellschaft [...] keineswegs profaner, sondern religiös-kultischer Natur« waren (dazu auch ebd. 384, 387). Nun neigen wir in der Tat nur allzuhäufig dazu, zu vergessen, dass es sich bei solchen Kategorisierungen nicht etwa um klar abgrenzbare Bereiche der Wirklichkeit, sondern um analytische Konstrukte handelt (hierzu auch oben Anm. 11). Andererseits dürfte aber nur wenig Zweifel daran bestehen, dass das auf die Aufklärung zurückgehende, zu erheblichen Teilen rationalistisch geprägte Weltbild der ›Moderne‹ nicht auf ›traditionelle‹ Gesellschaften welcher historischen Epoche auch immer projiziert werden darf.

32 Nach meiner Auffassung ist derartigen ›archäologischen Kriterien‹ bisher nicht genügend Aufmerksamkeit geschenkt worden (zusammenfassend hierzu Eggert 2001, 82 ff.). Angesichts der diesem Beitrag zugrunde liegenden Hawkesschen These bedarf es andererseits kaum besonderer Betonung, dass ich dabei die objektiv vorhandenen Schwierigkeiten, einen angemessenen und Erfolg versprechenden Zugang zum Bereich des Sakralen zu finden, durchaus nicht verkenne (hierzu auch Eggert i. Dr.). Dennoch verdiente dieser Bereich entschieden mehr systematisches Nachdenken, und zwar sowohl aus Kultur vergleichender als auch aus empirisch-pragmatischer Sicht.

33 Entsprechend heißt es in einem anderen Beitrag von Wieland (1999c, 79 f.): »Man möchte diese Plätze [...] als Mittelpunkte eines ländlichen Siedlungsgefüges verstehen, deren Funktion natürlich kultische und profane Bereiche umfaßt haben kann. Auch sollte man die Mög-

den kaum dadurch gemildert, dass an die Stelle des ›Entweder-oder‹ nunmehr das ›Sowohl-als-auch‹ getreten ist.[34] Hier wäre überdies zu fragen, was denn der heute allenthalben verwendete Begriff ›Zentralort‹ und entsprechende Umschreibungen im jeweils zur Diskussion stehenden Kontext tatsächlich besagen sollen. Dies gilt besonders dann, wenn man auch noch – wie im oben zitierten Falle – mit hierarchischen Abstufungen solcher »Zentralörtlichkeiten« operiert. Solange derartige ›Hierarchien‹ weder konzeptuell noch in Bezug auf die konkreten spätlatènezeitlichen Siedel- und Siedlungsverhältnisse[35] erläutert werden, sollte man diesen Begriffen mit Zurückhaltung begegnen.

Es verwundert nicht, dass bei der Verwendung solcher Begriffe und der entsprechenden Interpretation eine gewisse Beliebigkeit festzustellen ist. So meint Krause (1999, 88), dass es sich bei den Viereckschanzen »um befestigte Siedlungen bzw. Gehöfte, Herrenhöfe, Gutshöfe oder um zentrale Plätze im Gefüge ländlicher Siedlungsstrukturen, etwa im Sinne befestigter Stapelplätze« und »nur in wenigen Fällen ausschließlich um Kultanlagen« gehandelt habe. Er vermutet in den Viereckschanzen sogar »die typische ländliche Siedlungsform des 2. und 1. Jahrhunderts vor Christus«[36] (ebd. 82), und die Bopfinger Viereckschanze deutet er als einen »Quadrat- oder Rechteckhof in seiner jüngsten Ausbauphase«. Diese Hofanlage könnte, so fährt er fort, »unterschiedliche ›zentralörtliche‹ Funktionen innegehabt haben«, die er sich »im weitesten Sinne als unterste politische und religiöse Untereinheiten im ländlichen Siedlungsgefüge im Sinne von lokalen Herrschaftsmittelpunkten (Hofherren)« vorstellt (ebd. 87).[37] Angesichts solcher Deutungen[38] ist man nicht mehr sonderlich

lichkeit, dass sich in manchen Umwallungen Gehöfte befunden haben, nicht kategorisch ausschließen.«

34 Ich möchte hierbei nicht unterschlagen, dass Wieland (1999b, 20) wie in der vorstehend zitierten Stelle auch hier mit der Möglichkeit rechnet, dass einige Viereckschanzen »Rechteckhöfe« im Sinne »eigenständiger Siedeleinheiten von landwirtschaftlichem Gepräge« gewesen sein könnten. Dies ändert jedoch weder etwas an der hier konstatierten Tendenz noch an der Tatsache, dass er an anderer Stelle »eine pauschale Erklärung des ›Gesamtphänomens‹« ausdrücklich als »äußerst problematisch« erklärt (Wieland 1999a, 118).

35 Wie Wieland den entsprechenden Forschungsstand beurteilt, wird in dem Zitat (Wieland 1992, 119) in Anm. 38 deutlich.

36 Unmittelbar zuvor schreibt Krause (1999, 82): »Einem möglichen Charakter einzelner Anlagen als Kultplätze steht dabei grundsätzlich nichts im Wege, wenngleich es sich bei einem größeren Teil der Wall-Graben-Einfriedungen um befestigte Gehöfte und zentrale Mittelpunkte kleinerer Siedlungsräume gehandelt haben mag«.

37 Diese Aussage findet sich fast wörtlich bei Krause 1995, 33. Dort heißt es dann im Anschluss an das hier wiedergegebene Zitat weiter: »Es muß daher keineswegs als abwegig betrachtet werden, dass zu diesen Anlagen Tempelbauten gehörten.«

38 Wieland (1999a, 119) resümiert den Diskussionsstand wie folgt: »Die große Zahl der Viereckschanzen dürfte in die bisher kaum näher bekannten ländlichen Siedlungen der jüngeren Latènezeit eingebunden gewesen sein, d. h. zu der ›Schanze‹ als zentraler Baulichkeit gehörten Siedlungsstrukturen in unmittelbarer Umgebung. Das Funktionsspektrum der Schanze kann dabei durchaus vielfältig gewesen sein: Zentralörtlichkeit für die Dorfgemeinschaft, Stapel-

überrascht, wenn A. Neth (2000, 84) auf der Basis ihrer außerordentlich wichtigen Ausgrabungen in den beiden Viereckschanzen von Nordheim bei Heilbronn sogar die Hypothese erwägt, dass es sich bei den Bewohnern dieser Anlagen um »Angehörige des Landadels« handeln könnte.[39]

Bei aller allgemeinen Vagheit der Deutung von Wieland und Krause ist doch der vorherrschende Trend unübersehbar: Viereckschanzen repräsentieren demnach - jedenfalls in ihrer Masse - keineswegs einen spezifischen Typus von Kultanlagen, sondern eine gängige Siedlungsform der letzten beiden Jahrhunderte vor Christus. Der gegenteilige Fall wird zwar nicht explizit ausgeschlossen, wohl aber als Ausnahme hingestellt, für deren Verifizierung keinerlei Kriterien genannt werden. Dies nährt den Verdacht, dass der Nennung dieser Ausnahme kaum mehr als eine ›Alibifunktion‹ zukommt. In dem unübersehbaren Bemühen der beiden Archäologen, die alles in allem frappierende Gleichförmigkeit der Viereckschanzen in Bezug auf ihre Form und eine Reihe von baulichen Einzelheiten mit einer beträchtlichen Spanne unterschiedlicher Funktionen zu verbinden, nivelliert die gemeinsamen Elemente auf die recht unverbindliche Formel »äußerlich gleichförmig erscheinende Anlagen« (so Wieland [1999a, 118] in seiner o. a. Zusammenfassung). Sie wird den derzeit vorliegenden Gemeinsamkeiten sicherlich nicht gerecht.[40] Auf der anderen Seite muss

---

platz für gemeinsame und wichtige Güter, Kult- und Versammlungsplatz, Sicherung der Wasserversorgung (Brunnen), Zuflucht in Notzeiten, vielleicht auch Wohnplatz des ›Dorfherren‹.« Es fällt auf, dass die von Krause herausgestellte Deutung als »Gutshof« hier lediglich beiläufig im Zusammenhang mit dem ›Dorfherrn‹ auftritt.

39 Die entsprechende Passage sei hier wörtlich zitiert: »Die dominierende Lage [der Doppelschanze in der Flur »Bruchhöhe«] in der Landschaft mit weitem Ausblick, die aufwendige Umwehrung, das imposante Hauptgebäude und der Wohlstand, der sich in den zahlreichen Funden, die erstmals auch Teile der Waffenausrüstung von Kriegern und eine bemerkenswerte Zahl an Fragmenten importierter Weinamphoren einschließen, widerspiegelt, werfen ein Licht auf die Bewohner der Viereckschanzen, die man als Angehörige des Landadels bezeichnen könnte« (Neth 2000, 84). Eine den beiden Viereckschanzen von Nordheim gewidmete Ausstellung, die vom Museum der Stadt Lauffen am Neckar in Zusammenarbeit mit den Landesdenkmalamt Baden-Württemberg erarbeitet und 2000/2001 in Lauffen gezeigt wurde, trug den Titel »Nobiles - Keltischer Landadel in Nordheim.« In der entsprechenden Ankündigung im Mitteilungsblatt der Gesellschaft für Vor- und Frühgeschichte in Württemberg und Hohenzollern e. V. (2001/1, 11) heißt es dazu, dass die »Untersuchung der ersten Anlage stichhaltige Argumente für eine Deutung der Viereckschanze als keltische Gutshöfe« geliefert habe, während die Grabungsergebnisse der zweiten Anlage das »Bild eines herrschaftlichen Landsitzes« vermittelten. Ein für diese Ausstellung werbendes Faltblatt des Museums der Stadt Lauffen weist darauf hin, dass die beiden »Höfe im Besitz einer wohlhabenden Bevölkerungsschicht waren, die sich beispielsweise den Import von Wein aus Italien leisten konnte: ›Nobiles‹, wie ›Angehörige des Adels‹ in römischen Schriftquellen genannt werden. Landadel wäre heute die treffende Bezeichnung für die keltischen Hofherren.«

40 Eine zusammenfassende Erörterung dieser Gemeinsamkeiten findet sich bei Reichenberger (1993, 379 ff.).

man natürlich auch hier den insgesamt immer noch sehr unbefriedigenden Stand der Erforschung des Gesamtphänomens – insbesondere die Frage der Datierung der zurzeit zu den Viereckschanzen gerechneten Anlagen – im Auge behalten.

So mag man die nach dem augenblicklichen Forschungsstand als Gemeinsamkeiten anzusprechenden Elemente als wesentliches Indiz für eine gemeinsame Funktion dieser Anlagen nehmen. Reichenberger (1993, 382) lässt allerdings die dabei notwendige Zurückhaltung vermissen, wenn er in diesem Sinne meint, dass die »relativ einheitliche Ausgestaltung der Viereckschanzen in ihrem gesamten Verbreitungsgebiet [...] natürlich nur durch dahinter stehende einheitliche Vorstellungen erklärbar« sei. Für ihn bleibe – so führt er weiter aus – damit »eigentlich nur die Möglichkeit, daß den Viereckschanzen gemeinsame Glaubensvorstellungen zugrundeliegen«. Diese Folgerung erscheint mir ebenso wie jene von Wieland und Krause in ihrer Zuspitzung auf jeweils eine der binären analytischen Kategorien erstens zu einseitig und zweitens zu sehr Resultat des oben angesprochenen Syndroms der ›verfrühten Generalisierung‹. Während Wieland und Krause dabei aber so viel sagen – wenngleich es weitestgehend in ein und dieselbe Richtung zielt –, dass sie Gefahr laufen, am Ende nichts gesagt zu haben, erscheint Reichenberger nicht nur radikaler, sondern auch präziser. Dies ändert jedoch nichts an der Tatsache, dass sich beide Positionen bei aller Gegensätzlichkeit strukturell entsprechen.

In Anbetracht der Bedeutung des Forschungsstandes für die hier interessierende Frage ist es unumgänglich, zumindest kurz auf die bereits erwähnten Ausgrabungen von A. Neth in Nordheim einzugehen. Das bisher aus Viereckschanzen Bekannte wird nach Quantität und Qualität von den dort ergrabenen Befunden und dem zugehörigen Fundmaterial weit übertroffen.

Die Nordheimer Viereckschanzen

Die in den Jahren 1995 und 1996 vollständig ausgegrabene Viereckschanze in der Flur »Kupferschmied« in Nordheim erbrachte die Grundrisse von drei 11 × 8, 12 × 12 und 16 × 14 m messenden Gebäuden, von denen zwei einen inneren Kernbau aufwiesen und damit konstruktiv »dem Gebäudetyp des ›keltischen Umgangstempels‹« (Neth 1996, 82) entsprachen.[41] Ein großes Holzkohlestück aus einer Pfostenstandspur von einem dieser beiden Gebäude lieferte ein Dendrodatum von 193 ± wenige Jahre v. Chr. (Friedrich 1996, 87).[42] Außerdem fanden sich zwei Grubenhäuser, zwei große runde Erdkeller und drei flachere Gruben. Da die gesamte Fläche mit Aus-

---

41 Zur Frage der gallo-römischen Umgangstempel und daran erinnernden Grundrissen in Viereckschanzen zuletzt Altjohann 1999.
42 Laut Neth (1996, 84) gehört das verkohlte Eichenholzstück wahrscheinlich nicht zu dem ursprünglich in diese Grube eingelassenen Pfosten. Es fand sich auf deren Sohle im Bereich einer sekundär eingebrachten Packung aus großen Hüttenlehmplatten. Sie schließt daher nicht aus, dass es sich um Altholz handelt.

nahme eines schmalen, durch die Anlage führenden Feldweges untersucht wurde und dabei kein Schacht bzw. Brunnen gefunden wurde, ist es so gut wie sicher, dass ein solcher nicht vorhanden war.

Das sehr reichhaltige Fundmaterial aus der Grabenfüllung, den beiden Grubenhäusern, den Erdkellern und den sonstigen Gruben umfasste neben 8000 bis 10 000 Tierknochen vor allem Tonware, und zwar in erster Linie Grobkeramik und glatte Drehscheibenware. Neben vielen Fragmenten von Briquetage konnten auch Werkzeuge und Geräte, Wetzsteine, Gussformen, Schlacken und ein Mühlstein geborgen werden.

Aufgrund der Verfüllung der meisten Strukturen mit Brandschutt - darunter »große Platten hart gebrannten Hüttenlehms« (Neth 1996, 82) - und der Tatsache, dass die fundführende Schicht des Grabens von einem im Schnitt etwa 15 cm mächtigen Holzkohleband überlagert wird, geht die Ausgräberin davon aus, dass die Viereckschanze durch ein Feuer zerstört worden ist. In einigen Grabenabschnitten waren zudem Linsen aus rotverziegeltem Löß eingelagert und es fanden sich außerdem Teile von verkohlten Brettern, die auf eine »Holzkonstruktion auf dem Wall« hindeuten könnten, die »brennend in den Graben gestürzt ist« (ebd. 83). Eine Toranlage konnte nicht nachgewiesen werden; die Ausgräberin vermutet, dass sich der Eingang im Süden im Bereich einer mächtigen Erosionsrinne befunden hat, die bei der Grabung keinerlei Befunde mehr erkennen ließ.

Die zweite, in der Flur »Bruchhöhe« von Nordheim gelegene Viereckschanze wurde in den Jahren 1998 und 1999 vollständig untersucht. Sie war nur etwa 250 m von der Anlage in der Flur »Kupferschmied« entfernt. Es handelt sich um eine Doppelschanze: an die Hauptschanze schließt im Nordwesten eine weitere Anlage an, die aber nur knapp ein Drittel des Flächeninhaltes der großen Schanze aufweist. Während sich in der Hauptschanze ein außerordentlich großes, etwa 32 × 10 m messendes Gebäude nachweisen ließ, fanden sich in der kleineren zwei Vierpfostenbauten. Stratigraphische Indizien für eine zeitliche Abfolge der beiden Schanzen gibt es nicht.

Die große Schanze wies zwei 15,5 und 23 m tiefe Schächte auf. Der tiefere von beiden erreicht bei 17,5 m den heutigen Grundwasserspiegel; ab 22 m Tiefe konnten Hölzer einer Verschalung und eines kastenförmigen Ausbaues geborgen werden. Sie lieferten ein Dendrodatum von 160 ± 10 v. Chr. Es hat sich bei diesem Schacht offenbar um einen Brunnen gehandelt; auch der andere Schacht war vermutlich als Brunnen geplant, aber vor Erreichen des Grundwassers aufgegeben worden. Die Verfüllung des fertig gestellten Brunnens enthielt große Mengen an Hüttenlehm sowie Keramik, Tierknochen, eine kleine bronzene Stierprotome, eine eiserne Herdschaufel, eine Nauheimer Fibel und Skelettteile von zwei etwa fünfjährigen Kindern. Im unteren Bereich fand sich eine etwa 40 cm mächtige Brandschuttschicht, die einen fast vollständigen Rinderschädel, Bruchstücke von Mahlsteinen und zwei große Eisenringe einschloss. Darunter, auf der Sohle des Brunnens, lag eine vollständig erhaltene feinkeramische Flasche ohne Anzeichen eines sekundären Brandes. Der zweite Schacht war hingegen weitgehend mit sterilem Material verfüllt worden. Auch aus dieser Viereckschanze konnte ein ungewöhnlich reichhaltiges Fundgut geborgen werden. Dazu zählen insbesondere große Mengen an Fein- und Grobkeramik sowie zahlreiche Eisengerätschaften (u. a. Tüllenbeile, Messer, ein Schlüssel, eine Eisenkette, ein Löffelbohrer, ein Rasiermesser und ein Nagelschneider). Aus dem Annexgraben wurden unweit seiner Einmündung in den Hauptgraben zwei Tüllenbeile und 20 cm darunter ein zu einem Bündel verschnürtes Ensemble von Eisengeräten (u. a. eine dreizinkige Fleischgabel, eine Ahle, ein Tüllenmeißel, ein Sensenring und zwei Eisenklammern) geborgen. Hinzu kommt der Fund des Zapfens einer Weinamphore des Types Dressel 1A sowie von acht bandförmigen Schildbuckeln und einem länglichen Eisenteil auf der Sohle einer 1,4 m tiefen runden Grube im Innenraum der großen Schanze (Neth 1999, 77 f.).

Wie in der 1995/96 ausgegrabenen Nordheimer Schanze wurde die Fundschicht in den Gräben auch hier durch ein 10-20 cm mächtiges holzkohlehaltiges Band versiegelt. Darin konnten längs zum Graben verlegte, bis zu 5 m lange und 20-40 cm breite Bretter sowie - weniger klar - Reste schmalerer querverlegter Hölzer erkannt werden. Neth (2000, 81) zufolge ist dieser Befund »wahrscheinlich als Palisade zu interpretieren, die am Wallfuß oder auf der Wallkrone gestanden hat«. Aufgrund des zwischen der Holzkohle stellenweise rötlich angeziegelten Lehmes schließt sie, dass die Palisade brennend in den Graben gestürzt ist und dann »innerhalb kurzer Zeit von Erde überdeckt« worden sei.

Der Ausgräberin zufolge zieht sich auch bei dieser Schanze »der Untergang in einer Brandkatastrophe wie ein roter Faden durch alle Befunde«. Überdies deute alles darauf hin, dass die Anlage danach nicht ungeordnet verlassen worden sei - überall fänden sich die »Spuren einer anschließenden Planierung des Geländes«.[43] Das »verblüffend ähnliche Erscheinungsbild vieler Befundbeobachtungen« in den beiden Nordheimer Viereckschanzen führt sie zu der Annahme, dass beide Anlagen etwa gleichzeitig bestanden haben und durch ein und dasselbe Ereignis zerstört und verlassen worden sind. Wie sie zu Recht betont, widersprechen die für die beiden Schanzen ermittelten dendrochronologischen Daten von um 193 bzw. 160 v. Chr. dieser Interpretation nicht (Neth 2000, 83).

Seit den frühen neunziger Jahren hat sich das bis dahin gültige Bild der Viereckschanzen erheblich verändert. Betrachtet man die seitdem untersuchten Anlagen, so weichen die Ergebnisse der Nordheimer Ausgrabungen nach Befunden und Fundgut wohl am stärksten von der herkömmlichen Vorstellung ab. Wie oben bereits ange-

---

43 Neth (1996, 83) präzisiert diese Aussage wie folgt: »Pfostenstümpfe wurden ausgegraben und deren Fundamentgruben ebenso wie der Brunnen mit Brandschutt verfüllt, vielleicht ist sogar der Wall partiell abgetragen und der Graben eingeebnet worden. All dies ruft den Eindruck einer planmäßigen, von den Bewohnern selbst durchgeführten Aktion hervor«.

führt, besteht für A. Neth daher auch kein Zweifel, dass wir es hier nicht mit Kultstätten, sondern mit landwirtschaftlichen Betrieben zu tun haben, die sie einer sozial privilegierten Schicht zurechnen möchte. Beim jetzigen Stand der Veröffentlichung - bisher liegen ja nur kurze Vorberichte vor - wird man der Einschätzung der Ausgräberin sehr viel Gewicht beimessen wollen; schließlich hat ja die ursprünglich von ihr gestellte Frage, inwieweit die bevorstehenden Ausgrabungen wohl zur Frage ›Kultstätten oder Gutshöfe‹ beizutragen vermöchten (Neth 1998, 124), aus ihrer Sicht eine eindeutige Antwort gefunden. Andererseits sollte man aber auch gewisse Anzeichen nicht übersehen, die zu ihrer Auffassung nicht so recht zu passen scheinen oder doch jedenfalls auch anders gedeutet werden könnten.

So müssen die aneinandergerosteten, einst anscheinend zusammengeschnürten Eisengeräte im Graben des Annexes der Schanze in der Flur »Bruchhöhe« durchaus nicht als ›profane‹ Niederlegung interpretiert werden, wie es doch wohl von der Ausgräberin unterstellt wird. Wir sind hier mit der oben erörterten Hortproblematik konfrontiert - folgte man Hänsels Vorgabe, so obläge Neth jetzt die »Beweisführungspflicht« für ihre Deutung. Aber auch wenn man Hänsels kategorische Auffassung nicht teilt, wird man einen nichtutilitaristischen Zweck dieser Deponierung von Gerätschaften weder von vornherein ausschließen wollen noch können. Nicht weniger schwierig steht es mit der Deutung jener Grube, auf deren Sohle sich der Fuß einer Weinamphore und die acht Schildbuckel fanden. Aus diesen Waffenteilen - neben anderen mehr oder weniger überzeugenden Anhaltspunkten - auf ›adlige‹ Bewohner der Nordheimer Viereckschanzen schließen zu wollen, erscheint dann doch etwas kühn (hierzu auch unten Anm. 39). Acht Schildbuckel ohne jedwede weitere Metallteile von Schilden und ein Amphorenzapfen in einer Grube - auf alle Fälle nicht gerade ein gängiger Befund.

Auch die eigentümliche Verteilung der Tierknochen ist durchaus nicht ohne wieteres mit einem »größeren ländlichen Anwesen« (Neth in Neth/Schatz 1996, 138) in Einklang zu bringen: die Auswertung von insgesamt rund 1600 Tierknochen - etwa einem Fünftel der Gesamtmenge - ergab, dass der Anteil »unzerschlagener, fleischtragender Rinderknochen«, d. h. also Rinderlangknochen, in der Grabenfüllung der 1995/96 gegrabenen Schanze »extrem hoch« war (Schatz 1996, 139).[44] Untersucht wurden je eine Stichprobe aus dem Grubenhaus im Nordbereich der Anlage sowie aus der Ostflanke des Grabens. Dabei erwies sich die Häufigkeitsverteilung der vertretenen Arten als etwa gleich (ebd. 138). Die Rinderknochen aus dem Graben zeigten zudem »weder Verbrennungs- noch Hiebspuren, allenfalls gelegentlich Schnittspuren«. K. Schatz (ebd. 139) folgert daraus, dass bei den Grabenknochen »eine deutlich von der Norm abweichende Zerlegungstechnik angewandt wurde.«

---

44 Neth (1996, 83) ist während der Grabung »die große Zahl vollständiger Unterkiefer und Schulterblätter von Rindern« im Graben aufgefallen.

Schließlich bereitet es Schwierigkeiten, eine Erklärung »für die umgehende und gründliche Beräumung des Geländes nach einem offenbar katastrophalen Brand« zu finden - dies umso mehr, da »sichtbare Anzeichen einer Wiederbenutzung« fehlen (Neth in Neth/Schatz 1996, 138). Der Verweis auf jene berühmte Stelle in Caesars *Commentarii de bello Gallico*, in der der Feldherr den Auszug der Helvetier aus ihrer Heimat kommentiert (Gall. I, 5, 2-4), trägt nicht gerade zur Erhellung der Nordheimer Befunde bei (Neth 2000, 83).

Die hier abschließend angeführten Gegebenheiten sprechen meines Erachtens nicht dafür, die These von »keltischen Gutshöfen« in Nordheim als erwiesen zu betrachten. Das Votum der Ausgräberin ist klar und deutlich; man wird nunmehr die Gesamtvorlage der Befunde und des Fundgutes abwarten müssen, bevor sich beurteilen lässt, ob bzw. inwieweit ihre Deutung der Nordheimer Viereckschanzen zutreffend ist. Anderseits muss aber am Beispiel der Nordheimer Grabungen noch einmal nachdrücklich betont werden, dass uns im Augenblick nur die feldarchäologische Arbeit und damit die Konzentration auf je spezifische Anlagen in der Frage der Deutung der Viereckschanzen weiterbringen wird. Je offener man dabei den Funden und Befunden gegenübertritt, desto größer ist die Aussicht, inhaltlich wieterzukommen.

Viereckschanzen: Ein Fazit

Auch bei diesem letzten Beispiel müssen wir uns die Frage stellen, inwieweit der allenthalben spürbare Deutungswandel der Viereckschanzen etwas zu unserem Thema, also zu den Bedingungen und der Struktur archäologischen Erkennens, beizutragen vermag. Aus den vorstehenden Darlegungen ergibt sich zumindest implizit, dass es im Sinne Boardmans auch bei der Deutung der Viereckschanzen sehr wesentlich auf die Perspektive ankommt. Dies galt nicht nur für K. Schwarz - niemand hat das wohl klarer ausgedrückt als F. Fischer[45] -, sondern es gilt auch für jene, die heute an dieser Debatte teilnehmen. So gewichtet A. Reichenberger die ›kultischen‹ Indizien‹ stärker als die ›profanen‹, und G. Wieland, R. Krause, F. Klein und A. Neth tendieren zum Gegenteil.

Das Stichwort ›Indizien‹ ist unlösbar mit der Ebene der Empirie verknüpft, und im konkreten Falle der Viereckschanzen ist jedweder Fortschritt in der Deutungsfrage zunächst einmal von der feldarchäologischen Ausgangsbasis abhängig. Großflächige Ausgrabungen in diesen Anlagen sind im Wesentlichen erst im Zuge der syste-

---

45 Fischer (1991, 146) schreibt: »Liest man [...] die verschiedenen Berichte von Klaus Schwarz über seine Untersuchung der Schanze und der Schächte von Holzhausen wieder nach, vermag man sich nicht ganz des Eindrucks zu erwehren, der verdiente Gelehrte habe von Anfang an stark unter dem Gedanken einer rituellen Deutung gestanden und andere Möglichkeiten gar nicht mehr erwogen: das ist sehr verständlich, doch bleibt die Frage, ob man ihm heute noch in allen Details folgen darf« (Anm. Fischers von mir eliminiert).

matischen Flugerkundung archäologischer Denkmäler und daraus resultierender Rettungsgrabungen durchgeführt worden. Die seit den neunziger Jahren neu entflammte Diskussion ihrer Zweckbestimmung ist eine direkte Folge dieser Tatsache. Die empirische Erschließung der Viereckschanzen lieferte einen Erkenntniszuwachs, der in dieser Quantität und Qualität ungewöhnlich ist. Insofern unterscheidet sich dieser Fall grundlegend von den beiden vorausgegangenen Beispielen.

Will man den Gegensatz zwischen der Schwarzschen Viereckschanzendeutung und der jetzigen Interpretationstendenz etwas radikalisieren, so wird man sagen dürfen, dass seinerzeit die exzeptionellen Befunde von Holzhausen eine solche Ausstrahlung besaßen, dass sie das im Übrigen vorliegende Schweigen der Quellen zu übertönen vermochten. Die außerordentlichen Grabungsergebnisse der letzten Jahre hingegen führen zunehmend dazu, Viereckschanzen als ein gängiges Phänomen des spätlatènezeitlichen Siedlungsbildes zu begreifen. Jene Aspekte, die auf eine kultische Dimension hinweisen oder doch zumindest hinweisen könnten, werden in diesem Kontext gewissermaßen ›neutralisiert‹. Durch die weitgehend praktizierte Vernachlässigung der im Sinne der gängigen Dichotomie ›kultisch/profan‹ zumindest ambivalenten Elemente und die Betonung der mutmaßlich ›profanen‹ Funde und Befunde werden die Viereckschanzen zu einem gut Teil aus der ›Sphäre des Kultischen‹ mehr oder weniger nachdrücklich herausgelöst. Es liegt nahe anzunehmen, dass dies auch von einem tief sitzenden Hang begünstigt wird, den Bereich des Kultischen, der sich dem intellektuellen Zugriff mehr denn alles andere entzieht, so weit wie irgend möglich zu reduzieren.

Die Tatsache der interpretatorischen Neutralisierung bestimmter Aspekte ruft in Erinnerung, dass die traditionelle Viereckschanzendeutung zwar generell von der kultischen Funktion dieser Anlagen überzeugt war, hinsichtlich des Kultgeschehens und der damit assoziierten Glaubensvorstellungen jedoch weitestgehend beim deskriptiven Rahmen, den die Befunde selbst boten, stehen geblieben ist. Die vorherrschende Auffassung ist recht treffend von Schwarz zum Ausdruck gebracht worden.[46] Dort, wo man über die von der primären Quellenbasis vorgegebene Begrenzung hinauszukommen suchte, knüpfte man - allerdings ohne rechten Erfolg - an antike Zeugnisse zur Religion der Kelten bzw. Gallier an (hierzu zusammenfassend Reichenberger 1993, 384 ff.). Grundsätzlich gesehen fühlt man sich hier also recht nachdrücklich an die These von Hawkes erinnert.

---

46 Schwarz (1975, 355) fasste seine Überlegungen zum möglichen Kultgeschehen in der von ihm untersuchten Viereckschanze von Holzhausen wie folgt zusammen: »Der Archäologe muß freilich beim Interpretieren solcher Befunde Zurückhaltung wahren, besteht doch für ihn allzu leicht die Gefahr, durch klassifizierendes Denken zu einer abstrakten und gewaltsamen Gruppierung zu kommen, während die Wirklichkeit früher Religionsübung für uns voller Rätsel bleibt.«

Multilineares kontra unilineares Denken

Bevor wir uns abschließend mit einigen Aspekten des historischen und archäologischen Erkennens beschäftigen, erscheint es angebracht, bestimmte Einsichten, die sich aus den vorliegenden Ausführungen ergeben, knapp zusammenfassend zu kommentieren. Die drei hier behandelten Beispiele hatten es allesamt in mehr oder minder klarer Weise mit dem außerordentlich komplexen Feld archäologisch überlieferten Kultverhaltens und seiner Deutung zu tun. Vor dem Hintergrund einer allgegenwärtigen, wenig differenzierten Polarität von ›sakral‹ und ›profan‹ offenbarte sich in allen drei Fällen, wenngleich in durchaus unterschiedlichem Maße, ein insgesamt ungewöhnlich starres Argumentationsschema. Dieses Schema lässt sich am besten als ›unilineares Denkmodell‹ bezeichnen. Es besteht in dem Versuch, offenkundig vielschichtige archäologische Phänomene einer einheitlichen Deutung zuzuführen. Mit der dabei notwendigen Fixierung auf Monokausalität geht zwangsläufig eine Verfahrensweise einher, die die Erkenntnis leitenden Optionen von vornherein auf die jeweils favorisierte Hypothese einengt. Alternative Erklärungsmöglichkeiten werden damit konsequent ausgeblendet.

Das unilineare Denkmodell trat in unseren Beispielen in zwei Varianten auf. Es präsentierte sich zum einen in Form einer solide etablierten Lehrmeinung, die kraft ihres scheinbar unumstößlichen Unterbaues eine beinah unwiderstehliche Sogwirkung erzeugt. Die zweite Variante dieses Denkmodells befand sich hingegen noch ganz am Anfang jenes Weges, dessen Ziel den Status einer ›Lehrmeinung‹ verheißt: der Anspruch, ein umfassendes Erklärungsmuster zu verkörpern, wird zwar erhoben, muss aber erst noch durchgesetzt werden.

Das unilineare Denkmodell ist bekanntlich durchaus nicht auf die Archäologie beschränkt; es kann vielmehr mit Fug und Recht als Grundmodell wissenschaftlichen Arbeitens bezeichnet werden. Bereits 1890 hat der amerikanische Geologe T. C. Chamberlin (1965) in einem Aufsatz in *Science* auf das hier als ›unilineares Denkmodell‹ apostrophierte Verfahren aufmerksam gemacht und es als *method of the ruling theory* mit der Metapher elterlicher Liebe eingängig beschrieben.[47] Er setzte dieser Methode eine Alternative entgegen, die er als *method of multiple*

---

[47] Chamberlin (1965, 755) schreibt: »The moment one has offered an original explanation for a phenomenon which seems satisfactory, that moment affection for his intellectual child spring into existence; and as the explanation grows into a definite theory, his parental affections cluster about his intellectual offspring, and it grows more and more dear to him, so that, while he holds it seemingly tentative, it is still lovingly tentative, and not impartially tentative. So soon as this parental affection takes possession of the mind, there is a rapid passage to the adoption of the theory. There is an unconscious selection and magnifying of the phenomena that fall into harmony with the theory and support it, and an unconscious neglect of those that fail to coincidence. [...] Instinctively there is a special searching-out of phenomena that support it, for the mind is led by its desires. There springs up, also, an unconscious pressing of the theory to make it fit the facts, and a pressing of the facts to make them fit the theory.«

working hypotheses bezeichnete. Dabei handelt es sich um ein Verfahren, in dem die zu erklärenden Phänomene von allen nur möglichen Positionen ins Auge gefasst und auf der Grundlage konkurrierender Arbeitshypothesen untersucht werden. Im Verlauf des systematischen Ausbaus und Testens dieser Hypothesen mag schließlich eine einzige übrig bleiben; es mögen sich dabei aber genauso gut Hinweise dafür ergeben, dass die zugrunde liegende Fragestellung weit komplexer als ursprünglich angenommen und mit einer einzigen Arbeitshypothese nicht hinreichend zu lösen ist.[48]

Als Chamberlins Aufsatz genau 75 Jahre nach seiner Erstveröffentlichung erneut in *Science* abgedruckt wurde, fand er ein recht lebhaftes Echo. Seine Lektüre lohnt noch heute – auch für Archäologen (in der Amerikanischen Archäologie ist er u. a. von I. Rouse [1972, 20 f.] rezipiert worden).

Historisches und archäologisches Erkennen

Im Folgenden wollen wir uns abschließend einigen grundsätzlichen Überlegungen zu gewissen, hier interessierenden Aspekten des im engeren Sinne historischen, also auf Schriftzeugnisse gegründeten und des archäologischen Erkennens zuwenden. Diese Überlegungen gehen von den Erfahrungen aus, die im Zuge der vorliegenden Erörterung von drei archäologischen ›Fällen‹ gewonnen worden sind. Wenngleich dies zunächst nicht unmittelbar deutlich sein mag, gilt das Interesse immer beiden – wenn man sie denn so nennen darf – Erkenntnisweisen. In knappster Form sollen sowohl bestimmte Unterschiede als auch Gemeinsamkeiten angesprochen werden.

Alle drei hier betrachteten Fälle betreffen das Problem, spezifische Fund- und Befundkomplexe mit den Motivationen ihrer Verursacher in Verbindung zu bringen. Es scheint nahe liegend, anzunehmen, dass eine solche Verknüpfung bei Menschen des letzten vorchristlichen Jahrhunderts weit eher gelingen sollte als bei solchen der Bronzezeit oder gar des Jungpaläolithikums. Für diese Meinung könnte auch die Tatsache sprechen, dass die in den Beispielen angesprochenen Kulturverhältnisse

---

[48] Chamberlin (1965, 756) charakterisiert die ›Methode multipler Arbeitshypothesen‹ wie folgt: »The effort is to bring up into view every rational explanation of new phenomena, and to develop every tenable hypothesis respecting their cause and history. [...] The investigator at the outset puts himself in cordial sympathy [...] with every hypothesis that is at all applicable to the case under investigation. Having thus neutralized the partialities of his emotional nature, he proceeds with a certain natural and enforced erectness of mental attitude to the investigation, knowing well that some his intellectual children will die before maturity, yet feeling that several of them may survive the results of final investigation, since it is often the outcome of inquiry that several causes are found to be involved instead of a single one. [...] Such complex explanations of phenomena are specially encouraged by the method of multiple working hypotheses, and constitute one of ist chief merits. We are so prone to attribute a phenomenon to a single cause, that, when we find an agency present, we are liable to rest satisfied therewith, and fail to recognize that it is but one factor, and perchance a minor factor, in the accomplishment of the total result.«

eine Abfolge von totaler Schriftlosigkeit zu einer zeitlich und räumlich zunehmend engeren Nachbarschaft mit Kulturen repräsentieren, die über Schrift verfügen. So grenzen die durch Deponierung materieller Güter charakterisierten kontinentaleuropäischen Kulturen im Südosten an Bevölkerungsgruppen an, die bereits - wenngleich in einem sehr geringen Umfang und im Wesentlichen retrospektiv - durch Schriftquellen erhellt werden. Dies gilt in einem weit stärkeren Maße für die Jüngere Latènezeit. Leider ist damit für die uns interessierende Problematik letztlich aber kaum etwas Weiterführendes gewonnen.

Gegenüber dem schriftlosen urgeschichtlichen Menschen ist der Mensch als Gegenstand der Alten, Mittleren, Neuen und Neuesten Geschichte durch eine mehr oder weniger reiche Überlieferung von schriftlich fixierten, intentionell oder unbeabsichtigt berichtenden Eigen- und Fremdaussagen fass- und interpretierbar. Je nach Dichte dieser Überlieferung tritt uns bei allen Deutungsproblemen auf sprachanalytischer Ebene der antike, mittelalterliche oder neuzeitliche Mensch in seinen geistigen, sozialen, politischen und wirtschaftlichen Bezügen mal gestochen scharf, mal eher verschwommen entgegen. Und sicherlich gibt es breite Grauzonen, in denen ganze oder doch große Teile der einstigen Lebensrealität in den zur Verfügung stehenden Schriftquellen nicht oder jedenfalls nicht hinreichend kommentiert werden. In diesem Zusammenhang denkt man vielleicht weniger an die Antike als vielmehr an das Mittelalter einschließlich natürlich des Frühmittelalters. Insgesamt jedoch unterstellt der Historiker - und er sieht sich dazu durch die Überlieferung berechtigt -, dass sein Forschungsgegenstand in dem Erfahrungsfeld aufgehoben ist, das seine eigene Kultur und Gesellschaft repräsentiert. Somit findet sich die alte These, dass »alles historische Verstehen vom Lebenshorizont des Historikers ausgeht« - wie K.-G. Faber (1971, 141) es einmal formulierte -, hier alles in allem auf relativ sicherem Boden. Dies gilt trotz aller latenten Gefahr, die - wie Faber ebenfalls anmerkte - davon herrührt, dass »den Handlungen der Vergangenheit die Vorstellungen und Motive der Gegenwart des Historikers unterschoben werden.«

Die wesentliche Rolle, die der Analogie im Kontext des historischen Verstehens zukommt, ist in der Geschichtswissenschaft der letzten fünf Jahrzehnte häufiger erörtert worden - als grundlegend gilt immer noch F. Wagners »Analogie als Methode historischen Verstehens« von 1955. Es ist in unserem Zusammenhang von besonderem Interesse, dass das *per analogiam* verfahrende historische Deuten in aller Regel mit einer Relativierung oder Negierung des kontextuellen Prinzips der Einheit von Zeit und Raum einhergeht. Somit vermag dieses Verfahren für die je konkreten historischen Fragestellungen niemals mehr als Deutungsmöglichkeiten unterschiedlicher Plausibilität hervorzubringen. Mit Wagner (1955, 705) könnte man auch sagen, dass dieses Verfahren »nur zu wechselnden Wahrscheinlichkeitsgraden der Erkenntnis« zu führen vermag (so sinngemäß auch Faber 1971, 143).

Es versteht sich eigentlich von selbst, bedarf aber im Kontext meiner Ausführungen doch noch einmal der Erwähnung, dass es dem historischen Verstehen auch auf der simpelsten Ebene nicht allein darum geht und gehen kann, das zu verstehende

Geschehen mit der »eigenen, durch mancherlei Wissen angereicherten Lebenserfahrung« zu konfrontieren und ihm auf dieser Grundlage dann auf dem Wege der Analogie plausibel erscheinende Motivationen zuzuordnen (Faber 1971, 143). Der Prozess des Erkennens ist hier wie in allen Wissenschaften in ein fachspezifisches methodologisches Regelwerk eingebunden, das bereits auf der Ebene der Quellenkritik und der Begriffsbildung ein gewisses Maß an Voraussetzungen einschließt, die die Interpretation beeinflussen. Entscheidend ist also in jedem Falle, dass historisches Verstehen den engen Rahmen des, wie J. Meran (1988, 128; 1985, 64 ff.) sagt, »vorwissenschaftlichen Alltagswissens« transzendiert und auf der Basis der historischen Methode über den zur Diskussion stehenden Tatbestand Hypothesen bildet, ihren explanatorischen Wert beurteilt und sukzessive zu ihrer empirischen Absicherung fortschreitet.

In der Geschichtswissenschaft ist des Öfteren die Frage des ›Umschreibens von Geschichte‹ erörtert worden, die ja zentral mit dem Wahrheitsbegriff dieser Wissenschaft verbunden ist. In einer entsprechenden Betrachtung hat R. Koselleck (1988, 41) darauf hingewiesen, dass Thukydides uns gelehrt habe, warum Geschichte überhaupt umgeschrieben werden könne:

> »Er führte vor, daß die Erhebung eines Tatbestandes nicht identisch ist mit dem, was darüber gesagt und überliefert wird. Darüber hinaus zeigte er, daß die Frage, warum es so und nicht anders gekommen ist, nur dialogisch gebrochen beantwortet werden kann, eingerückt in die Perspektive der Beteiligten.«

Und Koselleck fährt fort:

> »Anders gewendet, Thukydides hat als erster den Widerspruch erkannt, der zwischen der tatsächlichen Geschichte und ihrer sprachlichen Deutung und Erfassung immer wieder aufbricht, ja daß dieser Unterschied geradezu konstitutiv ist für die Erfahrung von Geschichte überhaupt.«

Man wird nicht widersprechen wollen, wenn er feststellt, dass jeder Text zugleich mehr und weniger, jedenfalls auch anderes aussage, als tatsächlich der Fall gewesen sein mag. Und noch einmal im Wortlaut (Koselleck 1988, 44): »In dieser Differenz liegt die Vielfalt möglicher Begründungen. Deshalb konnte Thukydides - gegen Herodot - zeigen, daß Geschichte schreiben Umschreiben ist.«

Mir scheint bemerkenswert, dass zwischen dem von Thukydides entdeckten Tatbestand und dem analogischen Deuten sowohl in der Archäologie wie in der Historie eine strukturelle Gemeinsamkeit besteht. Im ersten Fall trägt das erkennende Subjekt seine Standortgebundenheit und damit die Fragestellungen und theoretischen Positionen an das historische Material heran. Somit wird das historische Faktum auf der Grundlage externer Gegebenheiten interpretiert - und um nichts anderes handelt es sich auch beim analogischen Deuten. Der Unterschied zwischen dem ersten und dem zweiten Fall besteht daher höchstens darin, dass der Anteil des ›Externen‹ bei Letzterem höher ist - inwiefern dem tatsächlich eine Bedeutung zuzumessen ist, bleibe dahingestellt. Eine Quantifizierung lässt sich dabei jedenfalls nicht durchführen; für die hier wichtige Feststellung der strukturellen Äquivalenz käme ihr ohnehin keine Bedeutung zu.

Koselleck (1988, 45 f.) führt neben der von Thukydides aufgezeigten »metahistorischen Voraussetzung« des Umdeutens und folglich auch Umschreibens von Geschichte auch noch die heuristisch-quellenkundliche Seite der Geschichtsinterpretation an, die konkret zu entsprechenden Umdeutungen führen können: (1) das Auftauchen neuer Zeugnisse; (2) das Auftauchen neuer Fragen und (3) eine neue Lesung der vorhandenen Zeugnisse. Blickt man auf das Ganze, so gilt für jede einzelne der damit ausgelösten Umdeutungen, dass auch sie wiederum dem metahistorischen Prinzip des Umdeutens unterworfen ist. Zudem wird man Koselleck Recht geben müssen, wenn er betont, dass man darauf angewiesen bleibe, die »Vergangenheit in die eigene Sprache zu übersetzen«. Damit aber falle man der »anthropologischen Vorgabe« anheim, dass »alles Umschreiben der bisherigen Überlieferung diese in die eigene, wenn auch hermeneutisch reflektierte, Erfahrung einzupassen genötigt ist« (ebd. 48).

Kehren wir zur Archäologie zurück, so fällt es leicht, die drei hier in paradigmatischer Absicht betrachteten Fälle mit der soeben in einigen Aspekten charakterisierten erkenntnistheoretischen Elle der Historiker zu messen. Die Parallelen liegen auf der Hand: das gesamte Spektrum der von Koselleck angesprochenen Voraussetzungen des Umschreibens von Geschichte sind in unseren archäologischen Beispielen exemplarisch vorgeführt worden. Für die Archäologie ist es darüber hinaus von beträchtlichem Interesse – und es mag manchem Anlass zur Besinnung sein –, dass für Historiker das Prinzip des analogischen Schließens als Methode historischen Verstehens eine Selbstverständlichkeit ist.

Für die Interpretation von Kultur- und Lebensverhältnissen, die denen des Interpreten ganz und gar fremd sind – und die Archäologie hat ja ständig mit nichts anderem zu tun –, ist eine Bemerkung von Faber aufschlussreich, die sich auf die »Horizontgebundenheit« bzw. auf die »Geschichtlichkeit« von Sprache (Faber 1971, 153) und damit auf schriftliche historische Zeugnisse bezieht. Er weist darauf hin, dass der Historiker oft genug vor der schwierigen Aufgabe stehe, »eine sprachlich fixierte Lebensform zu interpretieren, die durch keinerlei Tradition im engeren Sinne [...] mit seiner eigenen Lebensform verbunden« sei (ebd. 156). Damit ist ein zentrales quellenkundliches Problem der Historie angesprochen, die ja zum allergrößten Teil auf schriftlich vermittelten sprachlichen Äußerungen beruht. In struktureller, erkenntnistheoretischer Hinsicht hat dieses Problem überraschend viel mit jenem gemein, dem sich auch die Prähistorische Archäologie – wiewohl sie ja eben nicht über Schriftquellen verfügt – gegenübersieht. Faber (ebd. 155 f.) meint, dass der Historiker dieses Problem durch Rückgriff auf einen »anthropologischen Grundbestand menschlicher Verhaltensweisen« im Sinne von »Denkformen, Verhaltensnormen und Sprachmustern« löse. Dabei handele es sich um ein »Kontinuum des Humanen«, das man mit Droysen als »Kongenialität« bezeichnen könne. Allein unter der »stillschweigenden Voraussetzung eines solchen Kontinuums« sei es dem Historiker möglich, »die Kluft zwischen Vergangenheit und Gegenwart durch eine verstehende Interpretation der Überlieferung« zu überbrücken.

Könnte sich die Prähistorische Archäologie dieser Gewissheit teilhaftig wähnen, so brauchte sie das Fehlen von Schriftquellen nicht länger als einen Mangel zu empfinden. Ein ethnologisch informierter Historiker dürfte allerdings auf Fabers »anthropologischen Grundbestand« bzw. auf das, was Droysen »das dem Menschengeschlecht Eigentümliche« genannt hat (Faber 1971, 155 Anm. 19), wenig geben. Und dies gilt allemal auch für den Archäologen. So verlockend es zumal für Tübinger Archäologen auch sein mag, es mit mit dem Motto des Gründers der Eberhard-Karls-Universität – *attempto!* ›Ich wag's!‹ – zu halten, so rät die kulturwissenschaftliche Einsicht hier doch zu äußerster Zurückhaltung. Schließlich lehrt doch gerade die Ethnologie, dass unter der Sonne solange alles möglich ist, wie es durch kulturelle Normen sanktioniert wird. Also sollten wir trotz unserer methodologisch-strukturellen Nähe zu den Historikern nicht versuchen, das nichtschriftliche Materielle durch einen so genannten »anthropologischen Grundbestand menschlicher Verhaltensweisen« aus seiner inhaltlichen Ambivalenz in eine für uns genehme Gewissheit umzudeuten. Was dabei herauskäme, haben wir ja bereits in hinreichender Deutlichkeit an den hier präsentierten Beispielen gesehen.

Die Erörterung dieser Beispiele und die Einbettung der dabei gewonnenen Einsichten in den größeren Zusammenhang des Deutens längst vergangener Kultur- und Lebensverhältnisse durch Archäologie und Historie hat gezeigt, dass es im einen wie im anderen Falle keinen Königsweg der Erkenntnis gibt. Die schriftlichen Zeugnissen erweisen sich nicht nur immer wieder als außerordentlich mehrdeutig, sondern widersetzen sich bisweilen sowohl dem direkten, aus der Lebenswelt des Historikers resultierenden Zugang als auch jenem, der aus der professionellen, metahistorischen Erfahrung resultiert. In den nichtschriftlichen archäologischen Zeugnisse wiederum ist das Immaterielle zwar in sicherlich höchst unterschiedlicher Wiese und Stärke aufgehoben, aber als solches nicht ohne weiteres erfahrbar. Dem Archäologen bleibt offenbar nur der Weg des analogischen Deutens. Die hoch variable ›Sphäre des Religiösen‹ entbehrt allerdings weitgehend jener Fixpunkte, die der Suche nach geeigneten Analoga und damit den möglichen Interpretationen Richtung und Ziel geben könnten. Zwar stellt sich dieses Problem auch in Bereichen wie der wirtschaftlichen, politischen und sozialen Struktur archäologisch fassbarer Gemeinschaften, aber offenbar nicht in gleichem Ausmaß und gleicher Schärfe. Hier ist, so weit ich sehe, keine grundlegende Verbesserung der Erkenntnismöglichkeiten – geschweige denn eine ›Lösung‹ – in Sicht. Insofern sehe ich die Einschätzung von Hawkes ein weiteres Mal bestätigt.

Die Tatsache, dass das nichtschrifttragende Materielle seinem Wesen nach das in ihm aufgehobene Immaterielle nicht intersubjektiv erfahrbar zu spiegeln vermag, stellt den Archäologen vor kaum überwindbare Schwierigkeiten und bildet damit zugleich eine besondere Herausforderung. Er hat eben nur Spuren, die auf das Immaterielle verweisen - dass er auch ›Botschaften‹ hat, wie der Titel der Tagung, deren Erträge hier vorliegen, verheißt, wage ich für den größten Teil dieser Spuren zu bezweifeln. Ich vermutete seinerzeit, dass man in der Eile der Vorbereitung nur das Fragezeichen auf dem Tagungsprogramm vergessen habe. Diese Vermutung hat sich als unbegründet erwiesen. So lässt sich abschließend nur feststellen, dass T. Schieders (1968, 37) »geschichtswissenschaftliche Grundfrage« auch für Archäologen gilt. Sie lautet:

»Wie kann ich ein geschichtliches Phänomen mit meiner Vorstellungskraft erfassen, wie kann ich es in seiner Entstehung, seiner inneren Struktur, seiner historischen Bedeutung verständlich machen oder, kurz gesagt, verstehen?«

Um sie zu beantworten, bedürfte es für Archäologen einer hermeneutischen Erweiterung des erkenntnistheoretischen Arsenals auf der Ebene der - mit Wagner (1955) zu sprechen -»Analogie als Methode historischen Verstehens«. Allein, ein Weg dahin ist einstweilen nicht in Sicht.

Literatur

Altjohann 1999: M. Altjohann, Gallo-römische Umgangstempel und Bauten in Viereckschanzen. In: Wieland 1999a, 105-112.
Bahn/Vertut 1988: P. G. Bahn/J. Vertut, Images of the Ice Age. Leicester: Windward 1988.
Bégouën 1929: [H.] Bégouën, The Magic Origin of Prehistoric Art. Antiquity 3, 1929, 5-19.
Boardman 1994: J. Boardman, The Diffusion of Classical Art in Antiquity. London: Thames and Hudson 1994.
Chamberlin 1965: T. C. Chamberlin, The Method of Multiple Working Hypotheses. Science 148, 1965, 754-759 [Original 1890].
Clottes/Lewis-Williams 1996: J. Clottes/D. Lewis-Williams, Les chamanes de la préhistoire: Transe et magie dans les grottes ornées. Collection »Arts Rupestres«. Paris: Seuil 1996.
Drexel 1931: F. Drexel, Templum. Germania 15, 1931, 1-6.
Eggert 1991: M. K. H. Eggert, Prestigegüter und Sozialstruktur in der Späthallstattzeit: Eine kulturanthropologische Perspektive. In: Urgeschichte als Kulturanthropologie: Beiträge zum 70. Geburtstag von Karl J. Narr. Saeculum 42/1, 1991, 1-28.
Eggert 2001: Ders., Prähistorische Archäologie: Konzepte und Methoden. Tübingen/Basel: Francke 2001.
Eggert i. Dr.: Ders., Über das Sakrale in der Archäologie. Vortrag auf dem Kolloquium *Goldenes Sakralgerät der Bronzezeit* im Germanischen Nationalmuseum Nürnberg, 17. bis 20. Mai 2001. Anz. Germ. Natmus. (im Druck).
Faber 1971: K.-G. Faber, Theorie der Geschichtswissenschaft. München: C. H. Beck 1971.
Fischer 1991: F. Fischer, Lieber Don Guillermo. In: O.-H. Frey (Hrsg.), Festschrift für Wilhelm Schüle. Veröff. Vorgesch. Sem. Marburg, Sonderbd. 6 (= Intern. Arch. 1). Buch am Erlbach: Marie L. Leidorf 1991, 145-150.
Friedrich 1996: M. Friedrich, Erste Ergebnisse von Holzartenbestimmungen und dendrochronologischen Untersuchungen an Hölzern der spätkeltischen Viereckschanze bei Nordheim, Kreis Heilbronn. Arch. Ausgr. Baden-Württemberg 1996, 85-87.

Hänsel/Hänsel 1997: A. Hänsel/B. Hänsel (Konzeption), Gaben an die Götter: Schätze der Bronzezeit Europas. Bestandskat. 4. Berlin: Staatliche Museen zu Berlin – Preußischer Kulturbesitz und Freie Universität, Seminar für Ur- und Frühgeschichte 1997.

Hänsel 1997: B. Hänsel, Gaben an die Götter: Schätze der Bronzezeit Europas – Eine Einführung. In: Hänsel/Hänsel 1997, 11–22.

Hänsel 2000: Ders., Die Götter Griechenlands und die südost- bis mitteleuropäische Spätbronzezeit. In: B. Gediga/D. Piotrowska (Hrsg.), Kultura symboliczna kręgu pól popielnicowych epoki brązu i wczesnej epoki żelaza w Europie srodkowej. Prace Komisji Archeologicznej 13 [= Muzeum w Biskupinie Prace Archeologiczne 1]. Warszawa – Wrocław – Biskupin: Polska Akademia Nauk 2000, 331–343.

Hänsel 2001: Ders., Besprechung: Eggert 2001. Praehist. Zeitschr. 76, 2001, 253–256.

Hawkes 1954: C. Hawkes, Archeological Theory and Method: Some Suggestions from the Old World. Am. Anthr. 56, 155–168.

Irwin 2000: A. Irwin, The Hooked Stick in the Lascaux Shaft Scene. Antiquity 74, 2000, 293–298.

Kirchner 1952: H. Kirchner, Ein archäologischer Beitrag zur Urgeschichte des Schamanismus. Anthropos 47, 1952, 244–286.

Klein 1995: F. Klein, Ein landwirtschaftliches Zentrum bei Riedlingen? Arch. Deutschland 4/1995, 34–35.

Klein 1999: Ders., Riedlingen, Kr. Biberach. In: Wieland 1999a, 153–158.

Koselleck 1988: R. Koselleck, Erfahrungswandel und Methodenwechsel: Eine historisch-anthropologische Skizze. In: Meier/Rüsen 1988, 13–61.

Krause 1995: R. Krause, Viereckschanze mit »zentralörtlicher« Funktion. Arch. Deutschland 4/1995, 30–33.

Krause 1999: Ders., Viereckschanzen im spätkeltischen Siedlungsgefüge. In: Wieland 1999a, 81–90.

Krause/Wieland 1993: Ders./G. Wieland, Eine keltische Viereckschanze bei Bopfingen am Westrand des Rieses: Ein Vorbericht zu den Ausgrabungen und zur Interpretation der Anlage. Germania 71, 1993, 59–112.

Leroi-Gourhan 1971: André Leroi-Gourhan, Prähistorische Kunst: Die Ursprünge der Kunst in Europa. Freiburg/Basel/Wien: Herder 1971 [franz. Original 1965].

Leroi-Gourhan/Allain 1979: Ders./J. Allain et al., Lascaux inconnu. XIIe Supplément à ›Gallia Préhistoire‹. Paris: Centre National de la Recherche Scientifique 1979.

Lorblanchet 1995: M. Lorblanchet, Les grottes ornées de la préhistoire: Nouveaux regards. Paris: Editions Errance 1995.

Meier/Rüsen 1988: C. Meier/J. Rüsen (Hrsg.), Historische Methode. Beitr. Historik 5. München: Deutscher Taschenbuch Verlag 1988.

Menghin/Hänsel 1997: W. Menghin/B. Hänsel, Vorwort. In: Hänsel/Hänsel 1997, 9–10.

Menke 1978/79: M. Menke, Studien zu den frühbronzezeitlichen Metalldepots Bayerns. Jahresber. Bayer. Bodendenkmalpfl. 19/20, 1978/79 (1982), 5–305.

Meran 1988: J. Meran, Historische Methode oder Methoden in der Historie? Eine Frage im Lichte der Methodologiegeschichte. In: Meier/Rüsen 1988, 114–129.

Müller-Karpe 1958: H. Müller-Karpe, Neues zur Urnenfelderkultur Bayerns. Bayer. Vorgeschbl. 23, 1958, 4–34.

Murray 1995: M. L. Murray, Viereckschanzen and Feasting: Socio-Political Ritual in Iron-Age Central Europe. Journ. European Arch. 3, 1995, 125–151.

Narr 1961: K. J. Narr, Urgeschichte der Kultur. Stuttgart: Alfred Kröner 1961.

Neth 1996: A. Neth, Zum Abschluß der Grabungen in der keltischen Viereckschanze bei Nordheim, Kreis Heilbronn. Arch. Ausgr. Baden-Württemberg 1996, 79–85.

Neth 1998: Dies., Zum Beginn der Ausgrabungen in der zweiten Viereckschanze von Nordheim, Kreis Heilbronn. Arch. Ausgr. Baden-Württemberg 1998, 121–124.

Neth 1999: Dies., Zum Fortgang der Ausgrabungen in der zweiten Viereckschanze bei Nordheim, Kreis Heilbronn. Arch. Ausgr. Baden-Württemberg 1999, 75-79.

Neth 2000: Dies., Zum Abschluss der Ausgrabungen in der zweiten Viereckschanze bei Nordheim, Kreis Heilbronn. Arch. Ausgr. Baden-Württemberg 2000, 80-84.

Neth/Schatz 1996: Dies./K. Schatz, Grabungen in einer spätkeltischen Viereckschanze in Nordheim, Kr. Heilbronn. Denkmalpfl. Baden-Württemberg 25, 1996, 131-139.

Pauli 1991: L. Pauli, Heilige Plätze und Opferbräuche bei den Helvetiern und ihren Nachbarn. Arch. Schweiz 14, 1991, 124-135.

Planck 1982: D. Planck, Eine neuentdeckte keltische Viereckschanze in Fellbach-Schmiden, Rems-Murr-Kreis: Vorbericht über die Grabungen 1977-1980. Mit Beiträgen von K. E. Bleich, U. Körber-Grohne u. B. Becker. Germania 60, 1982, 105-172.

Reichenberger 1988: A. Reichenberger, Temenos - Templum - Nemeton - Viereckschanze: Bemerkungen zu Namen und Bedeutung. Jahrb. RGZM 35, 1988 (1991) 285-298.

Reichenberger 1993: Ders., Zur Interpretation der spätlatènezeitlichen Viereckschanzen. Jahrb. RGZM 40, 1993, 353-396.

Reinecke 1930: P. Reinecke, Die Bedeutung der Kupferbergwerke der Ostalpen für die Bronzezeit Mitteleuropas. Schumacher-Festschrift. Mainz: L. Wilckens 1930, 107-115.

Rouse 1972: I. Rouse, Introduction to Prehistory: A Systematic Approach. New York/San Francisco/St. Louis u. a.: McGraw-Hill 1972.

Schaich 1995: M. Schaich, Schanze mit Umgangstempel und drei Brunnen. Arch. Deutschland 4/1995, 22-25.

Schaich 1999: Ders., Plattling-Pankofen. In: Wieland 1999a, 183-186.

Schatz 1996: K. Schatz, Die Tierknochenfunde. In: Neth/Schatz 1996, 138-139.

Schieder 1968: T. Schieder, Geschichte als Wissenschaft: Eine Einführung. München/Wien: R. Oldenbourg ²1968.

Schwarz 1975: K. Schwarz, Die Geschichte eines keltischen Temenos im nördlichen Alpenvorland. In: Ausgrabungen in Deutschland: Gefördert von der Deutschen Forschungsgemeinschaft 1950-1975. Teil 1: Vorgeschichte - Römerzeit. Monogr. RGZM 1,1. Mainz: Römisch-Germanisches Zentralmuseum 1975, 324-358.

Torbrügge 1985: W. Torbrügge, Über Horte und Hortdeutung. Arch. Korrbl. 15, 1985, 15-23.

Torbrügge 1992: W. Torbrügge, Bemerkungen zur Kunst, die Situlenkunst zu deuten. In: I. R. Metzger/P. Gleirscher (Red.), Die Räter. Schriftenr. Arbeitsgemeinsch. Alpenländer. Bozen: Athesia 1992, 581-609.

Ucko/Rosenfeld 1967: P. Ucko/A. Rosenfeld, Felskunst im Paläolithikum. München: Kindler 1967.

Wagner 1955: F. Wagner, Analogie als Methode geschichtlichen Verstehens. Studium Generale 8, 1955, 703-712.

Wieland 1999a: G. Wieland (Hrsg.), Keltische Viereckschanzen: Einem Rätsel auf der Spur. Stuttgart: Konrad Theiss 1999.

Wieland 1999b: Ders., Charakterisierung - Verbreitung - Historischer Rahmen - Forschungsgeschichte. In: Wieland 1999a, 11-20.

Wieland 1999c: Ders., Kultische und profane Funktionsaspekte. In: Wieland 1999a, 73-80.

ULRICH VEIT

Über die Grenzen archäologischer Erkenntnis und die Lehren der Kulturtheorie für die Archäologie

ZUSAMMENFASSUNG: Den Ausgangspunkt dieses Beitrags bildet die Frage, ob sich die Ur- und Frühgeschichtliche Archäologie in ihrer Erkenntnisstruktur und ihren Erkenntnismöglichkeiten grundsätzlich oder nur graduell von jener der anderen Kulturwissenschaften unterscheidet. Letztere sind im Gegensatz zur Archäologie ja nicht allein auf »stumme« Überreste angewiesen, sondern können auf »sprechende« Quellen (z. B. Schriftzeugnisse) zurückgreifen. Im ersten Teil des Beitrags wird zu begründen versucht, warum die Archäologie trotz aller praktischen Einschränkungen ihres Erkenntnisvermögens, die nicht zu übersehen sind, den Kulturwissenschaften sehr viel näher steht, als uns manche Darstellungen ihrer Epistemologie bis in die Gegenwart glauben machen wollen. Aus diesem Grunde bedarf ihre Methodologie dringend einer kommunikationstheoretischen Erweiterung. Im zweiten Teil des Beitrags werden einige Ansätze aus dem englischsprachigen Raum, die Elemente der Kommunikationstheorie verarbeitet haben, vorgestellt und diskutiert. Dazu greife ich vor allem die Frage auf, ob materielle Kultur sinnvoll als »Text« verstanden werden kann. Ein detaillierter Vergleich zwischen sog. »materieller und »inschriftlicher« bzw. »bildlicher Kommunikation« zeigt das Potential aber auch die Grenzen eines solchen Ansatzes. Insgesamt wird deutlich, dass sich archäologisches Interpretieren - außer in einem metaphorischen Sinne - nicht sinnvoll als »Lektüre« konzipieren lässt. Die Arbeitsweise der Archäologie beruht vielmehr auf einem »Indizienparadigma« (C. Ginzburg), das es erlaubt selbst unscheinbare »Spuren« als Anzeichen für bestimmte verborgene, aber bedeutungsvolle Sachverhalte zu deuten. Dennoch ist der Zusammenhang zwischen Beobachtung und Interpretation auch in diesem Fall ein semiotischer - und somit scheint eine kommunikationstheoretische Erweiterung unserer Methodologie unabdingbar.

»Angesichts der wissenschaftlichen Methoden der modernen Archäologie vermag keine vergangene Kultur, um wie viel älter sie auch als die Geschichte sein mag, ihrer früheren oder späteren Entdeckung entgehen; wie spärlich auch ihre Hinterlassenschaften sein mögen, sie enthüllen die Geschichte der Menschheit oft zuverlässiger als geschriebene Berichte. Das Material, mit dem der Archäologe zu tun hat, ist absolut frei von Vorurteilen und Ignoranz, durch die die Ergebnisse der Historiker so oft verfälscht werden.«

In solch überschwänglichen Worten pries Robert Munroe im Jahre 1895 die Möglichkeiten der damals noch jungen Wissenschaft Archäologie.[1] Diese und ähnlich lautende Äußerungen sind von jüngeren, quellenkritisch geschulten Fachvertretern

---

1 Zitiert nach Piggott 1972, 35. - »Archäologie« steht hier und im Folgenden für »Ur- und Frühgeschichtliche Archäologie«. Wo von »Archäologen« die Rede ist, sind selbstverständlich jeweils beide Geschlechter gemeint. - Neben den Mitherausgebern danke ich L. Koch und B. Schweizer für konstruktive Hinweise zu älteren Versionen des vorliegenden Textes. Besonderen Dank für seine kritischen Kommentare schulde ich M. K. H. Eggert, der ungeachtet meiner kritischen Anmerkungen zu seiner Position und abweichender eigener Überzeugungen in uneigennütziger Weise zur Verdeutlichung meiner Argumentation beigetragen hat.

später mit Recht wegen ihrer Überschätzung der Möglichkeiten einer allein auf archäologische Quellen gegründeten Geschichtsschreibung kritisiert worden. Stuart Piggott (1972, 35) warf Munroe in den sechziger Jahren des zwanzigsten Jahrhunderts gar vor, zu wenig über das eigentliche Wesen seiner eigenen Disziplin und noch weniger über das Wesen der Geschichtswissenschaft nachgedacht zu haben. Auch wenn man den Optimismus Munroes nicht teilt, muss man seine Stellungnahme doch in gewisser Hinsicht gegen diese Kritik in Schutz nehmen. Piggott hat nämlich bei seinem bissigen Kommentar den zeitgeschichtlichen Kontext, in dem Munroes Äußerung steht, vollkommen ausgeblendet. Gleichzeitig verabsolutiert er mit seinen Ausführungen zur Methodologie eine bestimmte Auffassung von Archäologie und Geschichte, die – wie uns ein Blick auf jüngere kultur- und geschichtswissenschaftliche Theoriedebatten lehrt – heute durchaus nicht mehr so unangefochten dasteht wie noch vor dreißig Jahren.

Munroes Äußerung lässt sich jedenfalls angemessen nur beurteilen, wenn man den wissenschaftshistorischen Kontext, in dem sie formuliert wurde, mitberücksichtigt. Die auf die Untersuchung materieller Überreste hin orientierte Archäologie profitierte am Ende des 19. Jahrhunderts von einer generellen Skepsis der zeitgenössischen Kulturwissenschaften geschriebenen Texten gegenüber. Stattdessen setzte man stärker auf die Erforschung von »Spuren«, d. h. auf Zeugnisse, die nicht an die Nachwelt adressiert und auch nicht zur Dauer bestimmt waren. Sie versprachen der kulturwissenschaftlichen Forschung Bereiche vergangener Wirklichkeit zu erschließen, über die die schriftliche Überlieferung sich ausschwieg (dazu Ginzburg 1988; A. Assmann 1996).

Solche Hoffnungen spielten gegen Ende des 19. Jahrhunderts selbst in Teilen der noch sehr auf Schriftzeugnisse fixierten Geschichtswissenschaft eine gewisse Rolle. Als zentraler wissenschaftshistorischer Referenzpunkt dafür gilt heute Jakob Burckhardts Projekt einer Kulturgeschichte, für das der geschilderte Gegensatz zwischen Texten und Spuren zentral wurde. »Texte« sind für Burckhardt kodierte Botschaften und damit bewusste Artikulationen einer Epoche – samt allen tendenziösen (Selbst-)Täuschungen, die damit verbunden sind. Unter »Spuren« versteht er demgegenüber indirekte Informationen, die das Unwillkürliche einer Epoche dokumentieren, welches keiner Zensur und Vorstellung unterliege. Letztere seien für den Kulturhistoriker wichtiger als Texte. Sie eröffneten auch aus diesem Grunde einen grundsätzlich anderen Zugang zur Vergangenheit als Texte, weil sie auch die nicht sprachlichen Artikulationen einer vergangenen Kultur – die Ruinen und Relikte, die Fragmente und Scherben ebenso wie die Überreste mündlicher Tradition – einbezögen.[2]

---

2 Es lohnt, hier J. Burckhardt (1872, 175) selbst zu Wort kommen zu lassen. Im Text seiner Vorlesung »Einleitung in die Griechische Kulturgeschichte« heißt es: »Ein Vorteil der kulturhistorischen Betrachtung überhaupt ist nun vor allem die Gewissheit der wichtigeren kulturhistorischen Tatsachen gegenüber den historischen im gewöhnlichen Sinne, den Ereignissen, welche der Gegenstand der Erzählung sind. Letztere sind mannigfach ungewiss, streitig, gefärbt oder, zumal bei dem griechischen Talente zum Lügen, von der Phantasie oder vom

Solche und ähnliche Äußerungen können geradezu als Einladung der sonst der Ur- und Frühgeschichtsforschung nicht besonders wohlwollend gesinnten Geschichtswissenschaft an Erstere gewertet werden.[3] Sie stehen jedenfalls in einem deutlichen Widerspruch zu jener Theodor Mommsen zugeschriebenen Spöttelei, Archäologie sei die Wissenschaft, von der zu wissen sich nicht lohne (dazu etwa Kolb 2002, 8; s. auch Hölscher 1992, 461). Allerdings konnten sich Burckhardts Anschauungen im größeren Rahmen zunächst nicht durchsetzen. Vielmehr dominierte in der Geschichtswissenschaft weiterhin das Paradigma der Ereignis- und Politikgeschichte, das in der Folge durch wirtschafts- und sozialgeschichtliche Ansätze herausgefordert und schließlich ergänzt wurde. Erst in jüngster Zeit kam es auf breiterer Front zu einer Wiederbelebung der Kulturgeschichte, in deren Rahmen auch die Schriften Burckhardts wiederentdeckt wurden (z. B. Daniel 2001).

Die angesprochenen jüngsten Entwicklungen innerhalb der Geschichtswissenschaft stehen in enger Beziehung zu einer neuerlichen grundsätzlichen Umorientierung in den Kulturwissenschaften, die Aleida Assmann (1991, 17) vor gut einem Jahrzehnt folgendermaßen umschrieben hat:

»Die Kulturwissenschaften denken heute immer weniger daran, die in den Monumenten kodierten Aspirationen und Botschaften vergangener Zeiten kurzerhand mit einem pauschalen Fiktionsverdacht aus ihrer Zuständigkeit zu entlassen. Ein positivistischer Tatsachenbegriff kann nicht mehr als letzter Schlüssel zur Wahrheit dienen. Wenn in den letzten Jahrzehnten tatsächlich eine Neuorientierung in den Kulturwissenschaften stattgefunden hat, dann ist sie gerade in der neuen Bewertung des Bedeutungsaspektes der Kultur zu suchen. Im Zentrum dieser Wissenschaften steht deshalb der homo significans, und mit ihm die Kultur als Ensemble von Kodes und Medien, Objekten und Institutionen, durch welche Bedeutungen erzeugt und eliminiert, bewahrt und verändert, durchgesetzt und aufgezwungen, erinnert und vergessen werden.«

Im Gegensatz zu Kulturwissenschaft und Teilen der Geschichtswissenschaft kann in der Ur- und Frühgeschichtsforschung speziell des deutschsprachigen Raumes noch kaum von einer kommunikations- bzw. zeichentheoretischen Erweiterung des Kul-

---

Interesse völlig erdichtet. Die Kulturgeschichte dagegen hat primum gradum certitudinis, denn sie lebt wichtigerenteils von dem, was Quellen und Denkmäler unabsichtlich und uneigennützig, ja unfreiwillig, unbewusst und andererseits sogar durch Erdichtungen verkünden, ganz abgesehen von demjenigen Sachlichen, welches sie absichtlich melden, verfechten und verherrlichen mögen, womit sie wiederum kulturgeschichtlich lehrreich sind. Sie geht auf das Innere der vergangenen Menschheit und verkündet, wie diese war, wollte, dachte, schaute und vermochte. Indem sie damit auf das Konstante kommt, erscheint am Ende dieses Konstante größer und wichtiger als das Momentane, erscheint eine Eigenschaft größer und lehrreicher als eine Tat; denn die Taten sind nur Einzeläußerungen des betreffenden inneren Vermögens, welches dieselben stets neu hervorbringen kann.«

3 Zur Ausklammerung von Ergebnissen der Ur- und Frühgeschichte in der etablierten Geschichtswissenschaft des späten 19. Jahrhunderts und ihren Gründen siehe Cartier 2000.

turkonzeptes die Rede sein. Einer Durchsetzung entsprechender Ideen auf breiterer Front steht hier bis heute vielerorts der von Aleida Assmann kritisierte »positivistische Tatsachenbegriff« im Wege.

Weniger als grundsätzliche Bedenken, die gegen einen kultursemiotischen Ansatz angeführt werden könnten, taucht in diesem Zusammenhang immer wieder das Argument auf, entsprechende Überlegungen zur inneren Struktur urgeschichtlicher Gemeinschaften seien den spezifischen archäologischen Erkenntnismöglichkeiten, die ihrerseits in der besonderen Quellensituation des Faches gründeten, nicht angemessen. Deshalb wird kategorisch eine Selbstbescheidung gefordert. Ganz deutlich ist eine solche Haltung 1987 von Ulrich Fischer unter dem Eindruck der parallelen Diskussion kulturtheoretischer Ansätze im englischsprachigen Raum formuliert worden. Fischer betonte dabei die »antiquarische« Grundstimmung der Ur- und Frühgeschichtsforschung und wies weiter gehende geschichts- bzw. kulturwissenschaftliche Ambitionen zurück. Er aktualisierte damit im Grunde genommen allerdings lediglich ältere Argumente, wie sie etwa von M. A. Smith (1955) bereits in den 1950er Jahren vorgetragen worden waren.[4]

Unter den Mitarbeitern am vorliegenden Band wird eine skeptische Position am dezidiertesten von Manfred K. H. Eggert vertreten, der das strukturelle Defizit »materieller« urgeschichtlicher, gegenüber schrifthistorischen oder ethnografischen Quellen herausstellt. Er folgert daraus, dass es schon aus grundsätzlichen Erwägungen nicht möglich sei, sich mit ausschließlich archäologischen Mitteln der Bedeutungsdimension vergangener Kulturen zu nähern.[5] In einigen jüngeren Versuchen, zu

---

4 »A recognition that archaeological evidence, when it is confined to material remains, demonstrably supports only a limited range of conclusions about human activity, is incompatible with too ambitious a programme for archaeology. It is incompatible, as I see it, with an attempt to ›re-create the past‹ in any real sense, or with a claim to recognise prehistoric societies from their surviving relics, so that the subject could be compared either to history or to social anthropology« (Smith 1955, 7).

5 Ganz im Sinne der Äußerungen von Eggert betont auch Burmeister in seinem Beitrag zu diesem Band die Unmöglichkeit, archäologische Objekte zum Sprechen zu bringen. Sie seien »ein für alle Mal verstummt«. Sprechen könne »nur der Wissenschaftler, der begründete Aussagen zum Objekt macht. Jede Annäherung an die einstigen Symbole kann nur von außen erfolgen« (oben S. 273). Dieser Feststellung braucht nicht widersprochen zu werden, sie deckt sich mit den hier formulierten Vorstellungen. Wohl aber ist der damit verbundenen Unterstellung zu begegnen, dieser Zusammenhang bezeichne ein Spezifikum der Archäologie. Der geschilderte Sachverhalt gilt genauso für alle anderen Kulturwissenschaften - auch dort, wo die Objekte noch »sprechen« (was im Einzelfall immer damit auch konkret gemeint sei). Kulturwissenschaftler nähern sich kulturellen Phänomenen immer von außen, und zwar schon deshalb, weil ihr Interesse nicht auf praktische Alltagsbewältigung, sondern auf Erkenntnis zielt. »Einfühlung« hingegen ist kein gangbarer Weg zur Analyse und Beschreibung sozialer Beziehungen und kultureller Phänomene. »Empathie« ist vielmehr ein bei der hermeneutischen Textauslegung angebrachtes Vorgehen (Kramer 1995, 100). - Genauso wenig bildet übrigens - wie Burmeister ferner unterstellt - nur die Archäologie zur Beschreibung und

fundierten Aussagen zur geistig-religiösen Welt der europäischen Urgeschichte zu gelangen (paläolithische Höhlenkunst, bronzezeitliche Hortfunde, keltische Viereckschanzen), sieht er denn auch im Wesentlichen Selbsttäuschungen. Solche Bemühungen ignorierten die grundlegende Einsicht, dass »das nichtschrifttragende Materielle seinem Wesen nach das in ihm aufgehobene Immaterielle nicht intersubjektiv erfahrbar zu spiegeln« vermöge (oben S. 458). Der Archäologe verfüge mithin zwar über »Spuren«, aber nicht, wie der Titel des vorliegenden Bandes suggeriere, über »Botschaften«.

Diese recht einseitige Auslegung des Tagungsthemas entstellt die Intention der Herausgeber dieses Bandes, wie sie bereits in der Einleitung zur vorangegangenen Tagung ausformuliert wurde (s. dazu auch unsere Einführung, S.): Grundlage für das gewählte Thema war keineswegs die Überzeugung, die archäologischen Quellen sprächen ganz unmittelbar zu uns. Ausgangspunkt unserer Überlegungen war vielmehr die kaum ernsthaft anfechtbare Tatsache, dass Objekte in den Gesellschaften, in denen sie hergestellt und genutzt werden, neben ihrer primären praktischen Funktion regelmäßig zusätzlich mit abgeleiteten Bedeutungen belegt werden. Solche Objektbedeutungen teilen sich dem enkulturierten Zeitgenossen zwanglos mit. Dagegen sind sie einem dem Geschehen fern stehenden Archäologen nicht direkt zugänglich (s. dazu auch Eggert 2001, 101). Eine sich als Kulturwissenschaft verstehende Archäologie muss aber die Frage aufwerfen, ob und inwieweit entsprechende Objektbedeutungen in kombinatorischer Arbeit zumindest ansatzweise bzw. in besonderen Fällen rückerschlossen und in ihrer sozialen Funktion bestimmt werden können.

Die Mehrzahl der Archäologen scheint stillschweigend darin übereinzustimmen, dass auf der Grundlage eines Indizienparadigmas in einem gewissen Umfang auch begründbare Aussagen über solche Objektbedeutungen möglich sind. Dies wird aus gängigen Ansprachen archäologischer Funde nicht nur als »Schwert« sondern auch als »Statussymbol« (z. B. Burmeister, in diesem Band) oder als »Gabe an die Götter« (Hänsel 1997) deutlich. Auch mir erscheint es zumindest in ausgewählten Fällen möglich, die kommunikative Dimension materieller Kultur mit den Mitteln der Archäologie in den Blick zu bekommen (z. B. Veit 1988). Eggert (2001, 101) hingegen postuliert, dass die Bedeutungsebene dem Archäologen generell verschlossen bliebe und seine wiederholte Bezugnahme auf Hawkes (s. u.) lässt sich nur als Aufforderung verstehen, die Forschung möge sich stärker den leichter erschließbaren Aspekten der Vergangenheit - etwa solchen im Bereich der Technologie - zuwenden.

Diese Position erscheint mir vor dem Hintergrund der häufig beklagten Sterilität rein typologischer, chronographischer und funktionaler Analysen und angesichts des gerade auch von Eggert vielfach beschworenen kulturwissenschaftlichen Anspruchs unseres Faches problematisch. Seit Max Weber verstehen sich die Kulturwis-

Deutung kultureller Phänomene analytische Kategorien, die mit denen der von ihm untersuchten Bevölkerung nichts zu tun haben. Erfahrungsferne Begriffe (wie »Sozialstruktur« oder »Religion«) spielen in der Kulturwissenschaft eine zentrale Rolle (Geertz 1987, 289 ff.).

senschaften ja gerade als jene Fächer, »welche die Vorgänge des menschlichen Lebens unter dem Gesichtspunkt ihrer *Kulturbedeutung* betrachten« (s. Böhme et al. 2000, 165). Kultur steht dabei für »ein historisch überliefertes System von Bedeutungen, die in symbolischer Gestalt auftreten, ein System überkommener Vorstellungen, die sich in symbolischen Formen ausdrücken, ein System, mit dessen Hilfe die Menschen ihr Wissen vom Leben und ihre Einstellungen zum Leben mitteilen, erhalten und weiterentwickeln« (Geertz 1987, 46). Sollte der Archäologie der Zugriff darauf tatsächlich gänzlich und grundsätzlich verschlossen sein, so hätte dies jedenfalls beträchtliche Konsequenzen für ihr Selbstverständnis als Kulturwissenschaft.

Deshalb möchte ich im Folgenden der Frage nachgehen, worauf Eggerts ausgesprochene skeptische Beurteilung archäologischer Erkenntnismöglichkeiten gründet und inwieweit sie ein reales strukturelles Dilemma des Faches umschreibt. Kurz gesagt, es geht um die Frage, ob sich die Archäologie in ihrer Erkenntnisstruktur und ihren Erkenntnismöglichkeiten grundsätzlich oder nur graduell von jenen der Kultur- und Sozialwissenschaften unterscheidet, die, statt auf »stumme« Überreste angewiesen zu sein, auf »sprechende« Quellengattungen (Teilnehmende Beobachtung, Interview, schriftliche Überlieferung) zurückgreifen können.[6] Von der Beantwortung dieser Frage hängt es auch ab, inwiefern die kommunikationstheoretische Neubewertung von Kultur[7], die schon seit Jahren die theoretischen Debatten der Kulturwissenschaften bestimmt, auch für die erkenntnistheoretischen Debatten in der Archäologie relevant ist.

Die Grenzen archäologischer Erkenntnis: »Hierarchy of inference« und »black box«

Ideengeschichtlich betrachtet knüpft Eggert mit seinen Äußerungen in erster Linie an die inzwischen klassische Formulierung des britischen Prähistorikers Christopher Hawkes aus dem Jahre 1954 an.[8] Er greift zustimmend Hawkes' These auf, die archäologischen Erkenntnismöglichkeiten unterschieden sich entsprechend dem jeweiligen kulturellen Teilbereich, der gerade untersucht werde, deutlich voneinan-

---

6 Ich denke dabei insbesondere an die Ethnologie, die Volkskunde bzw. Empirische Kulturwissenschaft, die Soziologie, aber auch an die Geschichtswissenschaft.
7 »Kommunikation« bezeichnet generell den Übergang eines Signals von einer Quelle (via Sender und Kanal) zu einem Empfänger. Kommunikation in diesem weiten Sinne ist kein Spezifikum der Kultur, sondern auch im Bereich der (menschlichen und nichtmenschlichen) Natur anzutreffen. Um darüber hinaus von »Kultur« sprechen zu können, ist ein diesem Kommunikationsakt zugrunde liegender Signifikationsprozess Voraussetzung: Beim potentiellen Sender der kulturellen Botschaft muss ein Kode vorhanden sein, der einen Bezug zwischen einem Gegenstand und einem Zeichen bzw. Begriff dafür (also zwischen Signifikat und Signifikant) herstellt. Dieser Kode muss für jeden möglichen Empfänger gelten, er muss erlernt und sozial geteilt sein. Siehe dazu z.B. Eco 1988; 1989; Posner 1991.
8 Zur Bedeutung des Werks von Hawkes und seiner Rezeptionsgeschichte s. Evans 1998.

der. Hawkes sah die größten Chancen für archäologische Erkenntnisbemühungen im Bereich der Technologie und - in begrenzterem Umfang - auch im Bereich der Subsistenzwirtschaft. Dagegen schienen ihm gesellschaftliche und politische Institutionen und insbesondere der Bereich religiöser Institutionen und des geistigen Lebens einem archäologischen Zugriff weitgehend entzogen.[9]

Diese skeptische Haltung Hawkes' wurde in der Folge insbesondere von Vertretern der *New Archaeology* heftig kritisiert.[10] Sie veranschlagten das erkenntnistheoretische Potential der Archäologie generell sehr viel höher und sahen insbesondere im Hinblick auf die Rekonstruktion urgeschichtlicher Gesellschaftssysteme eine der zentralen und zugleich lösbaren Herausforderungen des Faches.[11] Eggert (1993, 145; s. auch ders. 1978 a; 1998) wiederum verwendete Hawkes' Modell einer so genannten *hierarchy of inference* zu einer Grundsatzkritik an der jüngeren theoretischen Archäologie des englischsprachigen Raumes, deren Vertretern er eine Missachtung der spezifischen Struktur archäologischer Quellen vorwarf.

Allerdings übergehen beide Seiten in ihren Stellungnahmen zu Hawkes' Modell die Begründung, die dieser dafür gegeben hat.[12] Er macht in seinen Ausführungen nämlich klar, dass Technik und Subsistenzwirtschaft für ihn deshalb einer archäologischen Rekonstruktion am zugänglichsten seien, weil es sich dabei um Bereiche handle, in denen der Mensch dem Tier sehr nahe stehe. Umgekehrt blieben jene Bereiche, in denen sich der Mensch am deutlichsten von der Natur abhebe (also konkret Fragen der Sozialordnung und Religion), dem Archäologen mehr oder weniger vollständig verschlossen.[13] Grundsätzlich gelte die Regel: »The more human, the less intelligible« (Hawkes 1954, 162). Das entscheidende Kriterium für die Möglichkeit einer Interpretation archäologischer Quellen ist für Hawkes also ganz offen-

9 »If material techniques are easy to infer to, subsistence-economics fairly easy, communal organisation harder, and spiritual life hardest of all, you have there a climax of four degrees of difficulty in reasoning« (Hawkes 1954, 162).
10 Eine Gegenposition zu Hawkes formulierte aber bereits J. G. D. Clark (1957, 232): »It might be argued that anything so intangible as religion must for ever elude the prehistorian, but the idea that because archaeology demands on material traces it must be limited in its reconstructions to the material aspects of prehistoric life is, as we have already seen fallacious; so long as an activity leaves tangible trances it is amenable to archaeological study.«
11 Explizit z. B. bei Renfrew 1984, 8 f. und Bradley 1984, 3. - Bradley beispielsweise kritisiert an Hawkes' Modell insbesondere die künstliche Unterscheidung einzelner kultureller Teilbereiche, die ethnografisch nicht nachvollziehbar sei.
12 Ch. Evans (1998, bes. 402) hat mit Blick auf die jüngere Rezeption von Hawkes' Ideen im englischsprachigen Raum zurecht die Oberflächlichkeit der Lektüre angeprangert.
13 »Human techniques, logically speaking, differ from animal only in the use of extracorporeal limbs, namely tools, instead of corporeal ones only; human subsistence-economics differ from animal more obviously, but only (again logically speaking) in the amount and degree of forethought which they involve; human communal institutions next transcend the animal level very considerably; and human spiritual life transcends it altogether. So the result appears to be that the more specifically human are men's activities, the harder they are to infer by this sort of archaeology« (Hawkes 1954, 162).

sichtlich nicht die Güte der Quellenüberlieferung, sondern die Zahl der verfügbaren Handlungsalternativen des urgeschichtlichen Menschen. Sie gilt in »biologienahen« Bereichen als sehr klein, während im Bezug auf Sozialordnung und Religion die Spielräume, die die Kultur menschlicher Gestaltung eröffnet, weitaus größer seien. Entsprechend schwieriger scheint es, die insgesamt nur rudimentären archäologischen Quellen zu deuten.[14]

Demgegenüber spielen im engeren Sinne quellenkritische Erwägungen, besonders der in der Tat zu konstatierende eingeschränkte und einseitige Informationsgehalt archäologischer Funde, auf den insbesondere Piggott verweist, in der Argumentation von Hawkes offensichtlich nur eine untergeordnete Rolle.[15] Sie scheinen allenfalls dafür verantwortlich, dass Hawkes' »Hierarchie« mit dem Bereich Technik beginnt. »Werkzeuge« machen ja nicht nur einen Großteil des Quellenbestandes gerade im Bereich der älteren Urgeschichtsforschung aus, ihre Analyse eröffnet auch vielfältige Aussagemöglichkeiten, da aus ihnen sowohl Informationen über ihren Herstellungsprozess (die so genannte »*chaîne opératoire*«) als auch über ihren Gebrauch zu gewinnen sind.

Andererseits bieten jedoch beispielsweise die Werke der paläolithischen Felskunst oder die sog. »Venusstatuetten«, die am anderen Ende von Hawkes' Ordnung anzusiedeln wären, dem Archäologen mindestens vergleichbar vielfältige Analysemöglichkeiten. Entsprechendes gilt für strukturierte Niederlegungen von Objekten etwa in Gräbern. Solche in ihrer Mehrzahl als rituell anzusprechenden Deponierungen sind lediglich insofern schlechter zu deuten, als sie in uns sehr viel stärker als Werkzeuge, deren Funktion sich in einem gewissen Umfang auch experimentell erschließen lässt, den Eindruck des Fremden und Unverständlichen erwecken. Dies bedeutet in der Konsequenz jedoch, dass, wenn es um das Verständnis grundlegender kultureller Orientierungen geht, Werkzeuge eigentlich die problematischere Fundkategorie bilden, weil sie eine möglicherweise trügerische Vertrautheit suggerieren.[16]

---

[14] Ähnlich wie Hawkes unterscheidet übrigens auch Ulrich Fischer (1999, XXI) zwei deutlich trennbare »Ebenen« des menschlichen Kulturapparats: »eine untere Ebene der Technik und eine obere der Symbolik«. Während Erstere einigermaßen zugänglich sei, bliebe Letztere dem Archäologen im Wesentlichen verschlossen.

[15] Diesen grundlegenden Sachverhalt hat Piggott (1972, 40 f.) folgendermaßen umschrieben: »Die Art der archäologischen Quelle oder irgendeines anderen Befundes der Vergangenheit bedingt und begrenzt die Art der Information, die er liefern kann. Eine bronzene Axtklinge kann nicht unmittelbar darüber Auskunft geben, welche Sprache die Menschen, die sie herstellten, sprachen, noch darüber, wie sie ihre Erntedankfeste begingen; aber sie kann eine ganze Menge über die Technik des Metallgusses zur Zeit ihrer Herstellung aussagen und vielleicht auch etwas über Bewaffnung, über Handel und Wandel.«

[16] Dies wiederum hängt mit einer spezifischen Technikzentrierung unserer eigenen Gesellschaft zumindest im Vergleich mit urgeschichtlichen Gesellschaften zusammen.

Ein Beispiel mag dies verdeutlichen: Die neolithische Dechsel gilt heute aufgrund überzeugender Indizien als ein Werkzeug zur Holzbearbeitung - und nicht, wie man früher meinte, als Pflugschar. Die vielfältigen darüber hinausreichenden symbolischen Assoziationen, auf die etwa entsprechende bildliche Darstellungen im Bereich der westeuropäischen Megalithkunst deuten, bleiben dagegen häufig unhinterfragt.[17] Ihnen müsste jedoch unser Interesse gelten, wenn wir - auf der Basis eines generellen Verständnisses von Kultur - Aussagen über die Kultur an einem bestimmten Ort und zu einer bestimmten Zeit machen wollen.

Gesamthaft betrachtet ist Hawkes' Modell also weniger die unvermeidliche Konsequenz genereller praktischer Erfahrungen beim Umgang mit archäologischen Quellen, sondern primär Ausdruck eines sehr spezifischen, stark vom Historismus beeinflussten Kulturkonzeptes, wie es etwa die kulturhistorische Ethnologie vertrat. Und vor allem in diesem Sinne ist es ja auch von der *New Archaeology* kritisiert worden.[18] Kultur erscheint dabei als eine in sich weitgehend abgeschlossene Sphäre kultureller Werte und Normen. Sie ist nur dort rückerschließbar, wo unzweideutige schriftliche Überlieferung zur Verfügung steht. Eine Kultur- bzw. Geschichtswissenschaft ist die Archäologie deshalb für Hawkes auch nur in jenen Bereichen, in denen zusätzlich zu den archäologischen Quellen auch Schriftquellen zur Verfügung stehen - also in der Frühgeschichte.[19] Dort, wo das nicht der Fall ist, also im gesamten Bereich der eigentlichen Urgeschichte, bleibt sie im Grunde genommen dazu verdammt, die Rolle einer »Naturgeschichte« des Menschen zu übernehmen.

Demgegenüber wird von Eggert die Urgeschichte zwar ohne Einschränkung als eine Kulturwissenschaft betrachtet, er betont aber, da nicht alle Aspekte des vergangenen Lebens gleichermaßen gut erfassbar seien, könne man im Fach doch nur zu

---

17 Entsprechendes ließe sich, wie jüngere wirtschaftsethnologische Studien zeigen, für den von Hawkes ebenfalls trivialisierten Bereich der Subsistenzwirtschaft aufzeigen.
18 Dazu aber Eggert (1993, 146): »Anders als Binford und Bradley hat mir der Grundtenor der Hawkesschen Überlegungen immer eingeleuchtet - ich bin in der Tat der Auffassung, dass die Natur der Quellen die Interpretation eben dieser Quellen in einem im Einzelnen näher zu bestimmenden Maße konditioniert und daher auch einzuschränken vermag.«
19 In diesem Sinne unterscheidet Hawkes (1954, 156 f.) streng zwischen »text-free (prehistoric) archaeology« und »text-aided archaeology«. Allerdings ist Hawkes, was den Bereich der »text-aided-archaeology« betrifft, sehr großzügig und meint etwa mit Rückgriff auf Homer durchaus einen Schlüssel zur Deutung archäologischer Quellen bis zurück ins Neolithikum zu besitzen (ebd. 160). Textquellen gelten Hawkes als so aussagekräftig, dass sie als geeignetes Interpretament zur Deutung von materiellen Resten desselben größeren Traditionsraums genutzt werden können. Er entwickelt deshalb das Konzept, die Urgeschichte rückwärts schreitend (im Sinne von Gustaf Kossinnas »retrospektiver Methode«) über die Frühgeschichte zu erschließen (Hawkes 1954, 166).

bestimmten Feldern vergangener Kultur begründete Aussagen machen. Entscheidend für die Fassbarkeit sei der unterschiedliche Umfang der Wechselwirkung zwischen den Bereichen der materiellen und nichtmateriellen Kultur.[20]

Beide Positionen erscheinen mir problematisch. Eggert hat natürlich Recht, wenn er darauf hinweist, dass es zahllose kulturgeschichtliche Probleme gibt, die archäologisch deshalb nicht sinnvoll angepackt werden können, weil uns dazu ganz einfach die Quellen fehlen. Die Erzählungen und Gesänge am Lager- oder Herdfeuer jener frühen Gemeinschaften sind – so wenig man ihre ehemalige Existenz in Zweifel ziehen möchte – fraglos einer kulturwissenschaftlichen Analyse für immer entzogen. Dies gilt genauso für unzählige andere konkret benennbare Aspekte. Andererseits ist einsichtig, dass Fragen zur Technologie insofern leichter zu beantworten sind als solche zu anderen Bereichen, da sich entsprechende Informationen dem einzelnen Objekt leichter »einprägen«.

Schwierigkeiten ergeben sich allerdings, wenn man nicht von ganz konkreten Phänomenen spricht, sondern, wie Hawkes, von einzelnen Lebensbereichen, die in unterschiedlichem Maße anhand archäologischer Quellen erschlossen werden könnten. Darüber, ob ein Faustkeil mehr mit »Wirtschaft« oder mehr mit »Religion« zu tun hat, lässt sich durchaus streiten. Schon aus diesem Grunde scheint mir eine generelle Festlegung, welcher dieser Bereiche archäologisch als erforschbar gelten darf und welcher nicht, problematisch. Eine solche Position ist zudem fragwürdig, da durch *a priori* getroffene Festlegungen der Forschung möglicherweise viel versprechende Wege verbaut werden.[21]

Noch fragwürdiger ist indes Hawkes' Perspektive, da sie im Grunde die Existenz eines Menschen ohne Kultur, sozusagen eines »talentierten Affen«, der seine Selbstfindung versäumt hat, voraussetzt.[22] Ebenso wie große Teile der klassischen Ethno-

---

20 »Nur was materialisierbar war, konnte auf uns kommen, und alles, was davon dem ›Zahn der Zeit‹ nicht widerstanden hat, ist unwiederbringlich dahin. Somit liegt die Stärke – aber auch das Problem – der Archäologie im Bereich der materiellen Kultur. Bei dieser Quellenlage bedarf es keiner besonderen Betonung, dass die wissenschaftliche Zugänglichkeit eines urgeschichtlichen Lebensbereiches in einem sehr direkten Maße von seiner Verknüpfung mit dem Materiellen abhängt. Anders ausgedrückt: je enger die Wechselwirkung dieses Bereiches zur materiellen Kultur, umso eher ist er erforschbar« (Eggert 2001, 338 f.).

21 Andererseits ist es nicht nur legitim, sondern ganz entscheidend für den Fortgang der Forschung, dass konkrete Forschungsbemühungen, die die Grenzen unseres Nichtwissens zu verschieben vorgeben, nicht nur auf ihre empirische, sondern auch auf ihre epistemologische Tragfähigkeit hin überprüft werden. In dieser Hinsicht hat Eggert etwa der Eisenzeitforschung entscheidende Impulse gegeben.

22 »Es gibt keine von Kultur unabhängige menschliche Natur. Kulturlose Menschen wären mitnichten jene pfiffigen, auf die grausame Klugheit ihrer tierischen Instinkte zurückgeworfenen Wilden aus Goldings Herr der Fliegen; noch wären sie die Edelleute der Natur, wie es der Primitivismus der Aufklärung wollte: und schon gar nicht jene an und für sich talentierten Affen, die irgendwie ihre Selbstfindung versäumt haben, wie die klassische anthropologi-

logie konstruiert Hawkes mit seinem Erkenntnismodell einen Gegensatz zwischen empirisch universellen Aspekten der Kultur, die in subkulturellen Sachverhalten verwurzelt sind (in so genannten »Grundbedürfnissen«) und empirisch variablen Aspekten der Kultur. Insbesondere Clifford Geertz (1992, 64 f.) hat einer solchen Vorstellung in Bezug auf ihre kulturtheoretischen Implikationen ganz entschieden widersprochen:

> »Daß die Menschen sich überall paaren und Kinder produzieren, eine Auffassung von Mein und Dein haben und sich auf die eine oder andere Weise gegen Regen und Sonne schützen, ist weder falsch noch - in jeder Hinsicht - trivial; aber derlei Feststellungen helfen uns schwerlich, ein Porträt des Menschen zu zeichnen, das ihm wirklich ähnlich sieht und nicht im bloßen Klischee steckenbleibt.«

Geertz legt besonderen Wert darauf, dass Verallgemeinerungen über den Menschen als Menschen nicht durch eine Suche nach kulturellen Universalien in Form einer »Meinungsumfrage bei allen Völkern der Welt entdeckt« werden. Vielmehr müssten wir von der Vorstellung Abschied nehmen, dass der Mensch »hinter«, »unter« oder »jenseits« seiner jeweiligen Sitten zu finden sei. Es gäbe keine von Kultur unabhängige menschliche Natur. Menschen seien unvollständige und unfertige Tiere, die sich mittels Kultur vervollständigten und vollendeten - und zwar nicht durch Kultur im Allgemeinen, sondern durch hochspezifische Formen von Kultur.[23]

Noch entscheidender als die große Lernfähigkeit und Formbarkeit des Menschen, die im Bereich der Kulturtheorie häufig herausgestellt würde, sei in dieser Hinsicht seine spezifische Lernbedürftigkeit: seine extreme Abhängigkeit von Begriffsbildungen, vom Verständnis und der Anwendung konkreter »Systeme symbolischen Sinns«. Kurzum, der Mensch sei dasjenige Tier, das zur Ordnung seines Verhaltens am meisten auf extragenetische Kontrollmechanismen oder kulturelle Pro-

---

sche Theorie nahe legt. Es wären vielmehr untaugliche Monstrositäten, die nur sehr wenige nützliche Instinkte besäßen, noch weniger erkennbare Empfindungen und keinerlei Intellekt: Es wären Idioten« (Geertz 1992, 75 f.).

23 Geertz (1992, 61) distanziert sich damit von einer Auffassung von Kultur, die er als »stratigraphisch« bezeichnet: Der Mensch erscheint danach als »ein horizontal gegliedertes Tier, eine Art evolutionärer Schichttorte« (ebd.), wobei die Wissenschaft diese Schichten nacheinander ablöse, um darunter jeweils eine neue, ganz andere Schicht offen zu legen. So träten unter dem »Narrengewand« der Kultur, wie es der Ethnograph vor sich habe, bei vergleichender Betrachtung gewisse strukturelle und funktionale Regelmäßigkeiten der sozialen Organisation hervor. Sie überlagerten eine Schicht psychischer Faktoren (sog. Grundbedürfnisse), deren Basis schließlich das gemeinsame biologische Fundament (Anatomie, Physiologie, Neurologie) des Menschen bilde. Zentral ist im Rahmen dieses Modells die Annahme, die einzelnen »Schichten« seien in sich vollständig und irreduzibel. Diese Annahme wird von Geertz mit guten Argumenten in Frage gestellt. Er schlägt stattdessen vor, an die Stelle einer stratigraphischen eine synthetische Auffassung menschlichen Daseins zu setzen, die biotische, psychische, soziale und kulturelle Faktoren als Variablen innerhalb eines einheitlichen analytischen Systems behandelt (ebd. 71 f.).

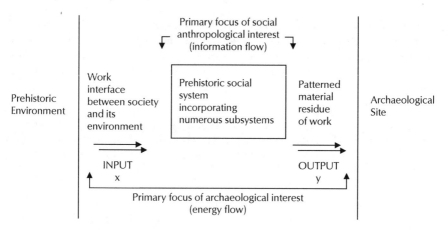

Abb. 1: Das »*Black Box*-Modell« der archäologischen Interpretation nach Edmund Leach (1973, Abb. 2).

gramme angewiesen sei. Kultur sei deshalb »nicht bloß schmückendes Beiwerk«, sondern »eine notwendige Bedingung menschlichen Daseins« (ebd. 71 f.). Wenn dem aber so ist, dann können wir begründete Aussagen über die Menschen bestimmter Räume und Zeiten, die über Banalitäten hinausgehen, nur dann treffen, wenn wir uns - egal ob wir Ethnologen, Historiker oder Archäologen sind - darum bemühen, jenes »System signifikanter Symbole«, das das Wesen der Kultur ausmacht, zu unserem Forschungsgegenstand machen.

Gerade diese Fähigkeit wird der Urgeschichtsforschung aber immer wieder abgesprochen, da ihr - aufgrund einer spezifischen Quellenlage - der Zugang zum jeweiligen Bestand kultureller Kodes fehle. Der Ethnologe Edmund Leach (1973) hat das angedeutete Grundproblem archäologischer Erkenntnis bereits vor vielen Jahren anhand des Modells einer *black box* zu illustrieren versucht (Abb. 1). Unter einer *black box* versteht er einen imaginären Mechanismus, dessen Arbeitsweise nicht beobachtet werden kann. Beobachtbar sei lediglich was hineingehe und was umgewandelt wieder aus diesem Mechanismus herauskomme, also so genannte *inputs* und *outputs*. Leach hält dieses Bild für besonders geeignet, um die spezifische Arbeitsweise der Archäologie gegenüber jener der Ethnologie zu charakterisieren. Im Gegensatz zum Ethnologen, der in der von ihm untersuchten Gesellschaft lebe und deren Funktionsweise direkt beobachten könne, sei für den Archäologen die Funktionsweise der Gesellschaft, die er untersucht, der Betrachtung entzogen. Beobachtbar sei nur das, was in das System an Grundbedingungen hineingehe (geographische Bedingungen, Klima, mineralische und biotische Rohstoffe) und das, was später umgearbeitet wieder herauskomme (die strukturierten materiellen Reste, die das System produziere). Während die *New Archaeology* auf der Basis eines systemtheoretischen Ansatzes nun aber davon ausgeht, dass aus diesen *inputs* und *outputs*

generell das nicht direkt beobachtbare ehemalige Sozialsystem erschlossen werden
könne, hält Leach eine solche Annahme für eine Illusion. Es gäbe immer eine Vielzahl von Möglichkeiten der Konstruktion eines Sozialsystems, die die durch *inputs*
und *outputs* gesetzten Rahmenbedingungen erfüllten.[24] Im Gegensatz zu den Einlassungen der *New Archaeology* determiniere der archäologische Befund in keinem
Fall eine bestimmte Gesellschaftsform.[25]

Diese Kritik Leachs an der Verfahrensweise der *New Archaeology* kann durchaus versuchsweise zur Illustration der generellen Grenzen archäologischer Aussagemöglichkeiten herangezogen werden (s. Eggert 1978 a, 80 f.). Allerdings zeigt sich
bei näherer Betrachtung, dass seine Modellvorstellung doch sehr deutlich auf die
spezifische Verfahrensweise der *New Archaeology* und deren ökologisch-systemtheoretischen Ansatz hin formuliert worden ist, und dass sich sein Modell deshalb
nicht problemlos auf die Situation des Faches insgesamt verallgemeinern lässt.[26]

Eine entsprechende Verallgemeinerung war von Leach offensichtlich auch gar
nicht intendiert, da er in anderem Zusammenhang durchaus Möglichkeiten einer
Zusammenarbeit zwischen Archäologie und Ethnologie bzw. Kulturanthropologie
andeutet. Allerdings sieht er eine sinnvolle Basis der Zusammenarbeit nicht in einem
ökologisch-deterministischen, sondern in einem kultursemiotischen Ansatz.[27] Er verweist dazu auf rezente Beispiele, die belegten, wie kategoriale kulturelle Unterscheidungen, etwa jene zwischen Kultur und Natur, zwischen Mann und Frau, oder zwischen Lebenden und Toten, einen sichtbaren Ausdruck in der materiellen Kultur

---

24 »There are always an indefinitely large number of alternative ways in which particular human social systems might be adopted to meet particular ecological and demographic situations. It is quite untrue that forms of social organisation are somehow ›determined‹ by the environmental situation and the cultural repertoire with which a particular group is equipped to encounter that environment« (Leach 1973, 767).
25 Die konträre Einschätzung gründet letztlich in unterschiedlichen Kulturkonzepten beider Seiten. Im Gegensatz zur *New Archaeology*, die letztlich auf einen Kulturbegriff zugunsten des Begriffs »Anpassung« verzichten zu können glaubt, unterscheidet Leach in der Tradition der britischen Social Anthropology genau zwischen der »Gesellschaft«, als dem Aggregat sozialer Beziehungen, und der »Kultur« als dem Inhalt dieser Beziehungen. Mit »Gesellschaft« bezeichnet er also die Vereinigung von Menschen und die Beziehungen zwischen ihnen, »Kultur« dagegen steht für die akkumulierten Hilfsmittel sowohl immaterieller wie materieller Art, welche die Menschen ererben, anwenden, verändern, zu denen sie neue hinzufügen, die sie weitergeben (Leach 1954; 1978).
26 Das *black-box*-Modell lässt sich zwanglos auch auf Werke der Bildenden Kunst oder selbst der Literatur anwenden: Auch dort steht ein gewisser input einem output gegenüber. Was im Kopf des Künstlers letztlich abgelaufen ist, bleibt unzugänglich.
27 »If archaeology and anthropology are to come together, as I think they might, it will be not under the banner of either ecological or economic determinism. What is common to the two disciplines is that they are concerned with men, and the unique pecurality of men is that they have language and that they have ideas. That is where we can meet up« (Leach 1977, 169).

finden. Dies stützt die These, dass es im archäologischen Quellenbestand durchaus ein gewisses Potenzial gibt, um sich mit Mitteln der Archäologie der Bedeutungsdimension von Kultur anzunähern.[28]

Allerdings existieren bislang kaum archäologische Fallstudien in dieser Richtung, u. a., weil bisher nur selten versucht wurde, ein entsprechendes Kulturkonzept systematisch auf archäologische Quellen anzuwenden.[29] Deshalb scheint es an der Zeit, die Anregungen Leachs und anderer Kulturwissenschaftler, die sich mit den materiellen Aspekten menschlicher Kommunikation bzw. den kommunikativen Aspekten materieller Kultur befasst haben, aufzugreifen und nach Wegen zu suchen, wie man sich auch mit den beschränkten Mitteln der Archäologie dem *homo significans* annähern kann.[30]

Ausgangspunkt dafür kann nur eine genaue Analyse des Objekts in seinem jeweiligen Kontext und durch die Zeiten sein.[31] Sie kann uns – vor dem Hintergrund unseres Wissen über die materiellen Eigenschaften der untersuchten Objektgruppe und ihre konkrete Funktion – Anhaltspunkte dafür liefern, in welcher Weise be-

---

28 In welche Richtung solche Überlegungen weisen könnten, habe ich speziell mit Blick auf Grabfunde – als einer m. E. hierfür besonders geeigneten Quellengattung – an verschiedenen Stellen anzudeuten versucht (Veit 1988; 1993; 1996; 1999).

29 Siehe dazu insbesondere Eggert (1978 b, bes. 18 f.), der eine Einmischung in die kulturanthropologische Diskussion von den Archäologen explizit einfordert. Leider ist auch er selbst diesen Vorschlag zu wenig nachgekommen. In seinem jüngst erschienenen Buch »Prähistorische Archäologie: Konzepte und Methoden« (Eggert 2001, bes. 308 ff.) beispielsweise stehen Methodenfragen im Mittelpunkt. Entsprechend wird im Kapitel »Archäologie als Kulturanthropologie« nur auf den Aspekt der Analogiebildung eingegangen. Die m. E. auch für Archäologen zentrale Frage, was Kultur ausmache, wird hingegen weitgehend offen gelassen. Eggert (ebd. 350 ff.) begnügt sich vielmehr damit, die Unvereinbarkeit und Unangemessenheit der betreffenden erkenntnistheoretischen Ansätze des englischsprachigen Raumes zu konstatieren.

30 Von philosophischer Seite hat insbesondere Ernst Cassirer (1990, 50) die überragende Bedeutung des »Symbolsystems« für das Menschsein herausgestellt: »Der Mensch lebt nicht mehr in einem bloß physikalischen, sondern in einem symbolischen Universum [...] Statt mit den Dingen hat es der Mensch nun gleichsam mit sich selbst zu tun. So sehr hat er sich mit sprachlichen Formen, künstlerischen Bildern, mythischen Symbolen oder religiösen Riten umgeben, dass er nichts sehen und erkennen kann, ohne dass sich dieses artifizielle Medium zwischen ihn und die Wirklichkeit schöbe.«

31 In diesem Sinne äußert sich auch Helmut Hundsbichler, in diesem Band. Vgl. in diesem Zusammenhang auch die Definition materieller Kultur von J. D. Prown (1993, 1): »Material culture is just what it says it is – namely, the manifestations of culture through material productions. And the study of material culture is the study of material to understand culture, to discover the beliefs – the values, ideas, attitudes, and assumptions – of a particular community or society at a given time. The underlying premise is that human-made objects reflect, consciously or unconsciously, directly or indirectly, the beliefs of the individuals who commissioned, fabricated, purchased, or used them and, by extension, the beliefs of the larger society to which these individuals belonged. Material culture is thus an object-based branch of cultural anthropology or cultural history.«

stimmte Objekte, jenseits ihrer instrumentellen und funktionalen Ebene, Träger kollektiver, kulturell kodierter Bedeutsamkeiten waren. Wir wissen aus der Ethnologie, dass solche »Dingbedeutsamkeiten« symbolische, affektbesetzte und emotionsgeladene Umgangsweisen generieren können:

> »Aus den Eigenarten der Verwendung, Materialität und Form ergeben sich Sinnkonstruktionen, die über die alltagspraktische Gegenstandskonstruktion hinausweisen und eine neue, eine eigenständige Realitätsebene erzeugen. Diese Ebene weist eine symbolische Ordnung auf, die zwar nicht unabhängig von praktischen Handlungszusammenhängen wirkt, aber doch in starker Eigendynamik ›Objekthantierungen, Objektstrukturierungen und Objektkonnotationen‹ zu lenken in der Lage ist« (Korff 1995, 33).

Solche den instrumentellen Gebrauch überbietenden, intersubjektiven Bedeutungen werden in symbolischen und rituellen Systemen gefestigt und können so über lange Zeiträume erhalten bleiben (ebd.; s. dazu auch Korff 1997; J. Assmann 1992). Dies dürfte die Chance, solche Bedeutungen auch auf der Basis der nur sehr unregelmäßig fließenden archäologischen Quellen zu identifizieren, beträchtlich erhöhen.

Materielle Signifikation: Zur jüngeren englischsprachigen Debatte

Darüber, wie die Forderung nach der kommunikationstheoretischen Erweiterung archäologischer Forschung praktisch umgesetzt werden kann, hat man sich vor allem im englischsprachigen Raum Gedanken gemacht. Hier war es zunächst David L. Clarke (1968/78), der schon in den späten sechziger Jahren des 20. Jahrhunderts versucht hat, materielle Kultur konsequent als integralen Teil menschlicher Kommunikation zu analysieren. In seinem programmatischen Buch *Analytical Archaeology*[32] betont er die doppelte Funktion materieller Kultur als Mittel zur Umweltregulierung und Umweltkontrolle sowie als Informationssystem.[33] Letztere sei für den Archäologen deshalb besonders relevant, da – ungeachtet der Tatsache, dass die untersuchten Kulturen längst untergegangen seien – deren materielle Kultur weiterhin schwache kodierte Botschaften übermittle. Diese Botschaften seien zwar für die Schöpfer dieser Kultur gedacht gewesen, könnten aber auch vom Archäologen interpretiert werden.

---

32 Clarkes Buch gilt heute als die entscheidende Schnittstelle zwischen der Tradition kulturhistorischer Forschung, wie sie von V. Gordon Childe vertreten wurde, und der späteren Prozessualen Archäologie (Shennan 1989, 833 f.).

33 »The least appreciated and most subtle role of material artefacts is their capacity for information communication, a symbolic and evocative role [...]. As an information communication system material culture is ancillary to all other sociocultural communication techniques and like all such systems it has its own characteristics. Artefacts and assemblages constitute real messages because by definition they express consistently recurrent and ordered selections of attributes/artefacts from a limited set of possible components known to the agents concerned« (Clarke 1968/78, 410).

Schwierigkeiten bei der Entschlüsselung ergeben sich seiner Meinung nach primär aus dem fragmentarischen Charakter der überlieferten Botschaften, der Unkenntnis des materiellen Kanals ihrer Übermittlung und der Komplexität des Kodes. Hauptaufgabe des Archäologen sei es deshalb, die eigentliche »Botschaft« vom »Hintergrundrauschen« (*noise*) zu trennen. Besondere Sorgfalt sei dabei darauf zu verwenden, Interferenzen zwischen dem soziokulturellen System der untersuchten Kultur und jenem der Kultur der Archäologen zu minimieren.[34] Wie dies genau zu geschehen habe, lässt er allerdings offen.

Clarke sah die Bedeutung dieses menschlichen Kommunikationssystems außerdem primär in der Ermöglichung einer Weitergabe von überlebensnotwendiger Information (*accumulated survival information*) über längere Zeiträume hinweg.[35] Die großen Spielräume, die sich für den Menschen durch den Symbolgebrauch ergaben und die daraus resultierende große Eigendynamik kultureller Sinnsysteme blieben in seinen Überlegungen dagegen weitgehend unberücksichtigt.

Erst Clarkes Schüler Ian Hodder (1982a; 1985; 1989) rückte seit den späten siebziger Jahren die Frage nach der Bedeutungsdimension materieller Kultur stärker ins Zentrum. Gestützt auf eigene ethnoarchäologische Feldstudien in Afrika betonte er, dass materielle Kultur immer mit Bedeutungen aufgeladen sei und somit nicht – wie von der prozessualen Archäologie praktiziert – als direkter Spiegel menschlichen Verhaltens angesehen werden könne (Hodder 1982b). Auf dieser Basis entwickelte er das Konzept einer »Kontextuellen Archäologie«, das auf der Prämisse einer grundsätzlichen Vergleichbarkeit von materieller Kultur mit einem geschriebenen Text beruht (Hodder 1987; 1989; 1990).

Die Grundelemente von Hodders Konzept lassen sich kurz gefasst etwa wie folgt umschreiben:

---

[34] »The role of material culture as an information communication system is particularly relevant to the task of the archaeologist. For, although the ancient societies are long since dead, the continuing existence of their material culture still conveys the weak coded messages which were intended for the culture's generators but which may yet be interpreted by us. The difficulty arises from the fragmentary nature of the surviving message, the obscurity of the material channel of its transmission and the complexity of the code. The archaeologists must try to separate the message from the noise, with especial care to minimize the interference from the variety inherent in his own acquired sociocultural apparatus« (Clarke 1978, 410 f.).

[35] Was den Inhalt solcher materiellen Kommunikation betrifft, dachte Clarke insbesondere an die generationsübergreifende Übermittlung von überlebenswichtiger Informationen, doch scheint fraglich, ob materielle Kultur hierbei wirklich eine so entscheidende Rolle spielt. In oralen Gesellschaften erfolgt ja die Weitergabe des Wissens größtenteils (wenn auch nicht ausschließlich) innerhalb der Familie durch unmittelbare Interaktion (Goody 2001, 40 f.). Die Jungen lernen von den Alten v. a. durch Anschauung, Unterweisung und Nachahmung. Dies gilt selbst für Expertenwissen, z. B. in Handwerkszweigen wie der Töpferei oder der Metallverarbeitung.

1. Handlungen von Individuen tragen zur Erschaffung und Erhaltung spezieller Formen kultureller Ordnung bei. Jede Form kultureller Ordnung zeichnet sich dabei durch eine jeweils spezifische Verwendung der materiellen Kultur aus. Die materielle Kultur kann daher als eine Art »Text« betrachtet werden, der die Vorstellungen über ein spezielles kulturelles Universum kodiert.
2. Archäologen sind zwar nicht in der Lage, die Autorenschaft eines solchen Textes zu klären, aber sie besitzen, wie alle Leser, den »Text« selbst (oder zumindest Teile davon). Ihre Aufgabe ist es deshalb, diesen »textual record« zu »lesen« und die Bedeutung, die in ihm kodiert ist, wiederzugewinnen.
3. Ein solches »Lesen« kann durch eine Kontextualisierung der archäologischen Daten erreicht werden. Wie in der Linguistik gilt für die materielle Kultur, dass die Bedeutung eines jeden Symbols (also z. B. eines Artefakttyps) von den Verbindungen und Unterschieden zwischen ihm und anderen Symbolen (Artefakttypen) ableitbar ist. Dadurch ist es auf der Basis wiederkehrender Muster von Assoziation und Ausschluss im archäologischen Niederschlag möglich die Bedeutung von Artefakten, die in diesem Text enthalten sind, zu entschlüsseln.
4. Da an der Erschaffung des archäologischen »Texts« jedoch viele Autoren beteiligt sind und er von verschiedenen Archäologen »gelesen« und fortgeschrieben wird, ist es nicht überraschend, wenn unterschiedliche Bedeutungen aus diesem Text abgeleitet werden.

Mit der zuletzt gemachten Einschränkung suspendiert sich Hodder von der Forderung nach einer Nachvollziehbarkeit seiner »Lese«-Früchte und öffnet so einem bedenklichen Relativismus Tür und Tor. Doch dies ist leider nicht das einzige Problem seines epistemologischen Modells. Vielmehr offenbart eine genauere Analyse weitere gravierende Konstruktionsfehler.[36]

Dennoch ist nicht zu übersehen, dass Hodders Schriften auf die internationale Forschung insgesamt äußerst anregend gewirkt haben.[37] Dies hängt wohl in erster Linie damit zusammen, dass er mit seiner Betonung der bedeutungsvollen Konstitution materieller Kultur in den siebziger und achtziger Jahren des 20. Jahrhunderts wichtige Argumente für eine Kritik des materialistischen Kulturkonzepts der *New Archaeology* geliefert hat.

Dies sollte uns allerdings nicht dazu verleiten, die angedeuteten konzeptionellen Schwächen von Hodders Konzept zu übersehen. Neben dem grundsätzlichen Vorwurf eines eklektischen Umgangs mit gesellschaftstheoretischen Modellen (dazu

---

36 Wesentliche Argumente zur Kritik liefern: Yengoyan 1985; Barrett 1987; Kerig 1998; Eggert 2001, 342-352. Siehe dazu auch Veit 1993 und Veit i. Dr.
37 Dies gilt auch für Beiträge anderer Autoren, die sich um die Schaffung einer tragfähigen Basis eines nichtpositivisischen, »verstehenden« Ansatzes in der Archäologie bemüht haben. Neben Arbeiten des schon zitierten John Barrett sind hier insbesondere einige jüngere Studien von Christopher Tilley zu nennen (s. dazu den Beitrag von H. P. Hahn, in diesem Band).

insbesondere Yengoyan 1985) und einer Überforderung der von ihm erhobenen ethnoarchäologischen Beobachtungen zur Stützung seines Konzeptes (Eggert 2001, 243 ff.) sah sich Hodder in der jüngeren Fachdiskussion mit weiteren berechtigten Einwänden konfrontiert, die seinen Ansatz als Grundlage für weiter reichende empirische Studien als ungeeignet erscheinen lassen:[38]

1. Auf konzeptioneller Ebene fehlt Hodders Ansatz eine klare Unterscheidung zwischen dem Forschungsgegenstand (Mensch als Kulturwesen) und der Quellenbasis (Materielle Kultur).[39] So bleibt letztlich unklar, ob es ihm bei seinen Bemühungen um eine generelle Kulturtheorie oder nur um eine spezielle Theorie materieller Kultur geht.[40]
2. Hodder besteht darauf, das auf der Ebene der materiellen Kultur überhaupt nicht greifbare Individuum in den Mittelpunkt seiner Theorie zu stellen. Dies steht in einem eklatanten Widerspruch zum primär behavioristischen Rahmen seiner Theorie, nach der Symbole Verhalten artikulieren (Yengoyan 1985, 333; Barrett 1987).
3. Die in Hodders Modell implizite Gleichsetzung der Konzepte »Ideologie« und »Kultur«, die es ihm ermöglicht, kulturelle Veränderungen als unmittelbaren Ausdruck sozialer Auseinandersetzungen zu deuten, ist unhaltbar (Yengoyan 1985, 332 f., dazu auch Veit i. Dr.).

Darüber hinaus scheint Hodders feste Überzeugung, der Archäologe könne in einen Dialog mit den Menschen treten, die er studiert, und ihre Weltsicht rekonstruieren, vielen Archäologen angesichts der verfügbaren Quellengrundlage fragwürdig.[41] Diese Überzeugung ist aber auch von einem theoretischen Standpunkt aus anfechtbar, lässt sich doch zeigen, dass die damit eng verbundene Gleichsetzung von »materieller Kultur« und (schriftlichem) »Text« dem Vorgehen der Archäologie unangemessen ist. Dies gilt auch dann noch, wenn man »materiellen« gegenüber schriftlichen Texten gewisse Besonderheiten zugesteht (dazu Veit i. Dr. sowie im Folgenden).

---

38 Diese Einschätzung bestätigt Hodder (1990, 279) indirekt selbst, wenn er sich als »Dichter des europäischen Neolithikums« präsentiert.
39 »Culture has its own ontological uniqueness apart from and above the empirical evidence. Culture is and should be the subject matter in archaeological anthropology while certain expressions of collective behaviour, such as material culture, are the empirical evidence [...].« (Yengoyan 1985, 334).
40 »... it is unclear whether Hodder is claiming that the study of material culture should be contextualized within an overall theory of culture, or whether he is claiming that a distinct theory of material culture can be established« (Yengoyan 1985, 330).
41 »Archaeologists do not enter into a dialogue with the people they study, but our obligations to those people do remain. Can we really claim to be able to understand how they saw their world? This seems both dubious and unnecessary. Instead we can learn something, through the surviving evidence, of how their knowledge was gained in the routine practices by which they lived their lives« (Barrett 1987, 472).

Aber selbst wenn die von Hodder und anderen postulierte Gleichsetzung von materieller Kultur mit einem geschriebenen Text möglich wäre, bliebe die Frage bestehen, wie es für den Archäologen zu bewerkstelligen wäre, solche »materiellen Texte« ohne die Kenntnis des entsprechenden Kodes zu entschlüsseln. M. K. H. Eggert (1977) prägte in diesem Zusammenhang schon vor längerer Zeit das anschauliche Bild vom »ur- und frühgeschichtlichen Rosetta-Stein«, der bislang fehle, weshalb dem Archäologen die Gewinnung einer Innensicht der von ihm untersuchten Gesellschaften versagt bliebe. Er erinnerte damit an die Entzifferung der Hieroglyphenschrift durch Jean François Champollion im Jahre 1822, die erst auf der Basis des mehrsprachig beschrifteten Steins von Rosetta möglich wurde.[42]

Auch wenn Eggert selbst seinen Vergleich nie näher ausgeführt hat, so bietet doch gerade die ägyptische Hieroglyphenschrift ein exzellentes Beispiel, um die Unterschiede zwischen »semantischer« und »materieller Kommunikation«, um den es in diesem Zusammenhang geht, zu verdeutlichen. Wie Jan Assmann (1988) anschaulich dargelegt hat, beinhaltet die ägyptische Hieroglyphenschrift nämlich im Gegensatz zu alphabetischen Schriften (einschließlich der zum Zwecke des Alltagsgebrauchs entwickelten ägyptischen Kursivschrift) beide Ebenen: einerseits eine signifikative Ebene und andererseits eine ausgeprägte Ko-Signifikation, die in ihrer »Materialität« gründet. Unter »Materialität« versteht er dabei all das, »was als sinnliche ›Trägermaterie‹ dient und so oder anders beschaffen sein kann, ohne dass die Funktionalität des Zeichens davon beeinträchtigt sein muss« (ebd. 143 f.). Dazu gehörten nicht nur stoffliche Aspekte, wie das steinerne Trägermaterial, sondern auch die Bildhaftigkeit ihrer Zeichen.

Grundsätzlich besitzt jedes Zeichen zwei Seiten, die semantische seiner Bedeutung und die materielle seiner Erscheinungsform. Damit ein Zeichensinn zur Erscheinung kommen kann, muss er aber nicht nur materiell verkörpert werden, sondern diese materielle Verkörperung muss zugleich in ihrer eigenen Bedeutsamkeit zurücktreten, d. h. sie muss »semantisch neutralisiert« werden. Da das »Mit-

---

42 Grundlage dieser Entzifferung war die Entdeckung des Lautwerts der Hieroglyphen. Vor Champollion hatte man angenommen, die Hieroglyphen besäßen keinen ›Lautwert‹, sondern bezögen sich – anders als bei den alphabetischen Schriftsystemen – unmittelbar auf die »Wirklichkeit«. Dies ist jedoch nicht der Fall. Der einzige Unterschied zwischen der Hieroglyphenschrift und den alphabetischen Schriften besteht darin, dass Erstere sich nicht ausschließlich auf die Ebene der phonologischen Artikulation bezieht, sondern auch auf die Ebene der semantischen Artikulation. Man spricht diesbezüglich auch von einer »doppelten Kodierung«. Neben den Lautzeichen (Phonogramme) gibt es deshalb auch Sinnzeichen (Determinative) sowie Laut+Sinn-Zeichen (Ideogramme). Durch Kombination dieser drei Funktionen gelang es den Ägyptern mit einer gegenüber rein ideographischen Schriften, die eine riesigen Zeichenbestand besitzen (z. B. das Chinesische), mit einer vergleichsweise geringen Zeichenzahl (ca. 700) auszukommen (siehe Assmann 1988 sowie Brunner-Taut 1985 zu Champollion).

sprechen« der Materie aber nie völlig ausgeschaltet werden kann, sondern nur in Latenz zu halten ist, ist der materielle Aspekt des Zeichens niemals kategorisch insignifikant, sondern immer mehr oder weniger »ko-signifikant«.

Bei der Hieroglyphenschrift ist die durch diese doppelte Signifikation erzeugte semiotische Interferenz aufgrund des ästhetisierten Schriftbildes, der monumentalen Träger und des festgelegten Kommunikationsraumes nun aber besonders hoch. Dies erschwert die Lesbarkeit der Texte und provoziert gleichzeitig einen ›faszinierten‹ Blick. Die Hieroglyphenschrift ist in dieser Hinsicht nach Assmann mehr als ein Schriftsystem, denn sie beziehe sich nicht nur auf die ägyptische Sprache, sondern darüber hinaus auch auf ›Welt‹, d. h. auf Gegenstände und Sachverhalte, die sie unabhängig von der Sprache (d. h. einer spezifischen einzelsprachlichen Artikulation) abzubilden vermag (ebd. 141). In diesem Sinne – und nur in diesem Sinne – ist sie von Archäologen im Rahmen eines Indizienparadigmas auf der Basis analoger Phänomene bedingt »entschlüsselbar«.[43]

Anders stellt sich die Situation dar, wenn wir die semantische Ebene der Hieroglyphenschrift in unsere Betrachtung einbeziehen. »Semantizität« beschreibt den Aspekt des Funktionierens eines Zeichens in einem Zeichensystem kraft dessen es sich überhaupt erst auf einen bestimmten Sinn beziehen kann. Sinnzeichen beziehen sich dabei generell auf Sprache und die semantische Ebene ihrer Artikulation von Wirklichkeit und nicht unmittelbar auf die Wirklichkeit (ebd. 142 f.). Insofern ist jeder direkte Rückschluss von den bildhaften Sinn-Zeichen auf die gelebte Realität verfehlt.

Aufgrund ihrer besonderen Kennzeichen, dem monumentalen Trägermaterial und dem ästhetisierten Schriftbild sieht Assmann in der altägyptischen Hieroglyphenschrift – neben der mündlichen und der schriftlichen Kommunikation – eine dritte Form menschlicher Kommunikation repräsentiert (Abb. 2). Er nennt sie »inschriftliche« Kommunikation. Da der situative Kontext dieser Art der Kommunikation räumlich begrenzt ist, steht sie der mündlichen Kommunikation näher als der schriftlichen.

Assmann schafft mit dieser Einteilung einen nützlichen Rahmen zur Klassifikation unterschiedlicher Kommunikationsformen. Mit Blick auf schriftlose Gesellschaften sollte er allerdings um drei weitere Formen erweitert werden: Körpersprache, bildliche und materielle Kommunikation. Erstere ist, wie die mündliche Kommunikation, jeweils an einen konkreten Ort und einen konkreten Zeitpunkt gebunden und überdies im Rahmen eines archäologischen Ansatzes von geringerer Relevanz. Über Kommunikation mittels Bildern wird gleich noch zu sprechen sein.

---

43 Dies gilt übrigens in gleicher Weise für die protodynastischen Bildnarrative, in denen Assmann den Ausgangspunkt der altägyptischen Schriftentwicklung vermutet. Sie zeichnen sich durch die Verwendung von Bild-Zeichen in zwei deutlich unterschiedenen Größenordnungen aus: Große Bilder mit Darstellung einer Szene seien durch kleine Bilder zur Identifikation der Akteure und Örtlichkeiten durch Namensbeischrift ergänzt worden. Später hätte man dann die großen Zeichen in das Repertoire der kleinen integriert.

	KOMMUNIKATION		
	Mündliche	Schriftliche	Inschriftliche
Materialität des Zeichens	Stimme	Neutrales Schriftbild	Ästhetisiertes Schriftbild
Zeichenträger	Körper	Papier usw.	Monument
Situativer Kontext	raum-zeitlich begrenzt	unspezifisch	räumlich begrenzt

Abb. 2: Modalitäten der kommunikativen Sinn-Verkörperung (nach J. Assmann 1988, 151).

Zentral für jeden archäologischen Ansatz ist dagegen das Konzept der »materiellen Kommunikation«. Darunter fällt zunächst einmal der gesamte Bereich konnotierter und denotierter Objektbedeutungen, die bei entsprechender Quellenlage über eine kontextuelle Analyse erschlossen werden können (s. Beitrag Veit, oben S. 21). In einem umfassenderen Sinne können wir mit Blick auf die mehr oder minder elaborierten rituellen Kontexte, wie wir sie insbesondere im Rahmen der Freilegung von Kult- und Bestattungsplätzen regelmäßig antreffen, von »materieller Kommunikation« sprechen. Sie ähneln in ihrer Struktur jenen Kontexten, die Assmann mit Blick auf seine Form der »inschriftlichen« Kommunikation schildert.

Im Gegensatz zu den Verhältnissen im ägyptischen Raum fehlt in den von der Ur- und Frühgeschichtsforschung behandelten Fällen allerdings die Beschriftung oder – anders ausgedrückt – das, was als signifikative Ebene bezeichnet wurde. Dadurch wird aus der Ko-Signifikation, von der oben die Rede war, die eigentliche Signifikation. Eine vom Ausrichter intendierte »Nachricht« muss dem Empfänger hier also allein durch die Materialität der Inszenierung – und gegebenenfalls durch eine ergänzende Bildhaftigkeit – übermittelt werden.

Trotzdem zögert die jüngere archäologische Forschung nicht, bestimmte Phänomene wie beispielsweise megalithische Grabanlagen des Neolithikums (s. dazu z. B. Veit 1999) oder »Fürstengräber« der Vorrömischen Metallzeiten (dazu z. B. Beitrag S. Burmeister in diesem Band) im weitesten Sinne als »Botschaften«, d. h. als Ausdruck »sozialer« bzw. »politischer« Kommunikation zu deuten. Dies gilt insbesondere für Vertreter aus dem Bereich der sog. »Postprozessualen Archäologie«, von deren Konzepten bereits die Rede war. Von ihnen wird außerdem regelmäßig unterstellt, dass die die Errichtung dieser Anlagen begleitenden rituellen Inszenierungen von Personen und Gruppen als Mittel im Rahmen von Auseinandersetzungen um gesellschaftlichen Einfluss bewusst eingesetzt würden. Demnach käme ihnen, ebenso wie den Grabmonumenten selbst, eine Art von »Propagandafunktion« zu: Sie sollen den Betrachter von der sozialen Vorrangstellung ihrer Ausrichter bzw. Erbauer überzeugen.[44]

Betrachtet man die Verhältnisse jedoch genauer, so zeigt sich, dass Propaganda nicht die Funktion, zumindest nicht die primäre Funktion, entsprechender Zeremonien und Zeremonial-Monumente gewesen sein kann. Der Althistoriker Paul Veyne (1995, bes. 324) veranschaulicht diesen Sachverhalt am Beispiel der 30 m hohen Trajanssäule in Rom, auf deren schraubenartig gewundenem Fries 184 Episoden der Eroberung Dakiens durch Kaiser Trajan dargestellt sind. Veyne bezweifelt, dass die Römer zur Zeit Trajans mehr Mühe darauf verwandt haben, die Darstellungen zu entschlüsseln, als die Römer heutzutage. Dies ergäbe sich schon daraus, dass die betreffenden Reliefs aus der Perspektive der vorbeigehenden Betrachter kaum sichtbar seien. Die mit großem Aufwand produzierte Bildbotschaft könne deshalb keine politische oder soziale Bestimmung besessen haben, für die sie geworben hätte.[45] Öffentliche Monumente wie die Trajanssäule könnten durch ihre bloße Präsenz lediglich an ohnehin unverrückbare soziale Tatsachen erinnern. Im Falle der Trajanssäule sei dies die kaiserliche Macht und der Gehorsam, den der Kaiser von seinen Untertanen einfordert, gewesen.[46]

Ähnliches ist für die in der Regel wesentlich einfacher gestalteten, gemeinschaftlich errichteten Monumente in urgeschichtlichen Kontexten, etwa im Bereich der europäischen Megalithik oder auch im Bereich der Randkulturen der Klassischen Antike (z. B. Fischer 1982), vorauszusetzen. Nach Veyne »funktionieren« Bilder, ebenso wie Riten und Zeremonien, von der menschlichen Gesellschaft her gesehen generell nur mit sehr geringem Ertrag. Fast ihr gesamter Sinn verflüchtige sich.[47] Trotzdem zeige ein Blick in die Geschichte, welche eminente Bedeutung die Menschen der Antike der Kunst beimaßen. Fast das gesamte Mehrprodukt der antiken Gesellschaft sei für Bauwerke, Säulen und Statuen verbraucht worden. Dies bekunde ein ausgeprägtes Bedürfnis, sich auszudrücken. Im Gegensatz zu Information, Propaganda oder Reklame, die ihre Ausgaben zielgerichtet kalkulierten, zeichne sich dieser Ausdruck durch eine ungebremste Neigung zur Verausgabung aus (ebd. 321).

---

44 Entsprechende Vorstellungen finden sich übrigens auch jenseits postprozessualer Ansätze, etwa bei F. Fischer (1982, 69), der frühkeltische Fürstengräber mit den luxuriösen Grabstätten der attischen Aristokratie vergleicht und hinter beiden Erscheinungen Propaganda vermutet.
45 »Die Botschaft vom militärischen Ruhm Trajans war an das Angesicht des Himmels, der Götter und der kommenden Jahrhunderte gerichtet« (Veyne 1995, 330).
46 »Auf diese Weise war [...] die Säule für den Betrachter da – um ihm zu sagen, dass der imperiale Ruhm um seiner selbst willen existiere und seiner Billigung [...] nicht bedürfte, und der Betrachter verstand die Botschaft auch so« (ebd. 329).
47 Veyne geht an einer Stelle sogar so weit, zu sagen, dass die Riten und Bilder überhaupt keinen Kode enthielten, sondern nur Konventionen (ebd. 319). Er relativiert diese Aussage jedoch in seinem Postskript wieder (S. 329).

»Ausdruck« und »Verausgabung« - im Gegensatz zu »Propaganda« und »Reklame« - sind m. E. auch Schlüsselbegriffe für ein besseres Verständnis der materiellen Hinterlassenschaft urgeschichtlicher Gesellschaften, und zwar speziell derjenigen Hinterlassenschaften, die den Rahmen unbeabsichtigter Spuren von Handlungen im Rahmen der Überlebenssicherung transzendieren. Im Gegensatz zur Klassischen Antike investierte man in urgeschichtlichen Gemeinschaften allerdings weniger in öffentliche Kunst, als primär in elaborierte Riten und Zeremonien. Sie erfüllten aber zweifellos eine vergleichbare Funktion im Rahmen der betreffenden Gesellschaften: sie waren »Teil jenes ideellen Systems [...] mit dem die betreffende Gesellschaft sich in der Welt orientiert und ihren Handlungen Sinn vermittelt« (Hölscher 1992, 464) hat. In diesem Sinne stehen sie einer kontextuellen Analyse offen, die in systematischer Art und Weise die fassbaren Symbolisierungsakte zu den erschließbaren gesellschaftlichen Rahmenbedingungen in Beziehung setzt.

Die Welt als Text

Auch wenn in diesem Beitrag im Gegensatz zu den Vorstellungen der so genannten »Postprozessualen Archäologie« die These verfochten wurde, dass die Textanalogie für das Studium materieller Kultur nur einen sehr begrenzten heuristischen Wert besitzt, so wäre es dennoch unangemessen, die Lesemetapher mit Blick auf die Archäologie völlig zurückzuweisen. Der Zusammenhang zwischen Beobachtung und Interpretation ist auch im Falle des in der Archäologie geläufigen »Indizienparadigmas« (C. Ginzburg; dazu ausführlicher Veit i. Dr.) ganz offensichtlich ein semiotischer:

> »In einem spezifischen Ausschnitt erscheint die Welt als Text, der statt in Schrift in konkreter Gegenständlichkeit kodiert ist. Für das Lesen selbst macht das wenig Unterschied: ebenso wie die Buchstaben-Signifikanten werden die gegenständlichen Signifikanten transzendiert und überwunden, sobald die richtige Deutung erreicht ist. Schriftzeichen und Anzeichen sind in gleicher Weise Vehikel, ausschließlich dazu bestimmt, den Intellekt auf die rechte Fährte zu setzen; ist dieser erst einmal am Ziel, haben jene ihr Recht verloren« (A. Assmann 1988, 240).[48]

Die Interpretationsarbeit des Archäologen gleicht demnach auf einer abstrakten Ebene tatsächlich in gewisser Weise einer »Lektüre«, bei der über Jahre im Fachdiskurs eingeschliffene »Lese«-Konventionen dazu benutzt werden, um aus dem Wissen über die verfügbaren materiellen Reste ein sinnhaftes Bild der Vergangenheit zu pro-

---

[48] »Lesen« in diesem weiten Sinne muss als eine Grundbedingung menschlicher Existenz überhaupt verstanden werden: »Ohne die Fähigkeit, die Welt von Fall zu Fall als Text zu lesen, könnte der Mensch nicht überleben. Was ihm an Instinktsicherheit abgeht, muß ihm als Merkvermögen in Gestalt geschärfter Wahrnehmung und Deutungsbereitschaft wieder zukommen. Er ist angewiesen auf die ständige und schnelle Entzifferung von Signalen zur Weltorientierung, zur Kenntnis seiner Umwelt, zur Einschätzung von Gefahr« (ebd.).

duzieren. Dabei wagen wir, im Idealfall gestützt auf eine kritisch reflektierte und ethnographisch erweiterte kulturelle Erfahrung, Rückschlüsse nicht nur auf ehemalige Funktions-, sondern auch auf ehemalige Bedeutungszusammenhänge. Basis aller Schlussfolgerungen bleibt dabei letztlich die kommunikative Erfahrung des Forschers, auch wenn diese im Verlauf des Forschungsprozesses in Teilbereichen immer wieder gezielt in Frage gestellt wird.[49]

Diese im Fach noch eher ungewohnte Sicht auf den Prozess archäologischer Erkenntnisgewinnung veranschaulicht den konstruktiven Charakter archäologischer Erkenntnis und lässt die noch weit verbreitete positivistische Vorstellung, die archäologischen Quellen eröffneten, sofern sie nur einer äußeren und inneren Quellenkritik standhielten, einen unmittelbaren Zugang zur ehemaligen Wirklichkeit, als naiv erscheinen. Aus der Einsicht in den konstruktiven Charakter archäologisch gegründeter Geschichtsbilder leitet sich vielmehr für die Zukunft die Aufgabe ab, die größtenteils unbewussten Regeln, denen eine wissenschaftliche »Lesung« archäologischer Quellen folgt, stärker als bisher zu thematisieren.

Allerdings wäre es falsch, daraus den Schluss zu ziehen, dass alle Lesarten der Vergangenheit (im Sinne von Produkten moderner Wunschvorstellungen) gleichberechtigt sind. Trotz ihrer Abhängigkeit von bestimmten Erzählkonventionen ist die Archäologie weit mehr als eine »fiktive Spurensicherung, die vergangene Wirklichkeiten erschafft« (so Cornelius Holtdorf, in diesem Band S. 541). Sie ist deshalb auch keineswegs mit der »Spurensicherung« in der modernen Kunst gleichzusetzen, die Versatzstücke der Vergangenheit nutzt, um bestimmte Aspekte der Gegenwartskultur zu kommentieren (dazu Flaig 1999).

Vielmehr scheint unter methodisch strenger Berufung auf die Quellen bei gleichzeitiger Anerkennung des konstruktiven Charakters archäologischer bzw. historischer Forschung durchaus ein substantieller Erkenntnisfortschritt möglich. Carlo Ginzburg (2001, 34) hat diesen ganz entscheidenden Zusammenhang kürzlich folgendermaßen formuliert – und damit gleichzeitig einen trefflichen Kommentar zur einleitend geschilderten Kontroverse zwischen Munroe und Piggott gegeben:

> »Die Quellen sind weder offene Fenster, wie die Positivisten glauben, noch Mauern, die den Blick verstellen, wie die Skeptiker meinen: Wenn überhaupt können wir sie mit Zerrspiegeln vergleichen. Die Analyse der jeweiligen Verzerrung jeder Quelle impliziert bereits ein konstruierendes Element. Doch die Konstruktion ist [...] nicht unvereinbar mit dem Beweis. Die Projektion des Wunsches, ohne die es keine Forschung gibt, ist nicht unvereinbar mit den Widerlegungen durch das Realitätsprinzip. Erkenntnis (auch historische) ist möglich«.

---

49 Generell sind wir beim Versuch linguistisches, hermeneutisches oder historisches Wissen vom Menschen zu erlangen, darauf angewiesen, unserer kommunikativen Erfahrung zu vertrauen, d. h., das, was wir wahrnehmen, für bare Münze zu nehmen. Alle Methoden, die die kommunikative Erfahrung methodisch hinterfragen (Quellenkritik des Historikers, Ideologiekritik der Sozial- und Geisteswissenschaften), setzen prinzipiell die kommunikative Erfahrung (deren Gültigkeit sie partiell suspendieren) auch als Verifikationsinstanz voraus (Apel 1981, bes. 44 f.).

Literatur

Apel 1981: K.-O. Apel, Einführung: Charles W. Morris und das Programm einer pragmatisch integrierten Semiotik, In: C. W. Morris, Zeichen, Sprache und Verhalten. Frankfurt a. M.: Ullstein 1981, 9-66.
Assmann 1988: A. Assmann, Die Sprache der Dinge. Der lange Blick und die wilde Semiose. In: Gumbrecht/Pfeiffer 1988, 237-251.
Assmann 1991: Dies., Kultur als Lebenswelt und Monument. In: A. Assmann/D. Harth (Hrsg.), Kultur als Lebenswelt und Monument. Frankfurt a. M.: Fischer 1991, 11-24.
Assmann 1996: Dies., Texte, Spuren, Abfall. Die wechselnden Medien des kulturellen Gedächtnisses. In: H. Böhme/K. R. Scherpe (Hrsg.), Literatur und Kulturwissenschaften. Reinbek: Rowohlt 1996, 96-111.
Assmann 1988: J. Assmann, Im Schatten junger Medienblüte. Ägypten und die Materialität des Zeichens. In: Gumbrecht/Pfeiffer 1988, 141-160.
Assmann 1992: Ders., Das kulturelle Gedächtnis. Schrift, Erinnerung und politische Identität in frühen Hochkulturen. München: Beck 1992.
Barrett 1987: J. C. Barrett, Contextual Archaeology. Antiquity 61, 1987, 468-473.
Böhme et al. 2000: H. Böhme/P. Matussek/L. Müller, Orientierung Kulturwissenschaft. Was sie kann, was sie will. Reinbek: Rowohlt 2000.
Bradley 1984: R. Bradley, The Social Foundations of Prehistoric Britain. Themes and Variations in the Archaeology of Power. London: Longman 1984.
Brunner-Taut 1985: E. Brunner-Taut, Jean-François Champollion. »Ein großer Mann in einer großen, vielbewegten Zeit« (Eduard Meyer). Saeculum 35, 1984, 3-4 (1985) 306-325.
Burckhardt 1872: J. Burckhardt, Einleitung in die Griechische Kulturgeschichte [1872]. In: Ders., Die Kunst der Betrachtung. Aufsätze und Vorträge zur Bildenden Kunst (hrsg. v. H. Ritter). Köln: DuMont 1984, 173-184.
Cartier 2000: S. Cartier, Licht ins Dunkel des Anfangs. Studien zur Rezeption der Prähistorik in der deutschen Welt- und Kulturgeschichtsschreibung des 19. Jahrhunderts. Herdecke: GCA-Verlag 2000.
Cassirer 1990: E. Cassirer, Versuch über den Menschen, Einführung in eine Philosophie der Kultur. Frankfurt a. M.: Meiner 1990 [Orig.: An Essay on Man. New Haven - London 1944].
Clark 1957: J. G. D. Clark, Archaeology and Society. London: Methuen ³1957.
Clarke 1968/78: D. L. Clarke, Analytical Archaeology. London: Methuen 1968; ²1978 (überarbeitet von R. Chapman).
Daniel 2001: U. Daniel, Kompendium Kulturgeschichte. Theorien, Praxis, Schlüsselwörter. Frankfurt a. M.: Suhrkamp 2001.
Eco 1988: U. Eco, Einführung in die Semiotik. München: Fink 1972, ⁶1988.
Eco 1989: Ders., Im Labyrinth der Vernunft. Texte über Kunst und Zeichen. Leipzig: Reclam 1989.
Eggert 1977: M. K. H. Eggert, Prehistoric Archaeology and the Problem of Ethno-Cognition. Anthropos 72, 1977, 242-255.
Eggert 1978a: Ders., Prähistorische Archäologie und Ethnologie. Studien zur amerikanischen New Archaeology. Prähist. Zeitschr. 53, 1978, 6-164.
Eggert 1978b: Ders., Zum Kulturkonzept in der prähistorischen Archäologie. Bonner Jahrbücher 178, 1978, 1-20.
Eggert 1993: Ders.,Vergangenheit in der Gegenwart? Überlegungen zum interpretatorischen Potential der Ethnoarchäologie. Ethnogr.-Archäol. Zeitschr. 34, 1993, 144-150.
Eggert 1998: Ders., Archäologie und Analogie: Bemerkungen zu einer Wissenschaft vom Fremden. Mitt. Anthr. Ges. Wien 128, 1998, 107-124.
Eggert 2001: Ders., Prähistorische Archäologie: Konzepte und Methoden. Tübingen: Francke 2001.

Eggert/Veit 1998: M. K. H. Eggert/U. Veit (Hrsg.), Theorie in der Archäologie: Zur englischsprachigen Diskussion. Tübinger Arch. Taschenb. 1. Münster: Waxmann 1998.

Evans 1998: Ch. Evans, Historicism, Chronology and Straw Men: Situating Hawkes' Ladder of Inference. Antiquity 72, 1998, 398-404.

Fischer 1982: F. Fischer, Frühkeltische Fürstengräber in Mitteleuropa. Antike Welt 13, 1982 - Sondernummer.

Fischer 1987: U. Fischer, Zur Ratio der prähistorischen Archäologie. Germania 65, 175-195.

Fischer 1999: Ders., Innere und äußere Deutung in der Vorgeschichte. Festschrift für Günter Smolla. Mat. Vor- u. Frühgesch. Hessen 8. Wiesbaden 1999, XXI-XXVIII.

Flaig 1999: E. Flaig, Spuren des Ungeschehenen. Warum die bildende Kunst der Geschichtswissenschaft nicht helfen kann. In: B. Jussen (Hrsg.), Archäologie zwischen Imagination und Wissenschaft: Anne und Patrick Poirier. Von der künstlerischen Produktion der Geschichte. Göttingen: Wallstein 1999, 16-50.

Geertz 1987: C. Geertz, Dichte Beschreibung. Beiträge zum Verstehen kultureller Systeme. Frankfurt a. M.: Suhrkamp 1987 [Orig.: The Interpretation of Cultures. Selected Essays. New York: Basic Books 1973].

Geertz 1992: Ders., Kulturbegriff und Menschenbild. In: R. Habermas/N. Minkmar (Hrsg.), Das Schwein des Häuptlings. Sechs Aufsätze zur Historischen Anthropologie. Berlin: Wagenbach 1992, 56-83.

Ginzburg 1988: C. Ginzburg, Spurensicherungen. Über verborgene Geschichte, Kunst und soziales Gedächtnis. München: Deutscher Taschenbuch Verlag 1988.

Ginzburg 2001: Ders., Die Wahrheit der Geschichte. Rhetorik und Beweis. Berlin: Wagenbach 2001.

Goody 2001: J. R. Goody, Wissen und die Arten seiner Weitergabe. In: J. Fried/J. Süßmann (Hrsg.), Revolutionen des Wissens. Von der Steinzeit bis zur Moderne. München: Beck 2001, 40-55.

Gumbrecht/Pfeiffer 1988: H. U. Gumbrecht/K. L. Pfeiffer (Hrsg.), Materialität der Kommunikation. Frankfurt a. M.: Suhrkamp 1988.

Hänsel 1997: B. Hänsel, Gaben an die Götter - Schätze der Bronzezeit Europas - eine Einführung. In: A. und B. Hänsel (Hrsg.), Gaben an die Götter. Schätze der Bronzezeit Europas. Berlin: Freie Universität / Museum für Vor- und Frühgeschichte 1997, 11-27.

Hawkes 1954: Ch. Hawkes, Archaeological Theory and Method: Some Suggestions from the Old World. American Anthropologist 56, 1954, 155-168.

Hodder 1982a: I. Hodder, Theoretical Archaeology: a Reactionary View. In: Ders. (Hrsg.), Symbolic and Structural Archaeology. New Directions Arch. Cambridge: Cambridge University Press 1982, 1-16.

Hodder 1982b: Ders., Symbols in Action. Ethnoarchaeological Studies of Material Culture. New Studies Arch. Cambridge: Cambridge University Press 1982.

Hodder 1985: Ders., Postprocessual Archaeology. Advances in Archaeological Method and Theory 8, 1985, 1-26.

Hodder 1987: Ders., Contextual Archaeology: An Interpretation of Catal Hüyük and a Discussion of the Origins of Agriculture. Bulletin Inst. Arch. (London) 24, 1987, 43-56.

Hodder 1989: Ders., This is Not an Article about Material Culture as Text. Journal Anthr. Arch. 8, 1989, 250-269.

Hodder 1990: Ders., The Domestication of Europe. Structure and Contingency in Neolithic Societies. London: Blackwell 1990.

Hölscher 1992: T. Hölscher, Bilderwelt, Formensystem, Lebenskultur. Zur Methode archäologischer Kulturanalyse. Studi Italiani di Filologia Classica 10, 1992, 460-484.

Kerig 1998: T. Kerig, Ian Hodder und die britische Archäologie: Ein Profil. In: Eggert/Veit 1998, 217-242.

Kolb 2002: F. Kolb, Ein neuer Troia-Mythos? Traum und Wirklichkeit auf dem Grabungshügel von Hisarlik. In: H.-J. Behr/G. Biegel/H. Castritius (Hrsg.), Troia – Traum und Wirklichkeit. Ein Mythos in Geschichte und Rezeption. Braunschweig: Braunschweig. Landesmus. 2002, 8-40.

Korff 1995: G. Korff, Bemerkungen zur Dingbedeutsamkeit des Besens. Anz. Germ. Nationalmus. 1995, 33-44.

Korff 1997: Ders., Antisymbolik und Symbolanalytik in der Volkskunde. In: R. W. Brednich/ H. Schmitt (Hrsg.), Symbole. Zur Bedeutung der Zeichen in der Kultur. Volkskundekongress in Karlsruhe 1995. Münster: Waxmann 1997, 11-30.

Kramer 1995: F. Kramer, Einfühlung. Überlegungen zur Geschichte der Ethnologie im präfaschistischen Deutschland. In: Th. Hauschild (Hrsg.), Lebenslust und Fremdenfurcht. Ethnologie im Dritten Reich (Frankfurt a. M.: Suhrkamp 1995) 85-102.

Leach 1954: E. Leach, Political Systems in Highland Burma. A Study of Kachin Social Structure. London: London School of Economics and Political Science/Bell & Sons 1954.

Leach 1973: Ders., Concluding Adress. In: C. Renfrew (Hrsg.), The Explanation of Culture Change: Models in Prehistory. London: Duchworth 1973, 761-771.

Leach, 1977: Ders., A View from the Bridge. In: M. Spriggs (Hrsg.), Archaeology and Anthropology. Areas of Mutual Interest. BAR Suppl. Ser. 19. Oxford: Brit. Arch. Rep. 1977, 161-176.

Leach 1978: Ders., Kultur und Kommunikation. Zur Logik symbolischer Zusammenhänge. Frankfurt a. M.: Suhrkamp 1978.

Munroe 1895: R. Munroe, Rambles and Studies in Bosnia-Herzegowina and Dalmatia (Ausgabe 1895) [zitiert nach Piggott 1972].

Piggott 1972: S. Piggott, Vorgeschichte Europas. Vom Nomadentum zur Hochkultur. Kindlers Kulturgeschichte des Abendlandes (hrsg. v. Friedrich Heer). München: Kindler 1972 [Orig.: Ancient Europe from the Beginnings of Agriculture to Classical Antiquity. Edinburgh: Edinburgh University Press 1965].

Posner 1991: R. Posner, Kultur als Zeichensystem. Zur semiotischen Explikation kulturwissenschaftlicher Grundbegriffe. In: A. Assmann & D. Harth (Hrsg.), Kultur als Lebenswelt und Monument. Frankfurt a. M.: Fischer 1991 37-74.

Prown 1993: J. D. Prown, The Truth of Material Culture. In: S. Lubar/W. D. Kingery (Hrsg.), History from Things. Essays on Material Culture. Washington: Smithonian Institution 1993, 1-19.

Renfrew 1984: C. Renfrew, Approaches to Social Archaeology. Edinburgh: Edinburgh University Press 1984.

Shennan 1989: S. J. Shennan, Archaeology as Archaeology or as Anthropology? Clarke's Analytical Archaeology and the Binfords' New Perspectives in Archaeology 21 Years On. Antiquity 63, 1989, 831-835.

Smith 1955: M. A. Smith, The Limits of Inference. The Archaeological News Letter 6, 1955, 3-7.

Veit 1988: U. Veit, Des Fürsten neue Schuhe: Überlegungen zum Befund von Hochdorf. Germania 66, 1988, 162-169.

Veit 1993: Ders., Kollektivbestattung im europäischen Neolithikum: Problemstellung, Paradigmen, Perspektiven. Bonner Jahrbücher 193, 1993, 1-44.

Veit 1996: Ders., Studien zum Problem der Siedlungsbestattung im europäischen Neolithikum. Tübinger Stud. zur Ur- und Frühgesch. Arch. 1. Münster: Waxmann 1996.

Veit 1999: Ders., Überlegungen zur Funktion und Bedeutung der Megalithgräber im nördlichen und westlichen Europa. In: K. W. Beinhauer/G. Cooney/Ch. E. Gucksch/S. Kus (Hrsg.), Studien zur Megalithik. Forschungsgegenstand und ethnoarchäologische Perspektiven. Veröffentlichung zu einer internationalen Konferenz am Reiss-Museum in Mannheim vom 1.-4. 10. 1992. Beiträge zur Ur- und Frühgeschichte Mitteleuropas 21. Langenweißbach: Beier & Beran 1999, 395-419.

Veit i. Dr.: Ders. Texte und Spuren: Ur- und Frühgeschichtliche Archäologie zwischen Verstehen und Erklären. In: M. Heinz/M. K. H. Eggert/U. Veit (Hrsg.), Zwischen Erklären und Verstehen? Beiträge zu den erkenntnistheoretischen Grundlagen archäologischer Interpretation. Tübinger Archäol. Taschenb. 2. Münster: Waxmann, im Druck.

Veyne 1995: P. Veyne, Propaganda Ausdruck König, Bild Idol Orakel. In: P. Veyne, Die römische Gesellschaft. München: Fink 1995, 300-332.

Yengoyan 1985: A. A. Yengoyan, Digging for Symbols: The Archaeology of Everyday Material Life. Proc. Prehist. Soc. 51, 1985, 329-334.

STEPHAN BÜHNEN

Kultur und Kulturen*

ZUSAMMENFASSUNG: Seit einiger Zeit steckt die Kulturtheorie in einer Sackgasse. Sie ist hin und her gerissen zwischen einem positivistischen und einem idealistischen Kulturbegriff. Um einen Ausweg aus der Zwickmühle zwischen funktionalistischer Gesetzmäßigkeit und postmoderner Relativität zu finden, werfe ich einen Blick auf die beiden elementaren Dimensionen des Kulturphänomens. Als kognitive Kategorie bezeichnet Kultur (Singular) jene Welt, die der Mensch durch eigene Handlungen ordnend kontrolliert. Als soziales Phänomen sind Kulturen (Plural) die Zeichenwelten menschlicher Gruppenbildungen. Mein Kulturbegriff ist lebensweltlich. Nur in der Lebenswelt verschränken sich die kognitiven und sozialen Anlagen des Menschen und produzieren so das Gesamtphänomen Kultur.

Die prähistorische Archäologie ist eine arme Wissenschaft. Ihr empirischer Stoff ist äußerst spröde. Zwar bleibt ihr eine Vielzahl an materiellen Spuren menschlichen Tuns, aber schier nichts vom unermesslichen Korpus lebendiger Kommunikation in solch flüchtigen Medien wie Stimme, Gestik oder Mimik. Doch so spröde ihre Daten auch sind, das wissenschaftliche Ziel der Archäologie ist ebenso anspruchsvoll wie das ihrer reicheren geschichtswissenschaftlichen Schwestern: die Erklärung menschlichen Seins aus seinem Werden.

Wissenschaften können ihren empirischen Lebensstoff nur mithilfe einer Theorie verdauen. Und umgekehrt braucht die Theorie zu ihrer Rechtfertigung und steten Verfeinerung diesen Stoff. Die Reife einer Theorie ist also nicht unabhängig von der Art und Größe des Datenschatzes. Daher ist eine ›arme‹ Wissenschaft wie die Archäologie im allgemeinen auf die theoretischen Entwicklungen in kontextreicheren Disziplinen angewiesen, der Geschichtswissenschaft, der Ethnologie und anderer Kultur- und Sozialwissenschaften. So ist es auch im Falle eines Kernkonzepts wie dem der ›archäologischen Kultur‹. Erst vor gut zwei Jahrzehnten begann die Archäologie, ausgehend von Großbritannien, ihr überkommenes Kulturkonzept zu hinterfragen. Es waren Kulturwissenschaftler, die den Anstoß zur theoretischen Erneuerung gegeben hatten. Das Motto lautete nun: Die Dinge sprechen nicht für sich, sondern sind Träger von Bedeutungen, die wie alle kulturellen Äußerungen – wenn überhaupt – nur durch eine Kenntnis des Zusammenhangs verständlich sind. Dennoch lebt das alte Konzept munter neben dem neuen fort, meist unausgesprochen und intuitiv.

---

* Die Tübinger Tagung hat ›Spuren und Botschaften‹ hinterlassen. Gerne denke ich zurück an anregende Vorträge und Diskussionen, eine lockere Atmosphäre, strahlenden Sonnenschein und eine fürstliche Tagungsstätte. Ich danke Ulrich Veit und seinen Mitorganisatoren für die Einladung. Für konstruktive Kommentare zu einer Vorabversion meines Beitrages danke ich meinen alten Freunden Rainer Sandermeier und Jürgen Cordes sowie den Herausgebern.

Thema dieses Bandes ist die Interpretation materieller Kultur. Ich möchte der Aufforderung von Manfred K. H. Eggert (1998, 372) nachkommen und zunächst den Schlüsselbegriff Kultur selbst neu beleuchten. Dabei werde ich ziemlich allgemein bleiben. Ich will Archäologen, den spezialisierten Erforschern der materiellen Kultur längst vergangener Zeiten, einen Blick auf die tiefen Wurzeln des Kulturphänomens geben und auf sein Wirken in vielen Bereichen menschlichen Denkens und Handelns.

Alle Interpretation von Kultur ist analogisch. Sie beruht, genauso wie jede kulturelle Kommunikation innerhalb und zwischen Gesellschaften, auf der Existenz von Gemeinsamkeiten. Ganz offensichtlich ist das im Falle von Zeichen ähnlicher Bedeutung mit einer extrem weiten Verbreitung. Dazu zählen zum Beispiel mythologische Schlangen, Szepter und Stäbe, die erhöhte Sitzposition von Autoritätspersonen, Gold als Reichtumsanzeiger oder die zum Gruß erhobene Hand. Deren globale Verbreitung kann nicht durch Diffusion erklärt werden. Was aber liegt ihr dann zugrunde? Mein Kulturbegriff ist im Zusammenhang der Beschäftigung mit solchen Fragen entstanden und entsprechend geprägt. Er ist das Nebenprodukt eines Forschungsprojektes, an dem ich seit einiger Zeit arbeite. Es trägt den Arbeitstitel ›Dualist Ideology‹ und beschäftigt sich mit Ideologie und Symbolik nichtmonotheistischer Gesellschaften, ausgehend von ethnohistorischen Quellen für Westafrika. Beim Vergleich mit Beobachtungen in anderen Weltteilen glaube ich hinter aller kulturellen Verschiedenheit universale ontologische und ideologische Grundstrukturen gefunden zu haben. Solche Strukturen sollten auch für prähistorische Gesellschaften gelten und wären dann ein Schlüssel zur Interpretation ihrer Spuren und Botschaften.

Entgegen landläufiger Meinung gibt es eine ungeheure Zahl an ethologischen, sozialen und kulturellen Gemeinsamkeiten, die von allen Menschen geteilt werden. Im Mittelpunkt meines Interesses stehen hier solche kultureller Art. Forschungen zum Phänomen menschlicher Universalien werden seit längerer Zeit vernachlässigt (Brumann 1999, 11).[1] War im 19. Jahrhundert eine elementare psychische Einheitlichkeit der Menschheit behauptet worden,[2] so wollte die New Archaeology die Entwicklungsgesetze der menschlichen Gesellschaft durch die Untersuchung der Anpassungsformen des Menschen an seine soziale und natürliche Umwelt entdecken. Solche Gesetzmäßigkeiten sind systemisch-funktionell und umweltbedingt. Dabei ging die New Archaeology von Regelmäßigkeiten im menschlichen Verhalten aus. Sie übersah jedoch, dass die Menschen ihre materielle und soziale Umwelt durch eine kulturelle Brille wahrnehmen.[3] Hier eben setzte die berechtigte Kritik der Postprozessualisten

---

[1] Browns Buch über Human Universals (1991) lag mir erst nach Abschluss des Manuskripts vor. Es diskutiert viele Aspekte des Phänomens, berührt meine Kernargumente jedoch nicht.
[2] Durch Adolf Bastian, den weltweit ersten Inhaber eines Lehrstuhles für Völkerkunde (Berlin). Wie es der genealogische Zufall will, war er ein Neffe meines matrilinearen Ururgroßvaters, Hermann Theodor Bastian (1800-1869). Sollte Interesse an Universalien erblich sein?
[3] In einem Aufsatz über epistemologische und soziologische Grundlagen von Universalien vernachlässigt auch Gellner (1981) diese Brille.

an. Seit dem Niedergang der New Archaeology gilt jede Beschäftigung mit Universalien als verpönt. Die Frage nach dem Verhältnis zwischen der Einheitlichkeit des menschlichen Geistes und der Geschichtlichkeit menschlicher Gesellschaft blieb »bisher ohne sichtbare Lösung« (Bernbeck 1997, 285). Ich glaube nun eine Lösung gefunden zu haben. Ihr Kern liegt im Verhältnis zwischen Kultur und Lebenspraxis, in der Bezogenheit menschlichen Erkennens auf die Lebenswelt persönlicher Erfahrungen und Wünsche. In diesem Verhältnis werden wir sowohl anthropologische Konstanten finden als auch den Keim von Wandel und Geschichtlichkeit – und damit vielleicht einen Weg aus der Zwickmühle zwischen prozessualistischem Positivismus und postprozessualistischem Relativismus.

Die Wissenschaft streitet über den Begriff ›Kultur‹ und seinen Nutzen. Traditionell wurde Kultur als eine Art geistiges Inventar gesehen, das von einer Generation zur nächsten weitergegeben wird und das sich von einer Gruppe zur anderen unterscheidet. Kulturelle Inventare wurden als relativ klar begrenzt, kohärent und dauerhaft gesehen. Bis heute geistert dieser Kulturbegriff durch die Wissenschaft. Er ist statisch, er vernachlässigt das handelnde Individuum und seine Absichten und damit die von ihm ausgehende Dynamik.

Inzwischen ist das Pendel zurückgeschlagen, allerdings, wie so oft in der Geistesgeschichte, in das entgegengesetzte Extrem. War der Blick zuvor hauptsächlich auf Strukturen, so ist er jetzt hauptsächlich auf handelnde Individuen und deren wechselnde Interessenlagen gerichtet. Poststrukturalisten schließlich gehen noch einen Schritt weiter. Sie sehen im Individuum kaum noch ein absichtsvoll handelndes Subjekt, sondern vor allem eine Foucaultsche ›Funktion des Diskurses‹. Aus solcher Perspektive ist Kultur völlig fließend und kein erkenntnisbringendes Konzept mehr. Andere Kritiker haben den Begriff als nutzlos über Bord geworfen, weil er von festumrissenen Gemeinschaften ausgehe, während die soziale Wirklichkeit doch durch Flexibilität, Widersprüchlichkeit und handelnde Individuen gekennzeichnet sei. Gegen diese Kritik hat Christoph Brumann (1999) das Kulturkonzept kürzlich vor allem mit dem Argument verteidigt, dass die gelernten Kulturroutinen zwar nicht von allen Mitgliedern einer Kulturgemeinschaft in homogener Weise geteilt würden, wie es ältere Konzepte sahen, dass Kulturroutinen jedoch nicht ganz so willkürlich seien, wie von neueren Arbeiten behauptet. Aus grundsätzlichen Überlegungen bin auch ich weiter von der Nützlichkeit des Kulturkonzepts überzeugt. Zur Begründung möchte ich ganz zurückgehen zu den kognitiven, semiotischen und sozialen Wurzeln des Konzepts, um von dort aus meinen eigenen Begriff zu entwickeln.

Mein Vorhaben ist ehrgeizig. Um den knappen Platz ganz für eine Skizze meiner Ideen nutzen zu können, verzichte ich auf eine längere Erörterung der Geschichte des Kulturbegriffs (s. Hachmann 1987; Veit 1990; Wotzka 1993; Bernbeck 1997; Brumann 1999). Aus dem selben Grund kann ich meine Argumente hier nicht empirisch untermauern. Einige wenige Beispiele müssen genügen. Sie sollen nichts bewiesen, sondern nur illustrieren.

Kategorie und Chaos

Kognition ist nach Konzepten erkennende und verarbeitende Wahrnehmung. Der Mensch ist mit einer Welt konfrontiert, in der es keine eindeutigen Grenzen und Kategorien gibt. Um sich produktiv und sinnhaft mit der sozialen und natürlichen Umwelt auseinandersetzen zu können, muss er die Unendlichkeit der Dinge und Phänomene reduzieren. Er muss sie sortieren und ein vereinfachtes Modell der Welt schaffen. Zu diesem Zweck macht er Unterscheidungen und ordnet Gleiches zu Gleichem: Er gruppiert Wahrnehmungen nach Kategorien. Das Resultat sind Klassen, die oft in Oppositionen angelegt sind: hell/dunkel, groß/klein, Mensch/Tier, Wir/Ihr usw. Wie zeitgebunden solche Klassenbildung ist, zeigt uns der Wandel in der Unterscheidung von ›Landtieren‹ gegen ›Wassertiere‹. Früher war der Wal ein Fisch, ein Walfisch, heute wird seine Zugehörigkeit zur Klasse der Säugetiere betont. Kultur ist die Welt dieser Kategorien und Klassifizierungen.

Im Detail sind Klassifikationen von unendlicher Variabilität. Es gibt jedoch gewisse Grundstrukturen, weil der Klassifikationsprozess Regeln unterliegt, die den allgemeinsten Strukturen menschlichen Denkens und Lebens gehorchen: Alle menschliche Kultur hat Leit- oder Metakategorien. Zunächst unterscheiden wir die harmonische Welt der Kategorien, der Ordnung, von der kakophonischen, chaotischen Welt jener Dinge und Phänomene, die nicht in unsere Kategorien passen. In sehr vielen Kulturen auf dem ganzen Erdball wird das Chaos durch die Schlange oder ein ähnliches Tier wie Krokodil oder Drachen gekennzeichnet. In den meisten traditionellen Klassifikationen passen diese Tiere, ob real oder mythisch, in keine Kategorie. »Creeping Things are anomalous with respect to the major categories, Fowl, Fish, Cattle, Beast«, wie Edmund Leach in einer Studie zum Genesis-Mythos feststellte (1969, 13). Sie stehen deshalb für das, was zwischen den Kategorien liegt, für das Chaos, das Weder-noch und die Grenze.

Das universale Konzept der Unreinheit gehört in diese ›Kategorie der Nichtkategorien‹. Entsprechend kann Abfall, ein häufiger archäologischer Befund, ähnliche Bedeutung tragen wie eine Schlangendarstellung. Abfall, und damit unrein, ist in Mary Douglas' berühmten Worten »matter out of place« (1966, 48), also Materie außerhalb ihres ordentlichen Zusammenhangs. Dies gilt für alle Materie, vom Staubkorn bis zum Menschen. Individuen, die von einem Status in einen anderen überführt werden, zum Beispiel von einem Kind zu einem Erwachsenen oder von einem gewöhnlichen Menschen zu einem König, sind »betwixt and between« (Turner 1967, Kap. IV), sind in der Phase des Übergangs unrein. Dieser Zustand ist hier notwendig, ja gewünscht, weil er Teil des Prozesses einer notwendigen Statusänderung ist. Am Beispiel neolithischer Grabbefunde versuchen Lars Holten (2000) und Alexander Gramsch (1995), solche Denkbilder über Unreinheit in Begräbnisriten zu identifizieren.

Leitkategorien: Kultur und Kontrolle

Das Konzept der Kategorien und vor allem der Leitopposition von Ordnung und Chaos erlaubt uns eine erste Annäherung an den Begriff ›Kultur‹. Als Kategorie hat auch die Kultur ihre Wurzeln in der Unterscheidung von zwei Welten. Kultur nennt man jenen Teil der Welt, den man kontrolliert oder zu kontrollieren glaubt, in dem durch eigenes Tun eine gewisse Ordnung herrscht. Natur dagegen ist jener Teil, der sich außerhalb der eigenen Kontrolle befindet, in dem potentiell Chaos herrscht. Jeder Mensch muss sich mit der Frage der Auswirkungen eigener Handlungen auf die Umwelt und der fremder Handlungen auf sich selbst beschäftigen und für beides Kategorien bilden. Die Bereiche des Lebens, in denen unsere Handlungen die beabsichtigten Wirkungen haben, sind von uns zumindest teilweise kontrolliert, dort haben wir als Akteure einen gewissen Grad von Selbstbestimmung. Nicht zur Kultur gehören dagegen alle fremden Mächte, seien sie materiell, menschlich oder übermenschlich, denen gegenüber unsere Handlungen nicht zwangsweise wirksam sind. Solche Kräfte und Mächte sind Natur. Die übernatürliche Welt der Götter und Geister ist noch weiter jenseits menschlicher Kontrolle als die physische Natur. Dass es dauernde Versuche gibt, Natur und Übernatur durch Gebete und Opfer zu beeinflussen, widerspricht der Kategorisierung nicht, denn Gebet und Opfer sind gerade keine Akte einer zwangsweisen Kontrolle, sondern beruhen auf der Anrufung des guten Willens der Gegenpartei, des Naturgeistes oder des Gottes.

Natur ist ›kulturlos‹. Als subjektiver Begriff kann »Natur« auch Menschen umfassen. Der Fremde kann die Form eines Barbaren oder Monsters annehmen. Solche Gestalten sind weniger wert als man selbst und dennoch gefürchtet, weshalb sie unter bestimmten Bedingungen mit der Bitte um Teilhabe an ihrer Macht und Kraft angerufen werden. Natur ist also alles, was außerhalb der eigenen Wirksamkeit liegt, weshalb mancher Mythos seinen kulturgründenden Heros als Machtmenschen aus der Natur stammen oder aus der – ebenfalls unkontrollierten – Fremde kommen lässt. An diesem Beispiel wird auch bereits deutlich, dass Kultur und Natur als Opposition komplementär sind; jede ist die Gegenkategorie der anderen. Das Sein steht in einem dialektischen Spannungsverhältnis zwischen beiden: Nur als Fremder, als ›Naturmensch‹, hat der Heros die Kraft zur Schaffung der Kultur.

Die Existenz dieser Grundkategorien ist völlig unabhängig davon, ob eine Kulturgemeinschaft über ein abstrahiertes Begriffspaar wie Kultur/Natur verfügt oder ob die Inhalte in konkreter Form gedacht werden, räumlich zum Beispiel als Opposition Dorfland/Wald (vgl. lat. *cultura*: ›Landbau‹). Ian Hodder (1990) hat versucht, die Wirkung des Kategorienpaares Kultur/Natur auf Grabfunde des europäischen Neolithikums anzuwenden und entsprechende Zeichen zu identifizieren.

Der Zugang zum Kulturbegriff und zum komplementären Naturbegriff über das Konzept der Kategorie legt den gemeinsamen Kern der nichtwissenschaftlichen (›alltäglichen‹) und der wissenschaftlichen Begriffe offen. Kultur ist das Wissen und Verhalten, das durch menschliches Handeln weitergegeben wird, durch Nachahmung und Erziehung. Dagegen ist jene Denk- und Verhaltensausstattung ›natürlich‹, die wir ohne menschliches Zutun erhalten, nämlich durch unser genetisches Rüstzeug, das – noch – außerhalb unserer Kontrolle liegt. Nicht die Frage, wie stabil und kohärent oder wie flexibel und widersprüchlich Kultur ist, muss am Anfang jeder Diskussion des Begriffs stehen, sondern die nach der kognitiven Verarbeitung des eigenen Handelns in der Welt und seiner Folgen als ›Kultur‹.

Der Kardinalfehler postmoderner Kulturtheorie (z. B. Derrida 1998) liegt im Vernachlässigen dieses Zusammenhangs der Begriffe von Kultur und Natur mit der Praxis. So werden Dualismen für Konstrukte cartesianisch-neuzeitlichen Denkens gehalten, die der Komplexität und Kontextualität der Wirklichkeit nicht gerecht würden.[4] Zum Beispiel meinen Antidualisten, die mythische und rituelle Verwandlung von Menschen in Tiere oder umgekehrt belege die Nichtexistenz eines Dualismus von Mensch und Tier im vormodernen Denken (Descola/Pálsson 1996b, 10).[5] Hier wird die kulturelle und soziale Funktion solcher Verwandlungen und der mit ihnen einhergehenden Umwertungen übersehen. Der Wandel von einer Kategorie zur anderen, hier von Mensch zu Tier, zeigt einen Wandel im Status an. Die Kategorien existieren weiter, sie werden nur für bestimmte Zwecke in bestimmten Kontexten umgewertet, zum Beispiel innerhalb einer rituellen Verkehrung der Welt und ihrer Gesetze im Rahmen von Neujahrsfesten. Der Wandel dient hier dazu, den Menschen zeitweise in einen Naturzustand zu versetzen, um ihn und die Gemeinschaft im Anschluss gereinigt in einen erneuerten Kulturzustand zurückzuversetzen. Der Dualismus ist also keine Chimäre, er liegt tatsächlich der Denkvorstellung von Status und Statuswandel zugrunde. Und er löst sich im Wandel nicht in Beliebigkeit auf, sondern folgt auch hier seiner inneren Logik. Eine ähnliche Umwertung von Natur und Kultur wie im Mensch/Tier-Beispiel finden wir in einem anderen geistesgeschichtlichen Zusammenhang. Im Europa des 18. Jahrhunderts wurde die alte Ordnung zurückgewiesen unter Losungen wie ›Der Mensch ist von Natur aus gut‹, ›Der edle Wilde‹ und ›Zurück zur Natur‹. Auch hier steht die Natur für die frische, undomestizierte Kraft, deren Schwung und Kreativität die alte, verrottete Kultur hinwegfegt und eine neue, unverbrauchte schafft. Dieselbe Idee einer ›guten Natur‹ begegnet uns im heutigen Ökologiegedanken.

---

[4] Siehe die Beiträge in Descola/Pálsson (1996a). Derselbe holistische Fehlglaube an eine Nichttrennung der Kategorien Kultur und Natur im vorcartesianischen Denken liegt dem vielzitierten Buch von Latour (1993) zugrunde. Entgegen einem verbreiteten Irrtum war Descartes' Kernbehauptung übrigens die Dualität von Materie und Geist, nicht die allgemeine Existenz von Dualismen.

[5] Ein weiteres Beispiel wird von Antidualisten gerne vorgebracht und soll deshalb kurz erwähnt und widerlegt werden. Danach illustriere ein Phänomen wie Transvestitentum die Ungültigkeit der Annahme eines kulturellen Geschlechterdualismus. Tatsächlich aber ist der Zweck der Übernahme des gegengeschlechtlichen Kleidungskanons nicht die Auflösung des Geschlechterdualismus. Im Gegenteil, es wird nicht zu einer geschlechtsneutralen, nichtdualistischen Identität gewechselt, sondern zur *gegengeschlechtlichen* Identität.

Die oberste, ontologische Kategorisierung ist jene von Struktur/Prozess, mit ihren Varianten Kontinuität/Wandel, Reproduktion/Neuschöpfung und Ruhe/Bewegung. Ihr ordnen sich alle anderen unter, so auch unsere Leitoppositionen Ordnung/Chaos und Kultur/Natur. Auch die Dimensionen Raum und Zeit ordnen sich der obersten Kategorie von Struktur/Prozess unter: Der Raum ist Ruhe, die Zeit Bewegung. Alle Zeichen lassen sich direkt oder indirekt auf diese ontologischen Kategorien zurückführen. Eine denkbare Opposition Urin/Milch zum Beispiel stände für unrein/rein, das wiederum auf Chaos/Ordnung zurückzuführen ist. Ähnlich im Falle von Feuer/Wasser: Das erste ist heiß, das zweite kühl. Hitze wiederum ist der Aggregatzustand von Bewegung, Kühle der von Ruhe. Die Leitkategorisierung ist universal, weil sie zentrale Bedingungen menschlichen Seins und Handelns verarbeitet. Ihre Logik folgt den Gesetzen des materiellen und sozialen Überlebens. Sie hat nichts zu tun mit Lévi-Strauss'schen und anderen essentialistischen Vorstellungen von Denkstrukturen (vgl. Geertz 1973, 20).

Bedeutung und Zeichen

Kultur ist ein Gewebe von Bedeutungen. Hodder unterscheidet zwei Arten von Bedeutungsstrukturen, die von Archäologen untersucht werden: systemische und kulturelle, also solche von funktionalen Beziehungen und solche von Ideen und Symbolen (1991, 124, 181). Bei den ersteren geht es zum Beispiel um Technologie oder Siedlungsgröße. Hier geben wir den Objekten Bedeutung durch die Untersuchung ihres Funktionierens. Entsprechend liegt die Grundlage von Analogie und Vergleich zwischen verschiedenen Kulturen hier in der Ähnlichkeit von Strukturen und deren Kausalität. Anders dagegen die kulturellen Bedeutungen. Für uns Menschen sind Dinge nicht einfach Dinge, Häuser nicht einfach Häuser, Farben nicht einfach Farben. So steht das Haus in praktisch allen Kulturen als Metapher für seine Bewohner. Und in seiner konkreten Form und Orientierung dient es oft nicht nur dem Schutz vor Nässe, Kälte und Hitze, sondern ist Ausdruck einer ganzen Kosmologie und Ideologie (Bühnen 1997).

Stefan Bekaert (1998) unterschied systemische und kulturelle Bedeutungen auf eigene, gewinnbringende Weise. Bei Feldforschungen in Zentralafrika stellte er fest, dass die Schmiede ihre Dinge und Tätigkeiten auf ganz verschiedenen Ebenen mit Sinn versehen. In seinem posthumen Artikel identifiziert er sechs solcher Sinnebenen, zwischen denen sich kulturelle Akteure bewegen. Auf den Ebenen von typifizierter Erfahrung (»das haben wir immer so gemacht«), pragmatischem Antrieb (»es ist richtig, weil es funktioniert«) und (meta)physischer Intervention (»es funktioniert, weil wir es nach den Vorschriften der Ahnen machen«) bedeuten die Kulturelemente das, was sie sind oder tun. Populärexegesen bleiben oft auf diesen Ebenen. Darüber hinaus aber sind Kulturelemente auch durch einen Bezug zu anderen Kulturelementen geformt, durch ›zugrunde liegende Bilder‹ und eine ›metonymische

Ausarbeitung‹. Bekaert identifiziert drei solcher Ebenen. Auf der von *experiential gestalt* (Lakoff/Johnson 1980) liegt einer Mehrzahl von Elementen ein gemeinsames konkretes Motiv zugrunde. In Zentralafrika und nicht nur da sind dies Bilder der menschlichen Reproduktion (Befruchtung, Schwangerschaft, Geburt), Hitze, Stärke und andere Konzepte, die letztlich alle auf eine vage Metapher vom Leben als einem Fluss hinauslaufen. Daneben gibt es die Ebene expliziter Metaphern, in denen zwei oder mehr Kulturelemente und ihre Bedeutungen unabhängige und direkte Verbindungen eingehen. Und schließlich nennt Bekaert die Ebene kodifizierter Oppositionen, auf der die Kulturelemente ihre Bedeutungen durch den Kontrast mit anderen Elementen gewinnen.

Bekaert (1998, 25) hält die ersten drei Ebenen für zugänglich über phänomenologische Ansätze, die letzteren drei über strukturalistische. Auf den letzten drei Ebenen kommt es zur Reflektion. Hier sprechen Dinge, Phänomene und Handlungen nicht mehr für und aus sich selbst. Hier ist ein Blasebalg nicht mehr nur ein Blasebalg, Schmieden nicht nur Schmieden. Hier erst trennen sich Signifikat und Signifikant (ebd. 19), also Bedeutung und Zeichen.

Die Wissenschaft von den Zeichen ist die Semiotik (wichtige Beiträge in Mersch 1998). Grundsätzlich beschäftigt sie sich mit dem Verhältnis zwischen Zeichen oder Signifikant, zum Beispiel ›Rot‹, und Bedeutung oder Signifikat, zum Beispiel ›Stop!‹. Um eine konkrete Verbindung zwischen Zeichen und Bedeutung herzustellen, hier zwischen Rot und ›Stop!‹, muss ein drittes, vermittelndes Element hinzukommen. Dies Element sind die von mehreren Menschen geteilten Vorstellungen, die mit dem Zeichen verbunden sind, hier: dass Rot ›Stop!‹ bedeutet. Wer diese Vorstellung nicht teilt, fährt bei Rot über die Ampel – mit möglicherweise fatalen Folgen.

Die Bedeutungen, die den Zeichen zugeordnet werden, verbinden mehrere Zeichen miteinander. Dies geschieht durch Bekaerts »explizite Metaphern« oder »kodifizierte Oppositionen«. Im ersteren Fall bestünde eine Bedeutungsbeziehung zwischen Rot und Liebe durch ein beiden zugrunde liegendes Bild ›Herz‹, das gleichzeitig als Sitz der Liebe gedacht wird und Organ zur Zirkulation des *roten* Bluts ist. Im Fall kodifizierter Oppositionen wird zum Beispiel das Phänomen Hitze einerseits unterschieden von Kälte und kann andererseits gleichgesetzt werden mit Feuer oder Sonne. Als Kategorie macht Hitze also nur Sinn im Zusammenhang mit einem ganzen Kanon von Kategorien. Bedeutung erwächst hier aus dem Verhältnis zu anderen Kategorien, durch Kontext. Alle Kategorien sind verbunden, vernetzt. Aus dieser Vernetzung bildet sich so etwas wie ein Flickenteppich miteinander verwobener Bedeutungen.

Die Vernetzung verläuft über mehrere Bedeutungsbeziehungen. So wird in Westafrika dem Zeichen ›Stein‹ unter anderem die Bedeutung ›männlich‹ zugewiesen. Auf den ersten Blick gibt es dafür keinen Grund. Erst über die Eigenschaft ›hart‹, als Bedeutung sowohl dem Stein als auch dem männlichen Prinzip zugeordnet, ergibt sich das Bild vom männlichen Stein. Und weil auch der Himmel als männlich gesehen wird, kommt es schließlich zum Bild eines steinernen Himmelsgewölbes. Die

Bedeutungsverbindung hart-männlich und ein entsprechend gedachter Himmel finden sich in vielen Kulturen. Der Verbindung hart-männlich-Himmel liegen zwei gedankliche Assoziationen zugrunde. Erstens widersteht Hartes nach lebenspraktischer Erfahrung stärker fremder Einwirkung und ist insofern mächtiger als das formbare Weiche. Und die Leitkategorie ›Macht, Handlung (*agency*)‹ ist in allen mir bekannten Gesellschaften primär ›männlich‹.[6] Zweitens ist in allen mir bekannten dualistischen Religionen der Himmel das kosmologische Prinzip von Handlung, weshalb er, im Unterschied zur komplementären Erde, meist männlich gedacht wird. Die Zuordnung von Stein und Himmel ist weit verbreitet. In vielen Mythen werden Blitz und Donner als ›heißer‹ Machtaspekt des kosmologischen Himmels gedeutet. Entsprechend werden in Westafrika im Boden gefundene neolithische (Stein-)Äxte als Blitz-, Donner- oder Himmelssteine bezeichnet und in Europa (Bernbeck 1997, 85) bis ins frühe 17. Jahrhundert als Donnerkeile.

Diese Zuordnung von Zeichen zu Leitkategorien bietet vielleicht auch einen geistesgeschichtlichen Zugang zum archäologischen Phänomen der »Renaissance steinerner Äxte in der Jungbronzezeit« (Brandt 1996). Danach könnte diese Renaissance nicht nur auf eine Verknappung von Bronze zurückzuführen sein, sondern auch auf die deutlich gewachsene Bedeutung der Leitkategorie ›*agency*, Wandel‹ im Weltbild der jüngeren Bronzezeit Europas (und Südasiens). Für einen solchen Bedeutungszuwachs spricht eine Kette symbolischer Analogien. In fast allen Kulturen ist der Himmel der kosmologische Vertreter der *agency*-Kategorie. Dieser wiederum wird in Alteuropa und Altindien durch Sonne (Sonnenbarke, Rad, Swastika) und Schwan/Gans/Ente symbolisiert. Hitze und Feuer gehören ebenfalls der *agency*-Kategorie an, rituell begegnen sie uns in Brandopfer und Leichenverbrennung. Das urnenfelder- und jungbronzezeitliche Aufblühen dieses (älteren) symbolisch-rituellen Komplexes, und des wohl dahinter stehenden heroischen Weltbildes (zur männlichen Körpersymbolik dieses Weltbildes s. Treherne 1995), könnte dann auch zur verstärkten symbolischen Nutzung des Werkstoffs Stein geführt haben, der als Bedeutungsträger derselben Leitkategorie ›*agency*, Wandel‹ zugehört.

Kategorien nehmen in unterschiedlichen Zusammenhängen wechselnde Bedeutungen an, wie Victor Turner am Beispiel eines Heilungsrituals der Ndembu im südlichen Afrika demonstriert (1969, Kap. 1). Über Turner hinausgehend behaupte ich, dass die kontextuellen Zuordnungen von Zeichen alles andere als willkürlich sind. Sie folgen den Gesetzen einer im Hintergrund stehenden Struktur der Leitkategorien. Ein sozialanthropologisches Beispiel: Wenn in der geregelten Welt der Tradition die Ahnen und Alten über die Jugend gebieten, so dreht sich dieses Verhältnis

---

6 Eine Statusumkehrung mit einer Zuweisung der Kategorie ›Macht‹ an Frauen in bestimmten Positionen und Zusammenhängen widerspricht dem nicht. Die Anerkenntnis weiblicher Macht und ihre positiven Bewertung ist jedoch sekundär (contra MacCormack 1980) und hebt die hierarchische Grundbeziehung zwischen den Geschlechtern nicht auf. Die kontextuelle Umkehrung erwähne ich kurz an anderer Stelle am Beispiel der Mensch-Tier-Verwandlung.

unter Bedingungen rapiden gesellschaftlichen Wandels um. Nun übernimmt die Jugend die effektive Macht und überlässt den Alten nur die Rolle einflussloser Honoratioren. Solche sozialen Gesetzmäßigkeiten spiegeln sich zum Beispiel in der westafrikanischen Farbsymbolik wider. Ist die Autorität der Ahnen mit der Farbe Weiß für ›Ordnung‹ verbunden, so ist die Macht der Jugend Rot für ›Wandel, Handlung‹. In beiden Fällen wirken die ontologische Leitopposition ›Kontinuität/Wandel‹ bzw. die soziale Leitopposition ›Autorität/Macht‹ strukturierend auf die Anordnung der Zeichen, hier der Farben. Aus der Sicht der Tradition ist Weiß die ›gute‹ Farbe, aus der Sicht des Wandels ist es Rot.

Enkulturation

Der Kern jedes kulturellen Erbes besteht aus Zeichen und Bedeutungen. Zu diesen zählen auch kulturgebundene Gefühls- und Verhaltensroutinen, zum Beispiel die Lebhaftigkeit der Gestik, die dem jungen Italiener nicht in die Wiege gelegt ist, sondern die er durch Nachahmung lernt. Enkulturation ist der Prozess der Imprägnierung des Individuums mit einer bestimmten Kultur. Er strukturiert Denken und Wahrnehmung durch eine Konfrontation mit einem Gefüge bestimmter Zeichen und Bedeutungen, in einem Prozess, den Bourdieu (1972) »Habitus« nennt. Dies geschieht in der Einübung von überkommenen Routinen im Rahmen des praktischen Alltags, unter anderem durch das Einleben in einen kulturell strukturierten und ausgestatteten Raum (Bourdieu illustriert es am Fall des kabylischen Hauses). Die – zum Großteil unbewusst verlaufende – Enkulturation bewirkt die besondere Form etwa unserer Gestik oder Aussprache. Habitus schafft vor allem ein ganz praktisches Orientierungs- und Handlungswissen, mit dem das Individuum unvorhergesehene Situation einschätzen und meistern kann. Es besteht ein dialektisches Verhältnis zwischen dem vorgegebenen Bild von der Welt einerseits und der regelmäßigen Kontrolle dieses Bildes gegen die erfahrene Wirklichkeit andererseits. Stefan Burmeister (1999) beleuchtet dieses Verhältnis von kulturellem Bewahren und Verändern am Beispiel von Migranten, von Menschen in kulturellem Neuland.

Vom Kind wird Kultur zunächst unhinterfragt übernommen, als Konvention. Der Großteil dieses kulturellen Pakets bleibt auch für den Rest des Lebens Konvention. Jedoch beginnt der Mensch von einem recht frühen Alter an, diese Konventionen bei Bedarf an der eigenen Erfahrung zu messen und gegebenenfalls eine Konvention fallen zu lassen. Erfahrung ist nichts anderes als das Ergebnis eines wiederholten Messens des Weltbildes an seinem Erfolg in der materiellen und sozialen Lebenspraxis. Kultur ist eben nicht, wie früher angenommen, ein ererbter Rucksack voller Elemente, die man sein Leben lang mit sich herumschleppt. Kultur ist variabel und flexibel, bruchstückhaft, widersprüchlich, umstritten. Die dauernd sich verschiebenden und den Augenblicksbedürfnissen angepassten Bruchstücke werden immer neu kombiniert und bewertet. Das Individuum jongliert mit Kultur. Nur deshalb ist es möglich, dass es die jeweiligen Subkulturen der verschiedenen gesellschaftlichen Gruppen beherrscht, in denen es sich bewegt, solche des Geschlechts, der Altersgruppe, des gesellschaftlichen Status, des Berufs, usw.

Die Fähigheit zum Jonglieren ist Voraussetzung des Kulturwandels. Neue Kulturen entstehen durch neue Kombinationen alter Kulturelemente, durch ihre Umwertung und durch die Aufnahme neuer Elemente. Ihre Grenzen haben kulturelle Flexibilität und Kulturwandel in der beschränkten Fähigkeit des erwachsenen Individuums zur Aufnahme neuer Kulturelemente. Die Lebensphase der mühelosen Enkulturation ist recht kurz. Die Fähigkeit, durch Nachahmung zu lernen, nimmt mit fortschreitendem Alter ab. So verliert der Mensch bereits im Laufe seiner Jugend die Fähigkeit, die akzentfreie Aussprache einer neuen Sprache zu erlernen. ›Kultur‹ nennen wir dieses semiotische Geflecht, in das der Mensch geboren wird, an dem er kontinuierlich weiterwebt – und in dem er gefangen ist. Sie ist das von Menschen hervorgebrachte und dann überlieferte Wissen zum Begreifen der Welt und zum Handeln in ihr, also zu einem – mehr oder weniger – autonomen Leben.

Werte

Es war Max Weber (1968, 217), der Kultur als einen »Wertbegriff« erkannte: »Die empirische Wirklichkeit ist für uns ›Kultur‹, weil und sofern wir sie mit Wertideen in Beziehung setzen«. Dies tun wir in der Lebenspraxis, denn Zeichen an sich sind nicht wertbesetzt. Bewertung folgt Interessen, existenziellen und sozialen. Je mehr man etwas braucht oder möchte und je weniger verfügbar es ist, desto höher ist der Wert. Dies gilt für Wasser in der Wüste wie für hohen Sozialstatus. Nach umgekehrter Logik geht es bei der negativen Bewertung zu. Je mehr etwas die eigene Partei schädigt oder zu schädigen droht, desto höher ist sein negativer Wert. Dies gilt für Unkraut auf dem Acker wie für den missgünstigen Nachbarn. Wert ist also interessengebunden, eine Frage der Perspektive des jeweiligen Individuums oder der jeweiligen Gruppe.

Die dauerhaften Werte einer Gruppe sind ihre Norm, an der die Mitglieder und ihr Verhalten gemessen werden. Damit ist die Subjektivität von Partikularinteressen von Individuen oder Teilgruppen nicht aufgehoben. Sie existiert weiter und äußert sich kulturell. Wenn die Norm einer jeden Gruppe in aller Regel das Bewahren des Bestehenden, die Kontinuität, ist, so kommt es dennoch – schleichend oder umwälzend – zu Änderungen, weil Individuen und Teile der Gruppe Strukturänderungen der Gruppenverfassung zu ihren Gunsten anstreben. In diesem Zusammenhang werden solche Individuen oder Gruppen Kontinuität negativ und Wandel positiv bewerten. Gelingt es ihnen, sich durchzusetzen, dann wird die gesamte Gruppe in diesem Fall die Kontinuität geringer bewerten als den Wandel. Wenngleich es also dominante Werte gibt, so bleiben doch latent immer beide Seiten einer Wertopposition im Spiel. Ursache ist die latente Allgegenwart widersprüchlicher Interessen.

Viele Werte gelten universal. Es liegt in der Natur der Sache, dass die oben besprochene Welt der eigenen Wirksamkeit, die Welt der Kultur, in erster Linie positiv gesehen werden muss. Räumlich gesehen ist diese Welt das Heim, der Bereich des eigenen Lebens und der Familie. Für die größere Gemeinschaft des Dorfes ist sie eben dieses Dorf. Es ist also kein Wunder, dass überall auf der Welt Heim und Dorf als kontrollierter Raum auch prototypischer *Kultur*raum sind. Er muss dominant positiv bewertet sein. Umgekehrt ist universal das Komplement, die Natur, dominant negativ bewertet und nur unter bestimmten Umständen, sozusagen sekundär, positiv (ich habe oben Beispiele genannt). Wie sich eine langfristige Änderung der Naturbewertung archäologisch niederschlagen kann, zeigt Nico Roymans (1995).

Die Bewertung von Schlange und Abfall entspricht der von Natur, denn alle drei Kategorien repräsentieren letztlich Chaos. Mythologisch werden Schlangen oft mit zwei ›formlosen‹ Elementen verbunden, die ebenfalls für Chaos stehen, Feuer und Wasser. Wie die Natur sind all diese Zeichen je nach Kontext entweder gefährlich oder kreativ und Erfolg versprechend. Der Grund: Alle Schöpfung ist zunächst nur Potentialität in einem vorschöpferischen Chaos. Insofern kann Chaos auch positiv bewertet werden, und mit ihr Schlange, Abfall, Feuer und Wasser. Andréns Interpretation (in diesem Band) der Schlangendarstellung auf schwedischen Runensteinen, die an territorialen Grenzen aufgestellt waren, entspricht der mehrdeutigen und mehrwertigen Symbolik des Chaos. Die Schlange markiert einerseits den Raum zwischen zwei Territorien, die Grenze, das Weder-hier-noch-da (siehe oben). Als Zeichen für Potentialität verkörpert die Schlange aber auch den Ahnen, in dem die kommenden Generationen als schöpferisches Potential bereits angelegt sind.

Ähnlich ambivalent ist die Bewertung von Abfall. Normalerweise wird diese materielle Unordnung im geordneten, kulturellen Raum des Heimes oder Dorfes mit Abscheu betrachtet. Als solche kann er zur Grenzmarkierung genutzt werden. Und auf der anderen Seite werden Abfallhaufen in einigen Gesellschaften Westafrikas bei bestimmten Gelegenheiten als Quelle von Energie angesehen und in der Aussprache von Flüchen genutzt. Dies schlägt sich lexikalisch nieder: Das Mandinga- und Bamana-Wort *nyama* bedeutet sowohl ›Abfall‹ also auch ›Lebenskraft‹.

Die Leitkategorien Wandel und Kontinuität werden kontextuell bewertet, und mit ihnen die jeweiligen Zeichen, mit denen eine Kultur sie in bestimmten Zusammenhängen kennzeichnet. Dieser Kontext wird durch wechselnde Bewertungen gegeben. In meinem Kulturbegriff ist der Wert ein Schlüsselkonzept. Erst durch ihn wird die Kontextualität der Kategorien und Zeichen erklärbar. Erst durch ihn wird das interessengeleitete und handelnde Individuum wieder in das Kulturkonzept eingeführt, sozusagen durch die Vordertür. Der Strukturalismus, wie er bis weit in die 1980er Jahre betrieben wurde, war ausgerichtet auf eine innere strukturelle Logik von passiven Individuen (Hodder 1991, 49), deren lebensweltliche Praxis von nachgeordneter Bedeutung war.

Derselbe Vorwurf lässt sich dem Poststrukturalismus machen, der in manchen Zusammenhängen (in der Archäologie z. B. Tilley 1991) den Menschen als ein interessengeleitetes, wertendes Wesen mit Absichten, als ein subjektives Wesen verleugnet. Ebenso verleugnet er die Fähigkeit zur Intersubjektivität. Damit aber wird letztlich Kultur überhaupt verworfen, denn Kultur ist ein Produkt der Intersubjektivität. Michael Tomasello (1999) zeigt, wie erst die Fähigkeit zum Hineinversetzen in fremde Subjektivität den Menschen vom Tier unterscheidet. Solches Hineinversetzen ist sozusagen die erste Kulturtat, macht den Menschen zu einem hermeneutischen Wesen, zu einem Kulturwesen. Von dieser Erkenntnis ist es für mich nur noch ein kleiner Schritt zum Kern des Kulturproblems, dem Verhältnis von Subjektivität und Intersubjektivität. Intersubjektivität ist die Fähigkeit, sich zeitweise über die eigene Subjektivität zu erheben, andere Subjektivitäten zu erkennen und anzuerkennen und schließlich gemeinsame Werte zu formulieren. Die gemeinsame Annahme überindividueller Interessen schafft eine gemeinsame Perspektive beim Blick auf Dinge und Phänomene, die durch gemeinsame Kategorien zu geteilten Zeichen mit bestimmten Bedeutungen und Werten werden, kurz: zu Kultur. Erst in der Intersubjektivität, in der zeitweisen Unterdrückung individueller Interessen und Werte und der Einigung auf gemeinsame Absichten und Werte, kann Kultur als ein gemeinsames Netz von Bedeutungen entstehen. Und umgekehrt sind diese gemeinsamen Bedeutungsnetze Kennzeichen und Bezugspunkt für Gemeinschaftlichkeit. Vor ihrem Hintergrund führt die Gruppe ihren Normendiskurs.

Zeichen von Identität und Status

Die menschliche Evolution vollzieht sich in einem dialektischen Verhältnis zwischen Kognition und Kultur. Einmal von einem Individuum und einer Gruppe erworbenes Wissen wird normalerweise weitergegeben. Die kulturelle Evolution funktioniert nach dem Prinzip der Ratsche (Tomasello 1999), sie ist langfristig nicht umkehrbar und damit kumulativ. Dies erklärt den empirischen Befund einer zunehmenden Komplexität menschlicher Gesellschaften und menschlichen Wissens im globalen Maßstab – trotz aller zeitweisen und regionalen Stagnationen und Rückschritte. Im Zuge der kulturellen Kumulation kommt es jedoch auch zur Auseinanderentwicklung. Bedeutungen werden mit anderen Zeichen belegt und Zeichen verschieben sich in der Bedeutung (wie im Fall von Grabmonumenten: Roymans 1995; Holtorf 1998). Zeichen komprimieren nicht selten komplexe Inhalte zu hoher Abstraktion, deren Wiederaufschlüsselung nicht genau der ursprünglichen Botschaft entsprechen muss. Diese Dynamik der allmählichen Verschiebungen ist kontingent und verläuft besonders schnell auf dem Gebiet der *symbols*, jener (vor allem sprachlichen) Zeichen, deren Formen nicht an lebenspraktische Erfahrungen gebunden sind (siehe unten).

Zeichen werden also mit Werten belegt und Zeichen sind veränderlich. Es sind die *Interessen* eines bestimmten Individuums bzw. einer bestimmten Gruppe, die den Ausschlag für eine gute oder schlechte Bewertung eines Menschen, einer Sache oder eines Phänomens geben. Zeichen eigenen sich also zur bewussten sozialen Benutzung, zur Markierung von Identitäten. Ich konzentriere mich im Folgenden auf Gruppenidentitäten.

Die Zugehörigkeit oder Nichtzugehörigkeit zu einer Gruppe ist ein Wert: Wer zu »Uns« gehört ist gut im Vergleich zu »Denen da«. Und so werden bestimmten Attributen bestimmte Werte zugeordnet und als Signal der Zugehörigkeit zur Schau gestellt. Dabei gehört jeder Mensch zu einer Vielzahl formeller und informeller Gruppen. Man kann gleichzeitig Punk sein und Fan eines Fußballclubs und sich mit den Zeichen beider Gruppen schmücken. Mit jedem situativen Wechsel der Gruppenzugehörigkeit wechseln die Zeichen, werden sie unterschiedlich betont oder arrangiert. Es besteht eine gewisse Flexibilität. Aber diese Flexibilität ist begrenzt. So wird der Punk kaum mit Blazer und Kavalierstuch zum Poloturnier gehen. Und selbst wenn er es wollte: Er ist nicht entsprechend enkulturiert, wird sich dort deshalb nicht stilgemäß verhalten können und daher als nicht-dazugehörig auffallen.

Zeichen werden also von Individuen und Gruppen für ihre Identitätsinteressen genutzt. Dazu eignen sich Zeichen, weil sie mehrere Bedeutungen tragen können, also polysemisch sind. Wenn eine Gruppe sich von der Muttergruppe ablösen will, so wird sie neue Zeichen für alte Bedeutungen suchen oder die alten Zeichen mit verschobenen Bedeutungen versehen. Ein aktuelles Beispiel ist das jugendsprachliche ›fett‹, das aus einer negativen Bewertung im Bereich der Körperlichkeit auch zu einem Wort für ›cool, gut‹ geworden ist. Weitgehende kulturelle Flexibilität ist nur bei jungen Menschen gegeben. Während jedoch Kinder noch bemüht sind, durch Imitation die Konventionen der Erwachsenen zu lernen, haben sie einige Jahre später als Jugendliche das entwicklungspsychologische Bedürfnis, sich von der Elterngeneration abzugrenzen. Sie tun dies durch eigene Zeichen, durch eine eigene *Subkultur*. Beides zusammen, die Fähigkeit zur Schaffung einer neuen Kultur und das psychologische Bedürfnis dazu, führt zu der Erscheinung, dass kultureller Wandel in einer Gesellschaft oft das Resultat einer sich durchsetzenden eigenen Jugendkultur ist, bis diese selbst wiederum durch die der nächsten Generation abgelöst wird.

Jedoch ist Kultur im allgemeinen träge, ihre Flexibilität begrenzt. Erstens neigt der Erwachsene zur kulturellen Beharrung. Eine zweite Ursache liegt in der identitätskennzeichnenden Funktion von Kultur. In dem Maße wie sich gesellschaftliche Strukturen durch die Reproduktion von zunächst einmaligen Beziehungen zwischen Personen oder Gruppen entwickeln, werden diese Strukturen mit Bedeutung und Wert versehen, und zwar über Zeichen. Die Tendenz zur Traditionsbildung im kulturellen Ausdruck entspringt also dem Bemühen von Gruppen, eine gewordene Beziehung von Rechten und Pflichten zwischen ihren Mitgliedern und gegenüber anderen Gruppen über eine Festigung ihres Zeichengefüges abzusichern. Ein Prozess der kulturellen Stereotypisierung, von außerhalb wie innerhalb einer Gruppe, arrangiert ständig die spontan auseinanderfließenden Bedeutungen und Bewertungen zurück zu einem wiedererkennbaren Bündel von Merkmalen und konzentriert sie in einigen wenigen Kurzmerkmalen. Die Bildung von Stereotypen ist die Verdichtung eines bereits durch Klassifizierung gebildeten Modells einer vereinfachten Welt. Auch diese Kurzmerkmale werden kontextuell bewertet. ›Der Deutsche‹ kann positiv als organisiert oder negativ als Zwangscharakter gesehen werden, ›der Italiener‹ positiv als Lebenskünstler oder negativ als planlos.

Weil es sich um einen *sozialen* Mechanismus handelt, korreliert der Grad der Stereotypisierung, also der Eigen/Fremd-Kurzmarkierung, mit der gegebenen sozialen Konstellation: Je größer die Notwendigkeit der Abgrenzung, desto höher der Grad der Stereotypisierung und desto schärfer die Begrenzung zum Anderen.

Ich habe oben geschrieben, dass die Kultur/Natur-Opposition die kontrollierte, geordnete Welt der Kultur von der unkontrollierten, ungeordneten Welt der ›wilden‹ Natur unterscheidet. Was für »Mich« oder »Uns« kontrolliert und daher Kultur ist, ist für die Anderen möglicherweise unkontrolliert und daher Natur. Wo »Wir« in einer Situation unkontrollierte Mächte fürchten, sind sie potentiell schädlich. Wo »Wir« dagegen in einer anderen Situation unkontrollierte Mächte um Hilfe anrufen, sind sie willkommen. Hier liegt die direkte Verschränkung des Naturbegriffs mit dem der sozialen Macht. Auch der Begriff der ideologischen ›Naturalisierung‹ von Hierarchie hat hier seine etymologische Wurzel: Eine gegebene Macht wird als natürlich dargestellt und empfunden, und damit als unabänderlich, als außerhalb jeder eigenen Einflussnahme.

Die Begriffe Macht und Kultur sind nicht voneinander zu trennen. Alle menschlichen Beziehungen sind solche von Handeln (einschließlich z. B. Sprechen) gegenüber Anderen, und damit von Einflussnehmen auf deren Seinsbedingungen. Es gibt fast immer eine Gegenseitigkeit des Handelns, selbst zwischen König und Bettler. Die Bilanz der effektiven Handlungen zweier Parteien bestimmt das aktuelle Machtverhältnis zwischen beiden, den Grad der Beeinflussung der Handlungen einer Partei auf das Sein der anderen. So nimmt der Bettler durch einen Appell an die Güte des Königs Einfluss auf dessen Verhalten ihm gegenüber. Dieser Einfluss ist allerdings verschwindend gering im Vergleich zum Einfluss des Königs auf den Bettler. Per Saldo beschränkt der König die Autonomie des Bettlers, die Wirkung von dessen Handlungen, deutlich stärker als Handlungen des Bettlers die Autonomie des Königs einschränken. Mit anderen Worten: Der König übt Macht über den Bettler aus.

Immer finden wir mindestens zwei kulturelle Bewertungsebenen. Einerseits muss jede Gruppe sich und ihre Kultur mit hohem Eigenwert ausstatten, sie positiv sehen. Zur Gruppenkultur, durch die eine Partei sich von anderen abhebt, gehören nicht nur Wissen und Verhalten, sondern auch der normierte Lebensstil mit seinen geschmacklichen Werten. Soziale Identität und ihre Zeichen sind aber auch in die Interaktion zwischen *mehreren* Gruppen eingebunden. Wenn eine soziale Partei dauerhafte Macht über eine andere hat, sprechen wir von einer hierarchischen

Beziehung. Entsprechend ist ihre Kennzeichnung in das Spiel des sozialen Diskurses eingebunden. Neben der Ebene der einzelnen Partei gibt es eine zweite, höhere Ebene. Hier kommunizieren die verschiedenen Parteien innerhalb eines größeren Verbandes, bis hin zur Gesamtgesellschaft, über die gemeinsamen, höheren Werte. Auf dieser Ebene setzt sich die Machtpartei in der Wertsetzung durch. Während also sowohl König als auch Bettler sich selbst und ihren Lebensstil positiv sehen müssen, so erkennt auf der gesamtgesellschaftlichen Ebene der Bettler die königliche Kultur als höherwertig an.

Was innerhalb einer Gesellschaft gilt, muss auch für das Verhältnis zwischen verschiedenen Gesellschaften gelten. Wo sich ganze Populationen durch gemeinsame Bewertungen als Gruppen identifizieren, werden sie auch zu gemeinsamen kulturellen Merkmalen finden, zu einem Satz positiv bewerteter Zeichen. Solche Kulturen bezeichnen wir als regional oder als ethnisch. Sie spiegeln die besonderen Werte wider, die sich zum Beispiel auf der Basis besonderer Wirtschafts- und Lebensweisen bilden und Gruppen voneinander unterscheiden. Dazu zählen die Gegensätze von eher nomadischen Lebensformen mit beweglicher Habe versus einer sesshaften Lebensform mit dem Fokus auf Land oder von verschiedenen Agrarsystemen mit abweichenden Sozial- und Wertestrukturen wie im berühmten ethnografischen Fall der Kachin und Shan in Birma (Leach 1954) ebenso wie wertemäßig *besonders* abgesonderte Statusgruppen ethnischer oder quasi-ethnischer Art, zum Beispiel Händler (Julas in Westafrika, Juden in Okzident und Orient). Auch geografisch vorgegebene Kommunikationssphären (z. B. isolierte Inselwelten) oder politisch-soziale Gegensätze können den Hintergrund für kulturelle Sonderentwicklungen ganzer Populationen bilden. Wie alle sozialen Grenzen sind auch die zwischen regionaler und ethnischer Kultur kontextabhängig: So kann eine sprachliche Sonderentwicklung entweder als Dialekt oder als eigene Sprache gesehen werden und die entsprechende Identität als ›noch-zu-uns-gehörend‹ oder schon als ›anders‹.

Die ethnische Selbstzuordnung durch Individuen kann je nach aktueller Interessenlage schwanken. Eine Selbstzuordnung wird allerdings von Gruppen nicht akzeptiert, deren Kultur vom entsprechenden Individuum kaum beherrscht wird (wie im nicht-ethnischen Fall des Punkers beim Poloturnier).

Die Identifizierung einer ethnischen Kultur unterliegt ähnlichen Möglichkeiten und Grenzen wie die jeder anderen Art von Kultur. Sozialer Status *und* ethnische Identität werden kontextuell bewertet, kulturell konstruiert und mit (auch materiellen) Kennzeichen markiert.

Neben den mindestens zwei Ebenen der Bewertung, der Gruppe beziehungsweise des Verbandes mehrerer Gruppen (bis hin zur Gesamtgesellschaft und letztlich zur Menschheit), gibt es Bewertungen von Personen oder Gruppen in der besonderen Situation eines Statuswandels, zum Beispiel im Lebensverlauf (Geburt bis Tod). Auch hier gelten universale Regeln, deren Entdeckung wir Arnold van Gennep (1960) verdanken. Die so genannte liminale (Schwellen-) Phase während solcher Statusveränderungen ist jene des Übergangs, des Weder-noch. Sie ist von eigener Machtlosigkeit gekennzeichnet, von einem absoluten Mangel an Handlungsfähigkeit. Entsprechend wird sie oft mit Zeichen aus einem ähnlich erscheinenden Zusammenhang belegt, nämlich dem des Todes. Er ist die Abwesenheit von Leben und Handlungsenergie und seine Attribute bieten ein passendes Reservoir an Zeichen. So kennzeichnet nicht selten die Farbe Schwarz, in vielen Kulturen Symbol für den Tod, auch Initianden während der liminalen Phase. Im Prinzip kann jeder rituelle oder gesellschaftliche Status, der durch Machtlosigkeit gekennzeichnet ist, mit entsprechenden Zeichen belegt werden (Turner 1969, Kap. 3).

Zwei Arten von Zeichen

Wir haben gesehen, dass und warum Wertgesetze in der Praxis des materiellen und sozialen Lebens gelten. Die Werte haben einen Ort, die Zeichen. Beide, die Zeichen und die ihnen zugeordneten Werte, werden durch Nachahmung und durch Erziehung übertragen.

Viele Zeichen sind über Kulturgrenzen hinweg verständlich. Dafür sehe ich strukturelle und formale Gründe. Der strukturelle Grund liegt im Bereich der zum Teil regelhaften Erfahrung und in ihrem dialektischen Verhältnis zur Kultur. Ein riesiges Reservoir an vernetzten Zeichen, an Kultur, wird von der Menschheit geteilt. Es entsteht täglich neu, in der Auseinandersetzung körperlich, geistig und seelisch ähnlich veranlagter Menschen mit einer in den elementaren Grundzügen ähnlichen Umwelt und in der konzeptionalisierenden Verarbeitung dieser Erfahrungen in Form ähnlicher Zeichen aus eben dieser Welt. Wenn alle Menschen ähnliche Erfahrungen mit bestimmten Dingen (zum Beispiel mit ihrem Körper) und Phänomenen (zum Beispiel mit Hitze) machen, dann werden sie dazu neigen, diese Dinge und Phänomene als Zeichen ähnlicher Bedeutung zu verwenden.

Zeichen und Zeichengefüge entstehen und existieren in der Praxis des materiellen und sozialen Lebens. Um dort eine Funktion ausfüllen zu können, müssen sie einen gewissen Grad an Kohärenz aufweisen (Geertz 1973, 17 f.). Erfahrungen sind nicht beliebig. Sie sind den Regeln des Lebens unterworfen. Daher wirken sie entsprechend strukturierend auf semiotische Muster, auf Kultur. Weil Zeichen in Beziehung zur konkreten Lebenspraxis stehen, sind die Beziehungen zwischen den Zeichen weder rundweg willkürlich, wie Leach meint (1976, 63), noch von trivialer Allgemeinheit, wie Hodder meint (1991, 6).

Ein Großteil der Bedingungen des Lebens ist elementar und entsprechend universal. Zu ihnen gehören Selbstverständlichkeiten wie der eigene Körper. Er ist bei allen Menschen weitgehend identisch. Und entspechend teilen alle Menschen gewisse grundlegende körperliche Erfahrungen. Einige davon sind tief in die Symbolwelt eingegraben: Unsere körperliche Seitensymmetrie bei motorischer Überlegenheit der rechten Hand produziert eine universale Symbolik von Rechts und Links, der Alterungsprozess eine zeitliche Symbolik, das biologische Geschlecht eine Symbolik der Reproduktion. Weitere universale, deshalb aber nicht triviale, Erfahrungen sind die des dreidimensionalen Raums mit seinem Dualismus von offen/begrenzt, von oben/unten. Diese und viele andere allgemeine Grundlagen menschlicher Existenz bewirken nicht nur gemeinsame genetische Verhaltensausstattungen, sondern bringen auch ähnliche Kulturelemente hervor. Wenn die meisten von uns automatisch die rechte Hand zum Greifen eines Werkzeugs benutzen, so ist dies genetisch programmiert. Wenn wir der rechten Hand aufgrund ihrer motorischen Überlegenheit aber bestimmte Werte zumessen, so geschieht dies zwar auf der Grundlage motorischer Erfahrung, aber erst durch ihre Einbindung in ein weites semantisches Feld verwobener Zeichen bekommt diese Erfahrung eine bestimmte Bedeutung und einen bestimmten Wert. Dass die motorische Überlegenheit der rechten gegenüber der linken Hand positiv gewertet wird, passt in die Leitkategorisierung von Kontrolle/ Nichtkontrolle. Erst diese Einbindung in ein Netz von anderen Zeichen mit ähnlichen Bedeutungen macht die Bedeutung ›rechts‹ auch im kulturtheoretischen Sinne zu Kultur, denn die durch Erfahrung entstandene und täglich neu erfahrene Kategorie ›rechts‹ (Zeichen) = ›Kontrolle‹ (Bedeutung) = ›gut‹ (Wert) wird auch als Wissen weitergegeben.

Bestimmte Symboliken sind besonders weit verbreitet. Der Körper ist ein primäres Reservoir der Symbolbildung (Douglas 1970, VII-VIII). Allgemein gilt: Je universeller eine Erfahrung mit einem Ding oder Phänomen, desto verbreiteter die entsprechende Symbolik. So macht die immens wichtige und alltägliche Rolle der Hand die Seitensymbolik besonders universal.

Es gibt also Universalien auf der Ebene der Gesamtmenschheit, bedingt durch allgemein-menschliche Erfahrungen wie zum Beispiel der des eigenen Körpers. Menschen teilen ihre materiellen und sozialen Lebensbedingungen aber auch auf niedrigeren Integrationsebenen. So gibt es geteilte Bedingungen auf ökologischer, sozialevolutionärer oder wirtschaftlicher Integrationsebene. Nomadische Gesellschaften zum Beispiel teilen bestimmte Vorstellungen von Raum und Zeit, die sich von entsprechenden Vorstellungen in sesshaften Bauerngesellschaften unterscheiden.

Den formalen Grund für die Existenz von kulturellen Universalien sehe ich im Charakter der Zeichen. Ich kann hier nicht detailliert auf die Theorie der Zeichen eingehen und beschränke mich auf die klassische Dreiteilung der Zeichen durch Charles Sanders Peirce (1998). Er nannte diejenigen Zeichen *icon* (›Bild‹), die eine Bedeutung durch eine formale Ähnlichkeit des Bezeichnenden mit dem Bezeichneten aufweisen. So weist eine tiergestaltige Figur eine Ähnlichkeit mit dem auf, was sie bezeichnen soll, nämlich ein Tier. Und Peirce nannte solche Zeichen *index* (›Hinweis‹), die in einem ursächlichen Zusammenhang mit dem Bezeichneten stehen. So kann ›Rauch‹ ein Zeichen für ›Feuer‹ sein. Und schließlich nannte Peirce all jene Zeichen *symbol*, die keine innere Beziehung zum Bezeichneten haben. Symbole in diesem engeren Sinne sind willkürlich gewählt. Die Wörter einer Sprache sind solche Symbole; es gibt keinen Grund, warum ein Gebäude gerade ›Haus‹ genannt werden müsste und entsprechend haben verschiedene Sprachen ganz verschiedene Wörter für das Wohngebäude. Die Beziehung zwischen dem *symbol* und dem Bezeichneten beruht allein auf gesellschaftlicher Übereinkunft, auf Konvention.

Innere Beziehung zwischen Zeichen und Bezeichnetem:

(1) ICON   Ähnlichkeit   *Beispiel:* tierförmige Figur – Tier
(2) INDEX   kausale Beziehung   *Beispiel:* Rauch – Feuer

Keine innere Beziehung zwischen Zeichen und Bezeichnetem:

(3) SYMBOL   –   *Beispiel:* Wort ›Haus‹ – Haus

Ein Großteil aller Zeichen ist ikonisch und indexalisch. Diese aber beziehen sich auf die Dinge und Phänomene der Lebenspraxis, auf die menschlichen Erfahrungen mit ihnen und die entsprechenden Kategorisierungen. Eine auf einer Höhlenwand gezeichnete Schlangenlinie kann ein *icon* für ›Schlange‹ und also für ›Chaos‹ sein, ein Feuer ein *index* für ›Hitze‹ und ihre weiteren Bedeutungen ›Aktivität, Wandel‹. Weil die Erfahrungen mit solchen Phänomenen deren Kategorisierung steuert und weil solche Kategorien in einem mehr oder weniger festen Verhältnis zueinander stehen, stehen auch die entsprechenden Zeichen in einem entsprechenden Verhältnis zueinander.

Sowohl die traditionellen Kulturtheorien mit ihrem Bild fester Kulturpakete wie auch die neuen Kulturtheorien, die Kultur als völlig flexibel sehen, müssen gegenüber der analogischen Methode skeptisch sein, denn die beruht ja auf der Annahme von Gemeinsamkeiten über zeitliche und räumliche Kulturgrenzen hinweg. Ich halte den Skeptikern beider Lager entgegen, dass jegliche Klassifizierung vom Vergleich lebt. *Jede* kognitive Leistung ist eine Vergleichsleistung: Ein neuer Sinneseindruck ist ähnlich *oder* anders als ein vorher registrierter und in Kategorien verarbeiteter. In der Eigenkultur gibt es ständig fließende semantische Muster, die je nach Kontext benutzt und verstanden werden. Also muss jedes Mitglied dieser Kultur immer wieder in den fließenden Zeichenordnungen interpolieren. Dies gilt auch für das Verhältnis von Subkulturen innerhalb einer Gesamtkultur und innerhalb jeder Subkultur.

Die Analogie systemischer, funktioneller Zusammenhänge beruht auf dem Vergleich entsprechender Konstanten, zum Beispiel beim Vergleich von Landnutzungssystemen unter ähnlichen ökologischen und technologischen Bedingungen. Die kulturelle Analogie muss ebenfalls Konstanten annehmen. In ihrem Fall ist dies ein Substrat gemeinsamer Lebenserfahrungen und daraus gewonnener Zeichen. Dass kulturelles Verstehen des Anderen weniger unmissverständlich ist als das systemische Verstehen eines fremden Landnutzungssystems, liegt an der geringeren Konstanz der Zeichen. Und es liegt daran, dass nur ein Teil der Zeichen interkulturell konstant sein kann. Denn im Gegensatz zu *icon* und *index* mit ihrer Beziehung zur erlebten Welt steht das *symbol*. Die Sprache ist das Hauptfeld dieser Zeichenart, die nur auf Konvention beruht, nicht auf außersemantischen Erfahrungen. Es ist kein Zufall, dass gerade die Sprache dasjenige Gebiet ist, auf dem es regelmäßig zur babylonischen Verwirrung kommt, zum Nichtverstehen des Fremden.

Die große Mehrheit aller nichtsprachlichen Zeichen ist nicht symbolisch im Peirceschen Sinne. Ob wir die Welt der christlichen Zeichen nehmen, mit dem Kreuz oder der Dornenkrone, ob wir den Stein nehmen (siehe oben), oder ob wir die Welt der politisch-sozialen Zeichen nehmen, mit dem Herrscherstab oder dem Thron, immer sind die bezeichnenden Dinge *indices* oder *icons*, sind dem Bezeichneten formal ähnlich oder stehen mit ihm in einem ursächlichen Zusammenhang. Eine große Zahl von Zeichen vermittelt also Bedeutung durch eine innere Beziehung zum Bezeichneten. Diese innere Beziehung wird regelmäßig in der Lebenspraxis erfahren. Und insoweit die Lebenspraxis von mehreren Menschen geteilt wird, erlauben die so entstandenen Zeichen, zumindest rudimentär Menschen anderer Kulturen zu verstehen, ohne deren Sprache zu sprechen. Und wie bereits Hodder (1991, 191) bemerkte, fußt materielle Kultur zu einem guten Teil auf ikonischen Zeichen (er ging dieser Beobachtung allerdings nicht auf den semantischen Grund).

Diese – zumindest prinzipielle – Fähigkeit zum Verstehen der nichtsymbolischen Zeichen anderer Kulturen ist die Grundlage der analogischen und vergleichenden Methode. Daher würde ich Peter Uckos (1969) Hyperkritik an der vergleichenden Methode ebenso zurückweisen wie die poststrukturalistische Behauptung der grundsätzlichen Unlesbarkeit fremder Zeichen und Texte. Andererseits müssen natürlich auch Analogien zurück gewiesen werden, die ohne weitere Untersuchung des kulturellen Kontextes arbeiten. Dies gilt zum Beispiel für Parker Pearsons und Ramilisoninas (1998) unkritische Übertragung der Bedeutungen von Stein und Holz vom heutigen Madagaskar auf das prähistorische Stonehenge.

Modelle für die Theorie der Zeichen sind meist von der Sprachwissenschaft entliehen worden. Sprache aber ist ein System von grammatischen Beziehungen zwischen Wörtern, also zwischen *symbols*. Die einseitige Konzentration der Semiotik auf die Sprache und ihre willkürlichen Zeichen reicht bis heute und liegt auch dem Fehlschluss von dekonstruktivistischen Theoretikern wie Jacques Derrida (1998) zugrunde, demzufolge *allen* Zeichen ein Bezug zur erlebten Welt des Menschen abzusprechen sei. In der post-Saussureschen Semiotik und der poststrukturalistischen Kulturtheorie ist die Bedeutung sprachlicher Zeichen nicht Ausdruck von Absichten des Menschen in seinem Verhältnis zur erlebten Welt, sondern das Produkt eines Systems von grammatologischen Differenzen. Diese wiederum sind nur in einer endlosen Kette von Beziehungen zwischen Signifikanten lokalisiert. Jeder innere Bezug zu einem Referenten, einem Objekt, wird negiert.

Ausweg und Ausblick

Seit einiger Zeit steckt die Kulturtheorie in einer Sackgasse. Sie ist hin und her gerissen zwischen einem positivistischen und einem idealistischen Kulturbegriff. Die Forschung hat sich bisher weitgehend auf die *Erscheinungen* des Kulturphänomens konzentriert, auf Zeichen, Übertragung und Grenzen. Ich glaube, dass uns in Zukunft vor allem die Untersuchung des *Wesens* von Kultur weiter bringen wird. Mit meinem Blick auf das Zusammenspiel von kognitiven und sozialen Regeln, auf ›Kultur und Kulturen‹, habe ich versucht, einen Ausweg aus der Zwickmühle zwischen prozessualistischer Gesetzmäßigkeit und postprozessualistischer Relativität zu finden. Mein Kulturbegriff ist lebensweltlich. Nur in der Lebenswelt verschränken sich die kognitiven und sozialen Anlagen des Menschen und produzieren so das Phänomen Kultur. Ein solcher Begriff erlaubt ein besseres Verständnis kultureller Strukturen und ihrer kontextuellen Variabilität (durch das Konzept der Leitkategorie), von Status, Identität und Gruppe (durch die Verbindung mit einer sozial-induzierten Semiotik und Wertetheorie) und der Grundlagen analogischer Kulturinterpretation (durch die Berücksichtigung lebenspraktischer Strukturierung).

Die beiden Seiten meines Begriffs – hier anthropologische Konstanten, dort geschichtlicher Wandel – erfordern die Konzepte und Methoden von zwei Disziplinen. Für das *Erklären* des Allgemeinen und Konstanten ist die Anthropologie zuständig; die Kulturanthropologie für den Zusammenhang zwischen universalen kognitiven Leitkategorien und kulturellen Grundmustern, zum Beispiel in der räumlichen Repräsentation der Kultur/Natur-Leitopposition in Form von Dorf/Wald und Heim/Fremde, und die Sozialanthropologie für die Gruppen- und Identitätslogik. Anthropologisches und geschichtliches *Verstehen* dagegen ist zuständig für das Erkennen des Einmaligen und des Wandels, also für die besonderen Formen, die kulturelle Leitkategorien annehmen, sowie für ihre kontextuellen Wandlungen.

Ein großer Teil der Zeichen und ihrer Beziehungen im kulturellen Gefüge ist das Ergebnis kontingenter, historischer Entwicklungen, die allein durch Bodenfunde nicht fassbar sind. Dies anerkannt, sollen meine Argumente für die Existenz von Strukturen und Universalien dazu beitragen, den analogisch arbeitenden Verständnisprozess des Archäologen gegenüber seinem Material zu begründen. Dieser Verständnisprozess muss letztlich immer auf der Annahme gewisser universaler Kulturstrukturen beruhen. Die Grenzen des Verständisses sind offensichtlich, und sie sind eng. Sie sind eng, weil in kulturellen Prozessen eine immense Zahl von Faktoren wirkt. Und nur im Falle detailliert beobachtbarer Handlungen und befragbarer Akteure kann es wenigstens halbwegs gelingen, die Bedeutungen hinter den Zeichen in den wissenschaftlichen Griff zu bekommen. Solche Bedingungen bieten historische Verhältnisse nicht, und noch weniger tun es archäologische Verhältnisse. Die Deutung von Zeichen aus der Vergangenheit muss entsprechend grobschlächtig und spekulativ bleiben.

Die endgültige Interpretation ist ein Illusion. Sie scheitert nicht zuletzt an der Unendlichkeit des Seins bei prinzipieller Endlichkeit unserer Wahrnehmung und unserer Quellen, und damit unseres Wissens. Unsere Entdeckungen von morgen werden manche Interpretation von heute über den Haufen werfen. Jedoch erlaubt unsere unaufhörlich anwachsende Daten- und Wissensbank (Tomasellos Ratscheneffekt) eine immer größere Annäherung an die Wirklichkeit, auch an die vergangene Wirklichkeit. Es geht darum, auf erweiterter empirischer und vertiefter theoretischer Grundlage immer neue Interpretationen mit zunehmender Plausibilität zu wagen, Interpretationen, in denen eine wachsende Zahl von Aspekten der ›gefundenen‹ Wirklichkeit Sinn macht (was nicht dasselbe ist wie die Rekonstruktion der Wirklichkeit selbst). Insofern bin ich Erkenntnisevolutionist. Mit Hilfe meines Kulturbegriffs habe ich Versuche zur Deutung zweier Zeichen unternommen, der Steinaxt in der Jungbronzezeit und der Schlangensymbolik. Meine Interpretationen machen, wie ich glaube, Sinn und erklären mehr als frühere Deutungen.

Das Spekulieren über die Vergangenheit entspringt dem menschlichen Verlangen, durch Wissen über die Vergangenheit die Gegenwart zu kontrollieren, gegenwärtige Identität und gegenwärtigen Status durch die ›Erinnerung‹ an ihr Werden, durch Geschichte und Mythos, zu legitimieren. Als Kontrollbemühung ist die historische Spekulation kulturelle Bemühung. Weil wir Kulturwesen sind, können wir unsere historischen und prähistorischen Bemühungen nicht einstellen und die Archäologie auf ein Feld für Fingerübungen in Quellen- und Erkenntniskritik reduzieren, sie zu einem Flohwalzer für gegenwartsbezogene Kulturwissenschaften degradieren. Die deutschsprachige Archäologie darf nicht bei der kritischen Darstellung von Konzepten und Theorien stehen bleiben. Kreative, originale Weiterentwicklungen sind möglich und nötig. Dazu müssen Funde und Befunde auch ins Licht aktueller semiotischer Theoriebildung gerückt werden. In einigen neueren Arbeiten wird dieser Weg bereits beschritten, so in Burmeisters semiotischen Studien und Bemerkungen zur Hallstattzeit und zum Thema Migration (1999; 2000; in diesem Band).

Kulturbildung wirkt im Rahmen eines größeren sozialen Gefüges, vollzieht sich aber letztlich auf der Ebene des Individuums und seiner Beziehungen zur direkten sozialen und materiellen Umwelt. Hier müsste jede sinnvolle Archäologie ansetzen. Aber das Individuum ist durch die Archäologie kaum greifbar, und schon gar nicht in der Gesamtheit seines Denkens und Handelns. Deshalb wird man sich mit Handlungsmustern auf der Mikroebene (vgl. Shennan 1993) bescheiden müssen, mit Strukturen, zum Beispiel auf der Ebene des Haushalts. Hier, im materiellen Schoß der kleinsten Zellen der Gesellschaft, sollte verstärkt nach Spuren kultureller Prozesse gesucht werden. Das größere gesellschaftliche und geografische Bild ist historisch signifikant, jedoch ursächlich kaum ohne Kenntnis der Prozesse auf der Ebene des Haushalts, und eigentlich gar des Individuums, erklärbar.

Archäologisch grundsätzlich unerschließbare Prozesse, wie jene auf der Ebene individueller Absicht und Handlung, können nur behelfsweise interpoliert werden. Das probate Mittel ist die Analogie, die Bildung von Prozessmodellen auf der Grundlage unseres Wissens über individuelle Absichten und Handlungen in Gesellschaften, von denen wir mehr als nur ihre materiellen Überreste kennen. Die Methode der Analogie ist der Hauptschlüssel zur kulturellen und sozialen Interpretation archäologischer Daten. Der lebensweltliche Kulturbegriff erweitert und vertieft die theoretischen Grundlagen dieser Methode.

Literatur

Bekaert 1998: S. Bekaert, Multiple Levels of Meaning and the Tension of Consciousness: How to Interpret Iron Technology in Bantu Africa. Arch. Dialogues 5, 1998, 6-29.
Bernbeck 1997: R. Bernbeck, Theorien in der Archäologie. Tübingen/Basel: Francke 1997.
Bourdieu 1972: P. Bourdieu, Outline of a Theory of Practice. Cambridge: Cambridge University Press 1972.
Brandt 1996: K. H. Brandt, Zur Renaissance steinerner Äxte in der Jungbronzezeit des westlichen Niedersachsens. Die Kunde 47, 1996, 373-408.
Brown 1991: D. E. Brown, Human Universals. New York: McGraw-Hill 1991.
Brumann 1999: Ch. Brumann, Writing for Culture: Why a Successful Concept Should Not Be Discarded. Current Anthr. 40 (Suppl.), 1999, 1-27.
Bühnen 1997: S. Bühnen, Haus und Grab: Gebaute Kosmologie und Ideologie. Ethnogr.-Arch. Zeitschr. 38, 451-455.
Burmeister 1999: S. Burmeister, Innovation, ein semiologisches Abenteuer – Das Beispiel der Hallstattzeit in Südwestdeutschland. Arch. Inf. 22, 1999, 241-260.
Burmeister 2000: Ders., Migration and Archaeology: Approaches to the Archaeological Proof of Migrations. Current Anthr. 41, 2000, 539-567.
Derrida 1998: J. Derrida, Grammatologie. In: Mersch 1998, 275-287.
Descola/Pálsson 1996a: Ph. Descola/G. Pálsson (Hrsg.), Nature and Society: Anthropological Perspectives. London: Routledge 1996.
Descola/Pálsson 1996b: Dies., Introduction. In: Descola/Pálsson 1996a, 1-22.
Douglas 1966: M. Douglas, Purity and Danger: An Analysis of the Concepts of Pollution and Taboo. London: Routledge and Kegan Paul 1966.
Douglas 1970: Dies., Natural Symbols: Explorations in Cosmology. New York: Pantheon 1970.
Eggert 1998: M. K. H. Eggert, Theorie in der Ur- und Frühgeschichtlichen Archäologie: Erwägungen für die Zukunft. In: M. K. H. Eggert/U. Veit (Hrsg.), Theorie in der Archäologie: Zur englischsprachigen Diskussion. Tübinger Arch. Taschenb. 1. Münster: Waxmann 1998, 357-377.
Geertz 1973: C. Geertz, The Interpretation of Cultures. Selected Essays. New York: Basic Books 1973.
Gellner 1981: E. Gellner, General Introduction: Relativism and Universals. In: B. Lloyd/J. Gay (Hrsg.), Universals of Human Thought: Some African Evidence. Cambridge: Cambridge University Press 1981, 1-20.
van Gennep 1960: A. van Gennep, The Rites of Passage. London: Routledge and Kegan Paul 1960 [frz. Erstausgabe 1909].
Gramsch 1995: A. Gramsch, Death and Continuity. Journal European Arch. 3, 1995, 71-90.
Hachmann 1987: R. Hachmann (Hrsg.), Studien zum Kulturbegriff in der Vor- und Frühgeschichtsforschung. Saarbrücker Beitr. Altertumsk. 48. Bonn: Habelt 1987.
Hodder 1990: I. Hodder, The Domestication of Europe: Structure and Contingency in Neolithic Societies. Oxford: Blackwell 1990.

Hodder 1991: Ders., Reading the Past: Current Approaches to Interpretation in Archaeology. Cambridge: Cambridge University Press 1991 [Erstausgabe 1986].

Holten 2000: L. Holten, Death, Danger, Destruction and Un-intended Megaliths: an Essay on Human Classification and its Material and Social Consequences in the Neolithic of South Scandinavia. In: A. Ritchie (Hrsg.), Neolithic Orkney in its European Context. Cambridge: McDonald Institute for Archaeological Research 2000, 287.

Holtorf 1998: C. Holtorf, Monumental Past. Interpreting the Meanings of Ancient Monuments in Later Prehistoric Mecklenburg-Vorpommern (Germany). Unveröff. Diss. (CD-Rom), University of Wales, Lampeter 1998.

Lakoff/Johnson 1980: G. Lakoff/M. Johnson, Metaphors We Live By. Chicago: University of Chicago Press 1980.

Latour 1993: B. Latour, We Have Never Been Modern. Cambridge, Massachusetts: Harvard University Press 1993.

Leach 1954: E. Leach, Political Systems of Highland Burma: A Study of Kachin Social Structure. London: The London School of Economics 1954.

Leach 1969: Ders., Genesis as Myth and other Essays. London: Jonathan Cape 1969.

Leach 1976: Ders., Culture and Communication: The Logic by Which Symbols are Connected. An Introduction to the Use of Structuralist Analysis in Social Anthropology. Cambridge: Cambridge University Press 1976.

MacCormack 1980: C. P. MacCormack, Nature, Culture and Gender: a Critique. In: C. P. MacCormack/M. Strathern (Hrsg.), Nature, Culture and Gender. Cambridge: Cambridge University Press 1980, 1-24.

Mersch 1998: D. Mersch (Hrsg.), Zeichen über Zeichen. Texte zur Semiotik von Charles Sanders Peirce bis zu Umberto Eco und Jacques Derrida. München: dtv 1998.

Parker Pearson/Ramilisonina 1998: M. Parker Pearson/Ramilisonina, Stonehenge for the Ancestors: The Stones Pass on the Message. Antiquity 72, 1998, 327-337.

Peirce 1998: Ch. S. Peirce, Neue Elemente. In: Mersch 1998, 37-56.

Roymans 1995: N. Roymans, The Cultural Biography of Urnfields and the Long-term History of a Mythical Landscape. Archaeol. Dialogues 2, 1995, 2-38.

Shennan 1993: S. Shennan, After Social Evolution: A New Archaeological Agenda? In: N. Yoffee/A. Sherratt (Hrsg.), Archaeological Theory: Who Sets the Agenda? Cambridge: Cambridge University Press 1993, 53-59.

Tilley 1991: Ch. Tilley, Material Culture and Text: The Art of Ambiguity. London: Routledge 1991.

Tomasello 1999: M. Tomasello, The Cultural Origins of Human Cognition. Cambridge, Massachusetts: Harvard University Press 1999.

Treherne 1995: P. Treherne, The Warrior's Beauty: The Masculine Body and Self-identity in Bronze-Age Europe. Journal European Arch. 3, 1995, 105-144.

Turner 1967: V. Turner, The Forest of Symbols: Aspects of Ndembu Ritual. Ithaca: Cornell University Press 1967.

Turner 1969: Ders., The Ritual Process: Structure and Anti-Structure. London: Routledge and Kegan Paul 1969.

Ucko 1969: P. J. Ucko, Ethnography and Archaeological Interpretation of Funerary Remains. World. Arch. 1, 1969, 262-280.

Veit 1990: U. Veit, Kulturanthropologische Perspektiven in der Urgeschichtsforschung. Einige forschungsgeschichtliche und wissenschaftstheoretische Vorüberlegungen. Saeculum 41, 1990, 182-214.

Weber 1968: M. Weber, Soziologie, Weltgeschichtliche Analysen, Politik [hrsg. v. J. Winckelmann, eingel. v. E. Baumgarten]. Stuttgart: Kröner ^{4}1968.

Wotzka 1993: H.-P. Wotzka, Zum traditionellen Kulturbegriff in der prähistorischen Archäologie. Paideuma 39, 1993, 25-44.

Helmut Hundsbichler

Fremdes deuten

ZUSAMMENFASSUNG: Der Beitragstitel »Fremdes deuten« möchte an die Formel »Spuren und Botschaften« anknüpfen, die nicht nur hochgradig knapp, sondern in Wahrheit auch hochgradig programmatisch ist. Die grundlegende Bedeutung aller vier Begriffe offenbart sich im Licht der Kommunikationstheorie: Sie markieren Schlüsselpositionen, die für die Qualität eines Informationsflusses entscheidend sind – sei es in der Kommunikation mit der Vergangenheit, sei es in der Kommunikation der historischen Wissenschaften untereinander. Dass wir darauf normalerweise keinen Gedanken verschwenden, ist einer der vielen Belege für unsere Egozentrik. Sie äußert sich auch in kurzsichtigen bis selbstgerechten Eigendefinitionen (was heißt »historisch«, was »materielle Kultur«), die oft eher auf Abkapselung und Einengung abzielen als auf fächerübergreifende Offenheit. Dabei wird offenbar, wie sehr der Realitätsbezug unserer Deutungen von der Struktur unserer Erfahrungen und unserer Persönlichkeit bestimmt ist. Je nach Wissens- und Entwicklungsstand erfolgt mental eine andere »Konstruktion« von Fachbegriffen, von Methodenverständnis, von Geschichte. Hier stoßen wir an die genuin anthropologische Komponente aller historischen Forschung: Nicht die Funde und Befunde, nicht die Hilfsmittel, nicht die Methoden und nicht die Fächerverbünde allein bestimmen die Qualität unserer Forschungsergebnisse, sondern diese hängen in hohem Maße auch von unserer kommunikativen Kompetenz ab.

Immer wieder dienen fächerübergreifende (›interdisziplinäre‹) Gesprächstermine zur Selbstinszenierung von Teilfächern und zur Demonstration von ›Fach‹-Kompetenz. Die ist zwar unerlässlich, doch sollte sie außer Streit stehen, denn unter dem Aspekt ›fächerübergreifend‹ ist integrative Kompetenz und fachliche Grenzüberschreitung wohl ergiebiger. Daher möchte ich nach gemeinsamen und übergeordneten Rahmenbedingungen Ausschau halten, die für *alle* historisch orientierten Fachrichtungen zutreffen und deren Respektierung *allen* derartigen Fachrichtungen etwas bringt bzw. bringen würde. Kein hehrer Forschungsbericht ist mein Beitrag allerdings, sondern ein persönlicher Erfahrungs- und Werkstattbericht, und zwar aus der Sicht eines Mediävisten. Die hier vertretene Perspektive auf die Vergangenheit sehe ich als eine anthropologische (Hundsbichler 1998a; 2000): Sie kommt aus der vorgegebenen Spannung zwischen mir und dem mir Unbekannten (= dem Fremden), zu dem ich durch Forschungsarbeit in Beziehung trete. Doch will ich niemand mit einer quasi allein selig machenden Patentlösung kolonisieren, und vieles werden andere im Detail besser wissen oder auch anders sehen. Auf die Bipolarität Eigenes vs. Fremdes spielen auch die beiden Begriffe im Titel dieses Beitrages an, und das Wort ›deuten‹ soll nicht nur die unvermeidliche Subjektivität und Intentionalität aller ›historischen‹ Herangehensweisen paraphrasieren, sondern auch die immanente Vorläufigkeit und Variabilität unserer Ergebnisse.

Eigendefinition

Die Etikettierung ›historisch orientiert‹ könnte bewirken, dass jene Archäologen, die sich ›den Historikern‹ gegenüber sehen, meine Überlegungen von vorn herein nicht auf sich beziehen. Jene Dichotomie ›hie Archäologen – hie Historiker‹ ist immer wieder anzutreffen und aus Gründen der sprachlichen Unschärfe bis auf weiteres leider sogar unvermeidlich, nur – exakt und konsequent ist sie keineswegs. Denn die Archäologie *ist* historisch (das gilt ja im übrigen für jede Herangehensweise an Vergangenheit). Bloß setzt sie sich erklärtermaßen nur über die Sachquellen mit der Vergangenheit auseinander (Fehring 1987, 1 f.), während sich die Historie auf keine Quellengattung ausdrücklich einengt (Lhotsky 1963, 11-127; Goetz 1993, 62-190). Da also die Archäologie ohnehin in der Historie aufgeht, erscheint jene Dichotomie umso künstlicher, und die Konstellation verdient auch nur aus einem ganz anderen Grund erhöhte Aufmerksamkeit: Sie ist ein Indiz für eine *nicht* auf Interdisziplinarität abzielende Mentalität. Versuchen wir, um dies bewusster zu machen, einen Strukturvergleich mit der Volkskunde/Europäischen Ethnologie. Sie repräsentiert ebenfalls ein Fach, das von den unterschiedlichsten Quellengattungen her und mit großer methodischer Vielfalt Kulturphänomene und Lebensformen aller Zeitstellungen erforscht (Gerndt 1997, 25-80). Aber jenen unter ihren Vertretern, die Sachkulturforschung betreiben (s. Heidrich 2000a), würde es nicht in den Sinn kommen, sich fachlich vom gemeinsamen Ganzen abzugrenzen oder ausschließlich mit Sachquellen zu arbeiten.

Als weiteres Symptom möchte ich Unschärfen im Gebrauch der Begriffe ›Sachforschung‹ und ›Materielle Kultur‹ ansprechen (s. Hundsbichler 1987; 1989; 1999a). Beide Begriffe werden teils in engerer, teils in weiterer Bedeutung angewendet. Formal scheint der Terminus ›Sachforschung‹ ordnungsgemäß verwendet zu sein, wenn er auf Dinge bezogen ist. Allerdings haben Dinge neben der ›körperlichen‹ auch eine ›geistige‹ Seite (Gerndt 1997, 111), sie beruhen auf dem Fühlen, Denken und Handeln des Menschen, und all das kann auch bei ›archäologischer Sachforschung‹ nicht unter den Tisch fallen. Der Begriff ›Sachforschung‹ ist also anfällig für Missverständnisse. Im ausgereiften Kanon der Volkskunde/Europäischen Ethnologie figuriert die Erforschung der Objektwelt wohlweislich unter Sach*kultur*forschung (Heidrich 2000b). Das hat gute Gründe: Weder läuft das ›wirkliche Leben‹, das ja letztlich unser Forschungsgegenstand ist, quasi getrennt nach Quellenbereichen ab, noch hat irgendein Quellenbereich eine Vorrangstellung, noch existieren ›Dinge‹ für sich selbst oder aus sich selbst heraus. Sie stehen immer in einem kulturellen und damit in einem anthropologischen Kontext, sie sind also durch den Menschen und seine breite und individuell variable Handlungskompetenz bestimmt. Insofern muss jede ›Sach‹-Forschung *de facto* über ›Sachen und Menschen‹ handeln (s. Hundsbichler 1998b; dagegen Scholkmann 1998) – und das sollte mehr sein als nur eine Phrase.

Ruth-E. Mohrmann hat diese Notwendigkeit sehr eindringlich am Thema Wohnen exemplifiziert: Zwar ist Wohnkultur ohne Wohnraum und ohne Wohninventar nicht möglich, aber erst der Lebensvollzug kann Wohnkultur aufweisen (s. ausführlich Mohrmann 1985, 513 f.). Wenn man diesen Satz von ›Wohnen‹ auf ›Sachen‹ verallgemeinert, ist es nicht einfach mit der Erforschung von ›Sachen‹ getan, sondern es geht um deren Kulturbezug. Das ist nun explizit jener Bereich, der einem Fund oder einem Relikt oder einem musealen Gegenstand abhanden gekommen ist. Reine ›Sach‹-Forschung (also jene, die nicht auf Alltags- und Kulturbezüge ausgreift) behandelt daher einen lebens- und somit auch wirklichkeitsfernen Torso. Ein ausgegrabener Becher kann nicht bereits ›die‹ Tischkultur repräsentieren und ebensowenig eine Ofenkachel bereits ›die‹ Wohnkultur (Goetz 1990, 88 f.). Genau hier liegt nun die Crux und die Falle für die Archäologie, denn sie bekommt es (insbesondere in schriftlosen Überlieferungsbereichen, wo sie sich mit Recht exklusiv berufen fühlt) in erster Linie mit ›Sachen‹ zu tun, und auf die Dauer suggeriert diese Routine, dass man in der Materialität von Dingen schon ›die‹ objektive Wirklichkeit greifen würde. Dazu kommt die fachegozentrische Genugtuung, dass für bestimmte Zeitstellungen überhaupt nur die Archäologie neue Quellen zu erschließen vermag. Das stimmt natürlich, nur kommt in solchen Fällen genau jene monodisziplinäre Quellenarbeit zustande, die von den Archäologen etwa an den reinen ›Schrifthistorikern‹ bzw. an der ›Schriftquellenforschung‹ kritisiert wird (Tauber 1996, 172-175).

Ein häufig gewählter Weg in die erforderliche Quellenvielfalt ist der Versuch, die archäologische Evidenz durch ›Parallelen‹ aus anderen Quellenbereichen zu erhärten – und *vice versa* (›Quellenkombination‹). Erkenntnistheoretisch ist das ein Holzweg, weil er das Resultat schon in der Fragestellung vorweg nimmt. Näher zur ›vergangenen Wirklichkeit‹ führt hingegen die Respektierung gegensätzlicher, eben nicht in ein vorgefertigtes Konzept passender Quellenaussagen (›Quellenkonfrontation‹, s. Hundsbichler 2000, 30 ff.), und auch von Interdisziplinarität kann nur unter dem Vorzeichen der innovativen Infragestellung gegebener Positionen die Rede sein (s. Abschnitt 5).

Wenn man das Mohrmann-Zitat über Wohnkultur auf den Begriff ›Materielle Kultur‹ überträgt, kommt auch die umgekehrte Möglichkeit der Unschärfe zu Tage: Der an sich integrative, nämlich Sachen und Menschen berücksichtigende Begriff ›Materielle Kultur‹ wird unzulässig eingeengt, wenn man damit nur Dinge oder gar nur Überreste meint, denn damit amputiert man den Kulturbegriff stillschweigend hinaus. Doch liegt das eigentlich Interessante eines Objekts und seiner Verankerung in der ›vergangenen Wirklichkeit‹ nicht in jener Restmenge an materiell überlieferter Information, die wir (vielleicht) vorfinden. ›Interessant‹ ist bzw. wäre vielmehr gerade jener viel größere Bereich, der um das Objekt herum nicht mehr existiert. Der vielzitierte ›Kontext‹ der Dinge ist ja die ›vergangene Wirklichkeit‹, und genau auf diese zielen ja sämtliche historischen Forschungsunternehmungen. Und daran kann die reale Reichweite des Begriffs ›Materielle Kultur‹ ermessen werden. ›Materielle Kultur‹ umschreibt einen Kontext, nämlich den Lebens- und Aktionsbereich im Rahmen der ›vergangenen Wirklichkeit‹, und ein auf seine Re-Konstruktion abzielendes Arbeitsfeld. Das ist weit mehr als nur die dinglichen ›Überreste‹ dieses Kontexts. Wenn solche ›Überreste‹ gemeint sind, sollte man also konsequent genug sein und lieber gleich Ding oder Sache oder allgemeiner Objekt sagen. Nicht die Pflugschar oder das Waschgefäß oder der Webstuhl sind ›Materielle Kultur‹, sondern die Landwirtschaft und die Tafelsitten und das Textilwesen etc.

Damit sind wir längst im Kernbereich jener Begriffsdefinitionen, mit denen ich mir ein ›archäologiekritisches‹ Image eingehandelt habe. Es beruht auf einem durchaus überflüssigen Missverständnis, das sich an der Frage der Zusammenarbeit zwischen Archäologen und Historikern zu entzünden pflegt. In meiner schon vorhin dargelegten Auffassung stellt sich die Frage in dieser Form nicht und erweist sich als obsolet, sobald man zwei Grundtatsachen außer Streit stellt, nämlich dass Archäologie ein historisches Methodenbündel repräsentiert und als Fach eine historische Teildisziplin ist. Entscheidendes Prüfkriterium hierfür ist allerdings die Konsequenz, dass sich Archäologie dann auch nach den Spielregeln der Historie orientiert und definiert. Warum der Historie? Kein Geringerer als Marc Bloch (†1944) hat schon vor mehr als einem halben Jahrhundert die diesbezüglichen Für und Wider erwogen und letztlich für den klassisch-antiken Überbegriff *historia* plädiert, weil ihm der unter allen verfügbaren Möglichkeiten als der ›am wenigsten ausschließende‹ erschienen ist (Bloch 1964, 15; 1974, 40).

Dieser Begriffswahl liegt ein sichtlich altruistisches und integratives Bemühen zugrunde,[1] und die Vorteile davon sind eklatant: Zum einen entpuppen sich Archäologen damit schlagartig als Historiker, d. h. die Behandlung historischer Fragen, zumal im Umfeld einer Ausgrabung, würde zur archäologischen Eigenkompetenz. Das wäre der absolut nächstliegende Schritt der Archäologie in die Interdisziplinarität – ganz im Gegensatz zu jenem Delegieren archäologischer Ergebnisse an ›die Historiker‹, das als ›Beitrag der Archäologie‹ bezeichnet wird (Scholkmann 1998). Die immer wieder ertönende Wehklage der Archäologie über die Kooperationsunwilligkeit ›der Historiker‹ würde sich damit nachhaltig *ad absurdum* führen. Zum zweiten steht/stünde den Archäologen das globale und bewährte Repertoire der gesamten Geschichtswissenschaft zu Gebote, um archäologische Sinnfragen zu verifizieren und zu modifizieren. Und drittens erhöht ein historisches Selbstverständnis der Archäologie deren Attraktivität als potentielles Partnerfach in der Gesamtheit

---

1 Um die Unzulänglichkeit der gegenteiligen Mentalität herauszuarbeiten, habe ich mir in einer früheren Publikation (immerhin in Klammern) das metaphorisch gemeinte Wortspiel altruistisch vs. autistisch erlaubt. Ich entschuldige mich hiermit bei denjenigen Archäologinnen und Archäologen, denen diese Polarisierung als verletzender Affront erschienen ist (s. Scholkmann 1998, 64 ff.). Dennoch halte ich aus didaktischen Gründen an der Metapher fest, denn ich meine »weniger bewusste Rücksichtslosigkeit als vielmehr schlichte Gedankenlosigkeit« (so der Cover-Text der diesbezüglichen Monographie von Lempp 1996) – und genau das ist die klassische Barriere gegen fachliche Grenzüberschreitung, die ich heute wie damals diskutiere.

von historischen Wissenschaften. Beispielsweise wäre meines Erachtens schon längst eine Annäherung zwischen der (Mittelalter- und Frühneuzeit-) Archäologie und der Volkskunde/Europäischen Ethnologie fällig und schlüssig (zu diesbezüglichen Hindernissen s. Seidenspinner 1986/87). Mir erschiene das als der zweitnächste Schritt der Archäologie in die Interdisziplinarität.

Die (deutsche Mittelalter-) Archäologie rühmt zwar ihre ›interdisziplinäre Aufgeschlossenheit‹ und führt dafür gern ihre bemerkenswert vielen naturwissenschaftlichen Kooperationspartner ins Treffen. Aber gemeint ist damit in aller Regel doch erst einmal die Dienstbarmachung von Vasallen unter der ›Führungsdisziplin‹ Archäologie. Nach dem österreichischen Wissenschaftstheoretiker und Interdisziplinaritäts-Forscher Fritz Wallner ist gerade eine solche Konstellation (= eine Fächer-Agglomeration unter dem Oberkommando eines Führungsfaches) eine unzulängliche Auffassung von Interdisziplinarität (Wallner 1990, 21 ff.). Annäherungen der Archäologie zu gesellschafts- und geisteswissenschaftlichen Fächern und Fragestellungen sind hingegen seltener, ›historisch‹ arbeitende Archäologen bilden die Ausnahme (z. B. von Osten 1992, 102-107; Rippmann 1987). Eher kommt eine ›fächerübergreifende‹ Konstellation auf umgekehrtem Wege zustande, nämlich wenn Vertreter ›historischer‹ Fächer auf archäologische Methoden ausgreifen.[2] In beiden Fällen wird neuerlich klar, dass die herkömmliche Abgrenzung zwischen Historikern und Archäologen überflüssig ist (auch die Archivare, Heraldiker oder Landeskundler positionieren sich ja nicht außerhalb der Geschichtswissenschaften oder postulieren, dass sie ›eigene Fächer‹ vertreten).

Interdisziplinarität beginnt wohl an den fachlichen Grenzen, sie besteht allerdings nicht in deren Errichtung, sondern in deren Überwindung.

Spuren als Information

Alle, die über die Vergangenheit arbeiten, können also sich und ihren Kooperationspartnern das Leben unsäglich erleichtern, indem sie sich und ihre Arbeit über den gemeinsamen Nenner Geschichtstheorie und Geschichtsphilosophie definieren. Noch immer berührt es mich merkwürdig, dass ich den unerwartetsten Lacherfolg in meiner bisherigen Vortragstätigkeit just mit dem trockenen Postulat geerntet habe, »Alle die historisch arbeiten, sollten auch historisch denken« (Hundsbichler 1996, 14). Im besonderen Maße gilt das natürlich für den Umgang mit unserer ›Primärinformation‹, den Quellen. Ihnen widmet die Geschichtstheorie breiten Raum, und die dafür gängigen Kriterien sind auch für archäologische Funde und Befunde anwendbar (s. etwa Gerndt 1997, 58-71).

---

2 Z. B. von der Geschichte her: József Laszlovszky, Werner Meyer, Françoise Piponnier; von Geschichte und Volkskunde her: Jürg Tauber; mit Volkskunde: Thomas Kühtreiber; von der Kunstgeschichte her: Uwe Lobbedey.

Der Begriff ›Spuren‹ könnte diesbezüglich eine Brückenfunktion einnehmen – aber auch wieder nur, nachdem man die scheinbar so griffige Metapher vom ›Spurenlesen‹ nach Sinn und Bedeutung diskutiert hat und sie nicht als attraktive Leerformel (= ohne geschichts- und kommunikationstheoretische Absicherung) in Umlauf setzt (s. Ginzburg 1983): Spuren werden erst durch Interpretation zu Quellen. Keine Quelle ist entstanden, um unsere Fragen zu beantworten, keine Quelle antwortet auf unsere Fragen in unserer Sprache, keine Quelle kann nur auf eine einzige Weise interpretiert werden, und keine Quelle ist schon von sich aus gleichzusetzen mit Geschichte (Hundsbichler 2000, 30). Spuren und Quellen sind und bleiben *Medien*. Analog wird auch aus Vergangenheit erst Geschichte, sobald der Mensch mit entsprechenden Fragen darauf zugreift. Keinesfalls sollte ›Spurenlesen‹ daher ein neues Modewort werden, das etwa mit historischem Entertainment und kulturellem Voyeurismus liebäugelt. Als literarische Figur und Comic-Held mag Sherlock Holmes seinen Unterhaltungswert besitzen, aber die Ernsthaftigkeit der Kriminalistik ist eine andere Sache (s. hierzu Beitrag G. Mante in diesem Band). Daher darf ›Spurenlesen‹ auch nicht als Einladung missverstanden werden, das (durchaus von der Archäologie selbst genährte) Abenteurer- und Aufdecker-Image zu verstärken (s. Hundsbichler 1996, 23 f.). Denn nicht auf Selbstinszenierung und Machbarkeit hebt der Begriff ›Spurenlesen‹ ab, sondern auf die Begrenztheit unserer Möglichkeiten und auf die unaufhebbare Lückenhaftigkeit aller Überlieferung. ›Spurenlesen‹ ist eine mühsame und unspektakuläre Gratwanderung zwischen Hinein- und Herausinterpretieren. Es verlangt von uns Interpreten umso mehr methodisch-theoretische Sicherheit und emotionale Intelligenz.

Anthropologie

An dieser Stelle wird evident, wie eng das Ergebnis unserer Interpretationen von unserer eigenen Persönlichkeitsstruktur abhängt. *Auch das* ist ein relevanter Sachverhalt. Folgende Hauptaspekte davon möchte ich kurz ansprechen: die Egozentrik des Menschen und seine darauf beruhenden Umgangsformen mit dem Fremden sowie die Lieblingsrolle des Menschen als ›Macher‹ (*homo faber*), die als Konstruktivismus erklärbar ist.

Wir sind egozentrisch, und Albert Einstein hat deshalb mit Recht gesagt, wir sehen die Dinge nicht so wie *sie* sind, sondern wie *wir* sind. Infolgedessen ist die Kenntnis unserer eigenen Egozentrik der Schlüssel für die Qualität unseres Wahrnehmungsvermögens bei der Spurensuche und beim Spurenlesen – und als entsprechend schwer realisierbar erweist sich zu allererst unser idealisiertes (bzw. ideologisiertes) Streben nach ›Objektivität‹. Aus dem gleichen Grund ist jede *Forschung* unwiderruflich Begegnung mit etwas Unbekanntem, Begegnung mit dem Fremden (denn andernfalls müssten wir ja überhaupt nicht erst forschen). Insbesondere entspricht historisches Forschen der Begegnung mit einer fremden Kultur. Um zu vermeiden, dass wir unseren Forschungsgegenstand (= die ›vergangene Wirklichkeit‹) quasi ›fremdenfeindlich‹ behandeln, können wir deshalb an der Theorie der Fremdheit nicht vorbei.[3] Die potentiellen Reaktionen auf die Begegnung mit Fremdem reichen vom Respekt vor dem Fremden bis zu dessen Aneignung und Zerstörung; von der Wahrnehmung bis zur Verdrängung; vom Unverständnis bis zur Faszination; von der Ablehnung bis zum Reiz des Fremden; von der Flucht vor bis zur Sucht nach dem Fremden; von Ausbeutung bis Partnerschaftlichkeit; von Kolonisierung bis Kulturaustausch; von Dominanz bis Toleranz; von Arroganz bis Akzeptanz; von Voyeurismus bis Betroffenheit, u. a. m.

Im Zusammenhang mit der Egozentrik ist nun jede/r von uns auch ein *homo faber*. Anstatt die Wirklichkeit (›wahr‹-) zu nehmen, wie sie ist, neigen wir dazu, sie gemäß unseren Vorstellungen umzugestalten. Dafür gibt es keine besseren Beweise als die Kulturgeschichte des Feuers oder überhaupt die Geschichte des Fortschritts: Nichts belassen wir so, wie wir es vorgefunden haben. Im Licht der Medientheorie bedeutet das für unser Tagungsthema allerdings, dass Botschaften anders gedeutet werden als sie gesendet wurden. Sie lesen diesen Beitrag anders, als ich ihn vortragen würde und meine. Anders gesagt, den Sinn einer Botschaft bestimmt der jeweilige *Empfänger*. Fürs Spurenlesen ist dieser Satz von elementarer Bedeutung. Keine Spur ist dann nämlich schon identisch mit einer *bestimmten* Botschaft, sondern diese wird erst im Rahmen des Spurenlesens ermittelt. Neuerlich liegt also der Stellenwert einer Botschaft nicht etwa in einer erhofften ›Objektivität‹ der Spuren, sondern in ihrer von uns subjektiv ermittelten Bedeutung. Von da her können die je Individuum herausgelesenen Botschaften, unsere ›Re-Konstruktionen‹, untereinander divergieren. Jede wissenschaftliche Meinungsverschiedenheit gibt davon offenkundiges Zeugnis – so etwa die immer wiederkehrenden Terminologiestreitigkeiten (Tauber 1996, 176 f.).

Noch wichtiger ist aber der Analogieschluss hieraus, nämlich dass unsere ›Re-Konstruktionen‹ auch weit davon entfernt sein können, mit der ›vergangenen Wirklichkeit‹ übereinzustimmen (Hundsbichler 1998a, 13 ff.).

Um Spuren wenigstens so wirklichkeitsnah wie möglich zu deuten, ist es also notwendig, auf die ›Fremdheit‹ der Kultur jenes *homo faber* einzugehen, der sie hinterlassen hat. Re-*konstruieren* können wir ›vergangene Wirklichkeit‹ allerdings nur mental/virtuell und bestenfalls medial. Die Greifbarkeit und Anschaulichkeit unserer Nachbildungen und Rekonstruktionen darf uns nicht darüber hinwegtäuschen, dass Nachbildungen und Rekonstruktionen nicht mehr sein können als auch wieder nur *Medien*. Das gilt selbst für jedes noch so detailgetreu und ›wissenschaftlich‹ nachgebaute Objekt oder Modell. Und vor allem ist jeder solche Nachbau ein Objekt aus der Gegenwart und nicht aus der Vergangenheit. Eine solche Re-

---

3 Hundsbichler 1998a; Hundsbichler et al. 1998, 49 ff.; Fink-Eitel 1994. Hier bedanke ich mich nochmals bei Herrn Mark Schmidt für den Literaturhinweis auf Fink-Eitel 1994, den ich direkt auf der Tübinger Tagung erhalten habe.

Konstruktion kann also nicht für die Vergangenheit authentisch sein, sondern nur für die Sicht und Kompetenz ihres Schöpfers. Für die wissenschaftliche Publikation gilt analog dasselbe. Wir können ›vergangene Wirklichkeit‹ zwar imitieren und damit verifizieren, wie das etwa für die frühen Seefahrten der Polynesier oder der Wikinger in verdienstvoller Weise geschehen ist und im Rahmen der Experimentellen Archäologie auf Schritt und Tritt geschieht, doch niemand kann die historische/mentale/kontextuelle Distanz aufheben. Machtvolle Suggestionen wie ›das Rad der Zeit zurückdrehen‹ oder die anbiedernde ›Einladung zur Zeitreise‹ oder das prestigebewusste ›Beweisen‹ von geschichtlichen Sachverhalten mögen zwar geeignet sein, auf eine unbedarfte Klientel Eindruck zu machen. Aber Selbsttäuschung sollte man damit nicht betreiben, denn gerade solche Suggestionen sind ja in Wahrheit besonders eklatante Eingeständnisse der *Virtualität* und damit der *Unerreichbarkeit* von ›vergangener Wirklichkeit‹. Wer die absolute Unerreichbarkeit von Vergangenheit nicht ›wahr‹ haben will, führt besonders lebendig vor Augen, wie inkonsequent und absurd unser Realitätsbezug doch letztlich vom Wunschdenken geprägt und sogar der Realitätsferne verpflichtet sein kann.

Die Entscheidungsinstanz über den ›Wirklichkeitsgehalt‹ unserer Deutungen ist bzw. wäre einzig die Teilnehmerperspektive. Aber diese ist uns verschlossen: Wir sind keine ›participants‹, sondern ›observers‹ der von uns eben ›betrachteten‹ Zeiten (s. Jaritz 1989, 72, nach Michael Baxandall). Als solche stehen wir im Fluss des historischen Prozesses an einer ganz anderen Stelle (Abb. 1) und gebrauchen eine ganz andere Wertskala. Genau aus diesem Grund ist ein weiterer anthropologischer Zweig so wichtig, nämlich die historische Mentalitätsforschung – für mich die historische Königsdisziplin, denn gerade die Erforschung (und die Tatsache der Erforschbarkeit) eines so imaginären Gebietes wie der Mentalität veranschaulicht besonders klar, wie sehr unsere Arbeit ›Abenteuer im Kopf‹ ist.

Aus alldem folgt, dass das ›Spurenlesen‹ sicherlich an die Wissensch*aften* neue Anforderungen stellt, aber in erster Linie an die Wissenschaft*ler*.

Erkenntnistheorie

Besonders deutlich wird das Faktum des ›Abenteuers im Kopf‹ im Licht der Erkenntnistheorie. Wenn wir auch diesbezüglich Fritz Wallner folgen, so ist die Erkenntnisfähigkeit des *homo faber* konsequenterweise als Konstruktivismus beschreibbar: Der jeweils aktuellste Fundus an Erfahrungen bestimmt unsere Wahrnehmungen, Fragestellungen und Absichten und selektiert damit im vorhinein die Spuren und Botschaften, auf die wir überhaupt stoßen. Neue Einsichten verändern unsere Wahrnehmungsfähigkeit und damit auch unsere Prioritäten und Fragestellungen. »Studieren heißt fragen, antworten, fragen, und so fort« (Zitat von Harry Pross

Fremdes deuten

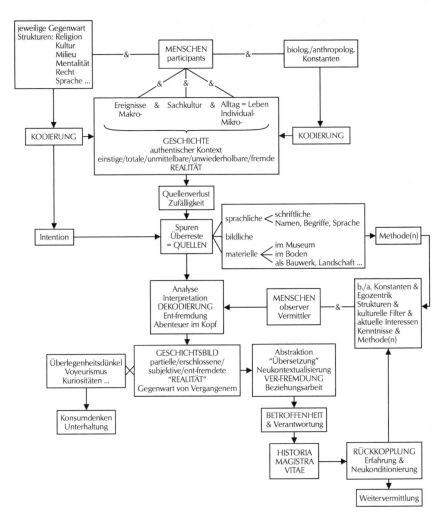

Abb. 1: Flussdiagramm »Menschen – Sachen – Geschichte«. »*Participants*« und »*observers*« haben unterschiedliche Positionen. Mit jeder Erkenntnis ändert sich die Urteilskompetenz eines »*observers*« (Entwurf: H. Hundsbichler).

bei Gerndt 1997, 5). Forschung ist prozessual, und im gleichen Atemzug ist sie mit Beziehungsarbeit vergleichbar. Sie verändert sich, indem sie uns verändert – und umgekehrt (Abb. 1).

Daher kann auch niemand ›die‹ historische Wirklichkeit erkennen, also quasi die letztverbindliche Wahrheit. *Veritas filia temporis* (Ginzburg 1983, Schmutzblatt). Oder nach Worten des Verhaltensforschers Konrad Lorenz: Wahrheit ist ›nur‹ jene

Arbeitshypothese, die am besten geeignet ist, den Weg zu einer *anderen* Hypothese zu bahnen, die *mehr* zu erklären vermag.[4] ›Realität‹ ist somit ein subjektives, ein virtuelles, ein prozessual variables Konstrukt, und am besten stellt man diesen Begriff deshalb unter Anführungszeichen (s. Wallner 1990, 49-57). Insbesondere kann ›Realität‹ dann kein Synonym für ›Wirklichkeit‹ sein. Im Konstruktiven Realismus sind die beiden Begriffe konsequenterweise denn auch mit streng verschiedenen Bedeutungen besetzt: ›Realität‹ ist die individuelle Sicht dessen, was ›objektiv‹ und für alle Individuen ›gleich wirklich‹ vorhanden wäre, aber eben je Individuum unterschiedlich wahrgenommen wird (Wallner 1990, 39-48). Deshalb muss ich den Wert und die Tragfähigkeit einer Erkenntnis zunächst mit mir selber ausmachen. Verifizieren heißt klären, welche Differenz allenfalls zwischen meiner ›Realität‹ und der ›Wirklichkeit‹ besteht.

Das heißt, der Weg der Erkenntnis läuft über beständige Reflexivität. Und je karger die Spuren sind, mit deren Hilfe wir zu seriösen Botschaften gelangen wollen bzw. müssen, desto stärker sind wir hinsichtlich der Verifikation auf die Erkenntnistheorie verwiesen.

Interdisziplinarität

Die Rolle von Erkenntnisfähigkeit und Kommunikation liegt auf der Hand, wenn unterschiedliche Fachdisziplinen miteinander reden und einander verstehen sollen. Hier geht es darum, der hinter unterschiedlichen Sichtweisen von ›Realität‹ verborgenen ›Wirklichkeit‹ näher zu kommen. Nach Fritz Wallner hat derartiges fächer-*übergreifendes* Arbeiten eine fächer-*unabhängige* Mechanik: die des ›Übersetzens‹ auf dem Wege der ›Verfremdung‹ (s. Wallner 1990, Stichwortverzeichnis). Das ist das imaginäre Konfrontieren eines mir bekannten Sachverhalts mit einem bis dahin neuen (sprich ›fremden‹) Kontext, um diesen *per analogiam* zu verstehen. In Wissenschaft und Kunst, im Kabarett und im realen Alltag verfahren wir auf Schritt und Tritt nach diesem Prinzip. Dazu könnte man eine entsprechend lange Liste von Anwendungsbereichen erstellen. Ein Beispiel für Verfremdung bestünde etwa im Gedankenexperiment, dass Archäologen von der eingangs diskutierten Dichotomie ›hie Archäologen – hie Historiker‹ versuchsweise einmal Abstand nehmen. Jede Abstraktion, auch schon jeder absolvierte Vergleich und jedes noch so alltägliche ›Aha-Erlebnis‹ heißt, dass wir eine Verfremdung erfolgreich abgeschlossen haben – nämlich mit einer Erkenntnis. Erkenntnis und Erkenntnisfähigkeit sind also keineswegs etwa Privilegien des akademischen Elfenbeinturmes.

Jedes Be-fremden (»Was soll denn das«; »Das verstehe ich nicht«; »Der spinnt ja«) signalisiert per se eine unbewältigte Konfrontation mit Fremdheit, das heißt, dass man auf etwas Reales gestoßen ist, das man aufgrund von dessen *Fremd*-Artigkeit

---

4   Lorenz 1973, 86. Für den Verweis auf dieses Zitat danke ich Herrn Wolfgang Schleidt (Wien) sehr herzlich.

nicht versteht (= vorerst nicht zu ver-fremden vermag). Archäologen wissen selbst am besten was es heißt, einen unerklärlichen Gegenstand oder Befund vor sich zu haben. Ver-fremden bedeutet nun die Umkehrung jenes Be-fremdens: Weil man sich be-fremdet sieht (= eine fremde, aber eben doch existente Realität vor sich hat), muss es eine fremd-artige (= eine für das Fremde zutreffende) Lesart der Dinge geben – und eben die gilt es zu finden, wenn jenes Fremde in seiner Authentizität verstanden werden soll. Darin besteht die eklatante Parallele zur Kriminalistik, und auch das Wort ›Teilnehmerperspektive‹ meint nichts anderes. Wegweisend für solche Fälle ist das lateinische ›Fremd‹-Wort für ›Übersetzen‹: *interpretieren* (s. Tauber 1996; Hundsbichler 1998a). Der erkenntnistheoretische Schlüssel dazu ist die Fähigkeit und vor allem die Bereitschaft, die Dinge einmal ›*anders*‹ zu sehen als bisher (= eben zu verfremden). Dazu kann es schon genügen, ein Objekt bloß auf den Kopf zu stellen (Tauber 1996, 177 f.). ›Anders‹ sehen können ist auch das Grundprinzip aller Zwischenmenschlichkeit und jeder alltäglichen Diskussion und jeder fachlichen Grenzüberschreitung in der Wissenschaft. Für eine Person, die von vornherein unflexibel und rechthaberisch ist, also keine ›andere‹ Sicht der Dinge zulässt, kommt folglich in keinem dieser Bereiche etwas in Gang. Interdisziplinarität kommt also dann (und nur dann) zustande, wenn man Möglichkeiten in Betracht zieht, die vorher außer Acht gelassen wurden.

Nach alldem ist es eine ganz banale, aber nötige Feststellung, dass Erkenntnis die intellektuelle und kommunikative Leistung einer *Einzel*person ist (s. Hundsbichler 1999b; 1999c). Jede Person kann nur aufgrund ihrer jeweils individuellen Voraussetzungen Spuren lesen, ›anders sehen‹, ›übersetzen‹, ›verfremden‹, interpretieren, lernen, verstehen, deuten. Darin ist inkludiert, dass eine andere Person dieselben Spuren anders deuten kann und wird: Jeder Schüler einer Klasse schreibt zu einem gegebenen Thema einen anderen Aufsatz, weil jeder das Thema nach seinen jeweils individuell vorgespeicherten Prämissen ›verfremdet‹, und noch jeder Komponist einer Messe hat zu deren konstantem Text und Thema eine andere Musik geschrieben, und jeder Historiker wählt sein Arbeitsgebiet aufgrund zeitgebundener und individueller Interessenlagen. Hans-Werner Goetz hat das Zustandekommen eines individuellen Geschichts-›Bildes‹ einleuchtend als einen Vorgang schematisiert, den wir als ›individuelles Abenteuer im Kopf‹ bezeichnen können (Abb. 2).

Dasselbe Prinzip gilt auch für Interdisziplinarität, weil sie ja auf Erkenntnis nicht nur beruht, sondern auch abzielt. Zur Illustration ›verfremden‹ wir die Goetz'sche Graphik entsprechend und ersetzen die verschiedenen Quellen durch Anregungen aus verschiedenen Disziplinen (Abb. 3). Dann zeigt sich, dass die Stränge eines multidisziplinären Informations-Inputs auch im Falle von Interdisziplinarität jeweils nur im Kopf *eines* Individuums ihre Schnittstelle haben. Die fachlich verschiedenen Musiker eines Orchesters sind unverzichtbar, aber das Resultat des Zusammenspiels, die Symphonie, hört man nur kraft eigener, individueller Wahrnehmungsfähigkeit. Ohne diese Verfremdung ist Erkenntnis eben nicht möglich. Und während der Zuhörer sich vorbehaltloser dem integralen Musikgenuss hingeben mag, hört der

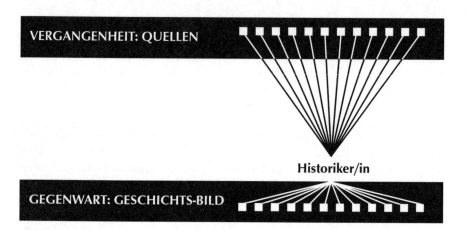

Abb. 2: Die Erarbeitung des (persönlichen) Geschichts-*Bildes* (nach Goetz 1993, 22 Abb. 3).

Dirigent oder der Musikfachmann auf jede einzelne Stimme der Partitur. Beide Wahrnehmungsweisen entsprechen der Interdisziplinarität und demonstrieren deren individuelle Bandbreite. Es ist daher verfehlt und überflüssig, Interdisziplinarität mit ausgeklügelten Teams oder monströsen Fächerverbünden zu assoziieren. Und wie Erkenntnis, kommt auch Interdisziplinarität nicht auf additivem, sondern auf prozessualem Weg zustande. Additiv ist die Besetzung des Orchesters. Dem entspricht der Begriff Multidisziplinarität. Erst im Prozess der Aufführung erfolgt die integrative Wahrnehmung der orchestralen/multidisziplinären Vielfalt. Dem entspricht der Begriff Interdisziplinarität.

Interdisziplinarität ist also ein Vorgang. Sie repräsentiert zu jeder Zeit einen anderen Stand des individuellen ›Abenteuers im Kopf‹.

Conclusio

Das Thema ›Spuren und Botschaften‹ hat, wie schon sein Wortlaut sagt und auch mein Beitrag durchgehend zu zeigen versucht hat, essentiell mit Kommunikation zu tun. Kommunikation ist also dermaßen vielfältig und grundlegend in all unser Tun involviert, dass ohne sie gar nichts geht. Oder positiv ausgedrückt: Alles geht umso besser, je mehr man über Kommunikation weiß. Daraus ziehe ich drei simple, aber wichtige Konsequenzen.

Erstens: *Wenn* Kommunikation einen gemeinsamen Basisaspekt aller historischen Wissenschaftszweige darstellt, so liegt das Postulat auf der Hand, dass unsere Methodeninventare auch entsprechend stärker kommunikationstheoretisch definiert und nachjustiert werden sollten (s. als Beispiel oben Abschnitt 2, »Spuren als Information« sowie etwa Moreland 1998).

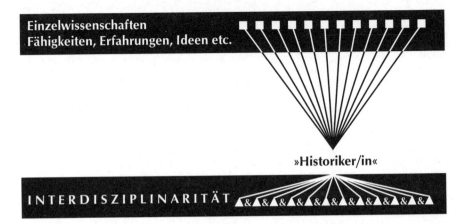

Abb. 3: Eine Verfremdung von Abb. 2: Interdisziplinarität ist Einzelleistung (Entwurf H. Hundsbichler).

Zweitens: Kommunikation hat mindestens zwei Pole. Aber immer ist einer davon (m)eine egozentrische Eigenwelt. An *dieser* muss ich also (und nur hier *kann* ich überhaupt) ansetzen, wenn ich meine Kommunikationskompetenz verbessern will. Das heißt, wie gut ich Geschichte erforschen, Fremdes deuten, Spuren lesen und Botschaften zuordnen kann, liegt zu einem erheblichen Anteil *an mir* – jedenfalls bei weitem nicht nur an den Quellen oder Hilfsmitteln oder Methoden oder Fächern oder Institutionen oder Sachzwängen oder womöglich immer noch anonymeren, ›fremderen‹ Faktoren.

Und drittens: Die Rolle, die wir Forscher als Kommunikatoren spielen, hat noch einen weiteren anthropologischen Aspekt. Ich darf meine Funktion als ›Historiker‹ nicht als Einbahnstraße instrumentalisieren, um mich mit der Kenntnis vergangener Sachverhalte zu berühmen oder mich machoistisch als deren Sachwalter aufzuspielen, sondern mein Tun sollte auch Zugänge *zu mir selbst* eröffnen. Das ist ein Weg von Reflexivität und Selbstanalyse – und Selbstkontrolle. Nur wenn ich der Vergangenheit bewusst respektvoll und partnerschaftlich gegenüber trete, vermeide ich deren Bevormundung (= die Konstruktion einer wirklichkeitsfernen ›Realität‹).

Unter diesen Vorzeichen wird es gleichgültig, für welche Epoche und aus welcher fachlichen Ecke heraus man Geschichte erforscht, aber kommunikativ orientierte Erkenntnistätigkeit wird dann definierbar als *Beziehungsarbeit* mit dem *homo faber* einer Vergangenheit. Der *homo faber* der Gegenwart mag diese Formel als Appell missverstehen, seine Interdisziplinaritäts-Gebäude in babylonische Dimensionen aufzustocken. Doch was hindert uns eigentlich, Beziehungsarbeit nach *menschlichen* Gesichtspunkten abzuwickeln?

Literatur

Bloch 1964/1974: M. Bloch, Apologie pour l'histoire ou métier d'historien. Paris: Colin 1964 [dt.: Apologie der Geschichte oder der Beruf des Historikers. Stuttgart: Klett 1974].
Fansa 1996: M. Fansa (Hrsg.), Realienforschung und Historische Quellen. Arch. Mitt. Nordwestdeutschl. Beih. 15. Oldenburg: Isensee 1996.
Fehring 1987: G. P. Fehring, Einführung in die Archäologie des Mittelalters. Darmstadt: Wissenschaftliche Buchgesellschaft 1987.
Fink-Eitel 1994: H. Fink-Eitel, Die Philosophie und die Wilden. Zur Bedeutung des Fremden für die europäische Geistesgeschichte. Hamburg: Insel 1994.
Gerndt 1997: H. Gerndt, Studienskript Volkskunde. Eine Handreichung für Studierende. Münchner Beiträge zur Volkskunde 20. Münster: Waxmann 1997.
Ginzburg 1983: C. Ginzburg, Spurensicherung. Der Jäger entziffert die Fährte, Sherlock Holmes nimmt die Lupe, Freud liest Morelli - die Wissenschaft auf der Suche nach sich selbst. In: Ders. (Hrsg.), Spurensicherungen. Über verborgene Geschichte, Kunst und soziales Gedächtnis. Berlin: Wagenbach 1983, 61-96.
Goetz 1990: H.-W. Goetz, Geschichte des mittelalterlichen Alltags. Theorie - Methoden - Bilanz der Forschung. In: Mensch und Objekt im Mittelalter und in der frühen Neuzeit. Leben - Alltag - Kultur. Veröff. Inst. Realienkunde Mittelalter u. Frühe Neuzeit 13 = Sitzungsber. Österr. Akad. Wiss., Phil.-Hist. Kl. 568. Wien: Österreichische Akademie der Wissenschaften 1990, 67-101.
Goetz 1993: Ders., Proseminar Geschichte: Mittelalter. Uni-Taschenb. 1719. Stuttgart: Ulmer 1993.
Heidrich 2000a: H. Heidrich (Hrsg.), Sach Kultur Forschung. Schrift. u. Kat. Fränkisches Freilandmus. 32. Bad Windsheim: Fränkisches Freilandmuseum 2000.
Heidrich 2000b: Ders., Facetten zu einer Theorie der Dinge. In: Heidrich 2000a, 8-18.
Hundsbichler 1987: H. Hundsbichler, Realienkunde zwischen »Kulturgeschichte« und »Geschichte des Alltags«. Medium Aevum Quotidianum Newsletter 9, 1987, 34-42.
Hundsbichler 1989: Ders., Geschichte - Realien - Alltag. Der Mensch im Zentrum der Sachkulturforschung. In: U. Dirlmeier/G. Fouquet (Hrsg.), Menschen, Dinge und Umwelt in der Geschichte. Neue Fragen der Geschichtswissenschaft an die Vergangenheit. Sachüberlieferung und Geschichte. Siegener Abhandl. Entwicklung d. Materiellen Kultur 5. St. Katharinen: Scripta Mercaturae 1989, 128-151.
Hundsbichler 1996: Ders., Sachen und Menschen, Alltag und Geschichte. Faust und die Erkenntnis der Realität. In: Fansa 1996, 11-28.
Hundsbichler 1998a: Ders., Der Faktor Mensch in der interdisziplinären Kulturforschung. »Experimentelle« Thesen aus mediävistischer Sicht. In: K. Bedal/S. Fechter/ H. Heidrich (Hrsg.), Haus und Kultur im Spätmittelalter. Schrift. u. Kat. Fränkisches Freilandmus. 30. Bad Windsheim: Fränkisches Freilandmuseum 1998, 9-18.
Hundsbichler 1998b: Ders., Sachen und Menschen. Das Konzept Realienkunde. In: Hundsbichler et al. 1998, 29-62.
Hundsbichler 1999a: Ders., Wörter und Sachen - Bilder und Sachen - Sachen und Menschen. In: R. Schmidt-Wiegand (Hrsg.), »Wörter und Sachen« als methodisches Prinzip und Forschungsrichtung, 1. Teil. Germanist. Linguistik 145/146, 1999, 203-217.
Hundsbichler 1999b: Ders., Alltagsforschung und Interdisziplinarität. Medium Aevum Quotidianum 40, 1999, 7-34.
Hundsbichler 1999c: Ders., Interdisziplinarität und Mediävistik. Das Mittelalter 4, 1999, 17-29.
Hundsbichler 2000: Ders., Re-Konstruktion, Re-Präsentation, Re-Vision. Zum fächerübergreifenden Denken in der mittelalterlichen Hausforschung. In: U. Meiners/K.-H. Ziessow (Hrsg.), Dinge und Menschen. Geschichte, Sachkultur,

Museologie. Kat. u. Schr. Museumsdorf Cloppenburg 6. Cloppenburg: Museumsdorf Cloppenburg 2000, 29-41.
Hundsbichler et al. 1998: Ders./G. Jaritz/Th. Kühtreiber (Hrsg.), Die Vielfalt der Dinge. Neue Wege zur Analyse mittelalterlicher Sachkultur. Forsch. Inst. Realienkunde Mittelalter u. Frühe Neuzeit. Diskuss. u. Materialien 3, Wien: Österreichische Akademie der Wissenschaften 1998.
Jaritz 1989: G. Jaritz, Zwischen Augenblick und Ewigkeit. Einführung in die Alltagsgeschichte des Mittelalters. Wien/Köln: Böhlau 1989.
Lempp 1996: R. Lempp, Die autistische Gesellschaft. Geht die Verantwortlichkeit für andere verloren? München: Kösel 1996.
Lhotsky 1963: A. Lhotsky, Quellenkunde zur mittelalterlichen Geschichte Österreichs. Mitt. Inst. Österreich. Geschichtsforsch., Ergänzungsbd. 19. Graz/Köln: Böhlau 1963.
Lorenz 1973: K. Lorenz, Die acht Todsünden der zivilisierten Menschheit. Serie Piper 50. München: Piper 1973.
Mohrmann 1985: R. Mohrmann, Wohnen und Wohnkultur in nordwestdeutschen Städten im Spätmittelalter und in der frühen Neuzeit. In: C. Meckseper (Hrsg.), Stadt im Wandel. Kunst und Kultur des Bürgertums in Norddeutschland 1150-1650. Ausstellungskatalog. Stuttgart/Bad Cannstatt: Edition Cantz 1985, 513-530.
Moreland 1998: J. Moreland, Through the Looking Glass of Possibilities: Understanding the Middle Ages. In: Hundsbichler et al. 1998, 85-116.
Moser 1975: O. Moser, Die Räume eines Villacher Bürgerhauses um 1300. Carinthia I, 165, 1975, 269-282.
Rippmann 1987: D. Rippmann et al., Basel - Barfüßerkirche. Grabungen 1975-77. Ein Beitrag zur Archäologie und Geschichte der mittelalterlichen Stadt. Schweizer Beitr. Kulturgesch. u. Arch. Mittelalter 13. Olten/Freiburg i. Br.: Walter 1987.
Scholkmann 1998: B. Scholkmann, Sachen und Menschen. Der Beitrag der archäologischen Mittelalter- und Neuzeitforschung. In: Hundsbichler et al. 1998, 63-83.
Seidenspinner 1986/87: W. Seidenspinner, Mittelalterarchäologie und Volkskunde. Ein Beitrag zur Öffnung und Theoriebildung archäologischer Mittelalterforschung. Zeitschr. Arch. Mittelalter 14/15, 1986/87, 9-48.
Tauber 1996: J. Tauber, Archäologische Funde und ihre Interpretation. In: Fansa 1996, 171-187.
von Osten 1992: S. von Osten, Das Alchemistenlaboratorium von Oberstockstall. Ein Fundkomplex des 16. Jahrhunderts aus Niederösterreich. Geisteswiss. Diss. Wien 1992.
Wallner 1990: F. Wallner, Acht Vorlesungen zum Konstruktiven Realismus. Cognitive Science 1, Wien: WUV-Universitätsverlag 1990.

CORNELIUS HOLTORF

Archäologie als Fiktion
– Anmerkungen zum Spurenlesen*

In Gedenken an Adam Clackson und die Crew der *Tuila*,
die im August 2000 spurlos verschwand.

ZUSAMMENFASSUNG: Mein Beitrag geht von Carlo Ginzburgs berühmtem Indizienparadigma des Spurenlesens aus, in dem er die Methoden des Kunsthistorikers Morelli, des Psychoanalytikers Freud und des Detektivs Holmes miteinander verbindet. Das gleiche Konzept des ›Spurenlesens‹ hat auch die Archäologie maßgeblich beeinflusst. Neuere symbolische und semiotische Ansätze teilen mit der *New Archaeology* die Erwartung, anhand einer genauen Analyse von Funden und Befunden der Vergangenheit ›auf die Spur zu kommen‹. Dieses Bild hat nicht nur wissenschaftliche Methodiken geprägt, sondern auch die Vorstellungen von der Archäologie in der Öffentlichkeit, von ›archäologischer Detektivarbeit‹ bis zur archäologisch inspirierten Kunstrichtung der ›Spurensicherung‹. In jüngster Zeit haben jedoch verschiedene theoretische Arbeiten von Archäologen meiner Meinung nach zurecht argumentiert, dass archäologisches Arbeiten weniger als ein Rekonstruieren der Vergangenheit aus ihren Spuren und mehr als ein kreatives Neuinterpretieren materieller Kultur betrachtet werden sollte. In meinem Beitrag führe ich diese Gedanken aus und deute an, was aus ihnen für künftiges archäologisches Arbeiten folgen mag.

Achim Gründel und Helmut Ziegert argumentierten in einem Aufsatz von 1983, dass die moderne Archäologie »in ihrem Ziel, früheres Verhalten von Menschen aus den Spuren eben dieses Verhaltens zu erschließen« eng mit der Kriminalistik verwandt sei. Auf den ersten Blick sind tatsächlich beide Felder darauf bedacht, in der Gegenwart zu beobachtende Resultate mit Hilfe von handfesten Indizien zu erklären und dadurch Vorgänge, die sich in der Vergangenheit abgespielt haben, zu verstehen (zur dabei verwendeten abduktiven Vorgehensweise, Strinnholm 1998). Der Detektiv ist der Archäologe des Verbrechens. Der Archäologe ist der Detektiv, der der Vergangenheit auf die Spur kommt. Er steht außerhalb des Geschehens und analysiert kleinste Spuren mit naturwissenschaftlichen Methoden und scharfem Verstand, schließlich zu einem Urteil kommend. Sowohl der Archäologe wie auch der Detektiv operieren dabei mit konkreten, beobachtbaren Fakten, die oft unbeabsichtigt hin-

---

* Ich danke Ulrich Veit für die Einladung zur Tübinger Tagung und allen, die zur theoretischen Diskussion meines und anderer Beiträge beigetragen haben, für intellektuelle Anregungen, die z. T. auch in dieser schriftlichen Überarbeitung meines Vortrages ihren Niederschlag gefunden haben. Außerdem bin ich Michael Molnar vom Freud-Museum London für Anregungen zu Dank verpflichtet. Für die Abbildungen danke ich Charlotte Trümpler, den Trustees des Britischen Museums und Michael Molnar.

Abb. 1: Agatha Christie bei der Beaufsichtigung der Grabungsarbeiter in Chagar Bazar, 1935.
(© The British Museum, London).

terlassen wurden. Weil sie im Unterschied zu menschlicher Erinnerung nicht tendenziös seien und sichere Urteile erlaubten, könnten sie menschliche Zeugen manchmal sogar objektiv berichtigen. So wird das jedenfalls gelegentlich dargestellt oder impliziert (z. B. A. Assmann 1999, 209, 213, 317; J. Assmann 1996, 18 f.; Pearson/Thomas 1994, 145-152; Traxler 1983, s. Beitrag G. Mante in diesem Band). Tatsächlich haben Archäologen und Kriminologen auch gelegentlich schon erfolgreich zusammengearbeitet (z. B. Gerasimow 1968; Hunter et al. 1996).

Historisch gesehen entwickelten sich seit der zweiten Hälfte des 19. Jahrhunderts nicht nur die moderne Kriminalistik mit ihren empirischen Beweismethoden und die moderne Archäologie parallel zueinander, sondern auch das Genre des Detektivromans entstand in dieser Zeit (Patzek et al. 1999, 398; Neuhaus 1999). Von Arthur Conan Doyles Sherlock Holmes wissen wir, dass er in *The Hound of the Baskervilles* in einem frisch ausgegrabenen neolithischen Steinhaus unterkommt, um unerkannt vor Ort seine detektivischen Recherchen vorzunehmen (Thomas 1976, 313; Neuhaus 1999, 429). Die weltberühmte Kriminalschriftstellerin Agatha Christie war sogar mit einem Archäologen verheiratet (Max Mallowan) und hat ihn oft auf seinen Ausgrabungen im Vorderen Orient begleitet, wie eine aktuelle Wanderausstellung hinlänglich belegt (Trümpler 1999). Nicht zufällig geht es in ihrem Roman *Murder in Mesopotamia* (1994) um Vorfälle auf einer Ausgrabung, bei der es sich offenbar um ein Abbild von Woolleys Grabung in Ur handelt (Patzek et al. 1999, 394). Detektiv Hercule Poirot erinnert sich in einer späteren Episode wie folgt,

> »Einmal wurde ich zu einer archäologischen Expedition gerufen, und ich habe dort etwas gelernt. Wenn bei einer Grabung etwas aus dem Boden kommt, wird alles Umliegende sehr sorgfältig gesäubert. Man nimmt die lose Erde weg, man kratzt hier und dort mit einem Messer, bis schließlich der Gegenstand hervorkommt, um ganz für sich gezeichnet und fotografiert zu werden, ohne dass irgend etwas Umliegendes die Aufzeichnung verwirrt. Genau das habe ich versucht zu tun, das nicht Dazugehörige beiseite zu schaffen, so dass wir die Wahrheit und nichts als die nackte Wahrheit sehen können.«
> (zit. nach Patzek et al. 1999, 394)

Offenbar ist Poirot zum Teil von archäologischen Methoden inspiriert und am Ende des mesopotamischen Abenteuers spricht ihm der Archäologe Dr. Leidner ein großes Lob aus, »You would have made a good archaeologist, M. Poirot. You have the gift of re-creating the past« (Christie 1994, 215). Die Ironie der Geschichte liegt darin, dass am Ende ausgerechnet die archäologischen Fähigkeiten des Detektivs den Archäologen selbst als Täter überführen.

Auch eine Reihe von Archäologen haben sich am Verfassen von Kriminalromanen versucht, darunter Stanley Casson aus Oxford, der Max Mallowans Tutor gewesen war, und Glyn Daniel aus Cambridge, dessen Detektivfigur seinerseits ein Archäologe ist (Thomas 1976, 314 f.; Mann 1981; Neuhaus 1999, 430 f.). Die Verbindungen von Kriminalistik und Archäologie reichen aber noch weiter. Michael Shanks hat vor einigen Jahren auf die Ähnlichkeiten zwischen archäologischem Diskurs und einem Gerichtsprozess hingewiesen,

> »Archaeology is judiciary. The archaeologist is judge and clerk of the court. The past is accused. The finds are witnesses. As in Kafka, we do not really know the charge. There is plenty of mystery. Archaeology follows the process of the law, inquiry (the accused and witnesses are observed and questioned, tortured with spades and trowels); adjudication (the archaeologist reflects on the mystery and gives a verdict); inscription (the archaeologist records trial and sentence, publishes for record of precedence).« (Shanks 1992, 54)

Doch zurück zum Spurenlesen. In einem berühmten Aufsatz über ›Spurensicherung‹ (1995) hat Carlo Ginzburg argumentiert, dass es ein epistemologisches Modell des Spurenlesens gebe, sozusagen ein ›Indizienparadigma‹. Dieses habe sich seit der zweiten Hälfte des 19. Jahrhunderts in den Humanwissenschaften ausgebreitet, obwohl seine Ursprünge sehr viel weiter zurückreichten und mit dem Fährten- und Spurenlesen von Jägern und frühen Formen des Wahrsagens in Verbindung gebracht werden könnten (Wahrsagen ist Spurenlesen in umgekehrter Richtung, d. h. zukunftsorientiert). Ginzburg stellt so einen epistemologischen Zusammenhang zwischen einer Reihe ganz verschiedener Bereiche her, in denen allesamt auf prinzipiell ähnliche Art und Weise kleinste Spuren gelesen werden, um ihnen zugrundeliegende Ursachen zu erschließen. Von Hercule Poirot, Sherlock Holmes und der Bedeutung

Abb. 2: Das Foto zeigt Sigmund Freud, der an seinem Schreibtisch sitzend von Marie Bonaparte gefilmt wird. »Since 1926 Freud was a regular customer of the antiquity dealer Robert Lustig in Vienna whom he visited about twice weekly, or whom he invited to show and offer to him the most recent acquisitions at his home in the Berggasse, inspecting and buying objects between treatment hours. By and by Freud's office took on a museum-like appearance. [...] Many a valuable piece was the gift of Marie Bonaparte, Princess George of Greece, who used to buy them both in Greece and in an antiquity shop in Paris« (Jobst 1978, 47 f. - © Sigmund Freud Museum, London).

von Indizien in der modernen Kriminalistik war schon die Rede. Eine weitere relevante Disziplin, die Ginzburg diskutiert, ist die Kunstgeschichte. Giovanni Morelli entwickelte eine Methode, die Maler unsignierter Bilder anhand scheinbar nebensächlicher Details identifizieren kann. Morelli argumentierte, dass sich in den Darstellungsweisen von Details wie Ohrläppchen, Nasen, Fingernägeln und Zehen gelernte Techniken und unbewusste Routinen eines individuellen Malers besser spiegeln als in auffälligeren Merkmalen, die leicht kopierbar sind. Mit Hilfe dieser Methode werden nicht nur Zuweisungen zu bestimmten Malerpersönlichkeiten möglich, sondern manche Bilder überhaupt erst authentisiert. Die gleiche Methode ist später von John Beazley, dem Klassischen Archäologen, zur Identifizierung von Malern rot- und schwarzfiguriger Vasen und deren ›Schulen‹ angewandt worden. Sie hat in der Klassischen Archäologie bis heute zahlreiche Anhänger gefunden (Whitley 1997).

Auf prinzipiell ähnliche Weise schließt auch die Medizin von bestimmten regelhaften, unintendierten Symptomen auf deren Ursache, die es im Heilungsprozess positiv zu beeinflussen gilt. Sehr deutlich wird dieses Indizienparadigma insbesondere in der Psychoanalyse Sigmund Freuds. Freud, Morelli und Conan Doyle hatten gemeinsam, dass sie alle als Ärzte ausgebildet waren und möglicherweise deshalb

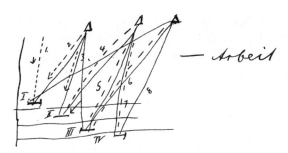

Abb. 3:
Freuds Skizze der analytischen Freilegearbeit des Verdrängten in immer tieferen Schichten. Beilage zum Brief an Wilhelm Fliess vom 25. 5. 1897 (Freud 1950, 217).

ähnlich dachten (Ginzburg 1995; vgl. Meyer 1993, 158). Freud war nicht nur ein Fan von Sherlock Holmes, sondern er kannte auch einige von Morellis Aufsätzen (Lorenzer 1985). So wundert es kaum, dass er eine direkte Analogie zwischen der Methode der Psychoanalyse, den Ansätzen von Holmes und Morelli und der Archäologie sah. Für Freud, der nicht nur lebhaft die archäologischen Entdeckungen seiner Zeit in Pompeji, Rom, Knossos und Troia verfolgte, sondern auch ein begeisterter Museumsbesucher und Antikensammler war, entsprach die frühe Kindheit der menschlichen (Vor-) Geschichte, deren Überreste und Ruinen im Laufe der Zeit verdrängt und verschüttet werden (Bernfeld 1951; Mertens/Haube 1996; Reinhard 1996; Brumlik 1998). Gleich einem Detektiv, schrieb Freud (1969, 52), solle man in der Psychoanalyse »die kleinen Anzeichen nicht unterschätzen; vielleicht gelingt es, von Ihnen aus Größerem auf die Spur zu kommen.« Träume und neurotische Persönlichkeitsstörungen waren Freuds bevorzugte ›Ausgrabungsstätten‹. Genau wie ein Archäologe Fragmente antiker Zivilisationen durch Ausgraben freilege, verfahre ein Psychoanalytiker, wenn er versuche, unvollständig erhaltene Erinnerungen und Überbleibsel aus der frühen Kindheit eines Patienten freizulegen, die zuvor unter Schichten von Amnesie verschüttet und im Unbewussten verborgen waren. Freud schrieb in *Konstruktionen in der Analyse*, dass die Arbeit des Analytikers eine weitgehende Übereinstimmung mit der des Archäologen zeige:

> »Sie ist eigentlich damit identisch, nur dass der Analytiker unter besseren Bedingungen arbeitet, über mehr Hilfsmaterial verfügt, weil er sich um etwas noch lebendes bemüht, nicht um ein zerstörtes Objekt [...] Aber wie der Archäologe aus stehengebliebenen Mauerresten die Wandungen des Gebäudes aufbaut, aus Vertiefungen im Boden die Anzahl und Stellung von Säulen bestimmt, aus den im Schutt gefundenen Resten die einstigen Wandverzierungen und Wandgemälde wiederherstellt, genauso geht der Analytiker vor, wenn er seine Schlüsse aus Erinnerungsbrocken, Assoziationen und aktiven Äußerungen des Analysierten zieht. Beiden bleibt das Recht zur Rekonstruktion durch Ergänzung und Zusammenfügung der erhaltenen Reste unbestritten. Auch manche Schwierigkeiten und Fehlerquellen sind für beide Fälle die nämlichen. Eine der heikelsten Aufgaben der Archäologie ist bekanntlich die Bestimmung des relativen Alters eines Fundes, und wenn ein Objekt in einer bestimmten Schicht zum Vorschein kommt, bleibt es oft zu entscheiden, ob es dieser Schicht angehört oder durch eine spätere Störung in die Tiefe geraten ist.« (zit. nach Brumlik 1998, 73)

Freud war ein Stammkunde des Antikenhändlers Robert Lustig in Wien, den er etwa zweimal die Woche besuchte, wenn dieser nicht selbst in Freuds Wohnung kam. Nach und nach nahmen sein Büro und Arbeitszimmer den Charakter eines Museums an, das Freud ganz offensichtlich in seiner Arbeit inspirierte. Bei seinem Tod umfasste die Sammlung über 3.000 Stücke, von denen die meisten noch heute im Londoner Sigmund Freud Museum zu sehen sind (Forrester 1994; Gamwell/Wells 1996; Marinelli 1998).

Kurioserweise wird die Archäologie in Ginzburgs Aufsatz nicht herangezogen, obwohl sie ohne Frage nicht nur selbst methodisch stark von der Idee des Spurenlesens bestimmt wird, sondern eben auch das Indizienparadigma selbst mitgeprägt hat (Zintzen 1998, 239 und passim). Neuere symbolische und semiotische Ansätze teilen mit der New Archaeology die Vorstellung vom ›archaeological record‹; es geht ihnen darum, anhand einer genauen Analyse von Funden und Befunden der Vergangenheit ›auf die Spur zu kommen‹ (vgl. Patrik 1985; Pearson/Thomas 1994, 155 f.). Wie das Beispiel Sigmund Freuds zeigt, lässt sich Ginzburgs Indizienparadigma, das er selbst auf das Modell der medizinischen Semiotik zurückführt (1995, 15), ebensogut oder besser als ein archäologisches Paradigma verstehen. Gabriele Mante führt in ihrem Beitrag (in diesem Band) aus, dass selbst die erz-kriminalistische Fingerabdruckmethode ihren Ursprung in den privaten archäologischen Studien ihres Erfinders an prähistorischen Töpfen habe.

Adolf Borbein (1981, 49) sprach vor zwei Jahrzehnten von einer »Archäologisierung unserer Welterfahrung« und Lambert Schneider (1985, 8) etwas später von der »Archäologisierung des Lebensgefühls« und der Archäologie als «Leitwissenschaft« der Gegenwart. Rosalind Williams (1990, 49) schrieb sogar:

»Since the nineteenth century [...] excavation has served as a dominant metaphor for truth-seeking. The assumptions that truth is found by digging, and that the deeper we go the closer we come to absolute truth, have become part of the intellectual air we breathe.«

Alle drei verweisen auf künstlerische Verarbeitungen und Rezeptionen des ›archäologischen‹ Ansatzes, wobei freilich Borbein und Schneider die bildende Kunst im Blick haben, während sich Williams auf die Literatur bezieht. Eine Hamburger Ausstellung, die 1974 an Archäologie interessierte Künstler erstmals zusammenbrachte, gab der ›archäologischen‹ Richtung in der bildenden Kunst ihren bis heute gültigen Namen, ›Spurensicherung‹ (Metken 1977). Zu den bedeutendsten Vertretern zählen Patrick und Anne Poirier, Nikolaus Lang, Paul-Armand Gette und Charles Simonds. Ebenfalls hinzuzurechnen sind Susan Hiller und Mark Dion[1]. Man mag als Archäologe an der ›Spurensicherung‹ kritisieren, dass sie die archäologische Methodik nur parodiere und gar kein wirkliches Verständnis der Vergangenheit liefere, ja dieses gar nicht anstrebe. Dann wäre es nicht weiter von Belang für das Anliegen der

---

1 Für eine ausführliche Diskussion dieser Künstler und ihrer Werke fehlt hier leider der Platz, siehe z. B. Metken 1977; 1996; Schneider 1999; Coles/Dion 1999; Einzig 1996.

Archäologie selbst, wie da ein paar Künstler archäologische Indizien und Methodik karikieren. Doch lässt sich die ›Spurensicherung‹ auch anders sehen und diskutieren. Ich möchte im folgenden insbesondere zwei Aspekte etwas näher ausführen, und zwar:

1. Die in den Werken der ›Spurensicherung‹ enthaltene implizite Kritik an der archäologischen Methode, und
2. Den Umstand, dass diese Kritik an der archäologischen Methode insofern fehl am Platze ist, als die ›Spurensicherung‹ selbst demonstriert, dass das Indizienparadigma auf ganz falschen Voraussetzungen beruht. Das aber führt zu einer zweiten, sehr viel tiefergehenden Kritik am archäologischen Spurenlesen.

Zunächst zur in der ›Spurensicherung‹ unmittelbar enthaltenen Kritik an der archäologischen Methode. Wie schon gesagt, handelt es sich in vielen Fällen um Parodien und Karikaturen von Wissenschaftlichkeit, wie sie die Archäologie scheinbar ideal exemplifiziert. Doch dies ist alles andere als harmlos: »indem sie ihre Formen scheinbar übernimmt, ihre Inhalte aber denunziert« (Borbein 1981, 50), richtet sich die ›Spurensicherung‹ *gegen* die Verwissenschaftlichung unserer Welt. Trotz aller Sorgfalt und Exaktheit, wird hier ja keine *wirkliche* wissenschaftliche Arbeit dargestellt, und es werden keine wirklichen Aussagen über irgendeine *tatsächliche* Gegenwart oder Vergangenheit gemacht. Stattdessen wird auf etwas anarchistische Weise die Methode karikiert, mit deren Hilfe scheinbar absolutes Wissen gewonnen wird – Wissen, das den Kunstfälscher entlarven, den Mörder überführen, den Patienten heilen und die Vergangenheit zum Sprechen bringen kann. In der ›Spurensicherung‹ werden mitunter sehr persönliche Assoziationen und Erinnerungen evoziert, die darauf hinweisen, dass jenseits des absoluten Wissens etwas Wertvolles verschüttet liegt, das einer anderen Art der Aufdeckung bedarf. Dieses Etwas ist gerade deshalb wertvoll, weil es sich der modernen Wissenschaftswelt entzieht und eben nicht von der Archäologie oder einer anderen Wissenschaft ohnehin zu Tage gebracht wird (Schneider 1985, 12; Raap 1999). In diesem Sinne ist die ›Spurensicherung‹ so etwas wie Anti-Archäologie (vgl. Einzig 1996, 19, 208; Coles 1999, 31 f.). Sie stellt die Autorität der Archäologen in Frage, indem sie auf das Nicht-Wissenschaftliche verweist – die Dinge, die uns als Wissenschaftlern normalerweise entgehen, obwohl sie mindestens ebenso elementar und wichtig sind.

Meine zweite Überlegung führt sehr viel weiter. Die Kritik am archäologischen Indizienparadigma ist insofern fehl am Platze, als die ›Spurensicherung‹ selbst demonstriert, dass das Indizienparadigma auf ganz falschen Voraussetzungen beruht und im Grunde auf die Archäologie, wie wir sie gewöhnlich sehen, gar nicht anwendbar ist. Anne und Patrick Poirier formulierten 1991 folgende programmatischen Sätze über ihren fiktionalen Archäologen des ›Mnémosyne-Projektes‹ – wobei sie interessanterweise auch auf die Psychoanalyse rückverweisen:

»Dieser Archäologe ist ein hartnäckiger Psychiater, der in Fragmenten, in Etappen mit vorsichtigem und langsamen Herantasten die Erinnerung auszugraben sucht. Er untersucht die Erde, um sie zum Sprechen zu bringen. Und sie spricht, und enthüllt in ihren Spuren, in ihren Wunden ihre ganze vergrabene Geschichte.« (zit. nach Flaig 1999, 33)

Für die ›Spurensicherung‹ ist die Archäologie nur am Entdecken, Aufdecken, Archivieren, Klassifizieren und Beschreiben materieller Reste interessiert, die dann angeblich für sich sprechen und historische Wahrheiten offenbaren. Was eigentlich nur der erste Schritt umfassender Interpretationsarbeit auf dem Weg zu historischer Erkenntnis ist, wird von der ›Spurensicherung‹ zum eigentlichen Ziel der Archäologie erklärt (vgl. Borbein 1981, 58). Damit aber wird die Archäologie verkannt. Ähnlich bemerkte Lambert Schneider, dass Werke der ›Spurensicherung‹ durch ihre kriminalistischen Assoziationen in materiellen Spuren verankerte Direktzugänge zu einem historischen Ursprung suggerieren (Schneider 1985, 13). Doch auch das kann die Archäologie nicht leisten. Ein Verständnis der Archäologie als reiner Indizienwissenschaft wird ihrem tatsächlichen Anspruch und ihren vielfältigen Arbeitswiesen nicht gerecht. Sie kann eben nicht auf der Grundlage materieller Überreste oder Spuren die Vergangenheit quasi wieder auferstehen lassen (Flaig 1999, 34 f.; Schneider 1999, 72). Ein archäologischer Fund oder Befund muss erst als solcher *interpretiert* werden; was er besagt, ist abhängig von den Fragestellungen, Methoden und perspektivischen Erwartungen, mit denen Archäologen heute *interpretieren* und mit denen diese Interpretationen anderen gegenüber kommuniziert werden (vgl. Schneider 1985/86, 24 f.; Pearson/Thomas 1994, 141-145, 156-158). Dies ist das zentrale Credo der *interpretive archaeology* (z. B. Tilley 1993; Thomas 1996, 62 f.). John Barrett drückte deren Grundgedanken unlängst so aus:

> »Artefacts mean nothing. It is only when they are interpreted through practice that they become invested with meanings [...] Our knowledge is not grounded upon the material evidence itself, but arises from the interpretive strategies which we are prepared to bring to bear upon that evidence.« (Barrett 1994, 168 f., 171)

Entsprechendes gilt für Jäger und Detektive, sowie für die Medizin, die Psychoanalyse, und die Kunstgeschichte. Immer ist es die *Interpretation*, die die Spur erst entstehen und signifikant werden lässt. Auch in der Psychoanalyse erläutern sich die ›Funde‹ nicht selbst. Donald Spence (1987), ein Gegner von Freuds archäologischer Metaphorik und der psychoanalytischen Sherlock-Holmes-Tradition, wies entsprechend darauf hin, dass die Psychoanalyse im Grunde spekulativ vorgeht, weil ein eindeutiger Zusammenhang zwischen beobachtbaren psychischen Phänomenen und zugrunde liegenden Ursachen in der Vergangenheit schlicht nicht existiere. Die Vergangenheit des Patienten wird auf der Grundlage der dem Analytiker bekannten Fakten konstruiert (Jacobsen/Steele 1979; vgl. Mertens/Haubl 1996). Auch in der Kriminalistik kommt es eigentlich nicht auf die Rekonstruktion des tatsächlichen Tathergangs an, sondern auf das Überzeugen des Gerichtes bzw. der Jury von einer bestimmten Version des Tathergangs auf der Basis zahlreicher Annahmen und Hypothesen. Selbst Hercule Poirots gepriesene archäologische Methode kann nur eine hypothetische Rekonstruktion des Tathergangs liefern, die zwar alle Umstände sinnvoll erklären kann, aber am Ende unbeweisbar bleibt (s. Christie 1936, 186). Insofern das Indizienparadigma eine unbestreitbare und eindeutige Beziehung zwischen Ursachen und Wirkungen impliziert, ist es irreführend. Jede Spur kann immer auch anders gelesen und interpretiert werden (s. Reve 1994; sowie Beitrag H. P. Hahn in diesem Band). Nichts ist schwerer vorherzusagen als die Vergangenheit – auch darin erweist sich ein Zusammenhang zwischen Spurenlesen und Wahrsagen.

An dieser Stelle merke ich an, dass ich zwischen ›Spuren‹ und ›Botschaften‹ bzw. zwischen ›indexikalischen‹ und ›symbolischen‹ Zeichen (nach C. S. Peirce, siehe Beitrag S. Burmeister in diesem Band) keine strikte Trennung vornehme. Meines Erachtens gilt:

(a) dass Spuren und Indizien erst durch Interpretationen zu sinnvoll deutbaren Spuren bzw. Indizien werden und keineswegs interpretationsneutral sind. Es kann mitunter große Diskrepanzen darüber geben, ob eine bestimmte Beobachtung eine Spur bzw. ein Indiz ist (und wovon) oder nicht. Spurensichern und Spurenlesen lassen sich nicht trennen, sondern beide sind untrennbar miteinander verknüpft (*contra* Mante).

(b) dass Spuren immer auch Symbole sein können, die Botschaften vermitteln, und dass es genau auf diese Botschaften vorrangig ankommt; man denke nur an Daumenabdrücke als Unterschrift, künstliche Patina und simulierte Abnutzung in Design und Mode, absichtliche Schuhabdrücke in frischem Beton oder die abgenutzte Grabungskelle als archäologisches Statussymbol.

Wenn das so ist, lassen sich in archäologischem Material kaum klare und methodisch relevante Unterscheidungen treffen zwischen Nicht-Spuren, Spuren und Botschaften: die Interpretationsleistungen zu ihrem Verständnis gleichen sich (*contra* Burmeister). Es handelt sich jeweils um Interpretationskonstrukte (Lenk 1993).

Wenn die ›Spurensicherung‹ also nicht die tatsächliche Arbeit der Archäologen widerspiegelt, dann scheint es für die Künstler auf das eigentliche Ziel der Archäologie – dem Verstehen der Vergangenheit anhand ihrer materiellen Überreste – gar nicht anzukommen und mehr auf den Weg selbst, der dorthin führen mag, »den Weg eines bestimmten Nachdenkens, Reflektierens und Erlebens« (Schneider 1985, 8). Es ist nicht das Endresultat, das zählt, sondern der Prozess durch den der Künstler zu ihm gelangt (Edmonds/Evans 1991, 15-18; Renfrew 1999, 21). Der Bezugspunkt der ›Spurensicherung‹ ist nicht die Vergangenheit, sondern, wie Nikolaus Himmelmann (1976, 174) es ausdrückte, die ›symbolische Geste des Erinnerns‹ selbst. Die Kunstwerke selbst erweisen sich so als Neuschöpfungen, die Archäologie nur zitieren und tatsächlich vor allem über ihre eigene Gegenwart und sich selbst sprechen; sie sind »Vehikel der Selbsterkenntnis« (Hegyi 1994; 9). Günter Metken resümierte im einleitenden Kapitel des ›Spurensicherung‹-Buches wie folgt:

»Letztlich sind diese Ruinen, Reste, Spuren ein Anlass zur eigenen Positionsbestimmung. Die Suche nach dem scheinbar Vorgegebenen wird vor allem eine Suche nach sich selbst, nach einem Standpunkt in der rasch wechselnden Gegenwart.« (Metken 1977, 14)

Lambert Schneider (1985/86, 29) sprach deshalb auch davon, dass die ›Spurensicherung‹ ihren Gegenstand selbst erfinde. Das ist sicherlich richtig. Gerade die Eleganz der archäologischen Zitate in diesem Zusammenhang mag nun aber dazu verführen darüber nachzudenken, ob nicht auch die Archäologie vor allem einen Weg und nicht ein Endziel verfolgt. Besteht nicht auch die Archäologie aus ständigen Neuschöpfungen, die nur immer ihre eigenen Vorgänger zitieren, und tatsächlich vor allem über ihre eigene Gegenwart und sich selbst sprechen? Erfindet nicht auch die Archäologie ihren Gegenstand immer neu, und zwar gerade *wegen* der zentralen Bedeutung, der in ihr der Interpretation zukommt? Wieder John Barrett:

> »There is no actual past state of history ›out there‹ which is represented by our data and which is waiting for us to discover it. [...] All we have are the contexts of our desires to know a past, positions from which we may then examine the material conditions which others, at other times and from other perspectives, also sought to understand. We should treat this material as a medium from which it is always possible to create meaning, rather than a record which is involved in the transmission of meaning.« (Barrett 1994, 169 f.)

Das archäologische Spurenlesen wird so zur Selbstparodie. Was wir als Archäologen dann aber tatsächlich tun, ist nicht immer tiefer in unsere eigene Geschichte vorzudringen, sondern Kommentare über sie anzuhäufen, die sich ändernde Positionen, Blickwinkel und Ansätze widerspiegeln. Die Suche nach der Vergangenheit ist die Suche nach uns selbst in rasch wechselnden Gegenwarten. Was Donald Spence für die Psychoanalyse als Alternative zur Freudschen Archäologiemetapher vorschlug, kann ganz entsprechend auch für die Archäologie selbst gelten:

> »In arguing for an accumulation of commentaries rather than the excavation of a session (or a person's mind), we are saying goodbye to the archaeological metaphor and substituting something much closer to an open conversation. We are suggesting that wisdom does not emerge by searching for historical truth, continually frustrated [...] by a lack of clear specimens and [biased] data; rather, wisdom emerges from the gradual accumulation of different readings of the same situation and the accumulating overlay of new contexts. Notice how the metaphor has changed. No meaning attaches to any one piece which is buried in the past, in the unconscious, or in the clinician's incomplete records; no excavation is necessary. Instead, the meanings are constantly in flux, seen each time against a different context which provides a change of emphasis.« (Spence 1987, 179 f.)

Was folgt daraus für die Methoden und die Ergebnisse der Archäologie? Sie erscheint in diesem Licht als kreatives Schaffen von Interpretationen der Vergangenheit und ihrer materiellen Reste. Die Archäologie ist somit nicht, wie zunächst von der künstlerischen ›Spurensicherung‹ impliziert, durch ihre Methoden und Arbeitsweisen, sondern durch ihre gesellschaftliche Praxis definiert. Genau darin aber finden Archäologie und ›Spurensicherung‹ letztlich einen gemeinsamen Nenner. Denn beide betreiben tatsächlich nichts anderes als ein konstruktives Erinnern der Vergangenheit anhand ihrer materiellen Reste in der Gegenwart. In diesem Sinn ist die ›Spurensicherung‹ nicht fiktive Archäologie, sondern Archäologie fiktive Spurensicherung, die vergangene Wirklichkeiten erst erschafft (Schneider 1999, 65-75). Genau das haben auch Freud, Morelli, und Holmes immer getan: nicht eine Rekonstruktion der Vergangenheit, ein Überführen von Eltern, Künstlern oder Tätern, sondern ein Heilen auf der Basis einer Vergangenheitskonstruktion, ein Überzeugen von Juries, Richtern, Lesern oder Kunsthistorikern. So wie der Umstand, als Angeklagter freigesprochen zu werden, nicht dasselbe ist, wie unschuldig zu sein, so ist der Umstand, dass die Interpretationen eines Archäologen den vorhandenen Spuren entsprechen und methodologisch respektiert werden, natürlich nicht dasselbe wie die Vergangenheit tatsächlich akkurat zu repräsentieren. Der Spurenleser vergisst allzu leicht, dass das Lesen von Indizien am Ende vor allem etwas über den Indizienleser selbst sowie sein Publikum aussagt. Semiotisch gesprochen heißt das, alle Zeichen aus der Vergangenheit sind kontextspezifisch kodiert und also dekodierbar, aber Kontext und Code sind die des heutigen Betrachters – ohne ihn gäbe es die Zeichen womöglich gar nicht (*contra* Burmeister und Mante). In Lambert Schneiders Worten:»Wo keine Symbolisierung und wo kein Interesse, da keine Wahrnehmung: Wo kein gegenwärtiger Wunsch, da kein ›vergangenes Objekt‹« (Schneider 1999, 65). Auf das heutige Interesse und gegenwärtige Wünsche kommt es auch deshalb in den archäologischen Wissenschaften maßgeblich an.

Ulrich Veit (1997, 267) hat Recht, dass wir womöglich »Gegenstände mit einem Code belegen, der nicht der ursprüngliche ist«. Doch im Unterschied zu ihm (und zu Manfred Eggert in diesem Band) sehe ich darin nicht »das größte Problem archäologischer Interpretationen«, sondern die Bedingung ihrer Möglichkeit. In jeder Gegenwart gibt es unendlich viele Möglichkeiten für das Erinnern der Vergangenheit anhand ihrer materiellen Reste. Was wir zu einem bestimmten Zeitpunkt als ›akademisch legitime‹ Erinnerung gelten lassen, ist letztlich fast beliebig und wird sich wieder ändern. Es ist für meine Begriffe deshalb unbefriedigend, Interpretationen der Vergangenheit und ihrer materiellen Reste auf diejenigen beschränken zu wollen, die bestimmten herrschenden Normen gerade entsprechen mögen, oder manche Fragen, etwa nach vorgeschichtlichen Glaubensvorstellungen, Ideen und Überzeugungen, aus Furcht vor der akademischen Unzulänglichkeit ihrer Antworten ganz verbieten zu wollen.

Sowohl in der Medizin als auch in der Kriminologie, wo sich die Dinge auf einer theoretischen Ebene durchaus ähnlich betrachten lassen, gibt es gesellschaftliche und juristische Rechenschaftspflichten, die so stark sind, dass aus rein pragmatischen Gründen die Einhaltung bestimmter Normen gesellschaftlich unabdingbar scheint. Dies stellt sich in Humanwissenschaften wie der Kunstgeschichte und der Archäologie freilich vollkommen anders dar: hier sollte erst einmal alles erlaubt sein. In diesem Sinne hoffe ich, dass sich Archäologen nicht im semiotischen Dschungel der Spuren und Botschaften verirren, aus dem sie am Ende gar nicht mehr herausfinden könnten, sondern dass sie sie – wie die Künstler der ›Spurensicherung‹ –

die Vergangenheit und ihre materiellen Spuren und Reste kreativ und einsichtsvoll in unserer Gegenwart leuchten lassen. Ich schließe mich voll und ganz dem an, was die amerikanische Archäologin Meg Conkey unlängst (auf der Tagung der Society for American Archaeology in Philadelphia 2000) ihren amerikanischen Kollegen zurief:

»Jump! Take the risk! Enjoy the fun!«

Literatur

Assmann 1996: J. Assmann, Ägypten – eine Sinngeschichte. München und Wien: Hanser 1996.
Assmann 1999: A. Assmann, Erinnerungsräume. Formen und Wandlungen des kulturellen Gedächtnisses. München: Beck 1999.
Bernfeld 1951: Suzanne Cassirer Bernfeld, Freud and Archaeology. American Imago 5, 1951, 107-128.
Borbein 1981: A. H. Borbein Archäologie und historisches Bewußtsein. In: B. Andreae (Hrsg.) Archäologie und Gesellschaft. Stuttgart 1981, 45-76.
Brumlik 1998: M. Brumlik, Archäologie als psychoanalytisches Paradigma der Geschichtswissenschaft. In J.: Rüsen/J. Straub (Hrsg.) Die dunkle Spur der Vergangenheit. Psychoanalytische Zugänge zum Gechichtsbewußtsein (Erinnerung, Geschichte, Identität 2). Frankfurt a. M.: Suhrkamp 1998, 70-81.
Christie 1994: A. Christie, Murder in Mesopotamia [1936]. London: HarperCollins 1994.
Coles 1999: A. Coles, The Epic Archaeological Digs of Mark Dion. In: Coles/Dion 1999, 24-33.
Coles/Dion 1999: A. Coles/M. Dion (Hrsg.), Mark Dion: Archaeology. Black Dog Publishing 1999.
Edmonds/Evans 1991: M. Edmonds/C. Evans, The Place of the Past: Art and Archaeology in Britain. Teil des Ausstellungskatalogs ›Excavating the Present‹. Cambridge: Kettle's Yard 1991.
Einzig 1996: B. Einzig (Hrsg.), Thinking about Art. Conversations with Susan Hiller. Manchester/New York: Manchester University Press 1996.
Flaig 1999: E. Flaig, Spuren des Ungeschehenen. Warum die bildende Kunst der Geschichtswissenschaft nicht helfen kann. In: B. Jussen (Hrsg.) Archäologie zwischen Imagination und Wissenschaft: Anne und Patrick Poirier. Göttingen: Wallstein 1999, 16-50
Forrester 1994: J. Forrester, ›Mille e tre‹: Freud and Collecting. In: J. Elsner/R. Cardinal (Hrsg.) Cultures of Collecting. London: Reaktion 1994, 224-251.
Freud 1950: S. Freud, Aus den Anfängen der Psychoanalyse. London: Imago 1950.
Freud 1969: Ders., Vorlesungen zur Einführung in die Psychoanalyse. Sigmund Freud Studienausgabe 1. Frankfurt a. M.: Fischer 1969.
Gamwell/Wells 1989: L. Gamwell/R. Wells (Hrsg.) Sigmund Freud and Art. His personal Collection of Antiquities. London: Thames and Hudson 1989.
Gerasimow 1968: M. Gerasimow, Ich suche Gesichter. Gütersloh: Bertelsmann 1968.
Ginzburg 1995: C. Ginzburg, Spurensicherung. Der Jäger entziffert die Fährte, Sherlock Holmes nimmt die Lupe, Freud liest Morelli – Die Wissenschaft auf der Suche nach sich selbst [1979]. In: C. Ginzburg, Spurensicherung. Die Wissenschaft auf der Suche nach sich selbst. Berlin: Wagenbach 1995, 7-44.
Gründel/Ziegert 1983: A. Gründel/H. Ziegert, Archäologie und Kriminalistik. Ziele und Wege der Erkenntnisgewinnung. Arch. Inf. 5, 1983, 175-192.

Hegyi 1994: L. Hegyi, Imitation der Rekonstruktion. Bemerkungen zur ästhetischen Attitüde von Anne und Patrick Poirier. In: Anne et Patrick Poirier. Ausstellung Wien und Fréjus. Milano: Electa 1994, 9-12.

Himmelmann 1976: N. Himmelmann, Utopische Vergangenheit. Archäologie und moderne Kultur. Berlin: Mann 1976.

Hunter/Roberts/Martin 1996: J. Hunter/Ch. Roberts/A. Martin, Studies in Crime: an Introduction to Forensic Archaeology. London: Batsford 1996.

Jacobsen/Steele 1979: P. Jacobsen/R. Steele, From Present to Past: Freudian Archaeology. International Review of Psycho-Analysis 6, 1979, 349-362.

Jobst 1978: H. Jobst, Freud and Archaeology. Sigmund Freud House Bulletin 2, 1978, 46-52.

Lenk 1993: H. Lenk, Interpretationskonstrukte: zur Kritik der interpretatorischen Vernunft. Frankfurt a. M.: Suhrkamp 1993.

Lorenzer 1985: A. Lorenzer, Spuren und Spurensuche bei Freud. Morelli, Freud und der Moses des Michelangelo. Fragmente 17/18, 1985, 160-178.

Mann 1981: J. Mann, Dons and Detection. In: J. D. Evans, B. Cunliffe and C. Renfrew (Hrsg.) Antiquity and Man. Essays in Honour of Glyn Daniel. London: Thames and Hudson 1981, 203-207.

Marinelli 1998: L. Marinelli (Hrsg.), »Meine ... alten und dreckigen Götter«. Aus Sigmund Freuds Sammlung. Wien: Sigmund Freud-Museum 1998.

Mertens/Haubl 1996: W. Mertens/R. Haubl, Der Psychoanalytiker als Archäologe. Stuttgart: Kohlhammer 1996.

Metken 1977: G. Metken, Spurensicherung. Kunst als Anthropologie und Selbsterforschung. Fiktive Wissenschaft in der heutigen Kunst. Köln: Dumont 1977.

Metken 1996: Ders., Spurensicherung - Eine Revision. Texte 1977-1995. Amsterdam: Verlag der Kunst 1996.

Meyer 1993: N. Meyer, The Seven-Per-Cent-Solution. Being a Reprint from the Reminiscences of John H. Watson, M. D. [1974]. New York/London: Norton & Co 1993.

Neuhaus 1999: V. Neuhaus, Die Archäologie des Mordes. In: Trümpler 1999, 425-434.

Patrik 1985: L. Patrik, Is There an Archaeological Record? Advances Arch. Method a. Theory 8, 1985, 27-62.

Patzek et al. 1999: B. Patzek/R. Hauses/A. Dudde, Der Detektiv und der Archäologe. In: Trümpler 1999, 391-409.

Pearson/Thomas 1994: M. Pearson/J. Thomas, Theatre/Archaeology. The Drama Review 38, 4 (T144) 1994, 133-161.

Raap 1999: J. Raap, Wissenschaftliche Mimikry. Anmerkungen zu den methodischen Unterschieden zwischen Kunst und Naturwissenschaften. Kunstforum International (March-April 1999) 116-118.

Reinhard 1996: K. Reingard, The Freudian Things: Construction and the Archaeological Metaphor. In: S. Barker (Hrsg.) Excavations and their Objects. Freud's Collection of Antiquities. Albany: State University of New York Press 1996, 57-79.

Renfrew 1999: C. Renfrew, It May Be Art but Is it Archaeology? Science as Art and Art as science. In: Coles/Dion 1999, 12-23.

Reve 1994: K. van het Reve, Dr. Freud und Sherlock Holmes. In: K. v. het Reve, Dr. Freud und Sherlock Holmes. Frankfurt a. M.: Fischer 1994, 16-24.

Schneider 1985: L. Schneider, Pfade zu uns selbst? Archäologie und Spurensicherung. Kunst + Unterricht 90 (Februar 1985) 8-14.

Schneider 1985/86: Ders., Der Vergangenheit auf der Spur? Überlegungen zur Klassischen Archäologie. Hephaistos 7/8, 1985/86, 7-37.

Schneider 1999: Ders., Das Pathos der Dinge. Vom archäologischen Blick in Wissenschaft und Kunst. In: B. Jussen (Hrsg.) Archäologie zwischen Imagination und Wissenschaft: Anne und Patrick Poirier. Göttingen: Wallstein 1999, 51-82.

Shanks 1992: M. Shanks, Experiencing the Past. On the Character of Archaeology. London: Routledge.
Spence 1987: D. Spence, The Freudian Metaphor. Toward Paradigm Change in Psychoanalysis. New York/London: Norton & Co 1987.
Strinnholm 1998: A. Strinnholm, Archaeology - Jigsaw Puzzle or Crime Novel? The Use of Abductive Reasoning in Archaeology. In: A.-C. Andersson/Å. Gillberg/O. Jensen/H. Karlsson/M. Rolöf (Hrsg.) The Kaleidoscopic Past. Proceedings of the 5th Nordic TAG Conference Göteborg, 2-5 April 1997. GOTARC Serie C, Arkeologiska Skrifter 16. Göteborg: Institutionen för Arkeologi, Göteborgs Universitet 1998, 170-180.
Thomas 1976: Ch. Thomas, The Archaeologist in Fiction. In: J. V. S. Megaw (Hrsg.) To Illustrate the Monuments. Essays on Archaeology Presented to Stuart Piggott. London: Thames and Hudson 1976, 310-319.
Thomas 1996: J. Thomas, Time, Culture and Identity. An Interpretive Archaeology. London: Routledge 1996.
Tilley 1993: Ch. Tilley, Interpretation and a Poetics of the Past. In: C. Tilley (Hrsg.) Interpretative Archaeology. Providence und Oxford: Berg 1993, 1-27.
Traxler 1983: H. Traxler, Die Wahrheit über Hänsel und Gretel. Reinbek: Rowohlt 1983.
Trümpler 1999: Ch. Trümpler (Hrsg.), Agatha Christie und der Orient. Kriminalistik und Archäologie. Essen: Ruhrlandmuseum/Bern: Scherz Verlag 1999.
Veit 1997: U. Veit, Zur Form und Funktion ur- und frühgeschichtlicher Gefäßkeramik: Eine semiotische Perspektive. Arch. Inf. 20, 1997, 265-267.
Wetzel 1985: M. Wetzel, Spurensicherung. Ginzburg, Derrida und Foucault als Leser Freuds. Fragmente 17/18, 1985, 179-203.
Whitley 1997: J. Whitley, Beazley as Theorist. Antiquity 71, 1997, 40-47.
Williams 1990: R. Williams, Notes on the Underground: An Essay on Technology, Society and the Imagination. Cambridge, MA and London: MIT Press 1990.
Zintzen 1998: Ch. Zintzen, Von Pompeji nach Troja. Archäologie, Literatur und Öffentlichkeit im 19. Jahrhundert. Wien: WUV 1998.

ULRICH VEIT, TOBIAS L. KIENLIN und CHRISTOPH KÜMMEL

»Spuren und Botschaften: Interpretationen materieller Kultur« Bilanz und Perspektiven

»Archäologische Forschung basiert [...] auf den zufällig bis heute erhaltenen Relikten materieller Kultur. Um diese Relikte in Quellen oder archäologische ›Fakten‹ zu verwandeln, müssen sie innerhalb eines oder mehrerer begrifflicher Systeme der Vorgeschichte benannt und interpretiert werden. Dann muss eine Folgerung aus dem Beweismaterial gezogen werden, wobei die Fragen so gestellt sein müssen, dass sie auf die Natur der Quellen eingehen und ihr nicht Gewalt antun.«

Nur selten wurde die Aufgabe archäologischer Forschung so klar und präzise umrissen wie durch den britischen Prähistoriker Stuart Piggott (1972, 42) in der Einführung zu seiner *Vorgeschichte Europas*. Über die von ihm dargelegte Vorgehensweise besteht in der Ur- und Frühgeschichtlichen Archäologie heute sicher ein breiter Konsens. Uneinigkeit besteht indessen hinsichtlich der Qualität der historischen Schlussfolgerungen, die aus archäologischen Quellen gezogen werden können, ohne ihnen dabei - wie Piggott es formuliert - »Gewalt anzutun«. Piggott selbst gehört ohne Zweifel zu den Vertretern jener skeptischen Nachkriegsgeneration, die vor dem Hintergrund eigener Erfahrungen die besondere Ambivalenz archäologischer Quellen und ihre Anfälligkeit gegenüber ideologischem Missbrauch betonen (dazu auch Smolla 1979/80).

Die jüngere britische Archäologengeneration zeigt sich demgegenüber sehr viel zuversichtlicher im Hinblick auf die Beurteilung der Aussagemöglichkeiten archäologischer Quellen. Der Pessimismus der Generation Piggotts erscheint ihr nicht als ein grundsätzliches Problem, sondern lediglich als die Folge der Weigerung dieser Generation sich intensiver mit theoretischen und methodologischen Fragen archäologischer Forschung auseinander zu setzen.[1]

Auch wenn dieser Optimismus heute in der archäologischen Forschung des angloamerikanischen Raumes und darüber hinaus weit verbreitet ist, so ist der angedeutete Grundsatzstreit zwischen Skeptikern und Optimisten noch lange nicht entschieden. Vielmehr entbrennt er in der archäologischen Praxis regelmäßig von Neuem. Allerdings stehen im Mittelpunkt solcher Debatten verständlicherweise zumeist ganz konkrete archäologische Fragestellungen und nicht die grundsätzlichen Aspekte

---

[1] Als Beispiel s. Renfrew 1984, 9. – Daneben wird auch die Überbewertung der Welt der Sprache, die als primär und unabhängig von jener Welt der Objekte gelte, als Ursache für die pessimistische Einschätzung archäologischer Erkenntnismöglichkeiten gesehen (Hodder 1989).

archäologischer Erkenntnisgewinnung. Dies gilt nicht zuletzt für die momentan besonders lautstark geführte Troia-Debatte[2], die jenseits der konkreten Frage nach der Struktur einer um den bekannten Burghügel an den Dardanellen gruppierten Ansiedlung und ihrer Rolle im Wirtschaftssystem der Welt des ausgehenden zweiten Jahrtausends v. Chr. auf sehr viel grundsätzlichere Fragen verweist, etwa jene nach der Relevanz archäologischer Forschungsergebnisse im Rahmen geschichtswissenschaftlicher Forschung.

Genau auf solche übergeordneten Fragen nach den Bedingungen und nach der Struktur archäologischer Erkenntnis zielte die Tübinger Tagung »Spuren und Botschaften: Interpretationen materieller Kultur«. Konkret ging es in den Diskussionen um die grundsätzliche Frage, ob die Archäologie auch in jenen Bereichen, für die uns eine ergänzende schriftliche Parallelüberlieferung fehlt, begründete Aussagen zur »geistigen« Kultur[3] der betreffenden Gemeinschaften machen kann. Ist es möglich hinter den oft spröden Quellen die Motivationen der historischen Akteure sichtbar werden zu lassen? Können wir nicht nur über Zeitstellung und praktische Funktion der geborgenen Objekte verlässliche Urteile fällen, sondern auch über die Bedeutung, die sie für ihre Schöpfer und Benutzer besaßen?[4]

Da es an dieser Stelle unmöglich ist, alle jene Argumente, die zu dieser Problemstellung in den zahlreichen Beiträgen dieses Bandes gegeben wurden, nochmals aufzugreifen, wollen wir uns auf wenige Hinweise beschränken. Dabei sollen die drei zentralen Konzepte, die zur Diskussion gestellt wurden und die zudem die Grundlage für die Gliederung des vorliegenden Bandes bilden - »materielle Kultur«, »Indizienparadigma«, »Kodierungen« - rückblickend nochmals gewichtet werden. Zu-

---

2 Damit sind hier die nicht immer sachlich geführten Diskussionen gemeint, die sich ausgehend von Reaktionen auf die erfolgreiche Troia-Ausstellung (Stuttgart/Braunschweig/Bonn 2000-2001) und den dazu erschienenen opulenten, an eine breite Öffentlichkeit adressierten Begleitband entsponnen haben (Kolb 2002). Eine gedruckte Stellungnahme zu den teilweise weit überzogenen Vorwürfen gegen Leitung und Mitarbeiter des Troia-Projektes aus deren eigener Feder steht zurzeit - abgesehen von Presseberichten - noch aus (s. aber Schweizer/Kienlin i. Dr.).

3 M. K. H. Eggert (in diesem Band) spricht diesbezüglich von der »immateriellen« Kultur. - H. Hundsbichler (ebd.) dagegen versucht den Gegensatz geistig/materiell dadurch aufzulösen, dass er den Begriff materielle Kultur bewusst weit auslegt und ihn auf Sachen und Menschen bezieht (Sachkulturforschung statt Sachforschung). Für ihn liegt das Interessante eines Objekts in seinem Kontext: ›Materielle Kultur‹ umschreibt einen Kontext, nämlich den Lebens- und Aktionsbereich im Rahmen der ›vergangenen Wirklichkeit‹, und ein auf seine Rekonstruktion abzielendes Arbeitsfeld. Das ist weit mehr als nur die dinglichen ›Überreste‹ dieses Kontextes.

4 Die Bemühung um die Gewinnung einer solchen Innenperspektive vergangener Kulturen darf indes nicht mit dem naiven Bemühen um eine Einfühlung in vergangene Situationen verwechselt werden (Geertz 1987, 289 ff.).

nächst seien allerdings noch einige ergänzende Worte zur Geschichte des Begriffs »materielle Kultur« selbst vorausgeschickt, da dieser, wie die Tübinger Diskussionen gezeigt haben, offensichtlich sehr anfällig für Missverständnisse ist.

M. K. H. Eggert (1978, 2) hat vor knapp 25 Jahren die entschieden pragmatische Haltung großer Teile der europäischen Ur- und Frühgeschichtsforschung einem expliziten Kulturkonzept gegenüber treffend folgendermaßen charakterisiert:

> »Für den europäischen Prähistoriker verbinden sich mit dem Begriff Kultur in aller Regel keinerlei Schwierigkeiten, jedenfalls nicht solche grundsätzlicher Natur [...] ›Kultur‹ stellt sich ihm gewöhnlich als ›materielle Kultur‹ und damit als mittels verhältnismäßig klarer, technisch-ökonomischer Kriterien eindeutig fassbarer Objektbereich dar. Archäologische Kultur ist, was man ausgräbt.«

Dem wird man auch fast 25 Jahre später noch zustimmen. Erstaunlich ist an dieser Formulierung allerdings, dass Eggert sich bereits damals des Begriffs »materielle Kultur« bediente, denn dieser Begriff besitzt in der von ihm hier hauptsächlich angesprochenen deutschsprachigen Ur- und Frühgeschichtsforschung keine Tradition. Er taucht im Schrifttum lediglich vereinzelt als Anleihe bei anderen Wissenschaften auf.[5] In archäologischen Kontexten war er nach dem Zweiten Weltkrieg ferner in Osteuropa sowie in den Vereinigten Staaten geläufig.

Wenn dieser Begriff im Titel der Tübinger Tagung erneut aufgegriffen wurde, so geschah dies nicht mit Bezug auf die oben zitierte, eingeschränkte Definition. Vielmehr macht schon der Kontext in dem er im Tagungstitel eingebettet wurde, unmissverständlich deutlich, dass an der Basis der Überlegungen dieses Bandes, ebenso wie jener Eggerts im Jahre 1978, ein ganzheitliches Verständnis von Kultur steht. Es ging uns mithin um die Frage nach dem Kulturkonzept, das jeder Deutung ur- und frühgeschichtlicher Quellen als Ausdruck menschlichen Handelns notwendiger-

---

[5] Dies gilt etwa für das durch die Wiener Schule der Ethnologie geprägte Werk Oswald Menghins (1931, 12): »Man kann materielle Kultur geistgebundenen Stoff, geistige Kultur stoffgebundenen Geistes nennen.« Auch H. J. Eggers (1959, 259) verwendet den Begriff in seiner einflussreichen Einführung im Zusammenhang mit dem Problem der Transformation der »lebenden Kultur« in die »tote Kultur«. Aus dem Kontext seiner Ausführungen wird ersichtlich, dass er hier eine Anleihe bei der Volkskunde macht: »Noch deutlicher kann man das langsame Sterben der materiellen Kultur beobachten. Am kürzesten lebt unsere Kleidung [...] Etwas länger leben die Möbel, sie werden normalerweise von Generation zu Generation ausgewechselt. [...] Am längsten leben Gegenstände aus Edelmetall, also Schmuck und Tafelsilber, das oft mehrere Generationen vererbt wird.« Auch bei F. Graebner (1911, 56 f.) findet sich bereits der Begriff »Materielle Kultur« und wird diskutiert: »Oft – das gilt besonders von Objekten der materiellen Kultur – ergibt sich die allgemeine Deutung einer Erscheinung ohne große Schwierigkeiten aus ihrer Form und ihren Eigenschaften: Ein Beil, ein Speer, ein Korb werden in der Regel ohne weiteres erkennbar sein [...] Doch tritt schon bei Daten der materiellen Kultur die Möglichkeit spezieller Verwendung erschwerend ein. Nicht immer wird sich ein Beil zur Holzbearbeitung, etwa zum Bootbau, ohne weiteres von einer Bodenhacke, ein Zeremonialspeer von einem Kriegs- oder Jagdspieß unterscheiden lassen.«

weise zugrunde liegt. Und es ging auch um die eng damit verknüpfte Frage, ob, und gegebenenfalls inwiefern, die Art der Quellenüberlieferung Einfluss auf die Wahl des der archäologischen Forschung zugrunde gelegten Kulturkonzeptes ausübt.

Es wird heute weithin akzeptiert, dass ein Kulturkonzept, wie es etwa der Ereignis- und Politikgeschichte zugrunde liegt, für die Ur- und Frühgeschichtsforschung insofern unangemessen ist, als in ihren Quellen weder die entsprechenden Ereignisse noch die Akteure selbst fassbar sind. Genauso wenig scheint eine klassisch hermeneutische Verfahrensweise, wie sie für die Analyse von Textquellen entwickelt wurde (s. etwa Gadamer 1960, 168 f.), sinnvoll auf die Analyse archäologischer Quellen übertragbar.

Andererseits ist aus den Diskussionen der letzten Jahrzehnte um die sog. *New Archaeology* deutlich geworden, dass auch ein behavioristischer Ansatz keine Alternative bietet, reduziert er doch Kultur einseitig auf ein nichtkörperliches Mittel der Umweltanpassung (dazu z. B. Eggert/Veit 1998). Damit wird er der Komplexität von Kultur, als jenem »selbst gesponnenen Bedeutungsgewebe«, in das der Mensch verstrickt ist (Geertz 1987, 9 mit Bezug auf Max Weber), nicht gerecht. Vielmehr bedarf es zu dessen Analyse unseres Erachtens einer semiotischen Erweiterung des Kulturbegriffs.

Ansatzpunkte dazu bietet die jüngere kulturwissenschaftliche Diskussion in reichem Maße, doch haben sie in der archäologischen Fachdiskussion speziell des deutschsprachigen Raumes aus verschiedenen Gründen bislang kaum eine Rolle gespielt. Umso bedeutsamer scheint es uns, dass sich viele der Autorinnen und Autoren dieses Bandes auf solche grundsätzlichen Fragen eingelassen haben.

»Materielle Kultur«: Objekte mit Bedeutungen

Sprache und Text vermitteln nicht immer eindeutige Botschaften. In noch viel stärkerem Maße gilt dies jedoch für materielle Kultur. Denn ihre offene semantische Struktur steht der Identifikation eindeutiger Zeichenbedeutungen grundsätzlich entgegen. Objektzeichen entfalten ihre Wirksamkeit eher in Form eines nur schwierig einzugrenzenden Bedeutungsgeflechtes. Im Gegensatz zu der Linearität sprachlich vermittelter Botschaften sind dabei Reihenfolge und Gewichtung der Wahrnehmungen durch verschiedene Betrachter sehr variabel. Die Bedeutung materieller Kultur erschließt sich zum einen aus ihrer räumlichen Anordnung, ihrer dinglichen Umgebung, vor allem aber aus dem Handlungszusammenhang ihrer Verwendung.

Diese Eigenart von Objektzeichen, ihr »polysemischer« Charakter – oder im Sinne des Beitrags von H. P. Hahn die »Unschärfe« der Beziehung zwischen Objekt und Bedeutung – erschweren bereits in rezenten Situationen eine Bestimmung ihres Bedeutungsgehalts. Und selbst wenn in diesem Fall Objekte als »lebende Kultur« beobachtet werden können, besteht eine weitere große Schwierigkeit in der Überbrückung der Distanz zwischen der Außenansicht der Wissenschaftler und der Innenansicht der Akteure, die sich in ihrem »selbstgesponnenen Bedeutungsgewebe« orientieren, es reproduzieren und verändern. Umso schwieriger gestaltet sich die Untersuchung der Überreste materieller Kultur im Falle archäologischer Funde und Befunde, denn hier ist durch den Verlust des Handlungszusammenhangs und die Abwesenheit zeitgenössischer Interpreten eine Hürde entstanden, die schwer zu überwinden ist.

Nimmt man diese Schwierigkeiten ernst und orientiert sich an der klassischen Zeichendefinition von Ch. S. Peirce, müsste man prinzipiell der ernüchternden Feststellung von S. Burmeister (in diesem Band) zustimmen, dass Symbole streng genommen in den Quellen der Ur- und Frühgeschichte nicht gegenwärtig sind bzw. eine Bestimmung von »ursprünglichen« Symbolbedeutungen von Objektzeichen für die sie erzeugenden Gesellschaften niemals möglich ist. Und dennoch besteht überhaupt kein Zweifel am Vorhandensein von Objekten mit Symbolcharakter in der ehemaligen Lebenswirklichkeit dieser Gesellschaften. Sowohl für den heute lebenden als auch den urgeschichtlichen Menschen stellt materielle Kultur ein wichtiges Medium zur Vermittlung konkreter Fertigkeiten und Verhaltensweisen, kulturellen Wissens und sozialer Realitäten dar und erfüllt damit nicht nur eine die sprachlich vermittelbaren Botschaften ergänzende Funktion, sondern hat gerade durch ihre offene semantische Struktur und ihre unbewusstere Wahrnehmung durch die Akteure ein eigenes Potential. Ihre Anfälligkeit für nebeneinander existierende, voneinander abweichende Lesarten kann sie beispielsweise leicht zum Gegenstand der Manipulation durch verschiedene gesellschaftliche Gruppen oder Individuen machen. Tagtäglich können wir dieses Potential durch die Anordnung und Form der uns umgebenden Objekte erfahren, als Beispiele aus der jüngeren und jüngsten Vergangenheit sei hier nur auf die mit umfangreicher Zeichensetzung im öffentlichen Raum einhergehende Konstruktion einer nationalen Identität im Vorfeld und unmittelbarer Folge der Gründung des deutschen Kaiserreichs (v. See 1994; Dörner 1996) oder auf den vermehrten Gebrauch materieller ›Prestigegüter‹ als Ausdruck und Niederschlag zumindest punktuell wachsenden Wohlstandes in den »neuen Bundesländern« nach der Wiedervereinigung verwiesen.

Wer also mit guten Gründen eine semiotische Erweiterung des Kulturbegriffs in der archäologischen Forschung einfordert, sieht sich nicht nur erheblichen methodischen Schwierigkeiten gegenüber, sondern darf bei der Analyse des Symbolgebrauchs auch nicht auf halbem Wege stehen bleiben. Natürlich muss es zunächst darum gehen, Objektzeichen überhaupt in die Untersuchung einzubeziehen, sie zu erkennen und deuten. Über dieses eigentliche Anliegen eines semiotischen Ansatzes hinaus gilt es aber, den Gebrauch von Objektzeichen als soziales Phänomen zu betrachten. Objektzeichen werden in die Handlung von gesellschaftlichen Gruppen und Individuen strategisch einbezogen, sind abhängig von der Wahrnehmung der sozialen und kulturellen Realität durch die Akteure und ihre Intentionen.

Zur gebührenden Berücksichtigung dieses Aspektes wird in verschiedenen Beiträgen des vorliegenden Bandes – explizit etwa bei M. Porr, aber auch bei H. P. Hahn, S. Burmeister oder Ch. Kümmel – der Versuch gemacht, den semiotisch erweiterten Kulturbegriff mit handlungstheoretischen Konzepten zu verbinden. Dabei wird noch einmal verstärkt der situative Charakter von Bedeutungszuschreibungen hervorgehoben und der spezifische Handlungskontext als entscheidender Faktor berücksichtigt. Die methodischen und erkenntnistheoretischen Probleme werden so keineswegs gelöst, sondern es wird umso deutlicher, dass archäologische Quellen den diskursiven Charakter des Gebrauchs materieller Kultur – wenn überhaupt – nur in sehr eingeschränkter Weise offenbaren können.

Als ein Ergebnis der Tübinger Tagung lässt sich formulieren, dass sich neuere handlungstheoretische Ansätze, etwa das Konzept des »Habitus« bei P. Bourdieu oder der »Strukturierung« bei A. Giddens, zwar gut mit einem semiotischen Kulturkonzept vereinbaren lassen, dass sie aber im Rahmen einer archäologischen Auswertung die quellenbedingten Einschränkungen der Erkenntnismöglichkeiten – contra Porr – gewissermaßen nicht aus eigener Kraft überwinden können. Damit ist nicht gesagt, dass sie als konzeptionelle Grundlage für weiterführende Interpretationen keine Rolle spielen sollten, sondern nur, dass die Komplexität der sozialen Wirklichkeit, sei es in rezenten oder urgeschichtlichen Zusammenhängen, der wissenschaftlichen Betrachtung eben nicht immer in befriedigendem Maße zugänglich ist.

Gleichzeitig stellt sich bei den Anstrengungen, solche fortgeschrittenen Ansätze in archäologischen Fallstudien einzusetzen, wieder einmal heraus, welchen Einfluss die kulturtheoretische Grundhaltung der Betrachter auf das Untersuchungsergebnis hat. Je nach Präferenzen wird bei der Einschätzung der Bedeutung materieller Kultur für die Akteure eher der passive Aspekt der Verdinglichung und Vermittlung kulturellen Wissens in den Vordergrund gestellt, oder aber die aktive Rolle von Objektzeichen bei der Festigung und Umgestaltung bestehender Verhältnisse wird betont. Exemplarisch zeigen dies die Gegensätze der Vertreter einer prozessual geprägten *Cognitive Archaeology* und verschiedenen postprozessualen Ansätzen im angelsächsischen Bereich (hier Beitrag T. Kienlin).

»Indizienparadigma«: Deutung von Spuren

Auch wenn in fast allen der in diesem Band versammelten Beiträge ein semiotisch erweiterter Kulturbegriff vertreten wird und man sich einig ist, dass materielle Kultur als Symbolträger eine bedeutende und aktive Rolle in jeder Gesellschaft spielt, so halten sich doch die meisten Autoren und Autorinnen mit Hypothesen über den strategischen Einsatz von Objektzeichen in sozialen Zusammenhängen zurück. Vielen geht es zunächst einmal überhaupt um die Feststellung des Symbolgebrauchs oder allgemein um eine Begutachtung des vorhandenen Quellenmaterials mit dem Ziel möglicher weiterführender Analysen, die auch semiotische Aspekte berücksichtigen sollen. Diese Zurückhaltung ist sicherlich der ebenfalls weit gehend geteilten Auffassung geschuldet, dass eine überprüfbare wirklichkeitsgetreue Rekonstruktion einstmaliger bewusst oder unbewusst wirksamer Objektbedeutungen – zumal auf der Basis von Sachquellen – aus erkenntnistheoretischen Gründen nicht für erreichbar gehalten wird. Um es mit den Worten des Titels der Tagung auszudrücken: Die in der Gegenwart noch fassbaren »Spuren« der Vergangenheit sind Ausgangspunkt und Grundlage jeglicher archäologischer Erkenntnis. »Botschaften« sind diesen Spuren dagegen nur durch aufwendige Interpretationsverfahren abzuringen.

Gewissermaßen als »Standard« hat sich hier die Konstruktion so genannter »Indizienbeweise« etabliert, auf deren Eigenheiten explizit gleich mehrere Beiträgen eingehen.[6] Entscheidend ist, dass die vorhandenen Quellen, also vor allem die mehr oder weniger zufällig überlieferten Spuren im archäologischen Befund, nicht mit den eigentlich interessierenden historischen Tatbeständen identisch sind, sondern dass es sich dabei um wirkliche *Hilfs*tatsachen handelt, die erst durch die Anwendung von Vergleichen und Erfahrungssätzen als Hinweise auf Tatbestände dienen können. Die Untersuchung von vergangenen Symbolsystemen wird demnach in zweifacher Hinsicht erschwert, da zum einen – anders als bei Texten – materielle Kultur nicht grundsätzlich in kommunikativer Absicht geschaffen worden sein muss (s. Einführung, oben S. 12) und zum anderen die vorhandenen Indizien überhaupt nur indirekt darüber Auskunft geben können. Pauschal ausgedrückt steckt ohnehin nicht hinter jeder Spur eine Botschaft, und obendrein ist auch nicht jede Spur für uns in überzeugender Weise lesbar.

Trotz dieser grundsätzlichen Einschränkungen und der bereits mehrfach erwähnten Gefahr der Überfrachtung der archäologischen Quellen mit von außen an sie herangetragenen Bedeutungen (s. Beitrag Veit, S. 25), gelingt es den Autoren dieses Bandes dennoch immer wieder plausible Indizienbeweise zu führen, die zum Teil einfach überzeugende Beispiele des archäologischen Spurenlesens darstellen, zum Teil aber auch gut nachvollziehbare Hinweise auf Symbolgebrauch in ur- und frühgeschichtlichen Gesellschaften liefern. Als Beispiel für einen typischen Indizienbeweis mit einer transparenten vergleichenden Argumentation sollte hier zunächst der Beitrag von Th. Knopf erwähnt werden, in dem er versucht, über ausgewählte Merkmale der Tongefäßherstellung auf die soziale Struktur der zugehörigen Produzentengemeinschaft zu schließen. Andere Beiträge zeigen wie materielle Kultur eventuell unbewusst als Mittel zur Förderung des gesellschaftlichen Zusammenhaltes in urgeschichtlicher Gruppen eingesetzt wurde, etwa T. Kerigs Deutung des Kumpfes als »Entréebillett« zur neolithischen Kultur oder A. Zeeb-Lanz' kommunikationstheoretisch verstärkte Deutung der »Schulterbandgruppen«, denen sich entsprechende Interpretationen der materiellen Kultur anderer weiträumig verbreiteter Kulturkomplexe, etwa der Schnurkeramischen Kultur (Shennan 1986), zur Seite stellen ließen.

---

6 Vor allem in den Beiträgen von Kerig, Kümmel und Mante. Speziell zu dem von C. Ginzburg beschriebenen Indizienparadigma im Zusammenhang mit der Archäologie s. die Beiträge von Holtorf und Kümmel.

Wieder andere gehen so weit und versuchen die Existenz von Objektzeichen zu belegen, die bewusst zur Reproduktion kultureller und sozialer ›Realitäten‹ eingesetzt wurden (s. Beiträge Burmeister, A. Pollex).

Besonders an der Zuschreibung einer konkreten historischen Funktion materieller Kultur, etwa im Zusammenhang mit der Bildung und inneren Festigung ethnischer Gruppen, wird aber wieder deutlich, wie ausgeprägt in derartigen Überlegungen das Erkenntnisinteresse der heutigen Betrachter die Deutung der Indizien beeinflusst (z. B. Beitrag U. Sommer zum Ethnoskonzept) und dadurch der Natur der Quellen doch leicht Gewalt angetan wird (vgl. das Piggott'sche Eingangszitat). Daraus geht hervor, dass in Bezug auf die Zielsetzung und Methodik des Indizienbeweises in der Archäologie nach wie vor große Unsicherheiten bestehen, die vor allem mit der Konstruktion und Überprüfung geeigneter Vergleiche und der zugrunde liegenden qualitativen und quantitativen Kriterien zu tun haben (dazu grundsätzlich: Beitrag M. Jung).

Immerhin stellt sich besonders eine Eigenart materieller Kultur für die archäologische Forschung eigentlich als Vorteil heraus: Dass sie nämlich vor allem durch die fortgesetzte Wiederholung ihres Gebrauchs, ihrer Herstellung und Wahrnehmung Inhalte transportieren und kommunizieren kann. Und gerade die dadurch entstehenden Regelhaftigkeiten und wiederkehrenden »Muster« sind es, die prinzipiell auch im archäologischen Befund wiederzufinden sein sollten. Damit haben gerade diejenigen Merkmale die größte Chance wiederentdeckt zu werden, die nicht von individuellen Gegebenheiten abhängig sind, sondern die auf gesellschaftlichen Konventionen und kulturellen Werten beruhen (s. Beiträge Veit und Burmeister).

Sichtbar werden solche Konventionen vor allem anhand des dinglichen und räumlichen Kontexts[7], der nach Verlust des Handlungskontextes allein begründete Aussagen über die systematische Verwendung von Objektzeichen erlaubt. Im Sinne des Beitrags von Burmeister ist »die Aufgabe der Analyse des Symbolgebrauchs [...] somit nicht die Dekodierung einzelner Teilphänomene, sondern die Untersuchung des gesamten Feldes, in dem ein Symbol zur Wirkung gelangt« (oben S. 272). Darüber hinausgehende Deutungen und Sinnzuschreibungen können dagegen notgedrungen nur im Rahmen eines kulturanthropologischen Ansatzes von außen – eben durch Vergleiche – an das Material herangetragen werden und dürfen je nach ihrer Deckung mit dem derzeit bekannten Quellenbestand und den akzeptierten Erfahrungssätzen geringere oder größere Wahrscheinlichkeit für sich in Anspruch nehmen. Es ist zwar ernüchternd, dass in einem Indizienbeweisverfahren keine stärkere Absicherung von Hypothesen möglich ist, andererseits haben die Beiträge des vorliegenden Bandes gezeigt, dass auch dieser enge Rahmen noch sehr viel Freiraum bieten kann.

---

7   Sei es die Niederlegung von Objekten in Gräbern (z. B. Beitrag B. Schweizer), die Anordnung von Votivterrakotten in einem Heiligtum (Beitrag M. Haase) oder der gegenseitige Bezug der Szenen auf figürlich verzierten Bronzegefäßen (Beitrag L. Koch).

»Kodierungen«: Lesbare Spuren

Besonders bei bildlichen oder figürlichen Darstellungen im archäologischen Befund, aber auch bei sonstigen Fundgegenständen, deren Funktion nicht unmittelbar durch unsere Alltagserfahrung erklärbar erscheint, wurde und wird meistens davon ausgegangen, dass sie als Objektzeichen dienten und so für diejenigen Menschen, die sie hergestellt oder verwendet haben, eine bestimmte Bedeutung hatten, die in kodierter Form vorliegt. Bei dieser Objektkategorie geht es entsprechend meist nicht mehr um den Nachweis des Symbolgebrauchs an sich, sondern bereits ganz konkret um die Lesung der bewusst oder unbewusst wahrgenommenen Bedeutungen.

Burmeister kann in seinem Beitrag beispielsweise zeigen, dass die Deutung der hallstattzeitlichen Goldhalsringe als »Statussymbole« nicht allein durch mehr oder weniger bewusst angewendete kulturanthropologische Analogien nahe gelegt wird, sondern dass auch eine möglichst vollständige kontextuelle Analyse des archäologischen Befundes die Wahrscheinlichkeit dieser Deutung maßgeblich unterstützt.

Liefert Burmeister so ein Musterbeispiel für die fruchtbare Kombination der sorgfältigen Beobachtung des archäologischen Kontextes mit kulturanthropologischen Vergleichen, versucht B. Schweizer dagegen die Eigenständigkeit einer »kontextuellen Archäologie« zu betonen, die er bewusst von dem durch I. Hodder geprägten Ansatz abgrenzt. An der Architektur und Ausstattung zweier Gräber der Nekropole von Pontecagnano weist er die differenzierte »Repräsentation privaten und öffentlichen Raumes« nach und gewinnt durch diese Konzentration auf die Struktur des archäologischen Befundes eine weniger voreingenommene Sicht als sie seiner Ansicht nach durch die sofortige Einbeziehung kulturanthropologischer Vergleiche erreicht würde. In ähnlicher Weise gelingt es auch M. Haase, die bisher vorherrschende dekontextualisierte Sichtweise auf eine weitere symbolträchtige Objektgruppe, die Votivterrakotten, zu überwinden, indem sie den Handlungs- und Wirkungskontext in die Analyse einbezieht. Statt die in ihren Augen sinnlose kunstkritische Herabwürdigung dieser figürlichen Darstellungen fortzusetzen, kann sie die sozialpsychologische Bedeutung dieser Objekte für die Besucher des Heiligtums wahrscheinlich machen.

Auch die Beiträge von L. Koch und A. Andrén zur Deutung der Situlenkunst, bzw. skandinavischer Runeninschriften geraten nicht in Gefahr, die bisher dominierenden Interpretationsansätze unkritisch zu übernehmen, sondern stellen sich erneut die Frage nach der Form und Funktion des Symbolgebrauchs im Zusammenhang mit diesen Bildwerken. Ähnlich wie bei Schweizer liegt beiden Beiträgen die Überzeugung zugrunde, dass eine erneute unvoreingenommene Untersuchung zunächst den direkten Kontext berücksichtigen sollte. Bei Koch führt dieser Ansatz zu einer Ablehnung einer szenischen und narrativen Deutung der Situlenkunst, da sie vor allem formale Gestaltungsprinzipien am Wirken sieht, während Andrén zeigen kann, dass die Inschriftentexte nicht unabhängig von der bildlichen Gestaltung der Schriftträger zu verstehen sind.

Durch diese und weitere Beiträge des vorliegenden Bandes wird unmissverständlich klar, dass auch bisher weithin akzeptierte »Lesungen« von Spuren nicht unproblematisch sind, ja dass überhaupt der (Re-)Konstruktion von Botschaften eine Spurenanalyse voranzustellen ist, die erst einmal das ganze Potential einer kontextuellen Betrachtung von archäologischen Funden und Befunden auszuschöpfen versucht.

»Spuren und Botschaften«: Ein kurzes Fazit

Trotz der konzeptionellen Vielfalt der hier vorgelegten Tagungsbeiträge und sehr unterschiedlichen Ansichten im Detail zeichnet sich unter den beteiligten Autorinnen und Autoren, von wenigen abweichenden Positionen abgesehen, dennoch ein Grundkonsens ab. Bereits in den Beiträgen und Diskussionen während der Tagung war die breite Unterstützung des im Tagungsprogramm formulierten Aufrufs zu einer kommunikationstheoretischen Erweiterung des archäologischen Theoriediskurses deutlich geworden. Gleichzeitig offenbarten viele der Beiträge ein ausgeprägtes Bewusstsein für die erkenntnistheoretischen Probleme und die methodischen Schwierigkeiten, die mit einem solchen ambitionierten Projekt verbunden sind. Deshalb wurde die von C. Holtorf ausgesprochene und wohl insgesamt an die nicht anglophone Forschung gerichtete Aufforderung »jump, take the risk« (oben S. 542) mehrheitlich mit einer gewissen Skepsis aufgenommen. Andererseits fand aber auch der dieser Position entgegen gehaltene Skeptizismus der Thesen M. K. H. Eggerts, der letztlich auf eine Ausklammerung entsprechender Fragen der Zeichendeutung aus der archäologischen Fachdiskussion hinausläuft, nur begrenzten Beifall. Vielmehr dominierte die Überzeugung, dass das Potential einer systematisch betriebenen archäologischen Kontextanalyse auf der Grundlage eines ausdrücklichen kulturanthropologischen Ansatzes und in Verbindung mit nachvollziehbaren ethnographischen Strukturvergleichen bei weitem noch nicht ausgeschöpft sei. Dies ist aus unserer Sicht auch die zentrale »Botschaft« des vorliegenden, die Debatten der Tagung nachzeichnenden und gleichzeitig reflektierenden Bandes zu sein. Darüber, welche »Spuren« er im weiteren Fachdiskurs hinterlassen wird, muss die Zukunft entscheiden.

Literatur

Dörner 1996: A. Dörner, Politischer Mythos und symbolische Politik. Reinbek: Rowohlt 1996.
Eggers 1959: H.-J. Eggers, Einführung in die Vorgeschichte. München: Piper 1959; ²1974; ³1986.
Eggert 1978: M. K. H. Eggert, Zum Kulturkonzept in der prähistorischen Archäologie. Bonner Jahrb. 178, 1978, 1-20.
Eggert/Veit 1998: M. K. H. Eggert/U. Veit (Hrsg.), Theorie in der Archäologie: Zur englischsprachigen Diskussion. Tübinger Arch. Taschenb. 1. Münster: Waxmann 1998.
Gadamer 1960: H.-G. Gadamer, Wahrheit und Methode. Grundzüge einer philosophischen Hermeneutik. Gesammelte Werke 1. Tübingen: Mohr 1960.
Geertz 1987: C. Geertz, Dichte Beschreibung. Beiträge zum Verstehen kultureller Systeme. Frankfurt a. M.: Suhrkamp 1987 [Orig.: The Interpretation of Cultures. Selected Essays. New York: Basic Books 1973].
Graebner 1911: F. Graebner, Methode der Ethnologie. Kulturgeschichtliche Bibliothek, 1. Reihe 1. Heidelberg: Winter 1911.
Hodder 1989: I. Hodder, This is Not an Article about Material Culture as Text. Journal Anthr. Arch. 8, 1989, 250-269.
Kolb 2002: F. Kolb, Ein neuer Troia-Mythos? Traum und Wirklichkeit auf dem Grabungshügel von Hisarlik. In: H.-J. Behr/G. Biegel/H. Castritius (Hrsg.), Troia - Traum und Wirklichkeit. Ein Mythos in Geschichte und Rezeption. Braunschweig: Braunschweigisches Landesmuseum 2002, 8-40.
Menghin 1931: O. Menghin, Weltgeschichte der Steinzeit. Wien: Schroll 1931.
Piggott 1972: S. Piggott, Vorgeschichte Europas. Vom Nomadentum zur Hochkultur. Kindlers Kulturgeschichte des Abendlandes [hrsg. v. Friedrich Heer]. München: Kindler 1972 [Orig.: Ancient Europe from the Beginnings of Agriculture to Classical Antiquity. Edinburgh: Edinburgh University Press 1965].
Renfrew 1984: C. Renfrew, Approaches to Social Archaeology. Edinburgh: Edinburgh University Press 1984.
Schweizer/Kienlin i. Dr.: B. Schweizer/T. L. Kienlin, Das Troia-Symposium in Tübingen: Eine Diskussion um Geschichte und Archäologie. Hephaistos 19, 2001, im Druck.
Shennan 1986: S. Shennan, Central Europe in the Third Millennium B. C.: An Evolutionary Trajectory for the Beginning of the European Bronze Age. Journal Anthr. Arch. 5, 1986, 115-146.
Smolla 1980: G. Smolla, Das Kossinna-Syndrom. Fundber. Hessen 19/20, 1979/80, 1-9.
v. See 1994: K. von See, Barbar, Germane, Arier. Die Suche nach der Identität der Deutschen. Heidelberg: Winter 1994.

Anhang

Personen- und Sachregister

ERLÄUTERUNG: In das Register wurden primär theoretische Schlüsselbegriffe aus den Bereichen der Archäologie, Kulturwissenschaften und Erkenntnistheorie aufgenommen. Damit soll eine vergleichende Betrachtung der von den Autoren und Autorinnen dieses Bandes vertretenen Grundsatzpositionen erleichtert werden. Dem dient auch die Aufnahme von Personennamen. Sie wurden in aller Regel jedoch nur dann berücksichtigt, wenn im Haupttext ausführlicher auf Konzepte und Aussagen der betreffenden Personen eingegangen wird. Englische Begriffe finden sich, sofern Synonyme vorliegen, unter den entsprechenden deutschen Begriffen (z. B. ›*material culture*‹ unter ›materielle Kultur‹). Die verschiedenen archäologischen Fachrichtungen sind entweder unter ›Archäologie, ...‹ oder ›*archaeology*, ...‹ aufgelistet. Auf eine Aufnahme von Spezialbegriffen aus einzelnen archäologischen Forschungsbereichen wurde weitgehend verzichtet, ebenso auf die Aufnahme von Ortsnamen sowie geographischer und chronologischer Spezialbegriffe (z. B. nicht aufgenommen: ›Gürtelblech‹, ›Kampanien‹, ›Latènezeit‹). Archäologische Fallbeispiele wurden statt dessen nur in eine grobe zeitliche und räumliche Systematik eingegliedert (z. B. »Neolithikum«, »Südeuropa«). Seitenverweise, die sich jeweils auf einen ganzen Beitrag des Bandes beziehen, wurden kursiv gesetzt (z. B. für Beitrag H. P. Hahn: ›materielle Kultur‹ → *29 ff.*).

Abduktion 89, 98-100, 118, *157 ff.*, 164-167
Afrika 78, 173 ff., 499 f.
agency 499, s. a. Handlungstheorie
d'Agostino, B. 330-332
Amerika 61
Analogie, Analogieschluss 101, 118, 248, 257, 319 ff., 375, 458, 512 f., 521, 524
Anthropologie, philosophische 457 f., 520
anthropology, cultural 233
—, *social* 32, 34, 55, 57
Anthropophagie 230
archaeological record 11, 536
Archäologie, allgemein 73 f., 91, 212, 516-518
—, Ethno- *71 ff.*, *187 ff.*
—, Experimentelle 522
—, Klassische 534
—, Kontextuelle 271 f., *319 ff.*, 336 f., 478, 538, 553
—, Textuelle 322
—, Ur- und Frühgeschichtliche 135, 142, 153, *423 ff.*, 457 f., *463 ff.*, 491, 531, *545 ff.*
archaeology, cognitive *53 ff.*, 550
—, *interpretative* s. *archaeology, contextual*
—, *postprocessual* 11, 53, 57, 60, 95, 168, 478-481, 483-486, 492, 550

—, *processual* 11, 53 f., 56, 58, 471, 475, 477-479, 492, 536, 493
Archäometallurgie *53 ff.*
Artefakte 19 f.
Asien 205-208, 212
Assmann, A. 465, 485
Assmann, J. 481 f.
Atlas Africanus 31
Augenzeugen 136, 153
Australien 129

Barrett, J. 538, 540
Barth, F. 205, 208-210, 212
Barthes, R. 36
Beazley, J. 534
Bedeutung (eines Zeichens) 9, 94, 109, 144, s. a. jeweils unter Bildbedeutung, Objektbedeutung, Semiotik, Symbole
Begriffsbildung 456 f.
Behaviorismus 548
Behrens, H. 233
Bekaert, S. 497 f.
Bentele, G. 41 f.
Besitz 432
Bestattungsritus 332

Beweis, Beweisführung 136, 158, 160, 433
Bewertungen s. Handlungstheorie
Bild, Bildquellen *347 ff.*, *399 ff.*, 78, 354, 425–428
Bildbedeutung 484
Bilderzählung 347 ff., 362–364
Bildkomposition 361 f.
Bildtopoi 356
Binford, L. R. 212
black-box-Modell 474 ff.
Bloch, M. 518
Boardman, J. 423
Bogatyrev, P. 32, 35, 392
Bogucki, P. 234
Borbein, A. 536–538
Bordes, F. 180
Bourdieu, P. 42 f., 59, 71, 73, 75 f., 303, 305, 314, 500, 550
Bringéus, N.-A. 21 f.
Bronzezeit 64, 428–439
Burckhardt, J. 464
Buttler, W. 232
Bystrina, I. 41 f.

chaîne opératoire 67, 128, 177, 470
Chamberlin, T. C. 453
Champollion, J. F. 481
Christie, A. 532
Clarke, D. L. 477 f.
contextual archaeology s. Archäologie, Kontextuelle
Cosack, E. 161 f.
cultural biography 304

Davis, J. 158
Deduktion 99, 164–166
Deetz, J. 212,
Dekontextualisierung 553
Denotation 44 f., 110, 118
Derrida, J. 510
Dietler, M. 40, 42 f.
Dingwelt 17 f.
direct historical approach 56, 67
Donald, M. 57
Douglas, M. 33
Doyle, A. C. 532

Droysen, J. G. 424

Eco, U. 23, 108 f.
Eggert, M. K. H. 74, 466 f., 472, 481, 541
Eggers, H. J. 547
Eisenzeit, Vorrömische 140 f., *265 ff.*, *297 ff.*, *319 ff.*, *347 ff.*, *369 ff.*, 439–452
Eliten 291, 297 ff.
Emblem 46
Empirie 451 f.
Engels, F. 20
Enkulturation 500 f.
Erfahrungssätze 136, 146
Erkenntnistheorie *423 ff.*, *463 ff.*, 512, *515 ff.*, *531 ff.*
Erkenntnisinteresse 552
Erklären (als Konzept) 511
Erklärung, wissenschaftliche 147 f.
Erwartungen s. Handlungstheorie
Esser, H. 147 f.
Ethnizität 37, *205 ff.*, *245 ff.*, 506, 552, s. a. Identität
Ethnoarchäologie s. Archäologie, Ethnoarchäologie
Ethnographie 205 ff.
Ethnologie 29 *ff.*, 516
Evokation 45 f.
external symbolic storage 57 f., 60

Faber, K.-G. 455
Fallanalyse 159 f.
Faustkeile 174 f.
Fél, E. 26
Felsbilder 78, 354, 425–428
Fischer, U. 290 f., 466
Flannery, K. V. 54, 56
Freud, S. 534 f., 538
Fridrich, C. 235
Frobenius, L. 31
Frühmittelalter 141 f., 149–152, *399 ff.*
Fürstengräber 92, 140, *265 ff.*, *297 ff.*, *319 ff.*, bes. 327 f.
Fürstensitze 287 f., 298
Fundkontext 370–372
Funktionalismus 34
Funktionsbegriff 497

Geertz, C. 24, 73, 473 f., 548
Geisteswissenschaften 424
›geistige‹ Kultur 546
Germanen 289
Geschichtstheorie 519
Geschichtswissenschaften 456-458, 455, 491, 515 ff.
Gewaltanwendung und Krieg (im Neolithikum) 230 f., 236, 238
Giddens, A. 59, 75, 303, 314, 550
Ginzburg, C. 143, 145, 486, 533, 551
Glaubensvorstellungen s. Religion
Gold 278-280
Goldhalsringe 274 ff.
Göttervorstellung 434 f., s. a. unter Religion
Grabausstattung, Grabbeigaben 150 f., 285-290, 306-310, 330-334, 385 ff.
Grabenanlagen 225 ff., 440
Gräber, Grabfunde 135 ff., 297 ff., 319 ff., 385 ff., 431
Gräbersoziologie 265 ff., 385 ff.
Grabkontext 330-334
Grabraub 135 ff.
Graebner, F. 547
Gründel, A. 158, 531
Gruppierung, soziale 245 ff., 501, 504, 552

Habitus 42, 76, 77, 79, 500, 550
Handlungskontext 548, 549
Handlungstheorie 42, 147-151, 380, 499, 550
Hänsel, B. 429-439
Hawkes, C. 425, 452, 458, 468-473
Heiligtum 369 ff.
Herbich, I. 40, 42 f.
Hermeneutik 89 ff.
Heroisierung 351, 363
Heuristik 424
Hieroglyphen 481 f.
Himmelmann, N. 539
Hodder, I. 37, 158, 236, 323-327, 478-481, 495, 497, 507, 553
Hofer, T. 26
Holtorf, C. 25, 168
homo faber 520-522, 527
homo oeconomicus 432
Hortfunde 428-439, 450, 455

Hosler, D. 61 f.
Hypothese 454, 456, 502

icon s. Ikon
Identität, kulturelle 247, 256, 503-505
Ideologie 59 f., 77, 492, 545
Ikon 107, 110-112, 117, 120, 144, 266, 268 f., 508-510
Index 107, 110-113, 117, 120, 144, 266-270, 508-510
Indizien *135 ff.*, 160 f., 539
Indizienbeweis *135 ff.*, 238, 429, 437 f., 551 f.
Indizienparadigma 11 f., 143-146, 485, *531 ff.*, 546, 550-552
Induktion 98, 164, 165, 166,
Interaktion, symbolische 369 ff.
Interdisziplinarität *515 ff.*
Interpretant 268
Interpretation 89 ff., 137, 153, 347 ff., 424, 458, 463 ff., 512, 515 ff., 525, *545 ff.*
Isherwood, B. 33,

Jagd 78 f., 425-428
Johansen, U. 19, 75

Keramik, Keramikverzierung *187 ff.*, 226, 239, 245 ff. bes. 251 ff.
Kirchner, H. 426
Klein, F. 441
Kode (*code*), Kodierung 107-109, 481, 546, 553 f.
Kognition 494, 503, 509
Kommunikation 40, 245 ff.
–, bildliche 484 f.
–, inschriftliche 482
–, materielle *463 ff.*
–, rituelle 484 f.
–, schriftliche 481 f.
–, symbolische s. Interaktion, symbolische
Kommunikationsformen 482 f.
Kommunikationsmittel 248
Kommunikationstheorie 551
Konnotation 35, 65, 110
Kontext, Kontextanalyse 35 f., 38, 43, 89, 95 f., 137, 149, 168, 194, 554
Kopytoff, I. 304

Koselleck, R. 456 f.
Kossack, G. 352 f.
Krauße, D. 92 f.
Kriminalistik 157 ff., 531 f., 541
Kriminalromane 532 f.
Kull, B. 351
Kulthandlungen 370 f.
Kultobjekte 65
Kultur, materielle s. materielle Kultur
Kulturanthropologie 128, 291, 552, 554
Kulturbegriff 24, 127 ff., 208, 214, 491 ff., 548 f.
Kulturgeschichte 464 ff.
kulturhistorische Methode 31, 36
Kulturtheorie 463 ff., 511, s. a. Kulturbegriff
Kulturwissenschaften 424
Kunst 71 ff., 347 ff., 425-428
Kunstgeschichte 534

Lakoff, G. 44,
Langer, S. 38,
Leach, E. 474 f.
Lévi-Strauss, C. 21, 44
Linguistik 35 f.
Livius, Titus 288
Lübbe, H. 18

Malinowski, B. K. 21
Marcus, J. 54, 56
›materialisierte‹ Kultur 19
materiell/immateriell (als Gegensatz) 423 ff.
materielle Kultur 11 ff., 17 ff., 29 ff., 36-38, 40, 43, 56-60, 77, 107, 127 ff., 130, 145, 205, 212 f., 216, 265, 297 ff., 381, 515 ff., 545 ff.
– als Text 12, 476-480, 485 f.
– und Gesellschaftsordnung 302 f.
materielle Signifikation 477-485
Mauss, M. 21, 76
McCracken, G. 38, 40
Menghin, O. 547
Menghin, W. 429
Menschendarstellungen 356-359
Meran, J. 424
Metallurgie 53 ff., 431
Metapher 44 f., 107 ff.
Methodik 424, 537

Metonymie 107 ff.
Milisauskas, S. 233
Mittelalter 61, 385 ff., 399 ff.
Mitteleuropa 140-142, 149-152, 187 ff., 225 ff., 245 ff., 265 ff., 297 ff., 385 ff.
Modell (wissenschaftliches) 453, 521
modus operandi 160, 161,
Mohrmann, R.-E. 517
Mommsen, T. 465
Monroe, R. 463 f.
Monumente, Zeremonialmonumente 484 f.
Moorey, P. R. 64
Morelli, G. 534
Morgan, L. H. 20
Mühlmann, W. 130
Müller-Karpe, H. 429
Musealisierung 18, 107 ff.
Mythologie 62 f., 78 f.

Narr, K. J. 427
Natur (als Konzept) 495, 502, 511
Neoevolutionismus 225 ff. bes. 233, 239
Neolithikum 187 ff., 225 ff., 245 ff.
Neth, A. 446-451
Neustupný, J. 232
New Archaeology s. archaeology, processual
Nordeuropa 399 ff.
Normen 142, 149-151, 188, 191, 503

Opferschacht 431-434, 440-442
Objektbedeutung 29 ff., 108 f., 141, 152, 173 ff., 205 ff., 245 ff., 399 ff., 548-550, 553
Objektivität 520
Oevermann, U. 90
Opposition, semantische 497
Ottaway, B. 67,
Otto, K.-H. 233

Paläolithikum 71 ff., 173 ff., 425-428
Peirce, C. S. 41, 89, 98 f., 110, 143 f., 157, 164-169, 265-268, 508, 539, 549
Perspektive, lineare 359
Piggott, S. 464, 545
Pitt-Rivers, A. H. L. F. 20
Poirier, A. u. P. 537

Popper, K. 100
Positivismus 493
Postmoderne 496
postprocessual archaeology s. archaeology,
    postprocessual
Praxis (als Konzept) 42, *71 ff.*, 496, 550
Prestigeobjekte s. Statussymbole
processual archaeology s. archaeology,
    processual
Propaganda 484
Psychoanalyse 534 f., 537 f., 540
Psychologie 127-129

Quellen, archäologische s. Sachquellen
Quellenkritik 424, 456

Radcliffe-Brown, A. R. 21
Rationalismus 432, 434
Realismus 524
Realität 521, 524, 541
Recht 136 f., 142, 149-151
Rechtswissenschaften 135-137, 142, 146, 153
Reichenberger, A. 441, 447
Reinecke, P. 429
Relativismus 493
Religion 141, 145, *423 ff.*, 495
Renfrew, C. 53-58, 60, 63
Reproduktion, soziale 552
Ringschmuck 265 ff.
Römisches Recht 150
Runensteine, Runeninschriften u.
    -bilder *399 ff.*

Sachforschung 516
Sachkulturforschung 516
Sachquellen 424, 452, *515 ff.*, 544, 551
sakral/profan (als Gegensatz) 443, 452 f.
Sammlung Liebler 129
Sanktion s. Strafe, Bestrafung
Saussure, F. de 41, 43
Schamanismus 78 f., 426-428
Schlattner, G. 129
Schmidt, W. 20
Schneider, L. 536-538, 540
Schriftquellen 322, 455, 457, 553
Schwarz, K. 440, 452

Semantik 110 ff., 549
Semiotik *11 ff.*, *17 ff.*, 22-26, 29 ff., *107 ff.*,
    143-147, 152, *265 ff.*, bes. 290, 302, 416,
    463 ff., *491 ff.*, 531 ff., 548
Shanks, M. 158
Sicherungsangriff 158
Siedlungsbestattungen 228-231
Siedlungsfunde 439-452
Signifikat 268, 498, s. a. Bedeutung (eines
    Zeichens)
Situation, soziale 147 f., 151 f.
Situlenkunst 347 ff.
Skalden-Dichtung 400, 415 f.
Slawen 385 ff.
Smith, M. A. 466
soziale Prozesse 246
sozialer Wandel 303-306, 310-314
Sozialstruktur 225 ff., 265 ff., 247, 288-293,
    297 ff.
Soziologie *89 ff.*, 147 f.
Spence, D. 538, 540
Spur, Spurensicherung,
    Spurenauswertung 138 f., 143 f., 158, 486,
    491, 519 f., 533, 537-539, 541
Spurenlesen 13, *157 ff.*, 520, *531 ff.*, 551, 554
Status 503, 506
Statussymbol 65, *265 ff.* bes. 274, 276-278,
    290-293, 553
Stil 249 ff., 399, 415 f.
Strafe, Bestrafung 150, s. a. Recht
Strukturalismus 496 f., 503
Strukturierung 550
Südeuropa *319 ff.*, *347 ff.*, *369 ff.*
Südimporte 298
Symbol 29 ff., 36, 38, 40 f., 56, 110, 141, 144,
    152, 247, 267 f., 271-273, 214, 350-356, 379-
    382, 491 ff., 503, 508 f., 539, 549, 551
—, Macht- 430

Tabaczynski, S. 233
Tatsache 136 f., 551
Teegen, W.-R. 162
temenos 440
Teržan, B. 351
Theoriediskussion, deutschsprachige 245 f.
—, englischsprachige 491, 545

Thomsen, C. J.   115
Tierstil, nordischer   399 ff.
Tilley, C.   44,
Töpferei   *187 ff.*,
Torbrügge, W.   291, 438
Toreutik   347 ff.
Totenfurcht   388
Totenhochzeit   386-391
Totenkult   305, 312 f., 350 f., s. a.
   Bestattungsritus u. Grabausstattung
Trabant, J.   42,
Tribalisation   237 ff.
Trinkgeschirr   306-310
Troia-Debatte   546
Turner, C.   168,
Turner, V.   379-382

Utilitarismus   432

van de Velde, P.   234 f.
Veit, U.   235, 541
Vergleichsverfahren   137 f., 146, s. a. Analogie
Verstehen (als Konzept)   455, 511
Veyne, P.   484 f.
Viereckschanzen   439-452
Vogt, E.   194 f.
Volksglaube   386-389
Volkskunde   *385 ff.*, 516, 519
Votivbilder   *369 ff.*

Waffenbeigabe   306-310, s. a. Grabausstattung
Wagen als Grabbeigabe   306-310
Wagner, F.   455, 459
Wahrnehmungskategorien   494
Weber, M.   94, 147 f., 207, 467 f., 501
Weltausstellung   116-119
Weltsystem-Ansatz s. Zentrum-Peripherie-
   Modelle
Wenzky, O.   161
Werkzeuge   173 ff.
Werte, kulturelle   501, 506
Westeuropa   *297 ff.*
Whittle, A.   236
Wieland, G.   444
Wiessner, P.   214, 249 f.
Wobst, M.   40, 249

Worsaae, J. J. A.   115 f.
Wotzka, H.-P.   205

Zeichen (-konzept)   22-24, 56, 107 ff., 144,
   s. a. Ikon, Index, Semiotik, Symbol
Zeichenfunktion   375-377
Zeichenbedeutung   s. Bedeutung, Symbol,
   Semiotik
Zeichentheorie s. Semiotik
Zeichentriade   143 f., 508
Zentralort   444 f.
Zentrum-Peripherie-Modelle   299 ff., 423
Ziegert, H.   158, 531
Zimmermann, A.   236

Autorenverzeichnis

Prof. Dr. Anders Andrén
Lunds Universitet
Arkeologiska Institutionem
Sandgatan 1
S-22350 Lund
anders.andren@ark.lu.se

Dr. Stephan Bühnen
Bremer Stiftung für Kultur- und
Sozialanthropologie
Parkallee 257
D-28213 Bremen
s.buehnen@bremer-stiftung.de

Dr. Stefan Burmeister
Landesmuseum Natur und Mensch
Damm 38-44
D-26135 Oldenburg
museum@naturundmensch.de

Dr. Marian Diepeveen-Jansen
Universität Amsterdam, AAC
Nieve Prinsengracht 130
NL-1018 Amsterdam
m.diepween@frw.uva.nl

Prof. Dr. Manfred K. H. Eggert
Eberhard-Karls-Universität Tübingen
Institut für Ur- und Frühgeschichte und
Archäologie des Mittelalters
Schloß Hohentübingen
D-72070 Tübingen
manfred.eggert@uni-tuebingen.de

Dr. Mareile Haase
Universität Erfurt · Philosophische Fakultät
Vergleichende Religionswissenschaft
Postfach 90 02 21
D-99105 Erfurt
mareile.haase@uni-erfurt.de

Dr. Hans Peter Hahn
Universität Bayreuth
Lehrstuhl für Ethnologie
Geschwister-Scholl-Platz 3
D-95440 Bayreuth
hans.hahn@uni-bayreuth.de

Dr. Cornelius Holtorf
Riksantikvarieämbetet
Kunskapsavdelningen
Box 5405
S-114 84 Stockholm
cornelius.holtorf@raa.se

Dr. Helmut Hundsbichler
Österreichische Akademie der
Wissenschaften
Institut für Realienkunde des
Mittelalters und der frühen Neuzeit
Körnermarkt 13
A-3500 Krems
helmut.hundsbichler@oeaw.ac.at

Matthias Jung M. A.
Johann-Wolfgang-Goethe-Universität Frankfurt
Seminar für Vor- und Frühgeschichte
Grüneburgplatz 1
D-60323 Frankfurt a. M.
matjung@stud.uni-frankfurt.de

Tim Kerig M. A.
Universität Köln
Institut für Ur- und Frühgeschichte
Weyertal 125
D-50923 Köln
kerigtim@hotmail.com

Tobias L. Kienlin M. Sc.
Johann-Wolfgang-Goethe-Universität Frankfurt
Seminar für Vor- und Frühgeschichte
SFB/FK 435 ›Wissenskultur und
gesellschaftlicher Wandel‹
Grüneburgplatz 1
D-60323 Frankfurt a. M.
tobiaskienlin@yahoo.de

Dr. Thomas Knopf
Eberhard-Karls-Universität Tübingen
Institut für Ur- und Frühgeschichte und
Archäologie des Mittelalters
Schloß Hohentübingen
D-72070 Tübingen
thomas.knopf@uni-tuebingen.de

Leonie C. Koch M. A.
Römisch-Germanische Kommission
Palmengartenstr. 10-12
D-60325 Frankfurt
koch@rgk.dainst.de

Christoph Kümmel M. A.
Eberhard-Karls-Universität Tübingen
Institut für Ur- und Frühgeschichte und
Archäologie des Mittelalters
Schloß Hohentübingen
D-72070 Tübingen
christoph.kuemmel@uni-tuebingen.de

Gariele Mante M. A.
Universität Essen
Kolleg »Europäische Gesellschaft«
Fachbereich 1/Geschichte
D-45117 Essen
gabriele.mante@geschichte.hu-berlin.de

Prof. Dr. Hansjürgen Müller-Beck
Eberhard-Karls-Universität Tübingen
Institut für Ur- und Frühgeschichte und
Archäologie des Mittelalters
Schloß Hohentübingen
D-72070 Tübingen

Nils Müller-Scheeßel M. A.
Römisch-Germanische Kommission
Palmengartenstr. 10-12
D-60325 Frankfurt
müller-scheessel@t-online.de

Axel Pollex M. A.
Humboldt-Universität zu Berlin
Institut für Geschichtswissenschaften
Lehrstuhl für Ur- und Frühgeschichte
Hausvogteiplatz 5-7
D-10117 Berlin
pollexa@geschichte.hu-berlin.de

Dr. Martin Porr
Landesamt für Archäologie Sachsen-Anhalt
Landesmuseum für Vorgeschichte
Richard-Wagner-Str. 9-10
D-06114 Halle (Saale)
martin.porr@lfa.mk.lsa-net.de

Dr. Beat Schweizer
Eberhard-Karls-Universität Tübingen
Institut für Klassische Archäologie
Schloß Hohentübingen
D-72070 Tübingen
schramm-schweizer@t-online.de

Dr. Ulrike Sommer
Albert-Ludwigs-Universität Freiburg
Institut für Ur- und Frühgeschichte
und Archäologie des Mittelalters
Belfortstrasse 22
D-79085 Freiburg i. Br.
usommer@rz.-uni-leipzig.de

Sascha Schmidt M. A.
Eberhard-Karls-Universität Tübingen
Institut für Ur- und Frühgeschichte und
Archäologie des Mittelalters
Schloß Hohentübingen
D-72070 Tübingen
sascha.schmidt@uni-tuebingen.de

PD Dr. Ulrich Veit
Eberhard-Karls-Universität Tübingen
Institut für Ur- und Frühgeschichte und
Archäologie des Mittelalters
Schloß Hohentübingen
D-72070 Tübingen
ulrich.veit@uni-tuebingen.de

PD Dr. Wolfgang Weißmüller
Friedrich-Alexander-Universität Erlangen-Nürnberg
Institut für Altertumskunde
Lehrstuhl für Ur- und Frühgeschichte
Kochstr. 4/19
D-91054 Erlangen
wgweissm.@phil.uni-erlangen.de

Dr. Andrea Zeeb-Lanz
Landesamt für Denkmalpflege
Archäologische Denkmalpflege
Amt Speyer
Kleine Pfaffengasse 10
D-67346 Speyer
zeeblanz@archaeologie-speyer.de

Tübinger Archäologische Taschenbücher

Dieses Buch bietet eine kritische Einführung in die jüngere archäologische Theoriedebatte des englischsprachigen Raumes. Die Beiträge des Bandes befassen sich jeweils mit wichtigen Einzelaspekten dieser Debatte. Dabei wird auch der weitere wissenschaftstheoretische Kontext in die Diskussion miteinbezogen. Der Band regt zu einer differenzierten Auseinandersetzung mit der englischsprachigen Archäologie an und trägt dazu bei, dass die von dieser aufgeworfenen epistemologischen Fragen des Faches auch hierzulande diskutiert werden.

■ BAND 1

Manfred K. H. Eggert, Ulrich Veit (Hrsg.)

Theorie in der Archäologie

Zur englischsprachigen Diskussion

1997, 400 Seiten, br., 19,50 €
ISBN 3-89325-594-X

Dieser Band ist zentralen erkenntnistheoretischen Aspekten verschiedener archäologischer Einzelfächer und der Alten Geschichte gewidmet. Unter Einbeziehung der jüngeren Grundsatzdiskussion im englischsprachigen Bereich wird dabei auch die geschichtsphilosophische und wissenschaftstheoretische Tradition, in der die beteiligten Fächer in Deutschland stehen, gewürdigt.
Mit den hier vorgelegten Beiträgen ist angestrebt, innerhalb der archäologischen Forschung des deutschsprachigen Raumes eine stärkere Reflexion der theoretischen und methodischen Grundlagen anzuregen.

■ BAND 2

Marlies Heinz, Manfred K. H. Eggert, Ulrich Veit (Hrsg.)

Zwischen Erklären und Verstehen?

Beiträge zu den erkenntnistheoretischen Grundlagen archäologischer Interpretation

2003, 272 Seiten, br., 19,50 €
ISBN 3-8309-1080-0

Was trennt, was vereint die Archäologien Europas? Eine Antwort auf diese Frage hat Beispielcharakter für die Wissenschaftsgeschichte des 20. Jahrhunderts. Der Band widmet sich der Geschichte wissenschaftlicher Schulen verschiedener europäischer Länder ebenso wie neuen Strömungen. Ein Buch mit Nachschlagecharakter, unentbehrlich für alle wissenschaftsgeschichtlich und theoretisch Interessierten ebenso wie für alle, die die Hintergründe der alltäglichen archäologischen Praxis besser verstehen wollen.

■ BAND 3

Peter F. Biehl, Alexander Gramsch, Arkadiusz Marciniak (Hrsg.)

Archäologien Europas / Archeologies of Europe

Geschichte, Methoden und Theorien / History, Methods and Theories

2002, 590 Seiten, br., 22,50 €
ISBN 3-8309-1067-3